상트페테르부르크

상트페테르부르크

2021년 10월 25일 초판 1쇄 펴냄

지은이 W. 브루스 링컨
옮긴이 허승철
편집 박은경
펴낸이 신길순

펴낸곳 (주)도서출판 삼인
전화 02-322-1845
팩스 02-322-1846
이메일 saminbooks@naver.com
등록 1996년 9월 16일 제25100-2012-000046호
주소 (03716) 서울시 서대문구 성산로 312 북산빌딩 1층

표지, 본문 디자인 끄레디자인
인쇄 수이북스
제책 은정

ISBN 978-89-6436-207-5 93920

값 32,000원

상트페테르부르크
ST. PETERSBURG

SUNLIGHT AT MIDNIGHT

W. 브루스 링컨 지음 | 허승철 옮김

삼인

도시 연대기의 진정한 백미

브루스 링컨의 이 저서는 그 원제 '자정의 일광'처럼, 세계에서 가장 아름다운 도시에 속하는 상트페테르부르크에 대한 어두운 무지를 밝히는 지적 섬광으로 다가왔다. 그동안 한국에 이 도시를 소개하는 다수의 책들이 출간되었지만 이 책만큼 건축, 역사, 문화, 문학, 인물 등 한 도시의 전 분야에 대한 입체적 조감을 통해 깊이 있고 흥미롭게 서술한 책은 보지 못했다.

저자는 미국인임에도 러시아인 못지않은 애정과 지식으로 러시아 도시의 공간과 시간을 날줄과 씨줄로 유려하게 엮어, 3백 년 도시 역사를 마치 살아 있는 한 인간의 성장소설처럼 만들어내는 데 성공했다. 독자는 한편으로 바로크, 고전주의, 모더니즘 양식의 건물이 만들어내는 공간의 찬란한 화성악이, 다른 한편으로 이 도시의 공간에 얽힌 황제와 귀족, 건축가, 화가, 대문호들이 견뎌낸 운명의 교향곡과 함께 어우러진 드라마틱한 대서사시를 만끽할 수 있다.

책을 열면 먼저 18세기 초 도시 건설이 한창인 불모의 네바강 삼각주를 저자와 함께 걸으며, 유럽을 향한 개방과 혁신, 그리고 영토 확장의 야망을 가진 표트르 대제, 그를 따르는 러시아 가신들의 불안 어린 희망, 본토에서 이루지 못한 꿈을 미지의 땅에서 실현하려는 유럽인들의 출세욕, 그리고 이 모든 욕망의 무게에 눌려 헐값에 육체를 던지는 밑바닥 민초들의 고난과 비애를 생생하게 느낄 수 있다.

네바강 삼각주에서 시작된 여정은 18세기 후반 무렵 도시의 실루엣을 채워가는 궁전들, 19세기 초 도시의 정체성이 아로새겨지는 넵스키 대로, 19세기 후반 전제정의 사회적 모순이 집약된 페트로파블롭스크 요새, 20세기 초 혁명의 소용돌이에 휩싸인 광장과 거리, 20세기 중반 파시스트의 침략을 이겨낸 숭고한 피스카렙스코예 묘지, 그리고 20세기 후반 사회주의의 억압에 저항한 극장과 비밀 살롱, 마지막으로 1990년대 소련의 붕괴로 레닌그라드에서 상트페테르부르크로 부활하는 도시까지 숨 가쁘게 이어진다.

그 시공의 파노라마 속에서 이 위대한 도시가 소화해낸 다양한 시대정신의 변주가, 마치 작가가 인용한 시인 아흐마토바의 표현처럼 '마법의 합창'이 되어 이 책의 곳곳에 메아리친다. 특히 20세기 초 혁명 전야의 엔트로피가 가득했던 '위대한 뱌체슬라프의 탑', 그 엔트로피의 절정과 좌절이 혼재된 지하 카페 '떠돌이 개', 마침내 완전한 좌절이 시인의 자살로 이어진 '아스토리아 호텔', 사회주의의 길고 깊은 질곡이 끝나고 다시 부활한 시인 아흐마토바의 박물관 등에 대한 이야기는 작가의 인문학적인 지식과 애정, 그리고 이것을 공간을 통해 풀어내는 거장의 솜씨를 한껏 느끼게 하는 백미다.

러시아 전문가로서, 특히 상트페테르부르크에 12년을 산 이 도시의 진정한 팬으로서, 한국 독자를 위해 이 책을 찾아내고 번역한 허승철 교수에게 깊은 존경과 사랑을 보낸다. 이 책을 통해 글로벌 팬데믹으로 인한 공간의 장벽을 넘어 러시아의 위대한 도시의 진면목을 한껏 체험할 수 있으리라 믿는다.

이대식[*]

---

[*]상트페테르부르크대학원에서 러시아 문학 전공, 서울대학교에서 러시아 건축에 관한 논문으로 박사학위 받음. 12년간 상트페테르부르크에서 거주. 삼성경제연구소 수석연구원을 거쳐 현재 여시재 연구실장. 저서로 『줌 인 러시아』, 『대륙의 미학 역설의 시학』 등이 있음.

감사의 말
마지막 작품을 남기고 간 작가를 대신하여

상트페테르부르크는 1964년 브루스 링컨이 러시아에 처음 들어갈 때 통과한 항구였고, 이후 그는 이곳으로 돌아와, 때때로 좀 더 긴 기간 동안 머물렀다. 자료가 넘쳐나는 이 도시의 문서고, 도서관, 박물관은 그에게 학자와 저술가로서 활동을 지속할 수 있게 해주었지만, 그의 상상력을 자극한 것은 상트페테르부르크 자체였다. 빛과 그림자를 간직한 이 옛 제정러시아의 도시는 러시아와 러시아의 과거에 대한 그의 상반된 태도를 반영한 듯했다. 이런 면에서 그가 자신의 열두 번째 책이자 마지막 책의 주제로 이 도시를 택한 것은 이상할 게 없다.

많은 친구와 동료, 기관들이 이 책의 출간이 가능하도록 도와주었고, 브루스는 신세 진 모든 이들에게 감사를 표시하고 싶어 했다. 그러나 그는 이 책의 최종본이 출간되는 것을 보지 못했기에 이 책이 만들어지는 과정에 기여한 이들에게 사의를 표하는 것은 나의 몫이 되었다. 특히 크리스틴 워로벡과 샘 레이머는 내 전문지식을 넘어서는 사안에 대한 격려와 조언을 아끼지 않았다. 러시아 역사에 대한 혜안으로 브루스에게 지속적인 자극을 주었던 마크 라에프의 우정은 따뜻하기 그지없었다. 리 콩돈, 잭 콜맨, 제럴드 자, 제임스 노리스, 커트 리처드슨, 프레드 키테를은 여러 가지 방법으로 도움을 주었다.

메리 히멜버거의 노력이 없었다면 이 책은 풍부한 역사 도판으로 장식되지 못했을 것이다. 메리는 상트페테르부르크에 머무는 동안 이 책에 들어갈 사진과 판화 대부분을 수집했고, 이것을 편집하여 책에 수록했다. 일리노이대학교 도서관 슬라브 사서팀, 특히 헬렌 설리번과 잰 아담치크에게 각별한 감사를 표한다. 두 사람은 크고 작은 문의에 답하는 데 시간과 노력을 아끼지 않았다.

많은 사람의 도움을 받지 않고 출간되는 책은 없다. 베이직북스의 책임편집장인 돈 페르는 이 책이 완성되는 모든 단계에서 크게 기여했다. 그의 편집 진행과 팀원들의 훌륭한 작업에 감사드린다. 20년도 더 전에 브루스를 '발견'하고, 그가 행보를 선택하는 데 중요한 역할을 한 출판 에이전트 로버트 고틀리프에 대한 감사의 인사도 결코 빠뜨릴 수 없다. 그간 신세를 진 이들을 일일이 거명하진 못했지만 이 책이 완성되기까지 애써주신 모든 분에게 마음을 전한다.

2000년 11월
메리 링컨

감사의 말

상트페테르부르크 지도

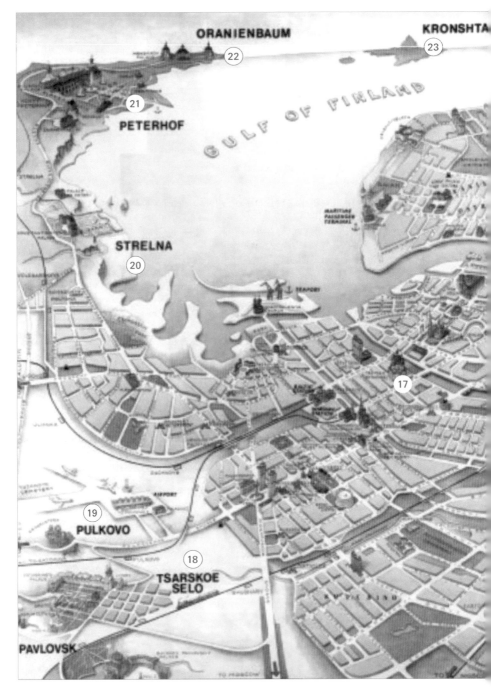

1 겨울 궁전   2 해군성   3 12부 청사(현 상트페테르부르크대학교 본관)   4 이삭 대성당

5 페트로파블롭스크 요새   6 바실렙스키섬   7 군사박물관   8 여름 정원

9 구세주 보혈 성당(일명 피의 사원)   10 카잔 대성당   11 넵스키 대로   12 타브리다 궁전

VYBORG

NEVA

ST. PETERSBURG

13 스몰니 사원   14 모스크바역   15 알렉산드르 넵스키 수도원   16 폰탄카
17 성삼위 성당   18 차르스코예 셀로   19 풀코보   20 스트렐나
21 페테르고프   22 오라니엔바움   23 크론시타트   24 비보르크

차례

일러두기

- 책 제목은 『 』로, 신문·잡지 제목은 《 》로, 논문·시·단편 제목은 「 」로, 영화·방송·미술·음악·공연 제목은 〈 〉로 표기했습니다.

- 본문의 모든 미주는 원저자 주이고(숫자로 표시), 각주는 옮긴이 주(*로 표시)입니다. 괄호 주는 원칙적으로 원저자의 설명이며, 옮긴이의 설명일 경우엔 '옮긴이'로 표시했습니다.

- 본문에 나오는 러시아어의 발음은 국립국어원의 용례를 따르되 그 용례가 러시아어의 실제 발음과 많이 다를 경우엔 실제 발음에 맞추어 표기했습니다. (예: 'Cossack'의 국립국어원 표기 용례는 '코사크'이지만, 이 책에선 러시아어의 실제 발음과 가까운 '코자크'로 표기. 마찬가지로 '글라스노스트' 대신 '글라스노스치'로 표기.)

- 이 책에 실린 모든 도판은 원서에 수록된 것이 아니라, 옮긴이가 내용에 맞추어 검색, 수집한 것입니다.

프롤로그

기후, 안락함. 편리함은 표트르 대제가 네바강 삼각주의 진흙 늪지에 새로운 수도를 건설하기로 결정했을 때 염두에 둔 요소들이 아니었다. 그가 선택한 지역은 자신의 통치영역의 북서쪽 외진 귀퉁이였고, 이곳을 놓고 오랜 기간 치열한 쟁탈전을 벌여온 스웨덴이 여전히 자신들의 영역이라고 주장하는 곳이었다. 북극권에서 겨우 8백 킬로미터 떨어져 있고, 핀란드만에서 흘러드는 역류로 바닷물이 자주 범람하는 곳이었으며, 이르면 9월부터 내리는 눈을 이듬해 5월까지도 볼 수 있는 곳이었다. 궂은 날씨, 나쁜 수질의 물, 저지대의 습한 토양은 삼중으로 이 지역의 매력을 떨어뜨렸다. 그러나 전설적인 '전 러시아 차르(Tsar of All the Russias)'의 상상에 따르면 1703년 자신이 '상크트 피에테르 부르흐Sankt Pieter Burkh'라고 명명한 곳은 '낙원'이 될 여건을 가지고 있었다.[1] 그의 후계자들은 이곳을 상트페테르부르크, 페트로그라드, 레닌그라드라고 부르게 될 터였다. 그러나 열병이 들끓는 늪지대에서 그림 같은 운하와 웅장한 궁전들이 솟은 것을 본 남녀 세대에게 표트르 대제의 도시는 영원히 '피테르Piter'라고 불리게 되었고, 이는 이 도시를 탄생시킨 군주의 네덜란드식 이름이었다.

네덜란드가 바다로부터 부와 힘을 획득한 방법에 매혹된 표트르 대제는 러시아가 네덜란드같이 해양을 향해 나아가는 나라가 되기를 바랐다. 따라서 상트페테르부르크의 가장 큰 매력은 유럽으로 나가는 항로에 근접한 곳에 있다는 점이었고, 이로부터 러시아인들은 자신들을 외적의 침입에 그토록 취약하게 만들었던 후진성에서 탈피할 수단을 획득할 수 있었다. 표트르 대제는 서방으로부터 러시아가 필요로 하는 모든 신무기, 기술, 세계관을 '빌려오는' 데 수십 년이 걸리

리라는 것을 알았다. 러시아는 16세기, 17세기 유럽을 대범하고 모험적으로 만든 근대적 사고방식을 아직 보유하고 있지 않았다. 근대적 조선 기술과 기구 덕분에 서방의 선장들은 신대륙을 발견하고 지구를 돌아 항해했지만, 표트르 대제가 태어난 1672년 러시아는 이반 뇌제가 차르의 왕관을 쓴 150년 전과 크게 다르지 않았다. 러시아인들은 여전히 미신적이고 변화를 무서워했으며, 자신들을 과거에 묶어놓는 전통에서 벗어나지 못하고 있었다. 그 속박에서 벗어나려는 시도가 있었다면, 16세기 말 우랄산맥 동쪽으로 소수의 탐험가들이 태평양을 향해 나아가기 시작한 것이었다. 그러나 시베리아 '정복'에 나선 사람들은 극소수에 불과했다. 러시아인들은 1650년 이전에 태평양에 도달했지만, 50년이 지난 후에도 황량한 시베리아 벌판을 개척하기 위해 나선 사람은 5천 명도 채 되지 않았다.

16세기와 17세기 유럽인들의 생활을 근대화시킨 진보는 표트르 대제가 태어났을 당시 대부분의 러시아인들이 이해할 수 있는 개념이 아니었다. 유럽의 현재와 미래를 바꾼 과학 연구와 합리적 사고는 표트르 대제의 극히 일부 신민을 제외하면 러시아인 대부분이 아직 접하지 못한 것이었다. 그들은 미래에 대한 생각보다 지금 여기의 현세적 문제에 더 큰 가치를 두었다. 일상에서 사용하는 언어로 진보 사상이나 효율성에 대한 감각을 표현할 수 없었던 사람들은 현대 기술의 성취를 여전히 기적과 혼동하고 있었다. 대부분의 러시아인은 지구가 우주의 중앙에 위치해 있고, 신의 손이 자신들의 매일매일의 삶을 주관하고 있다고 생각했다. 이들의 사고방식, 기아, 전염병, 홍수와 기타 모든 종류의 개인적 불행은 인간의 이해의 영역을 넘어서는 힘에서 발생한다고 보았다. 인간에게 이롭도록 자연의 힘을 제어할 수 있다는 것을 러시아인들은 아직 믿지 못했다.

러시아를 근대화시키기 위해 표트르는 이 모든 것을 바꿔야 했다. 러시아는 과학과 기술을 필요로 했다. 러시아 군대는 근대식 전쟁 무기가 필요했고, 정치가들은 유럽인들의 물리적 세계를 축소시키고 지적 지평선을 넓히고 있던 지식의 형태가 필요했다. 미신은 척결되고, 지식이 신앙보다 더 고양되고, 일상생활의 윤곽을 만드는 데 인간 지성의 힘이 신의 섭리보다 앞에 놓여야 했다. 서방에 압도당하지 않으려면 러시아는 서방과 대등한 존재가 되어야 했지만, 17세기 말 러시아는 공장도 무기창도 없었고, 근대식 육군이나 해군도 없었으며, 근대식 정부와 재정제도도 없었고, 유럽이 이미 풍요롭게 향유하고 있던 근대식 예술도 문학도 음악도 없었다. 러시아의 운명을 만들 모든 재원과 권력은 차르 손에 들어 있었기 때문에 모든 문제는 위에서 주도하여 해결해야 했다. 오랜 기간 동안 러시아의 생활을 형성해온 전통과 보수적 가치에 포위된 상태에서 크렘린 왕좌에 앉아 있는 군주만이 서방이 간 길로 러시아를 이끌고 갈 수 있었다.

3백 년 이상 지난 지금 시점에서 우리는 표트르 대제가 의식적으로 자신의 개혁 방향을 구상했는지 아니면 본능적으로 그것을 느꼈는지는 알기 어렵지만, 사람이 살 수 없었던 늪지대에 근대적 제국 수도를 건설한다는 그의 비전은 이 모든 것을 망라한다. 상트페테르부르크 건설은 인간의 정신이 자연의 힘을 누를 수 있다는 것과, 러시아도 다른 어떤 나라와 마찬가지로 근대적 세계의 일원이라는 것을 보여주기 위해 설계되었다. 1689년 이복누이의 섭정을 전복하고 권좌에 오른 러시아 최초의 근대적 차르는 그의 원대한 꿈에 대해 전혀 이해하지 못한 러시아인들의 사고방식을 근대화하기 위해 모든 노력을 기울였다. 러시아인들이 유럽인들 사이에 당당하게 서려면 국경 너머를 바라보고, 경쟁 국가들이 속한 더 큰 역동적 세계에 진입해야 했다.

러시아인들이 근대적 서구의 방식을 포용하도록 만들기 위해 표트르 대제는 직접 신민들에게 프랑스인이나 네덜란드인, 영국인 또는 독일인이 되라고 요구하지는 않았다. 일단 러시아인들이 근대 세계와 너무 오랫동안 단절되어 잃어버린 힘을 되찾기만 하면, "그들의 꽁무니를 서양이 쫓아오게 만들고", 러시아 국가의 독특한 위상이 유럽과 아시아 대륙이 요구하는 정치적 과정을 밟아나갈 것으로 기대했다.[2] 이를 위해 그는 상트페테르부르크에 세워지는 새 수도를 기술과 새로운 사상이 흘러들어올 수 있는 유럽을 향한 "창문"으로 만들 것임을 역설했다. 서구와 더 넓고 깊은 접촉을 유지할 수 있는 물리적 환경을 가진 상트페테르부르크는 러시아가 근대화의 길로 나가는 이정표가 되어야 했다.

러시아 자체뿐만 아니라, 표트르의 새 수도는 아주 놀랍고도 지속적인 대조가 존재하는 장소가 되었다. 이곳은 여름에는 한밤중에도 태양 빛에 흠뻑 적셔지고 겨울에는 정오에도 어둠이 내리깔렸다. 그리고 암스테르담이나 베네치아를 바로 연상시키는 이 도시의 운하들은 일 년 중 적어도 넉 달은 얼어붙었다. 자연과 지리는 상트페테르부르크를 러시아의 시베리아 땅보다 런던과 파리에 훨씬 더 가깝게 만들었지만, 이 새로운 도시는 빠른 속도로 세 개 대륙과 열다섯 개 시간대에 걸쳐 있는 제국의 정치적·문화적 중심지가 되었다. 처음엔 새롭게 묘사된 세계를 사람들이 믿지 않았던 아시아다운 국가의 유럽 스타일 수도인 상트페테르부르크는 결국 러시아가 지향하는 살아 있는 모델이 되었고, 러시아인들은 이 도시가 표상하는 모든 것을 받아들였다. 로마 이후로 한 도시가 이렇게 자신이 통치하는 영역을 완전하게 표상한 적은 없었다. 이 이유 때문에 상트페테르부르크의 '전기'는 또한 근대 러시아의 역사가 되어야 한다.

전기의 주제가 되기 위해서 한 도시는 영혼을 가져야 하는데, 상트페테르부르크의 영혼은 그 특징을 형성하는 대조만큼이나 복잡하다. 상트페테르부르크는 다른 어느 도시보다 서로 충돌하고 대조되는 이미지들이 혼합된 도시다. 이것을 주의 깊게 가려내지 않으면 이 도시의 내적 본성은 증발해버릴 수 있다. 2백 년 가까이 러시아의 뛰어난 작가들 거의 모두가 가을 안개, 여름의 환상, 겨울의 서리를 암스테르담, 베네치아, 파리, 로마의 유산과 결합하여 표트르의 도시의 영혼을 드러내려고 애썼다. 그러나 저 유명한 도스토옙스키Dostoevskii나 현대 시인 안나 아흐마토바Anna Akhmatova를 비롯하여 어느 누구도 이 도시의 과거와 현재를 형성하고 있는 초현실적이고, 낭만적이고, 상징주의적이고, 사실주의적인 요소들로부터 상트페테르부르크의 영혼을 추출해내지 못했다. 왜냐하면 상트페테르부르크의 영혼은 시적 요소와 자연적 현상들의 결합을 훌쩍 뛰어넘기 때문이다. 표트르의 도시를 만든 것은 인간 영혼들의 집단 정신이며, 이것은 지난 3백 년 동안 이 도시를 사랑하고, 미워하고, 생을 살아냈으며, 이것을 위해 죽었다. 도시 외곽의 피스카렙스코예 공동묘지*만큼 상트페테르부르크의 집단 정신을 잘 드러내는 곳은 없다. 이곳에는 나치 독일군이 레닌그라드를 봉쇄했을 때 사망한 50만 명쯤 되는 남성, 여성, 아이들의 시신이 묻힌 거대한 봉분 스무 개 정도가 평화롭게 놓여 있는데, 이들은 죽기를 거부했던 한 도시의 한때 단호하고 완강했던 주민들이었다.

거의 9백 일간 이어진 독일군의 레닌그라드 봉쇄는 러시아의 과거와 현재를 형성한 힘을 극적으로 보여주는 상트페테르부르크 이야기의 많은 장 가운데 하나이다. 초인적인 의지와 러시아인의 불굴의 용기가 없었더라면 이 도시는 존재하지 않았을 것이다. 또한 빌려오고 동화되고 변용시키고 창조하는 것이 근대 시대에 한 국가의 역사를 형성하는 데 얼마나 중요한 것인가를 이 도시의 전기가 보여준다. 러시아 작가들은 상트페테르부르크가 러시아이면서 동시에 러시아가 아니라는 것, 그리고 유럽이 러시아가 되고 러시아가 유럽이 되는 신비스럽고 불가해한 지점으로서, 이 도시가 서방에서 뭔가 빌려오려는 러시아의 최고의 노력과 러시아가 지향 가능한 비전을 둘 다 보여준다는 것을 지적해왔다. 그러나 표트르 대제의 발자취를 따른 남녀들에게 러시아인이 되고 유럽인이 되는 것이 무

---

* 피스카렙스코예 공동묘지(Piskaryovskoye Memorial Cemetery, Пискарёвское мемориальное кладбище)는 상트페테르부르크 불패의 거리(Проспект Непокорённых) 끝에 위치한 레닌그라드 봉쇄 시기 사망자 집단 묘지이다. 이 묘지에는 당시 사망한 약 42만 명의 민간인과 약 5만 명의 병사의 시신이 매장되어 있다. 현재 1960년 당시의 모습으로 단장되어 있다. 1941년 9월 4일부터 1944년 1월 22일까지 872일의 봉쇄 기간 동안 16,722명이 전사하고 33,782명이 부상당했으며 641,803명이 굶어 죽었다. 중앙의 조국어머니 동상 뒷면에는 올가 베르골츠가 쓴 추모시가 새겨져 있다.

엇을 의미하는지가 늘 명확했던 것은 아니다. 왜냐하면 감정, 문화, 정치의 힘이 상트페테르부르크 시민들과 그들의 세계를 바꾸었기 때문이다. 어쨌든 한 가지 분명한 사실은 표트르 대제 시대 이후 러시아와 유럽은 단단하게 결속되었다. 그리고 두 세계가 친구로든 적으로든, 문화적 동지로든 지적 대결자로든, 서로 연결되는 지점은 항상 상트페테르부르크였다.

러시아와 유럽의 변화무쌍한 상호관계는 따라서 상트페테르부르크의 전기와, 이 도시가 '서방으로 난 창'의 역할을 해준 국가의 이야기의 핵심에 놓여 있다. 이 도시는 구조와 디자인에서 분명히 유럽적이지만, 이 도시가 표상하게 된 제국적 비전은 발전의 방향을 바꾸어보려는 후진국의 노력보다 훨씬 더 많은 것을 아우르고 있다. 다른 곳에서는 의미를 상실하는 정신 상태와 사고방식으로서 상트페테르부르크는 '러시아 사상' 자체의 힘과 대결하는 미묘한 심리적 힘을 표상해왔다. '상트페테르부르크는 어디로 가는가?'라는 말은 러시아가 어디로 가는지, 그리고 어떻게 그곳에 다다를 것인지 질문하는 것과 같았다. 이 이유 하나 때문에 이 도시는 러시아 작가들의 가장 위대한 작품의 중심에 우뚝 서 있었다. 표트르 대제가 사망한 1725년부터 현재까지 작가, 화가, 작곡가, 사상가들은 상트페테르부르크의 의미를 놓고 씨름해야 했다. 이 도시가 존재한다는 것은 러시아가 유럽이 간 길을 따라가도록 운명이 정해졌다는 것을 의미하는가? 아니면 상트페테르부르크는 러시아와 유럽을 합친 것보다 훨씬 큰 것을 아우르는 비전을 표상하는가?

상트페테르부르크가 의미하는 것과 러시아가 어디로 향하는지에 대한 혼란 때문에 19세기 소설가이자 극작가인 니콜라이 고골Nikolai Gogol은 표트르의 수도가 "모든 것이 환영이고, 모든 것이 꿈이며, 모든 것이 보이는 것과 다른" 유령들의 도시라고 선언했다.[3] 고골이 서술한 상트페테르부르크에서 사람들은 진짜 유럽인이 되지도 못하면서 러시아인이 되는 것이 무엇을 의미하는지를 망각하게 되었다. 표도르 도스토옙스키도 같은 견해를 가졌고, 이 도시가 제국의 수도에서 소비에트 거대도시로 갑자기 변한 1900년부터 1920년까지 이곳에 살았던 대부분의 아방가르드 화가들과 시인들도 같은 생각을 했다. 20세기 초에 활동한 시인이자 소설가인 안드레이 벨리Andrei Belyi는 1차 대전 직전의 상트페테르부르크가 "러시아적이지는 않지만, 그럼에도 불구하고 수도 같아" 보이고, 도시의 "뿌옇고 흐릿한" 이미지는 러시아를 어떤 경쟁국보다 더 위대하게 만들 수도 있었던 타고난 뿌리를 외면한 "비극적 제국주의"의 비전을 표상한다고 말한 바 있다. 20세기에 들어서서 러시아인들이 자신들의 국가를 포기된 유산과 다시 결합하는 길을 모색할 때, 레닌은 볼셰비키의 강력한 국가를 가난에 시달리는 민중과 결합시키려고 노력했고, 이때 사용한 유럽의 이념은 러시아를 다시 한번 서방과 가깝게 만들었다.

소설가, 화가, 시인들의 창작물의 도움을 받아 일부 역사가들은 유럽과 아시아 사이의 끝없는 투쟁이라는 관점에서 상트페테르부르크의 과거와 현재의 의미를 찾으려고 했다. 다른 역사가들은 인간의 개성의 힘과 이 도시의 얼굴 없는 민중의 힘 간의 투쟁에서 이것을 찾으려고 했다. 어느 관점을 취하건, 상트페테르부르크는 러시아 전체에 의미가 있는 방향 감각과 희망의 비전을 제시해주었다. 상트페테르부르크의 스토리와 러시아의 스토리에서, 과거는 고통받고 비극에 자주 처했던 민족이 당면한 끝없는 역사적 딜레마를 반영했다. 지난 3백 년 동안 상트페테르부르크와 러시아 모두 여러 번 재앙의 나락에 빠졌고, 둘 다 이러한 경험을 통해 더 강한 힘과 목적의식을 갖게 되었다.

한때 로마 제국에 우뚝 섰던 공공 구조물을 떠올리는 거대한 건물들, 즉 러시아 상원, 호위연대 건물, 열 개 이상의 정부 부처를 수용한 건물들은 유라시아 대륙 전체에 불패의 제국의 비전을 투사했다. 이 도시는 러시아에서 가장 큰 성당, 가장 높고 큰 건물들, 가장 무서운 감옥을 보유하고 있었다. 상트페테르부르크의 대로는 러시아에서 가장 넓었고, 상점들은 가장 화려했다. 그리고 거리는 러시아의 어느 다른 곳보다 잘 포장되었고, 거리를 질주하는 마차와 그 안에 탄 승객들은 가장 우아한 자태를 지녔다. 상트페테르부르크의 귀족들은 다른 나라에서는 왕이나 여왕이 거주할 만한 궁전에 살았다. 이들이 향유한 도시는 권력과 부가 넘치는 도시였고, 지구상에 이곳과 비견할 장소는 몇 군데 없었다.

상트페테르부르크에서 흘러나오는 권위가 사람을 위협하는 이 도시의 권력과 부의 이미지에 항상 버금가지는 않았다. 권위의 수단은 러시아의 국사를 아무 생각 없이 기계적인 방식으로 처리하는 산더미 같은 명령서였는데, 이것은 결국 국토의 서쪽 끝에서 광활하게 펼쳐진 거대한 제국을 통치하려고 노력한 사람들의 효율성을 훼손했다. 그러나 이 제국이 내재적인 관료주의의 무게에 의해 휘어지기 시작할 때도 상트페테르부르크는 최소한 1917년 혁명까지는 권력의 무게를 그 이미지에서 떨쳐낼 수 없었다. 러시아인들은 황제로부터 흘러나오는 권위를 접촉하는 수단으로 자신들과 수도를 연결할 무언가를 지속적으로 찾았기에 상트페테르부르크는 제국의 사방에서 계속 사람들을 끌어모았다.

상트페테르부르크에 산다는 것은 근대 세계가 본 가장 위협적인 권력의 발현된 그늘에서 산다는 것을 의미했고, 또한 상트페테르부르크의 노동자, 하인, 병사, 하급 공무원 등 수많은 남녀는 아주 제한된 전망만 가지고 있다는 것을 의미했다. 자신들이 모시는 권문세가가 사는 웅장한 건물에서 얼마 떨어지지 않은 빈민가에서 하루 벌어 하루 먹고살아야 하는 대부분의 상트페테르부르크 주민들은 자신들이 평생을 보내는 도시가 발하는 빛으로 둘러싸인 권력을 만져볼 꿈도 못 꿨다. 이렇듯 영원히 손닿을 수 없는 곳에 있는 러시아 제국의 권력과 영광은 이 도시의 하층민들에게 실제보다 훨씬 커 보였다.

초기에 이곳을 방문한 사람들이 "서인도제도의 대농장처럼 서로 연결된 작은 마을들의 집합체"[4]로 묘사한 상트페테르부르크는 시간이 지나면서 유럽에서 가장 아름다운 도시 중 하나가 되었다. 1800년이 될 무렵 이 도시는 베네치아, 암스테르담, 파리를 떠올리게 했지만, 이들 어떤 도시도 필적할 수 없는 신비로움을 발산했다. 분홍색, 청록색, 녹색, 붉은색, 노란색의 치장 벽토를 바른 이 도시의 궁전들이 북방의 하늘을 배경으로 투사하는 특이한 이미지에서 이것이 연유했을 수도 있다. 아니면 표트르 대제 사후 러시아를 근 4분의 3세기 동안 통치한 여황제들이 이 도시에 심어놓은 정취로 인한 부인할 수 없는 여성적 특질에서 연유할 수도 있다. 안나 여제, 엘리자베타 여제, 예카테리나 여제는 65년의 통치 기간 동안 상트페테르부르크에 자신들의 흔적을 남겨놓았다. 겨울 궁전의 활기 넘치는 바로크풍, 대리석 궁전의 절제된 고전미, 타브리다 궁전의 영원한 품위는 이 여제들이 재능을 탐내고 북돋운 건축가들의 설계도에서 시작되었다.

표트르 대제가 낙후된 중세국가를 일으켜 세운 러시아가 유럽 열강의 일원이 되면서, 상트페테르부르크는 제국 전체의 전범이 되었다. 18세기 말에는 상트페테르부르크 스타일로 지어진 영주의 저택들이 러시아 유럽 지역 곳곳에 나타났고, 얼마 지나지 않아 도시의 우아한 가로수 길과 강둑에 잘 어울리는 건물들이 토볼스크나 이르쿠츠크같이 먼 지역에 나타나기 시작했다. 1850년이 되자 거대한 제국식 건축물들이 수십 곳의 벽지에 목조 움막 위에 우뚝 섰고, 수천 명의 지방 주민들은 자신의 집과 사회적 관계에서 자신들이 상상하는 상트페테르부르크 양식을 재현하려고 노력했다. 에스토니아인, 체첸인, 우즈베크인, 몽골인들이 사는 도시와 마을에는 제국적 상트페테르부르크의 웅장함이, 유라시아 대륙 전체를 향한 러시아 권력의 행진을 표시하는 지울 수 없는 발자국을 남겨놓았다. 서방에서 보면 이 도시는 유럽이 러시아를 바라보는 창문의 역할을 지속했다. 동쪽에서 보면 이 도시는 러시아인들에게 유럽식 생활방식이 자신들 생의 중요한 부분이 되었다는 것을 보여주었다.

상트페테르부르크에서는 유럽의 다른 어느 도시보다 가난이 제국의 장엄함과 나란히 존재했다. 넵스키 대로에서 1킬로미터도 안 떨어진 곳에 있던 센나야 광장(Сенная площадь) 시장에서는 가난한 주민들이 넝마 같은 천조각, 장작, 훔쳐온 물건들을 팔았다. 그러나 도시의 모든 구역은 짐마차꾼과 청소부와 초라한 점원들이 일부를 차지하고 있었고, 운이 전혀 없는 이들이 상트페테르부르크 시민들의 계층을 구성했다. 소유재산과 생활 수준의 현격한 차이에도 불구하고 이 사람들은 가는 곳마다 이 도시의 상류층과 부딪쳤으며, 이는 도시의 최고 지역에서조차 억압받고 멸시받는 사람들이 부와 명성을 지닌 사람들과 자신들의 마당을 공유했기 때문이었다. 장군, 정치가, 하급관리, 재봉사, 구두 수선공, 창녀는 종종 같은 건물을 자신들의 집이라고 불렀다. 부유한 사람들이 상트페테르부르크의 건물에서 널찍하고 천장이 높고, 거리를 내려다보는 화려한 아파트에 거주하는 대신, 같은 건물의 좁은 뒷방을 가난한 사람들에게 세놓는 것은 피할 수 없는 관행이었다.

상트페테르부르크의 부자와 가난한 사람들은 산업혁명이 하층민들을 시 외곽의 공장으로 끌어들일 때까지 나란히 옆에 살았다. 위대한 러시아 기업가인 푸틸로프와 오부호프는 시내에 공장을 가지고 있었고, 지멘스, 손톤, 매코믹 같은 회사도 마찬가지였다. 1차 세계대전이 발발하고 상트페테르부르크가 페트로그라드로 명칭을 바꿀 즈음에는 공장 굴뚝과 노동자들의 슬럼 같은 주거지가 도시 중심부를 에워쌌다. 프롤레타리아가 차지한 교외가 시 중심부를 압박해 들어오자, 부자와 가난한 사람들 사이의 관계는 악화되었다. 주민들이 스스로 감당할 수 없는 전쟁의 부담을 짊어지게 되면서 러시아가 그때까지 미루어왔던 유럽식의 계급 혁명의 무대가 마련되었다. 1917년 2월 일주일도 안 되는 짧은 기간에 페트로그라드의 남녀들은 자신들의 도시를 혁명의 요람으로 만들었고, 이로 인해 러시아는 4분의 3세기 동안 공산주의라는 용감한 신세계를 실험하게 되었다.

혁명의 창안자의 이름을 기려 바로 레닌그라드로 명칭이 바뀐 상트페테르부르크는 1918년 볼셰비키가 수도를 모스크바로 이전한 순간부터 러시아의 정치 중심지로서의 위상이 쇠락하기 시작했다. 시인 안나 아흐마토바와 작곡가 세르게이 프로코피예프Sergei Prokofiev의 도시는 볼셰비키 독재에 반대하는 사람들이 모여드는 도시가 되었고, 1920년대와 1930년대에는 지적, 문화적 생활의 중심지로 번성했다. 천재적인 젊은 상징주의자 세르게이 예세닌Sergei Yesenin은 무용가 이사도라 덩컨Isadora Duncan과의 결혼이 파경에 이른 뒤 1925년 말 레닌그라드로 와서 자살했다. 그는 러시아의 새 주인들이 자신이 쓰고 싶은 것을 쓰도록 허락하지 않는다는 것을 깨달았다. 5년 후 위대한 볼셰비키 시인 블라디미르 마야콥스키Vladimir Mayakovsky는 혁명이 예술을 자유롭게 만들 수 있는 희망이 전혀 보이지 않는다는 것을 극적으로 선언하기 위해 이곳에서 자신의 생을 마감했다. 미래를 향한 러시아의 창의 역할을 오랫동안 수행해온 상트페테르부르크는 스탈린Stalin이 독재의 족쇄를 조일 때도 그대로 남아 있었다. 아시아적이고 반서구적이며, 가혹하고, 거칠고, 압제적이고, 지방색이 강한 모스크바가 이반 뇌제 때와 마찬가지로 러시아 땅을 지배하게 되었을 때, 레닌그라드는 러시아의 위대성을 세계 다른 곳에 알리는 제국 도시로 남아 있었다.

1930년대 중반이 되자 스탈린이 러시아인들에 대한 지속적 전쟁을 벌이는 터전이 된 새 수도 모스크바는 레닌그라드의 미래의 감각에 어둠을 드리우기 시작했다. 용감한 신세계가 표상하는 바를 반영하도록 선택되어 부분적으로 새로 건설된 모스크바가 세계 사회주의의 수도로 성장하는 동안, 레닌그라드는 러시아의 사회주의 지도자들이 자신들의 인민들이 잊기를 바라는 생활방식과 정치적 비전이 여전히 살아 있는 박물관이 되었다. 스탈린과 그의 부하들이 러시아인들을 레닌그라드에서 멀어지게 했다면, 표트르 대제 시대 이후 이 도시가 표상한 지적 권위는 다른 사람들을 이 도시로 끌어들였다. 이 도시의 과거를 러시아와 유럽이 조우한 접촉점으로 기억한 나치 독일 지도자들은 1941년 소련을 침공했을 때 이 도시를 핵심 전략 목표로 삼았다. 히틀러와 그의 장군들에게는 '유럽으로 난 창'을 점령하는 것이 우크라이나 곡창지대와 코카서스 유전과 소련의 수도 자체를 점령하는 것만큼 중요한 목표가 되었다. 9백 일 동안 나치 독일군은 레닌그라드를 포위했다. 지나간 시절에 자주 그랬던 것처럼 러시아의 눈은 다시 한번 표트르 대제의 도시로 향했다.

독일군의 폭탄과 포탄이 비처럼 쏟아진 1941년부터 1944년까지 3년 동안 레닌그라드 주민들은 사망자 수가 신생아 숫자를 월등히 넘어섰지만, 시민들은 용맹하게 침략에 맞섰다. 레닌그라드 봉쇄가 최악의 상황을 만들어냈을 때, 유명한 시인 올가 베르골츠Olga Berggolts는 친구에게 이렇게 썼다. "좋은 뉴스는 전혀 없어. 아직 없지만 우리는 기다릴 거야. 우리는 싸울 거야."[5] 레닌그라드 시민들은 난방하기 위해 책을 불태우고, 눈을 녹인 물을 마시고 해충을 먹었지만 기아로 죽어갔다. "제냐가 1941년 12월 28일 새벽 0시 30분에 죽었다"라고 열한 살 먹은 타냐 사비체바는 레닌그라드 봉쇄 첫 겨울에 일기에 썼다. "할머니가 1942년 […] 1월 25일 돌아가셨다"라고 그녀는 한 달 뒤 다시 적었다. "레카가 3월 17일에 죽었다. […] 바샤 삼촌이 4월 13일 죽었다. […] 레샤 삼촌이 5월 10일 죽었다. […] 엄마가 1942년 5월 13일 7시 30분에 죽었다." "모두 죽었다"라고 그녀는 일기의 마지막 페이지에 적었다.[6] 살아 있는 사람들은 레닌그라드의 공동묘지에서 각 묘지당 2만~2만 5천 명의 시신을 담는 거대한 구덩이 묘지에 먼저 죽은 자신의 소중한 사람들을 묻었다. 그래도 상트페테르부르크는 버텨냈고, 소비에트 러시아의 '영웅 도시들' 중 가장 위대한 이 도시는 한때 자신이 통치하던 국가의 투쟁 정신을 상징하는 기념비가 되었다. 시인들과 선전가들은 레닌그라드에서 부활된 러시아 정신의 힘을 보았고, 그들의 나라가 나치의 봉쇄를 견뎌낸 사람들과 같은 사람을 계속 탄생시키는 한 이 국가는 늘 강한 국가가 되리라는 것을 기약했다.

상트페테르부르크가 제국의 수도로 군림하건, 소련의 두 번째 도시로 쇠락하건, 아니면 나치의 봉쇄로 인한 파괴를 겪건, 마법적 힘이 러시아인들을 이 도시로 끌어들였다. "우리 촌사람들은 발걸음을 상트페테르부르크로 내디뎠다"라고 소설가 미하일 살티코프-셰드린Mikhail Saltykov-Shchedrin은 19세기 중반에 썼다. "마치 페테르부르크가 그 이름, 거리, 안개, 비, 눈과 함께 인생의 문제를 풀어주거나 그것에 새로운 빛을 비춰주는 듯했다."[7] 상트페테르부르크의 거리, 궁전, 마법적인 백야는 도스토옙스키, 림스키-코르사코프Rimskii-Korsakov, 쇼스타코비치Shostakovich의 작품을 채웠고, 시인 푸시킨Pushkin, 알렉산드르 블로크Aleksandr Blok, 아흐마토바, 조지프 브로드스키Joseph Brodsky가 쓴 가장 강력한 구절들은 이 도시의 웅장함과 힘을 반영했다. 예카테리나 여제가 1782년 표트르 대제를 기념하여 만든 청동기마상은 이 시인들과 다른 많은 시인들의 작품에 자신의 그림자를 드러냈다. 이 동상은 여러 세기 동안 러시아인들이 제기한 같은 질문을 제기했다. 이 도시의 첫 황제가 그들의 나라를 뒤로 물러나게 만들었는가(동상의 형상이 암시하듯)? 아니면 앞으로 도약하기 위해 뒤로 물러난 것인가(말과 기사가 막 뛰어오르려는 것처럼 보이듯)? 이 질문들에 대한 대답은 상트페테르부르크, 그리고 러시아의 진보, 서방, 미래의 비전에 대한 열쇠를 쥔 것 같았다.

표트르 대제 시기부터 현재까지 살았던 남녀에게 상트페테르부르크는 심리적 힘과 지적 비전, 그리고 러시아의 다른 모든 것이 가늠되는 생활방식이었다. 이 말은 이 도시가 항상 모든 사람으로부터 사랑과 경외를 받고 있었다는 것을 뜻하진 않는다. 그러나 지난 3백 년 동안 어떤 러시아인도 감히 상트페테르부르크의 이상을 무시할 수 없었음을 뜻한다. 고골과 도스토옙스키도 이 도시의 과거, 현재, 미래에 대해 자신들이 지닌 이중적 이미지를 포용하는 데 주저했다. 러시아 역사에서 이 도시가 차지하는 위치를 이해해보려 한 다른 많은 이들도 마찬가지였다. 청동기마상은 이 도시가 솟아오른 발판이 된 늪지대의 비전을 극복할 수 있었는가? 인간의 의지는 러시아 전통의 부담과 자연이 제공해주지 않은 선물을 계속 보상할 수 있었는가? 이 질문에 러시아인들이 어떻게 대답할 것인가를 떠나서, 상트페테르부르크는 러시아의 다른 곳의 진정한 의미를 찾는 사람들에게조차 인정받기를 원했다. 거의 4분의 3세기 동안 모스크바를 미래의 사회주의 도시로 만들려고 했던 볼셰비키조차 나치 독일군이 저지른 최악의 만행을 견뎌낸 레닌그라드 시민들이 가장 어두운 시간에 러시아인들을 지탱시켜준 심리적 내면의 힘을 표상한다는 것을 마지못해 인정해야만 했다.

역사의 여러 다른 시기에 상트페테르부르크는 힘, 영웅주의, 불굴의 용기를 묘사했다. 이 도시는 러시아인들이 가지고 있는 모든 것과 이들이 원했던 것의 대부분을 아울렀다. 이곳은 표트르 대제와 예카테리나 여제의 도시이고, 나폴레옹과의 전쟁에서 러시아를 승리로 이끈 미하일 쿠투조프Mikhail Kutuzov 원수가 영면한 곳이다. 발레리나 안나 파블로바Anna Pavlova와 동화 같은 그녀의 파트너 바츨라프 니진스키Vatslav Nizhinskii는 한때 마린스키 제국극장의 무대를 가로지르며 춤을 추었고, 20세기 초 러시아 발레를 파리에 소개한 발레 감독 세르게이 디아길레프Sergei Diaghilev는 이곳에서 발레 뤼스Ballets Russes를 조직했다. 도스토옙스키는 시베리아의 감옥에서 보낸 시간을 빼고 성인기의 대부분을 상트페테르부르크에서 보냈고, 작곡가 글린카Glinka, 보로딘Borodin, 림스키-코르사코프도 마찬가지였다. 화학자 드미트리 멘델레예프Dmitrii Mendeleev는 자신의 주기율표를 상트페테르부르크에서 완성했고, 이반 파블로프Ivan Pavlov는 1904년 그에게 노벨상을 안겨준 조건반사 연구를 이곳에서 했다. 이 도시의 뒷골목과 샛길에서 미국 최초의 외국 태생 노벨상 수상자가 된 조지프 브로드스키는 10대 때 자신의 독학 과정을 형성해준 책을 찾기 위해 쓰레기통을 뒤지고 다녔다.

모든 러시아인에게 상트페테르부르크는 최상의 도시였고, 현재도 그렇다. 하지를 전후해 꽃피는 천상에서 내려온 듯한 백야는 전설적인 낭만의 아우라를 만들어내고, 러시아의 어느 다른 장소도 시인의 마음을 이곳만큼 깊이 감동시키지 못한다. 러시아 사람들은 상트페테르부르크 운하의 아름다움은 베네치아 운하에 뒤지지 않고, 네바강은 템스강의 웅장함과 센강의 낭만을 능가한다고 주장했다. 이 도시의 이삭 대성당의 거대한 돔은 로마의 성 베드로 성당과 런던의 성 바울 성당의 돔보다 약간 작다. 희디흰 카라라 대리석으로 장식된 웅장한 계단과 1,054개의 방, 베르사유 궁전의 무도회장보다 더 큰 무도회장, 루브르와 바티

칸만이 필적할 엄청난 예술품을 소장한 겨울 궁전에 버금가는 존재는 지구상에서 거의 찾아볼 수 없다.

차르 시대에 상트페테르부르크는 상상하기조차 어려운 수준의 부를 자랑했다. 사교 시즌에 펼쳐지는 무도회와 만찬은 수많은 전설을 엮어냈다. 표트르 칼 파베르제Peter Karl Fabergé는 유럽의 어느 다른 곳에서도 자신의 작품을 너그럽게 지원해줄 고객을 찾을 수 없었기에 이 도시 중심에 공방을 갖고 있었다. 그러나 그가 있다고 해서 그의 창작에 경쟁이 될, 다섯 손가락을 넘나드는 다른 보석 공예가들의 번영이 방해받지는 않았다. 1900년의 러시아에서는 파리와 뉴욕의 저택 한 채 값에 해당하는 부활절 달걀을 구매할 남녀가 부족하지 않았기 때문이다. 귀족적인 상트페테르부르크는 하층민들의 빈곤이 점점 절망스러워지는 상황에서도 과시적 소비를 높이 평가했다. 상트페테르부르크의 공장에서 일하는 숙련노동자는 몇 번의 생을 반복해 살면서 일해도 그런 달걀 하나를 살 돈을 벌 수 없었지만, 이들의 질곡을 덜어주거나 생활여건을 개선해줄 조치는 거의 취해지지 않았다. 자신들의 조상이 넘겨준 권력을 영구화하는 데 골몰한 로마노프 왕가는 페테르부르크 시민 대부분이 영위하고, 러시아인 대부분이 견뎌내고 있는 절망적 삶에 거의 주의를 기울이지 않았다. 도스토옙스키 소설의 내부 구조를 형성하고 있는 고통 받는 사람들의 이미지는 1917년 혁명이 다가오면서 점차 암울해지고 위협적으로 변해가는 현실을 반영했다.

가난, 고통, 기념비적 규모의 영웅주의 이미지들과 혼합되어 풍족함, 적나라한 정치권력, 예술적 탁월함은 상트페테르부르크라는 역사적 페르소나를 이룬다. 상트페테르부르크의 전기는 무엇보다도 3백 년의 역사를 장식한 정치, 문화, 과학에서의 위업을 만들어내기 위해, 무서운 자연의 힘과 압제에 투쟁한 남녀의 이야기이다. 공장과 빈민가도 궁전이나 연병장 못지않게 상트페테르부르크 이야기에서 중요하다. 혁명가들은 차르와 함께 무대를 차지해야 한다. 그리고 건축가와 병사들, 정치가들은 시인, 작곡가와 자랑스러운 자리를 공유해야 한다. 상트페테르부르크의 전기는 이 도시의 과거와 현재에 의미를 만들어준 수많은 사소한 인간적 사건들에 대한 언급 없이 이야기될 수 없다. 또한 힘겨운 노동으로 습지를 메우고, 늪지대를 마른 땅으로 만들고, 궁전과 성당을 짓고, 기계들을 돌리고, 적의 공격으로부터 이 도시를 방어한 평범한 사람들의 탄생과 사라짐도 적절한 자리를 차지할 자격이 있다.

가장 넓은 역사적 관점에서 바라보면, 상트페테르부르크의 과거, 현재, 미래는 러시아인들 스스로가 자신들의 국가가 어떤 곳이고, 어떤 곳이 되어야 하는지에 대해 나눈 수 세기의 대화의 중심에 계속 서 있다. 과거에 이 대화는 러시아와 유럽, 러시아와 아시아, 러시아와 제국, 러시아와 구원, 구원의 열쇠로서의 러시아의 고난, 러시아와 종말, 러시아와 혁명에 대한 것이었다. 최근에는 그 초점이 표트르 대제 시대에 러시아가 어디에 있었는지, 즉 상트페테르부르크는 러시아가 지향하는 맥락에서 무엇을 의미하는지로 되돌아갔다. 많은 러시아인들에게 상트페테르부르크는 러시아가 여전히 "유럽으로 향하는 단 하나의 문"[8]을 가지고 있다는 사실을 보여주는 드라마틱한 상징이 되어왔다. 많은 사람들은 이제 표트르 대제 시대와 마찬가지로 러시아의 미래를 향한 문이 열렸다고 생각한다.

상트페테르부르크와 러시아 사람들은 3백 년 전 그랬던 것처럼 다시 외국의 생활방식을 받아들이고, 표트르 대제가 이 도시의 일부로 만들었던 유럽 문화와 정치의 주류로 되돌아갈 것인가? 아니면 자신들의 힘을 회복하는 데 필요한 필수적인 것만을 '빌려오고', 그런 다음 표트르 대제의 기억할 만한 표현대로 '서방이 그들의 꽁무니를 쫓게 만들' 것인가? 이것은 21세기가 시작되면서 모든 정치인과 모든 사려 깊은 시민들에게 주어진 질문이다. 그리고 이에 대한 답은 앞으로 다가올 시대의 세계 정치의 방향을 결정하는 데 도움을 줄 것이다.

페테르부르크 시민들은 표트르 대제의 청동기마상이 네바강변에 우뚝 서 있는 동안, 자신들의 도시와 국가의 번영의 길을 찾을 것이다. 푸시킨이 쓴 것처럼 "청동기마상은 아직도 달리고 있다." 그러나 그 달려가는 방향은 상트페테르부르크 역사의 어느 시점보다도 덜 명확해 보인다. "어디에 당신의 말굽을 박고, 누구에게로 박을 것인가?"라고 푸시킨은, 러시아가 나폴레옹을 격파하고 유럽의 가장 강력한 국가가 된 오래된 과거에 표트르의 청동 말에게 물어봤었다.[9] 이 질문은 아직도 러시아 운명의 심장에 놓여 있다. 아마도 상트페테르부르크의 이야기를 전개함으로써 이 책은 대답할 방법을 보여줄 수 있을 것이다.

서구로 난 창

ST. PETERSBURG

1703 ~ 1796

1
부

한 세기 후 푸시킨은 표트르 대제가 어떻게 네바강 늪지대에 상트페테르부르크를 건설하기로 결정했는지를 묘사하며 "그의 결정은 운명이었다"라고 썼다. [···] 상트페테르부르크가 쓸모없는 늪지에서 제국의 수도로 부상하는 거대한 드라마에서 사람들은 거의 맨손으로 거대한 자연의 힘과 싸워야 했고, 이들의 군주는 억센 힘과 인간의 의지가 기도의 힘보다 강하다는 것을 보여주기 위해 분투했다. 모든 사람 위에 표트르가 승리자로 우뚝 섰다. 굽힐 줄 모르는 의지를 가진 이 군주는 고대 시대의 영웅들이 이룬 과업에 도전하는 것을 가능하게 만들었다.

St. Petersburg

건설자들

　유럽에서 가장 큰 호수인 라도가호수의 남쪽 끝에서 흘러나온 네바강은 66킬로미터를 흘러 바다로 들어간다. 네바강이 핀란드만에 다가가면서 유속이 빠른 강물은 열두 개가 넘는 줄기로 갈라진다. 이 강줄기들이 휘어지고 방향을 틀면서 주변의 저지대 습지들은 복잡한 군도를 형성한다. 18세기 초 이 섬들의 수는 1백 개가 넘었지만, 도시 하나가 형성되어가면서 섬들 사이의 좁은 강줄기와 운하들이 메워져 오늘날엔 42개만 남았다. 이중 어느 섬도 불규칙한 지형을 보이지 않는다. 파리, 아테네, 피렌체나 로마처럼 언덕이나 노두는 보이지 않고, 삼각주의 어느 곳도 해발 10미터를 넘지 않는다.[1]

　지나간 시절에 관목이 덮인 이 지역을 핀란드인, 스웨덴인, 러시아인들은 땔감나무 섬, 자작나무 섬, 돌의 섬, 염소의 섬이라고 불렀다. 8백 미터쯤의 길이에 3백 미터 이상 넓이의 모래가 덮인 가늘고 긴 계란형 섬인 '토끼섬(Заячий остров)'이 네바강에서 가장 작은 섬이었고, 이 섬은 북쪽 제방 근처에서 운하를 둘로 가른다. 몇 세기 동안 이 섬은 그물을 고치면서 잠시 쉴 곳을 찾는 어부들의 피난처가 되었지만, 항구적 주거는 형성된 적이 없었다. 그러다가 1703년 5월 16일 표트르 대제의 평생 친구인 알렉산드르 멘시코프[*] 공이 소규모 병력의 부대를 이끌고 이 섬에 와서, 적함이 강으로 들어오는 것을 막는 거대한 육각형 요새를

짓기 위한 말뚝 울타리를 만들었다. 이 요새 주변의 섬들에 형성되기 시작한 도시는 표트르 대제의 비전의 산물이었지만, 그는 그 시작을 보기 위해 이 섬에 오지는 않았다. 멘시코프의 병사들이 말뚝을 박은 지 겨우 6주가 지난 후 요새의 대략적인 윤곽이 만들어지고, 조악한 숙소들이 만들어졌을 때 표트르가 드디어 와서 이들과 합류했다. 성 베드로와 바울 축일인 6월 29일 표트르는 이 정착지에 자신의 수호성인의 이름을 따서 '상크트 피에테르 부르흐'라는 이름을 붙였다.

상크트 피에테르 부르흐의 거주자들은 네덜란드식 발음인 이 이름을 러시아어화해서 상트페테르부르크라고 고쳐 불렀고, 후에 토끼섬 전체를 18미터 높이

---

* 알렉산드르 멘시코프(Aleksandr Danilovich Menshikov, Александр Данилович Меншиков, 1673~1729)는 표트르 대제의 친구이자 최측근이며 군사령관으로 상트페테르부르크 건설과 스웨덴 등과의 전쟁에서 공을 세웠다. 표트르 대제 사후 2년간 사실상 러시아의 지도자 역할을 했다. 대원수, 러시아 제국 대공, 잉그리아 공(Duke of Ingria), 신성로마 제국 공 등의 지위를 보유했다.

의 화강암으로 둘러싸서 확장한 멘시코프의 요새는 '성 페트로파블롭스크 요새'라고 명명되었다. 1917년 혁명 때까지 이 난공불락의 구조물은 표트르의 도시를 방어하는 역할을 수행했고, 그 중심부에는 상트페테르부르크 최초의 거대한 성당이 들어서서, 러시아의 모든 황제와 황후는 이 성당에 영면했다. 이곳에서 돌을 던지면 닿을 만한 가까운 거리에 상트페테르부르크 최초의 정치범 감옥이 요새 기초의 내부에 깊숙이 자리 잡았다. 1849년 이곳에 수감된 도스토옙스키는, 이어진 반세기 동안 자유의 이름으로 전제정에 항거한 다른 많은 수형자와 마찬가지로 수척해졌다. 1917년 2월 혁명 후 위태위태한 정부를 물려받은 정치인들은 니콜라이 2세의 참모들과 측근들을 눅눅한 회색의 돌덩어리 감옥으로 보냈고, 몇 달 후 복수심에 불타는 레닌Lenin의 볼셰비키들은 다시 그 정치인들을 이곳으로 보냈다. 궁전과 주작 대로를 놓기에 너무 작은 단일 섬에 지어진 페트로파블롭스크 요새는 이런 제약에도 불구하고 러시아 군주들이 의존하는 가장 근본적인 세속 기구와 종교 기구를 그 안에 수용할 수 있었다.

요새가 지어진 지 1세기도 지나지 않아 네바강 습지에 지어진 도시는 러시아인과 외국인 모두에게 신비로운 매력으로 빛나기 시작했다. 1790년이 되자 네바강 삼각주의 염분이 섞인 물결은 붉은 핀란드산 화강암으로 세심하게 가공된 강둑을 전면에 내세운, 흠잡을 데 없이 완벽한 운하가 되었다. 전에는 네바강의 변덕스러운 물줄기에 쉽게 떠다니던 바로 그 땅 위에 우아한 궁전과 정부 건물, 도시주택들이 세워졌다. 파리의 샹젤리제 거리보다 넓은 대로들이 강변에서 시 외곽으로 뻗어나갔다. "페테르부르크의 모습은 당시에 보이던 것보다 앞으로 어떻게 될 것인가에 대한 기대로 우리를 더 기쁘게 했다"라고 도시 창건 1백 주년을 10년 앞둔 시기에 상트페테르부르크를 찾은 한 독일 방문자가 썼다. "아름다운 대칭 구조면에서 보면 베를린이 이 도시에 필적할 만하지만, 상트페테르부르크가 더 위대한 가능성을 가지고 있다"라고 그는 덧붙였다.[2]

이 모든 가능성의 차원을 이해하는 데는 시간과 선견지명이 필요했다. 표트르 대제는 자신의 상트페테르부르크 비전을 명확하게 만들려고 노력하면서 그 중심이 어디가 되어야 하는지에 대해 여러 생각이 엇갈렸다. 그가 이 도시를 공식적인 러시아의 수도로 지명한 1712년 이전에 그는 도시의 중심부를 토끼섬에서 19킬로미터 떨어진 하류에 핀란드만으로 깊숙이 들어가 있는 코틀린섬(오늘날 크론시타트 해군기지)으로 설정하는 실험을 했다. 코틀린섬이 만족스럽지 않다고 본 표트르는 페트로파블롭스크 요새처럼 네바강 북쪽에 자리 잡은 바실렙스키섬으로 관심을 돌렸다. 코틀린섬보다 크고 접근성이 좋은 바실렙스키섬은 본토로부터 1.5킬로미터 이상 떨어져 있었는데, 저지 지형으로 인해 매년 봄과 가을 핀란드만으로부터 폭풍이 제방을 넘쳐 들어왔다. 표트르 대제는 사방이 바다로 보호받는 러시아의 수도를 건설한다는 자신의 꿈을 결코 포기하지 않았다. 최종적으로 상트페테르부르크는 네바강의 남쪽 제방이 폰탄카Fontanka와 모이카Moika로 갈라지는 곳과 그 후면의 본토 땅을 중심부로 삼게 되었다. 표트르 대제가 죽은 지 1백 년이 되기도 전에 그의 후계자들은 겨울 궁전, 참모본부, 해군성, 제국 상원, 러시아정교회 신성종무원, 이삭 대성당을 건설했다. 이 모든 건물들은 러시아의 힘이 유라시아 대륙을 건너 지구를 돌아 투사되는 러시아 제국의 대건축물들이었다.

표트르의 굽힐 줄 모르는 의지로 인해 상크트 피에테르 부르흐가 조성된 늪지대는 거의 1천 년 동안 러시아 역사의 중요한 부분이 되었다. 10세기에 위대한 중계무역 공국이었고, 러시아 땅의 장구하고 다사다난한 역사에서 유일하게 진정한 공화국이었던 노브고로드*가 이 지역을 차지하고 있었다. 1240년 노브고

---

* 노브고로드(벨리키 노브고로드Veliky Novgorod, Великий Новгород)는 러시아어로 '새 도시'라는 뜻으로 일멘Ilmen호수에서 흘러나오는 볼호프Volkhov강 가에 자리 잡고 있고, 키예프 루스 시대 발트해, 스칸디나비아, 왈라키아, 키예프, 카스피 해안을 연결하는 중요한 위치에 있어 교역으로 번성하였으며, 1478년 모스크바에 병합되었다. 발트해, 스칸디나비아 지역의 교역 중심지였고, 키예프 공국에서 가장 번성한 도시 중 하나였다. 1478년

서구로 난 창

로드의 전설적인 알렉산드르 넵스키 대공[**]은 표트르의 도시가 건설된 곳에서 얼마 떨어지지 않은 곳에서 스웨덴군을 물리쳤다. 14세기에 알렉산드르의 후손들은 적어도 20회 이상 스웨덴, 독일, 리투아니아를 공격했지만, 이 땅 자체는 빈한한 채로 남아 있었다. 몇 개의 어촌과 교역 역참, 소수의 농민들만 이곳에 거주했다. 농지와 어류가 이들을 끌어들이는 유일한 매력이었다면, 역사는 네바강 삼각주의 늪지대를 비켜 갔을 것이다. 그러나 다른 힘들이 작용했다. 적어도 9세기 중반부터 네바강은 유럽과 중근동 지역을 연결하는 중요한 수로의 일부였다.

'바랴그인(Variags Варяги)으로부터 그리스인들에게' 흐르는 이 동화 같은 수로의 최북단 지역에 러시아인과 그 적들을 불러들인 것은 교역이었다. 9세기부터 중동과 근동 지역과 상품을 교역할 기회를 포착한 북유럽의 공후와 상인들이 네바강 하구로 몰려들었고, 노브고로드, 스웨덴, 튜턴 기사들이 이 수로가 통과하는 땅을 얻기 위해 벌인 전투는 교역을 장악하기 위한 투쟁이었다. 14세기에 네바강 삼각주 지역을 스웨덴에게 빼앗긴 후 16세기 이반 뇌제가 발트해 지역에 교두보를 확보하기 위해 원정을 벌였을 때 러시아는 잠시 이 땅을 되찾았다. 그러나 이 원정은 실패로 끝났다. 이후 스웨덴은 이 땅을 다시 확보하고 토끼섬 북방에서 5킬로미터도 떨어지지 않은 곳에 니엔스칸스Nyenskans 요새를 건

모스크바 공국에 병합되었다. 러시아에서 가장 오래된 건축물 중 하나인 소피아 대성당이 남아 있고, 도시 전체가 유네스코 문화유산으로 등재되었으며, 현재 노브고로드주의 주도로 약 20만 명의 인구가 거주하고 있다. 러시아 내륙의 벨리키 노브고로드는 볼가강 하류의 니즈니 노브고로드('하류 노브고로드'란 뜻)와 구별할 때 쓰인다.

** 알렉산드르 넵스키 대공(Alexander Yaroslavich Nevsky, Александр Ярославич Невский, 1221~1263)은 노브고로드의 대공(재위 1236~40, 1241~56, 1258~1259)이자 키예프 루스의 대공(1236~52), 블라디미르(1252~63)의 대공. 독일기사단과 스웨덴군의 침입을 맞아 러시아 역사상 위대한 전투로 꼽히는 네바강 전투와 추도호 전투를 승리로 이끌어 루스를 보존하고, 금칸국에 공물을 계속 바치는 조건으로 정교회를 수호했다. 1547년 정교회 총주교 마카리우스는 그를 정교회 성인으로 시성했다.

설했다. 이 요새는 1703년 멘시코프가 공격을 시작했을 때 첫 공격목표가 되었다. 멘시코프가 이 지역에서 스웨덴인들을 몰아낸 다음에야 토끼섬에 상트페테르부르크의 기초를 건설하는 것이 가능해졌다.[3]

스웨덴을 몰아낸 후에도 표트르가 러시아의 '서방으로 난 창'을 건설하기 위한 장소로 네바강 삼각주를 선택한 것은 통상 도시 건설지를 선택하는 거의 모든 기준에서 벗어났다. 이곳에는 담수 수원이 없었고, 주변 지역 토양은 주민들에게 식량을 공급할 작물을 기르기에 너무 척박했다. 일 년 중 11월부터 3월까지 다섯 달 동안 네바강은 얼어붙었다. 역사를 돌아보면 네바강 하구의 섬들과 늪지대는 거의 매년 큰 홍수를 겪었다.[4] 가장 작고 허술한 건물을 짓는 데 필요한 목재는 내륙에서 벌목하여 강물로 떠내려 보내야 했다. 도시의 기초와 포장도로를 만드는 데 필요한 석재를 구하기 너무 힘들어, 18세기 총독들은 이 도시에 들어오는 모든 마차와 선박에게 세금을 석재로 내게 했다. 상트페테르부르크가 건설된 모든 땅 한 평 한 평은 늪지대에 5미터 길이의 참나무 말뚝을 끝까지 박아서 확보해야 했다. 유럽의 어느 수도도 이처럼 많은 난관을 극복하고 건설된 적이 없었다. 상트페테르부르크의 시작은 근대 유럽 어느 곳에서도 그 유례를 찾아볼 수 없을 정도로 험난했다.[5]

표트르 대제는 매년 1만에서 3만 명의 농노, 전쟁포로,*** 범죄자들을 네바강삼각주로 보내 늪지대를 건조시키고, 말뚝을 박고, 상트페테르부르크의 첫 건물을 짓게 했다. 이들은 수천 명씩 죽어가는 험난한 상황에서 가장 원시적인 도구만으로 건설 작업을 했다. 일부는 맨손으로 흙을 파 자신의 셔츠와 겉옷으로 만든 보따리에 날라야 했고, 일부는 조악하게 만든 꼬챙이와 나무 삽을 가지고 습한 땅을 파내야 했다. 콜레라와 지아르디아증은 이 지역에 들어오는 모든 사람

***1709년 폴타바 전투 승리 후, 스웨덴 편에서 싸운 자포로지아 코자크 포로들도 상트페테르부르크 건설 공사에 동원되어 상당수가 현지에서 사망했다.

의 생명을 위협했다. 이러한 질병을 유발하는 수질이 나쁜 물은 이후 상트페테르부르크 주민들에게 내내 저주와도 같았다.[6] "상트페테르부르크 건설 과정에서 사망한 노역자들 숫자보다 더 많은 전사자를 군사나 전투 기록서에서 찾는 것은 어렵다"라고 19세기 말 역사학자 클류쳅스키가 썼다. "러시아의 새 수도를 건설하는 데 동원된 사람들에게 이 새 도시는 거대한 무덤과 같았다"라고 그는 결론지었다.[7]

건설이 시작된 첫 여름 강제노역자들의 거주지가 네바강 삼각주 저지대 몇 곳에 지어졌지만, 얼마 되지 않아 홍수로 쓸려 내려가 거주자들은 바람과 진흙에 그대로 노출되었다. "우리는 바다로부터 오는 혹독한 날씨에 고생하고 있고, 이것은 우리 병사들의 야영지를 홍수로 쓸어가 버렸습니다"라고 그해 8월 한 장교가 걱정이 가득 차 표트르 대제에게 보고했다. 그는 큰 우려를 담은 추신에서 "이 근처의 토박이 주민들은 매년 이맘때가 되면 늘 홍수가 닥친다고 합니다"라고 추가했다.[8] 이 지역을 방문한 프랑스 의사는 이런 홍수가 닥치면 네바강과 그 지류들은 "함께 거대한 바다를 형성했고, 그 표면 위에 도시가 떠다니는 것 같았다"라고 기록했다.[9] 차르 자신도 불어난 물이 새로 만들어진 시의 중심도로인 넵스키 거리를 덮쳤을 때 거의 익사할 뻔했다. 그 당시부터 기록되어 보관된 학술보고서는 네바강이 홍수 수위보다 1.5미터 넘게 범람한 적이 260번 있었다고 기록하고 있다. 늘 닥치는 홍수에도 불구하고, 이 도시는 계속 자리를 지켰다. 한 세기 후 푸시킨은 표트르 대제가 어떻게 네바강 늪지대에 상트페테르부르크를 건설하기로 결정했는지를 묘사하며 "그의 결정은 운명이었다"라고 썼다.[10] 그러나 어떤 것도 이곳을 '낙원'으로 만들겠다는 표트르의 의지를 흔들지 못했다.[11] 상트페테르부르크는 러시아의 새로운 콘스탄티노플, 새로운 로마, 새로운 시온이 되어야 했다. 표트르 대제 스스로 말한 것처럼 이 도시는 "성스러운 러시아 땅"에 황제의 명령으로 세워진 "약속의 땅," "신의 천국," "성스러운 장소"가 되어야 했다.[12]

무엇이 표트르 대제로 하여금 러시아의 적인 스웨덴이 장악하고 있던 늪지에 새로운 수도를 건설하도록 만들었는지는 지금까지도 미스터리로 남아 있다. 1689년 이 젊은 차르가 권좌에 올랐을 때 모스크바는 2백 년 이상 러시아의 수도 역할을 하고 있었고, 모스크바의 대공은 이보다 1세기 이상 러시아 정치를 주도하고 있었다. 모스크바의 지도자들은 1380년 러시아가 몽골군을 패퇴시켰을 때 서로 각축하고 있던 공후들을 이끌었고, 이들의 분할된 영역을 하나의 왕국으로 모아서 폴란드에서부터 태평양 연안까지 펼쳐진 대국을 만들었다. 15세기의 러시아인들은 모스크바를 모든 인류를 구원하는 마지막 희망인 제3로마로 떠받들었다. 모스크바의 지도자들과 사제들은 자신들의 정교회 신앙의 순수성으로 인해 모스크바가 모든 경쟁국의 위에 군림한다고 주장했다. 성스러운 러시아의 수도이자 경건한 중세적 도시 모스크바는 15세기와 마찬가지로 17세기가 될 때까지 수도로서 부족한 면이 없었다. 왕국의 가장 끝 지역에 새로운 수도를 건설한다는 표트르의 계획은 수백 년 동안 러시아의 운명을 형성한 모든 편견, 믿음, 희망에 도전을 제기하는 것이었다.

자신의 국가가 현대 세계의 일원이 되지 않으면 그 세계에 제압당하리라는 것을 감지한, 범인들과는 확연히 다른 2미터가 넘는 거인이었던 표트르는 권좌에 오른 첫날부터 마지막 날까지 러시아를 앞으로 나가도록 밀어붙였다. 자신의 나라에 발붙이기를 원했던 네덜란드와 영국 상인들에게 그는 복종이 아니라 제휴의 손을 내밀었고, 이전 시기 러시아로부터 전쟁 노획물을 원했던 스웨덴과 오스만 제국에게는 위험한 적수가 되었다. 한 세대 만에 표트르는 자신의 국가에 승리하는 군대, 새로운 생활방식, 그리고 자신이 원하던 이미지대로 만든 수도를 선사했다. 그가 서방으로 낸 창이 된 상트페테르부르크는 열다섯 개 시간대에 걸쳐 있으면서 지구 표면의 6분의 1을 차지하는 강력한 근대 제국의 신경중추가 되었다. 동시에 그 창설자의 미래에 대한 아이디어를 형성한 힘을 영원히 상기시키는 도시로 남았다.

젊은 시절 표트르 대제 초상
(고트프리 넬러 작, 1689)(왼쪽)

표트르 대제 초상
(장 마르크 나티에 작)(오른쪽)

표트르가 상트페테르부르크에 가져온 비전은 파란만장한 그의 젊은 시절에서
연유했다. 이 기간에 그는 모스크바의 외국인 거주 지역에 오래 거주하며 수학,
근대식 무기, 바람을 거슬러 항해할 수 있는 선박의 비밀에 대해 직접 배웠다. 무
엇이든 시도해보기를 주저하지 않던 그는 모스크바에 거주하는 유럽인들의 생
활에 매료되었고 이 열정을 간직한 채 1697년 대사절단을 이끌고 유럽으로 떠
났다. 그곳에서 그는 자신의 신민들보다 훨씬 풍요롭고 당당하게 생활하는 유럽
인들을 보았고, 그들의 생활을 더 편하고 안락하게 만드는 데 기여하는 근대 기
술의 다양한 모습을 목격했다. 그는 부지런히 유럽의 박물관, 병원, 조선소, 대포
제조공장을 찾아다녔고, 현지 사람들이 거주하고 일하는 멋지게 지어진 도시 건
물에 매혹되었다. 첫 서구 여행에서 본 모든 것이 그에게 러시아가 어떤 모습이
되어야 하는가에 대한 절충적인 이미지를 만들어주었다. 이것이 멘시코프와 병
사들이 1703년과 1704년 네바강 삼각주의 습한 늪지대에 처음으로 조림한 조
악한 목조건물을 지을 때 표트르가 이곳에 가지고 온 비전이었다.

1710년 표트르가 공식적으로 자신의 거주지를 모스크바에서 상트페테르부
르크로 옮겼을 때 새로운 수도의 윤곽이 드러나기 시작했다. 바다로부터 접근하

도록 설계되긴 했지만, 새 도시의 구조는 장사꾼들이 1천 년간 이용해온 네바강 교역로를 따라 내륙에서 접근할 때 가장 잘 보였다. 교역로가 갓 태어난 도시의 동쪽 경계에 다다르면서 강줄기는 서쪽에서 북쪽으로 방향을 바꾼 다음 서쪽으로 급하게 꺾인 후 시의 주 운하의 북쪽으로 삼각주의 주요 섬들을 형성하는 줄기로 갈라졌다. 성 페트로파블롭스크 요새가 되는 통나무 방책에 다다르기 직전 대大네브카강은 오른쪽으로 갈라지고, 그런 다음 소小네브카와 중中네브카로 다시 한번 갈라졌다. 네바강 하류로 조금 더 내려가면 소네바강은 오른쪽으로 흘러들어 소네바강과 강 본류 사이에 형성되어 있는 바실렙스키섬이 나타났다. 이 섬이 표트르 대제가 육지와 바다의 공격 모두로부터 안전한 새 수도의 중심을 건설하려고 마음먹었던 곳이었다. 그러나 러시아 육지는 네바강의 남쪽 둑을 따라 이어져 있고, 이곳이야말로 역사와 자연의 힘에 의해 상트페테르부르크의 정치적, 귀족적 생활이 궁극적으로 펼쳐지도록 결정된 곳이었다. 표트르 대제가 사망한 1725년 1월에 이미 상트페테르부르크의 중심은 그가 그토록 사랑

현재의 바실렙스키섬 전경

했던 섬에서 이동하기 시작했다.

표트르 대제가 수도를 상트페테르부르크로 옮긴 1712년 페테르부르크 구역(район)에는 이미 150여 개의 커다란 주거 건축물이 들어섰다. 그 중심부는 삼위일체(Trinity) 광장이었고, 그 주변에 목조 삼위일체 성당, 정부 인쇄소, 상트페테르부르크 최초의 병원이 건설되었다. 인근에는 도시의 가장 큰 시장이 들어섰다. 이 시장은 1710년 화재로 소실되고 막 재건된 상태였다. 시장의 거대한 장마당의 3면을 조악한 2층 목조건물이 둘러쌌고 그 안에는 수백 개의 가게와 판매대가 들어섰다. 이곳에서 상트페테르부르크 시민들은 외국에서 들여온 호화스러운 물건들을 구입할 수 있었고, 그런 다음 몇 블록 떨어진 대식가 시장(Glutton's Market)으로 가서 콩, 베이컨, 밀가루 등 국내산 식품들을 살 수 있었다. 이 초기 시기에도 이 구역의 중앙에 가까운 타타르 시장은 중고 물건과 장물 시장으로 번성했다. 시간이 지나면서 이 시장은 상트페테르부르크의 유명한 벼룩시장이 되어 매주 목요일 아침마다 전문적인 수집가들이, 돈은 많지만 교육은 부족한 귀족 여행자들의 여행 가방에 담겨 러시아로 들어온 골동품과 희귀 그림을 사려고 모여들었다.[13]

사각형으로 절단되어 벽돌같이 보이게 칠해진 통나무로 만든 차르의 공간은 삼위일체 광장에서 멀리 떨어지지 않은 곳의 거대한 보리수나무 밑에 자리했다. 때때로 표트르는 건물 공사에 직접 나서서 세 개의 작은 방을 채울 가구를 손수 만들기도 했다. 때때로 차르와 친구들은 독일 사업가가 인근에 세운 상트페테르부르크 최초의 술집에 모이기도 했다. 이 술집에는 "전함 네 척의 승리 선술집"*이라는 허세 가득한 이름이 붙여졌다. 이들은 이곳에서 카옌 페퍼를 탄 보드카를 마시며 웃고 떠들고 서로 욕하면서, 해군 보급품인 소금에 절인 소고기와 표트르가 특별히 좋아한 딱딱한 비스킷을 먹었다. 늦은 밤 이들은 표트르가

---

* 스웨덴과의 해전에서 승리한 전함 네 척을 기념하여 1705년에 만든 레스토랑 겸 선술집.

이곳에 정착시킨 최초의 사람들의 이름을 딴 거리를 지나 집으로 돌아갔다. 드보랸스카야(귀족) 거리, 루제이나야(무기 기술자) 거리, 모네트나야(동전 주조공) 거리 등의 이름은 상트페테르부르크에 필수적이라고 생각한 것들을 빨리 만들어내려는 표트르의 의지를 반영했다. 러시아를 근대화시키는 데 전쟁이 핵심적인 역할을 해야 했기에 표트르는 상트페테르부르크가 방어 요새뿐 아니라 군비 생산기지도 되기를 원했다. 그래야만 로마노프 왕가가 통치하도록 운명 지워진 제국의 수도로서의 제 역할을 할 수 있었다.

페테르부르크 구역에 이 도시의 첫 건물들이 들어섰고 표트르 자신도 이곳을 거주지로 선택했지만, 이곳은 도시의 중심부가 되지 못했다. 바로 서쪽에 위치한 바실렙스키섬에는 운하들이 직각으로 교차하는 '라인'이라 불리는 규칙적인 거리들이 깔려 정확한 모양의 건축부지가 형성되었는데, 표트르는 이 위에 자신이 만드는 수도의 중심부가 들어서기를 원했다. 수로로 연결된 체스판처럼 변형된 바실렙스키섬은 표트르가 동경하는 암스테르담을 본보기 삼아, 운하에 면한 각 건물에서 출발하는 돛배가 주요 교통수단이 되는 것이 표트르가 가진 계획이었다. 그러나 차르의 이런 계획은 실패로 돌아갔다. 처음 만들어진 운하들은 너무 좁았고, 쉽게 토사로 메워졌다. 마치 육감(sixth sense)이 상트페테르부르크의 중심을 바실렙스키섬과 페테르부르크섬으로부터 좀 더 고지대에 있고, 배후지에 쉽게 접근할 수 있는 네바강 반대편 강둑으로 이동시킨 듯했다.

상트페테르부르크를 형성하는 섬들을 연결하는 다리가 전혀 없었기 때문에, 도시의 일상생활은 강을 끼고 전개될 수밖에 없었다. 이것이 표트르가 애초부터 의도했던 것이었다. 그는 상트페테르부르크 주민들을 러시아에 늘 부족한 뱃사람으로 만들고자 했다. 네바강과 지류들은 노동자, 귀족, 병사, 정치가, 외교관들 모두 조악하게 만든 돛배를 타고 이동하는 대로가 되었다. 이 배들은 강한 바람을 만나 부서지기도 하고, 차르가 노 사용을 금했기에 좌초하기도 했다. 이런 사고로 폴란드 대사와 몇 명의 고위 장교와 초기에 표트르를 모시던 주치의가 목숨을 잃었다. 홍수가 나면 이 섬들은 본토와의 통행이 며칠 또는 몇 주씩 중단되곤 했다.

상트페테르부르크가 러시아의 수도로 공식 결정되자 표트르 대제는 수백 명의 상인, 2천 명의 장인, 1천 명의 러시아 고위 귀족들에게 "가족 전체와 집 안에 함께 거주하는 모든 사람을 데리고" 이곳으로 이사하라는 명령을 내렸다.[14] 새 수도를 빨리 발전시키기 위해 마음이 급했던 차르는 국가 예산의 5퍼센트를 새로운 정부 건물을 짓는 데 할당하고, 자신의 친구이자 심복인 알렉산드르 멘시코프를 상트페테르부르크의 초대 총독으로 임명했다. 러시아에서 표트르 다음으로 권력이 막강한 멘시코프는 자신의 군주보다 훨씬 호화롭게 살았다. 앞으로 25년 혹은 그 이상의 기간 동안 러시아 새 수도의 귀족들이 짓고 사는 집의 기준을 만든 것은 표트르가 아니라 멘시코프였다. 어떤 사람들이 한동안 상트페테르부르크를 "궁전들의 도시"라고 부른 반면, 어떤 사람들은 "막사들의 도시(city of barracks)"로 기억했다.[15] 이 두 가지 이미지 모두, 이 도시가 모양을 갖추기 시작할 때부터 대규모의 귀족들과 병사들을 이주시킨 멘시코프와 표트르에 의해 만들어졌다.

이탈리아 건축가 조반니 폰타나Giovanni Fontana가 착수하고 대여섯 명의 다른 건축가의 조력으로 1721년에 완공된 멘시코프 궁전은 바실렙스키섬의 거의 6분의 1을 차지했다. 강가에 정교하게 지어진 부두와 섬의 중심부까지 깊이 이어진 거대한 정원을 갖춘 이 궁전은 이탈리아 바로크식 궁전의 역동적 양식을 프랑스의 엄격한 고전적 양식과 결합했다. 이 궁전은 당시 상트페테르부르크가 가질 수 있었던 모든 화려함을 갖추었다. 외벽은 흰색으로 빛나는 연어 빛 분홍색이었고, 지붕은 화려한 붉은색이 칠해진 평평한 철판으로 만들어졌다. 화려한 델프트 타일이 내벽과 몇 개의 방의 천장을 덮었고, 이국적 목재로 만들어진 쪽마루가 바닥에 깔렸다. 외국인과 러시아인들은 이구동성으로 멘시코프의 궁전이 상트페테르부르크 건물 중 "가장 크고, 가장 멋지다"라고 말했다.[16] 그러나 내부 장식품 중 일부는 폴란드의 궁전에서 훔쳐온 것이 아닌가 의심하는 사람들도 있었다. 자신의 관저가 훨씬 작았던 표트르 대제는 멘시코프의 궁전을 외교 연

멘시코프 궁전(현재 상트페테르부르크대학 건물로 쓰이고 있음)

회에 자주 이용했다.

상트페테르부르크에 궁전을 짓는 동안 멘시코프가 40킬로미터 떨어진 오라니엔바움Oranienbaum에 계획했던 전원 궁전은 목가적 자연을 배경으로 우아함과 화려함을 한껏 자랑할 터였다. 여름에 도시에 창궐하는 전염병에서 도피할 수 있는 귀족적 피난처인 오라니엔바움 궁전은 당대에 가장 화려한 건축물이었고, 러시아인들은 이것을 보고 앞으로 백 년 동안 수도 외곽에 들어서게 될 웅장한 건물들이 어떤 모습을 하게 될지 추측할 수 있었다. "궁전은 뛰어난 조망을 가진 언덕 위에 지어졌다"라고 표트르 대제의 군대에 봉직한 프리드리히 빌헬름 폰 베르크홀츠Friedrich Wilhelm von Bergholz가 적었다. 그는 고국인 독일로 돌아갔다가 1921년 홀슈타인 왕국의 대공*의 참모가 되었다. "방들은 작았지

---

* 신성로마 제국의 대공국 중 하나인 홀슈타인 공국의 지도자. 홀슈타인 공국은 여러 번에 걸쳐 분할되었다가 1866년 오스트리아-프러시아 전쟁 후 프러시아에 병합되었다.

서구로 난 창

만 아주 아름다웠고, 멋진 그림들과 가구들로 장식되었다"라고 그는 기록했다.[17] 궁전이 핀란드만으로까지 확장되기 전에, 서구로 향하는 항로의 입구에서 건축가들은 영감을 받았고, 대연회장에서 방문객들은 코틀린섬을 바라볼 수 있었으며 그곳에 상트페테르부르크를 보호하는 첫 방어선이 구축되었다. 불운하게 생을 마감한 표트르 3세는 이탈리아 건축가 안토니오 리날디Antonio Rinaldi로 하여금 오라니엔바움의 정원에 조금 작은 궁전을 짓게 했고, 예카테리나 여제는 여기에 중국 궁전과, 겨울엔 썰매를 여름엔 바퀴 달린 작은 마차를 타고 내려올 수 있게 만든 활강 부속건물(Sliding Hill Pavilion)을 만들었다.[18]

표트르 대제의 아버지가 1670년 자신의 젊고 '근대적인' 두 번째 부인을 위해 모스크바 교외 콜로멘스코예에 목조 궁전을 지었을 때 당대의 대표 작가는 그곳을 장식한 세속 그림, 거울, 유럽식 내부 장식을 보고 이것을 세계의 여덟 번째 불가사의라고 말한 바 있다.[19] 참으로 예스러운 표현이지만 불과 반세기가 지난 이제, 표트르 대제와 멘시코프, 그들의 동조자들은 러시아를 진보와 화려함이 훨씬 더 위대한 용어로 측정되는 세계로 옮겨놓았다. 1720년대 초에 이미 상트페테르부르크의 의복, 풍속, 가구, 여흥은 바로크식 유럽의 화려함을 모조리 반영했다. 네바강변 남쪽 강가에 표트르가 장소를 확보한 '여름 정원'은 1704년 봄 얼음이 녹자마자, 이 모든 새롭고 근대적인 기호를 반영했다.

표트르 대제의 대리인에 의해 상트페테르부르크로 와서 일하도록 채용된, 루이 14세의 베르사유 궁전 정원 조성을 앙드레 르 노트르André Le Nôtre와 함께한 프랑스 건축가 장-밥티스트 알렉상드르 르 블롱Jean-Baptiste Alexandre Le Blond은 "숲이 정원의 핵심적 미가 되어야 하고, 분수와 불이 그 영혼이 되어야 한다"라고 주장했다. 그래서 표트르는 보리수나무와 느릅나무를 키예프에서 가져오도록 하고, 떡갈나무는 모스크바에서, 과실수는 볼가강 지역에서, 포플러는 여름 정원 남쪽 지역에서 가져오도록 명령했다. 그는 부하들을 함부르크로 보내 밤나무를, 네덜란드에서는 튤립을 가져오도록 하고, 장미, 라일락, 스위트피와 카

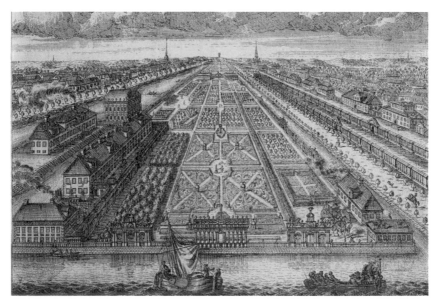

네바강에서 바라본 여름 정원(알렉세이 주보프 작)

오라니엔바움 전경

서구로 난 창

네이션을 러시아와 외국으로부터 모아 왔다. 그는 탑 모양의 새장에 희귀한 새들을 넣었고, 바로 옆의 장식된 우리에서는 푸른 원숭이들이 재잘대도록 했다. 베네치아에서 수입한 설화석고 그늘이 예쁘게 지은 동굴을 장식했고, 추운 겨울바람으로부터 오렌지와 레몬 나무를 보호하는 온실들이 자리를 잡았다. 물이 없으면 "무료하고 우울하게 보일 것"이라는 르 블롱의 말을 따라 폭포 모양을 한 50개의 대리석 분수와 입에서 물을 뿜어내는 돌고래, 물이 솟아나는 말 조각들이 여름 정원을 장식했다.[20]

최종적으로 여름 정원은 보리수나무 그늘이 드리워진 4만 2천 평의 산책로와 1백 개에 가까운 이탈리아 대리석 조각이 세워진 거대한 공원으로 자라났다. 예카테리나 여제는 이 모든 것을 조악한 취향으로 보았고, 1777년 여름 홍수로 많은 나무들이 뽑히자 각고의 노력을 들여 이 정원을 장식이 덜한 영국 스타일로 바꾸었다. 그러나 엘리자베타 여제와 그 시대 사람들은 이 정원의 모든 화려함을 아주 마음에 들어 했다. 19세기의 여름 정원은 휴일과 일요일 저녁에 페테르부르크 시민들이 산책을 나가 자신들의 새로운 패션을 과시하고, 좋은 친구들과 어울리는 장소가 되었다. 1866년 여름 정원의 정문에서 러시아의 첫 테러리스트들은 알렉산드르 2세를 암살하려고 시도했다.

네바강변의 습한 늪지대에 유럽 상류사회 여가의 모든 화려함을 도입한 여름 정원에 1710년 표트르 대제는 소규모의 여름 궁전을 짓도록 명령했다. 이 궁전은 표트르가 강제적으로 상트페테르부르크로 이주시킨 귀족들에게 그들의 지위에 맞는 주거시설을 짓도록 명령했을 때 그의 생각이 어떤 것인지 알 수 있게 해주었다. 표트르 대제의 전형적 취향에 맞추어 이 궁전은 작은 규모로 설계되었다. 장차 예카테리나 1세가 되는 자신의 배우자와 같이 쓰는 열네 개의 방으로 구성된 이 궁전은 표트르의 실용주의와 기술에 대한 관심을 보여주었는데, 방 하나에는 표트르가 여가 시간에 직접 작업하는 여러 공구 선반과 기계로 가득 찼다. 다른 방들은 내부 벽에 붙은 거울들이 우아하게 짠 천 장식을 더욱 돋

보이게 했고, 쪽마루는 서로 대조되는 나무들을 정성스레 잘라 만든 디자인을 보여주었다. 난로는, 유럽 사람들이 아직 러시아 사람들만큼 겨울 난방 기술을 지니지 못했기에 러시아 스타일로 지어졌는데, 영국의 미국 식민지와 북부 유럽 전체에서 사랑받는 델프트 타일이 들어갔다. 도시에 처음 설치된 수도관이 궁전 부엌에 물을 공급했다. 표트르 대제 시대의 방식을 보여주도록 복원된 여름 정원은 상트페테르부르크에서 표트르의 존재를 느낄 수 있는 몇 안 되는 장소 중 하나이다. 이곳에는 러시아 첫 황제의 기호가 아직도 공기를 채우고 있다.

여름 정원의 석조 외벽에는 스물아홉 개의 조각 벽감이 표트르 대제가 스웨덴과의 연속 전투에서의 승리를 축하하고 있으며, 이것은 러시아의 제국적 승리에 대한 세속의 기념비가 되었다. 21세기의 관람자들이 보기에 이 벽감은 작은 장식에 불과하지만, 표트르 대제 시기 러시아인들에게는 정교회와 국가와 근대적 삶의 가치 사이의 균형에서 기념비적 변화를 드러냈다. 여름 정원의 근대적 디자인과 편의시설이 어두운 실내 장식과 수도원 여성들의 시대는 이미 지나갔다는 것을 보여주었듯, 군사적 승리에 대한 세속적 예술 기념비는 러시아의 차르가 정교회를 영구히 국가 밑에 두었음을 분명히 드러내는 기념물이었다. 차르들이 신의 도움으로 승리를 거둔 전쟁을 기념하는 교회를 만드는 것은 잠시 역사 속으로 사라졌다. 러시아인들이 제국과 근대성의 과시적 요소에 대해 어색함을 느끼지 않게 되었을 때에야 이 관습이 다시 살아났다.

표트르 대제의 상트페테르부르크 기획에 미친 영향들은 그가 몇 번에 걸쳐 서방을 여행했을 때 얻은 인상들로부터 나왔지만, 그는 전문 건축가들에게 그의 아이디어에 형식과 내용을 불어넣도록 요구했다.[21] 도시 건설의 처음부터 표트르는 남부 독일과 북구 이탈리아 전역에 걸쳐 바로크 건축물을 만든 33세의 루가노 출신 이탈리아-스위스 건축가 도메니코 트레치니Domenico Trezzini에게 의존했다. 18세기 초 러시아에 들어온 첫 유럽 건축가 중 한 사람인 트레치니는 몇 년간 코펜하겐의 요새 건설 기술자로 일한 경험을 가지고 왔다. 덴마크의 코펜하겐과 상트페테르부르크는 늪지대 기저토양에 요새를 지어야 한다는 공통의 문제를 가지고 있었다. 트레치니는 아직 구체화되지 않은 표트르의 비전에 구체적 형태를 마련했고, 이것을 이용하여 조악한 움막집들의 콜라주였던 이 도시를 최종적으로 북유럽의 베네치아로 변형시켰다.

트레치니는 고향인 이탈리아 바로크풍의 화려함에서 거리를 두고, 자신의 운을 시험하러 러시아에 오기 전에 일했던 북유럽의 프로테스탄트 스타일에서 도시 건축의 비전을 가져왔다. 그는 요새, 성당, 궁정, 정부 건물들, 하나의 수도원을 모두 북유럽의 다소 엄격하고 절제된 스타일로 설계했다. 그는 암스테르담에 매혹된 표트르 대제의 기호를 전범적 디자인으로 변형시킨 몇 가지 개인 가옥 형태의 마스터플랜을 만들어냈다. 그는 이것들을 자신이 모스크바와 1704년 러시아로 오는 여정에 지나온 러시아 도시들에서 본 조악한 목조건물의 대안으로 생각했다. 그의 주군은 도시 생활의 모든 층위에서 러시아의 과거를 치워버리고 싶어 하는 것이 분명했기 때문이다.

이전에는 분명하게 드러나지 않았다면, 상트페테르부르크에서 트레치니의 건축 작업은 표트르의 새 수도가 하나에서 열까지 모든 면에서 모스크바와 달라야 한다는 것을 분명히 드러내주었다. 모스크바는 러시아의 과거를 나타내는 도시였고, 아시아를 향한 눈이었고, 모스크바 주민들은 표트르 대제와 그의 새 도시가 표상하는 모든 것을 두려워했다. 모스크바는 정교회의 경건성과 오래된 양식, 교회가 자신들의 생활을 지배하고 러시아인들이 교회에 머리를 조아린 시대를 상징했다. 모스크바 교회들의 둥근 돔은 그 정체성을 만들었고, 크렘린 자체도 국가가 아니라 교회의 힘을 나타냈다. 이와 대조적으로 트레치니가 상트페테르부르크에 대해 가지고 있던 비전은 제멋대로 뻗어나간 모스크바가 절대 가지지 못한 모든 정확성과 규칙성을 강조했다. 이곳에서는 파리, 암스테르담, 로마같이 세속 권력이 교회를 통제하고 있는 서방에 초점이 맞추어졌다. 표트르의 새 수도 어느 곳에서도 정교회를 표상하는 건축물은 교회가 국가에 복종한다는 사실을 뒤집을 수 없었다. 페트로파블롭스크 요새 안에 세워진 성당의 높이 솟은 첨탑도, 이 도시를 방어하고 1917년 혁명까지 가장 중요한 정치범 감옥으로 기능한 요새의 중심부에만 굳게 서 있을 수 있었다.[22]

트레치니는 러시아에 도착한 지 한두 달 만에 자신의 일을 시작했다. 그에게 몇 가지 작은 과제를 시켜 테스트해본 표트르는 1706년 봄 페트로파블롭스크 요새를 확장하는 작업을 맡겼고, 다음에 그 중심에 성 페트로파블롭스크 성당을 짓도록 했다. 이 성당은 러시아가 얼마나 철저히 비잔틴에서 서구로 돌아섰는지를 극적으로 보여주는 건축물이 될 터였다. 그러나 이 요새와 성당은 앞으로 30년 동안 트레치니가 건설할 수많은 건축물 중 첫 두 작품일 뿐이었다. 스위스-독일 설계가인 게오르그-요한 마타르노위Georg-Johann Mattarnowy가 만든 설계도를 바탕으로 트레치니는 네바강변에 표트르의 두 번째 겨울 궁전을 지었고, 다음으로 넵스키 대로의 반대 끝부분에서 새로운 건축을 시작했다. 표트

표트르 대제의 겨울 궁전(알렉세이 주보프 작)

서구로 난 창

르 대제는 그가 이곳에 성 알렉산드르 넵스키를 기리는 수도원을 짓기를 원했다. 늘 그래왔듯이 트레치니는 오랜 세월 동안 모스크바를 둘러싼 전통적 요새들과 확연히 구별되는 북유럽 바로크식의 대칭 구도를 사용했다. 중세 모스크바가 천 개의 교회의 도시였다면, 상트페테르부르크의 건축은 폴란드에서 알래스카까지의 땅을 통치하는 군주들의 확고한 세속 권력을 항상 강조해야 했다.

1725년 표트르 대제가 사망했을 때 상트페테르부르크에는 열아홉 개의 교회와 성당, 열네 개의 황실 궁전과 관저, 열 개 이상의 정부 건물, 다섯 개의 큰 창고와 지붕이 덮인 시장, 두 개의 극장, 군용병원과 빈민구호소 각각 한 곳, 페트로파블롭스크 요새, 6천여 개의 일반 건물들이 들어섰다. 러시아의 권문세족들은 크게 내키지는 않았지만 상트페테르부르크를 자신들의 주거지로 삼았고, 이들의 필요 물품을 공급하는 외국 상인, 무역상, 장인들도 이곳에 정착했다. 외교관, 예술가, 무섭게 발전하는 러시아의 새 수도를 명성과 부를 움켜쥘 수 있는 곳으로 여긴 수천의 유럽 사업가들도 표트르의 도시로 몰려들었다. 이 도시의 사교, 정치 풍경화를 형성하게 되는, 국록의 덕을 보고 권력에 아부하려는 수많은 사람들도 이곳으로 이주해 왔다.[23]

1725년 즈음 상트페테르부르크 상류층은 자신의 조상들이 꿈도 꾸지 못한 우아한 삶과 호화로운 소비생활을 했다. 모든 상류층 사람들이 주거하기에 적절한 주택을 필요로 했기 때문에 이들은 유럽 스타일로 자신이 살 집을 지어줄 건축가를 경쟁적으로 모셔 왔다. 표트르 시대 상트페테르부르크에서 활동한 건축가들은 러시아에 오기 전에 다양한 수준의 명성을 누린 유럽 건축가들이었다. 이들 중 가장 유명한 사람은 르 블롱과, 프러시아 궁정에서 잠시 건축가와 조각가로 활동한 안드레아스 슐뤼터Andreas Schlüter였다. 니콜로 미체티Niccolo Michetti, 게오르그-요한 마타르노위, 요한 프리드릭 브라운슈타인Johann Friedrich Braunstein은 모두 상트페테르부르크에서 일하다가 1725년 이전에 그곳에서 생을 마감했고, 트레치니, 고트프리트 셰델Gottfried Schädel과 젊은 바르톨로메오 라스트렐리Bartolomeo Rastrelli는 표트르 대제의 후계자 시기까지 일을 계속했다. 이들 모두 유럽 스타일의 건축물을 만들었고, 이들의 건축물에는 지나간 시기의 러시아의 건축 양식을 형성한 영향은 거의 나타나지 않았다.

1720년대 상트페테르부르크를 방문한 사람들은 유럽 건축가들과 러시아 후원자들이 지은 것에 놀란 것 못지않게 이들이 건축하는 속도에 놀랐다. 홀슈타인 왕국의 빌헬름 프리드리히 폰 베르크홀츠는 1721년에 본 이 도시가 4년 전에 비해 "너무나 변해서" "자신이 거의 알아보지 못할 정도"였다고 말했다. 폰 베르크홀츠는 트레치니가 건축한 성당의 120미터나 되는 프로테스탄트 양식의 첨탑을 보고 경탄했다. 그는 밝은 금빛 황동으로 덮인 이 첨탑이 "햇빛을 받으면 아주 멋졌다"라고 회고했다. 페트로파블롭스크 요새의 두터운 담장 안에 높이 솟은 이 탑은 방문자들이 상트페테르부르크를 바라볼 조망대를 가지고 있었

페트로파블롭스크 요새의 첨탑

서구로 난 창

다.[24] 바로 그 전해에 시계와 편종이 트레치니의 탑에 설치되었고, 다음 해에 이 지칠 줄 모르는 이탈리아 건축가는 몇 년 전 표트르 대제가 개조한 중앙정부의 사무실이 들어갈 365미터 길이의 건물 건축을 시작했다.

다양한 진척도를 보인 건축물들을 시내 곳곳에서 볼 수 있었는데, 이것은 상트페테르부르크가 여러 곳에서 동시에 건설되고 있다는 것을 보여주는 분명한 신호였다. 스웨덴 전쟁포로들의 노역으로 완전히 포장된 약 5킬로미터 길이의 넵스키 대로는 폰 베르크홀츠가 이 도시에 없을 때 완성되었다. 그는 이 대로를 보고 "내가 어디서도 본 적이 없는 놀라운 광경이었다"라고 감탄했다. 대로의 한쪽 끝에는 "거대하고 아름다운" 해군성 건물이 들어섰다.[25] 반대편 끝에는 트레치니의 알렉산드르 넵스키 수도원의 벽이 네바강을 배경으로 우뚝 서 있었다. 이 두 건물 사이에 궁전들과 귀족들의 도시주택들이 건설되고 있었다. 이 당시에 이미 상트페테르부르크는 이후 영원한 전통이 된 모습을 띠고 있었다. 그것은 거대한 기념비적 건물들이 대규모로 건설된 도시라는 점이었다.

그러나 러시아에서 흔히 일어나듯, 이러한 진보의 표면은 심각한 문제점들을 감추고 있었다. 마음이 조급한 상트페테르부르크 건축가들은 시간을 절약하기 위해 도시의 많은 목조건물을 지을 때 제대로 가공되지 않은 골조와 벽면을 세워서 나무가 마르자마자 바로 휘어지기 시작했고, 매섭도록 추운 겨울에 쌓은 벽돌담과 벽은 들뜨고 갈라졌다. 계속 일어나는 화재가 도시의 많은 부분을 전소시켰고, 홍수는 거의 매년 봄과 가을 새로 닦은 길과 건물을 쓸어가 버렸다. 가장 나쁜 것은 등을 떠밀려 상트페테르부르크로 이주해 온 주민들이 이런 날씨를 혐오하고, 높은 생활비에 분개했다는 점이다. 하노버 공국에서 온 외교관인 프리드리히 베버Friedrich Weber는 1714년 "모스크바에서는 상트페테르부르크의 3분의 1의 생활비로 살 수 있다"라고 기록했는데, 이 비용은 궁전과 주택을 짓는 비용을 감안하지 않은 것이었다. 일상 생활용품과 마찬가지로 건자재 가격도 천정부지로 솟았다.[26]

러시아의 귀족 남녀들은 상트페테르부르크에서 거주하기 위해서 계속 돈을 마련해야 했다. 시베리아산 흑담비 가죽이 금화나 은화 대용으로 사용되는 시기에 항시 경제적으로 쪼들리는 귀족들은 새 수도의 높은 생활비에 대한 보조를 요구했다. 상트페테르부르크에 살도록 명령받은 귀족들은 모스크바로 돌아가게 해달라고 지속적으로 간청했다. 그러나 표트르는 이러한 청원을 거들떠보지도 않았고, 그의 부인이자 후계자였던 예카테리나 1세도 마찬가지였다. 그러다가 거의 하룻밤 만에 러시아의 정치가 다시 뒤집어졌다. 1727년 예카테리나 1세가 갑자기 사망하자, 열세 살 먹은 표트르의 손자인 표트르 2세는 바로 다음 해 수도를 다시 모스크바로 옮겼다. 모스크바는 러시아가 잊기를 원하는 과거를 다시 불러왔지만, 마지못해 상트페테르부르크로 이주했던 많은 사람들은 자신들의 조상이 살며 신앙생활을 했던 모스크바로 기꺼이 되돌아갔다. 1728년 이 사람들은 안도의 한숨을 쉬고, 지난 40여 년간 이들을 뒤덮었던 근대화의 경솔한 물결이 모스크바의 구불구불한 옛 거리에서 그 힘을 잃기를 바랐다.

러시아의 정치적 중심이 옛 수도로 되돌아오자, 상트페테르부르크는 어려운 시간을 맞았다. 급속한 성장을 상징했던 조잡한 건축물들은 이 도시의 쇠락을 재촉했다. 1730년 초 이 도시를 몇 주간 방문했던 한 영국 여성은 이 도시의 여러 곳이 황량한 채 버려져 있고, 표트르 대제가 지은 쇠락하는 수도는 모스크바에 비해 훨씬 빈한하다는 인상을 가지고 돌아갔다.[27] 암담한 시기에 이 도시를 지탱한 것은 무역이었다. 러시아의 귀족들이 표트르 대제 시기에 즐기기 시작한 호화 상품들을 계속 필요로 하면서 영국과 네덜란드의 상선들은 점점 더 많은 유럽산 와인, 사치품, 화려한 의복을 상트페테르부르크를 통해 공급했다.[28]

표트르 2세가 1730년 초 갑자기 천연두로 죽었을 때, 그가 권좌에 오른 초기보다 더 많은 상품들이 상트페테르부르크의 부두와 창고를 통해 들어왔다. 새 여황제 안나 이바노브나는 자신의 정적들을 그들의 오랜 정치·경제적 권력의 근거지인 모스크바로부터 몰아내기 위해, 성장을 지속하던 상트페테르부르크의 경제적 힘을 이용하여 1732년 궁정과 수도를 다시 네바강변의 도시로 옮겼다. 이렇게 되자 몇 년 전 공사가 중단되었던 정신없는 건축이 재개되었고, 상트페테르부르크는 다시 한번 '유럽으로 난 창'이 되었다. 1917년 혁명 전까지 이 도시는 러시아 지도자들이 제정러시아가 향하길 희망하는 변화무쌍한 비전이 되었고, 유럽 사람들이 러시아로 들어오는 관문이 되었다.

　수도를 상트페테르부르크로 다시 옮긴 후 첫 근대 러시아 건축가들이 이 도시의 기초를 놓았다. "독자적인 민족적 건축학파가 18세기 중반 러시아 건축의 만개를 위한 길을 닦아놓았다"라는 평가가 나왔다.[29] 본토의 첫 건축가들은 이 도시에 자신들의 흔적을 남겨놓았다. 표트르 예롭킨Petr Eropkin, 이반 코로보프 Ivan Korobov, 미하일 젬초프Mikhail Zemtsov는 표트르 대제 시기에 외국 건축가들이 독점했던 건축 작업을 주도했고, 이들 한 사람 한 사람은 러시아가 서방과 어떤 관계를 맺어야 하는가에 대한 표트르의 특별한 비전을 반영하는 족적을 남겼다. 이들 중 가장 나이가 많은 젬초프는 1709년 트레치니의 첫 제자가 되

쿤스트카메라(알렉스 페도로프 사진)

었고, 이미 표트르 대제 시기에 여름 정원 확장공사와 1720년 초 페테르고프 Peterhof의 여름 궁전 주변 공원 조성을 책임질 정도로 명성을 확보했다. 표트르 대제 시대에 건축을 주도했던 외국 건축가들이 사망하거나 본국으로 돌아감에 따라 그는 몇 개의 성당을 설계했고, 러시아 최초의 고등교육기관인 쿤스트카메라Kunstkammer를 완공했다. 젬초프의 건축물은 1734년 트레치니가 사망한 후 10여 년간 상트페테르부르크의 건축 스타일을 정의했다. 그러고 나서 재능이 넘치는 젊은 이탈리아 건축가 바르톨로메오 라스트렐리가 그를 앞서기 시작했다.[30]

젬초프보다 열네 살 정도 어린 이반 코로보프는 서방에서 건축학을 공부한 최초의 러시아인 중 한 명이었다. 표트르 2세가 권좌에 오른 지 얼마 되지 않아 귀국한 그는 젊은 황제에 의해 해군성 수석건축가로 임명되었지만, 몇 달 후 궁정과 정부가 다시 모스크바로 옮겨가면서 공사를 진행하지 못했다. 표트르 2세의 짧은 재위 기간 동안 코로보프는 상트페테르부르크의 작은 교회 몇 개를 설계하는 일밖에 하지 못했다. 안나 여제가 다시 이 도시를 수도로 정하자 그는 외국에서 공부한 것을 바탕으로 큰 건축 프로젝트를 맡아 진행했다. 1730년대 코로보프는 상트페테르부르크에 높이 솟은 해군성의 탑과 첨탑을 만들어 이 건물이 이 도시의 영원한 랜드마크가 되게 했다. 그러나 역사는 그를, 젬초프와 도시 설계자인 표트르 예롭킨을 도와 이후 역사에 남은 러시아의 수도의 기본 설계를 만든 이로 기억할 따름이다.[31]

폭이 좁은 모이카강으로 본토와 분리되어 있는 지리적 여건과 편의 덕분에 해군성섬(Admiralty Island)*으로 상트페테르부르크의 중심부가 가까이 다가왔다. 이러한 움직임을 반대한 표트르 대제는 쿤스트카메라, 멘시코프 궁전, 새로운 중앙정부가 들어가는 트레치니의 12부 청사(Twelve Colleges, Двенадцать

---

* 처음에는 새 홀란드섬(New Holland Island, Новая Голландия)으로 불렸다가 후에 해군성섬으로 불렀다.

서구로 난 창

해군성

Коллегий) 건물을 모두 바실렙스키섬에 짓게 만들었다. 그는 네바강 남쪽 연안의 중요성을 감소시키기 위해 해군성 주변에 목조 가옥들과 상점들이 무질서하게 군집하여 들어서게 했다. 그러나 상트페테르부르크가 다시 수도가 된 후 주민들은 이 도시의 발전 방향에 대해 다른 생각을 갖게 되었고, 1730년대 초 안나 여제는 자문관들과 이 도시가 자연적 여건에 따라 발전하게 하자고 결정했다. 이런 결정으로 인해 수백 채의 움막과 상점이 철거되어야 한다는 것을 깨달

안나 여제 초상

은 이들은 주민들의 불만 폭발을 염려했다. 그러나 1736년과 1737년에 일어난 두 번의 대화재는 이들의 새로운 비전을 실현하는 것을 가로막고 있던 520채의 목조건물의 3분의 2를 태워버렸다.[32] 이제 상트페테르부르크에 새로운 중심부를 건설할 기회를 잡은 이들은 주저 없이 앞으로 도시의 구조를 영구히 형성할 건축계획을 밀어붙였다.

1737년 여름 안나 여제는 상트페테르부르크 건

18세기의
넵스키 대로와
스트로가노프 궁

아니츠코프 다리
인근 넵스키 대로
(바실리 사도브니코프 판화,
1830년대)

축위원회를 만들고, 모든 작업을 전적으로 러시아인들 손에 맡겼다. 로마에서 건축과 도시 계획을 공부하면서 르네상스 건축가들이 그 도시에 모양과 초점을 부여하는 데 방사형 도로를 어떻게 이용했는지 제대로 이해하게 된 예롭킨과 함께 하면서 코로보프와 젬초프는, 네바강둑에서 교외의 사방으로 뻗어나가는 거대한 까마귀 발 모양인 해군성섬으로부터 바깥쪽으로 뻗어나가는 세 개를 대로를 확장하기로 결정했다. 상징적으로 교회와 국가의 힘은 이 각각의 주요 도로를 따라 흘러서 보즈네센스키 대로와 고로호바야 거리는 이즈마일롭스키 근위연대와 세묘놉스키 근위연대에서 끝나고, 넵스키 대로는 알렉산드르 넵스키 수도원에서 끝나게 만들어졌다.[33]

19세기에 카를로 로시Carlo Rossi의 웅장한 건축에 의해 정점에 오르는 제국

서구로 난 창

적 비전의 초기 표현으로 안나 여제의 건축가들은 상트페테르부르크의 세 중심 도로를 반원형의 거리와 운하 네트워크의 동맥으로 만들고 이 위에 가장 멋지고 고급스러운 개인 주택들이 들어서게 했다.[34] 이들의 노력 덕분에 러시아의 수도 는 "바로크식 도시건축(Urbanism)의 걸작"이 되었다. 이 도시건축의 독특한 아름 다움과 공간적 통일성은 가장 무감각한 소비에트 건축가들도 감히 지워버릴 생 각을 하지 못했다.[35] 상트페테르부르크가 오늘날 우리가 아는 도시 모양을 갖춘 시기를 찾는다면 그것은 안나 여제 때였다. 그러나 역사는 불공정하게 이 여제 를 잔학성과 조악한 취향의 전범으로 종종 다루어왔다.

상트페테르부르크의 새 중심부를 귀족과 고관들이 차지하는 지역으로 만들 기 위해 예롭킨, 젬초프, 코로보프는 1737년 화재 이후 해군성 구역에 석조건물 만 건축되어야 한다고 주장했다. 그러나 예롭킨은 안나 여제에 대한 반란에 연 루된 혐의로 교수형을 당했고, 젬초프는 3년 후 자연사했다. 1740년 가을 안나 여제가 사망한 뒤 그녀가 총애하던 서로 다투는 독일 가신들이 러시아를 1년 넘 게 좌지우지하다가, 표트르 대제의 딸인 엘리자베타가 1741년 말 권좌에 오르 고 나서야 상트페테르부르크는 건축위원회가 내다봤던 화려함을 찾아가기 시작 했다. 1741년부터 1761년까지 외골수 이탈리아 건축가의 천재성에 힘입어 상트 페테르부르크에 제국적 영광의 첫 요소를 부여하는 건축물들이 들어섰다.

엘리자베타 여제가 러시아 황제로 있는 동안 바르톨로메오 프란체스코 라스 트렐리는 상트페테르부르크를 당대의 모든 경조부박輕佻浮薄을 담은 건축의 보 석으로 변형시켰다.[36] 조각가인 아버지 카를로가 피렌체에서 파리로 이주하고 몇 달 뒤에 태어난 라스트렐리는 루이 14세 궁정을 둘러싸고 전개된 활발한 예 술과 후원의 세계에서 성장했다. 1715년 프랑스의 태양왕이 죽자 프랑스의 예술 가들은 위대한 후원자를 상실하게 되었다. 라스트렐리 부자는 서방의 새로운 지 역에서 새로운 후원자를 찾으려는 예술가 집단에 가담하기보다 색칠하고 스케 치하고 디자인하고 조각하는 사람 모두에게 일자리가 보장된 상트페테르부르크로 왔다. 부자가 이 도시에 도착한 순간부터 아버지 라스트렐리에게는 건축 주문이 쏟아졌다. 러시아 사람들은 여전히 그를, 안나 여제의 "뚱뚱한 현란함"과 "통통한 저속함"을 인상적인 위풍당당함을 지닌 거의 전신 크기의 청동 초상으로 혼합해낸 조각가로 기억하지만,[37] 건축가로서 평범한 재능에 대한 평가는 이미 오래전에 기억에서도 실재에서도 사라졌다.

당시 러시아 군주들과 귀족들의 부는, 서방세계의 안락함을 상트페테르부르크의 가혹한 일상생활과 정치와 맞바꿀 용의가 있는 예술가들에게 희망찬 미래를 제공했다. 이후 2세기 동안 이곳으로 온 많은 예술가들이 성공을 맛보았고, 일부는 서방에 머물렀더라면 결코 만들 수 없었을 걸작품으로써 진정한 명성을 얻었다. 카를로의 아들은 이 불멸의 명성을 갖게 되는 소수의 건축가들 가운데 제일 앞자리에 있었다. 베르니니Bernini가 17세기 '바로크'라는 이름에 조각, 분수, 건물로 완전한 의미를 준 것처럼, 바르톨로메오 라스트렐리는 엘리자베타 여제 시기의 상트페테르부르크의 성격을 확정지었다. 20개 이상의 이 도시의 가장 걸출한 건물들이 그의 천재성의 인장을 받게 되었고, 더 많은 건축물들이 한 세대의 건설자들 전체에 그가 남긴 마법을 반영했다. 이후 이 도시의 성격을 형성하는 데 라스트렐리보다 더 큰 영향을 남긴 건축가는 없었다. 그리고 자신을 고용한 군주의 꿈을 현실로 만드는 데 그보다 더 뛰어난 역할을 한 건축가도 없었다.

1716년 봄, 16세의 바르톨로메오 라스트렐리는 파리식 예술 교육, 이탈리아식 문화유산, 그리고 운명이 열어준 새 세계를 재빨리 포용하도록 만든 섬세하고 유연한 마음을 가지고 상트페테르부르크로 왔다. 바로크의 결정적 영향을 받은 그는 로마와 베르사유에 대한 자신의 기억에 러시아로의 초기 여행에서부터 그의 주의를 끈 고대 성당과 수도원에서 흘러나오는 유라시아의 과거를 혼합했다. 그는 궁극적으로 동양과 서양에 대한 자신의 인상을 혼합하여 자신의 건축물을 지배한 유럽 스타일에 러시아의 두드러진 특성을 가미하였다. 그가 어디에서 어떻게 이런 재능을 얻었는지는 아직도 미스터리로 남아 있다. 러시아의 과거를 탐험하다 보면 자주 생기는 일이지만, 3백 년에 가까운 격동의 세월을 살아남은 이런저런 문헌들은 실제로 무슨 일이 일어났고, 왜 그 일이 일어났는지에 대해 감질나게 하는 사실의 조각만 건넬 따름이다. 우리는 라스트렐리가 더 공부하기 위해 서방에 다녀왔는지 여부도 알지 못한다. 우리는 그가 자신의 건축물의 특징을 만들어낸 영향들과 어떻게 만났는지도 알지 못한다.

라스트렐리가 건축가로서 밟은 첫 발자국에 대해 우리가 아는 몇 가지 사실 중 하나는 칸테미르 공이 밀리온나야Millionnaia 거리에 자신의 저택을 짓도록 계약 맺었을 때 그가 갓 스무 살이 넘었다는 것이다. 이 거리는 네바강둑과 평행을 이뤄 겨울 궁전 광장에서 차리친 목장[후에 마르스 광장(Марсово поле)으로 불림]까지 이어지는 거리였다. 그때까지, 스트렐나에 지어질 황제의 교외 궁전을 위한 대형 목조 모델을 만든 것 외에 그는 어떤 건축물도 만든 기록이 없었다. 이 젊은 건축가가 첫 건축을 맡게 된 것은 그가 뛰어난 재능을 보여서가 아니라 상트페테르부르크에 건축가가 모자랐기 때문이었을 가능성이 크다. 바르톨로메오 라스트렐리를 유명하게 만든 첫 건축물은 그가 후에 지은 건축물에 나타난 걸출함을 거의 드러내지 않았다. 이런 이유로 그의 전기 작가들은 칸테미르 궁의 진부한 형태에 실망한 그가 유럽으로 다시 나가 공부했다고 믿지만, 그가 자신이 태어난 곳으로 돌아간 적이 있음을 보여주는 문헌은 찾을 수 없다.

라스트렐리의 삶을 보여주는 그다음 문헌은 1730년부터 시작되는데, 그는 이때부터 아버지와 함께 모스크바와 상트페테르부르크에서 안나 여제를 위한 궁전들을 짓는 데 참여했다. 라스트렐리 부자가 이 건축 프로젝트에서 주도적 역할을 했음을 드러내는 문헌은 없지만, 1732년 안나 여제가 궁정을 다시 상트페테르부르크로 옮기기로 했을 때 아들 라스트렐리가 그녀의 총애를 받았던 것은 분명하다. 안나 여제는 자신의 마흔한 번째 생일을 맞은 1734년 1월 그에게 겨울 궁전을 새로 장식하는 일을 맡겼다. 그녀는 이 프로젝트에 20만 루블이라는 어마어마한 예산을 그에게 사용하도록 맡겼는데, 이 액수는 25만 명의 농노로부터 1년간 거두어들이는 세금과 같은 액수였다.

2년도 채 안 되는 작업 기간 동안 라스트렐리는 겨울 궁전의 이미 퉁퉁한 전면에는 거의 신경 쓰지 않는 대신 내부 장식에 심혈을 기울여 웅장한 현관 계단, 대연회장, 연극공연장, 황실 가족 거주 구역을 연이어 짓는 예술적 위업을 이루었다. 밝게 빛나는 석조 기둥, 반짝이는 거울, 그림, 대리석 조각들은 2백여 개의 방을 지닌 겨울 궁전에 새로운 화려함을 더했고, 러시아인들이 앞으로 라스트렐리가 만들어낼 걸작들이 어떤 모양이 될지 짐작할 수 있게 했다. 안나 여제의 생일 축하 행사 때 라스트렐리는 55미터 길이의 대연회장을 추운 북국의 겨울에 그의 정원사들이 만개시킨 오렌지 나무와 머틀로 장식했다. "창밖으로는 눈과 얼음밖에 볼 수 없는 시기에 새로 장식된 숲의 아름다움과 향기, 따뜻함은 마법처럼 보였어"라고 당시 현장

엘리자베타 여제 초상
(V. 에릭슨 작, 1757)

라스트렐리 초상

을 방문한 영국 여성이 친구에게 썼다. "선남선녀들로 가득 찬 복도와 나무들은 […] 내가 동화나라에 와 있다고 상상하게 만들었지." 그리고 "셰익스피어의 〈한여름밤의 꿈〉이 그날 저녁 내내 머릿속에 있었단다."[38]

안나 여제 재위 시대의 나머지 기간과 엘리자베타 여제 시대 초기에 라스트렐리는 자신에 버금가거나 그 이상으로 황제의 총애를 받은 건축가들과 경쟁했다. 중세의 문턱에 들어선 그 시대에 그는 재능 있는 사람과 천재적 예술가를 구별하는 경계에까지 다다랐지만, 그 경계를 넘기 위해선 엘리자베타 여제 시대가 한참 지날 때까지 기다려야 했다. 엘리자베타 여제 재위 초기에는 라스트렐리 대신 젬초프가 여제의 특별한 총애를 받았다. 엘레자베타 여제 대관식 개선문을

설계하고, 여제의 새로운 아니츠코프 궁전 건축 프로젝트를 맡은 것은 젬초프였다. 그러나 1743년 젬초프가 사망하자 그의 러시아 제자들은 갑자기 리더를 잃어버렸고, 라스트렐리의 운이 활짝 피었다. 다음 10년 동안 엘리자베타 여제가 그에게 맡긴 수많은 건축과제는 그를 러시아 수도에서 가장 주목받는 건축가로 만들었다. 이 도시의 가장 부유한 이들도 그에게 일을 맡기려고 서로 경쟁했다. 1760년이 되었을 때 보론초프, 스트로가노프, 베스투제프, 라주몹스키 가문 모두 라스트렐리가 설계한 궁전에서 살게 되었다.[39]

상트페테르부르크의 변화하는 외형만큼 러시아 엘리자베타 시대의 분위기를 강렬하게 반영한 것은 없었고, 이런 변화를 가져오는 데 라스트렐리보다 더 큰 역할을 한 사람은 없었다. 다른 무엇보다도 그는 안나 여제 시대의 딱딱한 독일식 취향을 과감한 화려함으로 바꾸고 싶어 하는 엘리자베타 여제의 취향을 공유했다. 이것은 러시아의 수도에 새로운 색깔을 입혔다. 그가 기획한 연회와 경축 행사는 엘리자베타의 가신들을 숨 막히도록 놀라게 했고, 그가 지은 궁전과 교회들의 내부는 로코코 스타일의 황금 잎새 장식으로 번쩍였다. 라스트렐리는 세심하게 장식된 건물의 치장 벽토 표면을 무지개의 거의 모든 색조로 칠해, 종종 상트페테르부르크의 북국 하늘을 채우는 환상적인 구름 형태를 배경으로 실루엣이 지도록 만들었다. 그는 거대한 기둥과 바로크식 계단을, 흰색과 황금색 장식을 곁들인 터키석으로 치장하는 것을 특별히 선호했다. 그는 동양과 서양의 영향을 뒤섞어 두 가지 모두를 뛰어넘는 화려한 러시아 바로크 양식을 만들면서, 궁전 내부를 빛으로 가득 채우고, 비단으로 장식된 벽과 쪽마루 바닥에 그 빛이 반사되도록 수많은 거울을 벽면에 설치하여 엘리자베타 여제를 매료시켰다. 라스트렐리 덕분에 러시아인들은 드디어 40년 가까이 네덜란드, 독일, 스칸디나비아 스타일에 젖어 있던 관습을 벗어던지고, 베르사유의 우아함과 베네치아와 로마의 화려함에 눈을 돌리게 되었다.

1744년 봄 라스트렐리가 상트페테르부르크의 '세 번째' 여름 궁전을 완성했을 때 그는 이전 시기의 건축물을 속박했던 일부 제약을 무시했다. 폰탄카와 모이카가 교차하며 형성한 탁월한 수상 프레임에 자리 잡은 새로운 궁전은 이 최북단 도시의 여름밤을 장식하는 빛을 강조하도록 설계되었다. 남쪽 전면 너머까지 뻗어나가는 아름다운 분수로 가득 찬 정원이 돋보이는 라스트렐리의 새 궁전은 매력적인 아우라를 뿜어냈으며, 특히 한밤중의 천상의 햇빛이 핑크빛 목조 벽을 가득 채우고, 천 개의 촛불이 특별한 광채로 대연회실을 비추는 백야 때는 더 그러했다. 파벨 1세가 이 궁전을 밀어버리고, 1801년 자신이 암살당하게 될 어두운 미하일롭스키 성을 위한 공간을 만들기 전까지 이 여름 궁전은 라스트렐리에게 18세기 중반의 최고의 건축가라는 권리를 주장하게 해주었다. 러시아 사람과 유럽 사람 모두에게 이 궁전은 환상이 현실로 이루어진 건축물로 보였으며, 이 도시에서 가장 사랑받는 랜드마크가 되었다.[40]

라스트렐리는 다음 두 건축물을 짓기 위해 상트페테르부르크 교외로 나갔다. 그는 오라니엔바움의 멘시코프 저택을 모델로 황실의 여름 궁전을 화려한 바로크식 궁전으로 개조했다. 엘라자베타 여제의 집권의 길을 닦은 표트르 대제의 세속적 혁명에 대한 기념비로 페테르고프에 지어진 라스트렐리의 궁전들은 구러시아의 정신에 대한 이탈리아식 경외를 보여주는 동시에 상트페테르부르크에 생명력을 부여해준 서방의 아이디어와 취향의 도래를 축하하는 건축물이었다. 페테르고프 궁전은 길이가 거의 3백 미터에 이르렀고, 분수와 거대한 폭포가 흐르는 웅장한 정원은 베르사유 정원의 분수를 제압했는데, 약 40킬로미터에 이르는 운하와 지하 수도관 시스템이 물을 공급했다. 궁전의 각 코너에 솟은 양파 모양의 금빛 돔은 오래된 시절에 대한 추억을 불러일으키며 라스트렐리가 러시아의 옛 시절을 어떻게 바로크 양식으로 재해석했는지 엿볼 수 있게 해주었다. 그러나 페테르고프 궁전은 웅장하고 화려한 모습에도 불구하고 예술적 신중함의 흔적을 보여주었다. 엘리자베타 여제 시대에 형태가 만들어지기 시작한 라스트렐리의 후기 작품들은 도저히 흉내 낼 수 없는, 제약받지 않은 화려함을 드러냈다.

페테르고프 궁전(여름 궁전)(알렉스 페도로프 사진)

페테르고프 궁전의 대분수

라스트렐리는 1751년 페테르고프에서 56킬로미터 떨어지고, 상트페테르부르크 남쪽으로 24킬로미터 떨어진, 주변 저지대에서 솟아오른 숲이 우거진 높은 평지에 눈을 돌렸다. 여황제의 부모들이 작은 시골별장을 지어놓은 이곳 차르스코예 셀로에 라스트렐리는 나중에 예카테리나 궁전이라고 불리게 되는, 엘리자베타 여제가 아주 좋아하는 밝고 명랑한 장식으로 가득한 궁을 짓기 시작했다. 라스트렐리가 초빙한 이탈리아 화가인 주세페 발레리아니Giuseppe Valeriani와 안토니오 페레시노티Antonio Peresinotti는 2천4백 평 넓이인 대연회장 천장 전체를 문명의 혜택을 누리는 러시아를 묘사하는 비유적 그림들로 장식했다. 엘리자베타 여제가 생일 파티나 가장 친한 사람들을 위한 파티를 연 호박방(Amber Room)과 비슷한 곳은 유럽 어디에서도 찾아볼 수 없었다. 노란 목재 벽과 하얗게 빛나는 기둥들을 더욱 화려하게 만드는 금박으로 돋보이는 기둥머리, 벽기둥, 조각으로 장식된 3백 미터 길이의 궁전은 러시아 바로크의 절정의 위업으로 우뚝 섰다.[41] 후에 신고전주의의 단순성을 선호한 예카테리나 여제는 이 궁전을 용서할 수 없는 추악한 취향의 예로 깎아내렸지만, 엘리자베타 여제 시대 사람들은 이 궁전을 러시아의 위대성을 유럽에 선언하는 제국의 부의 놀라운 과시로 받아들였다. 10년 이상의 세월 동안 이 궁전 건축에 참여한 수천 명의 석공, 목공, 조각가, 미장공, 화가들에 힘입어 라스트렐리는 전례 없는 차원의 예술적 비전을 러시아의 수도 한가운데에 실현시켰다. 바로크식 조각상들과 수많은 기둥의 화려한 과시로 나타난 그 비전은 그가 봉직한 엘리자베타 통치 시기의 정신을 구현했다.

엘리자베타 여제의 통치가 중세의 문턱을 넘어서고 러시아정교회에 대한 헌신이 깊어진 1740년대 말 여제는 상트페테르부르크에 첫 수녀원을 짓는 것을 생각하기 시작했다. 어쩌면 생애 말년에 자신이 은거할 안식처를 구하려 한 것일지도 모른다.[42] 라스트렐리는 15세기에 지어진 모스크바 크렘린의 성모 마리아 안식교회와 그전에 지어진 노브고로드의 성 소피아 성당을 많이 참고해 1749년 스몰니 성당과 수녀원을 설계했다. 이 건축물은 옛 러시아의 건축 양식과 서방

예카테리나 궁전(알렉스 페도로프 사진)

호박방 전경
(1931)

스몰니 성당
(알렉스 페도로프 사진)

의 바로크 건축 양식을 혼합한 것이었다. 라스트렐리와 엘리자베타 여제 모두 생전에 이 설계가 벽돌과 돌로 구현되는 것을 보지 못했다. 성당의 내부 공사는 1830년대에야 마무리되었다(내부 장식은 라스트렐리나 엘리자베타 여제가 상상한 것과는 완전히 다른 스타일로 마무리되었다). 150미터 높이로 세워질 예정이었던 종탑은 열정적인 엘리자베타 여제도 감당할 수 없는 예산 때문에 공사가 시작되지도 못했다. 그럼에도 스몰니 성당은 내부 공사가 마무리되지 않은 상태에서도 한동안 상트페테르부르크에서 가장 아름다운 성당으로 군림했다. 예카테리나 여제를 위해 일하고 그녀와 마찬가지로 바로크를 혐오한 로마 출신 건축가 자코모 쿠아렌기Giacomo Quarenghi는 이 성당 앞을 지나갈 때마다 경의의 표시로 모자를 벗었고, "이제 성당다운 성당이 들어섰다"라며 감탄했다고 전해진다.[43]

예배당과 연결된 수녀원 건물과 외부 벽, 하늘로 치솟은 스몰니 성당은 이전에 러시아를 방어해온 요새화된 수도원을 선명히 연상시켰다. 성당 지반을 단단하게 하는 데 필요한 5만 개의 말뚝을 운송해 오기 위해 2천 명의 병사가 1년 이상 고생했다. 터키석 벽, 하얀 기둥들, 1백 미터가 넘는 높이의 금빛 돔은, 비록 군주와 신민들이 결연하게 서방이 간 길을 따라가고 있지만, 근대 러시아도 정교회 하나님에게 계속 기도하고 있음을 선언했다. 이전 시대에 러시아인들의 신앙을 형성했던 강력한 믿음을 전혀 바꾸지 않고 18세기에 도입된 정교회가 여기에 있었다. 표트르 대제가 서방으로부터 러시아로 도입한 합리주의, 물질주의, 세속 권력은 신에게 바치는 라스트렐리의 기념비 앞에 모두 위축된 것처럼 보였다.

라스트렐리의 상트페테르부르크에서의 경력이 바로 그것이 시작됐던 겨울 궁전에서 끝나도록 만든 엘리자베타 여제의 명령은 운명적이었다. 장년이 된 라스트렐리와 엘리자베타는 각기 자신들의 말년에 더 큰 의미와 초점을 부여할 위업을 찾으며 18세기 후반에 들어섰고, 두 사람 모두 20년 전 라스트렐리가 안나 여제를 위해 설계한 겨울 궁전 재건축에서 그것을 찾았다. 1750년대에 라스트렐리가 엘리자베타 여제를 위해 재건축한 이 '네 번째' 겨울 궁전은 상트페테르부르크의 위대한 에르미타주 박물관(Hermitage Museum)으로 현재까지 살아남게 되었는데, 이 건축물은 엘리자베타 시대에 대한 라스트렐리의 가장 위대한 헌사가 되었다. 라스트렐리는 평생의 작업과 비전의 정점이 된 겨울 궁전에 자신이 사반세기 동안 러시아의 황제들과 귀족들을 위한 건축물을 지으면서 얻은 모든 경험을 쏟아 넣었다. 시대에 대한 대담한 해석의 마지막 표현으로 겨울 궁전은 18세기 러시아의 가장 놀라운 건축 창작물이 되었고, 전 세계 모든 곳을 통틀어 그 모양을 드러낸 위대한 바로크식 마지막 건축물의 하나가 되었다.

기존의 겨울 궁전을 허물고 새로 짓기 위해 엘리자베타 여제는 건축 작업이 시작된 1754년 소금과 주류에 대한 세금으로 거두어들인 재원을 모두 라스트렐리가 쓸 수 있게 해주었다. 그러나 거의 90만 루블에 달하는 예산도 라스트렐리의 비전을 감당할 수 없었다. 겨울 궁전의 창문 하나를 만드는 데 건축노동자 한 사람이 10년간 벌 수 있는 금액보다 많은 비용이 들었고, 로코코 양식으로 장식된 실내문 하나는 이보다 세 배의 비용이 들었다. 1762년 엘리자베타의 후계자인 표트르 3세가 겨울 궁전으로 이사할 때까지 건축 비용은 250만 루블 이상이 들었고, 러시아가 전비가 많이 들어가는 전쟁 와중이었는데도 연로한 엘리자베타 여제는 가신들에게 그 비용을 마련하도록 지시했다. 때때로 신하들은 여제가 요구하는 비용을 마련할 수 없었다. 엘리자베타 여제 생애 마지막 해에 제국재무성은, 이듬해 봄 여제가 이사해 들어가고자 했던 관저를 완성하기 위해 라스트렐리가 필요로 했던 38만 루블의 비용을 마련하지 못했다.[44]

'네 번째' 겨울 궁전을 짓기 위해 '세 번째' 겨울 궁전을 허문 라스트렐리는 엘리자베타 여제를 위해 모이카강과 모르스카야 거리 사이 넵스키 대로에 1층짜리 목조건물을 지었다. 1755년 일곱 달 만에 서둘러 지어진 이 건물은 엘리자베타 여제의 마지막 관저가 되었다. 그녀는 걸작 건축물의 완공을 눈이 빠지게 기다렸지만, 그것을 보지 못하고 죽었다. 도시를 자주 휩쓴 화재가 일어나면 자다가 침대와 함께 불타버리지 않을까 염려하며 거주한 엉성한 '목재 궁전'에서 엘리자베타 여제는 점점 추해지고 늙어갔다. 끔찍하게 부어오른 다리는 여행은커녕 궁전 안의 한 방에서 다른 방으로 이동하는 것조차 불가능하게 만들었다. 라스트렐리가 1년 내내 쉬지 않고 일하도록 독려한 수천 명의 인부도 시간의 위력 앞

겨울 궁전 전면(알렉스 페도로프 사진)

겨울 궁전의
요르단 계단

에선 힘을 쓰지 못했다. 1761년 크리스마스에 엘리자베타 여제는 52세로 생을 마감했다. 그녀의 마지막 위업이었던 궁전이 완공되기 세 달 반 전이었다.

엘리자베타 시대의 러시아에 대한 최종적인 기념비가 된 겨울 궁전은 네바강변을 따라 150미터쯤 펼쳐졌고 7천 평이 넘는 면적을 차지했다. 겨울 궁전 안에는 1,054개의 방과 이보다 몇 배 많은 창문이 있었다. 250개의 열주가 궁전 전면을 장식하고 거의 2백 개에 이르는 장식 화병이 열주 위에 설치된 난간을 꾸몄다. 섬세하게 잘린 쪽마루, 회반죽과 나무로 된 로코코식 금박 조각품, 대담한 바로크 스타일의 화려함을 뽐내는 온갖 장식이 라스트렐리가 창작한 건축물의 모든 방을 치장했다. 요르단 대계단은 다른 어느 곳보다 라스트렐리의 비전을 가장 잘 표현했다. 이 중앙 계단은 매해 공현절마다 차르들이 걸어 내려와 얼어붙은 네바강을 축복했던 이유로 이런 이름이 붙었다.[45] "그전이나 동시대의 어느 건축가보다" 라스트렐리는 "무대의 삶에서 실제 삶으로의 이행을 최대한 감지하기 어렵게" 만드는 데 성공했다고 한 평론가는 말했다. 이 이행은, 다른 어떤 형식의 여흥보다 가면무도회를 좋아했던 엘리자베타 여제 재위 기간 중 러시아 궁정의 큰 부분을 차지했다.[46]

엘리자베타 여제의 재위 기간이 끝나기 전에 상트페테르부르크는 표트르 대제 시대보다 훨씬 의미가 큰 러시아의 수도가 되었다. 표트르 대제가 초청했던 외국 건축가들의 제자들이 지은 공공건물들이 제국의 중심으로서 이 도시의 중요성을 강조했던 반면, 라스트렐리와 그가 가장 총애하는 러시아인 도제인 사바 체바킨스키Savva Chevakinskii가 지은 궁전들은 귀족적 우아함의 아우라를 제공했다. 바실렙스키섬의 저지대를 도시의 중심으로 삼으려던 표트르 대제의 의도는 1730년대 예롭킨, 코로보프, 젬초프의 도시 설계에 의해 결정적으로 옆으로 밀려났고, 상트페테르부르크는 이제 네바강 삼각주의 아홉 개 섬에 더해 네바강 남쪽의 본토까지 점유하게 되었다. 18세기 중엽이 되자 바실렙스키섬에는 이름 있는 사람이 아무도 살지 않았다. 한때 멘시코프가 화려하게 지은 궁정도 제1귀족사관학교의 기숙사로 용도가 변경되었다. 이 사관학교는 안나 여제와 엘리자베타 여제가 소수의 젊은 귀족으로 구성된 부대를 제대로 된 근위연대로 바꾸기 위해 만든 것이었다.[47]

1720년대 트레치니가 멘시코프 궁전 인근에 지은 76미터 길이의 건물에 표트르 대제의 12부 청사가 그대로 남긴 했지만, 18세기 중엽 즈음에 바실렙스키섬은 상트페테르부르크의 무역과 상업의 중심지가 되었다. 상품교역 시장과, 매년 수백만 루블의 상품들이 사고 팔리는 상품거래 아케이드가 이곳에 있었다. 이 건물들과 네바강변에 늘어선 몇 개의 석조건물을 제외하면, 표트르 대제가 암스테르담과 베네치아를 모델로 수도의 중심으로 만들려고 했던 바실렙스키섬은 이제 그 창시자가 꿈꾼 웅장함을 거의 보여주지 못하게 되었다. 이 섬의 주택들은 대부분 목조였고, 섬의 북쪽 지역은 황폐하게 남아 있어, 우아한 궁전들과

12부 청사(현재 상트페테르부르크대학 본관으로 쓰이고 있음)

12부 청사(토셸리 작, 1820)

저택들이 늘어선 네바강변, 모이카강변, 폰탄카강변과 큰 대조를 이루었다.[48]

1727년 상트페테르부르크 최초의 부교가 네바강이 얼어붙지 않는 시기에 바실렙스키섬과 본토를 연결했다. 또 다른 다리는 성 페트로파블롭스크 요새 뒤편의 페테르부르크 구역 섬으로 건너가는 것을 가능하게 만들었다. 세 번째 부교는 이 섬을 네바강 북쪽의 본토와 연결시켜주었지만, 세 다리 모두 네바강에 얼음이 얼기 시작하면 철거되어야 했다. 이와 대조적으로 열 개의 제대로 된 다리는 상트페테르부르크의 중심이 된 모이카와 폰탄카 지역을 연결했고, 이 다리들 덕분에 안나 여제가 시 외곽까지 뻗어나가도록 계획한 세 대로가 끊이지 않고 연결되었다.[49]

1760년 즈음에 상트페테르부르크에는 이름 붙인 거리가 약 2백 개 생겼고, 거주 인구는 거의 10만 명에 달했다. 겨울 궁전에서 바로 보면 반원형으로 흐르는 폰탄카강이 귀족, 상인, 무역업자, 정부 관리들이 사는 지역과 일용노동자, 마부, 부두노동자, 가판상인들이 사는 그 너머 지역을 가르는 경계가 되었다.[50] 그러나 천직을 영위하는 사람들을 부유층과 구분하는 것은 이런 하층민 첫 주거지역이 생겨난 것만큼 엄격하지 않았다. 귀족들의 일상생활의 온갖 뒤치다꺼리를 하며 살아온 수천 명의 농노들은 주인의 집에 계속 거주하며 허드렛일을 맡아, 18세기 중반 상트페테르부르크 귀족 집안에는 50~200명에 이르는 집안 일꾼들을 두는 것이 보통이었다.[51] 자신들의 공간을 갖지 못한 이 하인들은 도시의 짐마차꾼이나 노점상들보다 못한 환경에서 생활하는 경우가 많았다. 자신들이 일하는 저택의 귀퉁이를 할당받은 이 하인들은 계단 뒤쪽 공간이나 후미진 구석과 현관에서 잠을 자야 할 때도 많았다. 이렇게 이들은 부자들과 함께 도시의 한 공간을 공유하는 전례를 만들어냈고, 이것은 20세기까지 지속되었다.

18세기 중반을 지나면서 걷거나 말을 타거나, 마차를 탄 모든 사람은 상트페테르부르크의 넵스키 대로로 모여들었다. 마차를 끄는 말의 숫자는 타고 가는 사람의 지위와 신분을 분명히 보여주었다. 장군과 이에 상응하는 민간 관료, 이

넵스키 대로(벤자민 패테르센 작, 1799)

엘리세예프 상점(알렉스 페도로프 사진)

들의 부인들은 여섯 마리의 말이 끄는 마차를 탔고, 대령, 중령, 중급 궁정 관리, 정부 관리들은 네 마리의 말이 끄는 마차만 허용되었다. 초급 장교나 하급관리, 이들의 배우자들은 말 한 마리나 두 마리가 끄는 마차에 만족했다. 도시의 대부분의 주민들은 걸어서 자신들의 볼일을 보러 다녔다. 상트페테르부르크의 최고의 상점, 주요 극장, 스트로가노프 궁전과 아니츠코프 궁전, 그 밖에 십여 개의 눈에 띄는 건물들이 이 중심도로 양편에 위치하게 될 터였다. 러시아 사람들이 자랑스럽게 비교하는 것처럼 이 도로는 런던의 옥스퍼드 거리보다 두 배 넓었고, 파리의 샹젤리제 거리만 했다. 이후 상트페테르부르크 보석상들이 넵스키 대로에 줄지어 들어서고, 파베르제*의 보석상이 여기서 아주 가까운 거리에 들어설 터였다. 성당들, 시의 주요 관공서 건물들, 20세기 초에는 싱어재봉회사**의 러시아 지사가 넵스키 대로에 들어서게 된다. 이 상점들과 함께 도시의 가장 우아한 제과점인 엘리세예프와 필리포프 제과점도 넵스키 거리에 자리 잡게 된다.

귀족, 성실한 노동자, 관리, 노점상, 도둑이 모두 넵스키 대로에 모여 뒤섞였으며, 제국의 곳곳에서 온 사람들도 이곳으로 모여들었다. 유럽의 어떤 도시에서도 이토록 다양한 인종, 국적이 뒤섞인 곳은 없었고, 유럽에서 온 방문객들은 살롱

---

* 파베르제(1846~1920)의 원래 이름은 Karl Gustavovich Fabergé로 위그노파의 후손이다. 상트페테르부르크, 프랑크푸르트, 드레스덴에서 금속세공 교육을 받은 후 파리, 런던 등을 여행하며 서유럽 공예술의 영향을 받았다. 1870년 아버지로부터 귀금속상을 물려받은 그는 보석과 장식품을 만들어내며, 가구, 기능적 용품도 만들었다. 프랑스 루이 16세 시기의 공예술뿐 아니라 러시아 고유 공예와 이탈리아 르네상스 시기의 영향도 받았다. 러시아 황실을 위한 부활절 달걀 공예품으로 최고의 공예가의 명성을 얻었다. 러시아 황실을 위해 52개의 달걀 공예품을 만든 것으로 추정되지만 현재 46개만 남아 있다.
** 1851년 아이작 싱어가 설립한 가정용 재봉틀 회사로, 현재 상트페테르부르크 돔 크니기 Дом книги 건물이 이 회사의 러시아 지부였다. 이 건물은 1차 대전 중 미국대사관이 잠시 사용했으며, 볼셰비키 혁명 후엔 페트로그라드 국립출판사에 넘겨졌고, 이후 상트페테르부르크에서 가장 큰 책방이 되었다.

과 사업 현장에서 사용되는 다양한 언어에 놀라곤 했다. 근동과 극동, 아메리카 대륙, 유럽에서 온 온갖 방문객들이 넵스키 대로에 몰려들었으며 남방, 동방, 서방의 다양한 상품들이 이 거리의 상점들에서 팔렸다. 먼 중국의 변방인 캬흐타 Kiakhta*에서 러시아 제국으로 들어온 상품들은 유라시아 대륙을 횡단해 이곳으로 왔다. 고급 비단, 모피, 향신료, 차, 유럽의 상류층이 자신들의 창자를 씻어내는 데 자랑스럽게 사용한 대황 뿌리까지 넵스키 대로의 상점과 아케이드에 들어왔다. 여기에서 유럽으로 팔려나간 동양의 희귀상품은 러시아에서보다 비싼 값에 팔렸다. 또한 유럽의 최신 의상, 천, 고급 와인이 서쪽으로부터 넵스키 거리로 들어와 고가에 판매되었는데, 사회적 지위에 크게 신경 쓰는 러시아 귀족들은 이 값을 기꺼이 지불했다.

러시아 전체를 소우주처럼 대표하는 사람과 상점과 상품과 기회를 모두 가진 넵스키 대로에 18세기와 19세기의 모든 위대한 건축가들이 자신의 작품으로 내세울 만한 건축물 하나 이상을 지녔다는 사실은 우연이 아닐 것이다. 라스트렐리의 천재성은 그곳에 지은 엘리자베타 여제의 '목조' 겨울 궁전과 스토로가노프 가의 궁전으로 표현되었고, 넵스키 대로 끝에 건축된 알렉산드르 넵스키 수도원은 트레치니의 위업을 보여주었다. 해군성과 아니츠코프 궁전은 (라스트렐리가 그 건축을 완성시키는 임무를 맡기 전까지) 근대 양식으로 건물을 지은 첫 러시아 건축가인 이반 코로보프와 미하일 젬초프가 설계했다. 이후에 카를로 로시가 여러 개의 기념비적 제국 건물을 건축하게 된다. 넵스키 대로와 인근의 총참모본부, 알렉산드린스키 극장, 미하일롭스키 궁전이 그가 지은 건축물이다. 나중에 안드레이 보로니힌Andrei Voronikhin과 안드레이안 자하로프Andreian

---

*러시아 부랴치아자치공화국 캬흐타구의 행정 중심지로 몽골-러시아 국경 인근 캬흐타강에 위치하고 있다. 이 도시를 건설한 세르르 사바 블라디슬라비치가 이곳을 러시아와 청나라의 무역 중개지로 삼은 이래 중국과의 무역 거점이 되었다.

알렉산드린스키
극장(알렉스 페
도로프 사진)

Zakharov가 그 뒤를 따랐다. 넘치는 부와 멋진 건축물들, 군중, 거리에 가득 찬 흥분으로 넵스키 대로는 18세기 중반에 이르러 상트페테르부르크의 삶에 생명력을 제공하는 중추신경이 되었다. 1761년 엘리자베타 여제가 사망했을 당시, 넵스키 대로에 오가는 것은 러시아의 이미지 그 자체가 되고 있었다.

이 이미지가 통치자 개인에 얼마나 좌우되는지 엘리자베타 여제가 무대에서 사라지고 몇 달 뒤에 드러났다. 엘리자베타 재위 기간 거의 전반에 걸쳐 바로크풍에 대한 라스트렐리의 비전은 상트페테르부르크의 스타일과 이미지를 결정했다. 그러나 엘리자베타의 뒤를 이어 차르가 된 표트르 3세는 숙모의 건축물에 대한 비전을 공유하지 않았고, 1762년 그를 폐위시키고 차르가 된 예카테리나 여제도 전혀 취향이 달랐다. 엘리자베타 여제가 죽은 지 5년도 되지 않아 라스트렐리와 그가 만든 스타일은 완전히 통치자의 눈 밖에 나고 말았다. 예카테리나 여제는 이탈리아 건축가의 활달한 바로크풍 곡선과 소용돌이 모양 장식을 밋밋하게 만들어, 러시아가 지향하는 보다 웅장한 제국적 비전을 반영한 우아한 신고전 양식으로 대체하도록 지시했다. 예카테리나 여제는 그 이전이나 이후의 어느 차르보다 러시아의 문화와 그 지향점이 서구적인 것이 되어야 한다고 주장했다. 그녀는 자

서구로 난 창

신이 시집온 국가를 유럽과 동등한 국가로 만드는 작업에 착수했고 이것은 표트르 대제조차 내다보지 못한 것이었다. 그녀의 목표는 러시아와 유럽의 격차를 줄이고 유럽과의 차이를 없애는 것이었다. 만일 그녀가 15년을 더 살았다면, 프랑스에서 이민 온 한 사람이 그녀가 거둔 성공을 찬사하는 말을 접할 수 있었을 것이다. 즉 상트페테르부르크의 생활이 파리의 생활과 전혀 다르지 않다는 말을.[52]

예카테리나 여제로 후세에 기억되는, 한 변변찮은 프러시아 공후의 딸은 앞으로 표트르 3세가 되는 남자와 결혼하기 위해 1744년 러시아로 왔다. 18년 동안 그녀는 남편과 여제 모두에게 박대받으며 엘리자베타 여제의 궁정의 그늘에서 조용히 살았다. 자신이 러시아를 직접 통치하겠다는 야망에 불탄 그녀는 남편을 권좌에서 밀어낸 것으로 여겨진다. 표트르 3세의 목숨을 앗아간 궁정 쿠데타에 그녀가 직접 가담했다는 사실은 증명된 적이 없지만, 역사학자들은 그녀의 관련성을 부인하기 어렵다고 결론 내렸다. 신민들을 기꺼이 자신을 위해 일하는 도구로 만드는 그녀의 재능은 오직 표트르 대제만이 필적할 정도였다. "그녀의 화려함은 사람들을 눈멀게 하고, 그녀의 친근감은 사람들을 매혹시켰으며, 그녀의 너그러움은 사람들을 끌어당겼다"라고 푸시킨은 그녀가 죽고 25년이 지난 뒤 시로 썼다. "이 영리한 여인의 풍성한 몸매는 그녀의 위엄이 되었다"라고 푸시킨은 숨김없는 감탄을 담아 표현했다.[53]

예카테리나는 1762년에 차지한 러시아 왕좌에 대해 아무런 정당한 권리가 없었지만, 이후 34년을 통치했다. 그녀의 제국적 야망은 시베리아에 대한 러시아의 지배권을 확고하게 하고, 알래스카와 캘리포니아 북부 지역*에까지 러시아의 지

---

*캘리포니아 북부에는 19세기 초 러시아인들이 세운 포트 로스Fort Ross, Форт-Росс 요새와 정착지가 남아 있다. 이것은 태평양 연안의 물개 기름을 채취하기 위해 1812년부터 1841년까지 운영되었고 현재 주립공원으로 복원되었다. 인근 지역에는 슬라뱐카강, 루만체바만 등 러시아 지명이 많이 남아 있다.(옮긴이는 미국 유학 중 이 요새를 방문한 바 있다.)

배력을 뺀고 오스트리아, 프러시아와 함께 폴란드를 분할하도록 이끌었다.[**] 수백만 명의 러시아 주민들에게 농노제의 굴레를 더욱 강력하게 씌워 러시아 역사에서 가장 큰 농민반란이 일어나게 만들었지만, 그녀는 자신을 신민들에게 영화와 행복을 가져올 임무를 띤 계몽군주로 생각했다. 동시에 그녀는 러시아 제국 역사상 가장 정력적인 건축가가 되었다. 그녀는 "지으면 지을수록 더 짓고 싶어져"라고 말한 적이 있다. "이것은 알코올에 대한 병적 집착과 비슷하기도 하고, 단순히 습관일 수도 있어."[54] 예카테리나의 에너지와 비전은 표트르 대제, 트레치니, 엘리자베타 여제, 라스트렐리가 지은 도시를 더욱 웅장하고, 더욱 우아한 제국의 수도로 만들었다. 그녀가 죽은 지 2백 년이 지난 후에도 상트페테르부르크는 다른 황제가 아닌 예카테리나의 도시로 남아 있다.

예카테리나가 왕좌에 오르고 3년 뒤 건축이 시작된 제국예술아카데미 건물은 그녀가 마음에 품고 있던 스타일과 기능의 변형을 보여주었다. 바실렙스키섬 네바강변에 하늘 높이 솟은 멘시코프 궁전에서 몇 걸음 떨어진 곳에 세워진 예술아카데미는 러시아 건축가 알렉산드르 코코리노프Aleksandr Kokorinov와 프랑스 건축가 발렝 드 라 모트Vallin de la Mothe의 신고전주의 디자인을 진정한 고전적 우아함으로 구현시킨 건물이었다. 겨울 궁전과 규모가 비슷한, 140미터 길이에 125미터 깊이의 이 거대한 사각형 건물은 완공하는 데 50년의 세월이 걸렸다. 겨울 궁전에 라스트렐리가 넣은 정교한 장식과 화려한 디자인 대신 예술아카데미 건물은 계몽주의 시대의 합리성을 보여주면서 그리스와 로마의 유산

**예카테리나 여제가 1764년 오스만 제국과의 전쟁을 위해 처음 만든 노보로시야 Novorossiya, Новороссия 지방은, 1775년 자포로지아 시치를 점령하여 코자크를 제압하면서 면적이 크게 확대되었다. 이후 베사라비아, 오데사를 포함한 흑해 연안, 타브리다 지역, 아조프해 연안, 크림 반도, 쿠반 반도의 노가이 스텝과 치르카스 땅까지 포함하는 광활한 지역을 지칭하게 되었다. 그레고리 포템킨(재임 1774~91), 두크 드 리슐리에(1805~14), 미하일 보론초프(1822~54) 등이 노보로시야 총독을 역임했다.

제숙예술아카데미(알렉스 페도로프 사진)

을 더 인위적으로 강조한 제국적 비전을 상트페테르부르크에 첨가했다.[55]

　1770년대 초가 되자 네바강변은 오늘날의 외관을 갖추게 되었다. 겨울 궁전과 해군성이 남쪽 강변에 우뚝 서고, 페트로파블롭스크 요새, 쿤스트카메라, 12부 청사, 멘시코프 궁전과 이제 막 공사가 시작된 제국예술아카데미가 북쪽 강변의 공간을 채우기 시작했다. 제대로 된 모습을 갖춘 수도를 구현하기 위해 많은 노력을 기울인 표트르 대제, 안나 여제, 엘리자베타 여제 모두 네바강 가장자리에는 거의 신경을 쓰지 않았다. 반세기 동안 갯벌로 남아 있던 이 광대한 지역은 목재 선창과 금방이라도 무너질 것 같은 말뚝들이 여기저기 눈에 띄었다. 예카테리나 여제는 상트페테르부르크 건축가들에게 거의 38킬로미터에 이르는 도시의 네바강 가장자리를 강둑의 건축물과 연결시키도록 지시했다. 이 작업을 수행하기 위해서 "더 넓은 미적 목표에 대한 시선을 한순간도 놓치지 말아야 했다"라고 러시아 예술사가인 이고르 그라바르Igor Grabar가 말한 바 있다.[56] 후미진 장소를 제대로 변형시킬 천재 건축가를 찾는 데 실수가 없었던 예카테리나는 과업을 수행할 적임자로 건축가 게오르그 프리드리히 벨텐Georg Friedrich Velten을 고용했다. 그의 아버지는 단치히 출신으로 표트르 대제의 수석요리사로 일했었다. 1730년대 코로보프, 예롭킨, 젬초프가 만든 해군성에서 출발하는 세 개의 대로와 함께 벨텐이 건설한 강둑은 상트페테르부르크의 중심을 정의하는 핵심적 특징이 되었다.

벨텐은 1750년대 라스트렐리의 도제로 자신의 건축 경력을 시작했지만, 예카테리나 여제가 황제 자리에 오르자 자신의 디자인에서 스승의 영향의 흔적을 모두 지워버렸다. 여제의 자애로운 주시 아래 그는 1764년 상트페테르부르크 궁전 강둑을 붉은 핀란드 석재로 축조하기 시작했고, 강 수면까지 이어지는 타원형 계단을 곳곳에 만들었다. 그 사이에는 모이카강, 폰탄카강, 몇 개의 작은 운하들이 네바강으로 흘러드는 관문으로 멋진 아치형 다리들을 건설했다. 아직 네바강의 본류를 가로지르는 영구한 다리가 없는 상황에서 벨텐의 건설 작업은 수상교통 이용자들이 도시에 상륙할 장소를 만들어줌으로써 대단히 현실적인 필요성에 부응한 동시에 상트페테르부르크의 강변을 변형시켰는데, 이는 18세기 런던이나 파리의 건설자들이 필적할 수 없는 방식이었다.[57]

로모노소프 다리

서구로 난 창

벨텐의 궁전 강둑 축조작업이 진행되는 동안, 예카테리나 여제는 새 건물들로 강둑을 더 화려하게 했다. 이 중 가장 인상적인 건물은 대리석 궁전(Marble Palace)*이다. 이탈리아 건축가 안토니오 리날디가 지은 이 궁전은 여제가 잘생긴 경호원이자 자신의 애인이자, 그녀가 권좌에 앉도록 쿠데타를 주도했던 그리고리 오를로프Grigorii Orlov 공에게 하사하는 선물이었다. 18세기에 상트페테르부르크에 지어진 다른 어떤 궁전도 대리석 궁전의 미묘한 절제미를 따라갈 수 없었고, 뛰어난 석재가공술의 위업에 필적할 수 없었다. 신고전주의 디자인의 단순미와 자연석의 차가운 우아함을 보여주는 이 궁전은 예카테리나 시대에 대한 가장 놀라운 기념비가 되었다. 또한 오늘날까지, 신고전주의가 처음 러시아에 들어왔을 때 남긴 강력한 영향을 떠올리게 하는 건축물로 남아 있다.

리날디는 라스트렐리의 영향력이 절정에 달했던 1750년대에 러시아에 왔다. 그는 초기 건축물에서 자신의 신고전주의 취향과 바로크에 대한 라스트렐리의 열정 사이에서 균형을 잡으려고 노력했다. 처음에 그는 오라니엔바움의 여름 궁전 건축 작업에 임했지만, 예카테리나와 곧 암살당할 그녀의 남편이 가장 총애하는 건축가가 되어 그들의 기호와 취향을 반영한 작은 시골 궁전을 짓는 일을 맡게 되었다. 선배들과 달리 리날디는 자연석으로 건축하는 것을 좋아했다. 이것은 벽돌 위에 밝은색 치장 벽토를 덧댄 라스트렐리의 장식 방식이 도저히 만들어낼 수 없는 미적 효과를 만들어냈다. 리날디의 건축이 바로크의 과장 대신 고전적 단순성을 강조하는 것을 본 예카테리나는 라스트렐리의 화려함을 더 섬세하고 우아한 형태로 대체할 수 있는 건축술을 리날디에게서 발견했다.

1768년에 짓기 시작하여 20년 후에 완공된 리날디의 대리석 궁전은 바로크 스타일에서 신고전 양식으로 옮겨가는 상트페테르부르크의 건축 양식을 구현했다.[58] 그의 건축에는 라스트렐리가 즐겨 사용했던 로코코 스타일의 부조, 조개

---

* 현재 루스키무제이(박물관) 분관으로 쓰이며 18, 19세기의 외국 미술품을 전시하고 있다.

모양 장식, 소용돌이 모양 장식이 사라졌고, 예카테리나 궁전과 겨울 궁전의 외부 장식의 많은 부분을 차지한 항아리, 조각, 창문 장식틀이 거의 눈에 띄지 않았다. 리날디는 거칠게 자른 핀란드 화강암으로 대리석 궁전 외벽의 아랫부분을 장식했다. 이 돌은 벨텐이 강변 부두를 장식하기 위해 사용한 돌과 비슷했다. 그는 회색 대리석으로 만든 대리석 궁전의 두 층을 카렐리아에서 가져온 분홍색 대리석으로 코린토 양식의 벽기둥을 만들어 장식했고, 이것을 시베리아에서 새로 발견한 청회색 대리석을 잘라 만든 기둥머리와 판으로 강조했다. 특별히 조직된 건축노동자 부대가 우랄산맥 너머 시베리아에 있는 이 돌들을 가져오기 위해 1천6백 킬로미터를 달려야 했다. 이 돌을 자르고 필요한 자리에 놓기 위해 러시아 전역에서 최고의 석공과 석수들이 동원되었다. 대리석 궁전의 중앙계단은 푸른색, 회색, 흰색의 자연석을 섞어 만들었고, 대리석 홀의 내벽은 섬세한 회색, 흰색, 파란색, 녹색 음영이 새겨진 금박 장식의 기둥머리가 있는 분홍색 벽기둥으로 꾸며졌다. 이 모든 것이 합쳐져, 라스트렐리가 지은 최고의 건축물이 달성하

네바강변의 대리석 궁전(A. 사빈 사진)

서구로 난 창

지 못한 성숙함과 자신감이 표현되었으며, 이것은 감정을 자극하기보다 마음과 정신을 움직이는 힘에 호소했다.

예카테리나 시대에 상트페테르부르크에서 일했던 건축가들 중 자코모 쿠아렌기만이 엘리자베타 여제 시대에 라스트렐리가 누렸던 유명세에 가장 근접하게 다가갔다. 옷 입는 방식이 라스트렐리의 우아함과 완전히 달랐던 쿠아렌기는 단순한 군복 외투를 입고, 상류사회 인사들이 선호하는 방식대로 머리를 염색하는 대신 짧게 깎았다. 초상화 화가들이 그린 그의 모습을 보면 늘 찡그린 것처럼 보이는 짙은 눈썹에, 코는 "자연이 코가 있을 자리에 가져다 붙여놓은 커다란 파르스름한 전구"와 같았고 이것이 그의 얼굴과 모습 전체를 지배했다고 당시의 한 관찰자가 적었다.[59] 쿠아렌기의 건축물에는 사소한 장식이 전혀 눈에 띄지 않았다. 팔라디오Palladio의 『네 권의 책(Four Books)』은 그가 예카테리나 시대의 상트페테르부르크를 만드는 데 바이블 같은 역할을 했다. 그러나 그는 자신이 맡은 건축물에 필요하다고 생각되는 모든 영향을 기꺼이 수용했다. 한 건축비평가는 프랑스, 영국, 이탈리아에서 일한 경험이 혼합된 그의 건축 스타일은 "말할 수 없이 엄격하지만 라스트렐리의 건축에 못지않게 회화적"이라고 평가했다.[60] 라스트렐리와 마찬가지로 쿠아렌기는 러시아가 되고 싶어 하는 것을 상징하는 어떤 비전을 상트페테르부르크에 심어놓았다.

베르가모 아카데미를 졸업한 쿠아렌기는 1760년대 초에 로마로 왔다. 그는 나중에 눈만 가지고 "어디서든 멋진 것이 발견될 때마다 다 약탈했다"라고 회고했다. 그는 10년 이상을 이탈리아의 고전, 르네상스 양식의 걸작들을 연구했다. 당대의 덜 유명한 동료 건축가들과 달리 그는 과거 수세기의 건축을 형성한 원칙들이 자신의 생애나 작품을 지배하도록 두지 않았다. "연구와 관찰의 결과 나는 상식과 이성이 어떤 규칙들의 노예가 되어서는 안 된다는 원칙을 갖게 되었다"라고 그는 자신의 건축 철학을 설명한 적이 있다. 그는 "단순성의 기초와 고대의 웅장함"은 고대 사람들로부터 배울 수 있을지라도, 이들의 원칙은 그가 일하는 시대와 장소에 맞춰 수정되어야 한다고 주장했다. "지역의 환경에 […] 주의를 기울이지 않고는 그저 평범한 건축물밖에 만들어내지 못한다"라고 그는 경고했다.[61] 무엇보다 그가 신경을 쓴 것은 "고고학적이 아닌 고대의 것이며, 웅대하면서도 동시에 인간적인 스케일"의 스타일로 건축하는 것이었다.[62] 예카테리나 시대의 신고전주의 전형이 된 그의 1783년부터 1813년까지의 건축물은 예카테리나의 후계자들이 상트페테르부르크를, 러시아의 힘을 유라시아 대륙 전체에 투사하는 제국적 도시로 변형시키는 길을 닦았다.

상트페테르부르크 내에 모두 45개, 교외에 25개에 달하는, 쿠아렌기가 건축에 관여한 건물들은 정부 건물, 귀족들의 궁전, 주거용 주택과 막사, 상점 아케이드, 창고, 개선문을 망라했다.[63] 그는 1781년 페테르고프에 영국 궁전(English Palace)를 짓기 시작하고, 바로 국립은행 건물과 제국과학아카데미, 에르미타주 연극극장을 착공하여 1780년대가 끝나기 전에 완공했다. 이 기간 동안 그는 알렉산드르 베즈보로드코 공작의 교외 궁전을 지었고, 뒤를 이어 모이카강변에 유수포프 궁전을 짓기 시작했다. 1790년대에 아직 유수포프 궁전 공사를 하는 중에 그는 차르스코예 셀로에 후에 황제가 되는 알렉산드르를 위한 궁전을 지었다. 1780년대와 1790년대에 셰레메티예프 공 가문, 가가린 공 가문, 란스코이 공 가문 모두 그에게 궁전 건설을 맡겼다. 쉴 새 없이 연이어 건물을 짓는 그의 능력은 예카테리나의 아낌없는 찬사를 받았다. "도시 전체가 그가 지은 건물로 가득 찼습니다"라고 예카테리나는 한 편지에 열렬히 칭찬했다. "그리고 이 모든 것이 가장 뛰어난 건물이 되었고요."[64]

19세기 초엽에 쿠아렌기는 귀족층 딸들의 교육을 위한 스몰니 학원 건물을 지었고, 제국 기마연대의 승마학교를 지었다. 마지막으로 러시아가 나폴레옹 군대를 물리친 것을 기념하여 나르바 개선문을 건설했는데, 시민들은 로마의 개선문을 연상시키는 이 문 앞에서 1815년 승리한 차르 군대의 개선을 환영했다.[65] 은밀하게 시저의 유산을 상속한 러시아인들은 로마 제국의 영광을 자신들의 제

국에 옮겨놓았다. 이를 위해 상트페테르부르크는 초기에는 쿠아렌기의 덕을 보았지만, 나중엔 최초로 유럽인들과 대등한 위치를 차지하는 영광을 공유한 러시아 건축가들의 공헌에 힘입었다.

쿠아렌기의 영향력이 절정에 이르기 전에 러시아 건축가들도 상트페테르부르크 디자인에 더 큰 역할을 수행하기 시작했고, 이반 스타로프Ivan Starov의 역할이 그중에서 가장 두드러졌다. 예카테리나 여제가 선호하는 신고전주의 건축 양식을 성공적으로 체득한 스타로프는 러시아 제국예술아카데미에서 수석졸업생에게 수여하는 영예로운 금메달을 받은 재원이었다. 1760년대의 대부분 기간에 그는 쿠아렌기가 사용하여 극적인 효과를 보인 유럽의 고전적 건축술을 연구하는 데 몰두했다. 러시아에서 스타로프는 예카테리나 여제의 몇몇 최측근의 시골 저택을 짓는 것으로 건축가 경력을 시작했다. 1776년 예카테리나 여제는 그에게 성삼위 성당을 짓는 임무를 맡겼다. 이 성당은 트레치니가 지은 성 알렉산드르 넵스키 수도원의 핵심 건축물이 될 예정이었다. 31세의 나이에 스타로프는 그를 당대 최고의 러시아 건축가로 만든 두 개의 건축물 중 첫 번째 것을 짓기 시작했

성삼위
이즈마일롭스키
성당

다.[66] 당시 상트페테르부르크에 그가 작업하는 것에 필적할 건축물은 없었다. 그가 지은 건축물보다 이 도시의 건축에 큰 영향을 미친 건물도 없었다.

자신이 모시는 예카테리나 여제의 취향을 반영한 제국적 비전을 만들어내기 위해 스타로프는 로마의 바실리카를 새 성당의 모델로 삼았다. 성삼위 성당은 라스트렐리의 의기양양한 과도함을 배제하는 대신, 분명하게 드러나는 선명한 선과 단순한 디자인에 의존했다. 거대한 원형 건물과 골이 지게 짜진 돔은 러시아의 성당 스타일과 한 시대가 떨어져 있었다. 또한 인근 스몰니에 라스트렐리가 지은 성당의 바로크 스타일 첨탑과도 선명하게 대조되었다. 지금 러시아 군주를 위해 짓는 건축들이 로마노프 왕가의 제국과 로마의 시저 가문 사이의 연계점을 만들려고 한다는 것은 의심할 여지가 없었다. 상트페테르부르크와 러시아가 로마 제국 건축을 모방함으로써 스타로프의 건축물은 유라시아 대륙의 경도와 위도를 가로질러 러시아 제국의 힘을 선언하는 수많은 공공건물의 건축적 시조가 되었다.

쿠아렌기가 러시아에 온 해에 완공된 성삼위 성당은 러시아에 신고전주의가

타브리다 궁전 전경

만개할 것을 알리는 신호가 되었다. 그의 가장 위대한 건축물은 몇 년 뒤 착공되었는데, 도시의 외진 곳이었던 탓에 이전의 건축가들이 주목하지 못한 장소에 지어졌다. 예카테리나 여제의 명령을 받은 스타로프는 네바강 가장자리의 풀로 덮인 둔덕에 타브리다 궁전(Tauride Palace)을 착공했다. 이 건축물은 장식을 최소화하고 우아함을 최대로 강조한 궁전이었는데, 오직 러시아만 감당할 법한 규모로 "유럽의 경이" 가운데 하나가 되었다.[67] 어떤 이들은 타브리다 궁전을 "러시아의 모든 고전적 건물 중 가장 중요한 건축물"로 간주한다.[68] 1789년 완공된 이후 반세기 동안 러시아의 귀족들과 시골 영주들은 이 궁전의 "기둥들의 시(poetry of columns)"[69]를 좀 더 작은 버전으로 재생하여, 옛 러시아의 가치와 비전이 여전히 최고의 지위를 차지하고 있는 외진 곳에 위엄을 더했다.

1796년 예카테리나 여제가 사망할 즈음, 스타로프와 쿠아렌기가 지은 건축물들로 새로운 우아함이 더해진 상트페테르부르크는 표트르 대제가 험악한 환경의 늪지대에 만든 거친 주거지와는 완전히 다른 세상이 되어 있었다. 1세기도 안

되는 기간에 상트페테르부르크의 인구는 20만 명 이상으로 불어났으며, 도시는 네바강 삼각주 열한 개의 섬에 펼쳐지게 되었다. 표트르 대제가 남긴, 초벽 오두막들이 제멋대로 뻗어나간 수많은 집합체 대신에 상트페테르부르크는 돌과 벽돌, 치장 벽토의 도시가 되었다.[70] 라스트렐리, 젬초프, 리날디, 쿠아렌기, 스타로프와 그 제자들의 흔적을 간직한 궁전과 저택들이 도시의 대로와 강둑에 줄지어 늘어섰다. 이제는 하수관이 상트페테르부르크 중심부의 주요 도로 아래를 지나갔다. 외진 지역에는 아직 이런 시설이 드물긴 했지만 가로등은 중심지를 환하게 비추었다. 도시가 제공하는 편의 면에서 보면 러시아의 수도는 서방의 대도시에 견줄 만했다. 상트페테르부르크는 북국의 팔미라Palmyra*가 되어, 전에는 어둠침침한 프로테스탄트식 건물만 눈에 띄던 유럽의 일부에서 광휘를 발하는 건축학의 보물이 되었다.

상트페테르부르크에서는 수천 명의 장인이 일했고, 수십 개의 공장이 새로운 생활방식이 요구하는 일상용품과 사치품을 생산해냈다. 18세기 말 이 도시에는 직물, 방적 공장이 생겨났고, 1세기 뒤에는 1917년 혁명의 불길을 타오르게 한 노동 운동이 조직되기 시작했다. 가죽공장과 유리공장도 생겨났다. 18세기 말 이곳을 방문한 외지인을 가장 놀라게 만든 것은 상트페테르부르크 장인들이 생산해내는 다양한 고급상품이었다. 1796년이 되자 비단, 양탄자, 도자기, 청동제품, 벽시계, 회중시계, 마차, 모든 종류의 예술품과 보석들이 표트르 대제가 만든 이 도시에서 생산되고 거래되었다. 이 도시는 예술과 고상함의 중심이 되었고, 유럽의 코스모폴리탄 엘리트가 고국처럼 편안히 느끼는 장소가 되었다.

---

*1~2세기에 건설된 것으로 알려진 고대 도시로, 현재의 시리아 타드무르에 위치한 유적지이다. 고대 그리스군의 전초 기지로서 중요한 장소였다가 217년 로마에 합병되면서 경제적 성장을 이루었다. 1089년의 지진으로 유적들이 파괴되어 거의 폐허가 되었으나, 셈족이 모신 태양신의 신전 벨Bel은 살아남았다. 2011년에 시리아 내전이 발발하기 전까지 시리아 최고의 관광지였다.

그러나 러시아의 국내 산업은 표트르의 변화가 요구하는 상품과 사치품을 전부 공급하기에 역부족이었다. 예카테리나 여제 재위 마지막 시기에 매년 수백만 루블의 비단, 모직 제품과 수만 개의 안경, 수십만 통의 와인, 책, 크리스털, 염료, 6만 점 이상의 동판화 조각품이 상트페테르부르크로 쏟아져 들어왔다. 이 상품들과 또 다른 일상용품들이 황소가 끄는 수백 개의 달구지에 실려 시내로 운송되었고, 수천 척의 상선이 매년 5천만 루블이 넘는 액수의 상품을 실어 날랐다.[71] 1796년 즈음 상트페테르부르크는 상점과 시장에서 제값만 치르면 어떤 물건도 살 수 있는 곳이었고, 유럽 방문객까지 놀랄 정도로 엄청난 양의 상품을 갖추었다. 매년 봄에 도시로 쏟아져 들어오는 어마어마한 양의 레몬과 오렌지를 본 하인리히 슈토르히Heirich Storch는 "이 상품들이 팔리는 가격은 종종 운송비에도 미치지 못했다. 4백 개들이 레몬 한 상자가 2~3루블에 팔렸다"라고 기록했다. "이 달콤하고 모양 좋은 과일들은 센강변보다 네바강변에서 훨씬 더 많이, 훨씬 더 싸게 즐길 수 있다"라고 그는 덧붙였다.[72]

한 세기 만에 네바강 늪지대를 러시아 북쪽의 빛나는 수도로 변모시킨 상인, 장인, 건축가들은 모두 최고위 귀족들을 위해 일했다. 표트르 대제가 자신이 정한 새 수도를 러시아의 가장 중요한 항구와 정부의 중심으로 만드는 데 집중했다면, 도시의 삶을 지배한 귀족 남녀들은 안나 여제가 1732년 이 도시를 다시 수도로 정한 뒤 아주 다른 방식으로 도시의 성격을 규정했다. 이 도시로 이사하게 만든 표트르 대제의 결정과 높은 생활비에 끊임없이 불평을 늘어놓은 귀족 남녀들은 이 도시의 가장 중요한 소비자가 되었고, 예카테리나 재위 초기에 상상할 수 있는 모든 사치품을 원했다. 이들의 소비가 수입을 훨씬 넘어서자 1770년대에 예카테리나 여제는 특별 은행들을 설립하여 귀족들이 사치스러운 생활방식을 계속 유지할 수 있도록 융자를 알선해야만 했다.[73] 그녀가 이 추진을 마다하지 않은 이유는, 우리가 앞으로 보게 되듯 러시아의 수도가 귀족들의 기분에 따라 숨 쉬고 움직이는 도시가 되었기 때문이다.

왕국의 주인들

14세기 모스크바가 러시아 땅을 통치하는 자리에 올라선 이후 차르의 궁정은 진보의 길을 가로막고 있었다. 이곳에서는 종교와 전통이, 과거에 집착하고 미래에 대해서는 거의 생각하지 않는 사회의 방어벽을 구축했다. 관습은 여성을 무시하고, 초상화 그림을 금지하고, 신의 이미지를 손상하지 않기 위해 턱수염을 못 자르게 했다. 자신들 앞에 살았던 부모와 조상들과 마찬가지로 차르 궁정의 남녀는 자신들의 손자 손녀의 세계도 자신들이 살다 죽을 세계와 전혀 다르지 않으리라고 생각했다. 이들은 한 세기가 지나고 다음 세기가 와도 전부 똑같이 가리라고 믿었다. 모든 일을 앞두고 신과 차르 앞에 머리를 조아렸고, 가장 지위 높은 가신조차 자신을 주군의 비천한 노예라고 불렀다. 읽고 쓸 수 있는 이는 거의 없었다. 서쪽으로 2주일만 가면 나오는 근대 세계에 대해 아는 사람은 더욱 드물었다. 관습과 미신이 이들을 지탱했다. 비잔틴 제국과 칭기즈 칸 제국에서 내려오는 의식과 의례가 여전히 이들의 삶을 지배하고 있었다.

이것이 표트르 대제가 서방과의 접촉, 교육, 새로운 수도를 통해 바꾸겠다고 맹세한 세계였다. 그는 전통과 태생으로 속박된 사람들에게 새로운 태도와 가치를 주입했고, 다양한 사회적 배경을 지닌 이들을 포섭하여 가신 집단의 범위를 넓혔다. 이전의 차르들처럼 부투를린, 골리친, 로모다놉스키, 셰레메티예프처럼 명망 있는 가문 출신을 측근으로 삼기도 했지만, 개인적 자질이 마음에 드는 상인, 사제, 농노 출신을 등용하기도 했다. 운이 나빠 오스만 제국의 노예가 된 한 아비시니아 왕자(유명 시인 푸시킨의 증조부)는 표트르 대제 군대의 포로가 된 후 러시아 제국군대에서 장군의 지위에 올랐고, 오랜 세월 러시아에 널리 퍼져 있던 반유대주의에도 불구하고 유대인 상인 표트르 샤피로프Petr Shafirov는 황제의 부재상이 되었다.

많은 외국인이 표트르 대제의 측근이 되었다. 이 중에는 스코틀랜드인 포병 전문가 제임스 브루스James Bruce 장군처럼 실제로 러시아에서 태어난 이들도 있었지만, 대부분은 출세의 길을 찾아 고국을 떠나온 이들이었다. 스코틀랜드에서 온 패트릭 고든Patrick Gordon과 스위스 출신 용병 프란츠 레포트Franz Lefort가 그러했고, 독일에서 온 안드레이 오스테르만Andrei Ostermann과 부르크하르트 뮌니히Burkhard Münnich도 마찬가지였다. "그들은 다양한 곳으로부터, 모든 가능한 조건으로부터 표트르 대제에게로 왔다"라고 역사학자 바실리 클류쳅스키Vasilii Kliuchevskii는 표트르 대제 주변에 모인 이들에 대해 서술했다.[1] 어떤 사람은 리투아니아의 돼지치기였고, 어떤 사람은 개인 소유 농노였으며, 어떤 사람은 포르투갈 선박의 급사였다. 이들 중에는 영국에서 신교세력이 확장되는 것을 피해 온 왕정주의자 스코틀랜드 가톨릭교도도 있었고, 어두운 전과 경력을 지닌 이들도 있었다. 표트르 대제의 가장 가까운 (그러나 글을 모르는) 친구이면서 장차 육군 원수와 상트페테르부르크 총독이 되는 알렉산드르 멘시코프는 젊은 시절 모스크바 거리에서 파이를 팔았다는 소문이 파다했다.[2] 또한 1711년 표트르가 배우자로 택하고, 1724년 황제로 즉위한 예카테리나의 스토리도 있다. 원래 리보니아의 농민 하녀였던 그녀는 스웨덴 기마병, 러시아 상사, 육군 원수 셰레메티예보, 멘시코프의 침대를 거쳐 1704년 표트르의 애인이 되었다.

표트르는 중세적 모스크바 공국의 의례와 관습을 공격함으로써 다양한 배경을 가진 측근들을 위해 새로운 가치를 만들어냈다. 그는 턱수염 기르는 것을 금지하고, 신하들이 서구식 복장을 하도록 요구하고, 정교회 종교 상징들을 이교와 군사적 상징들로 대체했다. 분명한 제국 이미지를 구하면서 그는 이전 시기 진정한 차르의 표상이었던 신앙적 경건함 대신에 자신의 군사적 승리로 위대함을 내세우는 러시아 최초의 군림하는 영웅이 되었다. 오랜 기간 궁정에서 배제되었던 여성들이 이제 근대 러시아 생활의 참여자로 궁정에 나타났다. 하룻밤 사이에 종교적 경건함과 온유함 대신에 지혜와 아름다움, 근대적 교양이 러시아 여성들이 추구할 덕목이 되었다. 다양한 형태로 표현되어온 거룩한 성모 마리아는 더 이상 여성의 완벽함을 상징하지 않게 되었다. 어깨를 드러낸 가운을 입고 손에 칼을 든 지혜의 여신 미네르바*가 여성들이 정체화할 모델이 되었다.

표트르 대제의 제국적 비전의 버팀목이 될 강력한 세속적 이미지를 만들기 위해 그의 추종자들은 정교회 비잔틴 제국이 아닌 고대 로마 의식을 되살렸다. 시인들과 선전가들은 표트르를 마르스, 헤라클레스, 알렉산더 대왕과 동일시했고, 무기의 힘을 기도보다 위에 두었다. 위대한 승리가 경건한 겸양을 대체했고, 지금 당장 현실에서의 실용적 성취가 천국에서 보상받는 행위에 앞섰다. 러시아 해군을 창설하고, 전쟁을 치르러 원정을 떠나고, 상트페테르부르크의 기초를 놓은 표트르 대제는 교회가 아버지나 조상 때처럼 자신의 일상생활을 감독하는 것을 허용하지 않았다. 전쟁, 정복, 세속적 쾌락이 이제 러시아인들을 압박하는 가치를 형성했다.[3]

표트르가 러시아 궁정 생활을 어떤 모양으로 바꾸려는지 알려줄 첫 암시들이 1690년경 그가 친구들과 "정신 나간 주정뱅이 클럽(All-Mad, All-Jesting, All-

---

*지혜와 군사 전술을 관장하는 로마의 여신이자 예술, 시, 의학, 상업, 직조, 공예를 관장하는 처녀 신이다. 로마인들은 그리스 여신 아테나와 미네르바를 동일시했지만, 로마인들은 그리스인들과 달리 미네르바와 전투, 군사 관계를 강조하지 않았다.

Drunken Assembly)"을 만들었을 때 드러났다. 과거 모스크바 공국의 경건과 권위의 상징을 패러디한다는 의미도 포함한 이 모임은 표트르 대제 재위 기간에 수시로 만나 진탕 마시는 술판을 벌이며 온갖 기괴한 카니발다운 행위들을 벌였다. 표트르는 늘 이 의식에 진지하게 몰두했고, 모임 형식에 대한 상세한 계획을 직접 짰다. 이런 기행은 모스크바의 황실근위대가 반란을 일으키고, 스웨덴과의 전쟁 초기에 패배를 거듭하는 동안*에도 그치지 않았다. 모임에서 종종 참가자들은 돼지, 개, 염소가 끄는 수레를 타기도 했다. 어떤 때는 기괴한 복장을 착용했고, 어떤 때는 옷을 전혀 걸치지 않기도 했다. 언제나 그들은 경건과 전통을 무시했고, 어떻게 밤에 집으로 돌아갔는지 기억 못 한다고 시인할 정도로 술을 마셔댔다.[4]

중세적 모스크바 공국의 가치관과 제도를 조롱하는 공들여 기획한 의식 가운데서, 취한 상태는 덕이 되고 말짱한 상태는 죄가 되었으며, 이전 시대에 부적합하다고 여겨졌던 사람이 고위직에 대한 권리를 주장했다. 이러한 새로운 의례와 가치관의 세계에서 상트페테르부르크의 건설은 가장 중요하고 가장 공들인 의식이 되어, 수만 명의 사람들이 자기 역할을 수행해야 했다. 상트페테르부르크가 쓸모없는 늪지에서 제국의 수도로 부상하는 거대한 드라마에서 사람들은 거의 맨손으로 거대한 자연의 힘과 싸워야 했고, 이들의 군주는 억센 힘과 인간의 의지가 기도의 힘보다 강하다는 것을 보여주기 위해 분투했다. 모든 사람 위에 표

---

*대북방 전쟁(Северная война, 1700~1721)은 러시아와 스웨덴이 발트해의 주도권을 장악하기 위해 벌인 전쟁으로, 오랜 기간 벌어진 여러 전쟁에서 각종 동맹이 형성되었다. 처음에 러시아는 덴마크, 작센과 동맹을 맺었고 이후 잉글랜드, 하노버, 네덜란드, 프로이센, 폴란드-리투아니아 연합(1701~1704, 1704~1709, 1709~1719)과 동맹을 맺었으며, 스웨덴은 폴란드-리투아니아 연합(1704~1709), 오스만 제국과 자포로지아 코자크가 동맹이 되었다. 1709년 폴타바 전쟁에서 러시아가 승기를 잡았고, 1721년 스웨덴의 패배로 전쟁이 종결되었으며, 뉘스타드 조약으로 스웨덴은 17세기에 획득한 해안 지방의 대부분을 상실했다. 러시아는 발트해 영토의 대부분을 차지해 동유럽의 강대국으로 등장했다. 러시아가 조약을 맺기 전 스웨덴과 강화조약을 맺은 프로이센과 하노버는 스웨덴의 독일 영토를 획득했다.

트르가 승리자로 우뚝 섰다. 굽힐 줄 모르는 의지를 가진 이 군주는 고대 시대의 영웅들이 이룬 과업에 도전하는 것을 가능하게 만들었다.

적으로부터 뺏은 땅에 건설된 상트페테르부르크는 러시아의 새로운 세속적 권력의 물질적 표현과 새 제국이 거둔 승리의 상징이 되었다. 표트르 대제는 자신이 원하는 러시아의 미래의 모습을 공유하는 외국인과 러시아인들을 상트페테르부르크로 불러 모았다. 그는 다양한 배경과 문화를 가진 이 사람들을 초기의 제국 궁정에 뒤섞어놓았다. 표트르는 유럽식 생활양식과 의례, 진보에 대한 믿음으로 러시아의 삶을 변화시키려는 분명한 의도를 지니고 있었지만, 재위 기간 마지막 20년간 이 도시로 강제로 이사해야 했던 이들 중 러시아를 미래로 가져갈 도시와 제국을 어떻게 만들어갈지 분명한 생각을 지닌 사람은 거의 없었다. 이들 모두는 새로운 생활방식, 유행, 음식에 대해 외국 모델에 전적으로 의존했고, 상트페테르부르크에 어떤 도시 계획을 적용하고, 어떻게 건물들을 설계하고, 주민들이 어떻게 행동해야 하는가에 대해서도 마찬가지였다. 진지한 의미에서 보자면, 서방을 모방하는 것을 이렇게 강조하는 것은 표트르의 가신들에게 외국인이 되기를 강요했다. 이들은 보통 어린이들이 직접 경험을 통해 배우는 언어, 예의, 생활방식을 성인의 자리에서 새로 배워야 했다.[5]

에라스뮈스가 만든 계율과 최근에 외국에 나가 공부하고 돌아온 소수의 러시아인들의 자문을 받아 1717년에 만들어진 『젊은이들의 영예로운 거울(Honorable Mirror of Youth)』은 러시아인들에게 최초로 에티켓을 가르치는 책이 되었다. 도덕적 계율과 공공질서를 결합한 이 작은 책은 상트페테르부르크의 신흥 귀족과 그 배우자들에게 사교생활에서 어떻게 처신하고, 어떻게 나이프와 포크를 사용하고, 공공장소에서 어떻게 대화하는지를 가르쳤다. 이 책은 "여성의 명예"는 "덕의 왕관"이라 역설하며, 하인들이 엿듣는 것을 방지하기 위해 귀족들에게 외국어로 말하도록 충고하고, 멸망으로 이르는 길은 넓고 다니는 사람이 많다고 엄중히 경고했다.[6] 그러나 책 한 권으로 일상생활의 세세한 면까지 가

서구로 난 창

르치는 것은 불가능했고, 대부분 한 번도 보지 못한 사회에서 통용되는 덕목을 편안하게 습득하는 것도 불가능했다. 러시아인들이 서구 사회를 재창조하려면 출판된 에티켓이 실제 경험에 맞추어 조정되어야 했다. 표트르는 자신의 신하들과 동지들이 진입할 멋진 새 사회의 살아 있는, 제대로 작동하는 모델을 창조하기 위해, 유럽 사회를 직접 상트페테르부르크로 들여와야 했다.

1718년 11월 26일 상트페테르부르크 경찰서장 안톤 데비에르Anton Devier는 몇몇 지도적 위치의 귀족들에게 새 수도의 남녀들을 초청하는 특별 모임을 조직하라는 행정명령을 내렸다. 포르투갈 선박의 급사로 상트페테르부르크에 온 데비에르가 현재의 직위에 오른 것은, 표트르 대제의 뜻을 수행하고 그의 잦은 학대를 견뎌낸 능력 덕분이었다. 그를 기억하는 사람들은 그가 "차르의 명령을 신속하고 철저하게 수행했고", 그 이름을 언급하는 것만으로도 상트페테르부르크 시민들에게 공포를 심어주었다고 말했다.[7] 이렇듯 데비에르의 명령은 가볍게 받아들일 사안이 아니었던 데다 이번엔 겨우 20여 가정에만 적용되는 지시였다. 차르의 권위를 빌린 그의 명에 의해, 상트페테르부르크의 지도층 귀족들은 자신의 저택을 "모든 계층의 사람들, 대상인들, 공사감독관들(이것은 주로 조선업 종사자들에게 해당됨), 궁정에서 일하는 사람들과 그 배우자, 자녀들" 모두에게 공개적으로 통보된 일정에 따라 개방해야 했다. 집주인은 각 모임의 시간과 장소를 알리는 표지판을 붙여야 했고, 방문자들은 원하는 대로 자유롭게 담배를 피우고, 춤을 추고, 정중한 대화를 나누거나 카드놀이를 할 수 있었다.[8]

그런 방식으로 귀족들은 유럽 사교계가 실제로 어떻게 움직이는가를 직접 보여주어야 했다. 표트르 대제가 주관하는 파티에는 많은 유럽 사람들이 초대되었다. 표트르 대제가 주의 깊게 살펴보는 가운데 초대된 손님들은 최대한 교양 있는 태도를 보여야 했고, 술은 다른 러시아식 모임에서처럼 양껏 제공되지 않았다. 수십 명의 유럽 국가 외교관들, 군 장교들, 대상인들이 참석한 가운데 러시아의 사교계 인사들이 될 사람들은 미뉴에트 춤을 추고, 선망하는 여인에게 꽃과 찬사를 바치고, 서구 국가의 수도를 지배하는 정중한 사교계의 고상함을 배우기 위해 노력해야 했다. 만일 잘못 처신하면 표트르 대제의 주먹이 날아들 판이었기에 상트페테르부르크의 어리숙한 가신들은 곧 그들의 방식을 체득했다. 유행과 세속적 주제의 대화가 모스크바 공국 시대의 기도와 대규모 여흥을 대체했다. 유럽에서 온 방문객들은 과거처럼 아시아적이고 야만적이라고 무시하지 않고, 러시아 궁정 사교계를 처음으로 서구적 기준을 가지고 평가했다.

상트페테르부르크의 선남선녀들이 새로운 유럽식 매너로 춤을 추고 만찬을 즐기고 대화를 나누는 동안 표트르 대제는 고대의 정복자처럼 로마의 갑옷을 입고 월계관을 쓰고 지켜보았다. 그는 중세 모스크바를 지배했던 종교적 의례를 유럽의 절대군주 궁정에서 들여온 예의범절로 대체했다. 또한 러시아가 서방의 국가들에게서 얻은 새로운 지위를 강조하기 위해 군사 퍼레이드를 벌였다. 공식 축하 행사에서 표트르 대제는 자신을 러시아 신민을 인류 역사의 위대한 제국 신민으로 만든 막강한 전승자로 내보였고, 이 과정에서 그가 만든 상트페테르부르크는 무대의 중심을 차지했다. 궁정 신하들은 표트르 자신이 표방하는 이미지의 거울이 되었고, 일부 귀족들은 그가 러시아에 가져온 새로운 자유를 진심으로 즐겼다. "여성에게 모든 면에서 자유가 허용되었다"라고 한 관찰자는 기록했다. "그녀들은 끝없는 쾌락과 유희를 즐기며, 무도회와 여흥에 대부분의 시간을 보냈다."9 표트르는 상트페테르부르크의 여름 정원에 비너스 조각상들과 정의, 자비, 진리의 상이 눈에 띄게 전시되도록 했고, 도시에 처음 세워진 궁전들의 천장에는 미네르바와 비너스 초상을 그려 넣도록 명령했다.10 러시아 역사에서 처음으로 여성들은, 모스크바 총대주교가 한때 "불완전하고, 복종적인 존재"라고 불렀던 상태에서 벗어나 궁정의 일상과 정치의 세계에 발을 들여놓았다.11

러시아 여성 중 누구보다 큰 열정을 가지고 이 새로운 세계에 뛰어든 것은 표트르의 애인이자 장차 여황제가 되는 예카테리나였다. 예카테리나는 남편의 원정에 종종 따라나섰고, 여황제가 된 다음에도 평민 출신으로서 훨씬 익숙한 활동적 삶을 이어나갔다. 궁전에서 그녀는 최신 유럽식 유행을 따른 의상을 입었고, 여성적 경건함을 강조하는 옛 모스크바 관습에 정면으로 대치되는 유쾌함과 매력의 모델이 되었다. 무도회는 그녀가 가장 좋아하는 여흥이었고, 최신 유행은 그녀의 가장 큰 관심거리였다. 그녀의 궁정 시종들은 금술로 장식된 녹색 유니폼을 입고 점잔 빼며 걸었고, 유럽 스타일을 따라 얼굴에 분홍빛 화장을 한 채 손님들을 접대했다. 그녀가 베푸는 만찬에는 오케스트라가 근대 작곡가들의 음악을 연주하고, 손님들은 여흥을 즐기며 대접을 받았다. 한 프랑스 무용전문가는 "상트페테르부르크 궁정만큼 우아하게 미뉴에트 춤을 추는 곳은 유럽 어디에도 없다"라고 감탄했다.[12] 표트르 대제와 이어지는 자신의 재위 기간 동안 예카테리나는 수많은 모임, 축일 행사, 무도회, 공식 연회 등을 통해 교양과 고상함의 새로운 모델을 만들었으며, 러시아 상류층의 삶과 문화는 유럽의 귀족 생활을 자연스럽게 모방하면서 이에 더 다가갔다.

1721년 러시아와 스웨덴 사이의 대북방 전쟁이 끝나고 뉘스타드 조약이 체결되면서 러시아는 상트페테르부르크가 세워진 땅에 대한 완전한 권리를 얻게 되었다. 그해 가을 거행된 뉘스타드 조약 체결을 축하하는 행사는 상트페테르부르크가 얼마나 유럽화되었는지를 잘 보여주었다. 군사 퍼레이드와 화려한 불꽃놀이 행사는 러시아가 유럽의 국가들과 정치문화에 근접한 모습을 드러냈다. 천 번의 대포 축포로 인해 마치 "네바강과 성 페트로파블롭스크 요새가 불꽃에 뒤덮인 것 같았다"라고 한 관찰자는 기록했다.[13] 이어진 무도회와 만찬에서 황후 예카테리나와 황실 여인들이 입은 화려한 색과 값비싼 보석으로 치장된 의상은 장관을 연출했다. 러시아는 차르들이 약 60년 전 폴란드와의 전쟁 승리를 축하하던 교회 행사 때와 너무도 다른 모습을 보여주었다. 이제 차르는 비잔틴 제국의 기독교 군주의 후손이 아니라 고대 로마로 이어지는 혈통을 축하하는 제국의 통치자가 되었다. '대제'라는 칭호가 붙은 표트르는 새로운 러시아의 창시자가 되었고, 그가 만든 새로운 도시는 제국의 수도가 되었다. 위로부터 아래까지 모든 신민은 표트르 대제가 만든 제국에 봉사해야 한다는 원칙이 러시아의 근간이 되었다. 이 원칙은 특히 상트페테르부르크에 거주하는 모든 사람에게 적용되었는데, 군대와 정부에서 복무하는 귀족에서부터 이 귀족들에게 봉사함으로써 제국에 봉사하는 하층민에 이르기까지 예외가 없었다.

표트르 대제가 사망할 즈음 상트페테르부르크는 네바강변에서 바라보면 이미 웅장한 건물들이 강변 양쪽에 늘어선 아름다운 도시가 되었다. 그러나 그 전면 뒤에 숨은 모습은 "통나무 오두막, 텃밭, 외양간, 발이 푹푹 빠지는 진흙으로 가득 찼다"라고 한 관찰자는 기록했다.[14] 바실렙스키섬과 후에 도스토옙스키 소설에 나오는 벼룩시장이 들어설 지역에는 아직 소 떼가 풀을 뜯고 있었다. 이것이 상트페테르부르크 귀족, 차르, 국가에 봉사하려고 이 도시에 들어와 사는 수만 명의 하층민 남녀노소가 거주하는 지역이었다. 마차꾼, 배꾼, 목수, 병사, 농노, 가게 주인들이 계속해서 변하는 이 다양한 군중을 형성하고 있었다. 상트페테르부르크의 하층민의 가난한 형편은 나아지지 않았기에 시간이 가면서 이들의 숫자는 늘어갔다.

1725년 상트페테르부르크의 거주민 중에서 가장 눈에 띄는 것은 1만 5천 명에 달하는 군인들이었다. 이 시기 주민 여섯 명당 한 명이 군복을 입고 있었다. 정규군 네 개 연대 외에도 새 수도에 영구 배치된 세묘놉스키 근위연대와 프레오브라젠스키 근위연대가 있었다. 자신의 황제 즉위 초기 반란을 일으킨 스트렐치 연대들*을

---

* '사격 부대'란 뜻의 스트렐치Streltsy, стрельцы 는 16세기부터 18세기까지 존속된 러시아 주력 보병 부대로 군사적·정치적 영향력이 강했다. 1689년 일시 해체되었다가, 대북방 전쟁 때 부활하여 전공을 세웠다. 아조프해 원정(1695~96)에 파견되었다가 귀환하던 중에 모스크바가 아닌 벨리키 리키로 배치되었고 그 길에 기아에 시달린 사병들이 1698년 반란을 일으켰으나 고든 장군에 의해 진압되었다. 당시 유럽을 시찰 중이던 표트르 대제는 급거 귀국하여 반란 가담자들을 혹독히 처벌했다. 이후 스트렐치는 세력이 약화되어 1720년대에 완전히 해산되었다.

　　　　　　　　　　　　　　　　　　　　서구로 난 창

대체하기 위해 표트르 대제가 창설한 이 근위연대들은 러시아의 최정예 부대였고 그 인원이 약 6,500명에 이르렀다.[15] 1731년 안나 여제는 이즈마일롭스키 근위연대와 근위기병연대를 추가로 창설했고, 엘리자베타 여제와 예카테리나 여제 시기에 근위보병연대와 기병호위대가 만들어졌다. 비상시 어느 지역에라도 바로 달려갈 수 있도록 훈련된 이 엘리트 부대들은 상트페테르부르크 통치자들이 필요에 따라 이용할 수 있는 강력한 정치적 수단이 되었다. 황실 후계 구도의 조정자를 자처하고 나선 이 부대와 장교들은 1725년부터 1762년까지 네 번에 걸쳐 '궁정 혁명'에 가담했고, 1801년과 1825년에도 반란을 일으켰다.* 모든 군주는 이들을 지휘하는 귀족들에게 특전을 베풀어 이들의 충성을 확보해야 했다. 근위연대의 도움 없이 18세기 어느 군주도 러시아의 왕위에 편하게 앉아 있을 수 없었다.

안나 여제가 상트페테르부르크를 다시 수도로 정한 다음 러시아 귀족들이 갖게 된 중요한 특권 중 하나는 이 도시에 부동산을 소유하는 것이었다. 러시아의 부의 상당 부분을 소유한 귀족들은 상트페테르부르크의 핵심 소비층이 되었고, 날로 커가는 이들의 수요는 많은 상인, 장인, 노동 제공자들을 도시로 끌어들였다. 18세기 중반 1천 명 이상으로 불어난 상트페테르부르크의 대상인들은 대규모 교역에 종사하며 귀족들과 별 다를 바 없는 호화로운 생활을 영위했다. 나머지 대부분 인구를 차지하는 평민, 하층민들은 하루하루 벌어먹는 생활을 벗어나지 못했다. 3천 명 이상의 마부와 셀 수 없는 식품 판매자들이 도시의 거리에서 물건과 노동을 팔고 짐꾼, 물장사, 목재장사가 상트페테르부르크 거주자들에게 땔감과 물을 공급했다. 수천 명의 장인과 수공업자들이 도시 곳곳에 산재한 수많은 작은 가게와 좌판에서 물건을 팔고 기술을 제공했고, 이보다 훨씬 많은

---

*러시아 장교들은 1801년 파벨 1세를 암살하고 그의 아들인 알렉산드르 1세를 즉위시켰고, 1825년 니콜라이 1세 대관식 날 유명한 데카브리스트 반란을 일으켰다.

농노들이 건설 시즌이 되면 이곳에 와서 목수, 벽돌공, 미장이로 일하다가 고향으로 돌아갔다.[16] 노동에 종사하는 수많은 주민들은 나무로 지은 조악한 판잣집과 오두막에서 살았고, 이런 건조물이 도시 외곽의 폰탄카와 리곱스키 운하부터 네바강 반대편의 오흐타 지역을 채웠다. 상트페테르부르크의 중심 지역의 용지 부족으로 귀족과 부유한 상인들이 외곽으로 뻗은 대로와 거리를 따라 저택을 짓기 시작한 19세기가 될 때까지 이런 빈민가는 그대로 남아 있었다.

러시아의 서방으로 난 창이자 제국 권력의 중심지라는 이 도시의 신비로움은 제국의 모든 지역에서 사람들을 끌어모은 동시에 유럽 사람들도 매혹시켰다. 독일인, 네덜란드인, 스웨덴인들이 표트르의 도시에 거주했고, 이탈리아인, 스페인인, 포르투갈인도 그러했다. 러시아 해군의 거의 모든 장교와 러시아 육군 장군의 절반 이상이 외국인이었고,[17] 더 많은 외국인이 무역에 종사했다. 상트페테르부르크에 거주하는 독일인 중 다수가 표트르 대제가 대조국 전쟁 막바지에 발트 지역을 점령했을 때 러시아에 들어온 사람들이었지만, 상트페테르부르크 제국과학아카데미의 교수로 일하기도 했고, 책을 인쇄하고, 옷을 재단하고, 시계를 만들고, 판화를 찍는 독일인도 많았다. 러시아 사람들은 독일인들의 의학지식을 특히 높이 평가했기에 18세기 중엽 의사는 상트페테르부르크의 부유하고 저명한 사람들을 치료하기 위해 독일식 이름을 갖는 것이 필수가 되다시피 했다. 이와 동시에 프랑스인, 이탈리아인, 스페인인들은 날로 늘어나는 가정교사에 대한 수요를 채웠다. 이들은 귀족 자녀들에게 사교계 인사가 되는 데 필요한 교양을 가르쳤다. 스웨덴인과 핀란드인 중 일부는 전쟁포로로 이 도시에 온 다음, 러시아인들과 화해하고 가정교사가 되었다.

독일인, 스웨덴인, 프랑스인만큼 많지는 않아도 영국인들은 상트페테르부르크에서 가장 끈끈한 연대의 공동체를 구성했고 18세기 이 도시의 생활에 큰 영향을 미쳤다. 표트르 대제 재위 말기에 약 2백 명이던 영국인 숫자는 1780년대와 1790년대 전성기에 1,500명으로 늘어났다. 영국인들은 1917년 볼셰비키 혁명으로 공동체가 해체될 때까지 이 도시의 삶에 중요한 부분이 되었다. 초기에 상트페테르부르크 영국인 공동체의 핵심은 영국 공장이라고 불린, 즉 트레치나가 1723년부터 1735년까지 바실렙스키섬에 건설한 상품교역창고 건물을 본부로 둔 영국상인협회였다. 후에 이 중심지는 네바강을 건너 상원 건물에서 흘러나오는 지류의 부두로 옮겨갔다. 영국 강둑(예카테리나 여제 말기에 붙여진 이름)에는 오늘날까지 남아 있는 영국 성공회교회와 상트페테르부르크에서 가장 성공한 영국 상인들이 소유한 20여 개의 저택이 들어섰다.

영국인들은 영국 강둑에 늘어선 건물들과 그 뒷거리의 작은 건물에 모여 예배를 드리고, 서로를 방문하고, 영국 술집에서 춤을 추고, 회원제도서관에서 고국으로부터 온 책과 신문을 읽었다. 그들은 러시아어를 배우고 러시아인과 다른 유럽인들과 스스럼없이 어울렸지만("가장 품위 있고 배타적인" 영국 클럽에서),[18] 공통의 사업 이익과 영국인이라는 자부심으로 자기들끼리 단단히 뭉쳤다. 상트페테르부르크에서 영국인은 영국인 하인, 남녀 가정교사뿐 아니라 이발사, 말 조련사, 승마 선생도 고용할 수 있었다. 영국인들은 같이 공부하고, 말을 타고, 사냥을 다녔다. 런던에서 온 여성 의복, 남성 양복과 뛰어난 총기류 외에도 책, 모자, 스타킹, 천, 단추, 장갑, 필기도구, 장난감 등을 상트페테르부르크의 '영국 상점'에서 살 수 있었다. 18세기 말 이 상점은 네 개의 지점을 열었다. 예카테리나 여제 시기에 영국인 공동체는 영국 가정의 일상을 형성하는 모든 잡동사니와 특질을 갖추게 되어 "런던을 축소해 옮겨다 놓은" 것처럼 보였다.[19] "영국인들의 집에는 영국식 생활방식으로 구성된 효율적인 아이디어가 정착했다. 모든 것이 영국식이다. 심지어 벽난로조차 영국식이고. 이곳에 장작은 절대 부족하지 않았다"라고 한 독일인 관찰자가 기록했다. "영국인들은 본국에서 석탄을 실어왔다"라고 그는 놀라서 덧붙였다.[20]

영국인들을 상트페테르부르크로 데려와 이곳에 결집하게 한 공동의 이해관계는 무역이었다. 무역은 대영제국의 생명줄이었고, 영국의 산업혁명은 러시아에서 들여오는 원자재에 크게 의존하고 있었다. 18세기 후반 영국이 수입하는 조철의 50퍼센트, 대마의 96퍼센트, 수지의 90퍼센트, 아마섬유의 80퍼센트, 돛대의 75퍼센트가 러시아산이었다. 영국인들은 모직물, 마직물, 견직물, 면직물, 프랑스산, 스페인산, 포르투갈산 와인, 코냑, 커피를 유럽, 아시아, 아메리카 대륙으로부터 러시아로 들여왔다.[21] 오렌지와 레몬은 이탈리아와 스페인에서 수입했고, 런던과 암스테르담의 은행들은 제국재무성에 큰 융자를 해주었다. 러시아에서 얻는 영국의 이익은 18세기 내내 러시아의 대외, 국내 정책에 중요한 역할을 했고, 이러한 영향이 1917년 혁명 때까지 이어졌다는 상당한 증거가 있다.[22]

상트페테르부르크의 상류층 남녀들은 영국산 사치품에 눈독을 들였다. "러시아인들이 소유한 유용하거나 값나가는 물건은 모두 영국에서 들여온 것이다"라고 18세기 말 상트페테르부르크를 방문한 한 케임브리지대학 교수가 말했다. "책, 지도, 인쇄물, 가구, 의복, 모든 종류의 연장, 말, 마차, 모자, 가죽제품, 의약품, 거의 모든 종류의 편의, 안락용품, 사치품은 영국제라야 호평받았고, 그렇지 않으면 무시됐다"라고 그는 의기양양하게 결론지었다.[23] 러시아 전역에서 구매 희망자가 줄을 선 영국제 장식 벽시계는 상트페테르부르크를 통해 공급되었고, 최고 품질을 인정받는 측량, 광학 장비도 마찬가지였다. 여기에 영국인 프랜시스 가드너Francis Gardner가 1760년대 말 모스크바 교외에 세운 영국 자기 업체의 화려한 도자기도 큰 인기를 끌었다. 가드너의 회사는 예카테리나 여제를 위해 성 게오르기, 성 알렉산드르 넵스키, 성 안드레이 칙령과 성 블라디미르 기사단을 기념하는 여러 식기를 제작했다. 가드너의 후손들은 1892년까지 계속해서 러시아에서 최고급품 도자기를 생산했다.

영국 공동체 사회가 보여주듯 유럽의 기술, 교역, 예술은 상트페테르부르크가 러시아의 서방으로 난 창의 역할을 지속하도록 도왔다. 그러나 표트르의 도시는 유럽의 러시아로 난 창의 역할도 하였다. 유럽의 현안에 러시아가 차지하는 비중이 커지면서 러시아에 대한 유럽 사람들의 호기심도 커졌다. 2백 년 전 신대륙을 발견한 조상들과 똑같은 모험정신에 자극받은 서방 사람들은 18세기 중엽 이후 더 많이 러시아로 들어왔다. 이들은 상트페테르부르크에서 러시아를 들여다보고, 자신들이 본 것(또는 보았다고 생각한 것)을 기록하기 시작했다. 러시아로 난 유럽의 창에서 유럽인들은 자신의 민족적 특성이 반영된 글을 남겼다. 독일인들이 그 나름의 방식으로 러시아를 마주할 준비가 가장 잘되어 있었고, 프랑스인들은 이런 경향이 조금 약했다. 영국인들은 전 세계 다른 곳에서처럼 러시아인들과 이들의 수도가 자신들이 소중히 생각하는 교양과 안락함에서 얼마나 벗어났는지에 집중했다. "호기심 많은 사람은 이곳에 3주나 한 달 정도 머물면 충분하다"라고, 안나 여제가 수도를 다시 상트페테르부르크로 되돌린 지 얼마 안 지났을 즈음에 한 영국인이 기록했다. "그러나 이 호기심이 충족된 다음에는 다른 곳에서 시간을 보내는 것이 낫다"라고 그는 덧붙였다.[24]

모든 유럽 국가에 18세기 상트페테르부르크와 러시아를 탐험한 대표적 인물들이 있지만, 독일인들과 영국인들이 가장 앞섰다. 1720년대와 1730년대 유럽에서 온 학자들이 새로 생긴 제국과학아카데미의 교수가 되었고, 이들 중 몇 사람은 러시아 역사상 가장 담대한 탐사를 수행했다. 대표적 인물인 28세의 내성적인 베스트팔렌 출신 학자 게르하르트 프리드리히 뮐러Gerhardt Friedrich Müller와 22세의 뷔르템베르크 출신 외과 의사 요한 게오르그 그멜린Johann Georg Gmelin은 10년 이상 시베리아의 역사, 식물상, 동물상, 자원을 탐사했다. 두 사람은 합쳐서 3만 7천 킬로미터 이상을 여행하며 수천 종의 문서를 필사하고, 우랄산맥과 태평양 사이의 지역에서 수십 종의 새로운 식물과 야생 동물을 발견했다. 뮐러는 시베리아 원주민들에 대한 많은 정보와 이들의 언어, 역사, 관습을 기록하여 러시아 학자들도 18세기 말까지 이들의 자료에 의존해서 연구를 진행했다. 그멜린이 만든 거대한 분량의 『시베리아 식물상(Flora Siberica)』은 이보다 더 오랜 기간 동안 고전적 연구물이 되었다. 뮐러는 생의 후반부 전체를 상트페테르부르크에서 보냈지만(그멜린은 훨씬 일찍 죽었다), 유럽과 잘 소통하지 않아 이후의 여행자들의 기록이 서방에서 더 인기를 끌었다. 시베리아에 대한 그의 연구도 이후의 여행자들이 상트페테르부르크와 러시아의 유럽 지역에 대해 남긴 글만큼 유럽인들의 상상력을 자극하지 못했다.

예카테리나 여제 재위 기간 동안, 또 다른 두 독일인이 상트페테르부르크의 삶에 대한 상세한 기록을 남겼다. 현재까지 이 기록은 18세기 말 이 도시에 대한 가장 믿을 만한 기록 중 하나로 간주된다. 여제의 측근의 사무실에서 일했던 하인리히 슈토르히와 제국과학아카데미의 요한 고틀리프 게오르기Johann Gottlieb Georgi는 모두 자신들이 러시아에 얼마나 매료되었는지를 상세한 묘사로 남겼다. 이들의 글에는 기후, 인구, 교역에 대한 정확한 통계와 일상생활에 대한 생생한 묘사가 결합되었다. 이들의 책에는 예술가, 작가, 정치가, 평민들이 모두 등장하고, 현지의 유행과 생활방식에 대한 설명도 풍부하다. 1792년 슈토르히가 발간한 『페테르부르크의 모습(Picture of Petersburg)』과 2년 뒤 게오르기가 출간한 『러시아 제국의 수도 상트페테르부르크(Russian Imperial Capital City of St. Petersburg)』는 19세기에 나온 책들의 전범이 되었고, 학자들은 아직도 이 책의 구절을 인용한다.[25] 이 밖에도, 자기 동포들이 감행한 모험을 공유함으로써 대리 만족을 찾는 18세기 남녀 식자층이라는 더 폭넓은 대중에게 어필한 보다 개인적인 초상들도 있었다. 이 같은 서술들은 무엇보다, 세기의 흐름과 함께 점차 증가하는 영국인 방문객들의 것이었다. 언제나 무역이 관심사의 중심에 있었지만, 그들은 현지 관습과 일상에 대한 관찰을 추가하여 독자들에게 자국에서 그토록 멀리 떨어진 곳에서의 모험에 참여하는 생생한 감각을 공유하게 했다.

18세기에 상트페테르부르크에 온 영국인들의 가장 큰 동기는 상업적 이윤과 호기심이었지만, 영국식 생활과 문화가 다른 어떤 인간 존재 양식보다 우월함을 재확인하려는 욕망도 크게 작용했다. 이런 관점은 18세기에 영국인이 쓴 상트페테르부르크와 러시아에 대한 글에서 내내 사라지지 않았다. 저자들은 현지에서 발견한 문제점을 설명하고 비난했다. "이 사람들의 국민성에 나타나는 단점의 대부분은 러시아 정부 때문이라고 생각한다"라고 1784년 『러시아 제국의 일화 (Anecdotes of the Russian Empire)』를 쓴 한 글래스고대학 교수는 평했다. "이들이 어떻게 자유 국가 국민들의 특징인 정신과 고양된 감정을 가질 수 있겠는가?"라고 그는 독자들에게 물었다. "그렇게 비인간적인 대우를 받은 사람들이 어떻게 인간적일 수 있겠는가?"라고도 물었다.[26] 유럽이 프랑스혁명을 거치고 산업 사회 시기로 진입하면서 다른 영국인 여행가들은 같은 주제를 보다 단호한 어조로 말했다. "폭정 제도 자체가 [⋯] 인구 대부분이 노예로 구성된 국민의 가슴에 일어나는 모든 자유의 불꽃을 꺼버렸다"라고 1810년 상트페테르부르크의 러시아인들을 관찰한 가정교사 에드워드 클라크Edward Clarke는 썼다. "이들은 지위 고하, 부자와 가난한 자를 막론하고 상급자에게 굽실굽실한다. 상급자는 거만하고 아랫사람에게 무자비하고, 아랫사람들은 무식하고 미신을 믿으며 교활하고 잔인하고 더럽고 비열하다"라고 그는 덧붙였다.[27]

영국의 매너, 도덕, 특성이 우월하다고 선언하는 이런 서술은 1762년 예카테리나 여제가 왕위에 등극하기 전 상트페테르부르크가 이룬 것에 대해선 거의 주목하지 않았다. 이들은 또한 러시아의 새 수도를 1800년까지 진정한 제국적 도시로 만든 거대한 변화에 대해서도 언급하지 않았다. 예카테리나 여제와 수도의 주민 모두 러시아의 새 수도를 정부의 소재지라기보다 진정한 도시로 여긴 것에 부분적으로 힘입어 상트페테르부르크는 표트르 대제, 안나 여제, 엘리자베타 여제 시기에 획득하지 못했던 아우라를 갖게 되었다. 1762년부터 1800년 사이에 예전의 통나무 오두막, 외양간, 진흙 길이 사라지고 그 자리에 치장 벽토와 벽돌로 지은 건물들과 포장된 도로가 들어섰고, 가로등도 나타났다. 바실렙스키섬과 본토 변두리에 나타나던 늑대가 사라지고, 빈민구호소와 병원 같은 공공복지 시설이 도시 생활의 일부가 되었다. 이전에 네바강둑에만 한정되었던 우아함, 번영, 질서가 넵스키 대로와 1730년대 도시 계획자들이 설계한 두 개의 간선도로를 따라 퍼졌다. 지구 땅의 6분의 1 이상의 면적에 절대적이고 자의적인 권력을 행

사하는 절대군주의 수하에 선거로 뽑힌 시 행정기구가 형성되기 시작했다.[28]

러시아의 새 수도에서 이루어진 모든 일은 인간의 의지가 자연을 정복할 수 있다는 것을 보여주는 듯했다. 러시아의 마지막 여제는 대부분 목재로 지어진 수도를 물려받았으나, 석재와 벽돌로 만들어진 도시를 후세에 남겨주었다. 상트페테르부르크 중심부의 주요 건물들은 석재로 만들어졌지만, 1780년대 후반에도 도시의 3분의 2는 목조건물로 채워져 있었다. 관찰자들은 도시 인구의 절반 이하만 이런 목조건물에 사는 것으로 추정했다. 거대하고 우아하고 단단하게 지어진 상트페테르부르크의 석재와 치장 벽토 건물들은 이 도시에 영속성의 느낌을 주었고, 동시에 벨텐이 화강암으로 축조한 강둑은 네바강의 잦은 범람을 덜 두려워하게 만들었다. 1750년부터 1788년까지 네바강은 스물네 번 범람했지만, 수도의 새 거리에 늘어선 거대한 건물들은 이런 자연재해를 잘 견뎌냈다.[29] 이와 더불어 네바강의 지류들을 연결하는 항구적 다리들과 몇 개의 부교는 시간이 지나면 네바강도 통제할 수 있으리라는 느낌을 주었다. 네바강은 여전히 상트페테르부르크의 삶에서 중요한 일부였지만, 표트르 대제 시기처럼 이 도시의 매일매일의 삶을 결정짓는 변수는 더 이상 아니었다.

도시의 한 구역을 다른 구역과 분리하는 네바강의 기능이 감소하면서, 예술가들이 표현하는 도시 조망에서 강물이 차지하는 공간이 줄어들고, 대신 육지로 채워진 지역이 넓어졌다. 이제는 자연조건이 아니라 인간의 손으로 변형시킨 방법이 예술가들의 작품을 채우게 되었고, 예술가들은 이전 어느 때보다 도시의 일상생활의 세세한 부분에 주목했다. 이 경향이 가장 두드러지게 나타난 것은 1780년대에 상트페테르부르크에 정착하여 1815년 이곳에서 죽을 때까지 거주한 스웨덴 화가 벤자민 패테르센Benjamin Paterssen의 작품이었다. 이 도시에 대한 패테르센의 비전은 시장, 상점, 거리상인, 물장사, 귀족, 이들의 마부와 가마꾼, 병사, 농민을 포함했고, 도시 사람들이 즐기는 여가 활동, 보트가 끌어 올려지고 내려지는 광경과 해가 뜨고 질 때까지 상트페테르부르크에서 일어나는 모

영국 강둑(벤자민 패테르센 작, 1799)

든 일을 화폭에 담았다. 그는 아마도 18세기에서 19세기로 들어서는 러시아 수도의 집단적 초상을 보여주는 일상의 연대기를 당대의 어떤 화가보다도 제대로 만든 이일 것이다.[30]

정도 3백 주년 기념 우표에
사용된 벤자민 패테르센의 그림

　패테르센의 그림들은 상트페테르부르크의 삶이 베네치아 못지않게 물 위에서 진행된다는 것을 보여주었다. 그러나 18세기 후반이 되자 베네치아에서와 마찬가지로 물은 도시를 갈라놓는 힘이 아니라 도시의 여러 지역을 결합시키는 수단이 되었다. 패테르센의 그림에서 물은 주민들과 도시 건축가들이 싸워야 하는 자연적 힘이 아니라 도시 생활이 영위되는 배경으로 자주 그려진다. 무엇보다 상트페테르부르크는 예카테리나 여제 시기에 러시아의 수도로서 편안하고 위로하는 도시가 되었다. 러시아인과 외국인들은 이 도시를, 러시아가 이루지 못한 것을 상기시키는 도시가 아니라 러시아가 나가야 할 방향을 제시하는 도시로 보게 되었다. 러시아인들은 자신들의 야망과 생의 초점으로 상트페테르부르크를 바라보았다. 이 도시는 적대적인 이질의 요소들로 이뤄진 외계의 사례가 아니라, 성공의 상징이자 러시아의 미래를 반영하는 수도가 되었다.

50대의 예카테리나 여제
(J. B. 람피 작)

1750년이 지나면서 상트페테르부르크의 인구는 10만 명으로 늘어났고, 18세기가 끝나기 전 다시 두 배로 늘어났다.[31] 예카테리나 여제 재위 기간 중 이 도시는 매년 25만 톤의 호밀, 밀, 보리와 10만 톤 이상의 유지와 기름과 1만 톤 이상의 소금, 1천만 개의 달걀, 75만 톤 이상의 생선, 6만 두의 소, 거의 5백만 리터의 보드카를 소비했다. 도시에 있는 열두 개의 시장이 이 물건들을 공급했다. 이 모든 식량이 우마차와 강의 바지선으로 수백 킬로미터 운송되어야 했다.[32] 수많은 물장수가 네바강에서 길은 물을 각 집 앞까지 날라와 주민들에게 식수로 공급했다. 네바강 물에 이물질이 거의 없다는 과학적 자료를 근거로 당대 사람들은 이 물이 유럽에서 가장 깨끗한 물이라고 주장했다.[33] 그러나 18세기 과학자들은 상트페테르부르크 최초의 하수관에서 네바강으로 흘러드는 미생물을 보지 못했고, 이런 미생물들이 네바강의 물결과 도시의 습한 토지로 쉽게 제거되지 않는다는 사실도 알지 못했다. 발진티푸스와 콜레라를 일으키는 박테리아 외에도 도시의 하수관은 편모충증과 다른 바이러스성 장 질환을 일으키는 미생물을 포함하고 있었다. 이런 이유로 상트페테르부르크의 물이 건강에 해로운 것으로 소문나 20세기 초 베데커Baedeker의 러시아 여행안내서는 이 도시의 방문자들에게 "어떤 경우에도 끓이지 않은 물을 마시지 말라"라고 경고했다.[34]

상트페테르부르크의 역사 초기에 공공보건은 당국자들의 큰 관심거리가 아니었다. 어차피 하층민 인구의 사망률이 높았기 때문이다. 예카테리나 여제는 이에 대해 다른 시각을 갖고 전염병 확산을 막을 조치를 지시한 최초의 차르였다. 매년 러시아 제국을 휩쓸고 지나가는 인플루엔자, 콜레라, 말라리아, 디프테리아를 뿌리 뽑는 것은 불가능했지만, 치명적인 천연두가 심하게 유행하자 예카테리나 여제는 18세기에 가장 과감한 방역 조치를 취했다. 1768년 봄 천연두가 상트페테르부르크를 휩쓸자 예카테리나 여제는 영국의 퀘이커교도 의사인 토머스 딤스데일Thomas Dimsdale을 급하게 러시아로 불러들였다. 그는 천연두에 걸렸다가 회복하는 환자의 고름집의 소량을 이용하여 다른 사람에게 예방접종하는 법을 완성했다. 예카테리나 여제는 이전의 유사한 예방접종의 여러 위험을 제거한 것으로 알려진 그를 상트페테르부르크로 오게 하여 그가 개발한 예방법으로 천연두의 확산을 막기를 희망했다.

1768년 8월 말 러시아에 도착한 딤스데일은 몇 주간의 치밀한 준비 끝에 예카테리나 여제와 그의 아들 파벨에게 예방접종을 하는 데 성공했다. 백 명 이상의 궁정 신하와 그들의 가족들이 큰 부작용 없이 예방주사를 맞자, 예카테리나 여제는 시내에 예방접종센터를 설립할 것을 지시했다.[35] 그녀는 서방의 어느 군주보다 앞서 세계 최초로 전염병에 대한 일반 예방접종을 실시하는 기록을 남겼다. 다른 나라에서 이 같은 과감한 예방접종을 실시하는 데에는 1세기 이상이 더 필요했다.

공공보건에 대한 예카테리나 여제의 관심은 계몽군주의 관심만을 반영한 것이 아니라 18세기 러시아의 수도에서 이루어진 과학과 학문의 극적인 진보를 보여주는 것이었다. 표트르 대제가 사망했을 당시만 해도 제대로 교육받은 본토 출신 학자가 없었던 제국과학아카데미는 이제 러시아인들과 유럽인들이 함께 과학을 연구하는 연구기관으로 성장했다. 이곳에서 1740년대에 미하일 로모노소프*는 프랑스의 라부아지에보다 25년 먼저 물질과 에너지 보존법칙을 발견했고, 이어 '미립자' 이론을 발전시켰는데 이는 1세기 이상이 지난 뒤에야 현대 화학의 기초가 되었다. 1755년 로모노소프가 러시아 최초의 유럽식 대학을 세우

기 위해 모스크바로 떠나자, 다른 학자들이 그 뒤
를 이었다. 실용적 가치가 큰 발명을 한 학자 중에
는 증기선의 최초 모델을 설계한 이반 쿨리빈Ivan
Kulibin이 있다. 그는 철골 구조가 개발되기 1백 년
전에 296미터 넓이의 네바강을 하나의 목제 패널
로 연결한 다리를 설계하기도 했다.[36]

미하일 로모노소프 초상

　　1725년 과학아카데미가 유일한 고등학문기관이
었다면, 70년 후 예카테리나 여제가 사망할 당시에
상트페테르부르크에는 거의 50개의 학교에서 7천
명의 학생들이 공부하고 있었다.[37] 상트페테르부르크의 학생들은 장차 상류층,
엔지니어, 항해사, 광산 전문가, 제국의 육군과 해군 장교가 되기 위해 공부했다.
고아들은 장사하는 법을 배웠고, 교사가 되려는 학생들은 가르치는 법을 배웠
다. 장차 사제가 되고자 하는 학생들은 알렉산드르 넵스키 수도원의 신학교에서
수학했고 상인, 무역상, 정부 관리의 아들들도 장래의 직업이 요구하는 교육을
받았다. 18세기 상트페테르부르크 학생들 대부분은 교육보다 직업훈련에 관심

＊미하일 로모노소프Mikhail Vasilyevich Lomonosov, Михаил Васильевич Ломоносов
(1711~1765)는 러시아 최북단 백해 연안 아르한겔스크의 빈한한 농어민의 아들로 출생하여
학업을 위해 모스크바까지 걸어온 것으로 유명하다. 북국의 냉엄한 자연환경과 유년 시절
의 가난한 생활로 인해 치밀한 관찰력, 과감성, 인내력 등을 가지게 되었다. 모스크바의 슬
라브·그리스·라틴아카데미와 키예프 모힐라아카데미에서 수학한 후, 1736년에 페테르부르
크대학에 진학하고 이어 독일로 가 철학·물리학·화학을 수학했다. 귀국 후에는 1745년부
터 페테르부르크 과학아카데미 교수로 활동하다가 1755년에는 러시아 최초의 대학인 모
스크바대학을 창립했다. 현재 모스크바대학교의 정식 명칭은 로모노소프국립모스크바대학
교이다. 질량 불변의 법칙을 확립한 것, 뉴턴의 망원경을 개량하여 금성의 대기를 발견한 것
등이 자연과학 분야에서의 대표적 업적으로 꼽힌다. 문학, 어학 분야에서도 러시아어 표준
어 개혁과 작시법에 큰 업적을 남겼다.

을 가졌는데, 어떤 관심사든 상관없이 이들이 학교에서 보내는 시간은 러시아 수도의 교양 수준을 높이는 데 크게 이바지했다. 제국 궁정은 예카테리나 여제 재위 기간 동안 올바른 예절과 고상한 취향의 중심이 되었고, 차르 가까이에서 일하는 사람 중에 글을 못 읽는 사람은 더 이상 없었다. 러시아의 궁정을 다른 유럽 국가의 궁정과 비교한 사람들은 더 이상 러시아가 서방보다 한참 뒤떨어져 있다고 보지 않았다.

상트페테르부르크에 세워진 50여 개의 학교는 근대식 교육이 러시아에 걸음을 내딛기 시작했다는 것을 보여주었다. 교육에 힘입어 과학과 인문학이 꽃피기 시작했고, 재능을 가진 젊은 남녀들이 개인으로서 자신을 표현하기가 쉬워졌다. 18세기 상트페테르부르크에서는 이 도시의 남녀들이 자신이 쓰는 주제와 방식에 자부심을 갖게 되면서 첫 러시아 희곡과 첫 러시아 소설, 그리고 수많은 시가 쏟아져 나왔다. 예카테리나 여제 시대에 문학 창작은 상트페테르부르크의 중요한 예술형식이 되었다. 러시아의 첫 여제인 예카테리나 1세는 1725년 차르가 될 때까지 자신의 이름을 서명할 줄도 몰랐지만, 그녀의 후계자는 러시아 예술의 적극적 후원자가 되었고 스스로 10여 편의 희곡을 썼다.

예카테리나 2세는 과학·교육·예술이 고유의 가치를 지니고 있다고 생각했지만, 동시에 주요한 사회·경제 문제를 해결하는 유용한 도구라고 여겼다. 수백 년 동안 러시아 농민들은 사적 농노 또는 국가 농노로 땅에 묶여 있었다. 이제 예카테리나 여제와 신하들은 노동계층이 농노로 속박된 상태로 남는다면 과연 근대 서방 국가들과 경쟁할 수 있을지를 자문해야 했다. 농노들이 유럽의 농지와 도시에서 일하는 사람들만큼 생산적일 수 있다고 기대하는 것이 가능한지도 자문해야 했다. 17~18세기 서방에서 도시들이 극적으로 늘어난 것은 진보의 힘이 사람들을 농촌에서 도시로 끌어들였고, 이에 따라 더 많은 빈민가와 범죄가 뒤따르게 되었음을 의미했다. 제한적인 부와 낙후된 경제를 가진 러시아가 어떻게 점증하는 프롤레타리아가 제기하는 문제를 해결할 수 있을 것인가? 유럽에서 펼쳐지고 있는 진보의 시나리오가 인구 열 명 중 여덟 명이 땅에 묶여 있는 러시아에서도 펼쳐질 수 있을까?

서방에서 사실상 농노제가 사라진 것은 근대화가 자유를 필요로 한다는 것을 보여주는 듯했다. 그러나 예카테리나 여제와 신하들은 제국의 재정과 10만 명에 달하는 귀족들이 농노제에 의존하는 상황에서 농노제를 감히 폐지할 엄두를 내지 못했다. 당분간 농노제를 유지하고, 폐지는 장래로 미루는 방법을 생각해야 했다. 이 문제를 논의하기 위해 1765년 예카테리나 여제는 상트페테르부르크에 자유경제협회를 창설하고 자신의 전 애인이었던 그리고리 오를로프를 회장으로 임명했다. 1770년대와 1780년대에 이 협회는 러시아의 몇몇 대표적 학자와 농업전문가들이 농노제의 사회적·경제적 제약과 진보의 필요성 사이에서 균형점을 찾는 방안에 대해 논의하는 장을 마련했다.[38] 시간이 지나면서 이 회의는 지주들이 농노를 도시, 특히 상트페테르부르크로 파견할 수 있는 방안을 논의했다. 농노 원로들은 지주와 정부 관리와 함께 농촌 지역에 최소한의 구호, 식량, 고아보호소와 병든 사람을 위한 시설을 마련하기 위해 노력해왔다. 그러나 상트페테르부르크에는 이러한 어려움에 처한 하층민들을 돌볼 주인이나 공동체가 전무했다. 상트페테르부르크의 프롤레타리아 숫자는 전체적으로 보아 농촌 지역보다 세 배나 빠르게 늘어났고, 여기에는 매년 봄에 이 도시에 왔다가 눈이 내릴 때가 되면 시골로 돌아가는 4만 명이 넘는 건설 노무자는 포함되지 않았다. 이런 사람들은 도시의 다른 주민보다 부상을 입고 장애자가 될 가능성이 컸다. 이러한 노동계층의 복지 필요를 충족시키기 위해서는 상트페테르부르크 시 재정이 감당할 수 있는 것보다 훨씬 많은 돈이 들었다.[39]

상트페테르부르크의 가난한 계층을 돌보기 위해 예카테리나 여제는 병원, 고아와 사생아를 위한 학교. 빈민구호소를 만들어 민간 자선단체와 시 정부를 도왔다. 예카테리나 여제 재위 말기 상트페테르부르크에는 빈민을 위한 병원과 진료소가 열 개 들어섰지만, 훨씬 많은 시설이 필요했고 정부는 이런 상황에 제대로 대응할 수 없었다. 상트페테르부르크의 하층민 숫자가 늘어나면서 이들이 당하는 고난도 더 커졌지만, 비참한 도시 생활을 하는 하층민들이 공개적으로 저항하기까지는 1백 년이 더 걸렸다. 예카테리나 재위 시기에 관찰자들은 이런 수동성을 국민성의 탓으로 돌렸다. 18세기 말 하인리히 슈토르히는 이렇게 썼다. "러시아인들은 전체적으로 명랑한 국민이다. 행복한 역동성과 특유의 무심함이 평생을 따라다닌다." 그는 이렇게 덧붙였다. "가장 빈궁한 상황과 가장 힘든 노역 속에서도 이들은 즐거움을 찾는 감각을 잃지 않는다."40

계절과 자신들이 처한 환경에 맞춰 18세기 상트페테르부르크 주민들은 다양한 방법으로 여가를 즐겼다. 초기에는 표트르가 친구들과 모여 술을 마시고, 저녁 식사를 하며 장난을 친 '전함 네 척의 승리 선술집'밖에 없었지만, 1730년대에는 식당, 여관, 도박장 수가 늘어나기 시작했다. 하층민들은 가축우리 같은 자신들의 주거에서 벗어나기 위해 이런 시설을 이용했으며, 저녁 시간과 명절에는 같이 모여 노래를 부르고 춤을 추고 술을 마셨다. 러시아의 농촌 마을에서와 마찬가지로 같이 모여 노래 부르는 것은 상트페테르부르크 여흥의 중요한 부분이 되었다. "마부들은 마차를 모는 내내 노래를 부르고, 병사들은 행진하는 동안 노래를 부르고, […] [농부들은] 가장 힘든 농사일을 하면서도 노래를 부른다. 사람들이 모인 장소에서는 이들이 부르는 캐럴이 울려 퍼진다"41라고 1770년대 상트페테르부르크를 방문하고 돌아온 영국의 목사 윌리엄 콕스William Coxe는 기록했다. 상류층은 종종 소풍이나 강변 나들이에 농민 노래꾼을 대동하여 노래를 부르게 했다. "여름에 네바강은 이런 노래꾼들의 노랫소리가 울려 퍼지는 보트로 가득 찼다"라고 슈토르히는 기록했다. "날씨가 좋은 저녁에는 이들의 노랫소리가 홀로 강둑을 산책하는 사람의 귀를 즐겁게 했다. […] 이들의 부드럽고 평화로운 노랫소리는 산책자들에게 부드러운 감정을 불러일으켰다."42

하지에 절정을 이루는 백야 때엔 페테르부르크 시민들이 떼를 지어 네바강둑과 공원, 정원에 모여들었다. 밤에도 해가 지지 않는 백야는 오전 10시 반에 해가 뜨고, 오후 4시 전에 해가 지는 긴긴 겨울을 보상해주는 마법과 같은 시간이었다. 백야 기간에는 삶이 다른 형태와 의미를 가졌다. 시인들은 백야 기간에 넵스키 대로에서 표트르 대제를 기린 청동기마상과 해군성과 페트로파블롭스크 성당의 금빛 첨탑이 절대 사라지지 않는 황혼 속에서 어떻게 빛나는지를 시로 표현했다. 이때는 봄이 여름으로 진입하고 자연이 녹색으로 변하는 시간이었다. 이때는 로맨스와 특별한 감정이 일어나는 시간이었고, 이 감정은 여름의 따뜻함과 빛이 곧 사라지리라는 분명한 인식으로 더욱 강화되었다.

여름이 겨울에 자리를 내주면 상트페테르부르크 시민들은 더 열심히 외부로 나가 여흥을 즐겼다. 강물이 얼면 노동자들은 상트페테르부르크 시민들이 빠른 속도로 썰매를 타고 내려올 수 있는 인공썰매장을 만들었다. 얼음으로 덮인 높이 치솟은 건축공사장 비계 모양이 너무 인기가 좋아 안토니오 리날디는 교외인 오라니엔바움에 예카테리나 여제와 신하들을 위한 썰매장을 직접 만들었다. 네바강 위 여기저기에 만들어진 썰매장에는 일요일과 축일에 많은 사람들이 모여들었다. 이런 광경에 놀란 콕스 목사는 상트페테르부르크 주민들이 작은 썰매를 타고 급경사의 썰매장을 내려오는 모습과 썰매가 앞뒤로 붙어 "무섭게 빠른 속도로" 내려오는 광경을 자세히 묘사했다. 가장 큰 위험은 "가파른 경사면을 무서운 속도로 내려오는 것이었는데, 썰매 조종자의 실력이 불안해도 썰매에 탄 사람들은 신경 쓰지 않고 무서워하지도 않았다. 썰매는 쉽게 뒤집힐 수도 있었는데, 그런 경우 목뼈가 부러지지는 않아도 심각한 골절상을 입을 가능성이 컸다"라고 그는 기록했다. 그러나 그는 러시아 사람들이 즐기는 이 레저의 흥분을 부러워했다. "나는 썰매장 아래에 한 시간 이상 서 있고는 했지만, 일단 넘어지면 심각한 부상을 입을지도 몰라 한 번도 이 썰매를 타볼 용기를 내지 못했다"라고 그는 고백했다.[43]

1760년대에 영국 대사 캐스카트 경을 따라 상트페테르부르크를 방문한 윌리엄 리처드슨William Richardson은 콕스가 너무 위험하다며 무서워한 썰매를 실제로 타보았다. "썰매를 타고 내려가는 경사면은 직각은 아니라도 너무 가팔랐

다네. 썰매가 엄청나게 빠른 속도로 달려 내려가 몇 초 동안은 숨도 쉬지 못했지"라고 그는 친구에게 편지로 썼다.[44] 사람들이 썰매대 아래에서 자기 순서를 기다리는 동안 다른 사람들은 얼어붙은 강 위에서 스케이트를 타거나 썰매를 탔다. 강둑에서 타오르는 거대한 모닥불 주변에 모인 사람들은 영하 40도 이하로 떨어지곤 하는 혹한의 서리들을 털어냈다. 외국인들이 그것의 위험에 대해 얘기하는 동안 러시아인들은 추위를 즐겼다. 겨울의 무언가가 러시아인들의 야외활동을 부추기고, 이들에게 살아 있다는 느낌을 주고, 유럽인들이 결코 이해할 수 없는 행복감을 주었다. 페테르부르크 시민들은 다른 계절이 줄 수 없는 겨울의 즐거움을 만끽했다.

겨울과 봄 사이에는 '마슬레니차maslenitsa'* 혹은 '재의 수요일(Shrovetide)'이라는 축일이 있었다. 사순절이 시작되기 전 마지막 축일인 이 명절에 상트페테르부르크 하층민들은 도시의 커다란 축제장에 모여 아코디언 연주자와 원시적인 카루젤 승마를 즐겼다. 인형극장에 모인 남녀노소 군중은 '페트루슈카'라는 이름을 가진 불운한 인형이 겪은 에피소드를 보면서 웃음을 터뜨렸다. 다른 곳에서는 춤추는 곰, 저글링 묘기, 불을 가지고 노는 마술사의 묘기를 즐겼다. 거리의 상인들은 축일 팬케이크와 김이 나는 사모바르의 차를 팔았다. 사모바르는 안에서 뜨거워진 숯에서 나오는 연기를 작은 굴뚝을 통해 내뿜었다. 도시 이곳저곳을 몰려다니는 군중을 위해 수많은 연기자가 펼치는 여흥의 종류는 셀수 없을 정도였다. 6주간의 자율적인 사순절 금식 이후 페테르부르크 시민들은

---

*사순절 시작 전인 2월 하순에 행해지는 러시아, 우크라이나, 벨라루스 등의 민속축제로 버터, 유제품을 뜻하는 마슬로maslo가 어원이다. 고대에는 허수아비를 축제 마지막 날에 태워 재를 땅에 흩뿌리며 땅에서의 풍성한 수확을 바라기도 했다. 마슬레니차에 먹는 러시아식 팬케이크인 블리니의 둥그런 모양은 태양과 따뜻한 봄을 상징한다. 고기, 우유, 유제품, 계란, 파티, 세속음악, 춤 등 종교의식을 방해하는 모든 것이 금지되는 사순절이 시작되기 전인 이 축제 기간에 이웃과 친척들을 초대해 각종 유제품으로 만든 식사를 대접하곤 한다.

마슬레니차 축제를 더 많은 재미와 더 큰 규모로 벌이면서 부활절 축제를 즐겼다. "온갖 종류의 놀이기구가 시내 곳곳에 설치되고, 하층민들은 이를 마음껏 즐겼다"라고 한 관찰자가 기록했다. "이 축일은 시민 모두가 즐기는 축제였다. 러시아 사람들은 즐거움을 찾는 국민성을 마음껏 보여주었다"라고 그는 덧붙였다.[45]

서민들과 다르게 상트페테르부르크의 귀족들은 서구 유럽 귀족들과 같은 방법으로 여흥을 즐겼다. "문명의 넓은 영향력과 민족들 간의 소통으로 인해 상류층의 여흥은 모든 나라에서 거의 같아져 한 나라의 수도에 나타난 모습에 대한 설명은 다른 모든 나라 수도에 적용된다"라고 슈토르히는 서글프게 기록했다.[46] 예카테리나 여제 재위 중반에 상트페테르부르크는 다른 유럽 도시와 마찬가지로 음악 클럽, 영국 클럽, 귀족 클럽, 상인 클럽이 다수 생겨나 그 일원들이 함께 모여 다양한 오락을 즐겼다. 몇 개의 문학 서클은 문학에 열정을 가진 남녀들을 끌어모았고, 바로 이런 환경에서 소수의 교육받은 러시아인들은 서구 유럽을 프랑스혁명으로 이끈 사상과 조우했다. 예카테리나 여제가 러시아 궁중 인사들에게 계몽사상을 연구하도록 지시한 1770년대에 이런 아이디어는 처음으로 유행처럼 번졌다. 이들 중 볼테르, 몽테스키외, 루소의 저작을 진지하게 읽은 사람은 거의 없었고, 이들의 사상을 진지하게 실행해보려고 한 사람은 더욱 없었다. 예카테리나는 이런 급진적 사상은 기존의 질서를 심각하게 위협하게 되리라 보고 자신이 시작한 논의를 중단시켰다. 그러나 소수의 페테르부르크 인사들이 사회계약과 인권 사상이 러시아에도 자리 잡아야 한다고 주장하는 날이 곧 도래했다. 이 작은 서클에서 러시아의 귀족 제도가 붕괴하는 1917년까지 러시아 정부에 대항하는 급진적 인텔리겐치아가 탄생했다.

유럽의 사상을 정중한 만찬과 살롱의 대화 주제 정도라고 생각한 대부분의 상트페테르부르크 귀족들은 멋진 만찬에 수반되는 여흥, 무도회, 극장, 오페라, 발레에만 천착했다. 1780년 즈음이 되자 상트페테르부르크에는 기존의 몇 사설 연극극장에 더해 네 개의 대형극장이 들어섰다. 귀족 남녀들과 부자 상인들은 겨울 시즌 동안 이 극장에 모여 연극을 감상했다. 라스트렐리가 1750년대 유수 포프 가문을 위해 모이카강 남쪽 강변에 지은 궁전에는 농노 배우들이 주인과 친구들을 위해 가장 최근의 연극을 공연하는 극장이 있었다. 그러나 가장 현란한 극장 공연은 오페라에서 펼쳐졌는데, 새 오페라극장이 문을 열 때마다 군중이 몰려들었다.

페테르부르크 시민들이 안나 여제 시대에 최초의 오페라극장이 생긴 이래 열광해온 오페라는 1770년대가 되자 러시아인과 외국인 모두가 즐기는 오락거리가 되었다. 예카테리나 여제 스스로 몇 편의 가벼운 오페라 극본을 만들었고, 열 편 이상의 오페라 극본 저작을 지원했으며, 현재까지도 러시아인들이 큰 애착을 보이는 한 전통을 확립했다. "오페라 공연의 화려함은 내가 파리나 다른 유럽 도시에서 본 모든 것을 뛰어넘었다"라고 슈토르히는 상트페테르부르크의 대표적인 극장에서 〈올레그Oleg〉라는 대형 오페라 공연을 본 경이감을 표현했다. "무대의상의 화려함, […] 번쩍이는 진주와 다이아몬드의 광휘, 화려한 문장 장식, 전쟁 장면의 연출은 가장 대담한 상상을 뛰어넘는다"라고 그는 설명했다. 그는 무대에서 "낭만적인 지방 풍경, 떠다니는 함대, 마을들, 고대 궁전의 총안흉벽"을 보고 감탄했다.[47] 유럽 어느 곳에서도 이렇게 극적인 효과를 보이는 독창적인 무대장치를 만들어낼 수 없었다. 이후 2백 년 동안 경이로운 무대장치와 무대 장면은 러시아의 강점이 되어, 무대 디자이너들은 신비로운 왕국들을 무대 위에 설치하고 마을 전체가 불에 타는 장면을 만들어냈다. 소련 시대에 보로딘이 작곡한 오페라 〈이고르 공〉 공연에는 실제 말들이 행진했고, 프로코피예프의 〈전쟁과 평화〉는 관중들의 눈앞에서 영웅적인 보로디노 전투를 재생하여 보는 이의 숨을 멈추게 하며 아낌없는 갈채를 보내도록 만들었다.

러시아의 대귀족들과 연줄이 가장 좋은 외국인들에게는 제국 궁정 자체가 여흥의 제공자가 되었다. 상트페테르부르크 전체를 통틀어 가장 경이로운 가장무도회가 열렸다. "아시아적 화려함이 유럽의 섬세함과 결합된 러시아 궁정은 부와 영화를 말로 다 기술할 수 없을 정도다"라고 한 영국 목사 콕스는 "다른 궁정의 화려함은 러시아에서 보는 것과 비교하면 희미한 인상만 남길 뿐이다"라고 기술했다. "러시아 귀족들을 눈에 띄게 만드는 장식품 중에서 외국인에게 가장 큰 인상을 남기는 것은 의상 곳곳에 수놓아진 다이아몬드와 보석들이다"라고 그는 적었다. "많은 귀족들이 그저 보석으로 덮여 있는 것처럼 보일 정도였다"라고 그는 러시아를 처음 방문한 뒤에 기록했다. "귀족들 의상의 단추, 버클, 칼의 손잡이, 견장은 다이아몬드로 장식되었다. 모자에는 몇 줄로 황금 자수가 놓였다. [···] 외투에 박힌 다이아몬드 별은 특별히 눈에 띄지 않을 정도였다"라고 그는 놀라움을 표현했다.[48]

러시아 궁정의 화려함은 신하들과 부인들이 치장한 보석에만 그치지 않았다. 엘리자베타 여제는 재위 마지막 순간까지 그치지 않고 가장무도회, 화려한 무도회, 경축 행사를 열었고, 이 모든 것이 그녀의 궁정 생활에 중요한 역할을 하였다. 라스트렐리가 그녀를 위해 궁전을 지을 때 그녀는 여름 궁전의 대연회장이 베르사유 궁전의 연회장보다 더 커야 한다고 주장했고, 차르스코예 셀로 궁전의 연회장은 이보다도 더 컸다. 엘리자베타 여제의 명령을 따라 라스트렐리는 차르스코예 셀로와 페테르고프 궁전의 정원에 궁정의 경축 행사를 위한 많은 석재 정자와 파빌리온을 만들었다. 그는 엘리자베타 재위 시기의 주요 행사를 위한 놀라운 불꽃놀이와 전시를 기획했다. 저녁 축하 행사 중에 몇 번에 걸쳐 의상을 갈아입는 엘리자베타 여제의 열정은 다른 사람도 기꺼이 따라 하는 값비싼 과시의 기준을 만들었다. 다이아몬드, 루비, 에메랄드, 금과 은으로 만든 천, 온갖 종류의 화려한 장식은 궁정의 유행이 되었고, 러시아의 귀족들은 화려한 치장으로 여제의 관심을 끌려고 서로 경쟁했다.

엘리자베타 여제가 화려함으로 흥청망청했다면, 예카테리나 여제는 전임자의 충동적 과소비를 대체하는 세심하게 계획된 우아함과 넓은 아량으로 수준을 훨씬 뛰어넘었다. 상트페테르부르크 크론시타트 해군기지의 영국 성공회 신부이자 페테르부르크 과학아카데미 원사 요한 게르오기의 친구였던 윌리엄 투크William Tooke는 예카테리나 여제 재위 중반 궁정의 연 지출이 약 150만 루블에 달할 것이라고 추정했다. "매일 두 번씩 약 2백 개의 식탁이 차려졌다"라고 투크는 예카테리나가 여제가 사망하고 얼마 안 지나 발간한 러시아 제국의 삶에 대한 상세한 서술에서 설명했다.[49] "궁정에서의 낭비는 말로 표현하기 어려울 정도다. 모든 사람이 도둑질하고, 모든 구입 품목과 용역 가격을 부풀렸다. 매일 1천2백 개의 초가 근위병들에게 지급되었는데, 이들은 그중 1백 개도 소비하지 않았다"라고 그는 책의 각주에서 독자들에게 털어놓았다. 궁정의 기록을 보면 매달 145톤의 소금이 소비되고, 근위대 장교들의 저녁 식사 비용으로 하루에 75루블이 지출되었는데, 농민 가족은 이 비용의 매년 10분의 1에 해당하는 세금을 정부에 내지 못해 쩔쩔맬 정도였다.[50]

1790년대 초반 2,336명의 고위귀족과 부인이 포함된 예카테리나 궁정의 지출은 투크가 감히 상상도 하지 못할 엄청난 금액에 달했다. 1781년 궁정 유지비용은 450만 루블을 넘어섰고, 예카테리나 여제 마지막 해에는 거의 1,100만 루블에 달했다.[51] 궁정에서는 매년 60회 정도의 공식 행사를 치렀고, 한 번에 5천 명의 손님이 초대되는 연회들도 포함되어 있었다. 여제는 이런 거대한 여흥에 거액을 아끼지 않고 지출했고, 궁정 신하들도 자신을 따라 하도록 부추겼다. 슈토르히가 여러 해 동안 봉직해준 베즈보로드코Bezborodko 공작은 한 번의 여흥에 4만 루블을 쓴 것으로 유명했고, 예카테리나 여제의 오랜 애인이자 측근인 그리고리 포템킨Grigorii Potemkin 공작은 이보다 훨씬 많은 비용을 쓰는 것으로 알려졌다.[52] "다른 어느 궁정도 상트페테르부르크보다 더 화려하고 흥청망청할 수 없었다"라고 당시 상황을 슈토르히는 기록했다. 예카테리나 여제가 페테르고프의 궁전에서 베푼 한 연회에서 그는 "여러 색으로 장식된 램프에서 흘러나오는 빛의 물결과 수백만 개의 갈라진 빛에서 흔들리는 나뭇잎들"을 보았다고 서술했다. "이 동화 같은 기적의 예술 사이에서 엘리시아의 들판*에 접한 해안으로 이동하는 것은 어렵지 않았다. […] 손님들은 마법 같은 소동에 기꺼이 자신을 맡겼다"라고 그는 고백했다. "떠오르는 해가 이 장관을 흩뜨려놓을 때까지 이런 환상은 계속되었고, 밤새 타오른 바다는 순식간에 모습이 바뀌어 연기 나는 램프들이 벌인 쇼였다는 것이 드러났다"라고 그는 말을 맺었다.[53]

그러나 예카테리나 여제의 궁정 지출은 여흥에만 쓰인 것은 아니었다. 가장 아끼는 사람들에게 하사한 선물의 규모는 화려함을 좋아하는 열정에 뒤지지 않았다. 자신에 대한 어떠한 봉사도 그냥 지나치지 않았고, 신하가 개인적으로 제공한 기여도 꼬박꼬박 화려하게 보상했다. 예카테리나는 손자 콘스탄틴 파블로비치의 약혼녀의 어머니와 누이에게 16만 루블을 하사했고, 약혼녀에게는 5만 루블 상당의 보석을 선사했다. 두 남녀가 결혼하자 여제는 대리석 궁전을 결혼 선물로 주었고, 두 달 뒤에는 자신의 총신 한 사람에게 10만 루블을 하사했다. 재위 초기에 그녀는 자신의 젊은 애인들에게 엄청난 선물을 주었다.** 1780년대 초 여제의 애인이었던 23세의 근위 승마장교 알렉산드르 란츠코이Aleksandr Lanskoi에게는 몇백만 루블을 하사한 것으로 전해졌다. 1년도 안 되는 짧은 기간 동안 그녀의 사랑을 받았던 다른 애인에게는 벨라루스의 거대한 영지와 13만 루

---

*일명 엘리시온Elysion, 엘리시움Elysium으로 극락 또는 사후 이상세계를 뜻한다. 고대 그리스 종교와 철학의 특정 분파 또는 학파들이 오랜 시간 유지해온 사후 세계의 개념이다. 신에 의해 선택된 자들, 바르게 산 자들, 영웅적인 행위를 한 자들로 범위가 넓혀져, 이들은 사후에 엘리시온에서 축복되고 행복하게 살며 지난 삶에서 즐겼던 일 또는 직업을 계속 누리며 산다고 여겨졌다. 고대 그리스 시대에 엘리시온은 서쪽 바다에 있는 행운의 섬 또는 축복받은 자들의 섬으로 알려져 있었다.
**예카테리나 여제는 20여 명의 애인을 두고 있었다고 전한다. 예카테리나 이후에 그 황위를 계승한 파벨 1세는 그녀의 애인 살티코프와의 사이에서 난 아들이라는 설이 설득력 있다. 파벨 3세 암살 쿠데타를 주도했던 오를로프, 폴란드 귀족 포탸노우스키, 포텸킨 총독 등이 잘 알려진 애인들이다.

서구로 난 창

블을 하사했다. 나중에 다른 여자와 사랑에 빠져 여제를 배신한 또 다른 애인은 2천 명이 넘는 농노와 거대한 영지, 10만 루블의 현금을 하사받았다. 이런 유의 이야기는 계속 이어진다. 예카테리나 여제 재위가 끝날 즈음 그녀의 궁정은 러시아 제국 전체 수입의 거의 7분의 1을 소진했다.[54] 이것은 러시아 제국 전체 운영 예산에 맞먹는 거대한 금액이었다.

18세기 상트페테르부르크가 귀족들의 도시였다면, 이들에게 필요한 물품을 공급한 상인들과 장인들, 귀족들을 위해 봉사한 하층민들에게 이 도시는 러시아 정부의 중심지이기도 했다. 표트르 대제는 러시아가 아주 효율성 없는 중앙 집권적 행정에 물들어 있고, 행정 감독자들은 내용보다 형식에 집착하고, 겨우 읽고 쓸 수 있는 얼마 안 되는 공무원들에게 모든 것을 의지하고 있음을 알아차렸다. 표트르 대제는 상트페테르부르크의 제국 정부를 근대화시키고 새 러시아를 효율적으로 통치한다는 자신의 비전을 실행할 근대적 관료제도를 수립하려고 했다. 이런 노력의 초기부터 읽고 쓸 수 있는 인력의 부족이 발목을 잡았고, 통상적인 방법으로 자신의 계획을 지방에까지 확산시키는 것은 불가능했다. 그래서 표트르 대제는 얼마 안 되는 자신의 측근에게 많은 것을 의존했고, 결과적으로 상트페테르부르크에서 러시아 제국을 통치하는 것을 돕는 관리들의 숫자는 느리게 증가했다.

18세기 중반 러시아의 중앙정부 전체에 복무하는 공무원 숫자는 1,100명을 조금 넘었다. 이들 중 많은 이들이 궁정에서 근무하는 고위귀족이었다. 공무원의 절반은 그 시야가 자신의 사무실 밖에도 미치지 못하는 서기들이었다.[55] 육군, 해군 장교, 상인, 궁정 조신들 숫자가 공무원 숫자를 훨씬 웃돌았고, 이런 상황은 다음 세기에 이르기까지 상트페테르부르크 일상의 기본이 되었다. 1800년 상트페테르부르크 지도에 나타난 130개의 가장 중요한 건물 중 단지 아홉 개의 건물만 중앙정부 관청 건물로 사용되었고, 절반 이상은 성당이거나 육군, 해군이 사용하는 건물이었다. 나머지 건물의 4분의 1은 공공서비스, 학교, 상품 생산, 교역에 사용되었다. 19세기 중반이 되어서야 이 균형이 변하기 시작했다. 이때가 되자 1720년대 후반 트레치니가 표트르 대제의 중앙부처를 수용하기 위해 바실렙스키섬에 지은 12부 청사는 상트페테르부르크대학교의 중심부가 되었고, 러시아 중앙정부의 각 부처들은 네 개의 해군성 구역과 그 배후 지역에 자리한 거대한 건물들에 흩어지게 되었다.

19세기 중반이 되자, 엘리자베타 여제 때 중앙정부를 운영하던 소수의 관리들은 3만 명이 넘는 커다란 공무원 집단으로 성장했다.[56] 이렇게 해서 1850년의 상트페테르부르크는 1750년이나 심지어 1800년과도 다른 도시가 되었고, 서기일을 맡은 하급관리 프롤레타리아들이 값싼 식품과 주거를 찾아 이 도시의 중심부로 밀려 들어왔다. 노동으로 먹고사는 프롤레타리아 남녀들과 대비되게 글을 깨우친 프롤레타리아들은 정부 근무자에게 적용되는 여러 규칙의 제약을 받으며 생활했다. 이것은 이들의 가치관과 이들이 생활하는 세계에 대한 시각을 형성하는 데 중요한 역할을 했다. 19세기 중반이 되자 18세기의 어느 군주도 상상하지 못했던 방식으로 규칙성, 정확성, 적법적 절차, 질서가 상트페테르부르크의 삶을 지배하기 시작했다. 이러한 원칙들이 반영하는 단일적 비전은 도시 건물에 반영되었다. 이것은 다른 어느 곳보다 겨울 궁전에 반영되었는데, 이곳은 로마노프 가 자체와 마찬가지로 상트페테르부르크와 제국 나머지로부터 동떨어진 러시아적 삶의 한 모습이 되었다.

겨울 궁전이 상트페테르부르크의 삶과 분리되었음을 뚜렷이 보여주는 첫 징후는 1822년 안드레이 마르티노프Andrei Martynov가 그린 겨울 궁전과 에르미타주 건물에 나타난다. "겨울 궁전에 의해 형성된 전면 벽은 [⋯] 아무런 깊이가 없고, 이전과 마찬가지로 이것은 밝은 창공에 매달려 있었다"라고 마르티노프의 그림을 본 한 관찰자가 평했다. "거대한 도시가 이 겨울 궁전 너머로 수십 킬로미터 뻗어나간다는 상징을 찾아볼 수 없다"라고 그는 덧붙였다.[57] 나머지 러시아 전체와 분리되고 멀리 떨어진 겨울 궁전은 거대한 공허로 둘러싸여 있는 것처럼 보였다. 그런 면에서 겨울 궁전은 나폴레옹 전쟁 이후의 러시아 자체와 많이 닮아 있었다. 추상적이고, 뿌리에서 멀리 떨어져 있고, 그 내부에서 부글거리는 인간적 힘에서 분리된다.

하지만 겨울 궁전이 늘 그렇게 멀리 있었던 것은 아니었고, 18세기 러시아의 군주들 역시 그렇게 되기를 원하지 않았다. 겨울 궁전을 상트페테르부르크의 핵심적 중심으로 만들어 제국의 정치적·문화적 생활의 초점으로 삼는 것이 이들이 지닌 비전이었다. 18세기 러시아 군주들의 거주지로서 겨울 궁전은 제국의 권력 자체를 상징했고, 로마노프 왕가가 자신들의 삶에서 수행하기로 한 역할을 상징했다. 이들은 또한 표트르 대제의 비전이 현실로 구현된 이 주거지를 자신들이 내세우는 모든 것의 상징으로 만들려고 했다. 이곳은 정치권력, 근대적 생활양식과 유행, 그리고 1700년에서 1800년 사이에 러시아의 예술적 경험을 완전히 바꾸어버린 예술적 후원의 중심이었다. 그래서 표트르 대제의 후계자들은 겨울 궁전이 18세기 러시아에서 이루어지는 모든 일의 핵심이 되기를 바랐다. 겨울 궁전이 어떻게 상트페테르부르크 사람들의 삶으로 들어왔는지 살펴보는 것은 로마노프 왕가가 자신들 세계의 윤곽을 그리려고 노력한 방법을 보여줄 수 있다.

겨울 궁전의 그늘

유럽의 어느 도시보다 상트페테르부르크의 이야기에는 그늘이 큰 비중을 차지한다. 바다에서 몰려오는 안개로 더욱 짙어지는 이 그늘은 건물의 외양과 거리 형태조차 바꾸면서, 이 도시의 매일매일 삶의 일부가 되었다. 여름 하지 기간, 한밤중임에도 햇빛에 목욕할 때 이러한 그늘은 로맨틱한 분위기를 한층 더해준다. 그러나 어둠이 오후 이른 시간에 깔리는 겨울에 이것은 불길한 것으로 바뀐다. 선명해 보이던 건물, 거리의 풍경, 사람들이 모인 모습도 한순간에 어두컴컴하게 보인다. 대부분의 러시아 작가들은 작품에서 이 그늘에 대해 언급했고, 일부 작가는 이것을 문학적 분위기를 형성하는 데 사용했다. 그늘은 1830년대 니콜라이 고골이 상트페테르부르크를 소재로 쓴 단편소설의 특징을 만들고, 상징주의 작가 안드레이 벨리가 1차 대전 직전에 쓴 『페테르부르크』에서 더 큰 역할을 한다. 시인 알렉산드르 푸시킨이 표트르 대제의 그늘을 거대한 「청동기마상」이라는 불멸의 존재로 만들었을 때, 그는 페테르부르크 시민 모두가 잘 알고 있는 주제를 사용한 것이었다. 표트르의 도시에 살아본 사람은 그의 그늘이 얼마나 짙게 드리우는지를 잘 안다. 이런 이유로, 이제 막 결혼한 많은 커플이 상원 광장에서 네바강을 내려다보고 있는 청동기마상 아래에 여전히 부케를 바치고 있다.

로마노프 왕가가 러시아를 통치하던 시절에는 상트페테르부르크의 많은 그늘

중 겨울 궁전이 가장 길고도 가장 복잡한 그늘을 드리웠다. 이 그늘은 성공을 기약하고 징벌의 위협을 드러내기에 그 영향을 피할 수 있는 사람은 아무도 없었다. 특히 관료제도가 차르와 신민들 사이를 중재할 만큼 굳건히 자리 잡지 않았던 18세기에는 겨울 궁전의 그늘이 표트르의 도시의 모든 사람과 모든 사물에 여파를 미쳤다. 유럽의 왕과 여왕의 궁전들은 절대 겨울 궁전 같은 식으로 분위기와 의미를 만들어내지 못했다. 한 관찰자가 설명한 바와 같이 제국 궁정의 중추로서 겨울 궁전은 "하나의 중심이었고 이 나라의 문화생활은 여기서부터 궁전의 빛이 관통할 수 있는 데까지 퍼져나갔다."[1] 러시아 제국이 도는 중앙축으로서 겨울 궁전의 권위는 중부 폴란드의 비스와강부터 캐나다의 유콘과 캘리포니아 북부 해안까지 미쳤다.

네바강 맞은편에 자리 잡은 페트로파블롭스크 요새의 화강암 덩어리보다 더 강렬하게 겨울 궁전은 상트페테르부르크 강변을 지배했다. 1757년부터 1762년까지 바르톨로메오 라스트렐리가 수많은 장식 화병, 조각상, 싱커페이션 기둥으로 장식한 바로크식 호화스러움은 한 관찰자가 평한 대로 "예상하지 못한 움직임 효과를 만들어냈다."[2] 이것이 라스트렐리가 원래 의도한 바였는지 우리가 알 길은 없다. 그러나 그가 건축한 다른 궁전에서는 이런 효과를 만들어내지 못했고, 다른 어느 곳에서도 바로크의 장식 특징을 이런 효과를 내는 데 사용하지 못했다. 많은 이들이 이 궁전에서 날아가는 듯한 느낌을 받았는데, 1840년대와 1850년대에 바실리 사도브니코프Vasilii Sadovnikov는 여러 차례 궁전을 그리면서 이것을 특히 강조했다. 넵스키 대로의 전경을 동판화로 정확히 되살린 것으로 더 잘 알려진 사도브니코프는 겨울 궁전을 수채화로 그렸는데, 이것은 라스트렐리가 겨울 궁전에 불어넣은 천상의 이미지를 더 강력하게 만들었다.

겨울 궁전의 네바강 쪽 전면은 약 3백 미터 떨어진 강 건너편에서 보아야 제대로 조망할 수 있다. 50개 대대가 동시에 열병식을 벌일 수 있을 정도로 넓은 남쪽 면은 거대한 반원형 건물군을 마주한다. 여기에는 1820년 카를로 로시가 건설한

겨울 궁전 광장(A. 시바 사진)

에르미타주 내부 이탈리아 홀

에르미타주의 이집트 유물 전시실

서구로 난 창

총참모부, 재무부, 제국외무부가 들어섰다. 넵스키 대로에서 이곳으로 접근하는 관광객에게, 건물들을 반으로 나눈 로시의 거대한 아치는 완벽한 프레임을 형성한다. 이 아치는 인근의 모든 건물과 마찬가지로 거대한 비례의 미를 보인다. 러시아 자체와 마찬가지로 이곳에서 공간은 고유의 의미를 지닌다. 로마 제국 이래로 어떤 국가도 이렇게 웅장한 비전을 이토록 거대한 규모로 표현한 적이 없었다.

겨울 궁전의 중앙 발코니에서 알렉산드르 1세 황제는 1812년 나폴레옹의 침략에서 러시아를 방어한 러시아군을 축복했다. 102년 후 같은 장소에서 그의 고손자인 니콜라이 2세는 상트페테르부르크 시민들과 함께 러시아, 오스트리아, 독일의 통치 왕조를 파괴하려는 전쟁에서 신의 가호를 기도했다. 1917년 10월 임시정부 수상 알렉산드르 케렌스키Alexandr Kerenskii는 볼셰비키 적군(Red Army)이 이 도시를 장악하기 몇 시간 전 미국 대사의 차를 타고 겨울 궁전을 탈출했다. 그런 다음 볼셰비키는 겨울 궁전을 세계에서 가장 거대한 박물관으로 만들어 로마노프 왕가의 보물들을 귀족들과 산업 재벌들로부터 압수한 엄청난 양의 보물과 함께 전시했다. 루브르 박물관에 필적할 만하고, 바티칸 박물관을 왜소하게 만든 에르미타주 박물관은 세계에서 가장 귀한 그림들과 가장 희귀한 골동품들을 전시했다. 박물관의 소장품 중에는 50점의 루벤스의 주요 작품과 30여 점에 이르는 반 다이크의 그림이 포함되어 있다. 40점이 넘는 렘브란트의 작품은 세계 어느 곳과도 견줄 수 없는 최대이자 최고의 렘브란트 컬렉션을 이룬다. 이곳의 스페인 그림 컬렉션을 뛰어넘을 곳은 아마도 프라도와 루브르 박물관 정도일 것이다. 열정적인 미술상 세르게이 슈킨Sergei Shchukin 덕분에 모아진 마티스의 초기작 대부분은 후에 볼셰비키에 의해 압류되었는데, 이 작품들도 에르미타주 박물관에 소장되었다. 같은 방식으로 이탈리아 르네상스 시기의 대가인 보티첼리, 프라 안젤리코, 페루지노, 프라 필리포 리피도 에르미타주에 소장되었다.

오늘날의 방문객들은 누구나 겨울 궁전에 전시된 작품들이 대단하다는 것을 느끼지 않을 수 없다. 이집트와 아시리아 신전의 석조 조각, 그리스와 로마 시대의 흉상, 러시아 남부의 스키타이 무덤에서 발굴된 정교한 금장식, 옥수玉髓, 비취, 청금석. 벽옥을 조각해 만든 고대 화병, 세계의 가장 위대한 문명에서 사용된 수십만 점의 동전들은 에르미타주 소장품의 다양성과 풍부함을 더해주고 마이센, 세브르, 고대 중국에서 온 도자기도 놀라움을 배가한다. 아우크스부르크와 누렘베르크의 중세 장인들이 만든 은쟁반, 루이 14세 시대 파리의 공방에서 만든 금세공품, 모든 시대와 장소의 보석들이 여기에 다 모여 있다. 이와 함께 고대의 칼, 한때 러시아와 유럽의 위대한 장군들이 사용했던 무기들도 소장되어 있다. 알타이 산악지대의 무덤, 이집트 피라미드, 고대 로마의 카타콤도 자신들의 부장품을 겨울 궁전에 제공했고 중국, 일본, 고대 인도의 군주들과 예술가들도 마찬가지였다. 소장된 보물들은 끝이 없는 것처럼 보인다. 남자 엄지손톱만 한 크기의 에메랄드도 있고, 비둘기 알보다 큰 바로크식 진주도 있는데, 이는 러시아의 통치자들과 군주들은 항상 발견한 것 중에서 최고의 것을 구입했기 때문이었다.*

겨울 궁전 바로 동편 옆에 원래의 에르미타주가 서 있다. 로마노프 왕가 사람들은 러시아 왕좌에 앉아 있는 동안 수집한 화려한 수집품을 이곳에 전시해놓았다. 1765년 예카테리나 여제를 위해 프랑스 건축가 발렝 드 라 모트가 건설한 이 "작은 은신처(Little Retreat)"는 여제의 최측근들만 접근이 허용되었다. 이 건물은 공중 다리로 예카테리나 여제의 숙소와 연결되어 있었다. "이 건물은 내 방에서 그곳까지 왕복하려면 3천 보를 걷도록 지어졌어. 나는 내가 사랑

---

*에르미타주 박물관은 현재 약 3백만 점의 소장품을 보유하고 있고, 소장품의 10퍼센트 정도만 전시할 수 있다고 한다. 동전 및 화폐 1,125,975점, 고고학적 소장품 808,695점, 미술품 1,014,806점, 기타 214,771점을 소장했다. 3백만 점의 소장품을 각각 5분씩 본다면, 전체를 관람하는 데 30년 가까운 시간이 걸린다고 한다.

서구로 난 창

에르미타주 박물관 전경

하고 내게 즐거움을 주는 수많은 소장품 사이를 걷지. 겨울에 이런 산보는 나를
건강하게 하고, 계속 걷게 만들어"라고 예카테리나는 한 친구에게 편지에 적었
다.[3] 예카테리나 여제는 재위 기간 후반에 에르미타주의 일부를 궁정 신하 전
체에게 공개했고, 쿠아렌기에게 비첸자의 팔라디오가 건축한 올림픽극장을 모
델로 극장을 짓게 했다. 19세기 궁정 건축가인 안드레이 시타켄시나이더Andrei
Shtakenshneider는 푸시킨의 시 「바흐치사라이의 분수」에 묘사된 동양식 궁궐
을 흉내 내어 에르미타주의 일부를 리모델링했다. 그러나 어떤 배경이 만들어
졌는지를 떠나 소장품들이 무대의 중심을 차지했다. 18세기 말에 이미 에르미
타주는 세계 어느 곳에서도 찾아보기 힘든 최고의 예술품들과 값비싼 물건들
을 소장한 최고의 장소가 되고 있었다.

프랑스의 대리 대사는 예카테리나 여제에 대해 "세계의 주목을 받는 것은 그
녀의 열정이다"라고 본국에 보고했다.[4] 이를 위해 그녀는 자신을 계몽군주이자
예술의 헌신적 후원자로 내세우고, 러시아의 이미지를 고양시킬 엄청난 재원을
투자했다. 에르미타주를 확장하기 위해 예카테리나 여제는 유럽의 어느 군주도
따라오지 못할 규모로 예술품을 구입했고, 여기에 들어가는 비용은 크게 신경
쓰지 않았다. 그녀는 예술 중개인들이 새로운 것을 발견할 때마다 그 가격을 따

지지 않고 전부 사들였다. 때로는 자신이 너무 높은 가격을 지불했다고 불평하기도 했다. 그녀는 1762년부터 베를린의 미술상 요한 고츠콥스키로부터 2백여 점의 명화를 사들이기 시작했는데(여기에는 렘브란트 작품 세 점도 포함되어 있었다) 그는 원래 이것을 프레데릭 대왕에게 팔 계획이었다. 이때부터 예카테리나 여제는 매년 수십 점, 때로는 수백 점을 사들였고, 수만 점에 이르는 희귀 동전과 조각품도 사들여 소장목록을 늘려나갔다.

1766년 예카테리나는 렘브란트의 그림 〈돌아온 탕아〉를 구입하는 데 6만 프랑스 프랑을 지불했고, 이 작품은 에르미타주 소장품 중 최고의 작품 중 하나로 꼽힌다. 2년 후 그녀는 하인리히 폰 브륄의 미술 컬렉션을 18만 네덜란드 길더를 주고 구입했다. 브륄은 색스니 공국의 아우구스투스의 재상으로 국고를 유용하여 보물과 예술품을 수집했고, 빚을 갚기 위해 자신의 컬렉션의 매수자를 찾았다. 그의 컬렉션에는 네 점의 렘브란트 작품, 다섯 점의 루벤스 작품과 야코프 판 라위스달의 최고의 풍경화들, 스물한 점의 필립 바우베르만의 작품, 장 앙투안 와토의 〈당황스러운 제안〉, 카라바조의 초기작들이 포함되어 있었다.[5]

4년 후 예카테리나 여제는 프랑스 은행가 피에르 크로자가 파리에서 수집한 희귀 그림과 스케치 컬렉션 대부분을 사들였다. "라파엘, 귀도, 푸생, 시도느, 카를로 로티스, 반 다이크, 렘브란트, 바우베르만, 테니에르 등의 작품이 포함되어 있네"라고 철학자 드니 디드로Denis Diderot는 여제의 이 구입을 주선하고서 한 친구에게 썼다. "우리는 갖고 있던 그림과 조각상들을 평화 시기에 팔지만, 예카테리나 여제는 전쟁 중에도 사들인다"라고 디드로는 놀라워하며 설명을 이어갔다. 러시아 여제는 대리인들이 고른 5백여 점의 작품을 구입하느라 46만 프랑을 지불했는데, 디드로는 이것이 "작품 값어치의 절반도 안 될 가격"이라고 털어놓았다.[6] 실제로 다른 작품들은 차치하고, 렘브란트 작품 여덟 점, 반 다이크 작품 여섯 점, 라파엘의 〈거룩한 가족〉, 루벤스의 완성작 세 점만 해도 그 정도 가격을 지불해야 했다.

한계를 모르는 열정에 지배된 예카테리나 여제는 이것이 "예술에 대한 사랑이 아니라 폭식과 같은" 것이라고 고백했다.[7] 크로자의 컬렉션을 구입한 지 바로 석 달 후엔 44만 프랑을 지불하고 50여 점의 그림을 더 샀고, 경탄해 마지않던 파리의 마담 지오프랭의 화랑이 소장한 반 루의 작품 두 점을 구입하는 데 3만 프랑이라는 거금을 서둘러 지불했다. 아울러 로버트 월폴 경이 소장하고 있던 휴턴 홀의 유명한 컬렉션을 사들였는데 여기에는 20점의 반 다이크 작품, 아홉 점의 루벤스 작품, 티치아노, 무리요, 벨라스케스, 프란츠 할스, 라파엘 작품 20여 점이 포함되어 있었다. 슈발리에 바르두엔의 컬렉션에서도 루벤스와 반 다이크의 작품들과 코레조와 렘브란트의 대표작을 사들였다. 가문이 좋은 디드로의 친구인, 프러시아 궁정 귀족이자 저술가인 멜히오르 그림의 중개로는 푸생, 티치아노, 베로네제, 라파엘의 작품들과 클로드 로랭의 풍경화를 사들였다. 1771년 그녀는 암스테르담의 미술 경매에서 헤릿 브란캠프의 컬렉션 전체를 사들였으나 이 그림들을 싣고 오던 배가 핀란드만 앞에서 침몰해 모조리 잃고 말았다. "나는 아마추어가 아니라 폭식가"[8]라고 선언한 예카테리나 여제는 루이 15세의 시종 무관인 루이 장 귀노의 소장품 중 무리요와 반 루의 작품을 사들였고, 이어 드 콩티 공과 데자이에 다르젠빌이 소장한 대작들을 사들였다. 프랑스혁명이 일어나기 2년 전 그녀는 오를레앙 공으로부터 카메오와 조각품을 탐욕스럽게 사들였고, 그림과 다른 중개인들에게 유럽 어디를 뒤지건 개인 컬렉션에서 나오는 작품을 모두 사들이도록 지시했다.

그 밖에도 디드로와 그림에게 부탁하여 프랑스 화가인 샤르댕과 베르네의 풍경화를 사들이도록 했다. 장-앙투안 우동에게 볼테르와 디아나 여신의 대리석 조각을 만들도록 위임했고, 조슈아 레이놀즈 경으로부터는 가장 숭앙받는 역사 소재 작품들을 구입했다. 그녀는 재정이 어렵다고 자주 불평하기 시작하면서도, 독일 화가 군터베르거와 라이펜슈타인에게 라파엘이 바티칸 궁에 그린 프레스코 복제품을 주문했다. 그녀는 자기가 "마치 교회의 생쥐처럼 가난해" 더 이상 그림을 사지 않겠다고 친구 그림에게 약속하면서 아무리 좋은 작품이 나와도 "앞으로 절대 아무것도 사지 않을 거야. 단 한 점의 그림도"라고 맹세하기도 했다. 그녀는 "빚을 갚아야 하고, 돈을 아껴야 한다"라고 확고하게 밝혔다.[9] 그러나 계속 사들였고 애인들에게 사달라고 하기도 했다.

1765년 예카테리나 여제는 디드로의 도서관을 사면서 디도로가 죽을 때까지 그것을 소장할 수 있게 했고, 매년 그에게 도서 관리 명목의 연금을 지급했다. 13년 후 볼테르가 죽자 그녀는 상속자들에게 13만 5천 프랑을 지급하고 레드 모로코 빛깔로 아름답게 제본된 7천 권의 도서를 구입해 이 책들과 값을 매길 수 없는 주석들을, 끊임없이 쏟아져 들어오는 다른 보물 컬렉션에 추가했다. 재위 기간이 끝나갈 무렵 그녀가 사 모은 예술품과 진귀한 장서들은 그녀 자신을 놀라게 할 정도였다. "에르미타주의 박물관은 라파엘의 그림들, 패널들, 3만 8천 권의 책들로 채워졌습니다. 네 개의 방은 책과 인쇄물, 1만 점의 판화, 거의 1만 점의 스케치로 채워졌어요"라고 그녀는 1790년 그림에게 썼다. 자신이 모은 카메오와 음각 판화를 위해 그녀는 유명한 독일 가구 제작자 다비드 뢴트겐이 만든 아름다운 마호가니 장 세 채를 갖고 있었고, 공간이 모자라게 되자 런던의 장인 목공 제임스 와이엇으로 하여금 다섯 채의 장을 더 만들게 했다.[10]

예카테리나 여제의 후계자들 모두는 에르미타주 컬렉션에 각기 새로운 소장품을 추가했다. 1814년 5월 초 권좌에서 밀려난 조세핀 황후의 곤자가 카메오를 구입한 알렉산드르 1세는 그달 그녀가 갑자기 죽자 그녀가 소장했었던 38점의 당대 최고 작품들을 거의 백만 프랑을 지불하고 구입했다. 여기에는 네 점의 클로드 로랭의 풍경화와 렘브란트의 〈십자가에서 내림〉과 테니에르의 주요작 여러 점이 포함되어 있었다. 몇 달 뒤 알렉산드르 1세는 런던의 은행가 코스벨트가 소장하고 있던 67점의 스페인 화가들의 주요 작품을 구입하고, 나폴레옹 원정군이 루브르로 가져온 많은 전리품을 획득했다. 다음으로 니콜라이 1세는 1829년 프랑스의 오르탕스 여왕으로부터 30점의 그림을 구입했고, 2년 뒤 돈 마뉘엘 고도이의 컬렉션으로부터 33점의 그림을 추가로 구입했다. 고대 칼과 무기에 대한 열정을 가지고 있던 차르 니콜라이는 수집한 무기들이 점점 많아져 결국 차르스코예 셸로에 수집품을 보관할 작은 성을 지었다. 19세기 러시아 군주들이 자신들의 취향과 열정대로 수집품을 사들이면서 에르미타주의 소장품 목록은 점차 방대해졌다.

1836년 벨라스케스의 대작 몇 점을 포함해 네덜란드 왕이 소장했던 거대한 미술 컬렉션도 에르미타주에 들어오게 되었다. 차르 알렉산드르 2세는 1880년 라파엘의 〈마돈나 코네스타빌레〉를 소장품에 추가했다. 로마노프 왕가의 전통을 이어받은 알렉산드르 3세는 모스크바의 귀족으로부터 피에트로 페루지노의 최고작들이 포함된 74점의 그림을 사들였다. 니콜라이 2세는 레오나르도 다빈치가 그린 마돈나를 구입했고, 필리피노 리피, 페루지노, 엘 그레코의 작품들을 사 모았다.[11] 1917년 혁명 후 소비에트 정권은 러시아 귀족들과 기업가들로부터 압수한 작품들을 에르미타주에 추가했고, 2차 대전 중에는 동유럽과 독일의 성과 궁전들에서 탈취한 보물들로 에르미타주 박물관의 창고를 채웠다. 예카테리나 여제와 그의 후계자들의 시기와 마찬가지로 소련 관리들도 최고의 예술품을 골라 모았다. 각 역사 시기의 최고 작품만이 에르미타주에 들어올 수 있었다. 이것은 한 제국의 진정한 보물창고였으며, 그곳에 주어진 이름의 의미 자체를 변화시켰다. 사전에 '외로운 은둔자'라고 정의된 상트페테르부르크의 에르미타주는 세계 최고의 박물관 중 하나가 되었고, 지구상에 예술을 사랑하는 모든 이의 가슴과 영혼에 그림자를 드리웠다.

겨울 궁전은 박물관이나 거주지 이상이었고, 그 그늘은 문화뿐만 아니라 정치에도 그림자를 드리웠다. 러시아의 정치적 중심지가 표트르 대제 시기에는 군주가 거주했던 곳이었다면, 예카테리나 여제는 겨울 궁전을 확고한 그 중심으로 삼았다. 이곳으로부터 그녀의 권력은 유럽의 모든 구석과 아시아의 대부분, 북아메리카의 북서부 지역에까지 미쳤다. 그녀는 겨울 궁전에서 칙령을 발하고, 전쟁을 선언하고, 강화를 맺고, 정의를 실현하고, 이곳으로 각국 대사들과 대공들, 귀족 부인들, 러시아군의 지휘관들을 초청했다. 예카테리나 여제가 보고자 한 사람은 누구건 간에 모두 겨울 궁전으로 와야 했고, 이곳에 모인 남녀들을 통해서 그녀는 계몽사상을 퍼뜨리고, 이곳에 모인 사람들과 러시아의 미래를 형성하는 데 계몽사상을 어떻게 활용해야 할지 토론했다. 그녀가 정부와 사회가 기초로 삼아야 한다고 믿은 원칙들을 망라하여 그 유명한 황제칙서(Nakaz)를 만든 곳도 이곳이었다. "근대 시대의 군주가 작성하고 발표한 가장 뛰어난 정치 정강(treatises) 중 하나"라고 알려진 이 칙서는 1767년 예카테리나가 러시아의 진보적 법전을 작성하도록 소집한 입법회의(Legislative Commission)에 대한 안내서로 만들어졌다.[12]

친구들에게 친절하고 그녀에게 찬사를 보내는 무릎 꿇은 적에게는 관용을 보인 예카테리나 여제는 겨울 궁전에서 계몽적이고 관용이 큰 군주로 통치했다. 그녀는 애인 스타니슬라프 포냐톱스키Stanislaw Poniatowski를 폴란드의 왕좌에 앉히고 크림 반도의 타타르 칸을 가신으로 만들었지만, 자신의 권위에 도전하는 적들에게는 가혹하게 대했다. 1773년부터 1774년까지 그녀에 맞서 거대한 농민 반란을 일으킨 코자크 대장 예멜리안 푸가초프[*]를 처벌하기 위해 사형제도를 부활시켰다. 폴란드의 애국주의자 타데우시 코시치우슈코[**]는 자코뱅당의 대변인,

---

[*] 푸가초프Yemelyan Ivanovich Pugachev, Емельян Иванович Пугачёв (1742?~1775)는 야이크 코자크의 지도자로 예카테리나의 남편이었던 표트르 3세를 참칭하며 반란(1773~75)을 일으켰다. 푸시킨은 이 반란을 소재로 『대위의 딸』을 썼다.

[**] 타데우시 코시치우슈코Tadeusz Kosciuszko, Andrzej Tadeusz Bonawentura Kościuszko(1746~1817)는 폴란드-리투아니아 연합국의 기술자·정치가·군사지도자로 폴란드·리투아니아·벨라루스·미국의 국가적 영웅이다. 1794년 러시아와 프랑스에 대항하여 반란을 일으켜 총지휘관이 되었다. 1766년 사관학교를 졸업했고, 1776년 미국에 가서 독립전쟁에 대령으로 참전하여 여단장으로 진급했다. 뛰어난 공학자인 그는 웨스트포인트 요새를 비롯한 여러 요새를 만들었다. 1784년 폴란드로 돌아와 1792년 폴란드 2차 분할 후

생 쥐스트***의 추종자, 로베스피에르의 제자라고 비난하며 투옥했다. 1770년 예카테리나 여제는 겨울 궁전에서 러시아군이 체슈메 해전에서 오스만 제국 군대를 격파했다는 소식을 들었다. 1787년부터 1792년 사이에 벌어진 2차 러시아-오스만 제국 전쟁에서 러시아가 승리했다는 소식을 들은 곳도 이곳 겨울 궁전이었고, 폴란드를 오스트리아, 프러시아와 함께 분할하여 수십만 제곱킬로미터의 영토와 수백만 명의 새로운 신민을 러시아 제국에 합병했다는 소식을 들은 곳도 이곳이었다. 겨울 궁전의 방에서 그녀는 유럽의 군주들과 동맹을 맺거나 파기하여 이들이 러시아를 대등한 강대국으로 존중하도록 만들었고, 한때 애인이자 오랜 경력의 정치인인 그리고리 포템킨을 남부 러시아 총독으로 임명하며 승리를 축하했다.

예카테리나 여제는 겨울 궁전을 복잡한 궁정의식의 중심으로 만들었는데, 이것이 결국 러시아의 군주들을 자신들이 통치하는 신민들로부터 멀어지도록 만들었다. 그녀는 러시아의 누구도 흉내 낼 수 없는 부를 과시하며 이러한 행사들을 열었다. "바로 이 거대한 궁전에서 […] [예카테리나 여제는] 오랜 통치 기간 동안, 외국인들의 경탄을 자아내고 모든 문학적인 여행자들의 칭송을 이끌어 낸 그 장엄함과 관대함을 전시했다"라고 1790년대에 하인리히 슈토르히가 썼다. "[겨울 궁전] 자체가 작은 도시만 한 면적을 차지했고 […] 그 광경은 정말 장엄했다"라고 그는 독자들에게 조망감을 주려고 덧붙였다.[13] 이보다 20년 전에 상트

반란을 준비하여 1794년 거사했으나 실패하고 체포되었다. 이후 1795년 폴란드 3차 분할이 진행되어 폴란드는 지도에서 사라졌다. 예카테리나 여제 사후인 1796년 사면된 그는 미국으로 이주하여 토머스 제퍼슨 등과 교우를 쌓으며 인권 신장과 흑인 노예 해방에 적극 나섰고 나중에 유럽으로 돌아와 1817년 스위스에서 사망했다.

***생 쥐스트Louis Antoine Léon de Saint-Just[a](1767~1794)는 프랑스혁명 당시 자코뱅파 일원으로 로베스피에르의 친구이자 최측근으로 활동했다. 공포 정치와 잔인한 반대파 처형으로 유명해져 "죽음의 천사"라는 별명을 얻었다.

페테르부르크에 도착한 윌리엄 콕스는 자신이 받은 놀라운 인상을 "러시아 궁정의 화려함과 영화는 말로 표현하기 힘들 정도다"라고 말했다.[14] 예카테리나는 가장 화려한 무도회와 가장 비싼 만찬을 베풀었다. "어떤 다른 궁정도 이렇게 화려하고 다양한 볼거리를 연출하지 못했다"라고 예카테리나 재위 말기에 이곳을 방문한 한 프랑스 방문객이 자신의 인상을 서술했다. "예카테리나 여제는 다양한 식탁 한가운데 솟아오른 왕좌에서 식사했다. 왕관을 쓰고 금과 다이아몬드 치장을 한 채 그녀의 시선은 다양한 국적으로 구성된 손님 집단을 무심하게 쳐다보았다. 마치 자기 발치에 있기라도 한 듯"이라고 그는 덧붙였다.[15] 그러나 당시 상트페테르부르크의 삶에서 중요한 부분을 차지한 어두운 그림자를 들여다보며 인색한 평가를 한 사람들도 있었다. 1770년대 후반 영국 대사로 이곳에 머문 말메스버그 영주 제임스 해리스James Harris가 궁정의 화려한 겉치장 아래에서 발견한 것은 "계속되는 음모, 방탕, 부정, 부패의 장면이었다. […] 내 펜의 힘을 넘어선다." 그는 또 다른 문맥으로 이렇게 덧붙였다. "인간의 마음에 영향을 주는 모든 열정이 등장하는 장면, 모든 배우들의 가장 노련한 위선으로 감춰진 장면을 서술하는 것은."[16]

러시아 궁정의 의식이 궁극적으로는 로마노프 왕가를 국민들과 분리시켰지만, 예카테리나 여제는 적절한 수준으로 이를 조절하여 국민들이 따로 떨어지는 것을 막았다. 한 궁중 신하의 어린 딸은 예카테리나 여제의 존재 자체가 어떤 건물도 "신들만이 만들어낼 수 있는 성스러운 희락과 천상의 즐거움을 불러일으키는" 성전으로 바꾼다고 했다. 왜냐하면 그녀는 예카테리나 여제에게서 "지식, 과학, 예술의 여신 미네르바와 빛의 신인 포이보스와 제국의 장식인 헤베의 위용"을 보기 때문이었다.[17] 이런 강력한 신비가 겨울 궁전에서의 예카테리나의 공적인 외관을 감쌌고 그곳에서 그녀는 군주, 어머니, 여신의 형상이 하나로 합쳐져 빛났다. "국가에서 여제만큼 위용 있는 모습을 보여주는 사람은 없습니다. 그러나 사적인 영역에서 그녀만큼 멋있고 친절하고 너그러운 사람을 찾을 수 없었습

니다"라고 한 시녀가 말했다.[18]

　겨울 궁전에서 제국의 '지식, 과학, 예술의 여신'으로서 통치하면서 예카테리나는 러시아 예술가들을 아낌없이 후원하고 특전을 베풀었다. 이렇게 함으로써 그녀는, 유럽의 예술가들을 러시아로 초청하고, 러시아 예술가들을 최초로 서구에 파견하여 러시아 문화를 근대화하고자 한 표트르 대제의 노력을 더 큰 규모로 이어나갔다. 표트르 대제는 러시아 근대 예술의 첫 번째 거대한 변화를 감독했다. 모스크바 공국 시대에 달걀노른자로 만든 물감으로 색을 칠하던 화가들은 오일과 색소를 쓰기 시작했고, 천편일률적이었던 2차원적 표현을 넘어 3차원으로 사물을 그리기 시작했다. 표트르 대제 시대의 다른 모든 변화와 마찬가지로 이 변화의 첫 역할은 유럽인들이 맡았지만, 18세기 중엽이 되자 완전히 러시아인들의 손에 들어가게 되었으며, 이중 드미트리 레비츠키Dmitrii Levitskii가 가장 중요한 역할을 했다.

　몇 년간 작은 성공을 거둔 레비츠키는 1770년 갑자기 페테르부르크의 예술계에 혜성같이 데뷔했다. 제국예술아카데미 학생과 교수 전시회에 출품한 그의 작품 여섯 점이 전문가들로부터 대단한 호평을 받았다. 인물의 성격을 포착하여 그림으로 표현하는 데 대가인 레비츠키는 예카테리나 여제 재위 시기에 상트페테르부르크 전제정의 연대기 작가가 되었다. 앤서니 반 다이크가 그린 영국의 통치자들과 그 부인들이 찰스 1세 시대 영국 궁정의 이미지를 투사한 것처럼, 레비츠키의 초상화는 귀족들의 황금 시대의 상트페테르부르크 상류사회의 자아상을 잘 반영한다.

　레비츠키의 초상화는 러시아 미술이 표트르 대제 시대의 유아기에서 얼마나 많이 성장했는지 보여준다. 당시에 입체적 이미지 표현을 금한 교회의 규정에 맞서 그려진 얼마 안 되는 초상화들은 실제 사람의 모습보다는 성상화를 더 닮았었다. 와토의 화법에 영향을 받은 레비츠키는 예카테리나 전신상을 몇 점 그렸고, 이 그림들은 당대에 가장 장중한 국가적 초상이 되었다. 그가 그린 권문세가 귀족들의 초상화는 다른 화가들이 흉내 낼 수 없는 예카테리나 시대의 상트페테르부르크의 본질을 잘 포착했다. 1770년부터 1780년까지 러시아의 사교생활, 정치의 정상에 앉아 있던 거의 모든 귀족들이 레비츠키의 모델이 되었고, 이 도시의 예술과 문학을 이끌던 사람들도 그의 모델이 되었다. 레비츠키의 초상화 수십 점 각각은 상트페테르부르크 사회가 파리, 빈, 런던 사회와 딱 들어맞는다는 것을 보여주며, 그가 프랑스혁명 전야에 더 단순한 영국식 화풍으로 전환한 것은 유럽의 초점이 변화하는 것을 전체적으로 반영했다. 무엇보다도 그의 작품들은 예카테리나 여제가 표트르 대제의 비전에 더 위대한 실체와 세련됨을 부여한 방식과, 상트페테르부르크의 삶이 이러한 성취를 반영한 방법을 보여주었다.[19]

레비츠키와 마찬가지로 18세기 러시아 화가 대부분은 초상화법에 집중했고, 이들의 그림들은 표트르 대제가 세운 새 수도가 러시아의 생활양식에 가져온 극적인 물질적 변화를 포착했다. 이 그림을 보면 우리는 사람들이 어떤 모습을 하고 있고, 어떤 의상을 입고 있고, 이들을 둘러싸고 있는 사물들의 복잡한 세계가 어떻게 변했는지를 알 수 있다. 가장 눈에 띄는 사실은, 예카테리나 여제 시대 사람들이 자신들의 조부모 시절에 그토록 생경하게 보았을 세계에 이미 편안히 안주했고, 한때 유럽인들과 러시아인들을 갈라놓았던 가치관이 급변해 둘 사이의 간극이 좁아졌다는 사실이다. 그러나 예카테리나 여제 시대의 상트페테르부르크 사람들은 유럽인에 더 가까워지면서도, 자신들이 러시아인이라는 사실에 더욱 확신을 갖기 시작했다. 표트르 대제는 러시아의 과거를 낙후된 것으로 폄하했지만, 예카테리나 여제와 귀족들, 과학아카데미의 소수 학자들은 현재에 대한 더 나은 전망을 갖기 위해 러시아의 과거를 되찾기로 결정했다. 교육을 받은 러시아 남녀들은 러시아와 러시아인들이 어디에서 왔는지 묻기 시작했다. 러시아의 전제적 통치 형태는 누구의 탓으로 누구의 영향을 받은 것인가? 러시아는 키예프 루스의 공후들이 기독교를 수용한 후 8백 년간 서방과 어떤 관계를 맺어왔는가?

러시아인이라는 것은 무엇을 의미하며, 러시아인들이 어디에서 왔는가를 발견하기 위해서는 슬라브족의 조상들이 현재 유럽의 근원이 된 그리스, 로마 문명과 처음으로 접촉했던 시기까지 역사를 거슬러 올라가야 했다. 예카테리나 여제들과 당대의 사람들은 이 문제를 논하면서 러시아가 절대로 유럽보다 열등하지 않고, 러시아 역사의 모든 현상이 유럽의 경험과 유사성을 지닌다고 보았다. 또한 러시아의 과거는 러시아 고유의 것이라고 정의할 수 있는 업적들을 포함한다고 주장했다.[20] 그러나 상트페테르부르크는 정확히 어디에 들어맞는가? 고대 러시아가 발전해온 중심 지역에서 멀리 떨어진 상트페테르부르크는 단지 표트르 대제가 아니라 러시아와 동일시되어야 했다. 이와 동시에 러시아 제국의 수도로서 상트페테르부르크는 시저의 로마와 동일시되어야지, 모스크바가 한때 그랬듯 중세 교회의 변화하는 중심이었던 로마와 동일시될 수는 없었다.

미술이 18세기 상트페테르부르크인들이 물질적·문화적 세계를 정의하는 데 중요한 역할을 한 반면 시와 연극은 이 도시와 러시아, 황제를 로마와 고대 신정과 더 밀접하게 연결했다. "러시아 국가는 고대 로마처럼 퍼져나갔다"라고 한 시인은 선언했고, 다른 시인은 "러시아는 영광의 시기의 로마처럼 위대함으로 비상했다"라고 주장했다.[21] "러시아는 무엇을 더 바랄 것인가? 미네르바가 왕좌에 좌정하고 있는데"라고 예카테리나의 명명일에 선언되었다. 예카테리나가 폭정, 주취, 방탕, 기만에서 러시아를 구해내는 내용을 연기하는 가면무도회 배우들은 상트페테르부르크에 황금의 시대가 도래한 것을 선언했다. 「로시아드Rossiad」라는 시를 써서 18세기 대표적 서사시인이 된 미하일 헤라스코프Mikhail Kheraskov는 예카테리나의 법령이 "진리를 승리하게, 미덕을 만족하게" 함으로써 러시아를 "번영하는 로마로" 만들 것이라고 약속했다.[22]

1780년대 예카테리나는 이러한 칭송에 '부활한 그리스 제국'이라는 비전을 더했다. 그녀는 둘째 손자가 새로운 콘스탄티누스 대제가 되어 콘스탄티노플을 통치하리라고 기대했다. 시인들은 러시아가 아킬레스이고 터키가 트로이라고 말하고, 예카테리나 여제는 이런 제국적 주제를 다룬 오페라를 직접 썼다. 10세기 비잔티움을 배경으로 쓴 〈올레그의 초기 통치〉라는 오페라에는 고대 그리스와 로마의 이미지를 불러오는 그리스 합창 장면이 나오고, 이교도 러시아 공후인 올레그는 비잔틴을 정복하고 비잔틴의 과거의 영광을 미래의 러시아에 엮는다.[23] 마르스, 미네르바, 아스트라이아, 테미스 같은 고대 세계의 모든 남신, 여신이 "영광, 사랑, 위대함으로 둘러싸인 군주"인 예카테리나에게 바치는 러시아의 찬가에 등장한다.[24] 당대의 시에서 예카테리나는 로마의 영광을 떠올리게 하는 제국의 여군주가 되었다. 그리고 그녀의 수도인 상트페테르부르크는 러시아를 그 영광에 연결시키는 제국의 도시가 되었다.

엘리자베타 여제 시대의 바로크식 건축이 러시아가 서구와 맺은 새로운 관계를 반영했다면, 예카테리나 여제가 선호한 신고전주의 양식은 러시아의 수도와 로마 사이의 유사성을 강조했다. 리날디의 대리석 궁전, 코코리노프와 발렝 드 라 모트가 지은 예술아카데미, 쿠아렌기가 지은 과학아카데미 건물 모두가 제국의 위대함을 상기시켰고, 예술가들은 우아함과 단순함을 거래의 밑천으로 삼았다. 스타로프가 타브리다 궁전 디자인으로 포함시켰던 '기둥들의 시'는 특히 당대 사람들에게 고대인들이 부와 고상함을 결합한 방식을 떠올리게 만들었다. "이것의 가장 큰 특징은 고대의 우아한 취향이다. 이것은 단순하지만 웅장하다"라고 한 시인은 결론지었다.[25] 이는 예카테리나 여제 시대의 상트페테르부르크의 전체 분위기를 나타낸다. 모든 예술형식이 결합하여, 불과 75년 전만 해도 존재하지 않았던 도시와 제국의 영광과 권위의 비전을 표현했다. 런던, 파리 또는 빈과 다르게 상트페테르부르크에는 뒷길이나 골목이 거의 없었다. 18세기 말에도 이 도시는 1730년대 안나 여제 당시의 도시 계획자들이 구상한 과감한 구도를 따라 빈민가를 교외에 밀쳐둠으로써 도시 중심의 웅장함에 집중했다.

로마의 뒤를 이은 제국의 군주로서 상트페테르부르크에서 통치하기 위해 예카테리나 여제는 표트르 대제의 수도를 러시아 역사와 연계시키고, 자신을 표트르 대제와 연계시킬 필요가 있었다. 표트르의 조카와 딸이었던 안나 여제와 엘리자베타 여제는 러시아 최초의 제국 군주와 자신들의 인연을 강조할 필요가 없었지만, 프러시아 지방에서 러시아로 시집온 예카테리나는 자신과 왕좌를 러시아 제국의 창설자와 연결시켜야 했다. 표트르 대제의 이미지를 갖추고 통치하고, 자신이 18세기의 두 번째 '위대한' 러시아 군주라는 것을 강조하기 위해 그녀는 표트르 대제의 거대한 동상을 세우기로 했다. 이것은 러시아 제국과 제국의 첫 수도의 창설자인 표트르 대제에 대한 헌사로서 표트르 대제가 왕위에 오른 지 1백 주년이 되는 1782년 8월 7일 완성할 예정이었다. 건설하는 데 16년이 넘게 걸린 이 동상은, 표트르 대제가 의미했던 변화가 어떤 것이고 '서방으로 난 창'을 열어젖힌 사람이 상징하는 것이 무엇인지 결정적으로 보여주는 러시아의 첫 번째 확고한 노력을 표상할 터였다. 아마도 가장 중요한 것은 이 동상이, 표트르 대제가 없앤 모스크바 공국의 내부 지향적 비전을, 외부세계와 연관시키려는 시도를 재현했다는 점일 것이었다. 이 외부세계는 한때 고립되었던 러시아가 대단히 극적으로 일부가 됨으로써 더 가까이 이어졌다.

표트르 대제를 어떻게 석조나 청동으로 재현할 수 있겠는가에 대한 논쟁은 상트페테르부르크에서 최소한 1740년대부터 벌어졌다. 중세의 세계로부터 근대의 세계로 그토록 급하게 도약해온 데 여전히 혼란스러워하던 남녀들은, 자신들의 황제의 동상은 그가 포괄했던 수많은 덕목을 재현하는 비유적 면모들로 채워진 어떤 '구성물'을 뛰어넘어 존재해야만 한다고 강변했다. 그의 지혜, 진리, 정의, 용기, 결단, 과감성 모두 기억되어야 했다. 위대한 황제의 확고한 정치적 비전, 러시아 국민들의 복지를 위한 헌신도 포함되어야 했다. 당대의 위대한 시인이자 학자인 미하일 로모노소프는 제국과학아카데미의 여러 동료와 함께, 보다 위대하고 덜 비유적인 면모들을 결집한 동상을 상상했다. 후에 한 평론가가 지적한 대로 "비유들의 병기창" 전체였다. 그것은 러시아의 첫 황제가 승리를 거머쥐고 섰다는 것을 넘어선 상징적이고 전형적인 설정을 창조하는 것이었다.[26] 1750년대와

1760년대에 살았던 러시아인들에게 표트르 대제는, 로모노소프가 세심하게 고른 표현에 따르면 "적들에게는 대단한 공포의 대상이었지만, 그의 신민들에게는 아버지" 같은 군주였고, 어떤 이미지로도 분명하게 표현할 수 없을 듯한 너무도 영웅적인 존재로 어른거렸다.[27] 러시아인들에게 표트르 대제는 아버지이자 수호자이고, 선생이자 복수자(avenger)로서, 그들 모두 위에 우뚝 서 경외감을 불러일으키는 거대한 상징이었다.

예카테리나 여제는 어떤 형태건 비유를 경시했기에 러시아인들을 계속적으로 표트르라는 인물에 묶어놓는 시간과 공간의 제약에서 자유로운 예술가를 찾았다. 그리하여 1766년 프랑스 조각가 에티엔-모리스 팔코네Etienne-Maurice Falconet를 적임자로 지명했다. 그는 이전의 조각가들이 상상했던 어수선한 비유적 결합을 넘어서는 "더 원대한 계획"을 제시했다. 팔코네에 따르면 표트르 대제의 생애와 업적의 진정한 의미는 조각 기단에 새겨진 인물들이 아니라 조각 "내부로부터" 나와야 했다. 이런 비전이, 자신이 찾던 모든 자질을 포괄한다고 확신한 예카테리나 여제는 팔코네에게 매년 2만 5천 프랑의 급여와 안락한 주거지를 제공하고, 그가 상트페테르부르크로 와서 마음속에 품은 대작을 만드는 데 필요한 모든 것을 지원하기로 했다. 8년 안에 이 동상을 완성하기로 약속한 팔코네와 그의 열여덟 살 먹은 조수 마리-안느 콜로Marie-Anne Collot는 표트르 대제가, 일찍이 다른 군주들이 언제 어디에서도 해내지 못한 방식으로 사람의 힘과 자연의 힘을 움직이기 위해 권력을 행사했음을 그 존재 자체로 선언하는 도시를 향해 출발했다.[28]

팔코네는 자신의 50번째 생일 2주 전인 1766년 10월 중순에 상트페테르부르크에 도착했다. 그는 62세가 될 때까지 고향인 파리를 다시 보지 못할 운명이었고, 러시아인들과의 수많은 논쟁에 너무도 지쳐 자신이 완성한 대작을 그 이후로 다시는 보러 오지 않게 되었다. 새로 설립된 러시아예술아카데미 행정 책임을 맡은 이반 베츠코이 중장과 주로 상대하면서 팔코네는 제한된 상상력을 가진 이 사람과 처음부터 충돌하게 되었다.[29] 예술가라기보다 고위관리의 사고방식을 가진 베츠코이는 팔코네가 구상한 동상을, 표트르 대제와 그의 새 수도가 형성한 큰 맥락으로 바라보지 못했다. 팔코네는 베츠코이가 가장 편하게 느끼는 좁은 한계를 훨씬 뛰어넘는 예술적·정치적 비전을 담기 위해 매번 고투해야 했다.[30]

팔코네가 구상한 표트르 대제의 형상은 베츠코이가 좋아하는 전형적인 영웅 이미지는 물론 이전에 동상을 구상한 예술가들이 로마, 베네치아, 파도바, 파리, 베를린의 말을 탄 동상들을 훌쩍 넘어서는 것이었다. 그는 자신의 영웅에게 로마 황제의 가운이나 사령관의 제복을 입히지 않았다. 그는 "스키피오, 시저, 폼페이우스에게 모스크바 공국의 긴 코트나 프랑스식 재킷을 입히지 않는 것과 마찬가지로 표트르에게도 로마 갑옷을 입히지 않을 것이다"라고 디드로에게 편지로 의중을 밝혔다. 루이 14세에게 로마 갑옷을 입히는 것은 "가장무도회에나 어울리는 것"이라고 말한 그는 표트르 대제에게 모스크바 공국 시기의 전통 의상을

청동기마상

입히는 것은 그가 꿈꾼 근대 국가에 맞지 않는다고 단언했다. 표트르의 의상은 "모든 국가, 모든 시대의 모든 사람의 의상이 되어야 하고, 한마디로 순수한 영웅적인 것이 되어야 한다"라고 그는 결론지었다.[31] 그래서 팔코네는 청동기마상을 위해 무릎 아래까지 내려오는 긴 소매 달린 겉옷과 두꺼운 천 망토, 동상이 세워질 바로 그 광장에서 멀지 않은 곳에서 13세기 스웨덴 기사들과의 전투를 승리로 이끈 알렉산드르 넵스키와

아래서 본 청동기마상

그 러시아인들이 신었을 법한 장화를 선택했다. 곰 가죽으로 만든 안장에 앉아 머리에 승리의 월계관을 쓴 팔코네의 표트르 대제는 동방과 서방, 귀족과 농민들, 러시아의 역사적 경험을 형성한 과거와 현재의 유산을 모두 결합한 만인의 영웅이었다.

팔코네는 자신의 청동 말과 기사의 형태를 표트르 대제가 이룬 업적의 위대성을 완전히 표현하는 방식으로 제작했다. 황제 기사가 올라탄 안장은 수동적으로 여겨지는 평평한 자리 이상이어야 한다고 확신한 그는 기사가 러시아를 변형시키기 위해 쏟은 에너지를 강조하는 모양으로 만들었다. 제국의 황제가 미지의 세계에 용감하게 도전하는 모습을 표현하기 위해 팔코네의 말은 완전히 주인의 통제 아래 있으면 안 되었다. 기사의 왼손으로 가볍게 제어되는 표트르의 청동 말은 금방이라도 우주로 튀어오를 듯했다. 이것은 러시아의 미래를 새로 만들기 위해 과거와 현재에 도전하는 기사의 모습을 생생하게 반영한 모습이었다.

팔코네가 후에 쓴 바와 같이 그가 생각한 러시아 황제의 비전은 "그가 문명화한 국가 전체의 상징"이 될 정도로 웅대했다.[32] 그러나 표트르 대제 얼굴의 강렬

서구로 난 창

한 이미지를 만드는 작업에는 그렇지 않다는 것이 판명되었다. 팔코네는 청동기사의 머리를 조각하려는 자신의 계획을 예카테리나 여제가 세 번이나 묵살하자, 조수인 마리-안느 콜로에게 넘겼다. 청동과 석조로 인간 얼굴을 표현하는 그녀의 천재성은 파리와 상트페테르부르크에서 열광적 반응을 불러일으켰다. 표트르 대제 생전에 바르톨로메오 라스트렐리의 아버지가 떠놓은 표트르의 마스크를 이용하여 콜로는 얼굴 형상을 만들어냈고, 이것을 본 예카테리나 여제는 바로 만족을 표현했다. 그녀가 만들어낸 형상은 "과감하고, 웅장하며, 표현력이 크고, 성격이 완전히 반영되었다"라고 팔코네는 후에 기록했다. 후에 쓴 편지에 그는 "압도적"이라는 말을 덧붙였다.[33]

청동기마상이 상트페테르부르크를 창설한 권력, 비전, 성취를 상징한다면, 거대한 동상 기단은 표트르의 비전을 현실로 만든 민중들의 끈질긴 집념을 한 번 더 보여주었다. 수만 명의 노동자들의 노역으로 늪지 위에 세워진 이 도시는 러시아 통치자들의 의지와 그 신민들의 힘이 이룩한 것에 대한 기념비였다. 여기에 러시아를 강하게 만든 가공되지 않은 인간의 힘이 다시 드러났다. 핀란드 숲 속 깊은 곳에서 어마어마한 크기의 바위를 캐내서 상트페테르부르크까지 운반한 것은 18세기의 기술의 한계를 뛰어넘는 위업이었다. 오직 고대 이집트인들만이 이 정도 크기의 돌을 운반한 적이 있었다. 청동기마상의 기단이 된 소위 거석 (colossus-stone)은 물 위로 운반되었다.

상트페테르부르크 주변의 저지대에는 웬만한 큰 돌을 찾기가 어려웠다. 그러나 어떤 신비로운 자연의 힘으로 인근 핀란드만의 라흐타라는 마을에 거대하게 우뚝 솟은 바위가 있었고, 표트르가 스웨덴과의 첫 해전을 이 바위 꼭대기에서 바라봤다는 전설이 남아 있었다. 작은 자작나무 숲, 관목 상록수, 흙 밑에 파묻힌 이 거대한 화강암 덩어리는 그 무게가 1,360톤 이상 나갔고 높이가 9미터에 달했다.[34] "이것을 옮기는 것은 사람이나 기계의 능력을 벗어나는 일인 듯했다"라고 그 장소를 방문한 한 공병 장교가 기록했다. "거대한 화강암 무게와 늪 지형, 주변의 수심이 깊은 개울, 그리고 이것이 핀란드만과 네바강 반대편에 있다는 사실은 정말로 해결하기 어려운 난관을 제기했다"라고 그는 덧붙였다.[35]

이 거석을 늪지대를 통과해 핀란드만까지 8킬로미터를 운반해 온 다음 다시 네바강 남쪽 강변으로 13킬로미터를 운송하는 것은 불가능한 일처럼 보였다. 그러나 일단 이 돌을 본 팔코네는 이것이 자신의 청동기마상의 기단이 되어야 한다고 주장했다. "시간을 지체하지 말고 이 돌을 덩어리째 표트르 대제 동상이 서는 네바강둑으로 옮겨올 수 있게 모든 지원을 제공하라"라고 예카테리나 여제는 1768년 9월 15일 훈령을 내렸다. 팔코네가 이 돌을 기단으로 쓰려면 큰 부분을 잘라내야 하리라고 모두 생각했지만, 누구도 여제의 명령을 변경할 방법을 찾지 않았다. 쓸모없는 부분을 잘라내서 돌의 무게를 줄인다는 생각을 전혀 하지 않고 예카테리나의 공병 기술자들은 러시아 역사의 많은 부분을 만들어온 거친 힘과 인간의 간계를 결합했다. 여제의 명령을 수행하는 데는 비용, 편의성, 인명, 노동, 심지어 상식까지 중요한 자리를 차지하지 못했다.[36]

거석을 운반하는 작업은 1768년 가을에 시작되었다. 4백 명의 병사와 노동자들은 라흐타 마을과 핀란드만 사이의 늪지대의 물을 완전히 빼내고, 관목들을 잘라내어 길을 만들고, 이 돌을 들어 올리기 위해 30미터 길이에 4.5미터 깊이의 구멍을 팠다. 봄이 다가오자 서방에서 얻지 못한 성공을 이루기 위해 러시아로 온 그리스인 공병대 지휘관 라스카리스-카르부리Laskaris-Carburi 대령은 공병과 노동자들에게 나무로 된 레일을 만들도록 지시했다. 나무 사이에는 동으로 된 베어링이 들어가 돌이 움직일 때 마찰을 줄이도록 했다. 수십 명의 인력이 여섯 개의 거대한 윈치를 이용하여 돌덩어리를 레일 위에 올려놓자, 수백 명의 인력이 길을 열며 이 레일을 앞으로 이동시켰다. 그런 다음에는 12센티미터 크기의 금속 베어링을 다시 나무 사이에 깔았다. 1769년 11월까지 이들은 이 돌을 45미터 이동시켰다. 그런 다음 지형이 다소 내리막이 되고, 얼어붙은 땅으로 인해 운반 작업에 속도가 붙었다. 다음 해 3월 말이 되자 거석은 물가까지 이동되었다.

서구로 난 창

1770년 봄 제국 해군성은 거석을 물 위로 옮기기 위해 필요한 배를 상상으로도 만들어낼 수 없었다. 그러나 그해 여름 직관과 근대 과학을 과감히 결합시켜 이들은 돛 세 개가 달린 범선 두 척 사이에 45미터 길이에 20미터 넓이의 2층 바지선을 만들었다. 암스테르담의 모래톱 위에 화물선을 띄우는 데 사용한 기구처럼 두 층 사이의 공간이 물로 채워진 다음 물속 깊이 잠긴 채로 그 위에 거석을 밀어 실었다. 그런 다음 물을 퍼내면 2층 사이의 공기로 부력을 받은 바지선이 물 위로 떠올랐다. 네바강 하구의 모래톱과 수심이 낮은 곳을 피해가기 위해 선장이 계속 소리치는 가운데, 이 육중한 물체는 서서히 해안을 따라 움직인 다음 겨울 궁전 맞은편의 페트로파블롭스크 요새 쪽의 작은 지류로 들어선 뒤, 서쪽으로 방향을 틀어 하류로 이동하여 목적지에 다다랐다. 1770년 9월 26일 페테르부르크 시민들이 환호성을 지르는 가운데 이 다루기 어려운 커다란 배는 거석을 목표한 자리에 옮겨놓았다. 팔코네는 이 돌의 거의 절반을 잘라내어 표트르 대제의 청동기마상이 올라갈 기단을 만들었다.[37]

예카테리나 여제는 팔코네, 콜로, 러시아 노동자들이 만들어낸 청동기마상과 석제 기단을 1782년 8월 7일 아침 가장 극적인 방법으로 상트페테르부르크 시민들에게 헌정하기로 했다. 그날 행사에는 이전 시대 러시아 군주들이 자신을 둘러쌌던 옛 러시아와 비잔틴의 영화를 회상하게 하는 상징은 어디에서도 찾아볼 수 없었다. 또한 18세기 러시아 군주들이 자신의 통치 영역을 근대 유럽과 고대 로마의 유산과 연계시키기 시작한 새로운 제국의 비전도 찾아볼 수 없었다. 늦은 여름날인 그날 아침 시내는 조용했고, 특이한 동향은 눈에 띄지 않았다. 그날 오후 여제가 축하 행사를 거행하는 거대한 광장 옆을 지나가는 행인들은 광장이 비어 있는 것을 보았다. 네바강변 근처에 어설픈 직사각형 모양으로 놓인, 비에 젖고 리넨으로 덮인 널빤지 여덟 개로 세워진 뜬금없는 구조물, 그 외에는 비어 있었다.

전날 오후부터 불기 시작한 강풍에 소나기가 쏟아져 날씨는 늦은 여름이라기보다 가을 중반 같았다. 네바강이 새로 축조한 강둑 위로 넘실대기 시작했다. 그러다가 정오가 지나자 검은 구름이 흩어지면서 강한 소나기는 사라지고 햇빛이 쏟아지기 시작했다. 2시가 되어 황제의 근위연대가 광장 뒤에 도열하자 하늘은 완전히 파란색으로 바뀌었다. 총인원 1만 5천 명의 엘리트 근위연대가 젖은 제복을 햇볕에 말리며 광장 안으로 행진해 들어오려고 대기 중이었다.

전원 180센티미터가 넘는 장신에 프러시아식 녹색 제복을 입은 늠름한 프레오브라젠스키의 연대가 네바강둑을 따라 행진하며 대열을 이끌었다. 그 뒤를 이어 이즈마일롭스키 근위연대와 세묘놉스키 근위연대, 기병 근위연대, 포병 근위연대가 행진해 들어왔다. 이들은 긴밀한 대형을 유지하며 군중들이 접근하는 것을 막았다. 그런 다음 러시아의 최고위 원수들과 지휘관들이 깃이 달린 헬멧과 번쩍이는 훈장을 달고 근위연대를 사열했고, 수십 대의 멋진 요트가 온갖 색의 돛과 빛나는 선체를 자랑하며 네바강 위를 오갔다. 5시가 되자 예카테리나 여제가 황제의 요트에서 내려 러시아 최고의 행정기관인 추밀원 궁전으로 들어갔다.[38]

한 시간 반 후 여제가 추밀원 발코니에 모습을 드러내자 광장에 모여 있던 수만 명의 군중은 환호를 지르며 박수를 보냈다. 예카테리나는 군중들에게 손을 흔들어 답했다. 그러자 폭죽이 하늘 높은 곳에서 터지며 12미터 높이의 나무 판넬이 대포 소리에 맞춰 쓰러지면서 엄청난 크기의 화강암 위에 우뚝 선, 팔코네가 만든 표트르 대제의 거대한 형상이 드러났다. 자신이 서 있는 절벽에서 바로 뛰어오를 듯 앞발을 높이 치켜올린 준마 위에 러시아의 "차르-변화자(Tsar-Transformer)"가 당당히 앉아 있었다. 그의 오른팔은 제국의 심장부에서 인근 바다로 흘러드는 강물을 제어하듯 앞으로 뻗어 있었다. 르네상스 시대 이후 마르쿠스 아우렐리우스의 동상이 로마 영웅들의 모델로 서 있는 것처럼 표트르는 불멸의 존재가 되었다. 살과 뼈가 청동으로 변한 그는 낭만적 추상물이 되어 제국 러시아와 유럽식 수도가 모스크바 공국의 과거를 되찾을 다리가 되었다. 어느 때보다 유럽에 가까워진 러시아인들은 다시 이 과거를 찾기 시작했다.

표트르 대제가 진보를 위해 러시아인들에게 과거를 잊도록 요구했을 때 소수의 사람만 서구를 향한 그의 열정을 이해했었다. 시간이 지나면서 유럽식 생활방식을 포용하는 사람들 숫자는 늘어갔고, 18세기 중반 서구식 방식은 표트르의 도시의 귀족들과 부인들이 선호하는 생활방식이 되었다. 18세기에 유럽인들은 구체제의 본질 자체에 도전하는 지적 열기에 휩싸였기에 유럽은 유행, 생활방식, 현대적 기술 이상의 것을 제공했다. 계몽 시대가 시작되면서 유럽 대륙의 지도적 사상가들에게 개인이 가장 중요한 존재로 부상했고, 부자나 빈자를 막론하고 개인적 성취가 그 사람을 평가하는 기준이 되었다. 예카테리나 여제가 재위하고 10년이 지나자 유럽의 사상가들은 프랑스혁명을 촉발한 길로 결연히 갔다. 유럽의 모든 것을 수입하던 러시아인들은 이 과정을 피하기가 점점 어려워졌다.

예카테리나 여제는 재위 초반부터 골치 아픈 역설에 직면해야 했다. 만일 그녀가 표트르 대제 이후 군주들이 그랬던 것처럼 러시아인들에게 계속 서구로 접근하도록 촉구한다면, 표트르와 그의 후계자들이 이룬 것을 훼손할 위험성을 키우는 것이나 마찬가지였다. 교육받은 러시아 사람들이 이런 사상을 단지 새로운 유행으로 간주하고 예카테리나와 궁정 신하들의 변덕으로 치부한다면, 곧바로 큰 위험이 닥칠 염려는 없어 보였다. 그러나 러시아인들이 자유, 형제애, 인권을 진정으로 받아들인다면 그 위험은 빠르게 다가올 수 있었다. 1760년대에 페테르부르크 시민들은 몽테스키외, 디드로, 볼테르의 사상을 피상적으로 토론하고, 변화하는 유행의 일부로 받아들였다. 그러다 1760년대 말, 그들의 태도가 변하기 시작했고 1770년대 초, 예카테리나가 더 이상 허용할 수 없는 훨씬 급진적인 유럽 사상을 수용하려 하는 사람들이 러시아의 수도에 나타났다.

어떤 형태의 폭정도 인정하지 않고, 러시아의 전제정을 처음 비판한 사람들은 계몽사상을 진지하게 가슴에 받아들였다. 이들은 지주들이 농노를 학대하는 상황을 개탄하고, 정부 관리들의 오만함을 문제 삼았으며, 러시아 생활의 모든 부분에 만연해 있는 부패를 비판했다. 이 모든 것을 차르는 국내 정치의 평온을 유지한다는 명목으로 용인하고 있었다. "당신들 지주들은 당신들이 돌봐야 할 사람들에게 폭압을 행하고 있다. 이 불쌍한 인간들이 당신에게는 사람이라기보다 말이나 개처럼 보일 것이다"라고 한 비평가가 러시아의 농노 소유자들에게 썼다.[39] 진정으로 깬 사람이 되기 위해 군주는 신하들이 제시하는 대로가 아니라 현실을 있는 그대로 보아야 한다고 설파했다. 예카테리나는 이렇게 하지 못했기에 압제자가 되는 길에 들어섰다고 이들은 주장했다. 예카테리나의 비전을 공유했던 사람들이 후원, 문화, 정치권력의 상징으로 경외했던 겨울 궁전은 이제 러시아의 첫 반체제 인사들의 삶을 위협하며 불길한 그림자를 드리우기 시작했다.

예카테리나 여제와 비판자들 사이의 충돌은 1770년대 초반에 시작되었고, 1780년대에 들어서서 더욱 깊어졌다. 1780년대 말 이 충돌은 예카테리나 여제와 그녀가 한때 깊이 신뢰했던 한 남성 사이에서 검열 문제에 대한 극적인 대결 양상으로 나타났다. 20년 전 예카테리나는 알렉산드르 라디셰프Alexander Nikolayevich Radishchev를 러시아에 계몽된 법률제도를 도입하는 데 큰 도움을 줄 수 있는 사람으로 보았다. 그러나 1790년 예카테리나는 라디셰프를 "공공질서를 파괴할 수 있고, 권위를 존중하는 시민들을 비난하는 가장 파멸적인 철학 논쟁으로 가득 찬" 책을 출간했다고 비난했다.[40] 라디셰프가 쓴 책 『상트페테르부르크에서 모스크바까지의 여행』*이 프랑스혁명의 배움을 러시아에 가져올

---

*『상트페테르부르크에서 모스크바까지의 여행(Путешествие из Петербурга в Москву)』은 1790년 출간된 라디셰프의 대표작으로 예카테리나 여제 시대의 농노제, 귀족의 압제, 전제 정치, 사회 구조, 시민의 자유 등 러시아가 당면한 광범위한 문제를 다루었다. 이 작품은 미국 노예 해방을 촉진시킨 『톰 아저씨의 오두막』과 자주 비교된다. 작품 속 화자는 상트페테르부르크에서 모스크바까지 상상의 여행을 하면서 당대 러시아 사회상을 보여주는 여러 인물과 상황을 만난다. 귀족으로 신분 상승을 꾀하는 사람들에게 위조 가계도를 파는 사람, 일요일에도 지주를 위해 일해야 하는 농민, 당대 최고 권력자인 포템킨이 좋아하는 굴을 얻기 위해 먼길을 다녀와야 하는 하인 등이 묘사되었다.

위험이 있다고 판단한 예카테리나 여제는 "모든 곳을 샅샅이 뒤져서" 이 책을 전부 소각하도록 지시했다.[41] 이와 동시에 그녀는 디드로의 『대백과사전』의 판매를 금지시키고, 자신이 지시했던 볼테르 전집 번역을 중지시켰다. 프랑스의 대표적 계몽사상가들이 파리에서 상트페테르부르크로 이주해 오면 "자유와 평온" 속에 살 수 있으리라 약속하고서 지난 25년 동안 계몽사상에 대한 그녀의 열정이 시들해진 것은 분명했다.[42] 러시아가 더 이상 서구가 간 길을 따를 수 없겠다는 그녀의 확신은 고대 로마 모델로 회귀하리라는 결의를 굳혔다.

1760년대에도 유럽의 철학자들은 예카테리나 여제가 계몽사상을 수용하려는 노력이 실질적이라기보다 쇼윈도 장식에 지나지 않는다고 느꼈다. 그러나 탁월한 지적 재능을 가진 알렉산드르 라디셰프는 계몽사상을 연구하라는 예카테리나의 충고를 가슴 깊이 새겨들었다. 열 살 때 제국기병학교에 가입하기 전까지 라디셰프는 농촌 지역에 살았다. 그는 부유한 부모가 소유한 농노 유모들과 하인들에 대한 존경심을 키웠다. 그가 제국기병학교의 가장 뛰어난 생도로 두각을 나타내자 예카테리나 여제는 그를 러시아에 계몽 입법을 추진할 사람으로 지목하고 그를 라이프치히대학에 유학시켰다. 그러나 라이프치히의 격렬한 지적 논쟁과 계몽사상에 대한 예카테리나의 열정이 시들어버리자 라디셰프는 아주 다른 길을 걷게 되었다. 결국 군주와 신하는 서로 원수가 되었다.

당시 독일 계몽사상의 중심지였던 라이프치히는 라디셰프에게 유럽의 정치를 형성하고 있던 새로운 사상을 탐구할 기회를 제공했다. 이를 수학한 그는 러시아에서의 진보를 측정할 기준을 갖게 되었다. 그가 들은 강의뿐만 아니라 그가 탐독한 책들도, 전제정이 폭정과 마찬가지로 자연법의 가장 기본적인 원칙을 파괴하고 있고, "인간의 본성에 가장 맞지 않는 조건"을 제시하고 있다고 확신하게 했다.[43] 라디셰프는 1771년 라이프치히를 떠날 때 로크, 헬베티우스, 루소의 사상을 체득했다. 이 사상가들은 자신들의 군주를 판단하는 것이 국민의 의무이며 부당한 통치자는 법과 사회계약에 위반하는 모든 행동에 책임져야 한다고 보았다. 이것이 라디셰프가 러시아로 가져온 사상이었지만, 그는 이것을 거의 20년간 감추고 있어야 했다.

예카테리나 여제가 러시아에 계몽된 법전을 도입하려는 계획을 포기한 것을 인지한 라디셰프는 군에 들어갔다. 그다음 그는 정부 관리가 되었고, 러시아에서 업무가 가장 많은 상트페테르부르크 세관장의 자리에 올랐다. 여가 시간에 그는 로렌스 스턴*의 『감상적 여행』을 모델로 가상적인 상트페테르부르크부터 모스크바까지의 여행기를 썼다. 이 작품에서 그는 예카테리나가 만들려고 시도했던 계몽 사회의 여러 실패에 대해 언급했다. 귀족, 사제, 정부 관리, 그리고 군주 자신이 러시아 사회를 망쳤고, 이들은 자신들의 진로를 바꾸든지 아니면 엄중한 결과에 책임져야 한다고 주장했다. 라디셰프의 비판에 격노하고, 이런 내용이 무신경한 검열관의 검열을 통과한 것에 분노한 예카테리나 여제는 그에게 사형 언도를 내렸다가 후에 감형하여 시베리아 유형에 처했다. 그녀가 취한 행동은 그녀가 무엇 때문에 유럽에 심취했던 것이었는지를 정확히 보여준다, 그 유럽은 상트페테르부르크를 결과적으로 러시아의 기존 질서의 이해관계에서 멀어지게 만든 것이다. 이후로 귀족들과 검열관들은 러시아 제국의 이해와 유럽의 이해가 더 이상 같다고 보지 않게 되었다. 18세기와 마찬가지로 상트페테르부르크는 유라시아의 문화와 서방의 문화가 교차하는 지점이었지만, 이제 두 지역의 이해가 갈라지는 장소가 되었다. 상트페테르부르크는 '유럽으로 난 창'의 역할을 계속할 터이지만, 일부는 닫아야 했다.

19세기에 발생한 러시아와 유럽 사이의 균열은 모스크바 공국 시대만큼 크지 않았고, 갑자기 발생한 것도 아니었다. 상트페테르부르크는 러시아에서 가장 유

---

*로렌스 스턴Laurence Sterne(1713~1768)은 잉글랜드-아일랜드계 작가이며 영국 성공회 사제로, 『트리스트램 섄디의 생애와 생각』, 『신사, 그리고 프랑스와 이탈리아의 감상적 여행』 외 많은 설교문과 회고문을 썼다.

서구로 난 창

럽화된 도시이고, 이곳의 지배자들은 자신들이 서구에 가깝다는 것에 계속 자부심을 가졌다. 프랑스혁명에서 피신해 온 많은 귀족들이 이 도시에 자리 잡은 것을 성공의 신호로 보기도 했다. 그러나 예카테리나 시대의 마감은 러시아, 귀족, 상트페테르부르크에 전환점이 되었다. 러시아가 유럽과 다르다는 것을 내세우기 시작하고, 역사와 지리가 운명 지운 듯한 유라시아의 거인이 되기 시작했기 때문이다. 세계의 다른 어느 나라에서도 이토록 광활한 영토를 볼 수 없었고, 고대 로마와의 연계성이 이토록 강력하게 선언된 나라도 없었다. 19세기 러시아 제국이라는 거인은 근대 시대의 어느 곳보다 더 원대하고 웅장한 비전을 포용하게 되었다. 팔코네의 청동기마상처럼 이것은 삶 자체보다도 원대할 것이고, 늘 인간 상상의 한계를 시험하는 규모로 나타날 것이었다.

제국의 거인

ST. PETERSBURG

1796-1855

2
부

상트페테르부르크가 러시아 전체의 전형이 되었기에 이 주제와 장식은 이곳에서 제국의 모든 구석으로 퍼져나갔다. [···] 건축물들이 폴란드 국경에서부터 태평양 연안의 모든 도시와 촌락에서 목조 오두막과 양파형 돔이 달린 교회 위에 우뚝 솟아오르기 시작했다. [···] 상트페테르부르크는 더 이상 유럽으로 난 창에 그치는 것이 아니라 자체의 마법적 아우라를 획득하여 사람들을 그곳으로 끌어들였고, 사람들은 표트르 대제가 만든 이 도시에 가기만 하면 뭔가 다르고, 뭔가 더 나은 일이 자신의 생에 일어나리라고 기대하게 되었다.

St. Petersburg

제국의 중추

    당대의 가장 막강한 정복자들을 제압한 자랑스러운 군대를 소유한 러시아는 1815년 서방 국가 중 승리자로 우뚝 섰다. 나폴레옹을 격파한 나라의 통치자들인 예카테리나의 손자 알렉산드르 1세와 니콜라이 1세는 정복 영웅으로 러시아를 통치하고, 근대 세계가 보지 못한 가장 강력한 군대의 수백만 병사를 지휘하는 지휘관으로 군림했다.[*] 이들의 지휘 아래 상트페테르부르크는 1796년부터 1855년 사이 거대한 유라시아 제국의 중추가 되었고, 예카테리나 시대의 세계주의적 신고전주의는 지구 표면의 6분의 1 이상을 지배하는 국가에 걸맞은 스타일에 자리를 내주었다. 고대 로마의 건축물을 모델로 지은 거대한 건물들이, 예카테리나 여제 시대에 지어진 좀 더 우아하고 덜 가식적인 건축물을 대신했다. 19세기 전반에 세워진 추밀원, 공의회, 해군성, 전쟁성, 총참모본부, 외무성, 카잔 대성당(Kazan Cathedral, Казанский Собор), 이삭 대성당(St. Issac's Cathedral

---

[*]예카테리나 사후 그의 아들인 파벨 1세가 1796년 황제로 즉위하였으나 장교들이 일으킨 반란으로 1801년 3월 암살되고, 그의 아들인 당시 23세의 알렉산드르 1세가 즉위한다. 파벨 1세의 암살 사건에 알렉산드르 1세가 어느 정도 관여했는지는 아직도 역사가들의 논란으로 남아 있다.

Исаакиевский Собор), 제국 극장들, 심지어 제국발레학교까지 모든 건물이 로마가 고대를 지배하던 시대를 떠올리게 했다.

로마의 권력과 영광과 동일화하는 것이 19세기 초반의 상트페테르부르크를 세계의 새로운 군사적 거인의 수도로 변화시키는 중추가 되었다. 예카테리나 여제가 입법자, 자비로운 군주, 예술의 후원자로 자처하는 데 만족했다면, 그의 후계자들은 군사지휘자로 자신을 바라보았고, 그 권위는 행진하는 연대의 즉각적인 응답이 무한한 자신의 권력을 실증하는 연병장에서 가장 잘 과시되었다. 이전 시기와 마찬가지로 겨울 궁전과 그 궁정이 엘리자베타 여제와 예카테리나 여제가 추구했던 우아함과 섬세함, 세속적 권위를 보여주었다면, 행진하는 군대의 위용은 군사력이 재현할 수 있는 문명화된 취향과 문화를 상징했다.[1] 휘황찬란한 제복을 입은 부대들이 마르스 광장 끝부분에 도리아식으로 건축된 파블롭스키 연병장을 행진하면서 나오는 군사 지휘권의 분위기는 이제 새로운 톤을 연

마르스 광장

출하기 위해 고전적 건축물의 초월적 힘과 결합되었다. 이러한 군사적 과시는 규율과 복종이, 러시아 군주들이 가장 소중히 여겼던 가치인 계몽과 정중함에 대한 이전 로마노프 왕가의 지향점과 합쳐진 것임을 현재에 상기시키는 것이 되었다.

군사 지휘 상징에 매혹된 예카테리나의 손자 알렉산드르 1세는 수도의 중심부를 거대한 연병장으로 만들었다. 겨울 궁전에서 시작하여 해군성 대로를 따라 8백 미터를 뻗어 추밀원 광장에 이르는 12만 평 이상의 공간에서 1십만 명의 병력을 사열할 수 있었다. 정교회, 국가, 군대, 로마노프 왕가 모두가 이 연병장을 둘러싼 웅장한 제국적 구조 안에 모여 있었다. 19세기가 끝날 때까지, 정확한 대형을 갖추고 이 광장을 행진한 수백 개의 연대는 군주에게 막강한 지휘력을 확신시켜주었다. 러시아의 군주들은 대칭 편성, 흠잡을 데 없이 깔끔한 제복, 행진의 정확성으로 이뤄진 연병장의 질서, 즉 신의 지상 대리인인 황제를 계속 지휘하게 하는 그 질서가, 신과 이성의 거룩한 힘과 세속적 힘을 혼합하여 국가의 영적 삶을 고양시켜주기를 희망했다. 그들이 보기에 군대는 로마노프 왕조가 러시아와 외국에서 신이 내린 임무를 수행하는 방법을 제공하고, 이 도구를 위해 완벽하게 치장된 상트페테르부르크는 러시아의 현재와 미래를 가장 잘 표상하는 도시가 되었다.

이 군사적 거인의 초점으로서 "상트페테르부르크만큼 로마와 비슷해 보인 곳은 없었다"라고 한 관찰자는 말했다.[2] 개선문 아치와 기둥들, 로마의 칼과 방패, 로마 제국의 모든 상징과 비품들이 예전에 러시아에서 본 적이 없는 규모로 아낌없이 과시되었다. 1730년 카를로 라스트렐리가 주조한, 로마 황제의 갑옷을 입은 표트르 대제 동상이 19세기 초반에 처음으로 대중에게 공개되었다. 얼마 안 있어 조각가들은 러시아의 다른 군사지휘관들도 로마식 가운을 입은 모습으로 조각해 영웅적인 러시아의 비전을 로마 제국의 이미지와 연결시켰다.

이 말은 미하일 코즐롭스키가 만든 18세기의 위대한 장군 알렉산드르 수보로프* 동상에 그대로 적용된다. 이 동상은 러시아 제국 시대의 첫 영웅에 대한 헌사로서 러시아와 로마 양식을 결합했다.[3] 호리호리하고 머리숱이 적은 수보로프의 실제 모습은 마르스 광장 끝에 코즐롭스키가 세운 완벽하게 균형 잡힌 동상의 영웅적 형상과 정반대이다. 그럼에도 불구하고 이 동상은 상트페테르부르크를 로마의 유산에 가깝게 묶는 국가적 자존감의 새 감각을 발산하는 "깊은 내적 진실"을 투사했다. 러시아는 완벽한 신체로 위대한 육체적 힘을 표현하는 아름다운 남성들에게 경의를 표하고, 이전 시대에 유행한 가냘프고 힘없어 보이는 여신들의 형상은 뒤로 밀어버렸다.[4] 특히 상트페테르부르크에서 부와 권력, 지위를 가진 사람들이 우아함과 능변을 투사하려는 노력으로 동상들의 자세와 태도를 흉내 내려 한 것은 사실이었고 그것들은 고대 로마와 연관되었다.

건축과 조각의 스타일이 이런 경향을 띠기도 전에 의상, 가구, 실내 장식이 새롭게 로마 제국에 매혹된 러시아인의 취향을 반영했다. "신비로운 인물들이 새겨진 설화석고 화병, 삼발 탁자, 향로들이 곳곳에 등장했다. […] 그리고 독수리, 흰 목대머리수리, 스핑크스에 팔을 걸칠 수 있는 긴 소파도 유행했다"라고 1810년대의 한 상트페테르부르크 귀족이 기록했다. "에게해와 티베르강 연안의 조각상들을 연상케 하는 여자들의 의상이 네바강변에서 유행했고, 무도회는 장교 제복과 외투만 제외한다면 고대의 얕은 돋을새김과 고대 에트루리아의 화병들을 빼다 박다시피 했다"라고 그는 덧붙였다.[5] 상트페테르부르크의 삶은 시민들이 예카테리나 여제의 황금 시대에 알지 못했던 승리의 새로운 경험으로 들떴고, 이는 나폴레옹 시대에 만들어지기 시작한 거대한 건축물에 반영되었다. 많은 건물들이

＊알렉산드르 수보로프Alexander Vasilyevich Suvorov, Александр Васильевич Суворов (1729 또는 1730~1800)는 뛰어난 지휘관으로 18세기 중후반 러시아 영토 확장에 크게 기여했다. 군사 전략가로 전투에 관한 여러 안내서를 남기기도 했다. 1768년 바르 전쟁 때 폴란드군을 격파하여 폴란드 1차 분할을 가능하게 했다. 러시아-터키 전쟁(1787~92)에서 승리한 공으로 백작 지위를 얻었다. 1794년에는 폴란드 반란을 진압하고, 프랑스혁명에도 개입했다.

제국의 거인

제국의 황금을 연상케 하는 짙은 노란색으로 칠해졌으며, 당대의 군대 장식과 제복에도 번쩍이는 금빛이 많이 사용되었다.[6] 코린트식 기둥들, 도리아식 전랑, 그리고 고대 로마의 영광을 떠올리게 만드는 모든 건축 장식이 엘리자베타 여제와 예카테리나 여제가 장식에 쓴 바로크 스타일과 신고전 스타일을 덮어버렸다.

상트페테르부르크가 러시아 전체의 전형이 되었기에 이 주제와 장식은 이곳에서 제국의 모든 구석으로 퍼져나갔다. 상트페테르부르크 중심의 기념비적인 새 건물을 닮은 제국의 건축물들이, 폴란드 국경에서부터 태평양 연안의 모든 도시와 촌락에서 목조 오두막과 양파형 돔이 달린 교회 위에 우뚝 솟아오르기 시작했다. 심비르스크, 페름, 오렌부르크, 이르쿠츠크같이 먼 변방에 세워지는 국가 건물들은 러시아와 고대 로마 제국을 함께 묶는 힘을 상기시키는 기념비가 되었다. 시저의 영광을 기리는 거대한 건물들이 로마가 지배했던 영국과 갈리아 지방에 나타났듯, 러시아의 황제들을 기리는 거대한 벽돌과 치장 벽토로 만든 기념비들이 유라시아의 먼 변방에 나타났다.

새로 설계되고 개축된 해군성 건물이 19세기 초 상트페테르부르크의 중앙 연병장 인근에 지어진 제국 건물의 효시가 되었다. 다른 비전들이 이 도시를 지배했던 시기에 건축되었던 해군성은, 1730년대에 이반 코로보프가 이 건물을 지은 이후 수십 년간 새로 지어진 신고전주의 스타일 양식의 우아한 건물들과 고통스러운 대비를 이루었다. 1805년 알렉산드르 1세는 중년의 제국예술아카데미 건축 교수인 안드레이안 자하로프에게 러시아의 새로운 제국적 비전을 반영하는 방법으로 해군성을 재설계할 것을 지시했다. 자하로프는 1780년대 파리에서 수학하며 건축법을 익혔는데 함께 공부한 사람 중 한 명이 후에 나폴레옹의 개선문을 건축했다. 이제 거의 20년을 예술아카데미에서 강의한 시점에서 자하로프는 실제에 이론을 적용시킬 때의 한계를 아직 경험하지 못한 사람의 순진한 자신감을 갖고, 320미터 길이에 달하는 거대한 건축물을 개축하는 만만치 않은 과제에 착수했다.

해군성 중앙 연병장

자신감은 자하로프를 거대한 규모의 개축 작업으로 이끌었다. 그는 해군성의 전면을 370미터쯤 확장하기로 했다. 그러나 가장 단순한 장식을 택해 높이 솟은 그리스식 기둥들의 군집이 중앙 파빌리온을 장식하게 하고, 조각과 얕은 돋을새김의 정교한 결합으로 이 건물이 열두 개의 바다로 뻗친 제국을 위해 일한다는 것을 분명히 나타냈다. 피루스, 아킬레스, 아이아스, 알렉산더 대왕 동상 네 개만이 지붕의 각 코너에 세워졌고 계절, 바람, 폭풍우를 상징하는 스물여덟 개의 조각이 건물의 처마를 장식했다.[7] 물과 바람을 관장하는 이집트의 여신 아이시스도 이 조각에 포함되었고, 고대 시대 천체와 항해의 여신인 우라니아의 조각도 있었다. 이 위로 해군성의 황금빛 첨탑이 솟아올랐는데 이것은 "그리스 신전의 지붕에 심어진 황금배의 마스트를 닮았다"라고 한 방문자는 기록했다.[8] 그 아래 입구 바깥 보도에는 조각가 페오도시 셰드린Feodosii Shchedrin이 조각한 세 명의 여신상 기둥 두 쌍이 각각 거대한 지구본을 떠받치고 있었다. 이 조각들

제국의 거인

은 1812년 나폴레옹이 러시아를 침략하기 수주 전에 이 자리에 설치되었다. 마치 러시아가 거대한 유라시아 제국을 감당할 의지와 힘이 있다는 것을 보여주려는 듯 어떤 인물상도 떠받친 무게로 몸을 굽히지 않았다. 셰드린의 여신상 조각은 러시아가 떠맡은 새로운 과업에 대한 기념비가 되었다. 그것은 나폴레옹의 굴레로부터 유럽을 해방시키는 것이었다. 이들이 장식한 해군성은 상트페테르부르크의 거대한 연병장의 북쪽 경계를 표시하며 이 도시의 중심 초점이 되었다.

자하로프는 자신이 개축한 해군성을, 상트페테르부르크와 바다와의 연계성에 주목시키는 "해상 아크로폴리스"라고 보았다.[9] 그를 이은 건축가들은 이 주제를 계승했지만 엄청난 규모의 구조물을 추가해 예카테리나의 손자들이 자신들의 승리를 로마 제국의 영광과 동일시하고 있음을 분명히 드러냈다. 자하로프가 해군성 개축 작업을 시작한 지 얼마 되지 않아 소네바강이 네바강으로 흘러드는 바실렙스키섬 동쪽 끝에서 가장 용감한 건축 작업이 시작되었다. 이곳에는 표트르 대제 시대부터 모든 러시아 궁정 건축가들의 노력을 무산시켜온 작은 곶이 튀어나와 있는데, 쿠아렌기는 1780년대에 이곳에 상트페테르부르크 최초의 증권거래소를 지으려다가 예카테리나의 오스만 제국과의 2차 전쟁 비용 때문에

증권거래소 건물
(A. 사빈 사진)

작업을 중단할 수밖에 없었다.

쿠아렌기가 짓다 만 건물은 이후 15년 동안 그대로 방치되어 있었다. 자하로프에게 해군성 개축 작업을 지시하고 몇 달 뒤인 1805년 여름 알렉산드르 1세는 상트페테르부르크 증권거래소 건물을 짓는 작업을 프랑스 출신의 건축가 토마 드 토몽Thomas de Thomon에게 맡겼다. 그는 프랑스에서 건축 교육을 받았지만 새로운 운을 찾아 러시아로 온 사람이었다. 드 토몽은 파에스툼의 높은 그리스 신전 스타일로 건축하기 시작했고 건물을 48개의 도리아식 기둥으로 둘러쌌다. 그리고 이 건물 앞에 경축일 하늘을 향해 불꽃을 내뿜는 원형 기둥을 세웠다. 이 결과 판테온이 아테네 언덕을 지배하는 것 같은 방식으로 상트페테르부르크의 강가를 지배하는 건축 조합이 탄생했다. 이 건축물은 사라진 제국들의 영광을 러시아가 되찾으려 한다는 것을 떠올리게 했다.[10]

로마 제국이 판테온을 가진 것처럼 상트페테르부르크는 카잔 대성당을 가졌다. 이 성당은 러시아의 국가적 성인과 영웅들을 제국적 방식으로 숭앙하기 위해 만들어졌다. 19세기 초반 농노 출신 건축가 안드레이 보로니힌이 지은 카잔 대성당은 러시아 제국의 승리의 상징과 메시아적 임무에 대한 기념비가 되었다. 이곳에는 러시아 제국의 가장 위대한 영웅들이 전장에서 가져온 최고의 노획물과 함께 소중히 모셔졌다. 카잔 대성당은 1811년 완성된 후 러시아의 힘과 영광을 상징했는데, 제국 내의 어떤 다른 성당도 이런 역할을 수행할 수 없었다. 모스크바의 예수승천 성당이 러시아의 오래된 정교회 유산을 상기시켜왔다면, 상트페테르부르크의 성모 카잔 대성당은 러시아의 제국적 위대성과 고유한 유라시아적 사명감을 드러냈다.

카잔 대성당의 이름이 유래한 기적의 성상화는 그 자체로 러시아인들이 최고로 자랑스럽게 여기는 모스크바 공국 시대의 승리를 반영한다. 이반 뇌제의 군대가 1550년대 카잔 칸국을 점령한 후 볼가강의 교역 중심지에서 발견된 이 성상화는 1612년 러시아가 폴란드군을 물리친 승리를 기념하기 위해 모스크바로

카잔 대성당

카잔 대성당 내부

카잔 대성당
성상화

옮겨왔다. 표트르 대제는 상트페테르부르크를 제국의 새 수도로 지명한 다음 성상화를 이곳으로 가져왔고, 보로니힌은 이 성상화를 2톤이나 나가는 틀에 넣어 카잔 대성당에 부착했다. 이 영예로운 장소에서 카잔의 성모 마리아는 1812년 나폴레옹에 대한 러시아의 승리를 축하하고, 1914년 오스트리아, 독일, 터키 군과 싸우기 위해 출정하는 러시아군을 축복했다. 그러나 이것은 러시아 군주들이 이 성당에 설치한 제국의 수많은 승리의 기념비 중 첫 번째에 불과했다.

카잔 대성당의 지성소에 알렉산드르 1세는 노획된 백 개 이상의 프랑스 깃발과 독수리기와 스물다섯 개의 정복된 시와 요새의 열쇠와 나폴레옹군의 대원수 루이 니콜라 다부Louis Nicolas Davout의 지휘봉을 안치했다. 이곳의 거대한 세례 요한, 성 안드레이, 시성된 블라디미르 대공과 알렉산드르 넵스키 대공 조각상 아래 1813년 러시아인들은 나폴레옹군을 무찌른 러시아 대육군 원수 알렉산드르 쿠투초프의 시신을 안치했다. 이 모든 것 위에는 골고다 언덕으로 십자가를 끌고 가는 그리스도의 커다란 석상이 세워졌다. 셰드린은 여기에 예수의 마지막을 목격한 50여 명의 군중을 새겨, 러시아의 승리를 예수의 부활과 결합시켰다.[11] 이곳은 전지전능한 신이 러시아에 베푼 은혜의 또 하나의 증거가 되었다. 카잔 대성당은 러시아는 신의 제국이고 러시아의 승리는 신의 승리라고 선언하고 있었다. 그러나 제국적 상트페테르부르크는 결코 신의 도시가 되지 못했다. 여러 개의 거대한 성당에도 불구하고 상트페테르부르크는 세속적 도시로 남았고, 신에게 기도하면서도 이교도 로마의 유산에서 제국적 비전을 찾은 한 제국의 중추가 되었다.

그러나 기독교화된 로마의 유산 역시 그곳에 있었는데, 카잔 대성당뿐만 아니라 상트페테르부르크 중앙 연병장 남쪽 끝에 자리 잡은 이삭 대성당에도 마찬가지였다. 이 도시에서 가장 큰 성당이자 19세기 전반에 이곳에 세워진 마지막 고전적 기념비인 이삭 대성당은 세계에서 세 번째로 큰 돔을 자랑하며, 1858년 공사가 끝날 때까지 2천5백만 루블의 건축 비용이 들었다. 이삭 대성당을 지은 오

제국의 거인

귀스트 리카르 드 몽페랑August Ricard de Montferrand은 나폴레옹 근위대 소속이었다가 나폴레옹이 패배한 후 러시아로 왔다. 상트페테르부르크로 온 그는 자신의 유일한 신임장으로 이 성당이 중국, 인도, 비잔틴, 고대 그리스, 로마, 르네상스 이탈리아식으로 지어진다면 각각 어떨지 보여주는 작은 그림들을 멋지게 장정한 그림책을 제시했다. 몽페랑은 아무런 설계도도 없었고, 거대한 건축물을 지은 경험이나, 상트페테르부르크가 선 늪지대에서 건축일을 해본 경험도 없었다. 그러나 그의 그림은 알렉산드르 1세의 신임과 마음을 얻었다. 큰 의심 없이 자신이 정한 대로 일을 밀고 나가는 데 익숙한 알렉산드르 1세에게 몽페랑의 스케치북은 당시 상트페테르부르크에서 가장 경쟁이 치열했던 건축 작업을 맡기기에 충분한 자료였다.

1818년 봄 궁정 건축가로 임명된 몽페랑은 1825년이 되어서야 이삭 대성당 건축계획에 대한 완전한 재가를 받았다. 건축가위원회는 그의 원 설계의 구조적 결함을 바로잡아야 했고, 이들의 수정안도 더 많은 문제점이 발견되어 재검토되어야 했다. 최종적으로 재가된 건축계획은 2천2백 톤 이상 나가고, 정교하게 연결된 주철 대들보가 떠받치는 골 진 금박 돔을 자랑했다. 붉은 핀란드 화강암 기둥들이 둘러싼 거대한 중앙 드럼 위에 세워지는 몽페랑의 돔은 그토록 갈망하던 러시아 제국의 중심 초점을 제공했다. "웅장한 형태, 고결한 균형, 불멸성"이 예카테리나 여제가 요구했던 우아함과 품격보다 우선시 되었다고 후에 카를로 로시는 평가했다.[12]

한 방문자가 멀리서 이 돔을 보고 "도시의 스카이라인 위에 황금 미트라 mitre(주교의 모자―옮긴이)처럼 자리 잡은"이라 표현한 이삭 대성당은 "로마의 성 베드로 성당과 아그리파 판테온, 런던의 성 바울 성당, 파리의 성 제네비브 성당과 앵발리드 박물관 돔을 떠올리게 했다.[13] 러시아의 다른 건물과 다르게 이삭 대성당은 상트페테르부르크의 겨울 안개를 우윳빛 핑크로 바꾸는 거무스름하고 화려한 붉은 화강암으로 만든 거대한 석조건축물이었다. 네 곳의 거대한 전랑을 떠받치는 48개의 기둥들은 각각 110톤 이상의 무게가 나갔고, 내부 장식에 금 4백 킬로그램, 동 1천 톤, 희귀한 시베리아 공작석 16톤이 들어갔다. 라스트렐리나 쿠아렌기조차 이처럼 화려한 양식으로 이토록 어마어마한 규모의 건물을 지을 수 없었다. "이것은 마치 순수하고 고전적인 주제의 약속을 이행하는 교회 음악의 한 아름다운 악구처럼 전개되어갔으며, 불협화음으로 눈을 해치는 일이 조금도 없었다"라고 이삭 대성당이 완공되고 1년 후에 한 방문자가 기록했다. "저녁에 […] 특이한 방식으로 빛이 사라지고, 창문에 지는 해의 잔영이 비칠 때면 안에서 조명이 밝혀지고 타오르는 듯하다"라고 그는 덧붙였다.[14]

이삭 대성당
(알렉스 페도로프 사진)

이삭 대성당 내부

몽페랑, 자하로프, 보로니힌이 지은 각각의 놀라운 건축물은 19세기 상트페테르부르크에 새로운 차원의 미를 부여했지만, 이 도시의 제국적 이미지는 다른 누구보다도 카를로 로시에 의해 효과적으로 만들어졌다. 그는 자신의 더 큰 비전을 표현하기 위해 과감하게 건물들을 부수고 전면을 재건축했다. 나폴레옹을 패퇴시킨 후 러시아에서 일한 모든 건축가 중 로시만 유일하게 러시아가 어째서 "그 위용에 있어 로마와 비교되는 것을 두려워하는지를" 감히 물었다.[15] 그리고 유일하게 그만이 자신이 영감을 얻은 로마인들에 견줄 만한 스케일로 건축했다. 다른 어느 건축가도 근대 러시아를 고대 로마와 그토록 긴밀하게 연계시키지 못했다. 로시는 로마의 유산을 러시아의 운명의 완전한 웅장함을 표현하는 수단으로 여겼다. 이런 작업으로 로시는 상트페테르부르크를 당대 세계에서 어떤 곳도 겨룰 수 없는 제국적 거대도시로 변형시켰다.

로시는 상트페테르부르크 발레단에서 일하다가 수도 인근 파블롭스크에 정착한 이탈리아 발레리나의 아들이었다. 1775년에 태어난 그는 저명한 건축가이자 장식가인 빈첸초 브렌나Vincenzo Brenna에게서 건축술을 배웠다. 브렌나는 영감의 많은 부분을 로마의 내부 장식에서 얻었다. 1802년 브렌나가 은퇴하여 이탈리아로 돌아가자 26세의 로시는 그를 따라 이탈리아로 갔다. 고대인들의 세계의 흔적을 간직한 로마의 풍요와 웅장함은 자신의 스타일을 찾고 있던 젊은 학생을 완전히 사로잡았다. 러시아로 돌아온 로시는 "로마인들이 자신들의 기념비로 충분하다고 여긴 것을 능가하는" 방식으로 짓겠다고 맹세함으로써 이 매혹에 응답했다.[16] 그러나 이 꿈을 실현하기 위해 거의 10년을 기다려야 했다. 러시아에서 그는 모스크바와 지방도시 툴라에서 건축일을 한 다음 제국 도자기 공방의 화가가 되었다. 러시아가 나폴레옹을 격파한 다음에야 로시는 자신의 마음을 사로잡은 스타일과 러시아의 스케일에 맞는다고 여겨지는 건축일을 할 수 있었다. 이때 나이는 이미 40세를 넘어섰지만, 이후 15년간 그는 결코 지울 수 없는 족적을 남겼다.[17]

미하일롭스키 궁전

1819년 알렉산드르 1세는 44세의 로시에게 자신의 막내동생 미하일 파블로비치 대공과 아름다운 그의 부인 뷔르템베르크를 위한 궁전 짓기를 맡겼다. 이일로 로시는 코린트 양식과 도리아 양식을 결합한 과감하고 강력한 해석의 첫기회를 얻게 되었고, 그 결과물로 미하일롭스키 궁전이 탄생했다. 그는 적절한 배경을 만들기 위해 궁전에서 마르스 광장까지 연결되는 거대한 공원을 만들었고그 안을 다양한 로마식 장식으로 꾸몄다. 그는 궁전의 전면이 향하는 세 방향에선 건물들의 전면을 재건축했고, 궁전의 주현관 반대편 광장으로부터 넵스키 대로에 이르는 길의 건물들도 개축했다. 1823년 완공된 미하일롭스키 궁전은 그우아함과 웅장함에 있어 상트페테르부르크에 있는 다른 모든 황실 관저를 뛰어넘었다. 대공의 부인인 엘레나 파블로프나 대공녀는 이 궁전을 상트페테르부르크의 가장 섬세한 살롱으로 바꾸었고, 그녀의 사후 차르 알렉산드르 3세는 이것을 현재의 러시아 박물관으로 바꾸었다. 이 박물관에는 현재 러시아 최고의 미술품들이 전시되어 있다.[18]

미하일롭스키 궁전으로 향하는 길이 넵스키 대로와 만나는 곳에서 로시는 주요 건물들을 거대한 건축물의 앙상블로 만드는 자신의 아이디어를 계속 실험했다. 넵스키 대로에 있는 거대한 상인 아케이드 건물을 지나서 나오는 긴 블록 끝의 커다란 광장은 공공도서관을 아니츠코프 궁전과 분리시키고 있었다. 니콜라이 1세는 1828년 로시에게 바로 이곳에 알렉산드린스키 극장을 짓도록 명했다. 로시는 넵스키 대로 오른쪽의 공공도서관과 아니츠코프 궁전을 시작으로 폰탄카강변의 체르니셰프 광장 사이에 있는 두 개의 광장과 하나의 거리를 포함하는 앙상블을 구상했다. 알렉산드린스키 극장은 이 새로운 건축 앙상블의 중심을 형성했고, 로시는 광장에 있는 모든 건물의 전면을 재건축해서 도리아 양식과 코린트 양식의 화려하면서도 냉철한 분위기를 강조했다. 이 극장 뒤에 체르니셰프 광장까지 이어지는 극장거리라고 불리는 새로운 길을 만들고, 자신의 비전을 강조하기 위해 도로 위 모든 건물의 전면을 재건축했다.[19] 그러나 이 모든 것도 로시가 일할 충분한 공간에 미치지 못했다. 알렉산드린스키 극장 공사를 하는 중에 로시는 자하로프의 해군성 복합 건축물이 시작한 제국의 건축 복합단지를 완성하는, 더 웅대한 두 개의 앙상블 공사를 시작했다.

1819년 로시는 러시아의 제국총참모본부 건물을 재건축하고, 이 건물을 겨울

알렉산드르 1세 초상(1818)

궁전에서 분리시키는 어마어마한 광장을 새로 디자인했다. 1762년 라스트렐리가 겨울 궁전을 완공한 이후 건축가들은 궁전의 남쪽에 위치한 공간을 어떻게 디자인할 것인가를 놓고 고심했지만 제대로 된 해결책을 찾지 못했다. 로시는 총참모본부, 재무성, 외무성이 사용하는 건물들을 축구장 여섯 배 길이에 달하는 거대한 아치형으로 배치해 이 문제를 풀었다. 그 중심에는 서로 앞뒤에 선 세 개의 개선문 아치가 만들어지고, 그 위에 여섯 마리의 말이 끄는 전차에 탄 '승리의

신' 거상을 청동과 철로 만들었다. 활시위처럼 생긴 이 전면과 아치, 영웅의 형상은 상트페테르부르크 궁전 광장의 남쪽 경계를 정의하고 수만 명의 병사들이 황제의 사열을 받기 위해 열을 맞추어 행진할 때 놀라운 배경을 만들어냈다. 드넓은 광장의 중앙에 초점을 세우기 위해 로시는 로마의 트라야누스 원주를 모델로 한 거대한 석조 기둥을 세울 것을 제안했다. 이 과업은 후에 몽페랑이 맡아 1834년 6백 톤이 나가는 붉은 화강암 기둥을 세워 로시의 승리의 주제를 궁전 광장 중앙에 실현했다. 이 기둥의 꼭대기에는 알렉산드르 1세의 나폴레옹 격파를 기념하는 청동 천사상이 올려졌다.[20]

로시의 최후의 업적은 겨울 궁전 광장의 거대한 연병장 반대편에 서게 되었다. 청동기마상 뒤쪽, 1807년 쿠아렌기가 건축한 근위기마학교 건물 북쪽에서 그는 상원과 공의회 건물을 연결하여 네바강둑에서 근위기마학교 거리 끝까지 이어지는 또 하나의 엄청난 건물 전면부를 만들어냈다. 이 과업으로 30년 전 아무런 마스터플랜 없이 시작된 방대한 연병장 광장의 구도가 완성되었다. 이제 로마의 포럼처럼 러시아의 세속적 권력과 종교 권력을 표현하는 기구들이 도시 중앙의 한곳에 집결되었으며, 상트페테르부르크는 반세기 전 예카테리나 재위 시절과는 아주 다른 도시가 되었다.[21]

19세기 전반 상트페테르부르크는 서쪽의 비스와강에서 유콘강까지 뻗은 광활한 국토를 지배하는 관료제의 신경중추가 되었다. 그러나 시간이 가면서 많은 권력을 지방 총독과 지방 중심지에 넘겨준 로마와 달리 1800년부터 1850년 사이 러시아 제국은 점점 더 중앙집권화되었다. 예카테리나 여제가 총독들에게 지방을 통치하도록 허락했던 시절은 이미 지나가버렸다. 그녀의 손자 차르들은 오직 상트페테르부르크에서만, 러시아인들이 마주한 많은 딜레마를 푸는 방법을 알 수 있었다. 기아, 전염병, 농노 반란, 새로운 길을 닦고 다리를 놓는 문제나 정부 건물의 난로를 수리하는 문제처럼 사소한 문제도 수도에서 결정해야 했고, 지방 관리들은 질의를 보내고 이에 대한 훈령이 올 때까지 기다려야 했다.[22] "국민들의 모든 생활은 정부의 감독 아래 있었다. 아무리 사소한 문제도 국민 스스로 해결할 수 없었다"라고 한 귀족이 불평했다.[23] 상트페테르부르크는 러시아의 모든 것에 균형을 잡아주는 지렛목 역할을 했다. 이제 정치, 교역, 제국의 대규모 군대, 일상생활의 윤곽을 형성하는 작은 문제들까지 상트페테르부르크에서 나오는 진동에 따라 반응했다.

예카테리나의 손자 차르들이 모든 국사가 상트페테르부르크에서 결정되어야 한다고 주장했던 탓에, 18세기에는 규모가 보잘것없던 관료제도가 19세기 중반으로 가면서 관리들이 일하는 진짜 군대로 진화했다. 1850년 즈음 러시아의 관료 숫자는 50년 전에 비해 다섯 배나 커졌고 기하급수적으로 계속 확대되었다.[24] 이에 맞추어 "스스로 복제해내듯 늘어나는 서류의 양도 기하급수적으로 늘어났다."[25] 서류, 공식 절차, 산더미 같은 문서 작업이 상트페테르부르크의 커다란 정부 건물들을 어둡고 비좁은 사무실들이 끊임없이 복도로 연결된 토끼굴처럼 만들었다. 수많은 공무원과 서기들이 소중한 서류 파일과 서한 뭉치를 들고 이 복도를 토끼처럼 뛰어다녔다. "모든 부서가 뭔가를 개선하려고 했지만 […] 내부적 행정 미로에 파묻혔다. 모든 절차 자체가 목적이 되었다"라고 한 상트페테르부르크 관리가 기록했다.[26] 다들 서두르며 일했지만, 불필요한 요식행위를 만들어내는 것 이상의 일은 이루어지지 않았다. 미친 듯 일하는 지방 관리들은 매년 수십만 장의 서류에 서명해야 했고, 상트페테르부르크의 장관들은 이보다 더 많은 서류에 서명해야 했다. 이런 관료주의로 인해 러시아의 주요 정치인들은 자신들이 당면한 문제와 자신들이 통치하는 국민들에 대한 전망을 갖지 못했다. "우리는 한 발 앞으로 나가고 두 발 뒤로 물러난다. 이런 식으로는 멀리 가지 못할 것이다"라고 짜증 난 한 관리가 불평을 남겼다.[27]

어떤 새 절차가 고안되고 새 형식이 만들어져도 상트페테르부르크는, 러시아가 어떤 국가가 되어야 하는가에 대한 관료들의 비전의 중심으로 유지되었다. 지방에서 보면, 모든 것은 수도에서 상명하복식으로 전달되었고, 중하급 관리들은 위에서부터 명령이 오기를 기다려야 했다. 상트페테르부르크에서 보면, 대부분의 관리들은 자신들이 가담하는 과정이 러시아인들을 더 나은 삶으로 이끄는 최고의 방식이라고 여겼고, 수도에서 정해진 사례를 사람들이 모방하도록 돕는 것을 늘 염두에 두었다. 모든 지시와 훈령은 이러한 목적을 지녔기에 이것을 작성한 사람들은 러시아를 더 낫게 만드는 긴 과정에서 또 하나의 단계로서 이것을 존중했다. "나는 우리의 사무의 유용성을 절대적으로 믿었다. 새로 만들어지는 모든 서류는 사무실 근처의 체르니셰프 다리를 통해 러시아 전역으로 흘러가는 축복의 메시지 같았다"라고 한 관리는 토로했다.[28]

공식 청원과 지원, 문의, 보고, 서류의 작성은 상트페테르부르크 관리들이 자신들의 중요성을 측정하는 잣대가 되었다. 1840년대 내무성에서만 1년에 3천만 건의 서류를 만들어냈고, 각 서류가 서명되고, 등록되고, 수천 페이지에 기록된 규칙에 따라 실행에 옮겨져야 했다. 각 서류를 고유의 양식으로 작성해야 했고, 동판에 정확하게 써야 했고, 규정된 사본을 손으로 만들어야 했다. 관리의 승진은 그의 필체, 규정 준수의 정확성, 상관과 자신이 복무하는 기관에 대한 충성도에 달려 있었다. 그러나 이 모든 것은 실제로 거의 쓸모가 없었다. 후원 관계, 영향력 행사, 부채가 상트페테르부르크에서 성공의 진정한 열쇠가 되는 경우가 지나치게 자주 있었고, 재능과 우수성은 먼 뒷자리를 차지했다.[29] "겉으로는 모든 것이 멋지게 보였지만, 표면 아래서는 썩어가고 있었다"라고 이런 관행에 크게 실망한 한 관리가 기록했다.[30]

이 시대에는 마치 자석에 끌리듯 모든 것이 상트페테르부르크 쪽으로 흘러 들어갔다. 이 도시는 러시아 전체와 모든 러시아 사람들이 반응하는 자극과 같은 역할을 했다. "우리, 지방 사람들은 어떤 경우건 발걸음을 상트페테르부르크로 향한다. 마치 상트페테르부르크가 전적으로 혼자서, 그 이름을 걸고, 그 거리, 안개, 비, 눈으로 모든 것을 해결할 수 있고, 모든 것에 새로운 빛을 비추기라도 하듯!"이라고 소설가 미하일 살티코프-셰드린*은 썼다.[31] 1830년대와 1840년대의 상트페테르부르크는 더 이상 유럽으로 난 창에 그치는 것이 아니라 자체의 마법적 아우라를 획득하여 사람들을 그곳으로 끌어들였고, 사람들은 표트르 대제가 만든 이 도시에 가기만 하면 뭔가 다르고, 뭔가 더 나은 일이 자신의 생에 일어나리라고 기대하게 되었다. 이러한 권력과 성공에 대한 기대로 인해 야망에 찬 젊은이들은 수도에서 새로운 운을 시험해보기 위해 고향 친구와 마을을 버리고 이곳으로 왔다. "내가 왜 이곳으로 왔는지 이해하지 못하겠다. 이 도시에 사는 50만 명 가운데 나는 단 한 명의 친구도 지인도 없다"라고 한 젊은이가 일기에 적었다.[32]

제국을 경영하기 위해 상트페테르부르크의 정치가들과 관료들은 먼 지방에서 올라오는 정보에 의존해야 했다. 그러나 거의 교육을 받지 못했거나 때로는 문맹인 시골 관리들은 상트페테르부르크의 상관들이 무엇을 알기 원하는지 알아차리지 못했고, 중앙의 관리들이 수도 바깥의 생활에 대해 어떤 정보를 주어야 하는지도 알지 못했다. 그러나 차르 니콜라이 1세가 기대한 대로 상트페테르부르크가 러시아를 근대 세계로 이끌려면 이전의 통치자들이 직면하지 못했던 질문에 답할 수 있어야 했다. 상트페테르부르크에는 얼마나 많은 사람이 사는가? 모스크바에는? 키예프에는? 이들의 생활 수준은 어떠한가? 평균 귀족들은 어느 정도 부유한가? 그들의 농노는 얼마나 가난한가? 제국의 여러 곳에 땅값은 어느 정도인가? 얼마나 많은 물건들이 러시아의 촌락과 도시로 들어오는가? 러시아가 보유한 핵심 자원의 양은 어느 정도인가? 이 자원들은 어디에 매장되어 있는가?

＊ 미하일 살티코프-셰드린Михаил Евграфович Салтыков-Щедрин (1826~1889)은 러시아의 작가이자 풍자가로 네크라소프 사후 유명한 문학잡지인 《조국통보 (Otechestvenniye *Zapiski*)》의 편집을 맡았다. 당대 러시아의 사회적, 정치적 상황을 폭로하는 소설과 저널리즘의 중간 상태에 위치하는 문학 장르를 만들었다. 시골 지주 가문의 교양의 빈곤과 폭압성을 적나라하게 폭로한 『골로블료프 가의 사람들』이 대표작이다.

이 자원들은 어떻게 활용될 수 있는가? 근대에는 러시아 제국이 처한 현실이 아주 중요해졌다. 근대의 문제들은 정치인들에게 통치 이전에 사실들(facts)을 갖기를 요청했고, 이 사실들이 정치와 정부가 성공으로 가는 열쇠가 되었다.

이러한 사회적·경제적 질문에 답하지 않은 국가는 산업혁명이 촉발한 근대 세계로 진입하지 못했다. 유럽의 정치인들은 18세기 후반부터 이러한 질문에 답하는 것을 당연한 일로 여겼다. 그러나 러시아인들은 이런 문제에 대한 정보가 많이 부족하여 1840년대에도 상트페테르부르크주 자체를 포함하여 제국의 여러 지방에 얼마나 많은 사람이 거주하는지조차 제대로 파악하지 못했다. 러시아가 유럽의 예를 따라가기 위해선, 상트페테르부르크 중앙정부 관리들이 지방 관리들이 제공해주지 못한 모든 정보를 가지고 있어야 했다. 19세기 후반 러시아의 중앙정부가 이 과제를 해결할 자원을 갖지 못했기에, 러시아를 탐구하고 러시아 국민에 대해 더 많은 것을 알기 위해 조직된 반(半)공식 기구들이 상트페테르부르크에 나타나기 시작했다. 이중 가장 중요한 것은 1845년 과학아카데미 학자들, 내무성과 해군성 관리들이 결성한 제국지리학회였다. 이들은 여가 시간을 활용하여 러시아 지방의 삶의 현실을 탐구했다.

차르의 둘째 아들인 콘스탄틴 니콜라예비치 대공이 이끄는 지리학회는 러시아의 카스피해 연안, 알타이 산악지대, 우랄산맥 너머에 있는 오지를 탐험했다. 이 학회의 일부 회원들은 대형 시장들을 연구하고 매년 볼가강 유역과 우크라이나 지역을 탐사하며 러시아 내부 교역의 복잡한 양상을 연구했다. 센나야 광장 시장과 모이카강 사이의 데미도프 거리에 본부를 둔 지리학회는 탐험가와 학자들이 수집한 자료를 출간하고, 이러한 새로운 지식이 러시아의 미래에 무엇을 의미하는지 질문했다. 역사상 처음으로 러시아의 정치인들은 러시아가 표트르 대제가 일원이 되도록 만든 강대국 사회에 남아 있기 위해 어떠한 발전 방향을 택해야 하는지 좀 더 분명히 알기 시작했다. 이들의 아이디어는 1861년 농노해방을 가져온 대개혁(Great Reforms)을 형성하는 데 중요한 역할을 했다.[33]

러시아 제국의 중추로서 상트페테르부르크는 예술가와 문학 생활의 중심 역할을 계속했지만, 예카테리나 사후 반세기 동안 작가들과 군주들의 관계는 극적으로 변했다. 알렉산드르 1세 시기에 상트페테르부르크의 작가들과 통치자들의 간극이 벌어지기 시작했고, 1830년대와 1840년대에 이 간극은 큰 골이 되었다. 이제 작가들은 예카테리나 여제가 작가들에게 베푼 호의를 경멸하는 상황이 되었고, 1780년대 페테르부르크의 시인들이 예카테리나를 찬양하는 시를 썼다면, 이들의 후계자들은 예카테리나 손자 차르들의 폭압을 비난하는 것을 주업으로 삼게 되었다.

군주에 대한 찬양에서 비판으로 돌아선 상트페테르부르크의 시인들 중에서 가장 앞선 이는 1820년대 러시아 문단에 혜성같이 등장한 알렉산드르 푸시킨이었다. 농노제의 야만성을 비난하는 신랄한 시를 쓰고, 폭압자를 몰아낼 것을 설파한 푸시킨은 1823년 러시아 남부 지방으로 유형에 처해졌다. 그러나 자유에 대한 그의 찬양은 이전의 시인들이 하지 못한 방식으로 페테르부르크의 청년들의 마음에 영감을 일으켰다. 푸시킨의 시는 "처녀들은 무정한 악당들의 변덕을 만족시키기 위해 꽃을 피우러 온다"라고 읊었고, 모든 힘이 고갈될 때까지 일해야 하는 자신의 농노에 아무런 연민이 없는 야만적인 지주들을 저주했다. 러시

알렉산드르 푸시킨 초상(키프렌스키 작)

아 농노들이 감내해온 비참한 생활을 언급하며 푸시킨은 황제가 이들에게 자유를 줄 시기를 고대했다. 그는 또 대중을 억압해온 지도층에게 이들이 짊어진 멍에를 가볍게 해줄 것을 요구했다. "푸시킨의 시를 암송하지 못한 사람 가운데서는 문학적 깃발을 찾을 수 없었다. 푸시킨은 그 세대의 목소리였고, 러시아가 처음 만나는 진정한 국민시인이었다"라고 많은 시간이 흐른 뒤 한

젊은 반란자가 회고했다.[34]

　푸시킨의 자유 찬양은 차르에 대한 신뢰를 잃고, 압제에 더 이상 인내할 힘을 잃은 사람들의 마음에 불꽃을 일으켰다. 1825년 12월 14일 수백 명의 황실근위대 젊은 장교들이 반란을 일으켰다.* 이들은 (아버지나 조부가 18세기에 일으킨 몇 번의 반란처럼) 자신들의 특권을 보호하거나 확대하기 위해서가 아니라 모든 러시아인의 인권을 위해 일어섰다. 자유를 위해 목숨을 바칠 각오를 하고 반란을 일으킨 이 귀족 청년들은 12월 14일 아침 추밀원 광장의 청동기마상 주변에 대오를 갖추고 집결하여 헌법 제정과 전제정의 종언을 요구했다. 그러나 그날 오

---

*데카브리스트 반란(The Decembrist revolt, Восстание декабристов)은 알렉산드르 1세의 황위를 이어받은 니콜라이 1세 즉위날에 장교들이 주도한 반란으로 약 3천 명이 가담했다. 이들은 니콜라이 대신에 황위 승계를 거부한 형 콘스탄틴을 지지했으나, 황제 편에 선 군대의 포병 사격으로 해산되었고, 많은 가담자들이 처형, 투옥되거나 시베리아 유형에 처해졌다.

　　　　　　　　　　　　　　　　　　　　　　　　　　　　제국의 거인

후 황제가 사격명령을 내린 야전포가 이들을 해산시키고, 광장과 얼어붙은 네바 강을 피로 물들였다. 재판 후 다섯 명의 장교가 교수형에 처해졌고, 1백 명 이상 이 시베리아의 감옥으로 보내졌지만, 이들이 일으킨 반란의 불꽃은 계속 타올랐 다. 이로부터 91년 78일 후에 상트페테르부르크의 한 어둑어둑한 날 로마노프 왕가를 권좌에서 끌어내리는 첫 총성이 울렸다. 상트페테르부르크는 로마노프 왕가의 중추가 되었을 뿐만 아니라, 이후 러시아 혁명을 이끌어낼 새로운 소요를 발효시키는 온상이 되었다.[35]

데카브리스트의 난은 러시아 제국 수도의 전면에 지워지지 않는 얼룩을 남겨 놓았다. 상트페테르부르크는 더 이상 속박받지 않고, 때 묻지 않은 아름다운 제 국 비전의 도시가 아니었다. 또한 10년 뒤 한 젊은 시인이 쓴 것처럼 "네바강을 맑은 거울로 아침 햇살에 금빛을 받은 경이로운 건물들의 도시"도 아니었다.[36] 쿠아렌기, 보로니힌, 로시가 지은 건물들이 빛을 반사하는 우아함과 조화 속에 서, 나폴레옹 군대를 추격하여 유럽으로 행진했던 젊은이들은 러시아의 삶과 사 회의 근본적 천성을 반영하는 변덕스러운 잔혹성을 느꼈다. 이들에게 상트페테 르부르크는, 사람의 몸을 망가뜨리고 정신을 괴롭히는 권위를 행사하는 러시아 군주들의 무소불위 권력을 상징했다. 페트로파블롭스크 요새에 높이 솟은, 트레 치나가 지은 성당의 금빛 첨탑에서 이제 이들은 자연에 승리를 거둔 러시아인들 의 힘뿐 아니라, 요새 안 감옥을 통제하는 군주의 무서운 권위도 볼 수 있었다.

상트페테르부르크에서 약 320킬로미터 떨어진 노브고로드 인근의 가족 영지 에 유형당한 푸시킨은 데카브리스트 반란에는 참여하지 않았다.* 그는 후에 당 시 자신이 수도에 있었다면 이 반란에 당연히 참가했을 것이라고 말했다. 그러 나 이 반란은 상트페테르부르크에 대한 그의 비전에 암운을 드리웠고, 그는 더 이상 이 도시를 선배들이 노래한 것처럼 낙관적이고 찬양할 만한 곳으로 노래 하지 않았다. 이제 푸시킨은 상트페테르부르크를 엄청난 희생을 치르고 얻어낸 놀라운 업적으로 보았다. 5백 행이 넘는 시 「청동기마상」에서 그는 근대 러시아의 부상, 표트르 대제의 천재성, "청동 말을 탄" 러시아 제국의 우상이 상트페테르부르크를 창설한 과정을 읊었다. 어떤 면에서 푸시킨도 이전 시인들과 별다를 것 없이 말한 듯 보이지만, 그는 이 도시의 역사를 만든 민중의 노역과 고난에 집중했다. 늪 위에 상트페테르부르크를 건설한 것은 표트르와 그의 후계자들의 강철 같은 의지이지만, "운명의 막강한 주인"인 표트르가 자연의 힘을 누르고 상트페테르부르크를 창설한 과정에서 푸시킨은 그 역사의 어두운 면에 집중했다.[37]

상트페테르부르크의 역사는 자연이 어떻게 표트르 대제의 계획에 반기를 들었는지 너무도 분명하게 보여준다. 거의 매년 네바강은 강둑을 넘어 범람했고, 병원균이 가득한 물은 수천 명의 상트페테르부르크 시민들에게 장티푸스와 편모충증을 일으켰다. 1831년 초여름 콜레라가 창궐해 매일 6백여 명의 시민들이 사망했고, 6월 23일 절망에 빠진 하층민들은 센나야 광장 시장에서 폭동을 일으켜 차르 니콜라이 1세가 직접 나서서 이들을 진정시켜야 했다.[38] 1848년 더 막강한 위력의 콜레라가 발생하여 시민 20명 중 한 명이 감염되었고, 36명 중 한 명이 사망했다. "아무도 무사하지 못했다. 여름 내내 시민들은 공포에 떨어야 했다"라고 당시 상황을 목격한 사람이 증언했다.[39] 몇 주 만에 상트페테르부르크는 유령 도시가 되어 거리는 텅텅 비고, 부두에는 배가 닿지 않았다. "도시는 텅비었다. 지난 2주 동안 수만 명이 도시를 떠났다"라고 한 여학생이 일기에 적었

---

*러시아 사회 개혁을 주장하고 문학 작품에도 이를 반영한 푸시킨은 러시아 황실과 당국의 미움을 사 1820년 5월부터 오랜 유형 생활을 한다. 코카서스 지역으로 유형 보내진 푸시킨은 이어 크림 반도와 우크라이나 체르카시 지역을 거쳐 몰도바의 치시나우로 갔다. 이곳에서 그는 「카프카스의 포로」와 「바흐치사라이의 분수」를 썼다. 1823년 푸시킨은 오데사로 옮겨져 그곳에서 노보로시야 총독인 보론초프 공작 부인 엘리자베타 보론초바와 염문을 뿌렸다. 1824년부터 1826년까지는 어머니의 영지인 미하일롭스코예로 와서 엘리자베타에게 바치는 서정시를 쓰며 「예브게니 오네긴」을 집필했다.

제국의 거인

다.[40] 그해 여름이 끝나기 전 1만 2천 명의 시민이 콜레라로 사망했다. 이들의 죽음은, 표트르 대제와 그의 후계자들이 자연을 통제하기는 했지만 완전히 정복하지는 못했다는 것을 상기시키는 사건이었다.[41]

푸시킨의 시 「청동기마상」에는 표트르 대제와 그가 부과한 노역을 감당해야 했던 민중들이 같은 위치를 차지하고 있다. 푸시킨은 러시아의 아름다운 수도의 영광과 계속되는 인간의 희생 사이의 균형을 찾고 있다. 처음으로 예술 작품이 표트르 대제의 승리의 표면 아래 흐르는 어두운 지하수를 드러내며, 시의 끝에 나오는 비극의 분위기는 시의 첫 부분에 등장하는 이 도시의 과거와 현재에 대한 찬양을 덮어버린다. "참으로 무서운 시절이었다/그때의 기억이 아직도 생생하구나/친구들이여, 그대들을 위해 그때의 이야기를 시작하련다/얼마나 슬픈 이야기인가"라고 푸시킨은 설명했다.[42] 파괴, 실망, 죽음이 푸시킨의 시적 서술에 나타나는 고전적 우아함을 압도한다. 그러다가 네바강의 홍수가 표트르의 도시를 삼키면, 러시아 최초의 황제는 더 이상 선견지명을 지닌 창설자가 아니라 무서운 신과 같은 청동 동상의 이미지가 된다. 이 무서운 이미지는 상트페테르부르크 건설자들이 영감을 얻은 고대 신전의 신들을 떠올리게 한다.

니콜라이 1세는 「청동기마상」의 고발성을 충분히 이해하고, 이 장시가 푸시킨 생애 중에는 출판되지 못하도록 명령을 내렸다. 1837년 푸시킨이 결투에서 사망한 후에 차르는 이 시를 "유화된" 버전으로 출판할 수 있게 허용했다. 러시아인들은 1905년 혁명이 일어날 때까지 이 시의 원문을 볼 수 없었지만 1830년대 후반에 출판된, 비판의 강도가 약한 이 버전은 상트페테르부르크의 문학적, 역사적 이미지가 바뀌기 시작했음을 분명히 보여주었다.[43] 이후 19세기 내내 러시아인들은 상트페테르부르크를 제국의 수도로 간주하면서도, 자신들을 뿌리에 더 가깝게 이끄는 보다 친근한 장소로서 모스크바에 대한 감정적 연대를 점점 강하게 느꼈다. 러시아인들이 자신들의 역사에 대해 눈을 떠가고, 특히 1818년 니콜라이 카람진Nikolai Karamzin이 『러시아의 역사(History of the Russian State)』

1권을 출간하고 난 뒤 모스크바는 표트르 대제가 등을 돌린 먼 과거에 대한 접촉 지점이 되었다. 알렉산드르 라디셰프가, 그 반대 방향이 아니라 '상트페테르부르크에서 모스크바로'의 여행이라는 말로 러시아 제국과 예카테리나 여제를 비판했을 때 그는 러시아인들에게 처음으로 이 방향을 가리켜 보인 셈이었으며, 이후 다른 이들도 이 길을 따랐다. 알렉산드르 1세가 즉위한 지 얼마 되지 않아 이반 드미트리예프Ivan Dmitriev는 "오 모스크바, 러시아의 사랑스러운 딸이여, 너와 같은 이를 어디서 찾을 수 있겠는가?"라고 읊었고, 그의 친구인 예브게니 바라틴스키Evgenii Baratynskii는 "어떻게 우리의 소중한 모스크바를 사랑하지 않을 수가 있겠는가?"라고 시를 썼다.[44]

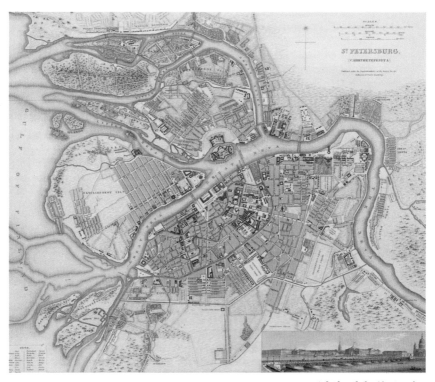

1834년 상트페테르부르크 지도

제국의 거인

상트페테르부르크는 러시아의 제국 도시가 되면서 모스크바에 어떤 따뜻함과 친밀함의 감각을 내주었고, 1812년 나폴레옹군의 무자비한 파괴 뒤에 러시아인들의 마음은 모스크바로 더욱 강하게 끌렸다. 감정적인 차원에서 러시아인들은 이제 모스크바의 매력적인 무질서를 음미하게 된 반면 상트페테르부르크의 규칙성을 너무 딱딱하고 엄격하다고 느꼈다. "곧바르고, 정확하고, 평평하고, 대칭적이고, 단순하고, 완전한 것, 페테르부르크는 우리 삶의 전형으로 기능할 수 있다. 사람들 사이에서 표트르와 이반을 구별할 수 없고, 시간상으로 오늘과 어제를 구별할 수 없고 모든 것이 똑같다"라고 푸시킨의 한 친구가 말했다.[45] 1830년대와 1840년대의 러시아인들에게 상트페테르부르크는 딜레마를 안겨주었다. 여러 면에서 우아하고, 조화롭고, 휘황찬란하고, 유럽으로 난 창이고, 러시아 근대의 성취에 대한 기념비인 이 도시는 너무 차가워졌고, 그 아름다움은 정오의 어둠으로 재빨리 바뀌는 백야처럼 기만적이었다.

러시아 제국의 비전의 깊이와 넓이를 표상하는 수도라는 사실 외에도 러시아인들은 제국의 수도를 대조와 모순의 도시로 보았다. 상상할 수 없는 부와 찢어지는 가난, 우아함과 지저분함, 차가움과 크리스털 같은 조화와 역겹고 정신없는 무질서가 대조를 이루며 공존했다. 또한 자신의 권력이 이르는 데가 지금 서 있는 방과 지금 말을 건네는 사람을 넘어선다는 것을 늘 확인해야 하는 군주의 거주지였다. 궁전과 대귀족들의 저택을 제외하면 상트페테르부르크의 중심의 모든 집들은 앞쪽의 높고 넓은 집에 사는 부자와 세습 귀족, 그리고 뒤쪽의 다닥다닥 붙은 집에 몰려 사는 가난하고 비참한 사람들 사이의 대조를 그대로 보여주었다. 푸시킨 이후 러시아 작가들은 이 모든 이중성을 부정할 수 없는 사실로 받아들였다. 그러나 고난받은 소설가이자 극작가인 니콜라이 고골보다 이것을 더 탁월하게 또는 긴박하게 포착한 작가는 아무도 없었다.

러시아 제국의 남쪽 우크라이나 지역의 후미진 시골에서 나고 자란 고골은 코자크 전통을 애지중지하는 농민 가족에서 태어났다. "그는 쥐같이 소심한 소년이었다. 더러운 손과 기름때 낀 머리에 귀에서는 고름이 흐르는 애였다. 몸에 끈적끈적한 사탕이 묻어 있었고, 급우들은 그가 봤던 책을 만지려고 하지 않았다"라고 블라디미르 나보코프Vladimir Nabokov가 50여 년 전에 썼다.[46] 숫기 없고 내성적이고 학교에서 외톨이이던 고골은 자신을 조롱한 급우들을 압도하는 미래를 찾기 시작했고, 결코 가져보지 못한 명성과 부를 꿈꾸는 데 몰두했다. "운명이 나를 상트페테르부르크로 보낸다"라고 그는 19세의 나이에 제국의 수도로 향하면서 썼다. 이 도시의 성공의 아우라를 그대로 받아들이려는 듯 고골은 제과점을 돌아다니고, 달콤한 과일을 사 모으고, 수많은 거리와 광장, 섬들을 돌아다녔다. 그는 권력과 가능성의 수도에서 성공을 이루리라는 꿈을 포기하지 않았다. "일생을 살고 아무 족적도 뒤에 남기지 않는다는 것은 비참한 일이다"라고 편지에 쓰기도 했다. 상트페테르부르크의 강력한 신비는 그로 하여금 빛나는 미래가 앞에 놓였다고 생각하게 만들었다.[47]

고골이 꿈꾼 것은 정치가나 예술가, 시인, 배우가 되는 것이었다. 그러나 몇 달이 지나도 그는 그 어느 것도 될 수 없었다. 그는 정부 사무실의 하급 서기라는 직업을 얻었다. 관료주의의 지하사무실의 어두운 구석에 갇힌 그는 그토록 큰 희망을 품고 온 상트페테르부르크를 혐오하게 되었다. "이 도시의 사상은 최고 수준의 공허함이다"라고 그는 씁쓸하게 기록했다.[48] 그러나 그를 그렇게도 실망시킨 상트페테르부르크는 이보다 더 나쁜 상태였다. 이 도시는 악마적이고, 비뚤어지고, 끊임없이 변하는 그림자의 도시였다. 이런 느낌을 "흐릿한 거울에 비친 모습, 잘못 사용되고 있는 물건들의 기괴한 메들리"라고 나보코프는 설명했다.[49] 표트르 대제가 창설한

니콜라이 고골 초상

제국의 거인

상트페테르부르크는 자연의 힘을 거부하는 절대 군주의 권력을 생생하게 보여주는 증거였다. 예카테리나 여제는 이곳을 합리성과 높은 수준의 조화의 궁극적 표현으로 만들었다. 그러나 고골의 상트페테르부르크는 모든 면에서 이 합리성을 부정했다. "모든 것이 눈에 보이는 것과 다르다는 것을 알려주기 위해 악마가 스스로 가로등을 켠다"라고 그는 한 작품에서 썼다.[50] 그래서 상트페테르부르크는 "우쭐댐, 천박, 냉담함이 떠나지 않는다. 마음의 순수성이 그들의 꿈과 '이를 뒤엎는' 현실 사이의 참을 수 없는 불일치로 으스러진다"라고 한 미국 비평가가 후에 설명했다.[51]

이렇게 고골은 1917년까지 제국적 비전과 함께 발아한 상트페테르부르크의 새로운 이미지를 창조해냈다. 이것은 도스토옙스키의 상트페테르부르크와 안드레이 벨리의 상트페테르부르크로 이어졌다. 벨리가 1차 대전 직전에 쓴 『페테르부르크』는 악몽의 암울한 비전, 왜곡된 전망, 서술하기가 무서울 정도인 대재앙의 문턱에 몰린 그늘 속 사람들을 묘사했다.[52] 벨리의 페테르부르크는 고골이 묘사한 안개와 괴팍함이 넘치는 이 도시를 세계 종말의 문턱으로 데려갔다. 이곳에서는 나보코프가 말한 대로 "모든 것이 앞으로 나가는 것보다 더 빨리 뒤로 움직였다."[53] 벨리가 보기에 상트페테르부르크는 러시아의 경험에서 너무 동떨어져 완전히 "러시아가 아닌" 도시가 되었다.[54] 이전에 고골과 도스토옙스키가 그랬듯 벨리는 이 도시에서 낭만을 완전히 제거해버리고, 러시아 역사라는 커다란 그림에서 이 도시가 차지할 자리를 없애버렸다. 그러나 벨리의 상트페테르부르크를 완전히 이해하기 위해서는 먼저 고골의 관점에서 이 도시를 보아야 한다. 러시아의 수도를 이질적이고 실체를 벗어난 관점에서 보도록 최초로 제시한 사람이 고골이기 때문이다. 이 도시를 러시아가 무엇이 될지에 대한 약속이 아니라 러시아가 되지 말아야 할 모습에 대한 기념비로 본 최초의 인물도 그였다.

푸시킨이 「청동기마상」에서 그의 영웅의 관점에서 서술했을 때처럼, 고골은 상트페테르부르크를 무시무시한 곳으로 묘사했다. 러시아의 수도에서 하루하루 먹고살기 위해 투쟁해야 했던 많은 남녀의 진정한 적으로서 상트페테르부르크는, 1703년 표트르 대제의 부하들이 늪지를 메우기 위해 수많은 불행한 노역자를 처음 동원했던 때 그랬듯 적대적이었다. 무심한 방문자에게는 따뜻하고 매력적인 도시로 보일지 몰라도, 고골의 상트페테르부르크는 지위를 지닌 기괴한 매력이 모든 인간의 감정보다 무게감을 지니는 현실과 동떨어진 장소였다. 이곳은 출구 없는 끝없는 광장들이 이어지고 시간의 의미가 사라지는 익명의 도시였다. 그 모든 것의 중심에는 이 도시의 모든 모순 중 가장 큰 모순을 형성하는 넵스키 대로가 있었다. 넵스키 대로는 사람의 마음을 끌면서 동시에 역겹게 하는 거리였다. "오, 이 넵스키 대로를 믿지 마라. 이 거리를 걸을 때마다 내 몸을 외투로 더 단단히 감싸고, 마주치는 것들을 바라보지 않으려고 애쓴다. 모든 것이 환상이고, 모든 것이 꿈이다. 모든 것이 보이는 것과 다르다!"라고 고골은 독자들에게 경고했다.[55]

고골이 서둘러 설명했듯 넵스키 대로는 상트페테르부르크의 중심과 영혼을 이룬다. 그 포장도로와 보도는 러시아 수도의 생활을 형성하는 모든 힘과 자극이 흐르는 척추였다. 넵스키 대로는 "모든 것"이라고 고골은 썼다. 이것은 "상트페테르부르크의 사통팔방의 통로이고" 사람들이 필요에 의해서가 아니라 스스로의 선택에 의해 걷게 되는 장소였다. 누가 이곳을 오가고, 이들이 무엇을 찾고, 이들이 그것을 어떻게 찾았는가를 보기 위해서는 넵스키 대로의 보도를 따라 걷고, 제과점에 자리를 잡고 앉고, 거리에서 제공되는 수많은 서비스를 모으고, 상점에서 파는 것들을 세심히 들여다보면 되었다. 모든 사람과 모든 물건이 그곳에서 구해지거나 시야에 들어왔다. "어떤 안내서나 안내소도 넵스키 대로만큼 믿을 만한 정보를 제공해주지 않았다"라고 고골은 주장했다. "전지전능한 넵스키 대로여! 얼마나 대단한 것들이 주마등처럼 빠르게 지나가는가? 단 하루의 낮과 밤 사이에 얼마나 많은 일들이 일어나는가?"라고 고골은 계속 서술했다.[56] 고골이 살던 시대와 그 이후, 한없이 복잡한 넵스키 대로를 아는 것은 이 도시의 가

제국의 거인

장 깊은 비밀을 아는 것을 의미했다. 이것이 고골이 넵스키 대로를 그의 최고의 단편 중 하나의 제목으로 정한 이유이다. 그리고 이것이 넵스키 대로를 샅샅이 탐방하는 것이, 농노제가 마지막 날에 다가가고 구체제가 변화되기 시작한 니콜라이 1세 시기의 상트페테르부르크 삶의 이야기를 지금 우리에게 알려줄 수 있는 이유이다.

넵스키 대로

서구의 어느 도시도 넵스키 대로처럼 자랑할 수 있는 거리를 가지고 있지 않다. 19세기에 넵스키 대로는 런던의 옥스퍼드 거리보다 더 웅장했다. 파리의 리볼리 거리나 샹젤리제보다도 더 웅장했다. 로마는 이에 필적할 만한 거리가 없고 마드리드, 뉴욕, 암스테르담이나 베를린도 마찬가지였다. 제국적인 상트페테르부르크에서는 넵스키 대로가 볼만하고 보여줄 만한 거리였다. 이 대로의 건물들은 가장 산뜻하고 상점들은 최신 유행 상품으로 가득 찼다. 젊은 여인들은 시선을 "해바라기가 태양을 향하듯" 번쩍이는 상점 쇼윈도로 돌린다고 고골은 표현한 바 있다.[1] 젊은 장교들과 가문이 좋은 신사들은 이 멋지게 꾸민 여인들의 호의적인 끄덕임을 얻어내기 위해 그녀들 뒤를 졸졸 따라다녔다. 어떤 이들은 쇼윈도에 비친 자신의 모습을 꾸미면서, 어쩌면 행인들의 시선을 다른 광경이나 소리로부터 자신에게로 끌어모으고 싶어 했을지 모른다. 끊임없이 변화하는 넵스키 대로라는 무대에서 상트페테르부르크의 드라마가 매시간, 매일 공연되었다. 사람들은 자신의 희망과 욕망을 이곳으로 가지고 왔고, 이곳으로부터 자신의 생에 의미를 더하는 영감을 얻어갔다. 넵스키 대로는 무엇보다도 정신적 상태이자 세계를 바라보는 하나의 길이었기 때문이다. 어떤 방법으로든 이 거리는 사람들을 다르게 만들고, 자신들을 둘러싼 세계에 좀 더 장단을 맞추도록 했다.[2]

제국의 거인

마치 정확성이 현실을 투사할 것처럼, 1830년대와 1840년대의 상트페테르부르크의 핵심을 재현하려 한 석판 인쇄공들은 거리 위의 모든 건물의 세세한 면을 하나도 놓치지 않았고, 모든 간판과 쇼윈도에 걸린 광고를 그대로 재생했다. 농노 출신으로 〈넵스키 대로 파노라마〉를 제작한 바실리 사도브니코프는 이 중 최고였다. 그는 각각 길이 14미터, 넓이 28센티미터의 석판화 두 점에 대로의 양편을 묘사했다. 37세의 나이까지, 푸시킨의 「스페이드의 여왕」에 등장하는 횡포한 미망인의 모델인 괴팍한 공주 나탈리아 골리치나Natalia Golitsyna 소유의 농노였던 그는 농노 신분에서 해방된 몇 해 뒤 이 석판화를 완성했다.[3] 관람 조리개를 통해 거대한 석판화의 릴reel에서 릴로 넘어가며 감상자는 카잔 대성당, 시청, 상인 아케이드, 공공도서관 등 총 1천 미터 거리의 공간을 지나가면서, 라스트렐리가 스트로가노프 가를 위해 (넵스키 대로와 모이카강의 교차로에) 지은 궁전과 폰탄카강을 가로지르는 거리에 지은 아니츠코프 궁전 사이의 공간을 다 감상할 수 있었다. 넵스키 대로 반대편으로는 네덜란드 교회, 성 카타리나 로마 가톨릭 성당, 성 표트르-파벨 루터 교회, 성 카타리나 아르메니아 교회, 유명한 필리포프 제과점을 포함한 수십 개의 상점을 볼 수 있었다. 각 상점은 자기네만의 주요 품목을 판매했고, 특정 고객들을 상대했다. 이 모든 것은 1825년부터 1855년까지 니콜라이 1세 재위 기간을 지배한 질서감의 일부로 이전에 상트페테르부르크 시민들이 잘 알고 있는 대상들이었다.

사도브니코프가 〈넵스키 대로 파노라마〉를 만들고 10년 남짓 지난 1848년 질서감은 근대 기술과 디자인과 처음 결합되었다. 다른 유럽 도시의 유행을 따라 상트페테르부르크에도 유리 천장으로 덮인 아케이드가 만들어졌다. 넵스키 대로와 북쪽에 평행으로 놓인 이탈리아 거리를 연결하는 2층 구조의 파사주 Passage, Пассаж 에 상점과 카페가 들어서 시민들은 이곳에서 장을 보고, 오후마다 연주하는 소규모 관현악을 들으며 쉬는 시간을 보냈다. 밀라노, 런던, 특히 파리의 아케이드와 마찬가지로 상트페테르부르크의 파사주는 날씨가 안 좋을

현재의
파사주 모습
(A. 사빈 사진)

때 많은 시민들을 끌어들였고, 예카테리나 여제 시기에 발렝 드 라 모트가 넵스키 대로 맞은편에 세운 노천의 상인 아케이드를 대신하는 근대적 대안공간이 되었다. 그러나 파사주는 상트페테르부르크의 주요 간선도로인 넵스키 대로의 성격을 근본적으로 변화시키지는 않았다. 특히 해군성에서 폰탄카에 이르는 소위 연병장 구역에서 넵스키 대로는 1백 년 전과 마찬가지로 계속 이 도시의 맥박을 반영했다.

계절과 하루의 시간대에 따라 넵스키 대로의 성격은 확연하게 바뀌었다. 우선 이른 아침에 거리의 첫 움직임을 반영하는 냄새가 시작되었다. 고골은 이 시간대에 도시 전체에 갓 구운 빵 냄새가 난다고 말하기도 했다. 고골의 친구인 아폴론 그리고리예프Apollon Grigorev는 "페테르부르크의 각 거리는 그 고유의 특별한 냄새가 있다. 보통 아침 일찍이나 저녁 늦게 추운 날씨 속에서, 이 냄새들은 거의 손으로 만져질 듯 강해져, 악취 나는 안개나 더운 연무가 되어간다"라고 했다.[4] 아침 이른 시간에 도시의 상류층은 여전히 깊은 잠에 빠져 있고, 중산층인 상점 주인이나 상인들도 특히 아침 10시 반에나 밝아지는 겨울에는 거의 움직임이 없다. 동녘이 밝아올 때는 농부 노역자, 짐마차꾼, 물장수, 때로는 정부 하급관리, 성당 계단에서 구걸하는 여인들이 대세를 장악하여 넵스키 거리는 하층민 차지가 되었다. 이들의 거친 행동과 말을 피해 정숙한 여인들은 상점이 문을 여는 정오까지는 이 거리에 발을 들여놓지 않았다. 이 시간대에는 "당신이 어떤 복장을 했건, 멋진 모자 대신에 노동자 모자를 썼건, 셔츠 칼라가 타이 밖으로 쭉 삐져나와 있건, 아무도 당신 복장에 신경 쓰지 않는다"라고 고골은 관찰했다.[5] 넵스키 대로는 대중이 지배하는 동안, 신사 숙녀가 아닌 이들의 계획이나 목적의 중심이었다. 이 거리는 그저 특정 임무와 잡일을 수행하던 주요 도로였다.

이른 아침 시간이 지나고 정오가 가까워지면 넵스키 거리는 더 활기를 띠었다. 단번에가 아니라 조금씩 조금씩. 상점 주인들은 가게 앞을 쓸고, 계산대와 창문을 닦고, 지나가는 거지들을 위해 묵은 페이스트리와 빵을 내놓았다. 인도로 다니는 사람들의 움직임이 점점 활발해졌다. 페트로파블롭스크 요새에서 정오를 알리는 대포 소리가 네바강 너머로 울려 퍼지면 가정교사들과 여교사들이 나와 자신이 맡은 아이들에게 각 상점에서 어떤 물건을 파는지, 진열장의 물건들이 어디에 쓰이는지 설명했다. 예의 바른 몸가짐에 요구되는 흐트러지지 않은 자세로 거리를 걸으며 프랑스어 교사와 영어 가정교사는 학생들에게 등을 곧게 하고 어깨를 펴고 머리를 곧추세우고 팔을 제대로 흔들고 걸으라며 자세, 예의, 몸가짐을 바로잡아주었다. 아침 이른 시간에 일꾼들과 짐마차꾼들이 나타났다가 사라진 것처럼, 이들도 사라졌다. 2시를 알리는 종이 울리면 넵스키 대로의 군중은 다시 한번 바뀌었다.

오후가 되면 자존심으로 스스로 상트페테르부르크 삶의 보다 높은 목적에 이바지하고 있다고 생각하는 남녀들이 넵스키 대로를 차지했다. "이들은 산책하거나 거리 모퉁이 카페에서 신문 읽는 데 몰두한다"라고 고골은 설명했다. 이들의 주된 관심사는 자기 주변의 군중에 자신을 대비해보는 것이었다. 이 시간에 넵스키 거리에 나온 사람이라면 당신이 다가올 때 필경 당신의 구두를 바라보다가, 당신이 지나간 뒤에 당신의 코트 끝자락을 보려고 몸을 돌릴 것이다. 이들은 멋지게 어깨를 들썩이고, 옆을 흘깃거리고, 서로 어떤 위치에 있는지 암시하는 기술을 터득한 사람들이었다. "이곳에서 당신은 거의 예술에 가까운 특별한 미소를 마주칠 수 있는데, 때로 이로 인해 당신은 즐거움으로 녹아들지도 모른다"라고 고골은 독자들을 자신감 있게 끌어가면서 털어놓았다. "가끔은 당신이 걷고 있는 땅보다도 낮은 존재로 느끼게 만들고, 가끔은 당신을 해군성 첨탑보다도 높이 끌어올린다."[6]

모두 녹색 제복을 입은 우쭐대는 관리들이 제멋대로인 군중과 이윽고 뒤섞였다. 실제보다 더 중요한 사람으로 보이려 애쓰는, 몸이 여윈 하급관리들과, 황제에 대한 봉사의 보상으로 과장이나 국장 자리를 맡은 거만한 고위관리들이 오후에 넵스키 대로에 넘쳐났다. 이전 시간에 거리를 지나간 보행자와 마찬가지로 이들은 우아하게 차려입은 여인의 팔짱을 끼고 걷는데, 이 여인들은 자신이 동행하는 남자와 마찬가지로 주변의 군중보다 자신이 우월하다는 것을 끊임없이 확인했다. 담비 모피가 아니라 비버 모피를 입었다는 것은 무슨 뜻인가? 법무성이나 내무성에 근무하는 관리가 감히 외무성 관리처럼 검은 구레나룻을 기르고 나타났다고? 저 사람은 옷깃이 너무 좁은데? 저 사람은 목둘레선이 너무 파이지 않았나? 저 사람은 보닛 모자가 너무 작지 않나, 숄은 너무 큰데? 올해 파리 최신 유행 옷을 입었네? 아니면 상트페테르부르크 최신 유행 옷인지(그래서 파리보다 적어도 1년은 유행에 뒤처졌는지)?

오후 4시가 되면 의기양양한 군중은 사라지고, 넵스키 거리에는 몇 안 되는 어색한 부적응자들이 남았는데, 이들의 기행은 다른 사람들이 거의 없을 때 이곳을 안방처럼 차지했다. 넵스키 거리를 유럽에서 가장 환한 거리로 만들기 위해 가로등을 켜는 인부들이 사다리를 타고 올라가 일하는 동안 이 사람들이 거리를 지배했다. 한두 시간 동안 기대감이 상승했다. 햇빛이 가스등에 자리를 내주면서 다시 한번 탈바꿈이 일어나고, 넵스키 거리는 다시 한번 살아났다. 이제

제국의 거인

사람들은 더 분명한 목적의식을 가지고 더 빨리 걸었다. 고골이 말한 대로 "그 유혹적이고 기적적인 빛"인 가로등이 깜박이면서 낮 동안의 질서와 규칙성은 수 그러들었다.[7] 균일성이 낮의 질서였다면, 넵스키 대로를 오가는 남녀들은 밤이 되어야 개인으로 개성을 찾는 듯했다.

그러면 이 사람들은 개인적으로는 어떤 사람들이었는가? 이들은 무엇을 성취하고자 했는가? 이들은 어떻게 살았는가? 이들의 삶은 어떠했는가? 1840년대에 상트페테르부르크의 인구는 거의 50만 명에 달했고, 이것은 모스크바 인구의 거의 두 배였다. 인구 열 명 중 일곱 명이 남자였고, 다섯 명 중 두 명 이상이 농노였다. 하층민의 상당수는 카잔 대성당, 이삭 대성당, 추밀원, 공의회, 총참모본부, 해군성 건물의 공사장에서 일했다. 각 건물 공사는 수천 명의 노역자를 필요로 했고 이들은 매일 열여섯 시간 이상을 노동해야 했다. 다른 하층민들은 제화, 제빵 등 수십 가지의 다른 직종에서 일했고, 열 명 중 한 명은 비보르크와 오흐타 지역에 생겨나기 시작한 면직공장에서 일했다.[8] 상트페테르부르크 경제 피라미드의 가장 밑바닥을 차지한 이 사람들 대부분은 그날 벌어 그날 먹고살았다. 그러나 비참한 가난 속에 사는 러시아 농촌 주민들과 비교하면 일자리를 찾아 상트페테르부르크로 온 사람들은 그 노력의 보상을 받았다. 농촌의 들판에서 몇 달 일해야 벌 수 있는 돈을 이곳에서는 몇 주 만에 벌 수 있었다.[9]

이들이 받는 임금은 보잘것없었지만 상트페테르부르크 반경 수백 킬로미터 안에 있는 농촌에서 수만 명이 자신들의 운을 시험해보기 위해 수도로 몰려들었다. 포장된 도로나 제대로 된 계단, 장화나 옷을 파는 상점을 예전에 한 번도 보지 못한 사람들이 상트페테르부르크로 몰려왔다. 이들은 거대한 도시에서 홀로 떠도는 것이 두려워 대개는 고향 사람들과 가까이 머물며 지내려 했다. 이런 이유로, 일을 찾으러 온 모든 소작농들은 고향 마을로부터 이미 이곳에 와서 일하는 사람을 찾으려 했고, 이로 인해 새로 온 사람은 이미 여기 와 있던 동향 사람이 종사하는 직업을 갖거나 같은 기술을 익혔다. 그래서 식당 웨이터들은 한 지역에서 온 경우가 많았고, 마차꾼은 또 다른 지역에서, 목수는 또 다른 지역에서 온 경우가 많았다. 이런 식으로 하층민들은 도시의 황량함 속에서 자신의 정체성을 유지하고, 고향 친지들과 접촉의 끈을 유지했다. 어떤 사람들과 그 자식들은 몇 세대 동안 자기 고향과의 유대를 유지하기도 했다. 1917년 혁명 시기에도 몇 달 혹은 몇 년간 일하러 상트페테르부르크로 갔다가 다시 고향으로 돌아오는 관습이 부모로부터 자식에게 대대로 이어져 내려갔다.

경제적 계층 구조에서 하인과 임금 노동자의 반대편에는 상트페테르부르크의 귀족들이 있었다. 이들의 수는 19세기 중엽 약 5만 명에 달했다. 이들 중 일부는 정부의 중요한 자리에서 일했고, 또 다른 일부는 군대에서 복무했다. 소령이나 이에 준하는 관직에 이르면 은퇴하는 것이 명예롭게 여겨졌기 때문에 많은 귀족들이 이미 은퇴 상태에 있었다. 궁정 가신으로 일하는 귀족도 있었고, 영지에서 나오는 수입으로 생활하는 귀족도 있었다. 이들 중 가장 부유한 사람들은 매년 수만 루블의 수입으로 생활했고, 이들의 저택에는 수십 명(어떤 경우엔 수백 명)의 농노 출신 하인들이 일했다. 이들이 사용하는 사치품은 외국이나 상트페테르부르크의 고급 상점에서 조달되었고, 일상용품과 식품은 이들이 러시아의 지방에 소유한 영지에서 왔다. 매년 가을 수백 명의 농노가 영지에서 나오는 꿀, 건조 버섯, 곡식, 육류, 가금류를 상트페테르부르크의 주인에게 연불로 가져왔다. 이러한 부를 소유한 상트페테르부르크의 귀족들은 군주들보다 아주 조금 더 수수한 규모로 살았지만, 비교적 소수만이 그들의 지위에 속했다.

실제로 이 시기에 귀족 20명 중 한 명쯤만 도시 안에 부동산을 가지고 있었고, 많은 귀족들은 이들로부터 세를 얻어 살았다. 시인 푸시킨은 매년 2,500루블(일용 노동자의 3천~4천 일 노임에 해당)의 세를 내고 도시의 가장 화려한 구역에 있는 방 일곱 개짜리 아파트에 세 들어 살았다. 집주인은 1830년대에 가장 부유했던 추밀원 의원이었다. 다른 귀족들도 이삭 대성당 광장 주변의 밀리온나야 거리에 살면서 이와 비슷한 수준의 세를 지불했다.[10] 다른 유산계급(누추하게 사는 많은 귀족들을 포함해서)은 이보다 적은 세를 내고 시내 중심에서도 인기가 덜한 지역에 살았다. 시내의 모든 저택과 아파트에는 뒤쪽 주거지가 있어 이곳에 장인, 상인, 하급관리들이 요리하거나 설거지할 곳도 마땅치 않은 작은 공간에서 식구들과 부대끼며 살았다. 외진 노동자 구역에서처럼 이 뒤쪽 주거지에 곪아 있던 가난은 시간이 갈수록 심해졌다. 도시에 인구가 더 넘치고 값싼 주거에 대한 수요가 늘어나자 집주인들은 점점 적은 공간을 더 비싼 값에 내놓았다. 1820년대에 사람들은 주거지라기보다 방에 가까운 공간에 살았다. 20년 후에 이 방들은, 담요나 침대보로 세입자들의 각 공간을 더 작게 나눈 "구석들"이 되었다.

거리 전면에 있는 멋진 아파트로 드나드는 이들에게 가려진 뜰 뒤쪽에서, 더 적은 상트페테르부르크 시민들이 쓰레기로 막히고 불이 켜지지 않은 통로로 다녔다. "그곳은 어둡고, 썩은 물과 양배추 냄새가 났다"라는 말로 1840년 자신의 지하 방으로 들어가려는 사람의 서술이 시작되었다. "그가 통에 걸려 발을 헛디디는 바람에 전부 엎어졌다"라고 이야기는 계속되었다. "그는 통나무 더미에 발을 헛디며 다시 넘어질 뻔했다."[11] 얼마 안 있어 도스토옙스키가 『죄와 벌』에서 표현한 공간으로 들어가는 입구 쪽엔 이런 장애물들이 쌓여 있곤 했다. 니콜라이 1세 재위 기간 내내 이런 뒷골목 입구는 도시의 광장과 거리를 지배하는 질서와 극적으로 대조되었다. 겉으로 보기에는 깔끔하고 번쩍이는 곳도 안을 들여다보면 썩어 있는 경우가 많았다. 여러 면에서 도시는 실제보다 멋져 보이는 패스티시pastiche가 되었고, 이러한 환상에 대해 상트페테르부르크는 곧 큰 대가를 치러야 했다.

아직 고귀한 자리에 오르지 못한 4만 명이 넘는 가난한 공무원의 대부분을 이루는 하급관리들은 이처럼 궁핍한 환경을 벗어나지 못했다. 이들은 받는 월급을 거의 식료품과 하숙비에 다 썼다. 혼자서 온전한 식권 한 장을 사는 것이 부담되어 두세 사람이 시내에서 가장 값싼 식당의 식권을 공유하는 경우도 종종 있었다. 새 외투를 사거나 장화를 사기 위해서는 몇 달간 신경 써서 저축하고 희생해야 했기에, 고골의 단편소설 「외투」의 주인공이 자신의 새 외투를 도둑맞자 거의 미칠 지경이 되었다는 것을 읽고서 놀란 독자들은 거의 없었을 것이다. 도스토옙스키와 고골이 자신들의 작품에서 밤에 계단 밑에 있는 작은 집으로 돌아오는 가난한 주인공에 대해 쓴 것은 사실 그대로였다. 그런 공간은 1840년대에 교육은 좀 받았지만 가진 것이 없는 사람들이 사는 일상적인 주거지였다.[12] 19세기 중반에 다가가면서 상트페테르부르크 식자층의 최고 계층과 밑바닥 계층의 격차는 이 도시의 귀족과 하층민을 나누는 격차만큼 커졌다.

상트페테르부르크가 러시아 정치, 문화의 중심을 형성했기 때문에 황제 밑에 복무하며 출세하고자 하는 사람들은 이곳에 와서 일자리를 찾았다. 그러나 러시아의 중앙정부는 사무실에 수용할 수 있는 인원보다 더 많은 식자층을 보유하는 사치를 누렸고, 상트페테르부르크의 관청에서 일자리를 찾던 모든 이들이 실제로 일을 구했던 것은 아니었다. 이런 사람들은 가족들이 이들의 보잘것없는 수입을 보충해주지 않는 한 아주 가난하게 살아야 했다. 1840년대에 좋은 교육을 받은 수백 명의 하급관리들이 상트페테르부르크의 거대한 정부 건물에서 단지 서류 필사 서기로 일해야 했다. 20년 후 이런 사람들의 재능을 활용하지 못하고, 이들에게 먹고살 만한 월급을 주지 못한 정부의 무능으로 인해 혁명 운동이 발아하게 되었다.

상트페테르부르크의 혁명 운동 지도자들은 공장 노동자들에게서 나왔다. 이들은 1840년대와 1850년대에 정부의 가장 가난한 하급관리들이 사는 환경조차 부러워할 수밖에 없는 처지에서 살았다. 1840년대가 되기 전까지는 공장 노동자들이 도시 인구의 큰 부분을 차지하지 않았다. 그러나 이들의 숫자는 10년 만에 거의 두 배로 늘어나 1만 2천 명에 달했다. 그러다가 비보르크 지역과 오흐타 지역, 폰탄카강과 그 외곽 옵보드니 운하 사이의 몇 구역에 면직공장과 금속공장이 늘어나면서 서구에서와 마찬가지로 상트페테르부르크에도 노동자들이

제국의 거인

거주하는 막사와 공동주택이 나타나기 시작했다. 1844년 정부가 최초로 실시한 노동자들의 생활환경에 대한 조사에서 많게는 50명의 남녀와 아이들이 길이가 6미터 이하의 한 공간에 살고 있었고, 이들 중 상당수가 폐병과 매독을 앓고 있었다. 또한 보고서는 20명이 넘는 노동자가 한 공동주택에 사는 경우가 드물지 않다고 기록했다.[13] 19세기 중반이 되자 노동자들은 넓이가 2미터도 되지 않는 좁은 공간을 잠자리로 할당받는 일이 흔해졌다. 이러한 잠자리도 부족해지자 교대로 잠자리를 임대하는 상황까지 되었다. 이런 상황에서 노동자들은 널빤지로 만든 막사 침상을 열두 시간씩 교대로 이용해야 했다. 다음 교대팀이 들어오면 첫 팀은 아프거나 건강하거나를 불문하고 자리를 내주어야 했다.

1850년 이후 추한 가축우리 같은 공간과 더러운 공동주택도 상트페테르부르크 생활의 일부가 되었고, 저렴한 주거지와 적절한 위생시설 설립은 늘어나는 프롤레타리아 숫자를 따라가지 못했다. 1860년대 후반에 공공보건의는 3만 톤 이상의 배설물이 건물 뒷마당이나 시내 빈민가에 방치되어 있다고 추산했다. 탐욕스러운 집주인들은 우천시 배설물 섞인 물이 흘러들어오는 악취 나는 방도 노동자들에게 세를 놓았다. 콜레라, 장티푸스, 폐병이 빈민가를 휩쓸면서 상트페테르부르크는 유럽 주요 도시 중 가장 높은 사망률을 기록하는 불명예를 얻기도 했다.[14] 문제는 이것만이 아니었다. "음주 문제는 전에 볼 수 없을 정도로 심각하다. 알코올 중독 사망 사고도 많이 일어난다. 심지어 14세, 15세 아이들에게도 이런 사고가 일어난다"라고 도시의 하층민을 휩쓴 사회적, 도덕적 질병에 대해 한 시민이 한탄하며 일기에 적었다.[15] 1860년대에 이는 아주 심각한 사회 문제가 되어 도시의 유력 일간지는 "우리는 이것을 사회적 재앙으로 받아들여야 한다"라고 경고하기도 했다.[16] 이것이 도스토옙스키로 하여금, 보드카 중독으로 인해 딸들을 매춘에 팔아넘기는 사람들에 대해 동정심을 갖고 글을 쓰게 만든 상황이었다. 운명이 그토록 많은 이들을 상트페테르부르크의 밑바닥으로 끌어당기는 듯했던 도스토옙스키의 궁핍의 세계에서, 식자층 젊은이들은 자신들이 통제할 수 없는 힘이 인간의 운명을 결정하는 듯한 이 세상에서 단지 자신들이 아직 선택할 힘이 있음을 증명하기 위해 가장 근본적인 범죄를 저질렀다.

가난은 음주 문제뿐만 아니라 사회악도 키웠다. 19세기 중반 약 2천 명의 등록된 창녀가 150여 개의 공창에서 일했다. 이보다 훨씬 많은 이들이 노란 '증명서' 없이 거리에서 호객행위를 했을 것이다. 이들 중 많은 수가 넵스키 대로와 리곱스키 대로가 만나는 지점을 배회했지만, 도시에는 창녀 없는 거리를 찾아보기 어려웠다. 이들 대부분은 더 나은 생활을 위해 러시아의 농촌을 떠났지만, 도시에서 웬만한 방법으로는 살아남기 어렵다는 것을 알았다. 공창에서 가장 어리고 매력적인 여자들은 귀족, 고관, 고위 장교들에게 봉사했다. 이보다 지위나 돈이 없는 남자들은 외모가 떨어지거나 나이가 들거나 병든 창녀를 상대해야 했다. 질병이나 폭력에 시달리지 않은 창녀들도 결국은 밑바닥까지 떨어져 뒷골목에서 호객행위를 하거나 뒷마당, 계단 아래서 몇십 코페이카를 받고 몸을 팔아야 했다.[17]

상트페테르부르크의 가난과 음주의 중심에는 센나야 광장 시장이 있었다. 이곳은 1760년대와 1770년대에 예카테리나 여제가 인근 지역 농민들이 자신들의 농산물을 가져와 팔도록 만든 장소였다.[18] 그 이후 거대한 광장은 아침부터 밤까지 좌판에 쌓인 식품, 중고 옷가지와 각종 잡동사니를 사려고 몰려든 사람들 사이에서 소매치기, 행상꾼, 사기꾼들이 설치는 장소로 바뀌었다. 기름투성이 양가죽 외투를 입고, 무릎까지 오는 장화를 신고, 낡아빠진 검은 바지를 입은 농민들, 머리에 화려한 색의 수건을 두른 노동계층 여성들, 부잣집 하인들, 귀족 행세를 하는 사람들과 기타 온갖 종류의 사람들이 이 광장과 인근 골목을 누볐다. 여기서 "물건 파는 사람은 파는 물건만큼 지저분했다"라고 한 관찰자가 기록했다.[19] 시간이 지나면서 센나야 광장 시장에는 파리의 레 알Les Halles을 어느 정도 닮은, 유리 지붕이 덮인 세 곳의 매장이 추가되었고 상인들은 이곳에서 가게를 연 20만 루블에 임차했다. 그러나 19세기 중반까지 이곳은 노천 시장으로서

셴나야 광장 시장(벤자민 패테르센 작)

널빤지와 천막을 제외하고는 자연에 그대로 노출되어 있었다.[20] 이곳은 여러 면에서 이 도시의 '배꼽(belly)' 같은 존재가 되어 모든 물건이 언젠가 이곳으로 흘러들어왔다.

겨울이 되면 차고 습한 상트페테르부르크의 바람이 상인들의 뼛속까지 얼어붙게 했고, 양배추 수프 냄새가 시장을 둘러싼 공동주택에서부터 퍼져 나와 배설물 냄새를 막았다. 여름이 되면 더위에 곯은 육류와 채소에서 썩은 냄새가 올라와, 사람 몸에서 나는 땀내와 함께 악취를 풍기는 안개를 만들었다. 셴나야 광장 시장에서는 어떤 물건도 살 수 있고, 전날 밤 도둑맞은 물건도 다음 날 아침 적당한 가격을 주고 되찾아올 수 있었다. 시장의 중앙 광장으로 이어지는 좁은 골목길에서 고객들은 자신의 갈증과 욕망이 시키는 대로 수십 곳의 술집과 싸구려 사창가 사이를 돌아다녔다. 여기서 남성들은 며칠이고 흥청망청 취할 수 있었고 여성들은 평생을 망칠 수 있었다. 그러나 아이러니는 셴나야 광장 시장이 화려한 넵스키 대로에서 8백 미터도 떨어지지 않은 곳에 있다는 사실이었다.

시장에서 이삭 대성당이나 카잔 대성당까지 걸어서 15분 안에 갈 수 있었고, 그곳에서 10분만 더 걸으면 겨울 궁전이 나타났다.

상트페테르부르크의 빈민가 사람들이 몰려드는 센나야 광장 시장은 가난한 상인이 대상인으로 발돋움할 수 있는 첫 번째 사다리와도 같은 장소였다. 야심만만한 행상은 센나야 광장 시장의 좌판대에서 출발하여 나중에 더 나은 환경들로 옮겨가, 체르니셰프 다리 근처의 슈킨 아케이드에 상점을 열 수 있었는데 이 '아케이드'는 유리로 덮인 상점 거리가 아니라 거친 판자떼기로 만든 가게들이 늘어선 여러 개의 골목들을 의미했다. 이곳을 찾는 사람은 진귀한 초판본 도서부터 "전 세계 모든 나라에서 온 책, 때묻고, 얼룩지고, 벌레 먹은 책"을 살 수 있었다. 모든 종류의 가죽 제품, 모피, 석판화, 중고 가구, 단지, 은, 그리고 물론 모든 종류와 크기의 성상도 살 수 있었다. 슈킨 아케이드(그리고 인근의 마린스키 시장과 아프락신 시장)의 상인은 곧 '메샨스트보meshchanstvo' 또는 소시민(petite bourgeoisie)의 지위로 올라갈 수 있었고, 이곳 상점에서 여러 가지 일을 하는 남녀들은 '레멜스렌니키remeslenniki' 또는 넓은 의미에서의 장인으로 등록되었다. 이렇듯 재단사, 재봉사, 목수, 신발수선공, 마구 제작자, 제빵사와 60여 종의 다양한 직업인들이 상트페테르부르크의 장인 계층에 들어왔고, 19세기 중엽 이들 전체는 1만 5천여 명에 이르렀다.[21]

상트페테르부르크의 비상류층 소매상인으로 이루어진 피라미드의 꼭대기에는 연간 수만, 수십만 루블의 거래를 하는 대상인들이 있었다. 이들 중 일부는 시에 새로 생긴 면직공장을 소유하고 있었고, 푸틸로프 가 같은 부호들은 최초의 금속공장을 만들었다. 다른 상인들은 시베리아와 중국에서 상트페테르부르크로 들어오는 모피, 건조 대황 뿌리 등의 상품들을 유럽의 사치품과 교역했다. 이런 상인과 그 가족들은 멋진 저택과 값비싼 마차, 많은 하인을 거느리고 부유한 귀족처럼 생활했다. 그러나 이런 상인은 극소수였고, 더 많은 수의 소상인들과 장인들은 훨씬 검소한 생활을 했다. 1850년만 해도 상트페테르부르크는 귀

제국의 거인

족, 군인, 관리와 농노의 도시였다. 외국인들이 여전히 교역과 생산에서 중요한 역할을 하고 있었기에, 러시아 기업가들은 다가올 19세기 후반에나 상트페테르부르크의 삶에서 영향력을 행사하기 시작할 터였다.

그러나 산업혁명의 근대 산업과 기술은 1830년대와 1840년대에도 상트페테르부르크에 도입되기 시작하고 있었다. 1828년 러시아 최초의 증기선이 네바강에 나타났다. 이 증기선은 상트페테르부르크에서부터 56킬로미터 해상을 "믿기지 않는 속도로" 항해해 세 시간 만에 크론시타트 해군기지에 도착했다.[22] 다음으로 철도가 등장했다. 처음으로 운행된 기차는 상트페테르부르크에서 24킬로미터 정도 떨어진 차르스코예 셀로까지 운행했다. 한 오스트리아 공학자가 창안해낸 철도는 지형이 평평하고 별 장벽이 없음에도 불구하고 건설하는 데 거의 18개월이 걸렸지만, 상트페테르부르크에서 차르스코예 셀로까지 35분이라는 당시로서는 놀라운 속도로 주파했다. 차르의 측근 중 한 사람은 이 여정을 "수도에서 카바레까지"의 여행이라고 비아냥거렸는데 기차역 주변에 호텔, 무도회장, 레스토랑이 지어져 있었기 때문이다.[23] 다음으로 철로가 상트페테르부르크 시내에 깔렸다. 처음에는 넵스키 대로에 깔린 철로 위로 말이 끄는 차량이 즈나멘스카야 광장에서 영국 강둑까지 운행했다. 1851년에는 제대로 된 철로가 모스크바와 상트페테르부르크 사이에 부설되었고, 건축가 콘스탄틴 손Konstantin Thon의 설계로 즈나멘스카야 광장에 종착지인 니콜라이 기차역이 만들어졌다.[24]

넵스키 대로가 도시의 동맥 역할을 하긴 했지만 1830년대와 1840년대의 상트페테르부르크 시민들이 공통으로 소유한 것은 거의 없었다. 농노, 귀족, 관리, 상인들은 자신들만의 이해관계가 있었고 어떤 집단도 다른 집단과 공통의 목적의식을 공유하지 않았다. 아파트 건물의 지저분한 뒷방에 사는 사람들은 건물 전면에 사는 부유한 귀족과 상인들에게 아무 의미 없는 존재였다. 뒷마당 하숙집을 공유하고 있는 가난한 서기나 장인, 장사치들도 건물 앞쪽을 드나드는 사람들의 생활에 대해서는 아는 바가 없었다.

이 시기 상트페테르부르크 주민들이 공통으로 겪는 문제는 자연재해였다. 표트르 대제의 병사들이 페트로파블롭스크 요새에 첫 말뚝을 박았을 때부터 이 도시의 거주자들은 화재와 홍수라는 한 쌍의 재해를 피할 수 없었다. 모든 상트페테르부르크 시민들은 1824년 11월 7일의 대홍수가 푸시킨의 장시 「청동기마상」에서 약혼녀를 휩쓸어갔을 때 주인공이 느꼈을 그 철저한 무력감을 익히 알고 있었다. 도시가 창설된 이래 평균 2, 3년마다 홍수가 반복되었기 때문이었다.

예카테리나 여제 시기에는 시내 중심을 관통하는 예카테리나 운하를 파서 불어 오르는 물을 빼냈고, 알렉산드르 1세 때는 같은 목적으로 옵보드니 운하를 팠다. 사전 경고 없이 네바강과 인근 핀란드만의 물을 시내로 범람하게 하는 역풍 때문에 잦은 홍수를 겪은 상트페테르부르크는 1777년, 1824년, 1924년에 가장 큰 홍수 피해를 입었다. 이 홍수 때 시내 대부분이 3미터가 넘는 물에 잠겼다.[25]

이 세 번의 홍수 중 1824년 발생한 것이 최악이었다. 하룻밤 사이에 4미터에 이르는 물이 시내로 넘쳐 들어왔다. "사나운 물결이 궁전 광장을 넘어 들어와 […] 거대한 강물처럼 넵스키 대로 전체를 흘러 [폰탄카강 위의] 아니츠코프 다리에까지 밀려들었다. 오후 2시경 총사령관인 밀로라도비치Miloradovich가 사람들에게 도움을 주기 위해 사공 열두 명이 노를 젓는 배를 타고 [넵스키 대로에] 나타났다. 그러나 오후 3시가 되자 물이 빠지기 시작하여 저녁 7시에는 사람들이 다시 마차를 타고 다녔다"라고 한 목격자가 기록을 남겼다.[26] 언론인이자 기자인 이반 마르티노프Ivan Martynov는 자신의 희귀장서 도서관 전체가 깨진 유리창을 통해 떠다니다가 물이 들어찬 바실렙스키섬 거리를 따라 문짝, 기둥, 부서진 지붕 조각을 붙잡고 휩쓸려 다니는 사람들의 물결에 섞여 사라지는 것을 목격했다. 최근에 묻은 관도 홍수로 떠올랐고, 가구와 인근 창고에서 흘러나온 온갖 물건들도 물 위에 떠다녔다. 시내의 모든 사람들이 불어나는 물을 피해 다니려고 고군분투했고, 밀로라도비치 백작의 지휘를 받는 해군 보트들은 거리와 광장 위

〈폼페이 최후의 날〉(칼 브륰로프 작)

를 부지런히 다니며 인명을 구했다.[27]

　홍수가 대개 늦가을에 상트페테르부르크를 휩쓸었다면, 화재는 연중 때를 가리지 않고 일어났다. 페테르부르크 시민 모두는 창공으로 높이 솟아 지붕을 건너뛰고, 어떤 때는 운하와 광장 너머까지 번지는 불길의 공포를 잘 알았다. 아마도 이런 이유로 상트페테르부르크 사람들은 칼 브륰로프[*]가 1830년대 초반 로

---

[*]칼 브륰로프Karl Pavlovich Bryullov, Карл Павлович Брюллов (1799~1852)는 러시아 신고전주의에서 낭만주의 이행기의 화가로 러시아 1821년 제국예술아카데미를 졸업한 후 어려서부터 동경하던 이탈리아 로마로 가서 1835년까지 작품 활동을 하다가 귀국했다. 그가 로마에서 그린 〈폼페이 최후의 날〉이 크나큰 명성을 얻으면서 일약 러시아 최고의 화가로 추앙받았다. 1836년부터 1848년까지 제국예술아카데미에서 학생들을 가르치며 신고전주의와 낭만주의 화풍을 결합한 초상화 기법을 발전시켰다. 1849년 다시 이탈리아로 가서 생의 마지막 3년을 보낸 후 로마 근교에 묻혔다.

마에서 그린 대작 〈폼페이 최후의 날〉에 특별히 끌렸던 것 같다. 월터 스콧이 서사시 같은 대작이라고 칭송하고 프랑스 예술아카데미의 금메달을 받은 이 작품은 하늘에서 쏟아지는 불덩이를 묘사하고 있다. 1834년 가을 이 작품이 예술아카데미에 전시되자 상트페테르부르크 사람들은 이 그림을 보기 위해 수천 명씩 몰려들었다. "권력층 인사, 예술인들, 사교계 인사, 학자, 평민, 장인 모두 브륄로프의 그림을 꼭 감상하고 싶어 했다"라고 한 신문기사는 썼다. 조상들이 견딘 바 있는 자연의 힘이 후손 남녀들에게 쏟아붓는 재앙의 이미지에 모두가 끌린 것 같았다. 러시아의 대표적 망명 지식인인 알렉산드르 게르첸[**]이 서방으로 이주하기 10년 전에 쓴 것처럼 "사람들을 파멸시키는 거칠고 비이성적인 힘"은 폼페이에만 적용되는 것이 아니었다. 이것은 "페테르부르크의 영감"이기도 했다.[28]

하늘에서 비처럼 떨어지는 화재는 1736년과 1737년 여름 상트페테르부르크를 근본적으로 다른 모습으로 바꿔놓았다. 후에 웅장한 해군성 지역이 되는 곳에 산재했던, 나무로 엮고 흙으로 발라 만든 임시 주거들은 몇 주 동안 계속된 화재로 완전히 불타버렸다. 자연적 발화였는지 방화였는지 그 원인이 밝혀지지는 않았지만, 이 화재 덕분에 안나 여제의 도시 계획자들은 2백 년 이상 유지될 도시의 디자인을 할 수 있었다. 화재는 엘리자베타 여제에게도 공포의 대상이었다. 1750년대 후반 라스트렐리가 겨울 궁전을 재건축하는 동안 임시 목조 궁전

[**]알렉산드르 게르첸Alexander Ivanovich Herzen, Александр Иванович Герцен (1812~1870)은 러시아 작가이자 사상가로 '러시아 사회주의의 아버지'로 불리며, 나로드니키narodniki(민중주의자)라는 러시아 사회혁명당의 이념적 창시자로 간주된다. 러시아에 있는 동안 『누구의 죄인가』, 『쿠르포프 박사의 수기』, 『도둑·까치』와 철학 논문 「과학에서의 딜레탕티슴」, 「자연연구에 관한 서한」 등을 썼다. 1848년 프랑스혁명의 실패를 보고 크게 낙담하여 1852년 런던으로 이주하여 '자유 러시아 인쇄소'를 설립하고 러시아에서 출간 금지된 작품들을 출판했다. 정치문집 『북극성』을 발표하고, 친구인 오가료프와 함께 신문 《종(Kolokol)》을 발행하여 당시 러시아의 진보 정치사상에 큰 영향을 끼쳤다.

제국의 거인

에 거주한 여제는 화재를 크게 두려워했고, 실제로 그녀가 죽기 몇 달 전 엄청난 화재가 도시 일부를 전소시켰다. 재위 초기에 바실렙스키섬에 다닥다닥 붙어 있는 상품 창고에 자주 화재가 일어나는 것을 목격한 예카테리나 여제는 상인들에게 창고를 분산시켜 화재가 일어날 경우 피해를 줄이도록 지시했다. 그녀의 손자차르들은 목조와 천에 불이 붙을 것을 두려워해 슈킨 아케이드에 불을 지피는 것을 완전히 금지시켰다. 시내 전체에는 거리에서의 흡연이 금지되었고, 화재 감시원들은 늘 화재가 발생할 가능성이 있는지 눈을 부릅뜨고 감시했다.[29]

이러한 조치도 1836년 2월 2일의 대화재를 막지는 못했다. 해군성 구역의 사람들이 많이 찾는 풍자극장에서 시작된 화재는 120명의 목숨을 앗아갔다. 1837년 12월 17일에는 겨울 궁전이 화재에 휩싸였다. 그날 밤 니콜라이 1세 황제는 위대한 발레리나 마리 타글리오니가 주역을 맡은 공연을 보기 위해 상트페테르부르크 볼쇼이 극장에 가 있었다. 화재가 났다는 소식을 들은 그는 겨울 궁전으로 달려가 화재를 진압하는 근위연대의 소방작업을 진두지휘했다. 측근 중한 명이 차르의 서재에서 어떤 서류를 가지고 나와야 할지 묻자, 니콜라이는 "아무것도 필요 없다. 단지 내 아내가 약혼자였을 때 내게 보낸 편지들이 든 작은 상자만 가지고 나와라"라고 지시했다.[30] 불길을 피해 궁전 한쪽으로 대피한 니콜라이는 근위대 병사들을 뒤로 물러나게 했다. 병사들이 거대한 거울을 벽에서 떼어내려고 시도하자, 니콜라이 1세는 망원경으로 이 거울을 깨버렸다. "자네들 생명이 이 거울보다 훨씬 소중하다, 젊은이들!"이라고 그는 소동 속에 소리쳤다. "밖으로 나가라!"[31]

이때쯤 겨울 궁전 안의 모든 소중한 물품들을 대피시키는 데 성공했다. 엘리자베타 여제와 예카테리나 여제, 그 후계자들이 모은 소중한 그림들도 모두 화재를 피했다. 그러나 겨울 궁전은 사흘을 더 타서 니콜라이 1세와 황후는 궁전 광장 맞은편 외무장관 관저에서 불에 타는 궁전을 바라보게 되었다. 이 관저는 로시가 외무장관 칼 바실리예비치 네셀로드를 위해 만든 아파트였다. 마지막 불꽃이 사그라지자 "일 년 후 나는 부활절을 겨울 궁전에서 축하할 것이다"라고 니콜라이 1세는 약속했다.[32] 동원된 농노들 수십 명이 목숨을 잃을 정도로 무자비하게 공사를 진행한 표트르 클레인미헬Petr Kleinmikhel 백작 덕분에 1839년 부활절에 궁전 복원 작업은 성공적으로 끝났다. "그는 러시아에서 가장 미움받는 사람은 아니더라도 그중 한 명에 들어갈 것이다"라고 한 관찰자가 클레인미헬에 대해, 니콜라이 1세가 그의 조언을 전적으로 신뢰한 것을 설명하면서 썼다. "[그러나 그는] 다른 사람의 노역을 동원하는 데 대단한 재능을 가진 사람이다. […] 그는 무질서에서 질서를 [만들어내는] 능력을 지녔다."[33]

건축가 바실리 스타소프Vasilli Stasov의 지시에 따라 진행된 재건축으로 겨울 궁전은 가장 중요한 모습을 그대로 보존했고, 새로운 특징을 더했다. 스타소프는 라스트렐리가 만든 유명한 요르단 계단을 원래 설계대로 복원했고, 로시가 디자인하여 1826년에 완성한 '1812 갤러리'도 원래 모습대로 복원했다. 불길을 무릅쓰고 모든 그림을 빼내온 근위대 병사들 덕분에 1812년 전쟁의 영웅인 332명의 인물 초상화도 금박 틀에 담은 로시의 원 디자인대로 복원되었다. 스타소프는 궁전 예배실도 라스트렐리가 지은 형태대로 복원했지만, 소왕좌실은 몽페랑이 다시 디자인하도록 했다. 이 외에도 니콜라이 1세는 시베리아산 경질석을 깎아 만든 수십 개의 기념비적 장식 화병을 포함해 궁전 복원 작업에 자신의 취향을 반영시켰다. 이런 작업 대부분은 프랑스제국 양식에 따라 진행되었고, 거대한 제국적 스케일로 예술을 창조하는 러시아인들의 역량을 기념하는 상징으로 여전히 서 있다. 이들 중 아마도 가장 눈에 띄는 것은 4.5미터, 2.7미터 규모의 타원형 콜리반 화병일 것이다. 이 화병은 시베리아의 콜리반 마을 위에서 발견된 벽옥 덩어리를 깎아 만들었다. 니콜라이 1세의 지시로 제작된 콜리반 화병은 완성하는 데 11년의 시간과 3만 루블의 비용이 들었다. 이 화병은 재건된 겨울 궁전의 어느 방에도 들어갈 수 없을 정도로 커서 황제는 1850년 이 화병을 둘러싸특별한 방을 지었다.[34]

콜리반 화병

　겨울 궁전의 화재도 상트페테르부르크를 휩쓴 화마 중 가장 무서운 것은 아니었다. 1862년 5월 말 작은 화재들이 발생하고 진압된 며칠 후 대화재가 발생하여 슈킨 아케이드와 인근의 아프락신 시장을 전소시켰다. 화재 발생 한 시간 만에 도시 중심에 있던 6천 개의 상점이 불길에 휩싸였고, 인근에 있는 내무성 건물과 넵스키 대로로 불길이 번질 위험이 커졌다. "아프락신 시장은 8백 미터가 넘는 커다란 공간이었다. 목재로 지은 작은 판잣집 가게들이 이곳을 가득 채우고 있었고 온갖 중고물품들이 거래되고 있었다"라고 한 목격자가 기록했다. "도시 곳곳에서 쏟아져 나온 오래된 가구들과 침대, 중고품 의복과 책들이 작은 판잣집 가게와 통로, 심지어는 가게 지붕에까지 쌓여 있었다. 인화성 물질이 내무성 뒤쪽에 잔뜩 쌓여 있었다. […] 내무성 맞은편 폰탄카 운하 반대편에는 거대한 목재 야적장이 있는데, 이곳에서도 거의 동시에 화재가 발생했다"라고 그는 계속 기록했다. 화재가 한눈에 들어오는 한 블록 떨어진 기마학교 기숙사에서 한 젊은 학생도 불길이 번지는 모습을 지켜보았다. "어마어마한 뱀처럼 이리저리 획획대는 불길이 좌우 모든 방향으로 번져가며 판잣집 가게를 삼켰고, 갑자기 큰 불기둥이 솟아오르더니 그 불의 혀가 더 많은 가게들과 그 안의 상품들을 집어삼켰다."[35]

새로운 건물들이 횃불처럼 불길로 치솟으면서 때마침 거세게 불어오는 바람이 이끄는 대로 번져나갔다. 천, 기름, 유황, 테레빈유를 파는 가게가 도처에 있었고, 불꽃이 닿는 순간 이 모든 가게들이 폭발하여 검은 연기와 불기둥을 만들었다. 머리카락이 그을리고, 눈꺼풀이 붓고, 얼굴이 그을음으로 검게 변한 사람들은 불길을 잡으려고 안간힘을 썼지만, 바람이 불어올 때마다 새 불길이 일어났다. 두려움에 찬 사람들이 거리로 몰려나오고, 파괴될 게 분명해 보이는 곳에서 빠져나갈 길을 찾았다. "어디를 가든 가방, 바구니, 짐꾸러미를 볼 수 있었다. 가난한 사람들과 재산이 별로 없는 사람들은 그 안에 자신에게 가장 소중한 것을 꽁꽁 싸맸다"라고 화재 현장에서 멀지 않은 곳에 살던 한 작가가 후에 회고했다.[36] 앞으로 상황이 더 나빠지리라 예상한 모든 이들은 피난할 기회를 기다리고 있었다. 종말론적인 감각으로 이들은 화재가 우연히 발생한 것이 아님을 느꼈다.

임박한 위험에 대한 군중의 두려움은 이들 주변에 타오르는 불길보다 더 빨리 퍼져나갔다. 대화재는 상트페테르부르크 역사상 최초의 학생 소요를 맞은 시점에 일어났다. 학생들은 당국의 권위에 저항하고, 일부 교수들의 격려를 받으며 대학 학사에서 더 큰 역할을 달라고 요구했다. 가장 급진적인 학생들은 《젊은 러시아》라는 유인물을 회람했다. 유인물에는 "피의 강"이 흐를 것이고, "유혈 혁명과 무자비한 혁명"이 러시아를 칠 것이라고 경고했다. 이들은 구체제를 철폐하고, 러시아의 모든 제국적 과거는 이와 함께 사라지리라고 약속했다. "우리는 인정사정없이 제국적 집권층을 칠 것이다. 우리는 집에서, 좁은 길에서 그들을 파멸시킬 것이다"라고 약속했다.[37] 《젊은 러시아》 첫 호가 배포된 지 2주 후에 사람들은 이런 약속들이 화재 뒤에 숨어 있는지를 의심했다. 흔히 허무주의자라는 무시무시한 칭호를 받는 혁명가들이 감히 아프락신 시장을 방화한 것인가?

당시 많은 페테르부르크 시민들은 급진적 학생들이 혁명의 전주곡으로서 아프락신 시장을 방화했다고 여겼지만, 아무도 화재가 어떻게 발생했는지 확실하게 말할 수 없었다. 급진주의자들이 화재에 책임이 있다는 의심을 많은 사람이 공유한다는 자체가 대중 여론에 균열이 일어나기 시작했음을 보여주었고, 이 균열은 시간이 가면서 커져갔다. 다음 해 식자층과 노동자 모두 급진적 인텔리겐치아로부터 등을 돌리고, 러시아가 폴란드의 반란에 직면하면서 상트페테르부르크는 더 깊은 혼란에 빠졌다. 한 작가가 확신을 갖고 "러시아에는 국민의 복지를 위해 필요한 모든 것이 존재한다"[38]라고 선언한 1850년 시점에는 그토록 확실해 보였던 것이, 12년이 지나자 대단히 의심스러워 보이게 되었다. 이제 상트페테르부르크 시민들이나 러시아인들이나 모두, 자신들을 가장 손쉽게 근대 세계로 이끌어줄 길을 찾고 있었다.

1860년 이후 러시아의 다른 지역보다 급박하게 상트페테르부르크는 유럽이 두 세대 전에 당면했던 모든 근대화의 딜레마와 마주쳤다. 1861년 시행된 농노해방은 이후 30년간 농촌에서 도시로의 대량 이주를 발생시켰다. 1840년 1만 2천 명이었던 공장 노동자 수는 1880년이 되자 15만 명으로 늘어났다. 푸틸로프 금속공장의 경우 1860년 650명이었던 노동자 숫자가 1900년에 1만 3천 명으로 늘어났다. 상트페테르부르크는 1860년 50만 명에서 1900년 125만 명으로 늘

도스토옙스키 초상

어난 주민에게 집을 마련해주고, 식량을 공급해주고, 기본 복지 서비스를 제공해야 했다. 이 인구 중 3분의 2는 하층민이고 가난했다. 부자와 가난한 자 사이의 간극은 그 어느 때보다 커졌고, 하층민이 맞닥뜨릴 위험은 커졌다. 1900년의 사망률은 도시의 상류층 지역에서 1백 명당 한 명도 되지 않았지만, 노동자 거주 지역에서는 1백 명당 세 명이 넘었다. 이는 도시의 보건 복지가 상트페테르부르크에서 기하급수적으로 늘

어나는 하층민의 보건 수요를 감당하기에 턱없이 부족하다는 것을 극적으로 보여주었다.[39]

이 모든 위기가 만들어지고 있다는 것이, 1862년 화재가 진압되고 난 뒤 상트페테르부르크가 어떤 식으로든 달라졌다는 사실에서 드러났다. 이제 상트페테르부르크는 푸시킨의 시에 나오는 웅장한 제국의 수도가 아니고, 도스토옙스키가 『죄와 벌』에 묘사한 것처럼 동요하고, 고통받는 지하세계가 되었다. 물론 우아하고 귀족적인 상트페테르부르크는 여전히 살아 있고, 아름다운 궁전들과 고압적인 전경은 이를 공유한 러시아인들과 외국인들에게 마법을 행사하고 있었다. 백야는 계속되고, 넵스키 대로는 예전과 마찬가지로 필요에 의해서라기보다 스스로 원해서 사람들이 모이는 장소로 유지되고 있었다. 그러나 1860년 즈음에는 푸시킨, 로시, 니콜라이 1세가 정확하게 형태를 만든 크리스털 같은 제국적 도시 곁에 새롭고 빠르게 변화하는 라이벌이 등장하게 되었다. 이것은 도스토옙스키가 "세상에서 가장 우울한 도시"[40]라고 말했던 그 상트페테르부르크로, 1860년부터 1917년 사이 근대성의 모든 힘에 굴복하게 되고, 그 과정에서 변형된 상트페테르부르크였다. 노동자, 기술, 공장, 철과 유리 건물, 어둡고 짙은 안개, 가난으로 대변되는 이 상트페테르부르크는 러시아 구질서의 수호자로 유지되는 동시에 러시아 근대성의 전위대가 되었다. '혁명의 요람'이자 러시아가 이제까지 경험한 어느 것보다 더 풍부하고 정교한 문화의 고향인 이 상트페테르부르크는 미래에 대한 러시아인들의 비전을 지금까지와 다른 극적인 방법으로 형성해나갔다.

제국의 거인

혁명의 요람

1856-1941

3
부

그의 계획은 노동자들을 겨울 궁전으로 행진하도록 한 다음 차르에게 노동자들이 겪는 고난을 알리고 도움을 요청하는 내용이 담긴 청원서를 제출하는 것이었다. "[…] 만일 폐하께서 우리의 청원에 답하지 않으시면 우리는 바로 당신의 궁전 앞에서 죽겠습니다. 우리는 달리 갈 데가 없습니다"라고 청원서는 끝을 맺었다. [···] 아무도 임박한 위험을 측정할 수 없었다. 일부는 그것을 두려워했고, 일부는 그것에 끌렸으며, 또 다른 일부는 아무 의미가 없는 것으로 폄하했다. 은 시대 상트페테르부르크의 모든 작가, 예술가, 작곡가들은 그것을 이해하려고 애썼고, 이들의 노력은 이 도시 역사상 가장 다양하고 생동감이 넘치는 그림, 시, 소설, 음악으로 표현되었다.

St. Petersburg

근대성의 도전

　1856년 크림 전쟁[*] 종전 이후부터 1918년 볼셰비키가 수도 상트페테르부르크를 내버릴 때까지 이 도시는 역사상 가장 큰 변화를 겪었다. 이 62년 동안 러시아 제국은 약 5천만 명에 달하는 농노와 국가 농노를 해방시켰고, 산업혁명의 영향을 고스란히 받았고, 외국과의 세 번의 전쟁과 세 번의 혁명을 겪어야 했다. 삶의 속도는 말이 끄는 마차에서 기관차로 바뀌었고, 전화와 전보는 제국의 거대한 차원을 이전 크기의 한 조각으로 줄였다. 이런 근대 시대에 상트페테르부르크는 대칭과 제국적 규칙성의 도시에서 현저한 대조를 지닌 대도시로 바뀌었다.

---

[*] 1853년 10월부터 1856년 2월까지 크림 반도에서 벌어진 전쟁으로, 러시아 제국이 오스만 제국, 프랑스, 영국, 사르데냐 왕국 연합군에 패배한 전쟁이다. 전쟁은 오스만 제국 성지에 거주하는 소수 기독교도들의 권리 문제로 촉발되었으나 근본적인 원인은 오스만 제국의 쇠퇴와 영국과 프랑스의 러시아 견제였다. 이 전쟁으로 러시아는 약 50만 명, 오스만 제국은 10만~17만 명, 프랑스는 10만 명, 영국은 2만 명 가까운 사상자를 냈다. 전투에서 전사한 병사보다 콜레라 등 전염병으로 사망한 병사가 훨씬 많았고, 나이팅게일이 이끈 의료팀이 활약한 영국은 프랑스보다 훨씬 적은 사상자를 냈다. 크림 전쟁의 패배로 러시아는 다뉴브강 하구와 베사라비아 일부를 양도하고, 흑해의 중립화로 흑해에 전함을 배치할 수 없게 되었다. 전쟁 중 사망한 니콜라이 2세의 뒤를 이은 알렉산드르 2세는 전쟁 중 드러난 러시아의 후진성을 극복하는 방안의 하나로 1861년 농노해방을 단행했다.

도시 중심부의 아름다운 건물과 드넓은 광장, 우아한 거리는 1880년대에 50만 명 이상의 남성, 여성, 아이들을 수용하도록 대폭 확장된 빈민가의 추함과 대조를 이루었다.

이전 시기에 상트페테르부르크의 전경에서 오점이었던 빈곤은 곪은 상처가 되어 이 도시를 유럽에서 가장 건강하지 못한 수도가 되게 만들었다. 1870년 즈음 고아는 매년 7천 명이나 발생했다. 매일 음주 사고로 체포되는 사람도 백여 명에 이르렀고, 구걸부터 살인에 이르는 온갖 범죄로 체포되는 이들은 4백 명에 이르렀다. 도시의 일부 지역에서는 매년 주민 1천 명당 60명이 사망했고 사망 원인은 질병, 나쁜 기후, 영양실조, 보건 불량 등으로 다양했다. 1870년대에 매년 3만 명 이상의 시민이 매독에 걸렸다. 1869년부터 1872년 사이 자살률은 270퍼센트나 증가했다.[1]

상트페테르부르크는 산업 도시로 변하는 과정에 들어서 야포, 장갑 전함, 폭발물, 기관차, 철로, 증기엔진을 생산했고 이런 것들이 러시아 제국을 근대로 이끌었다. 기계의 힘에 매혹된 세계에서 진보의 상징이 된 수백 개의 공장 굴뚝 위로 검고 발그레하고 누런 연기가 뿜어져 나왔다. 모든 근대 세계와 근대화되고 있는 세계 전체를 통틀어 발전기는 인류의 핵심 영감이 되었고, 상트페테르부르크에서 공장들의 수많은 굴뚝으로 이뤄진 환상環狀 고리 지대를 창출하여 푸시킨, 로시, 예카테리나 여제의 귀족적 도시를 더없이 꽉 틀어쥐어 짜냈다. 숨길 수 없는 높다란 굴뚝들이 실리셀부르크 도로를 따라 수없이 생겨났고, 한때 도시 외곽지역에만 있던 빈민가는 그 굴뚝들 주변으로, 썩은 나무 등치에서 솟아나는 버섯처럼 곳곳에 생겨났다. 화물차가 거리를 메우고 그 굴뚝이 연기와 먼지를 뿜어내면서 1880년대 초반 상트페테르부르크의 어느 지역도 산업화의 얼룩에서 자유롭지 못했다. 1881년 알렉산드르 3세가 황제 자리에 올랐을 때 러시아의 수도는 산업혁명 초기 단계에 점증하는 고통에 시달리고 있었다. 기후, 지리, 러시아 정부의 중심이라는 사실이 모두 이러한 문제를 악화시키는 데 일조했다.

혁명의 요람

상트페테르부르크가 근대 산업 도시로 첫발을 내디딘 것은 니콜라이 1세 시대였다. 러시아가 고대 로마의 제국적이고 군사적 유산을 상속했다는 인식이 가장 강할 때였다. 이 시기에 러시아 정치가들은 자신들의 제국을 로마의 영광의 자랑스러운 상속자로 간주했고, 현상 유지를 정책과 정치의 핵심 목표로 삼았다. 모든 러시아인은 황제에게 복종해야 했고, 황제는 신에게만 복종했다. 새로 지은 이삭 대성당과 카잔 대성당, 수천 명의 관리들이 군주의 명령을 제국 구석구석까지 전달하는 제국 정부 건물을 가진 상트페테르부르크는 러시아 현재와 미래의 이미지를 반영했고 정교회, 전제정, 민족성(nationality)*의 교리에서 벗어나는 것은 허용될 수 없었다. 1825년, 1830년, 1848년에 일어난 사회적·정치적 혁명을 성공적으로 진압한 러시아의 황제와 신하들은 산업혁명도 잘 통제할 수 있을 것으로 믿었다. 러시아의 미래와 임무에 대해 이들이 공통적으로 가지고 있던 확신은, 서구에 엄청난 혼란과 곤란을 가져온 사회적·경제적 힘은 엄격한 정치적·종교적 원칙만이 제어할 수 있다는 것이었다.

그러나 바로 이런 확신의 시대에 러시아와 상트페테르부르크를 근본적으로 변화시키는 힘이 형성되기 시작했다. 1830년대와 1840년대에 루드비크 스티글리츠Baron Ludwig Stieglitz 남작의 거대한 면직공장과 곧 그 라이벌이 되는 알렉산드르-넵스키 공장, 로시스키 공장이 들어서면서 상트페테르부르크에서도 산업혁명이 시작되었다. 그다음으로 푸틸로프 주철·기계 공장이 세워졌고 뒤를 이어 레스너, 지멘스, 할스케, 삼소네프 같은 이름의 공장들이 들어섰다. 이 모든 공장

---

* "정교회, 전제정, 민족성(Православие, самодержавие, народность)"은 니콜라이 1세가 내세운 통치 이념으로 그는 정교회 신앙과 차르의 절대 권력 아래 국가적 통합을 유지하고, 이 통합을 해치는 진보적 자유주의 사상은 탄압했다. 이 단어들은 1833년 반동적인 교육장관인 세르게이 우바로프가 교사들에게 회람한 서한에 처음 등장했는데, 니콜라이 1세가 이를 바로 채용하여 통치 이념의 근간으로 삼았고, 미하일 포고딘, 표도르 추체프 같은 당대 지식인들이 이를 적극 지지했다.

들은 크림 전쟁 이후 무기 제조, 조선, 철도 산업의 기초가 되었다. 공장에서 일하는 상트페테르부르크 시민들 숫자는 1840년대에 극적으로 늘어났지만, 대부분의 러시아인들은 여전히 농업에 종사하고 있어 제대로 된 산업혁명을 위한 노동력은 시골에 묶여 있었다. 그러다가 1861년 농노해방이 거대한 수문을 열어주었다. 1870년대가 되자 직업을 찾고 공장 노동이 제공하는 더 나은 미래에 대한 기회를 잡아보고자 농촌 지역 인력들이 상트페테르부르크로 쏟아져 들어왔다.

상트페테르부르크에 세워진 새 공장들과 작업장들은 알렉산드르 넵스키 수도원 남쪽 지역과 비보르크 지역, 페트로파블롭스크 요새 뒤 네바강 북쪽 지역에 몰려 있었다. 1860년대 말 이미 이곳에서는 형편없는 목조 공동주택의 비율이 석조건물의 비율을 4대 1로 넘어섰고, 도시 노동계층의 보편적 주거형태가 되었다. 이 공동주택 소유자들의 명단이 궁정 초청 손님 명단이나 시청 고위관리 명단과 다르지 않았던 이유는, 상트페테르부르크에서 가장 유명하고 가장 부유한 사람들이 자신들의 표준 미달 주거지를 가난한 이들에게 세 놓아 이익을 봤기 때문이다. 1870년대 초 이 상황에 경악한 시 보건의들이 작성한 보고서에는 상트페테르부르크의 노동자들 상당수가 지하 창고 같은 곳에서 생활하며, 때로 이런 곳은 배설물로 오염되어 고인 물이 60센티미터에 달한다고 기록되었다. 알렉산드르-넵스카야 지역에서 수돗물(대개 수도꼭지는 실내에 있지 않고 마당에 있었다)은 열네 채의 건물에 하나꼴로 있었고, 비보르크 지역에서 이 비율은 쉰한 채에 하나꼴이었다.[2]

근처에서 물을 쉽게 못 얻는 문제와 별도로 수돗물은 1860년대와 1870년대 상트페테르부르크 시민들이 직면한 건강상의 위협을 줄이는 데 도움이 되지 않았다. 시는 여전히 네바강과 그 지류를 상수원으로 쓰고 있었고 해가 갈수록 점점 더 많은 건물과 공장들이 그곳으로 하수를 배출했다. "식탁에 오른 우물물은 완전히 오염되어 있었다. 여름에 종종 분뇨수거차가 폰탄카에 오물을 쏟아붓는 모습이 보였고, 공기도 아주 해로웠다"라고 스코틀랜드 출신의 한 방문자가 짜증

혁명의 요람

스럽게 기록했다. "아침 식사 자리에 그 [같은 곳의] 물이 올라왔다"라고 그는 덧붙였다.[3] 시민들에게 끓이지 않은 물을 마시지 말도록 붉은 글씨로 경고하는 플래카드가 시내 곳곳에 걸렸다. 그러나 1910년 러시아를 방문한 한 영국인 말대로 "더러운 몽골의 노역자가 갈증을 해소하느라 자신의 기름투성이 모자를 벗어 도시의 더없이 더러운 운하에서 물을 떠 마시는 것"을 심심치 않게 볼 수 있었다.[4]

20세기가 될 때까지 도시의 물로 인한 전염병은 매년 수만 명의 목숨을 앗아갔다. 1908년 사망자의 절반 가까이가 이런 전염병에 걸려 죽었고, 1892년부터 1905년 사이 장티푸스로 인한 사망률은 상트페테르부르크가 모스크바보다 네 배나 높았다. 매년 2만 명의 시민이 발진티푸스로 죽었고, 한 충격적인 통계에 따르면 이 수치는 모스크바보다 여덟 배, 바르샤바보다 열세 배 높고, 독일 제국의 전체 도시 사망자보다도 많은 것이었다. 영국 외무성은 걱정이 큰 외교관들로부터 상트페테르부르크의 오염된 물 공급에 대한 보고문을 계속 받았고, 이런 보고는 종종 러시아 정부의 공식 보고를 인용했다. 그러나 페테르부르크 시의회는 결단력 있는 행동을 취하기보다, 네바강을 여과하고 정화시킨다는 명목으로 효과가 거의 없는 조치들만 만지작거렸다. 1914년이 되어서야 이들은 새로운 수원을 찾기로 결정했다.[5]

페테르부르크의 모든 시민들이 오염된 물을 공유했지만, 부의 수준에 따라 마시는 물은 달랐다. 여유가 있는 귀족들은 자신들의 식탁에 깨끗한 물과 음료만 올라오도록 할 수 있었고, 대상인이나 기업가도 마찬가지였다. 프랑스에서 수입된 와인, 페리고르의 광천수, 러시아와 유럽에서 구할 수 있는 최고급 과자와 식품들이 상트페테르부르크의 부유층과 저명인사의 식탁에 올랐다. 최고의 음식과 와인을 제공하는 레스토랑들이 넵스키 대로와 인근에 늘어섰고 콘탄트, 도농, 쿠바트나 아스토리아 호텔, 예브로파 호텔, 그랜드 호텔 레스토랑에서의 식사 한 끼 가격은 공장 노동자들이 하루 동안 버는 돈의 몇 배가 되었다.

19세기 말이 다가오면서 부자들은 흥청망청 생활했지만, 선반이나 면직기에서 장시간 노동에 시달리는 사람들에겐 입에 풀칠하는 것조차 쉬운 일이 아니었다. 가장 기본적인 식품 가격이 계속 오르자 일부 노동자들은 겨울에 음식과 난방 둘 중 하나를 포기해야 했다. 어떤 이들은 음식 값을 아끼기 위해 최하품의 식품을 공동으로 구매하는 협동조합을 만들었다. 모스크바의 한 노동자는 이런 협동조합을 "상한 음식을 처리하는 협동조합"이라고 부르기도 했다.[6] 이 상황은 상트페테르부르크에서도 마찬가지였지만 기본 식료품 가격이 모스크바보다 비싼 탓에 식품의 질도 더 떨어졌다. 바실렙스키섬의 한 피혁공장을 방문한 의사는 공장 노동자들이 무두질을 위해 벗겨낸 가죽에서 떼어낸 썩은 고기 살과 기름을 식이 단백질원으로 상용하는 것을 보고 경악했다.[7] 하루 노동시간이 열두 시간에서 열다섯 시간으로 늘어나는 시기에 이 남녀노동자들은 계속해서 물과 양배추 피클로 만든 시큼한 수프와 거친 호밀빵을 주로 먹었다.

상트페테르부르크의 노동자들은 나쁜 날씨와 형편없는 식사, 처참한 주거환경에 더해 의료시설 부족으로 더욱 큰 고통을 받았다. 19세기 중반 약 30개의 빈민구호소와 공공병원이 도시 내 하층민들을 돌보았지만 수십만 농민들이 시내로 쏟아져 들어오고 교외에 공장들이 우후죽순 들어서면서 상트페테르부르크의 공공 구호체계는 이들의 수요를 감당하지 못할 지경에 이르렀다. 많은 공장들이 자체 의료 서비스를 전혀 제공하지 않았고, 수천 명의 노동자들의 작업 부상을 담당할 의사나 간호사가 한 명뿐인 공장들도 있었다. 이런 혜택도 받지 못하는 하층민들은 스스로 돈을 들여 개업의를 찾아가야 했다. 식료품과 임대료로 주급의 대부분을 써버리는 대부분의 하층민은 자신들의 일당에 해당하는 비용이 드는 이런 치료를 받는 것은, 다른 모든 수단을 시도해보고서 취하는 마지막 방법이라고 여겼다. 도시 생활의 위험에 취약하고 도움받을 실질적인 보건 시설이 없던 상트페테르부르크 하층민들은 콜레라, 장티푸스, 발진티푸스, 디프테리아, 홍역, 천연두에 희생되었으며 이 엄청난 감염률은 유럽에서 가장 건강하지

못한 수도라는 불명예를 유지하게 해주었다.[8]

1890년대에 산업혁명이 가속화되면서 상트페테르부르크의 인구는 폭발적으로 늘어났고 1900년이 되자 40년 전에 비해 인구가 세 배로 늘어났다. 이 시기 페테르부르크 시민 세 명 중 두 명은 이 도시가 아닌, 다른 지역 출신이었다. 시민 세 명 중 한 명이 도시의 상점, 공장, 작업장에서 일했고 이들 여섯 명 중 한 명은 여성이었다. 공장 감독관이 출산 휴가를 주지 않았기에 많은 여성 노동자들이 공장 마룻바닥에서 출산해야 했다.[9] 모든 곳에서 근로 조건이 산업혁명 초기 10년간 일반적으로 발견되는 현상을 닮았다. 긴 작업시간, 낮은 임금, 잦은 해고, 작업 태만이나 사고나 결근에 대한 높은 벌금 등 모든 여건이 노동자들의 삶을 힘들게 만들었고, 특히 임금이 간신히 20퍼센트 오른 데 반해 빵, 육류, 어류, 등유, 의복 물가는 두 배 이상 올랐던 1890년부터 1900년 사이에는 더욱 힘들게 만들었다.[10]

20세기 초 상트페테르부르크의 비좁은 공동주택의 아파트엔 빈, 파리, 베를린보다 평균 두 배 이상의 노동자가 거주했다. 아파트 하나당 평균 열여섯 명이 거주했고, 큰 방 하나에 1백 명까지 거주한다는 보고도 나왔다.[11] 거의 60만 명에 이르는 주민들이 지하 저장고에 거주했고 수만 명이 벽장, 방 한구석, 계단 밑 공간에 거주했다. "방은 지저분하고, 벽과 천장에는 그을음이 두껍게 묻어 있었다"라고 1880년대에 누군가가 노동자의 평균 주거환경을 서술했다. "작은 침대들이 두 줄로 양쪽 벽에 늘어서 있었고, 두 사람이 한 침대를 교대로 써야 했다"라고 이 보고는 계속 설명했다.[12] 이보다도 못한 주거시설들이 나타나기 시작하자 시 당국은 좀 더 나은 수준의 것을 제공해야 했다. 1차 세계대전 직전까지 저렴한 여인숙이 러시아 수도 노동계층의 가장 밑바닥 주거시설인 공동주택을 대체했다. 수천 명의 노동자들이 이 야간 주거지에서 잠을 잤지만 이곳엔 여가 시간을 보낼 장소는 없었기에 거리로 나가야 했다.

1910년 즈음엔 최소한 서른네 곳의 여인숙이 시 당국에 의해 운영되었다. 구호소는 한 손에 꼽을 만큼 적은 대신, 많은 기업가들이 돈을 벌려고 하층민 주거시설을 운영했다. 넓이가 1미터 미만인 취침 구역이 방 양편에 이어져 있고, 이 공간이 다 차면 다른 사람들은 문간, 복도, 침대 아래에서 잠을 자야 했다. 이런 시설에서 하룻밤을 보내는 비용은 5~35코페이카였고, 자선단체나 시가 운영하는 여인숙은 이보다 저렴했으며 차나 요깃거리를 제공했다. 많은 노동자들이 더 끔찍하면서도 비싼 사설 시설을 선호했던 이유는, 자선단체나 시 운영 여인숙에서 금지하는 음주를 이곳에서는 허용했기 때문이었다. 1910년 기준으로 8천 명 이상의 주민들이 이런 식으로 밤을 지냈고, 공공보건 관리들은 1만 2천 명 이상을 수용할 시설이 추가로 필요하다고 추산했다.[13]

상트페테르부르크가 1914년의 전쟁으로 다가가는 동안, 끔찍한 가난과 눈이 휘둥그레질 부가 나란히 존재했고, 후진성의 유물과 진보의 기구도 병존했다. 센나야 광장 시장과 재건된 슈킨 아케이드에서 20분만 걸으면 볼샤야 모르스카야 거리 24번지에 궁정보석상 칼 파베르제가 운영하는 상점이 붉은 화강암 건물에 자리 잡고 있었다. 오브친니코프, 보크, 볼린, 틸란데르, 데니소프가 운영하는 금은방도 파베르제 상점의 지척에 위치했다. 그라초프 형제가 금은 장식품, 에나멜 제품을 판매하는 고급 상점도 넵스키 대로 코너에 위치해 있었다. 넵스키 대로에서 조금 더 가서 예카테리나 운하와 만나는 지점에는 싱어재봉회사 본점이 자리하고 있고 20개 이상의 은행이 가까운 거리에 있었다. 프랑스의 크레디 리옹 은행은 당시 넵스키 대로에 지점을 가졌고 인터내셔널 하베스터 은행도 그다지 멀지 않은 곳에 지점이 있었다.

매년 2백만 명 이상의 승객이 이용하는 전차가 넵스키 대로를 따라 운행했고, 총 2백 킬로미터에 달하는 전차 노선이 도시 곳곳에 깔렸다.[14] 그러나 후진성의 도구들도 그대로 남아 있었다. 농부 짐마차꾼, 운반부, 행상인들은 상트페테르부르크 상업에서 계속 역할을 담당했고, 사람들은 현대식 상점이 아닌 노천시장에서 물건을 더 많이 샀다. 1912년 즈음 상트페테르부르크의 삶에는 런던, 파리,

베를린, 뉴욕에서 볼 수 없는 시골적인 요소가 여전히 있었고, 이는 근대식 도시 생활의 보다 넓은 지역에서 전통의 가치, 주로 농민적인 가치가 보존되는 데 일조했다. 거리와 공장, 상점 아케이드, 부자와 가난한 사람이 공유하는 주거형태에서 낡은 것과 새로운 것은 서로 충돌하고 혼합되고 투쟁하며 새로운 공통기반을 찾아갔다. 상트페테르부르크의 근대 세계에는 상향 이동과 더불어 하향적 사회 운동이 있었고, 이것은 1차 대전이 시작되기 전 25년의 세월 동안 유명인사가 된 기업가와 철도 재벌들에게서 가장 극적으로 나타났다.

러시아 경공업의 대부분이 모스크바에서 러시아정교회 분리파 교도(Old Believer) 상인들의 폐쇄적 집단의 영향 아래 발전한 데 반해, 상트페테르부르크는 1860년대와 1870년대에 중공업 중심지로 빠르게 부상했다. 현대 산업의 발전을 지원하는 정부 정책과 이 도시의 은행으로 쏟아져 들어오는 외국과 국내 자본 덕분에 제철, 철강 공장, 기계부품 공장, 면방직 공장, 화학 공장들이 꾸준히 늘어났고, 도시의 노동자 수는 더 빠르게 증가했다. 이 기간에 루드비크 노벨 Ludwig Nobel은 어마어마한 규모의 피닉스 금속공장과 제철공장을 시 외곽 비보르크 지역에 설립했고 오부호프 가, 쿠드랴프체프 가, 푸틸로프 가는 거대 산업체들을 설립해 1870년 이후 도시의 공장 지대를 장악했다. 이러한 산업화를 이끈 두 힘은 철로와 기차 주문, 그리고 대규모로 빠르게 근대화하는 러시아육·해군을 위한 군사 장비 수요였다. 러시아 최초의 철제 군함이 1860년대 상트페테르부르크에서 건조되었다. 1870년대 초부터는 철로와 함께 이를 따라 달리는 열차와 화물차도 많이 만들어졌다.[15]

19세기 말 상트페테르부르크의 산업발전에서는 경영 능력의 부족을 공장 규모로 보충했다. 19세기 말이 되었을 때 2천 명이 넘는 노동자가 아이바즈 기계공장에서 일했고, 넵스키 조선소는 이의 두 배가 되는 노동자를 고용했다. 러시아–미국 트루골닉 고무회사는 1만 1천 명 이상의 노동자에게 임금을 지급했다. 푸틸로프 금속공장은 1만 2천 명 이상의 노동자를 고용했고, 상트페테르부르크 교외의 하늘에 굴뚝 그림자를 드리운 거대한 면방직 공장들도 각각 수천 명의 노동자를 고용했다. 라페름 담배공장도 20세기 초 2천 명이 넘는 직원을 고용하여, 상트페테르부르크의 노동 인구는 1890년부터 1910년 사이 세 배로 늘어났다.[16]

이러한 거대 기업들을 소유한 소수의 가족은 상상을 초월하는 부를 축적하여, 18세기 황제나 여제로부터 하사받은 재산을 누리고 사는 대귀족 가문에 못지않은 호화로운 생활을 했다. 이 중 가장 부유한 기업가는 니콜라이 푸틸로프 Nikolai Putilov와 그의 아들인 알렉세이 푸틸로프Aleksei Putilov였다. 1840년대와 1850년대 해군성의 민간 엔지니어로 일한 니콜라이 푸틸로프는 크림 전쟁 중 증기동력 군함을 설계·제작하여 유명해졌다. 푸틸로프가 근대 기술을 활용하여 러시아에 봉사할 수 있으리라고 판단한 러시아 정부는 1868년 커다란 제철공장을 그에게 매각했고, 그는 이제 막 시작된 철로와 기차 제조에 뛰어들어 큰돈을 벌었다. 정부의 큰 지원과 계약에 힘입어 푸틸로프는 제철공장을 확장하여 약 1만 2천 명의 노동자를 고용하는 복합산업체를 만들었다. 이들은 곧 화학공업과 무기 제조에도 뛰어들어, 1912년이 되자 공장의 생산품 절반이 전쟁물자로 채워졌다.[17] 푸틸로프 부자는 대귀족처럼 살며 궁전과 같은 저택에서 예카테리나 여제 시대 궁정 신하에 버금가는 많은 수의 하인을 거느렸다. 최상품 와인, 이국의 요리, 파리의 디자이너가 만든 무도회 의상은 가구, 안락용품, 예술품의 측면에서 돈으로 살 수 있는 최고의 것들이었고, 이 모든 것이 푸틸로프 가문의 일상의 일부였다.

"기계와 산업 노동에 대한 러시아인들의 놀라운 역량"[18]을 믿는다고 선언한 푸틸로프는 가부장제와 엄격한 경영 통제가 거대한 가족회사와 노동자 사이의 관계를 주도해야 한다고 주장했다. 1870년대 초 그의 공장에서 러시아 최초의 파업이 일어났고 격렬한 노동쟁의로 인해 많은 정부 계약을 상실한 푸틸로프 공장은 결국 페테르부르크 국제은행에 경영권이 넘어갔다. 새 경영진은 1890년대에 기차, 화물차, 무기 공장으로 회사를 성공적으로 살려내어 20세기 초에 상트

레닌과 푸틸로프 공장 노동자들(이삭 브로드스키 작)

페테르부르크에서 경쟁 상대가 없는 최대 공장으로 다시 우뚝 섰다. 이러한 성공에도 불구하고 조금도 물러서지 않는 푸틸로프 가의 경영으로 격렬한 노동쟁의가 계속 일어났다. 이로 인해 1905년 공장은 두 번 폐쇄되어야 했고, 몇 년 뒤 알렉세이 푸틸로프가 운영하는 강력한 러시아-아시아 은행이 경영권을 인수한 다음에야 공장이 되살아났다. 엄청난 정부 지원과 군사 장비와 탄약 수요 덕에 공장은 계속 번성했고, 1917년 혁명 때 국유화되어 소련 정부 소유가 되었다.[19]

푸틸로프 공장은 러시아 산업을 근대화하고 발전시키는 데 상트페테르부르크 은행들이 수행한 역할을 보여주는 하나의 대표적 사례이다. 러시아의 산업혁명을 촉진하는 데 상트페테르부르크가 한 중요한 역할 중 하나는 1864년에 러시아 최초의 합자 상업은행인 상트페테르부르크 상업은행을 설립하여 수도의 몇몇 대규모 산업시설에 필요한 자본을 댄 것이다. 머지않아 빈과 베를린의 은행들이 상트페테르부르크의 신흥 산업에 투자를 시작했고, 이것이 계기가 되어 더 많은 외국 자본이 러시아에 유입되어 산업혁명을 가속화했다. 1870년 설립된 상트페테르부르크의 볼가-카마 은행은 빠르게 러시아 다른 지역으로 영업을 확대하여 1880년에는 거의 20개 도시에 지점을 가지고 있었고 이후 20개 이상의 지점을 더 개설했다. 얼마 안 있어 볼가-카마 은행은 러시아 제국에서 가장 큰 은행이 되어 매년 수천만 루블의 자본을 러시아 산업에 투자했다. 볼가-카마 은행과 경쟁 은행들 덕분에 상트페테르부르크는 세기말 전 러시아 제국의 재정 중추가 되었다. 넵스키 대로에 있는 은행만 해도 스물여덟 개였다. 이 도시의 은행들은 러시아 전체 예금의 절반을 유치했고, 19세기 초 알렉산드르 1세 시기에 토마 드 토몽이 건축한 증권거래소는 러시아 내의 증권과 주식 거래를 주도했다.[20]

현실 세계에 대한 새로운 실용적 사고방식은 1870년대, 1880년대, 1890년대의 급격히 성장하는 상트페테르부르크의 경제생활을 지배했을 뿐 아니라 고급 기술교육기관을 설립하게 만들었다. 1860년대를 기점으로 광산대학, 기술대학, 건축대학, 교통대학이 설립되어 사회적·경제적으로 확대되는 수요에 필요한 기술자를 길러냈다. 새로운 기술과 과학 발전이 전체 러시아인의 삶의 개선에 이용되어야 한다는 생각으로 이 대학 졸업생들은 정부와 상트페테르부르크 민간 부분의 거리를 좁혀, 이전 시대에는 불가능했던 공동 작업을 시작했다. 이들 중 일부는 전문기술협회를 창설했다. 러시아 역사에서 처음으로 학자, 엔지니어, 기능공, 정부 관리들이 힘을 모아 일했고, 이들의 노력은 상트페테르부르크와 러시아의 기술적 발전을 돕는 역할을 했다. 저명한 화학자인 드미트리 멘델레예프*는 재원과 재능을 모으는 데 핵심적 역할을 했다. 화학, 물리, 수력, 전기 분야, 그리고 육·해상 수송에 증기역학 기술을 적용한 공을 인정받은 수십 명의 과학자들도 이에 동참했다.

이들은 기술이 자신들이 사는 도시와 나라에 어떤 영향을 미칠 것인지를 물었고, 이것이 더 넓은 범위의 사회·경제적 문제를 해결하는 데 기여할 수 있을지

---

* 멘델레예프[Dmitri Ivanovich Mendeleev, Дмитрий Иванович Менделеев, 1834~1907)는 러시아의 화학자, 발명가로 멘델레예프 주기율표를 만들었고, 키예프공과대학과 상트페테르부르크대학에서 강의와 연구에 전념했다. 모스크바대학 명예교수로 추대되었고, 영국 왕립학회의 데이비 메달, 영국 화학회의 패러데이 메달을 받았다.

를 진지하게 생각하기 시작했다. 일례로, 기술과 과학이 이 도시를 만들 때부터 심각하게 대두되었던 공공보건 문제에 응용될 수 있을까? 그리고 이것이 노동자들이 거주하고 일하는 빈민가를 벗어날 수단을 제공할 수 있을까? 근대적 대중 교통체계 덕분에 유럽 여러 도시의 노동자들이 작업장에서 먼 곳에도 거주할 수 있게 된 것은 사실이었지만, 상트페테르부르크에서는 이 과정이 이제 막 시작되었다. 일례로 1900년이 되었을 때 베를린의 버스와 전차는 매년 5억 명의 승객을 이동시켰지만, 상트페테르부르크의 대중교통은 이 4분의 1에도 못 미치는 사람들이 이용했다. 1870년부터 1914년 사이 약 150만 명의 인구가 상트페테르부르크로 이주해 왔고 이들 대부분은 시 외곽의 공장과 작업장 인근의 빈민가에 몰려 살고 있었다. 상트페테르부르크의 하층민들은 걸어서 자신들의 방직기계, 선반기계, 용광로까지 출근했다. 1900년 즈음 상류층과 중류층만이 교통수단을 이용하여 자기가 사는 지역에서 멀리 떨어진 다른 지역의 직장까지 이동할 수 있었다.[21]

산업혁명이 상트페테르부르크에 가져온 새로운 기술과 부 창출의 새로운 방법은 새로운 건물, 기차역, 주거 아파트, 학교, 병원, 호텔, 은행, 사무실, 근대식 주택을 다수 요구했다. 건축가들은 이제 더 이상 신고전주의 전성기 때처럼 전통을 중시하는 예술아카데미에서만 배출되지 않았다. 건축가들의 비전은 훨씬 다양해졌고 먼 곳을 지향했다. 상트페테르부르크 건축대학에서 건축학을 배운 사람들은 건물이 어떻게 세워져야 하는가와 어떤 목적에 이바지해야 하는가에 대해 새로운 아이디어를 가지고 있었다. 이들은 새로운 건축자재와 설계를 이용하여 자신들의 진보적 아이디어를 구현했다. "재료의 성격과 이것을 적용하는 가장 뛰어난 방법이 건축의 방법을 결정한다"라고 아폴리나리 크라솝스키 Apollinarii Krasovskii가 설파했다. 그가 쓴 『시민 건축』은 신세대 러시아 건축가들에게 경전과 같은 책이 되었다. "건축은 유용성이나 아름다움 한 가지만을 지향해서는 안 된다. 이것의 기본적 규칙은 하나를 다른 하나로 변형시키는 것이다"라고 그는 1880년대에 썼다.[22] 이 원칙의 일부는 1880년대 초반 센나야 광장 시장 건설에서 거대한 유리와 주철로 만든 구조물을 사용하는 것으로 실현되었다. 그러나 이런 기법은 19세기가 끝날 때쯤 되어서야 상트페테르부르크 건축가들이 철, 판유리, 강화 콘크리트를 더 크고 창의적인 규모로 사용하기 시작하면서 확고하게 정립되었다.

19세기 후반의 신흥부자들은 처음엔 새로운 건물을 지을 때 실용주의나 크라솝스키의 책이 제시한 명확한 예술적 비전으로 접근하지 않았다. 1860년대 중반부터 1870년대 후반까지 건물의 전면부를 재건축하는 유행이 도시를 휩쓸었지만 미에 대한 안목보다 돈을 더 많이 가진 사람들이 자신의 족적을 남기고자 했기 때문에 건물의 미를 망치곤 했다. "건물 전면을 보수하는 이들이 점점 늘고 있다. 현재의 우리 건축은 어떻게 정의해야 할지 알 수 없다"라고 도스토옙스키는 1873년 불만을 토로했다. "전반적으로 무질서한 엉망이다. 어쨌든 현재의 무질서에 걸맞기는 하다"라고 그는 덧붙였다.[23] 건물 전면부는 신르네상스, 신바로크, 신그리스, 러시아 리바이벌 양식, 그리고 한 전문가가 말한 것처럼 "혼합되거나 알아볼 수 없는 스타일"이 뒤죽박죽 뒤섞였다.[24] 도시의 신흥부자들은 자신들의 아파트 건물을 베네치아 총독이나 피렌체 공후들의 저택을 흉내 내어 짓기를 원했다. 건축평론가 블라디미르 스타소프Vladimir Stasov는 "마음에 들면 여기에 4미터 반쯤 그리스식 '고전주의'를 넣고, 마음에 들지 않으면 3미터쯤 이탈리아 '르네상스' 양식을 넣는다. 숨 쉴 공간 하나 없이"라며 몇 개의 양식을 동시에 되는대로 모아놓았다고 건물 전면 작업에 대해 개탄했다. 돈은 있지만 안목은 없는 손님을 위해 건축가, 변덕스러운 손님을 붙잡으려는 가게 주인처럼 손에 닿는 대로 이것저것을 조금씩 섞어놓았다고 스타소프는 평했다. "건축가는 아무 생각 없이 다른 사람의 뜻에 따라 돈을 받으면 무엇이든 하는 사람이 되었다"라고 또 다른 비평가가 슬프게 결론을 내렸다.[25]

그러나 1890년대가 되자 상트페테르부르크의 건축가들은 보다 분명한 태도로, 예술적 온전함을 현대적 요구에 맞춘 특유의 '모던 양식(style moderne)'을 만들기 시작했다. 세기 전환기에 건축된 상업 건물들, 아파트 건물들, 도시의 두 최고급 호텔인 아스토리아 호텔, 예브로파 호텔과 수많은 개인 주택들은 이 새로운 건축 양식의 중요한 요소를 과시했다. 이 건물들은 모더니스트 비전이 남긴 족적의 기념비로 여전히 남아 있다. 20세기 초 건물 양식이 노출이 많고 현대화된 고전주의 형태로 빨리 바뀌면서 벽돌, 석제, 콘크리트, 주철, 강철, 유리가 건축에서 새로운 형태를 띠었다.

상트페테르부르크에 이러한 새 양식을 만든 사람 중에 가장 눈에 띄는 건축가는 표도르 리드발Fedor Lidval이었다. 그는 1890년대 전반 예술아카데미에서 수학하고, 1899년 29세 때 자신의 첫 번째 중요한 건물로 아파트 단지를 지어 아내의 이름으로 등록했다. 이전의 건축가들과 달리 리드발은 처음에 시내 중심이 아닌 페테르부르크 구를 선택하여 표트르 대제가 1703년 첫 통나무집을 지은 곳에서 멀지 않은 위치에 아파트 단지를 지었다. 얼마 안 있어 이곳은 안락한 중산층 주거 지역이 되었는데, 그는 주철과 연철, 스테인드글라스, 벽돌, 치장 벽토를 써 아파트를 건축해, 이전의 로시 시기에 상트페테르부르크 아파트의 특징이었던 비좁은 안마당 대신 탁 트인 깊은 공간을 조성하여 조경을 만들었다. 리드발은 이후 시내 중심의 볼샤야 코뉴센나야 거리와 말라야 코뉴센나야 거리에도 아파트 단지를 건축했고, 다시 페테르부르크 구로 돌아와 건축을 계속했다.[26]

다른 건축가들도 리드발의 방식을 따랐다. 특히 페테르부르크 구의 카멘노오스트롭스키 대로엔 1920년까지 열 개 이상의 아파트 단지가 들어섰는데, 리드발 외에도 니콜라이 바실레프Nikolai Vasilev, 이폴리트 프레트로Ippolit Pretro, 세르게이 코르빈-크류콥스키Sergei Korvin-Kriukovskii가 건축에 참가했다. 이 건축가들은 중심부에서 떨어져 있는 이 지역의 넓은 공간을 활용했고, 새로운 건축자재를 이용하여 혁신적 비전을 구현했다. 외벽칠하기(rough-cast)와 강화 콘크리트, 특별한 질감이 나는 치장 벽토, 무거운 석제, 심지어 유리와 철골 구조로 만들어 빛이 통과하는 벽 등이 1900년대의 첫 10년 동안 유행한 새로운 건축 디자인이었다.[27] 이 모든 것들이 합쳐져 엘리자베타 여제와 예카테리나 여제 시기 이후 상트페테르부르크를 정의해왔던 비전을 변형시켰다.

상업용 건물에서는 카멘노오스롭스키 대로의 아파트 건물의 특징을 만든 모던 양식이 소위 "불필요한 요소를 제거한 모던 클래식"으로 빠르게 진화되었다.[28] 이러한 새 건물 중 첫 번째 건물은 보석상 표트르 칼 파베르제가 1899년 칼 슈미트Karl Shmidt에게 짓게 한 가족 공방 건물이었다. 뛰어난 금속세공과 독창성으로 세계적 명성을 얻은 파베르제는 제정러시아의 황혼기를 비추는 순수한 판타지와 데카당스의 공예품을 만들어내는 것으로 유명해졌다. 그의 장인들은 진주, 다이아몬드, 연옥으로 백합을 세공하고, 정교하게 에나멜을 씌운, 크리스털 창문이 달린 미니어처 마차를 만들어내고, 에나멜과 금으로 장식된 미니어처 그랜드피아노를 세공해냈다. 물론 가장 유명한 것은 전 세계에서 유례를 찾아볼 수 없는 부활절 달걀들이었다.[29] 자신과 장인 예술가들이 감당할 수 없

파베르제의 공예품

을 정도로 주문이 몰리자, 그는 아버지로부터 물려받은 넵스키 대로와 겨울 궁전 지척의 거리인 볼샤야 모르스카야 거리 24번지에 위치한 비좁은 상점을 벗어나 새로운 건물을 짓기로 했다. 슈미트는 연마한 붉은 화강암 기둥, 판유리, 거칠게 자른 매끈한 회색 화강암의 다양한 조합을 "고딕화된 전근대(Gothicized premoderne)" 양식으로 혼합해냈고, 이 양식은 넵스키 대로의 몇 건물을 건축하는 데도 적용되었다.[30]

이 새로운 건축물 중 가장 대담한 것은 가브릴 바라놉스키Gavrill Baranovskii가 대상인 엘리세예프를 위해 넵스키 대로 56번지에 지은 고급식품점이다.

1885년 토목공학 학교를 졸업한 바라놉스키는 모스크바, 니즈니노브고로드, 에스토니아에서 건축일을 했고 당시 영향력 있는 잡지《건축가Stroitel》의 편집자로서 러시아 건축학 조류를 형성하는 데 중요한 역할을 했다. 엘리세예프 식품점 건축을 위해 그는 휘어진 철제빔과 거대한 판유리를 사용하는 빈, 브뤼셀, 파리의 건축 유행을 도입했다. 그는 이것을 배경으로 가져와 당시 상트페테르부르크 중심가 일부를 지배하던 고전적 양식과의 대조를 강조하려 했다. 1904년 완공된 엘리세예프 식품점은 넵스키 대로 북면에 새로운 특성과 흥미를 더했다. 이 지역은 반대편에 위치한 스트로가노프 궁전, 카잔 대성당, 알렉산드린스키 극장, 공립도서관, 아니츠코프 궁전으로 항시 그늘이 드리워져 있던 곳이었다.[31] 인근의 건축물들의 특징을 형성한 발렝 드 라 모트, 로시, 라스트렐리의 설계와 확연히 대조를 이룬 엘리세예프 상점은 소련 시대에도 시민들에게 식품과 와인을 제공하는 최고의 장소로 그 명성을 이어나갔다.

슈미트와 바라놉스키가 시작한 새 경향은 카잔 운하 너머 넵스키 대로 28번지에 파벨 슈조르Pavel Siuzor가 지은 싱어재봉회사 본부 건물에도 반영되었다. 20세기가 시작될 때 상트페테르부르크 건축가들의 리더로서(1866년 예술아카데미를 졸업했고, 1900년에 56세였다) 슈조르는 1860년대와 1870년대 절충주

싱어재봉회사 건물
(돔 크니기)
(알렉스 페도로프 사진)

의적 건축 양식에 몰두했고, 이것은 신고전 양식으로 이어졌다. 그는 1901년 싱어 관계자가 건축을 의뢰하기 전 이미 백여 개의 건물을 지은 상태였다. 미국의 고객을 위해 슈조르는 청동, 강철, 판유리를 건축자재로 사용하고 금속 뼈대가 있는 돔, 거대한 돌계단, 건물 7층을 오르내리는 세 개의 오티스제 엘리베이터를 설치했다. 그리고 세 개의 주창 틀을 헬멧을 쓴 나신의 여인상과 청동으로 만든 거대한 미국 독수리상으로 장식했다. 이 모든 것이 싱어 건물에 강력한 건축적 존재감을 부여해, 상트페테르부르크의 다른 유럽이나 미국 회사들은 물론, 그렇게 되고자 고투한 수많은 은행과 상업용 시설들도 이에 필적할 수 없었다.[32]

20세기 초 상트페테르부르크의 건물들을 설계한 건축가들은 '고딕화된 전근대 양식', '모던 양식', 불필요한 요소를 뺀 신고전주의 모두를 포괄하는 절충적인 틀 안에서 작업했다. 그러나 1910년이 다가오자 신고전주의의 위엄 되살리기에 대한 일종의 숭배가, 이따금 충돌하는 영향의 이 혼합 속에서 형성되기 시작했다. "독일식 르네상스, 프랑스식 로코코, 고딕 양식의 애처로운 패러디"[33]를 비난하며 이 개혁적 양식을 옹호한 사람들은 예카테리나 여제, 알렉산드르 1세, 니콜라이 1세 시기에 상트페테르부르크를 형성했던 양식을 되살릴 것을 주장했다. 리드발이 이런 경향을 이끌며 아조프-돈 은행과 이삭 광장의 아스토리아 호텔

아스토리아 호텔(1930)

혁명의 요람

을 건축했다. 어떤 건축가들은 이탈리아 르네상스 양식에서 영감을 얻어왔다. 그러나 어떤 건축가들은 16세기 모스크바 공국의 건축 양식에 의지했고, 과거로 회귀하는 것에 반대하는 건축가들은 마리안 럘레비치Marian Lialevich와 마리안 페레탓코비치Marian Peretiatkovich의 실내 시장 설계, 도시의 유대인 공동묘지 끝에 야콥 게비르츠Iakov Gevirts가 지은 유대교 회당처럼 충격적인 모던 양식을 도입했다.[34]

1차 대전의 암운이 몰려오는 동안 세기 전환기에 상트페테르부르크의 새로운 주요 건축 양식이 된 절충주의는 1백 년 전 러시아의 제국적 영광과 밀접히 관련된 신고전주의에 초점을 맞추기 시작했다. "새로운 양식, 새로운 미와 장식을 모색하는 초조한 시간이 지나고 […] 건축은 다시 기꺼이 오래전 국가적 양식을 그 근간으로 삼았다"라고 1911년 열린 4차 러시아 건축가대회에서 한 지도적인 건축가가 말했다. 뛰어난 젊은 건축가이자 모더니스트인 이반 포민Ivan Fomin은 신고전주의의 "놀라운 구조"는 "과거의 시"이며 미래를 위한 모델로 진지하게 관심을 기울일 필요가 있다고 말했다. 상트페테르부르크의 주도적 평론가 중 일부는 포민의 양식을 "계산과 얄팍함, 염가와 저하된 기량이라는 동시대의 경제적 정신"에 대한 해독제로 받아들였다. 영향력 있는 건축평론가인 게오르기 루콤스키Georgii Lukomskii는 포민의 양식이 "과거 페테르부르크의 근본에 가까운" 것으로 평가하고, "빛나는 전통에 완전히 기초하고 있다"라고 말했다.[35]

러시아의 영웅적인 과거의 드라마와 영광을 되살리기 위해 포민과 몇몇 신고전주의 부흥론자들은 상트페테르부르크의 중심부와 소네바강 맞은편 페테르부르크 구 북면의 돌섬에 개인 저택들을 지었다. 18세기 후반의 위대한 건축가 바실리 바제노프Vasilii Bazhenov가 이곳에 미래의 차르 파벨 1세를 위한 3층짜리 궁전을 지은 이래, 황실 가족은 궁전 주변에 거대한 공원을 계속 유지하고 있었다. 이 섬은 19세기 중반까지 상대적으로 개발되지 않은 채 남아 있었다. 그러다가 귀족과 부유한 대상인들이 이곳에 여름 저택을 짓기 시작했고 이것이 20세기가 시작되기 전 마지막 개인 주택 건설의 물결을 일으켰다.

칼 로시가 알렉산드르 1세의 어머니를 위해 지은 웅장한 엘라긴 궁전의 소네바강 맞은편 정면에 포민은 추밀원 의원인 폴롭 체프의 후손들을 위한 여름 저택을 지었다. 20세기 초 다른 곳에서 유례를 찾을 수 없는 저택 내의 고벨린 홀은 다섯 개의 화려한 고벨린 태피스트리를 전시했다. 다른 방에는 고대 유적지를 그린 그림들이 걸려 있었고, 흰 기둥 홀의 이탈리아식 천장은 로시의 미하일롭스키 궁전의 천장에 필적할 만했다. 다른 건축가들은 인근에 더 작은 규모로 차예프 가, 메르텐 가, 베흐테레프 가와 크릴리쳅스키 가를 위한 저택을 지었다. 시내의 다른 지역에서 포민의 견해를 공유한 신고전주의 부흥론자들은 아파트 건물과 개인 저택을 지었다. 이들 중 가장 유명한 것은 1차 대전 발발 전해에 포민이 직접 지은 아바말레크-라자레프 저택이다. 이런 건축물 중 일부는 근대 생활의 주류에서 멀어진 박물관 같은 분위기를 풍겼다. 그러나 과거와의 접점을 만들면서, 알렉산드르 1세의 군대가 나폴레옹군을 격파하고 러시아를 위대하게 만든 그 시기의 영광을 되살리려는 노력을 보여주었다.[36]

세기 전환기에 상트페테르부르크의 외관을 변화시킨 새로운 취향과 가치는 문화적·지적 생활도 변화시켰다. 1910년이 되자 이 도시에 거주하는 2백만 명의 주민들 가운데 십중팔구는 읽고 쓸 줄 알았으며 따라서 그들의 부모나 조부모가 상상했던 것보다 훨씬 크고 복잡한 세계와 접촉할 수 있게 되었다.[37] 1810년 상트페테르부르크에서 발행되는 잡지와 신문의 수는 5~6종에 불과했고, 러시아 전체로 보아도 12종 미만이었다. 한 세기 후 이 숫자는 상트페테르부르크에서만 수백 종으로 늘어났고, 러시아 전체에서 발행되는 정기간행물은 1천 종이 넘었다.[38] 알렉산드르 1세 시기 1천 부가 기준이었던 베스트셀러는 이제 수만 부가 팔리는 책을 의미하게 되었다. 근대 과학과 소통 덕분에 백 년 전에는 알지 못했던 방대한 양의 정보를 쉽게 얻게 되었고, 근대 교육이 그 지식을, 이전에는 접근하는 것을 꿈도 못 꿨던 수십만의 상트페테르부르크 시민들에게 통용되게 만들었다.

한 세기 전 러시아 전체에서 학교에 갈 수 있었던 사람 수보다 많은 상트페테르부르크 시민들이 20세기 초 교육을 받게 되었고, 이것은 사회와 정부 사이 대화의 내용과 초점을 완전히 변화시켰다. 이전 시기에는 소수의 식자층만 진보, 근대, 사회 변화에 대해 토론했고, 그것도 정부가 허용하는 가장 좁은 틀 안에서만 가능했다. 이제 상트페테르부르크 시민들은 자신들의 삶에 스스로 책임져야 했고, 이는 미래에 대한 실제적이고 현실적인 문제와 미래가 나아갈 방향에 대한 질문을 피할 수 없게 되었음을 의미했다. 1906년까지 전제정이 국가 입법 과정의 어떤 부분도 논제화하는 것을 계속 막아왔던 것이 사실이었고, 이 논제화는 서구에서는 이미 삶의 큰 부분이 되고 있었다. 그러나 그다지 높지 않은 수준에서 러시아인들은 공동체와 자기 자신에 대한 책임을 떠맡기 시작했다. 공공 서비스, 공공보건, 사유권 보호는 모두 19세기 말을 향해 가는 시점에서 상트페테르부르크든 어디에서든 선출된 공직자들이 갑작스레 직면해야 할 질문들이 되었다. 더 이상 차르, 대귀족들이 그들의 명령을 받도록 운명 지워졌던 사람들의 복지에 책임지지 않았다. 러시아인들이 이 완전히 새로운 환경에 어떻게 진입하는가는 20세기에 들어서는 이들의 생에 엄청난 영향을 미칠 수밖에 없었다.

국가적 차원에서 1860년대의 대개혁과 이로 시작된 논쟁은 러시아인들을 신민에서 시민으로 변형시켰다. 1861년에서 1874년까지 10년 조금 넘는 기간 동안 러시아 정부는 거의 5천만 명의 국가 및 개인 농노를 해방시켰고, 배심원 재판 제도를 도입했고, 지방자치 정부를 출범시켰고, 국민들이 언론을 검열하는 책임을 지게 만들었고, 조국을 방어하는 의무를 지게 하였다. 물론 이것은 러시아의 정치 기후가 안정을 유지했다거나 차르와 그의 측근들이 러시아인들이 국가의 미래를 형성하는 데 어떤 역할을 해야 하는가에 대한 명확한 비전을 가졌다는 것을 의미하지는 않았다. 그러나 이것은 통치하는 자와 통치받는 자가 공통의 목표를 공유하고 때로는 힘을 합칠 수 있음을 의미했다. 특히 기술과 과학 분야에서 교육을 받은 사람들과 정부 관리들은 가장 쉽게 협력했다.

상트페테르부르크에서는 크림 전쟁 이후부터 1차 대전까지의 기간에 민간과 정부 사이의 접촉이 점점 확대되어 시민들의 사회적 토론이 더 활발해졌고, 더 많은 청중에게 퍼져나갔다. 소수의 지식인뿐만 아니라 과학자, 사업가, 은행가, 전문직업인은 물론 읽고 쓸 줄 아는 모든 이들이 이전 시기엔 철저하게 정부의 일이라고 여겼던 일들에 대해 관심을 갖기 시작했다. 아마도 가장 놀라운 변화는 1840년대에 진보의 문제가 실질적인 적용 없이 추상적 이론으로 다루어진 데 반해, 반세기 후 러시아의 발전 방향을 고민했던 사람들은 훨씬 더 현실적인 관점에서 이 문제를 다루었다는 점일 것이다. 일부 혁명가들은 유토피아를 논했지만, 세기 전환기에 현대화되어가는 세계에서 얻은 경험은 대부분의 러시아 사람들에게 더 실용적으로 사고하도록 가르쳤다. 1840년대의 상트페테르부르크 문예 사회를 지배한 '잉여 인간'은 도스토옙스키의 위대한 소설에서도, 1881년 그가 사망한 뒤 10년간 '작은 행동'의 시대를 받아들인 작가들의 작품에서도 자리를 갖지 못했다. 사람들이 어떻게 사회 문제에 맞섰고, 어떻게 기꺼이 새로운 시민의 책임을 지게 되었고, 어떻게 러시아의 도시에서 가난과 질병의 딜레마를 다루도록 제시되었는가가 훨씬 더 중요해졌다.

상트페테르부르크 시민들은 물질적·지적 환경에 따라 현대 생활의 딜레마를 다른 식으로 받아들였다. 구 귀족계층의 일부는 삶이 자신들과 조상들이 오래 전부터 적응해온 방식으로 계속되리라고 전제하고 이전과 다름없이 생활했다. 또 다른 일부는 변화와 진보의 도전을 정면으로 바라보고 근대 사회의 문제점이 도시에 어떤 영향을 미칠지 이해하려고 노력했다. 일상이 점점 더 복잡해지고, 기술이 만들어내는 새로운 문제와 부를 축적하는 방식이 달라지면서 사람들은 이 도시의 지적·경제적 자원을 어떻게 해야 최상으로 활용할 수 있을지 진지하게 생각해야 했다. 서구에서와 마찬가지로 러시아인들은 인간의 행태를 지배하는 법칙은 물리 현상을 지배하는 법칙과 똑같은 방법으로 발견될 수 있으리라는 믿음을 갖고 자신들의 사회를 '과학적으로' 연구하려 했다. 이들은 과학을 더 신뢰하면서 과학의 법칙과 방법이 근대적 삶의 오래된 문제들을 뿌리 뽑는 데 기여하리라고 기대했다. 과학이 질병과 싸우고 삶을 물질적 관점에서 더 안락하고 유익하게 만들었던 한편, 과학의 방법론은 역사가 시작된 이래 인류를 괴롭혀온 가난과 기회 불평등이라는 사회적·경제적 문제들을 해결하는 데 적용되었다.

그러나 사회 기능의 작동을 지배하는 법칙들은 어떻게 작용하고, 또 어떤 식으로 가장 잘 이해될 수 있겠는가? 1863년 한 대담하고 젊은 급진적 문학 비평가이자 저술가가 니콜라이 체르니솁스키*라는 이름으로 새로운 사회주의 건설에 대한 자신의 비전을 상트페테르부르크의 진보적 월간지 《동시대인(Sovremennik)》에 발표했다. 그는 이전의 유토피아주의자들과 다르게 용감한 새 세상이 어떻게 만들어질 수 있는지 청사진을 제시했다. 19세기 후반 상트페테르부르크의 역사를 만든 많은 사람들과 마찬가지로 체르니솁스키도 시골 지역에서 성장한 후 교육을 받고 더 나은 미래를 찾기 위해 상트페테르부르크로 왔다. 투르게네프의 유명한 소설 『아버지와 아들』에 나오는 주인공 스타일의 실용주의자인 그는 삶을 이해하는 열쇠는 결점과 실패에도 불구하고 세상을 있는 그대로 받아들이는 것이지 저항하는 것이 아니라고 주장했다. "인생은 아름답다"라고 그는 언젠가 외쳤다. "현실은 더 생동적일 뿐만 아니라 상상보다 더 완전하다"라고 설파했다.[39]

무엇보다 중요한 현실은 러시아 민중의 가난이고, 바로 전해에 농노에서 해방

---

*니콜라이 체르니솁스키Nikolay Gavrilovich Chernyshevsky(1828~1889)는 문예 및 사회 비평가, 소설가, 유토피아 사회주의와 러시아 허무주의의 이론가로 꼽힌다. 오랜 유형 생활에도 불구하고 1860년대 러시아 혁명 운동의 정신적 지도자로 존경받았고, 1860년대와 1870년대 러시아 민중주의자들과 플레하노프, 레닌에게 큰 영향을 끼쳤다. 알렉산드르 게르첸의 사상에 큰 영향을 받은 그는 러시아의 전통적 농민 공동체를 바탕으로 한 사회주의 사회를 꿈꾸었다.

된 수천만 명을 현대 세계로 이끄는 것이라고 1862년 체르니솁스키는 주장했다. 미신을 신봉하고 교육받지 못한 이들에게 모든 시민이 응당 누려야 할 복지를 제공하는 것이 다른 모든 일보다 앞서야 하는바, 만일 그러지 않는다면 이 민중들이 결국 일어나 상트페테르부르크와 러시아가 만들어온 모든 것을 파괴할 것이라고 그는 경고했다. "사람들은 […] 원시적인 편견에 의해, 그리고 그 자신만의 야만적 습관과 다른 모든 것에 대한 맹목적 혐오에 의해 지배되고 있다"라고 그해 봄 「수취인 없는 편지」라는 글에서 그는 주장했다. "이들은 우리의 과학, 우리의 시, 우리의 예술도 예외로 하지 않고 우리의 문명을 파괴할 것이다"라고 그는 계속했다. 잠시 동안 민중이 조용하고 소극적이고 권위의 힘에 복종하는 듯 보이더라도 이 무관심은 더 위험한 상황을 만들 뿐이라고 그는 믿었다. 숙고의 날이 더 오래 미뤄질수록, 끓어오른 대중의 분노가 마침내 불꽃으로 타오를 때 그 폭력성은 더 끔찍할 것이다.[40] 정치가, 관료, 귀족, 진지한 시민들 모두 이 위험을 잘 알고 있다고 그는 주장했다. 그러나 아직 아무도 민중들을 위한 합당한 사회를 만드는 수단을 찾지 못했다.

　검열제도가 당시 사려 깊은 수많은 러시아인들로 하여금 가상의 인물의 입을 빌려 말하도록 만들었기에, 체르니솁스키는 『무엇을 할 것인가?』라는 소설에서 자신의 미래 비전을 풀어놓았다. 자기 시대의 시급한 질문과 대면했을 뿐만 아니라 해답을 구하기로 결심한 그는 모든 사람들의 재능이 어떻게 그들이 사는 사회의 복지를 위해 사용될 수 있을지 물었다. 가난한 사람들이 어떻게 교육의 혜택을 받을 수 있을 것인가? 이들은 어떻게 좀 더 나은 삶을 영위할 기회를 가질 수 있을까? 여성이 전문직업을 갖는 것을 막는(그래서 러시아의 재능의 저수지를 반으로 잘라버리는) 제약을 어떻게 철폐할 수 있을까? 민중에 대한 이런 질문을 제기하는 것은 1862년의 상트페테르부르크에서 특히 위험했는데, 그해 봄 슈킨 아케이드와 아프락신 시장이 불타버린 후 정부와 시민들 모두 예민한 상태였기 때문이다. 많은 사람들은 「수취인 없는 편지」가 예측한 폭동이 언제든지 일어날 수 있으리라 봤고, 정부는 반대파의 도덕적 지도자로서 체르니솁스키가 중요한 역할을 하게 될 것을 우려했다. 여름이 되자 당국은 그의 급진주의를 더 이상 두고 볼 수 없다고 판단하고 체포령을 내렸다. 『무엇을 할 것인가?』가 《동시대인》 1863년 3월, 4월, 5월호에 발표되기 여덟 달 전에 그는 이미 페트로파블롭스크 요새에 정치범으로 수감되었다.[41]

『무엇을 할 것인가?』는 러시아 혁명가들 사이에서 경전이 되었다. 어떤 이들은 이 책을 구하기 위해 24루블(공장 노동자 한 달 임금보다 많은 액수)을 지불했다. 주인공 중 한 명이 여성이라는 이유만으로, 새로운 사회 건설의 꿈을 가지고 있던 러시아 젊은이들은 여성 해방의 길에 들어서도록 자극받았다. 그러나 어떤 사람들은 모든 러시아인들의 삶을 개선하기 위해서는 체르니솁스키의 계획의 행보가 너무 느리다고 보았다. 체르니솁스키가 시베리아에서 허물어지는 동안(그는 마지막 넉 달을 빼고 생의 나머지를 이곳에서 보냈다), 더 울분에 차고 급진적이고 소외된 다른 젊은 남녀들은 역사를 더 빠르게 움직이고자 했다. 그들은, 사회가 체르니솁스키가 꿈꾸었던 유토피아로 스스로 변하기를 기다리는 대신 자신들의 길을 막고 있는 당국을 쓸어버리기로 맹세했다.

이런 배경이, 알렉산드르 2세를 암살하리라 친구들에게 약속하고 1866년 상트페테르부르크에 온 고통받는 젊은이 드미트리 카라코조프Dmitri Karakozov의 범죄를 위한 무대를 만들어주었다. 창백하고, 지칠 대로 지치고, 외모에는 신경 쓰지 않던 카라코조프는 대학에서 두 번 퇴학당한 바 있고, 정신적 공황을 겪으면서 곧잘 자살을 생각하기도 했다. 육체와 정신 모두 고통받고 있던 그는 자기 몸을 던져 차르를 시해하리라는 결심을 하고 26세의 나이에 그 임무 실행에 착수했다. 1866년 2월 말 그는 구식 2연발식 권총과 장약, 총알을 상트페테르부르크 뒷골목의 가게에서 구입하고, 4월에 거사를 치를 준비를 마쳤다.[42]

네바강 남쪽에 나무가 넓게 우거진 150년 된 여름 정원은 시민들이 사랑하는 산책코스였다. 엘리자베타 여제는 이곳을 아름답게 만들기 위해 많은 재원과 노력을 투자했다. 사람들을 만나기 좋은 장소였던 이곳에서 알렉산드르 2세도 날씨 좋은 오후에 그늘에 앉아 격의 없이 사람들과 만나 이야기 나누는 것을 즐겼다. 이곳은 군주와 신민이 비공식으로 만나는 기회를 제공했고, 차르는 도시의 맥박을 느끼며 시민들이 어디로 어떻게 움직이고 있는지 파악했다. 표트르 대제도 1710년대에 그렇게 했고, 엘리자베타 여제와 예카테리나 여제도 18세기에 그렇게 했다. 어떤 차르도 여름 정원에서 위험에 처한 적이 없었고, 궁전 가신이나 경찰은 차르가 가장 좋아하는 산책로에서 보안의 필요성을 크게 느끼지 않았다.

1866년 4월 4일 알렉산드르 2세는 여름 정원을 산책하며 로이히텐베르크 공작과 대화를 나누고, 마주치는 몇 사람과 담소를 나눈 뒤 정문에서 기다리는 마차를 향해 걸어가고 있었다. 그때 갑자기 카라코조프가 군중 속에서 튀어나와 차르에게 권총을 발사했다. 공식 보고에 의하면, 한 농부가 카라코조프의 팔을 쳐서 총알이 빗나가게 했다. 농부들은 그 옛날, 로마노프 가문이 왕좌에 오르기 전부터 러시아의 군주들을 위기에서 구해왔고, 이 농부는 그 전통적 구원자 중 하나였다. 총알이 빗나간 후 경찰이 카라코조프를 체포하고 무기를 빼앗은 뒤 황제 앞으로 끌고 왔다. 황제는 그가 무엇을 노렸으며 왜 그랬는지를 물었다. 다섯 달 후 카라코조프는 교수형에 처해졌으나 이 사건은 러시아 전역에 파장을 일으켰다.[43] 그 이후 상트페테르부르크는 소수의 무모한 혁명가들이 자신들이 가진 미약한 힘을 사용해 러시아 국가의 거대한 힘에 대항하는 전쟁터가 되었다. 권총, 수류탄, 다이너마이트, 이중첩자와 집요함 등 모든 것이 이들의 무기가 되었고, 이들은 로마노프 왕가를 수도와 러시아의 왕좌에서 몰아낼 때까지 계속 투쟁하리라 선언했다.

카라코조프의 총성은 러시아의 혁명가들과 보안 기관 사이의 목숨을 건 투쟁의 시작을 알렸다. 당연히 상트페테르부르크를 중심으로 삼은 이 운동은 전에는 테러나 불안이 포함되지 않았던 이 도시의 역사의 방향을 바꾸어버렸다. 러시아에서 가장 유럽화된 곳이자 산업 중심지였던 상트페테르부르크는 150년 이상

혁명의 요람

러시아인이 경의를 표한 제국의 권력, 근대성, 진보의 상징이 되어왔다. 이제 국민들이 그토록 오랫동안 자랑스러워했던 바로 그 진보야말로 나라가 잘못 가고 있다는 신호라고 선언한 카라코조프와 그 뒤의 혁명가들은 상트페테르부르크에서 실패한 러시아의 증거를 보았다. 급격히 늘어나는 시 인구에서 이들은 진보가 아니라, 겨우 입에 풀칠하고 사는 수십만 명이 몰려 사는 빈민가를 보았다. 굴뚝이 하늘을 어둡게 가리는 거대한 공장에서 이들은 현대화의 조짐이 아니라 민중들이 당연히 누려야 할 권리를 부정하는 도구를 보았다. 그리고 도시의 규칙성과 웅장함에서 이들은 조국의 지도자들이 러시아의 본질을 배신한 증거를 보았다. 이 모든 것이 러시아에 다른 가치관과 새로운 방향 감각이 필요하다는 분명하고 확실한 증거라고 여겼다. 러시아가 가야 할, 시도해보지 않은 길을 제시하는 것이 혁명가들의 과제가 되었다.

러시아 혁명 운동의 중심으로서 상트페테르부르크는 제국의 광휘와 그 적을 동시에 품에 안았다. 둘은 최소한 상징적으로, 마주 보는 네바강 양안에 각각 자리 잡고 있었다. 남쪽 강변에는 제국 러시아 군주들의 거주지이자 표트르 대제가 만든 새 권력 상징인 겨울 궁전이 서 있었다. 그 인근에 있는 해군성, 추밀원, 공의회, 총참모본부, 전쟁성, 외무성은 모두 러시아 국가와 그 전제군주의 어마어마한 권력을 표현하는 것이었다. 네바강 건너편에 자리 잡은 페트로파블롭스크 요새는 원래 적군함의 대포로부터 도시를 보호하기 위해 만들어졌지만, 19세기에 표트르 대제가 제시한 국가 발전 방향에 도전하는 사람들이 수감되는 장소가 되었다. 1825년 공화국의 이름으로 전제정을 전복하려 시도했던 이상에 찬 귀족 청년들, 러시아에 공동체를 설립하는 꿈을 꾸었던 유토피아 사회주의자들, 표도르 도스토옙스키, 체르니솁스키, 테러리스트, 민중주의자, 사회주의자 모두가 1917년 혁명의 영웅들의 기념비가 되기 전에 페트로파블롭스크 요새의 감옥에서 고초를 겪었다.

상트페테르부르크의 한가운데에 있는 페트로파블롭스크 요새는 어떤 이들에게는 혁명의 유령을 막은 보루였지만, 또 어떤 이들에게는 자신의 노동의 대가를 부정하는 압제의 수단으로서 어둡게 모습을 드러내고 있었다. 두 경우 모두 회색의 화강암 담장은 제국 그 자체처럼 견고하게 서 있었고, 러시아의 지도자들이 자신의 영역에서 적들을 모두 쓸어버릴 수 있다고 자신하는 상징처럼 서 있었다. 미래에 대한 관찰자의 비전이 로마노프 왕가와 러시아 제국을 포함했는지, 아니면 대중에 속한 사회와 정부를 포함했는지에 따라 요새는 위안을 주기도 하고 위협을 제기하기도 했다. 그 엄청난 규모가 국가의 어마어마한 권력에 어떤 의심도 남기지 않았기 때문이다. 자유, 압제, 진리, 거짓, 선, 악, 이 모든 것과 그 이상을 페트로파블롭스크 요새는 아우르고 있었다. 요새 안의 감옥에서 고통받은 남녀들의 이야기에서, 상트페테르부르크 사람들과 그들의 지도자들이 근대의 많은 도전이 제기한 문제들에 어떻게 대응하고자 했는지에 대한 중요한 통찰을 얻을 수 있다.

페트로파블롭스크 요새

　1703년 토끼섬을 점령한 러시아군에게 표트르 대제가 내린 첫 명령은 네바강 어귀를 방어하는 요새를 건설하라는 것이었다. 그해 여름과 겨울 약 2만 명의 인력이 쉬지 않고 작업하여 11월에 '상크트 피테르 부르흐'를 방어하는 통나무와 흙으로 만들어진 요새가 완성되었다. 3년 뒤 표트르는 건축가 도메니코 트레치니에게 이 거친 방어시설을 페트로파블롭스크 요새로 개축하도록 명령했고, 1706년 5월 표트르 대제 스스로 첫 보루를 위한 주춧돌을 놓았다. 이후 28년 간 트레치니는 여섯 개의 보루를 건설하고 각각에 표트르와 그의 측근들의 이름을 붙였다. 트레치니의 노년에 두 보루는 안나 여제와 아직 소년인 표트르 2세의 이름으로 바꾸었고, 1734년 트레치니가 사망할 때까지 그 거대한 석조 요새는 토끼섬 전체를 차지할 정도로 커졌다. 1770년대에 예카테리나 여제는 요새의 거친 외벽을 화강암으로 바꾸도록 하여 현재의 외관을 만들었다. 반세기 후 좀 더 많은 병영을 수용하기 위해 막사가 증축되었다. 무기고도 확장되고 섬의 동쪽과 서쪽 끝의 알렉세예프 V자 보루와 성 요한 V자 보루도 확장되었다.[1]

　요새 안 깊은 곳에 자리한 보루에 트레치니는 감방을 만들었고, 이 감방은 거의 2백 년 동안 러시아 제국의 감옥으로 사용되었다. 1730년대, 1750년대, 1800년대 초반에 확장된 이 감옥은 1830년대에 다시 한번 확장되었다.[2] 여기에

페트로파블롭스크
요새 감옥

수감된 첫 유명인사는 표트르 대제 자신의 아들인 알렉세이 페트로비치Aleksei Petrovich였다. 그는 아버지에 대한 역모 혐의로 체포되었고, 1718년 6월 중순 트루베츠코이 보루의 감방에 수감되었다가 2주간 고문을 받고 사망했다.[3] 표트르 대제의 오랜 친구이자 측근인 멘시코프는 이곳에 수감되었다가 표트르 2세에 의해 1728년 시베리아로 유형 보내졌다. 1730년대부터 1760년대까지 일어난 '궁정 혁명'에서 잘못된 줄에 섰던 많은 정치인들도 이곳에 수감되었다. 1790년 『상트페테르부르크에서 모스크바까지의 여행』을 써서 예카테리나 여제를 격노하게 한 알렉산드르 라디셰프도 사형에서 시베리아 유형으로 감형될 때까지 이곳 감옥에 두 달 이상 수감되었다.[4] 19세기에는 군주가 선택한 국가 운영 방향에 문제를 제기하여 이 감옥에 수감되는 남녀 정치범의 숫자가 늘어났다.

1825년 데카브리스트 반란 때 페트로파블롭스크 감옥은 체포당한 사람들로 넘쳐났다. 12월 14일 젊은 귀족 장교들은 황제를 입헌정부로 대체할 희망을 품고 3천 명 이상의 근위부대를 추밀원 광장의 봉기에 가담시켰다. 젊은 황제 니콜라이 1세는 대포를 쏘아 봉기부대를 해산시켰고, 수백 명의 장교를 이 요새의 감옥으로 보냈으며, 감방의 창문을 완전히 막아 빛이나 신선한 공기가 들어오지 못하게 했다. 1824년 대홍수의 후유증으로 감방의 바닥과 벽이 곰팡이와 습기로 가득한 가운데, 심문관들은 오물이 계속 쌓이게 방치해 수감자가 고발자를 대면하기 위해 다른 보루로 이동할 때 더 지옥 같은 공간이 되도록 만들었다. 어떤 경우에는 고위관리들이 교대로 수감자를 심문했고, 음모가 얼마나 넓게 걸쳐져 있는지 알아내기 위해 차르 자신이 나서서 직접 심문하기도 했다.[5]

표트르 대제 섭정 시기에 일어난 '스트렐치' 반란 이후 러시아에서 이토록 대규모의 심문이 진행된 적이 없었고, 더욱이 상트페테르부르크에서는 처음 있는 일이었다. 반란에 가담한 귀족 청년 장교들은 끼니를 거르고 잠을 자지 못한 상태로 독방에 수감되어, 차르가 도저히 이해할 수 없었던 이 반란에서 그들이 도맡은 역할을 자백하도록 강요받았다. 그러나 심문을 제외하고는 침묵이 지배했다. "내가 겪은 독방 수감에 비하면 먼 오지로의 유형이나 알류샨 열도에서의 생활, 심지어 강제 징역이 더 커다란 자비일 것이다"라고 한 수감자가 회고했다. "외롭고 무덤 같은 독방 수감은 끔찍하다. 독방 수감 생활을 겪어보지 않은 사람은 이것이 얼마나 견디기 힘든 고역인지 이해하지 못한다"라고 다른 수감자도 후에 기록했다.[6]

니콜라이 1세와 측근들이 1백 명이 넘는 장교들을 시베리아로 유형 보내고 다섯 명을 교수형에 처하면서 페트로파블롭스크 요새는 러시아의 가장 핵심적인 압제의 상징이 되었다. 요새의 감방은 정부에 반기를 드는 사람을 무자비하게 가두었고, 나중에 페테르부르크의 다른 감옥들이 범죄자들을 수용하게 된 이후에도 여전히 압제와 고문의 상징으로 건재했다. 일단 그 문 안에 들어가면 수감자들은 목숨이 더 이상 자신의 것이 아닌, 아무것도 예측할 수 없는 공포의 세계에 들어서게 되었다. 이곳은 밤에는 심문, 그리고 종종 철저한 위협이 지배하는 세계였다. 그 외의 시간에 그들은 혼자였다. "성대를 사용하지 못해 약해지고 위축되고 있다. 낮은 알토 톤이었던 내 목소리가 가늘어지고, 갈라지고, 떨렸다. […] 발성 기관이 망가지면서 심리적 변화가 일어나 침묵 속에 있던 욕망이 일어났다"라고 한 여성 수감자가 회고했다.[7] 그러나 공포와 압도적인 고독에도 불구하고 페트로파블롭스크 요새에서의 수감 생활은 소련 시대의 감옥에 비하면 훨씬 인간적이라고 할 수 있었다. 책, 신문, 기록할 수 있는 종이가 이 요새의 수감자들에게 허용되었지만, 1930년대 소련 강제노동 수용소(Gulag)에서는 이런 혜택을 꿈도 꾸지 못했다. 그곳에서는 살아남기 위해 빵 한 조각, 썩은 생선 한 점을 두고 싸워야 했다.

데카브리스트 반란의 무자비한 진압을 본 상트페테르부르크의 지성인들은 내부로 눈을 돌리게 되었고, 이후 20년이 넘도록 자신을 둘러싼 세계보다는 마음과 정신의 영역에서 자유를 찾고자 했다. 그러다가 1840년대 후반 일군의 젊은 이들이, 외무성 하급관리로 일하는 괴팍할 정도로 복잡한 성격의 인물인 미하일 부타셰비치-페트라셉스키Mikhail Butashevich-Petrashevskii의 아파트에 모이기 시작했다. 여기 모인 하급관리들과 장교들은 술을 진탕 마시며 내키는 대로 불평을 털어놓고 자신의 상관들을 큰 소리로 비판했다. 때때로 이들은 유럽의 도시들을 혁명의 온상으로 만드는 경제적 상처에 대한 처방으로 사회주의를 내세웠고, 일부는 이런 제도가 러시아에서 가능할지를 질문했다. 수십 명의 사람들이 모여 더 나은 세상을 위한 유토피아적 비전을 논의하는 서구나 미국에서는 이러한 대화가 아무런 문제가 되지 않았다. 그러나 당국이 사상과 실제 행동 사이에 차이를 두지 않는 러시아에서 이것은 반란의 행위였고, 1849년 헌병들은 페트라셉스키의 집을 급습하여 그곳에 있던 모든 사람을 체포하여 페트로파블롭스크 요새 감옥으로 보냈다. 이 중에는 육군 공병에서 작가로 변신하여 『가난한 사람들』이라는 작품으로 저명한 문학비평가들로부터 찬사를 받은 바 있는 표도르 도스토옙스키도 끼어 있었다.[8]

데카브리스트 반란 때와 마찬가지로 페트라셉스키와 그의 친구 및 지인들은 페트르파블롭스크 감옥을 가득 채웠다. 당국은 일주일 이상 시내를 수색해서 이중첩자들이 이름을 열거한 3백 명에 달하는 사람들을 체포했다. 이들 중 일부는 바로 석방하고, 일부는 간단한 심문 후에 풀어주었다. 이삭 대성당에서 멀지 않은 말라야 모르스카야와 보즈네센스키 대로 모퉁이에 있는 자신의 아파트에서 새벽 4시에 체포된 도스토옙스키는 알렉세예프 보루 9번 감방에 수감되었다. 그는 이곳에 8개월간 수감되어 심문을 받았고, 자기 운명에 대한 새 소식을 기다렸다. 계절이 봄에서 여름, 가을, 겨울로 바뀌는 동안 그는 새 소설을 구상하고 글을 쓰면서 미래를 걱정했다. "만일 글을 쓰는 것이 불가능해진다면, 나는 죽을 것이다. 내 손에 펜만 쥘 수 있다면 15년형도 감수하겠다"라고 그는 고백했다.[9]

결국 총살형이 언도되었다는 소식이 전해졌다. 1849년 크리스마스가 되기 딱 사흘 전 도스토옙스키와 스무 명의 다른 수감자들은 새벽의 어둠 속에 세묘놉스키 광장으로 행군했다. 그곳에는 세 개의 검은 처형대가 눈 위에 세워진 채로 날이 밝아오고 있었다. "우리는 모두 십자가에 입을 맞추었고, 칼 하나가 우리 머리 위에서 부러졌어. 우리는 흰색 처형용 셔츠로 갈아입으라는 명령을 받았지"라고 그는 며칠 뒤 형에게 쓴 편지에서 회고했다.[10] "지금껏 살아온 생이 눈앞에 번개 같은 속도로 지나갔어. 만화경처럼 장면이 바뀌고 장면들끼리 서로 합쳐지더군"이라고 그는 친구에게 보내는 편지에 털어놓았다.[11] 첫 세 사람이 처형대에 세워지고 사격대가 걸어 들어왔다. 그다음 북소리가 멈추자, 전령이 말을 타고 달려와 황제가 이들의 목숨을 살려주기로 결정했다고 선언했다. 시베리아 옴스크 지역의 감옥에서 4년의 징역형을 받은 도스토옙스키는 크리스마스이브에 페트로파블롭스크 요새를 영원히 떠났다. "생은 선물이야. 생의 한순간 한순간이 행복한 한 세기가 될 수 있어"라고 그는 형에게 썼다.[12]

10년을 징역과 전방 사병으로 지낸 경험은 도스토옙스키를 러시아 전제정부를 옹호하는 데 헌신한 독실한 기독교인으로 만들었다. 그러나 다른 러시아인들의 생각은 반대로 움직여 정부를 상대로 전쟁을 선포하는 사람들의 수는 늘어만 갔다. 1860년대 초 상트페테르부르크 학생들은 "여론, 문학, 교수들, 수를 셀 수 없는 자유사상 집단이 우리와 함께한다. 서유럽, 선하고 진보적인 모든 것이 우리와 함께한다"라는 구호를 외치며 거리를 행진했다. 이들 중 백 명 이상이 체포되어 페트로파블롭스크 요새에 수감되었고,[13] 세 명만이 그해가 가기 전에 석방되었다. 카라코조프의 차르 암살 시도에 이어 이들의 시위는, 일단 사람들이 차르를 적으로 보게 된 이상 차르가 그의 도시에서 더 이상 안전하지 않다는 사실을 명확히 드러냈다. 1870년대와 1880년대에 카라코조프의 뒤를 따르는 사람이 계속 생겨났다. 1876년부터 1887년 사이 알렉산드르 2세를 암살하려는 시도가 열 번도 넘게 발생했다. 1887년 레닌의 형을 포함한 일군의 혁명가들은 알렉산드르 3세 암살을 시도했다.

러시아 정부에 대한 반대는 1874년 봄과 여름에 진정한 혁명 운동으로 개화했다. 이때 수천 명의 젊은 남녀들이 사회주의의 복음을 전파하기 위해 "인민에게로 들어갔다." 이들 중 체포되어 재판을 받기 위해 상트페테르부르크로 호송된 많은 이들이 "무서운 요새"에 수감되었다. "이곳은 지난 2백 년 동안 러시아의 진정한 힘이 그토록 많이 스러져간 곳이고, 그들의 이름은 상트페테르부르크에서 소리를 낮춰 말해야 했다"라고 이들 중 한 사람이 후에 기록했다.[14] 그해 가을 요새에 수감된 혁명가 중에는 제국기병학교에서 교육을 받고 시베리아 지역의 지리 탐사로 명성을 얻은 표트르 크로폿킨*이 포함되어 있었다. 그가 남긴 회고록은 요새 감옥 안에서의 생활이 어떠한지를 생생히 보여주었다. "어둠과 습기가 짙게 깔린 감옥 방으로 들어섰다. 모든 옷을 벗고, 녹색의 플란넬 죄수 가운을 입고, 엄청나게 두꺼운 모직 양말과 배처럼 생긴 슬리퍼를 신으라는 명을 받

---

*표트르 크로폿킨Pyotr Alexeyevich Kropotkin, Пётр Алексеевич Кропоткин (1842~1921)은 러시아의 대표적 무정부주의자로 혁명적 사상으로 인해 1874년 체포되어 수감되었으나, 2년 후 감옥을 탈출하여 41년간 스위스·프랑스·영국에서 무정부주의와 지리학에 대한 강연과 저술 활동을 하며 지냈다. 1917년 볼셰비키 혁명 후 러시아로 귀국했으나 이후 정권에 실망했다. 그는 중앙정부로부터 자유롭고, 자치적 공동체와 노동자들이 운영하는 기업으로 이루어진 분권적 공산주의를 꿈꾸었다.

았다. 이 슬리퍼는 너무 커서 걸을 때 간신히 끌고 다닐 정도였다. […] 그런 다음 무장한 보초들이 왔다 갔다 하는 어두운 복도를 통해 감방으로 갔다. 육중한 참나무 문이 내 뒤에서 닫히고 자물쇠가 채워졌다. 나는 어둑어둑한 감방에 혼자 남았다."15

크로폿킨은 방향 감각을 찾으려고 애쓰면서 주변을 둘러보았다. 바깥으로 난 작은 창은 하늘 한 조각을 보여주었고, 감옥 벽 두께가 적어도 1.5미터는 된다는 것을 암시했다. 천과 펠트가 벽과 바닥에 깔려 있어 모든 소리를 흡수했다. "무덤과 같은 적막이 내 주위를 감쌌다. 작은 반향이라도 들어보고자 헛되이 벽을 두드려보고 바닥도 차보았다. 아무 소리도 들리지 않았다. 한 달이 지나고, 두 달, 석 달, 열다섯 달이 지났지만 내가 두드리는 소리에 아무 반응도 없었다. […] 네바강 쪽에서든 강 맞은편 마을에서든 무슨 소리라도 나오지 않을까 귀 기울여봤지만, 아무 소리도 들을 수 없었다." 그는 또 다른 시점에 이렇게 설명했다. "이 죽음과 같은 침묵이 나를 짓누르기 시작했다. 나는 노래를 해보려고 했다." 그러나 며칠 지나자 이 의욕도 사라졌다. 요새 감옥에 들어온 수많은 이들과 마찬가지로 크로폿킨은 감옥의 적막이 그를 뒤덮도록 놔둘 수밖에 없었다.16 시간이 지나고, 날이 지나고 그가 들을 수 있는 유일한 소리는 요새 성당 종탑에서 15분마다 울리는 "하나님은 자비하시다"라는 정교회 성가였다. 자정에는 러시아 국가인 "신이여 차르를 구하소서"가 15분 동안 지속되었다. 기온이 갑자기 떨어지면 소리가 음조를 벗어나, "마치 장례식에서 울리는 종소리 같은 불협화음이 되었다"라고 그는 회고했다.17

크로폿킨이 겪은 고문은 읽고 쓸 수 있는 자유로 보충되었다. 그는 과학아카데미 도서관에서 과학 관련 책과 정기간행물을 주문해서 읽을 수 있었고, 매일 해가 질 때까지 쓸 수 있었다. 펜과 연필이 압수되면 그는 러시아 연대기, 역사책, 성자전, 소설을 읽었다. "내 친척들이 찰스 디킨스의 크리스마스 이야기를 보내주었다. 나는 이 위대한 작가의 아름다운 작품으로 웃고 울며 크리스마스이브를 보냈다"라고 그는 오랜 시간이 흐른 뒤 회고했다.[18] 이로부터 18개월 후 크로폿킨은 감옥을 탈출하여, 모이카 운하에 있는 고급 식당 도논에서 친구와 함께 탈출을 축하하는 식사를 하고 나서 서방으로 도주했다. 두 젊은이가 짐작한 대로 경찰은 이 도시의 최고의 식당을 수색할 생각은 하지 못했다.

1870년대의 페트로파블롭스크 요새는 경찰이 혁명가 그룹을 연이어 재판에 회부하면서 새로운 수감자를 맞았다. 당국의 재량에 따라 일부는 짧은 기간 동안 수감되었고, 일부는 몇 년을 감옥에서 살았다. 일부는 심리적 고통으로 정신 이상 증세를 일으켰고, 일부는 간수들의 엄한 감시 속에서도 자살했다. 몇몇 수감자는 감옥 생활로 더 강해졌지만 이런 경우는 소수에 불과했다. 훨씬 많은 사람들이 페트로파블롭스크 감옥에서 보낸 세월로 인해 병들고, 빨리 늙고, 빨리 죽었다. 1870년대의 요새 감옥 중 가장 무서운 곳은 요새 남서쪽에 다이아몬드 형태로 만들어진 트루베츠코이 보루였다. 이곳에는 크로폿킨 같은 수감자들이 몇 년씩 독방에서 수감 생활을 했다.

혁명이 성공할 가능성은 농민 속에 있다는 믿음을 가진 인민주의자(narodniki) 세르게이 크랍친스키Sergei Kravchinskii는 크로폿킨이 탈출한 몇 년 뒤인 1879년, 감옥 상태가 자신이 상상했던 것보다 훨씬 참혹하다는 것을 깨달았다. "일이 분 동안 아무것도 안 보일 정도로 어둠이 깊었다"라고 그는 간수가 자신을 감방에 밀어 넣었을 때를 회고하며 말했다. "추위가 뼛속까지 스며들었다. 납골당이나 환기 안 되는 다락처럼 습하고 곰팡내가 가득했다. […] 어둠에 눈이 어느 정도 익숙해지면, 가로세로 길이가 보잘것없는 작은 방의 임차인이 되었음을 알게 된다. 한구석에는 짚으로 만든 침낭이 있고, 종이처럼 얇은 이불이 있다. 그것이 전부이다. 침대 발치에는 높은 나무통이 있는데 이것이 소위 화장실인 파라시카parashka로, 그 역겨운 악취는 코를 마비시킬 정도이다"라고 그는 기록했다. 크로폿킨이 사용할 수 있었던 책, 종이, 펜, 비누 같은 '사치품'은 크랍친스키의 시기에는 더 이상 없었다. 대신 트루베츠코이 요새 지하감옥을 감염시키는 병균이 다른 감옥으로도 퍼져나갔다. "쥐가 수십 마리씩 들어와서 침낭에 오르려 했고, 수감자들을 물었다. 바로 이런 끔찍한 지하감옥에서, 죽음을 선고받은 자들이 자기 생의 마지막 시간을 보냈다"라고 그는 썼다.[19]

크랍친스키는 얼마 안 있어 시베리아 장기 징역형을 이수하기 위해 트루베츠코이 보루를 빠져나왔지만, 그가 떠난 자리는 다른 죄수들이 채웠다. 1880년대 초 페트로파블롭스크 요새 감옥에 들어온 가장 유명한 죄수들은 '인민의 의지당*' 멤버들로, 이들은 1879년 8월 26일 자기들끼리 알렉산드르 2세에게 사형을 언도했다. 알렉산드르 2세 암살이 러시아에서 혁명의 불길을 일으키리라고 희망한 젊은 남녀들은 동지들이 황제의 경찰의 손에 당한 고난에 대해 복수하기로 했다. 1879년 봄, 23세의 교사인 알렉산드르 솔로비요프Aleksandr Soloviev는 황제가 겨울 궁전 정원을 산책할 때 그에게 권총 다섯 발을 쏘았다. 이제 솔로비요프의 동지들은 "인민의 의지로 한 개인의 의지를 대체하여" "현재의 정부의 굴레로부터 국가를 구하기로" 작정했다.[20] 이들은 이를 달성하기 위한 첫 번째 조건으로 알렉산드르 2세를 암살해야 한다고 결의했다.

1866년부터, 솔로비요프가 시해를 시도한 1879년 4월 이전까지 알렉산드르 2세의 목숨을 노리는 시도는 없었지만 암살은 늘 혁명가들의 강력한 무기였다. 1878년 1월 28일 베라 자술리치Vera Zasulich라는 젊은 여성이 한 혁명 동지에게 태형을 가한 것에 대한 보복으로 상트페테르부르크 총독을 저격했다. 당국은 그녀에 대한 유죄판결로 여론이 혁명 운동을 비난하게끔 만들기 위해 이 사건을 배심원 재판에 넘겼다. 자술리치가 정의를 찾기 위한 다른 모든 길이 막혀 있었기에 총독을 저격했다고 열변을 토하자 배심원들은 그녀가 이미 자백한 죄에 대해 무죄를 선언했다. 여론은 이 평결을 찬양했고, 그녀의 무죄방면이 정치적 수

---

*인민의 의지(People's Will, Народная воля)당은 19세기 후반 테러에 의한 사회 혁명을 기도한 급진적 혁명 세력으로 1881년 개혁 군주인 알렉산드르 2세를 암살했다.

단으로서 암살을 미화했다고 이해한 사람은 극소수에 불과했다. 레프 톨스토이 Lev Tolstoi는 어두운 앞날이 다가올 것을 느낀 사람 중 하나였다. "자술리치 평결은 가볍게 여길 일이 아니다. 이것은 혁명의 예언이다"라고, 이 소식을 들은 톨스토이는 일기에 적었다.[21] 바로 그다음 해에 '인민의 의지당'의 젊은 남녀들은 암살을 자랑스럽게 자신들의 무기로 선택했다. 1879년 9월 초 이들은 차르를 암살하기 위한 준비에 착수했다.

이런 결정을 내린 지 1년 반 후 테러리스트들은 암살 대상을 좇아 러시아의 유럽 지역을 오갔다. 고문을 당하거나 죽임을 당해도 목표를 포기하지 않기로 맹세한 이들의 숫자는 소수에 불과했다. 이들은 몇 차례 차르가 기차를 타고 이동할 때 열차를 폭파하여 그를 암살하려고 시도했지만, 매번 불운과 부주의한 실수로 성공하지 못했다. 1879년 가을 테러리스트들은 상트페테르부르크에 머무르며 차르 암살을 시도하기로 결정하고, 겨울 궁전에 집중하기로 했다. 이런 의도를 가지고 멤버 중 한 사람이 궁전에 목수로 위장 취업했다. 그의 신분증에는 러시아 북부의 올로네츠에서 온 '바티시코프'라는 농부로 기록되었다. 명랑하고 성실하고, 그렇게 똑똑하지는 않은 바티시코프는 상사나 동료들과 쉽게 친분을 맺는 일꾼이었다. 그를 고용한 상사들은 까맣게 몰랐지만, 그는 사실 인민의 의지당의 핵심 멤버인 스테판 할투린Stepan Khalturin으로, 차르를 암살하기 위해 겨울 궁전에 들어온 것이었다.

그는 몇 달 동안 다이너마이트를 몰래 궁전으로 반입하여 궁전 일꾼들이 사는 다락의 매트리스 아래 숨겨놓았다. 1880년 1월 말, 음모자들은 암살을 시도할 수 있는 충분한 다이너마이트를 모았다고 판단했다. 할투린은 폭약이 더 필요하다고 주장했지만 동료들은 그의 주장을 묵살했다. 암살을 실행하라는 지시를 받은 그는 황제의 가족 식당 2층 아래에 폭탄을 설치했다. 2월 5일 그는 뇌관에 불을 붙이고 궁전을 빠져나왔다. 30분 후 다이너마이트가 폭발해 바로 위층의 경호원 방을 파괴했고 열한 명이 죽고 쉰여섯 명이 부상을 당했다. 그러나 폭탄의 힘은 식당에까지 미치지 못해 알렉산드르 2세는 온전한 채로 궁전을 빠져나왔다. 황제는 살아남았지만, 할투린이 터뜨린 폭탄의 심리적 효과는 어마어마했다. 이제 러시아의 황제는 자신의 궁전 안에서도 안전하지 못하다는 것이 드러났다. 황제는 자신과 러시아를 보호하기 위해 장군들로 구성된 안전위원회에 의존했고, 이 위원회는 바로 비상조치를 취했다. 장군들은 모든 자원을 동원하여 알렉산드르 2세의 보호에 나섰다.[22]

몇 달간 이어진 체포 열기에 멤버들 수가 계속 줄어들었지만, 마지막 남은 스물일곱 명의 인민의 의지당 활동가들은 상황을 주시하며 때를 기다렸다. 이들 중 일곱 명은 여자였고, 여섯 명을 제외한 전원이 30세 미만이었다. 이들 중 일곱 명은 6개월이 지나기 전에 죽었고, 열한 명은 1880년대가 다 가기 전에 죽었으며, 여섯 명만이 1917년 혁명이 로마노프 왕가를 쓸어가는 것을 보았다. 이들 대부분은 이전에 무기나 화약을 다루어본 경험이 없었다. 이들이 가진 돈은 2백 루블에 불과해 목표를 달성하기까지 끼니를 때우기도 어려운 형편이었다. 그럼에도 불구하고 이들은 "당의 명예는 황제의 목숨을 요구한다"라고 믿으며, 러시아를 구원하기 위해 한 번 더 행동해야 한다고 확신하고 차르의 군대와 비밀경찰에 대항했다.[23] 안드레이 젤랴보프Andrei Zheliabov가 이끄는 이들은 황제 암살을 이루지 못하면 암살 시도 중에 죽을 것을 다시 맹세했다.[24]

러시아의 한 지방대학에서 법을 공부한 젤랴보프는 1870년대가 될 때까지는 혁명그룹에 가담하지 않았다. "키가 크고, 몸집이 좋으며, 어깨가 벌어지고, 강한 인상을 지닌 그는 첫눈에 사람들의 주의를 끌었다"라고 그의 한 친구가 술회했다. 젤랴보프는 테러가 혁명을 앞당길 것이라고 굳게 믿었다.[25] 생의 마지막 시기에 그는 전 상트페테르부르크 총독의 딸이자, 엘리자베타 여제의 연인이었던 키릴 로주몹스키*의 손녀 소피아 페롭스카야Sofiia Perovskaia와 사랑에 빠졌다. 금발에 몸집이 작아 어린애 같은 외모의 페롭스카야도 젤랴보프를 사랑했지만 두 사람은 혁명을 먼저 생각하고 결국 교수대의 이슬로 사라졌다.

1881년 초부터 페롭스카야가 앞장선 가운데 다섯 명의 테러리스트는 알렉산드르 2세가 상트페테르부르크 내에서 이동할 때 선호하는 동선을 조사했다. 이번에 그들은 황제가 지나가는 길 아래에 다이너마이트를 설치하기로 하는 한편, 두 번째 계획으로 황제가 경로를 바꾸거나 다이너마이트가 폭발하지 않을 경우엔 여태껏 사용해보지 않은 새 무기를 사용하기로 했다. 테러리스트들은, 음모 초기부터 가담한 총명한 과학도인 니콜라이 키발치치Nikolai Kibalchich가 고안해낸 세계 최초의 무심지 수류탄을 갖게 되었다. 뾰족한 금속 파편을 안에 담고, 수류탄 투척자도 살상할 만큼 강한 폭발력을 지닌 이 사제 폭탄은 중앙에 니트로글리세린 병이 들어 있어, 충격을 받으면 폭발하게 되어 있었다.[26]

젤랴보프와 동료들은 넘겨받은 적은 유산을 이용하여 카잔 대성당 맞은편 예카테리나 운하와 넵스키 대로가 교차하는 말라야 사도바야 56번지에 지하 가게를 임대했다. 이웃의 의심을 피하기 위해 음모자 중 두 명이 실제로 가게를 운영했고, 이들은 가게의 사용하지 않는 방 하나를 이용해 황제가 자주 이용하는 길 밑에 터널을 팠다. 비밀경찰이 수사망을 좁혀 와서 이들을 포위했고, 1월 중순 이들 중 세 명을 체포했다. 몇 주 후 한 명이 더 체포되었고, 2월 말에는 젤랴보프와 다른 한 명이 경찰의 포위망에 걸려들었다. 젤랴보프는 기지를 발휘하여 자신의 신분을 위장해서 동료들에게 며칠을 더 벌어주었지만, 시간은 얼마 남지 않았다.

나머지 테러리스트들은 1881년 3월 1일 아침을 거사 날로 정했다. 키발치치

---

*키릴 로주몹스키Kirill Grigoryevich Razumovsky, Кирилл Григорьевич Разумовский (1728~1803)는 우크라이나 체르닙치 출신의 코자크 후예로, 형인 알렉세이가 러시아 궁정의 합창단으로 뽑혀 상트페테르부르크로 가서 즉위 전 안나 여제의 비밀 애인이 되었다. 안나 여제는 우크라이나에 대한 우호적 정책을 펴면서 키릴 로주몹스키를 자포로지아 코자크의 마지막 헤트만(1750~64)으로 임명했다. 그는 후에 러시아군 원수, 제국아카데미 원장을 지냈다.

는 전날 잠을 자지 않고 열일곱 시간 동안 작업해 네 개의 니트로글리세린 수류탄을 만들었다. 알렉산드르 2세가 마지막 순간에 이동 경로를 바꾸는 경우 이것이 이들이 사용할 수 있는 마지막 무기였다. 이들은 황제가 탄 마차가 인제네르나야 거리를 질주하다가 예카테리나 운하 둑길로 꺾어지는 순간 폭탄을 던졌다. 프랑스의 나폴레옹 3세가 선물한 방탄 마차는 니콜라이 리사코프Nikolai Rysakov가 첫 폭탄을 던졌을 때 큰 피해를 입지 않았다. 그러나 피해 상황을 확인하기 위해 황제가 마차에서 내렸을 때 두 번째 테러리스트가 황제의 양발 사이에 폭탄을 던졌다. 폭발로 인한 검은 연기가 사라졌을 때 러시아의 황제는 두 다리가 떨어진 채로 치명상을 입고 거리에 누워 있었다. 그는 한 시간 뒤 사망했다. 일주일 안에 테러리스트 대부분이 체포되어 페트로파블롭스크 요새 감옥에 갇혔다. 키발치치와 다른 한 명의 테러리스트는 하숙집 주인의 밀고로 체포되었다. 페롭스카야는 그녀가 가끔 우유를 사는 여성에 의해 정체가 드러났고, 게시아 헬프만Gesia Helfmann은 은신처 아파트에서 체포되었다. 니콜라이 리사코프

알렉산드르 2세가
암살당한 자리에
세워진 구세주 보혈 성당

는 첫 폭탄을 투척한 다음 당연히 현장에서 체포되었다. 러시아인들의 암살 음모에 가담하여 황제를 죽게 만든, 두 번째 폭탄을 던진 폴란드인인 이그나시 흐리니에비츠키Ignacy Hryniewicki는 폭발로 입은 부상으로, 황제 사망 몇 시간 뒤에 역시 사망했다. 나머지 테러리스트들, 특히 가장 유명한 베라 피그녀Vera Figner는 지방으로 도망쳐 한두 해 투쟁을 계속하다가 경찰에 체포되었다.[27]

페트로파블롭스크 요새 깊은 곳의 감옥에서 주모자로 판단된 여섯 명의 테러리스트인 젤랴보프, 페롭스카야, 티모페이 미하일로프Timofei Mikhailov, 키발치치, 리사코프, 헬프만은 밤낮없이 취조를 받았다. 경찰은 이들이 어떻게 암살 계획을 짰고, 누가 그들을 도왔는지를 알아내려고 했다. 젤랴보프와 페롭스카야는 경찰이 원하는 정보를 일절 자백하지 않고 꼿꼿한 태도를 유지했다. 폭탄을 던진 한 사람인 미하일로프는 이만큼 강하지 못했다. 감옥에 있는 동안 로켓 동력을 가진 비행체를 구상한 키발치치에 큰 인상을 받은 경찰 책임자 톳레벤 백작은 황제 알렉산드르 3세에게 그를 교수형에 처하는 대신 구금한 채로 정부를 위해 일하게 하자고 건의하기까지 했다.

테러리스트에 대한 재판은 3월 26일에 시작되어 사흘간 지속되었다. 이 기간 동안 아침 11시부터 낮 2시 반까지, 그리고 저녁 8시부터 밤 12시까지 하루 두 차례 재판이 진행되었다. 열아홉 명의 증인이 동원되어 범죄에 대해 증언했지만, 피고인들을 위한 변호인은 없었다. 3월 31일 새벽 3시 판사들은 여섯 명 모두에게 유죄를 선언했다. 세 시간 반 후 회색의 여명이 법정 창문을 비칠 때 판사들은 이들 전원에게 교수형을 언도했다. "법정에 있던 방청객들도 여섯 명 모두가 교수형을 언도받을 것이라고는 생각하지 못했다"라고 영국의 《타임스》 특파원이 본국에 송고했다. 그날 헬프만은 자신이 임신 중이라는 사실을 나중에 밝혔고, 제국 형법은 태아를 죽이는 것을 금하고 있었기에 그녀는 형집행정지를 받았다. 다른 피고인들에게는 상소할 수 있다고 알려주었지만, 아무도 상소하지 않았다. 미하일로프와 리사코프가 새 황제에게 목숨을 살려달라고 청원했지만, 바로 기

각되었다.[28]

1881년 4월 2일 저녁 8시 다섯 명의 정교회 사제가 페트로파블롭스크 요새 감옥으로 들어와 죄인들에게 인도되었다. 리사코프는 신앙고백을 하고 영성체를 받았고, 미하일로프는 신앙고백은 했지만 성체는 거부했다. 키발치치는 자신을 맡은 사제와 오래 얘기했지만 신앙고백이나 성체는 거부했다. 젤라보프와 페롭스카야는 사제를 보는 것 자체를 거부했다. 다음 날 아침 6시 피고인 모두 감방에서 불려 나와 미리 준비된 검은 옷을 입었다. 그런 다음 이들은 감옥 마당으로 끌려 나와, 3.6미터 높이의 단이 설치된 무거운 무용수철 수레 좌석에 쇠사슬로 묶였다. 이들은 도시 전체를 행군하여 거의 32년 전 도스토옙스키의 가짜 처형 장소였던 세묘놉스키 광장까지 갔다. 형사와 경찰 말고도 1만 2천 명의 병력이 거리에 경비를 서서 이들에 대한 구제 시도를 차단했다. 그때까지 체포되지 않은 테러리스트는 거의 없었기에 이런 시도는 애초에 불가능했다.

광장에서 죄수들은 교수대로 끌려 올라갔고 처형이 시작되기 전 마지막으로 십자가에 입을 맞추었다. 러시아식 교수대는 바닥이 아래로 떨어지게 만들어지지 않은 탓에 그들은 서서히 목이 조여오는 고통 속에 죽어갔다. 이런 무시무시한 사실 때문에 러시아에서 교수형을 집행하는 일이 기피되어 교수형 집행자는 러시아 제국 전체에 한 명뿐이었다. 보통 보드카 큰 병을 다 마시고 끔찍한 직무 수행을 준비했던 집행자 프롤로프는 4월 3일 여느 때보다 더 취해 있었다. 그래서 그는 세 명의 죄수는 사고 없이 바로 처형을 집행했지만, 미하일로프와 젤라보프의 올가미는 잘못 매고 말았다. 미하일로프의 올가미가 두 번이나 풀려 프롤로프가 세 번째로 그에게 올가미를 씌우자, 격분한 군중은 그를 살리기 위해 처형대로 몰려들었다. 평정을 잃고 만취한 프롤로프는 젤라보프에게 만일을 위해 이중으로 묶은 올가미를 씌웠지만, 결과적으로 그를 더 천천히 죽게 만들었다. 마침내 감옥 의사가 죄수 다섯 명의 사망을 선언했다. 그러나 젤라보프와 미하일로프는 죽음에 이르기까지 몇 분이 더 걸렸다.[29]

알렉산드르 3세가 아버지의 왕좌를 이어받은 순간부터 베라 피그녀가 "백색 테러"라고 부른, 러시아의 모든 반대세력에 대한 탄압이 시작되었다. 상트페테르부르크 탈출에 성공한 소수의 테러리스트 중 한 명인 피그녀는 러시아 남부 지방으로 숨어 들어가 1883년 초 이중첩자에 의해 고발되어 체포될 때까지 행방이 묘연했다. 2월 중순 경찰은 그녀를 상트페테르부르크로 압송하여 알렉세예프 보루 감방에 수감했다. 그녀는 이전 죄수들과 마찬가지로 침묵으로 시들어갔다. "어스름하고 단조로운 삶이 시작되었다"라고 그녀는 세월이 흐른 뒤 회고했다. "하루 종일, 일주일 내내 […] 말하고 싶은 욕구를 잃었다. 입술을 움직여 말해야 할 때, 의지를 총동원해야 했다."[30] 스무 달 내내 피그녀는 재판을 기다리며 생각과 침묵만을 벗 삼아 홀로 감옥에 있었다. "우리는 모든 것을 빼앗겼다. 우리의 조국 땅, 인간성, 친구, 동지, 가족. […] 모든 살아 있는 사람과 사물로부터 단절되었다. […] 세상에 우리를 위해 남은 것은 감옥 마당뿐이었다. […] 모든 사람 중 헌병들만이 남았다. 그들은 동상처럼 귀가 먹은 듯했고, 얼굴은 가면처럼 움직임이 없었다."[31]

1885년 피그녀의 형이 사형에서 무기징역으로 감형된 후 그녀는 오래된 실리셀부르크 감옥으로 이감되었다. 이 감옥은 네바강 상류에서 64킬로미터 떨어진 라도가호수 입구에 있었다. 그녀의 이감은 페트로파블롭스크 요새의 역사에 중요한 전기가 되었다. 이제 정부는 가장 위험한 죄수들을 수도 밖에 두기로 한 것이다. 실리셀부르크와 시베리아의 몇몇 형무소가 징역형의 중심지를 대신한 뒤에도 토끼섬은 압제의 상징으로 남아 있었다. 피그녀가 실리셀부르크로 이감되고 20년 후 노동자들은 소위 1905년 혁명으로 알려진 가두행진을 시도하여 헌법과 입법기구를 쟁취했다. 그리고 다시 12년 뒤, 피그녀, 젤랴보프, 페롭스카야와 그들의 동지들이 목숨을 바쳐 헌신한 민중은 로마노프 왕가를 러시아의 왕좌에서 몰아냈다.

1880년대 초의 테러리스트와 1917년 승리한 혁명가들을 연결한 것은 백색 테러를 피해 서방으로 망명한 소수의 혁명가들이었다. 1870년대 내내 러시아 혁명가들은 사유보다 행동을 앞세웠고, 토론보다 강경한 충돌을 선호했다. 이들이 생각하는 혁명의 비전은 수백만 명의 농민들이 정의로운 이상을 위해 나서는 것이었지만, 백색 테러를 피한 혁명가들은 다르게 생각했다. 게오르기 플레하노프 Georgii Plekhanov, 파벨 악셀로드Pavel Akselrod, 베라 자술리치는 모두 마르크시스트가 되었으며, 그 창시자는 러시아의 지식인들이 한 세대 이상 모색해오던 사회 작동의 '과학적' 법칙을 발견했다고 주장했다.

마르크스의 『자본론』은 1872년에 러시아어로 번역되었지만 러시아 독자들은, 플레하노프가 민중이 정말로 누구이고, 이들이 정말 사회주의 혁명을 위해 투쟁할 수 있는지를 과감하게 질문했던 1870년대 말까지도 이 책의 혁명적 함의를 제대로 깨닫지 못했다. 그때까지 러시아의 혁명가들은 수많은 농민들이 함께한 농촌공동체(communes)가 원시적 사회주의의 형태라고 보았지만, 아무도 그것이 사실인지 알지 못했다. 이러한 질문들에 대한 힘겨운 첫 대답은 1879년에 부상하기 시작했다. 막심 코발렙스키Maksim Kovalevskii라는 젊은 사회학자이자 민속학자는 러시아보다 더 발전한 나라에서는 부자와 빈자의 갈등으로 공동체가 파괴되었다고 주장했다. 그러나 그의 자료는 러시아가 다른 나라가 갔던 길을 따를 것인지, 아니면 많은 혁명가들이 믿으려고 했던 다른 길을 갈 것인지 언급하지 않았다. 이 질문에 대한 답은 그의 연구가 발표되고서 몇 달 뒤에 나왔다. 31세의 통계학자인 바실리 오를로프Vasilii Orlov는 러시아의 농촌공동체가 근대화의 힘에 의해 이미 해체되기 시작했다는 것을 보여주었다. "오를로프가 제시한 자료를 무시할 수 없었다"라고 플레하노프의 부인은 자신의 남편이 인민주의에 대한 믿음을 살려보려고 애썼던 것을 회상하며 말했다.[32] 오를로프가 제시한 자료는 너무도 설득력 있고 명확한 결론을 가리키고 있어 받아들이지 않는 것이 불가능했다.

새로운 신조를 좀 더 굳건한 토대 위에 세우기 위해 플레하노프는 1880년대 초 경제와 정치 이론을 폭넓게 연구했다. 그는 다소 회의와 조심성을 가지고 결국 마르크시즘에 귀의했다. 마르크스의 저작은 그에게 "러시아 자본주의의 발전 과정 자체"가 "혁명 운동의 성공에 대한 새로운 보장"에 필수적이라고 결론짓게 했다. "아리아드네의 실처럼 마르크스의 이론은 우리의 사상이 헤매고 있던 모순의 미궁으로부터 벗어나게 해주었다"라고 그는 후에 고백했다.[33] 자신의 맹목적 믿음을 사회에 대한 과학적 연구의 결정적인 말로 대체했다고 확신한 플레하노프는 러시아의 혁명가들이 산업 프롤레타리아를 혁명 세력으로 만드는 데 집중해야 한다고 주장했다. 그는 농촌공동체가 러시아에 사회주의를 가져오는 역할을 하리라고 더 이상 믿지 않았기 때문에 농민들 사이에서 혁명 운동의 기반을 구축하려고 시도하는 것이 아무 의미가 없다고 보았다.

스위스에 망명 중이던 플레하노프, 자술리치, 악셀로드는 러시아 최초의 마르크시스트 조직인 노동해방그룹(Emancipation of Labor Group)을 결성했다. 이들은 마르크시즘을 후진적인 러시아 경제 상황에 적용하려고 애썼지만, 혁명이 실제로 어떻게 전개될지, 프롤레타리아가 어떻게 권력을 잡을지. 이들이 이 일을 완수하는 데 얼마나 많은 시간이 걸릴지에 대해서는 예측하지 못했다. 1894년 알렉산드르 3세가 사망하고 유약한 니콜라이 2세가 황제가 되었을 때 러시아의 마르크시스트들은 아무런 행동 계획이 없었다. "[우리는] 마르크시즘을 공부하는 노동자들의 숫자가 점차 늘어갈 것이고, 이들이 계속 새로운 멤버를 끌어들일 것으로 생각했다"라고 그들 한 명이 몇 년 후에 회고했다. "시간이 지나 […] 사회주의 노동당을 구성하리라고 [내다봤다]"라고 그는 덧붙였다. "그러나 이 정당이 어떤 일을 하고, [노동자의 이상을 위해] 어떻게 투쟁할지는 여전히 불분명했다."[34] 그러는 동안 러시아의 노동자들이 이들의 영도를 받아들이도록 하는 것이 급선무였다. 러시아 제국에서 노동자들이 가장 많이 모여 있는 상트페테르부르크에서는 1880년대 후반에 몇 개의 마르크시즘 연구 모임이 조직되었다. 그러나 아무도 이들을 단결시키고, 마르크시즘 프로그램을 따르도록 설득하지 못했다.

1893년 상트페테르부르크의 노동자들을 선동할 두 젊은이가 이 도시에 도착했다. 24세에 이미 머리가 벗겨지고 키가 165센티미터도 안 되는 블라디미르 일리치 울랴노프Vladimir Ilych Ulianov는 친구들 사이에 '일리치' 또는 '늙은이'라고 알려졌다. 엄격한 규율의 남자인 그는 자신의 행동을 위해 열정을 조절할 줄 알았다. 한때 지방에서 법률가로 활동한 바 있는 그는 변호사로 익힌 귀납적 사고방식을 러시아의 노동자들을 정치적 광장으로 끌어내는 전술을 개발할 때 사용했다. 상트페테르부르크에 온 초기 시절 울랴노프는 혁명 이론을 행동으로 바꾸는 데 집중했다. 그는 도시에 흩어져 있는 마르크시즘 연구 모임들이 단결하여 노동시간 단축, 높은 임금, 안전한 노동 여건을 주장하도록 설득했다. 후에 '레닌'이라는 혁명가의 이름을 얻은 그는, 상트페테르부르크에 첫발을 들이고 24년 후에 라스트렐리가 건축한 스몰니 수녀원 계단에서 러시아의 통제권을 장악하게 된다.

노동자들이 단결하여 공장 소유주와 운영자들에게 결연히 대항하도록 설득하던 레닌은 오데사 출신의 유대인 부자의 아들인 율리 체데르바움Iulii Tsederbaum이라는 열렬한 지지자를 얻는다. 후에 마르토프Martov라는 가명으로 더 알려진 체데르바움은 1880년대 러시아 남부를 휩쓸며 수천 명의 유대인의 목숨을 앗아가고 재산을 강탈한 잔인한 대학살(pogrom)을 빠져나와 혁명운동에서 은신처를 찾았다. "러시아의 현실이 […] 그 거친 손가락으로 내 연약한 젊은 영혼에 자국을 남기지 않았더라면 현재의 내가 될 수 있었을까?"라고 그는 세월이 흐른 뒤 질문했다.[35] 순진한 사람들을 무자비하게 다루는 사회에 대한 마르토프의 혐오는 그로 하여금 이 사회를 대표하는 권위에 맞서 전쟁을 벌이도록 만들었다. 10대 시절에 이미 유형을 당한 경험이 있는 그는 1895년 상트페테르부르크에서 레닌을 처음 만났을 때 불과 22세였다. 그해부터 마르토프는 상트페테르부르크 사회주의 노동 운동의 '젊은이(molodye)'를 이끌었고, 레닌은 '나이 든 이들(stariki)'을 이끌었다.[36] 두 사람은 상트페테르부르크의 비참한 노동자의 삶을 경험한 이들을 결집시켜 '노동계급 해방을 위한 투쟁연합(Union of Struggle for the Liberation of the Working Class)'을 결성했다. 이 조직에 가담한 노동자의 상당수는 대규모 면방직 공장에서 일하는 이들로, 하루 열네 시간씩 일하며 덜컹거리는 방직기와 다틀 방적기 사이에서 13킬로미터 거리를 매일 오가야 했다. 이들이 짜내고 감아낸 면사는 따뜻하고 습기가 있어야 유연해지기에 이들은 덥고 습한 환경에서 일해야 했다. 당시 작성된 정부 보고서는 이들이 "수척하고 초췌하고 늘 지쳐 보이며 가슴이 움푹 들어가 마치 병원에서 막 나온 환자 같았다"라고 기록했다.[37] 너무 지쳐 식사하기조차 어려웠던 노동자들은 하루 노동이 끝나면 간신히 몸을 끌고 상상할 수 있는 최악의 궁핍한 환경으로 귀가했다.[38] 이들은 2주만 일하지 않으면 기아에 직면했다.

상트페테르부르크 노동자들을 조직하려는 레닌과 마르토프의 노력은 1896년 봄 결실을 거두어 투쟁연합에 가입한 면방직 공장 노동자들의 파업이 시작되었다. 공장 소유자들에게 "단결하고 일치하여 양보 없는 투쟁을 벌이기로"[39] 한 남녀노동자들은 노동시간 단축, 높은 임금을 요구했고, 3주간의 투쟁의 결과로 첫 양보를 얻어내는 데 성공했다. 6월 중순 파업이 끝났을 때 레닌과 마르토프는 이 승리를 즐길 수 없었다. 보안대(Okhrana)라는 명칭이 붙은 보안경찰은 레닌과 주요 '스타리키'들을 수감했고, 한 달 뒤에는 마르토프와 대부분의 '몰로디예'를 체포했다. 그해 봄 공장 소유자들과 대항했던 노동자들은 이들을 조직하고 투쟁 전술을 알려준 사람들 없이 투쟁을 계속해가야 했다. 그들에게 힘들고 위험한 날을 버텨나가는 데 힘이 된 것은 자신들의 운명을 스스로 만들어갈 힘을 가졌다는 믿음이었다.[40] "배를 쫄쫄 굶게 되면 너희들은 다시 일터로 나올 것이다"라고 한 건방진 공장 운영자가 파업노동자들에게 말하자 노동자들은 "우리는 이 자리에서 죽겠소"라고 맞받아쳤다.[41] 투쟁연합에 소속된 상트페테르부르크의 파업노동자들은 자긍심과 자신들이 힘을 가졌음을 발견했고, 이후에 이들의 숫자가 늘어나면서 자신들의 요구사항을 더 강력하게 제시할 수 있었다.

면방직 노동자들이 1896년 파업을 이끌었지만, 1890년대 말 도시의 금속 노동자들의 불만이 커지면서 상황은 바뀌었다. 1901년 새로운 파업의 파도가 도시를 이끌었을 때 오부호프 철강공장에서 일하는 더 숙련되고, 더 배우고, 더 강한 정치적 주장을 내세우는 노동자들이 파업을 주도하고 나섰다. 이들은 "차르와 수도의 폭정에 대항해서 자유를 위한 투쟁"을 벌일 때가 왔다고 선언했다.[42] 5월 초 오부호프 공장 노동자들이 2층의 창문과 문 앞에서 돌을 던지며 경찰과 맞서자, 정부는 해군과 육군 병력을 동원해야 했다. 파업이 시작된 지 일주일이 지난 5월 8일 일곱 명의 노동자가 총탄에 맞아 사망했고, 1천여 명의 노동자가 체포되었다. 그러나 다른 철강, 주철공장에서 1만 5천 명의 노동자가 파업에 동참했다. 더 이상의 대결을 피하기 위해 정부는 파업노동자들의 일부 요구를 수용했다. 러시아의 수도에서 노동쟁의가 확대 중인 것은 분명했지만, 장차 니콜라이 2세와 그의 정부를 전복할 민중 운동은 아직 시작도 되지 않았다. 러일전쟁 발발로 조성된 긴장 상황이, 예전에 정부와 공장주들을 상대로 1896년과 1901년 파업을 벌인 노동자들을 억눌렀던 힘을 약화시키면서 분위기가 변화되어갔다.[43]

1904년 1월 30일 아침 상트페테르부르크는 큰 동요에 휩싸였다. 4일 전 일본 해군이 포트 아서(여순항)의 러시아 해군 기지를 공격하면서 러시아와 일본은 전쟁에 돌입했다. 살을 에는 듯한 추위가 몰고 오는 바람에도 해가 뜨기도 전에 수천 명의 군중이 겨울 궁전 광장으로 모여들었다. 학생들은 니콜라예프 다리를 건너왔고, 군중들은 넵스키 대로에서 로시가 총참모본부, 재무성, 외무성을 위해 만든 건축물의 대형 아치를 통해 들어왔다. 겨울 궁전 앞에 모인 이들은 "신이여 차르를 구하소서"를 노래하고 기도하며 차르, 육군, 해군, 국가를 위해 함성을 내질렀다. 몇 년 전의 파업과 대조적으로 상트페테르부르크 사람들은 이제 하나로 결집한 듯했다.

자녀들을 대동하고 니콜라이 2세와 알렉산드라 황후가 궁전 발코니에 나타나 군중들의 환호와 노래에 답했다. 발코니 앞 광장과 넵스키 대로에서 "모든 사람이 한데 어우러졌다. 장군들과 부랑자들이 나란히 행진했고, 깃발을 든 학생과 팔에 장 본 물건을 가득 건 여인들이 같이 행진했다. 모든 이들이 한 가지 감정으로 단합된 것처럼 보였다. 모든 이들이 한목소리로 노래했다"라고 한 외국 특파원이 보도했다.[44] 열광하는 군중에게 니콜라이 2세는 여전히 국민들의 복지를 위해 신으로부터 권한을 위임받은, 러시아어로 '바투시카Batiushka'라는 말로 불리는 아버지 같은 존재였다. 하층계급 사람들은 자신들이 그토록 오랜 기간 견뎌온 고통과 고난의 책임을, 차르를 제대로 보좌하지 않은 신하들에게 돌렸다. 이들은 자신들이 진실을 제대로 전달하면 바투시카가 잘못된 것을 바로잡으리라고 확신했다. 민중은 수백 년간 이를 믿어왔지만, 이제 이것이 바뀌려는 참이었다. 그 변화의 장소는 상트페테르부르크였다. 그리고 이런 일이 일어나게 만든 사람은 가폰 신부였다.

마른 체구에 형형한 안광, "짙고 웨이브 진 머리카락에 까마귀 날개 같은 색깔의 턱수염"을 지닌[45] 게오르기 가폰Georgii Gapon은 우크라이나의 스텝 지역 한가운데서 자랐다. 이곳에서 코자크인들은 17세기부터 폴란드인, 투르크인, 러시아인들과 싸웠다. 신실한 신앙을 가진 농부 어머니는 그를 사제로 만들었지만, 사회적 불공정을 혐오하는 코자크 출신 아버지의 기질은 가폰으로 하여금 교회에서의 지위를 이용하여 러시아 민중을 돕게 만들었다. 1898년 알렉산드르 넵스키 수도원의 신학교를 졸업했을 때 가폰은 뛰어난 언변으로 민중을 매혹시킬 줄 알았고, 이 재능을 이용하여 도시의 프롤레타리아를 돕기로 작정했다. 그는 부두 지역에서 오랜 시간을 보냈다. 그는 이 지역이 "가장 극심한 가난 속에 가장 궁핍한 사람들이 사는 곳"이라고 후에 설명했다. 자신의 말을 경청하는 사람들에게 폭력을 피할 것을 강조한 그는 "당국과 직접 부딪치는" 대신 "노동자들의 조직"이 이들의 목표 실현에 도움을 줄 것이라고 설파했다.[46]

정부가 지원하는 노동조합이 도시의 프롤레타리아를 통제하는 데 유리하리라 기대한 고위관리들의 지원으로 가폰 신부는 1903년 늦여름 '공장 노동자연합'을 조직했다. "기본 아이디어는 진정한 러시아적 정신이 지배하는 [⋯] 공장 노동자들의 보금자리를 만드는 것이다"라고 민중의 사제는 설명했다. "이곳으로부터 건강하고 희생정신을 지닌 어린 새들이 날아올라 차르와 나라를 보호하고 동료 노동자들을 도울 것이다"라고 그는 내다봤다.[47] 가폰은 자신이 조직한 노동자연합이 좀 더 큰 운동의 중심이 되기를 바랐다. "이삼 년 안에 20만 명의 상트페테르부르크 노동자들이 우리 노동자연합의 멤버가 될 것이다"라고 그는 확언했다.[48] "그런 다음 우리는 러시아의 모든 노동자들을 규합할 것이다."[49] 그는 이 연합이 "공장 노동자들이 자신들을 정화하고 교육시키는 진지하고도 실질적인 노력을 기울이고, 노동자들 사이에 러시아의 국민적 의식을 상식적으로 깨우고 강화하는 환경"을 만드는 장소가 되기를 바랐다.[50] 러일전쟁이 일어났을 때 이 노동자연합은 러시아에서 가장 큰 조직이었으며, 이 조직은 가폰의 프로그램을 따를 준비가 되어 있었다. 상트페테르부르크의 노동자들은 러시아의 다른 지역에서 일어난 노동소요에 가담하지 않았고, 당분간은 가폰이 정부와 노동자를 함께 묶는 길을 기대하는 듯했다.[51]

1905년 초 푸틸로프 금속공장 노동자들은 "외침이나 소란 없이, 폭력 없이," 노동자연합에서 핵심 역할을 한 몇 명의 노동자의 해고에 항의하기로 결정했다.[52] 이들의 평화적 시위는 파업으로 발전했고, 첫 주가 지나기 전에 십만여 명의 노동자들이 파업에 동참했다. 당시까지도 가폰의 조직은 폭력이 아닌 평화적 저항을 펼칠 것을 촉구했다. "신비적이고, 종교적인 희열이 이 노동자연합의 집회를 지배했다"라고 노동자 집회를 관측한 한 사람이 기록했다. "연설의 내용은 불충분했지만, 가슴을 울리는 [⋯] 진지함이 있었기에 [⋯] 이 노동자들의 억울함과 불만을 풀어줄 무언가를 해주어야 한다고 [⋯] 느끼지 않을 수 없었다"라고 그는 계속했다.[53] 가장 좋은 방법은 차르에게 직접 청원하는 것이라고 이들은 결론 내렸다. "아이가 아버지에게 가듯 차르에게 가서 당신들의 고난을 호소하고 도움과 정의를 구합시다"라고 상트페테르부르크의 주교는 노동자들에게 촉구했

다. "어떤 러시아의 가슴이 이러한 청원에 귀를 기울이지 않을 수 있겠습니까?"라고 그는 덧붙였다.[54]

1905년 신년이 되자 가폰은 여기저기 뛰어다니며 노동자들을 만나 1월 9일 일요일로 예정된 평화행진에 참여할 것을 촉구했다. 그의 계획은 노동자들을 겨울 궁전으로 행진하도록 한 다음 차르에게 노동자들이 겪는 고난을 알리고 도움을 요청하는 내용이 담긴 청원서를 제출하는 것이었다. "우리는 인간으로 대접받는 것이 아니라 힘겨운 운명을 침묵 속에 참아야 하는 노예로 취급받고 있습니다. 우리와 나머지 러시아 국민들 모두 최소한의 인권도 누리지 못하고 있습니다"라고 청원서에는 쓰여 있었다. "언론, 사고, 집회의 자유는 물론이고, 우리의 행동을 논하고, 우리의 여건을 개선할 조치도 밟지 못하고 있습니다. [...] 만일 폐하께서 우리의 청원에 답하지 않으시면 우리는 바로 당신의 궁전 앞에서 죽겠습니다. 우리는 달리 갈 데가 없습니다"라고 청원서는 끝을 맺었다.[55]

그러나 얼마나 많은 노동자들이 가폰을 따를 것인가? 만일 차르가 응답하지 않는다면 어떻게 할 것인가? 상트페테르부르크 거리 곳곳에 살을 에는 추위에도 불구하고 사람들이 모여들었고, 연기 가득한 카페와 노동자들이 물 같은 맥주와 싸구려 보드카를 마시는 선술집, 나르바 구, 페테르부르크 구, 비보르크 구 노동자회관에 모인 노동자들에게 가폰은 물었다. "만일 차르가 우리를 받아들이지 않고, 우리의 청원서를 접수하지 않으면 어떻게 할 것입니까?" 그러자 모든 사람에게서 똑같은 대답이 들려왔다. 반복해서 울리는 그 단조로움 속에는 두려움이 도사렸다. "그러면 우리에게 차르는 없습니다!"[56] "마치 메아리같이 모든 구석에서 같은 답이 반복되었다. '차르는 없다! 차르는 없다!'라고." 한 증인이 이렇게 기록했다.[57] 차르가 자신들의 청원에 귀를 기울이리라는 희망을 갖고 노동자들은 행진을 준비했다. 이와 동시에 상트페테르부르크 총독 이반 풀론Ivan Fullon은 1만 2천 명의 보병과 기마 병력을 도시에 진입시켰다. "페테르부르크는 마치 적군 병사들에게 점령된 도시 같았다. 거리 곳곳에 장작불이 지펴졌고, 구

급마차가 대기하고, 각 회사의 마당에는 노상에서 수프를 끓이는 솥이 설치되었다"라고 한 기자가 기록했다.[58] 노동자와 병사들 모두 일요일 아침을 기다렸다. "많은 사람들이 그 전날 밤 피에 물든 듯한 붉은 달이 지평선에 떠오르는 것을 보았다. 그날 밤 상트페테르부르크는 러시아의 심장이나 마찬가지였다"라고 한 노동자가 회고했다.[59]

기온이 영하 20도까지 떨어지는 추위와 함께 1905년 1월 9일이 밝았다. 페테르부르크에서 드물게 보는 맑게 갠 날이었다. 가폰은 노동자들에게 연설하러 다니며 전날 밤을 보냈다. 그는 다음날을 부활절과 비교했다. 그리스도와 마찬가지로 노동자들은 하나님과 함께 행진할 것이라고 말했다. 경찰이 그를 체포하려 한다는 소식이 들리자 가폰은 자신을 못 찾도록 노동자의 숙소에 몸을 숨겼다. 시내 일곱 곳에서 노동자들이 결집해 큰 거리를 따라 행진하다가 겨울 궁전 광장으로 모두 모인다는 계획이 이미 세워졌다. 시위 참가자 모두는 일요일 교회에 갈 때 입는 가장 좋은 옷을 입고, 무기나 혁명의 상징은 소지하지 않도록 지시받았다. "우리를 짓누르는 관료들로부터 러시아를 구해야 한다." 노동자 중 일부는 성호를 그으며 주기도문을 반복했다. "우리는 진실을 찾기 위해 차르에게 간다."[60] 이들의 행렬이 움직일 때 선두에 선 노동자들은 차르 니콜라이와 황후 알렉산드라의 거대한 초상을 들었다. 그다음으로 성화, 종교적 깃발, 커다란 십자가를 든 사람들이 따랐고 이들은 "우리를 구원하소서, 오 하나님, 시온의 우리의 주님은 얼마나 영광스러운가!"라고 찬송가를 불렀다.[61] "군중은 대양의 물결구름 같아 보였다. 사람들의 잿빛 얼굴은 탁하게 거품이 이는 파도 조각 같았다"라고 볼셰비키 작가인 막심 고리키Maksim Gorkii가 썼다.[62]

기마연대가 도시의 남쪽 나르바 개선문 인근의 푸틸로프 공장에 모인 노동자들을 해산시키는 데 실패하자, 93이르쿠츠크 연대의 2개 중대가 시위대에 일제히 사격을 가했고 수십 명의 행진자가 쓰러졌다. 한 시간 정도 지나자 페트로파블롭스크 요새에서 멀지 않은 트로이츠카야 광장에서도 총격이 벌어졌다. 이곳

피의 일요일 시위와
선두에 선 가폰 신부

에서는 칼을 휘두르는 코자크 부대가 노동자들을 해산시키는 데 실패하자 파블롭스키 근위연대가 사격을 개시하여 1백 명 이상의 노동자가 길에 쓰러졌다. 그러나 이 모든 것은 겨울 광장에서의 대치의 전주곡에 불과했다. 이곳에서는 수만 명의 노동자가 포병 지원을 받는 2천 명의 보병, 기병과 맞닥뜨렸다. 노동자들이 해산을 거부하자 장교들은 병사들에게 사격을 명령했고, 겨울 광장에는 노동자들이 흘린 피가 새로 쌓인 눈을 붉게 물들였다.

병사들은 인근 거리를 휩쓸고 다니며 수시로 군중에게 사격을 가해 행진자뿐만 아니라 구경꾼들에게도 피해를 입혔다. 그날 총알이 사키Saki라는 필명을 쓰는 영국인 풍자작가 먼로H. H. Munro를 거의 스쳐 지나갔고, 여름 궁전을 걷던 작가 드미트리 메레시콥스키Dmitrii Merezhkovskii도 마찬가지였다. 고리키는 트로이츠카야 광장의 군중 속에 있었고, 레닌의 여동생 안나도 그곳에 있었다. 네 사람 모두 무사히 군대의 공격을 피해 도망쳤지만 다른 사람들은 이들만큼 운이 좋지 못했다. 니콜라이 황제와 알렉산드라 황후의 초상화를 들고 있던 노인, 시위 광경을 더 잘 보기 위해 나무 위에 올라간 어린이들, 어린애의 손을 잡고 거리를 걷던 어머니들이 쓰러졌다. 그 숫자는 거의 1천 명에 달했다.[63] 가폰은, 고리키가 다음날 모인 거대한 군중들에게 읽은 편지를 통해 "차르는 없다!"라고 선언했다. "자유를 위한 민중의 투쟁 만세!"[64] '우리의 아버지'라는 차르에 대한 러시아인 모두의 신화는 이제 죽었다. 수백 년간 이것은 전제정과 그 적들 사이에 서 있었지만, 단 하루의 사격으로 이제 사라지고 말았다.

상트페테르부르크에서 '피의 일요일'로 불리는 1월 9일의 비극은 황제의 모친인 마리야 페도로브나Mariia Fedorovna의 말대로 "악몽과 같은 한 해"를 불러왔다.[65] 위기에 위기가 꼬리를 물고, 비극 다음으로 또 다른 비극이 덮쳤다. 피의 일요일 며칠 뒤 대공 세르게이 알렉산드로비치가 알렉산드르 2세를 공격한 것과 같은 수류탄에 맞아 사망했다. 그런 다음 묵덴Mukden(선양)과 쓰시마 해협에서 러시아의 패배 소식이 극동으로부터 전해졌다. 병사와 수병들이 반란을 일으켰고, 수많은 파업과 농민 봉기가 발생해 니콜라이 2세와 신하들은 이들을 진압하기 위해 224문의 대포와 124문의 기관총과 함께 수천 명의 보병과 기병을 상시 배치해야 했다.

그해 봄과 여름 내내 러시아 제국은 혁명과 충돌했다. 그해 가을 진정한 혁명이 일어났을 때 아무도 이것을 처음에 인식하지 못했다. 10월 7일 모스크바에서 철도 노동자들이 파업을 일으키자 파업이 러시아 전체로 퍼져나갔다. 며칠후 상트페테르부르크에 총파업이 일어나자 공장 노동자, 전기·전보 운영직원, 하인, 수위 등 모든 노동자가 파업에 나섰다. 의사, 변호사, 교사, 서기, 심지어 마린스키 제국발레단원 전원이 파업에 동참했다. 일주일 이상 상트페테르부르크에는 가로등도 신문도 없고 전차도 운행되지 않았다. 식품과 연료도 구하기 힘들었다. 아무도 다음날 어떤 상황이 벌어질지 알지 못했고, 모두가 벼랑 끝에 있었다.[66]

10월 14일 상트페테르부르크 총독 드미트리 트레포프Dmitrii Trepov는 그 유명한 "위협사격을 가하지 말고, 총알을 아끼지 말라!"라는 명령을 내렸다.[67] 이렇게 되자 도시의 노동자들은 스스로 무장하기 시작했다.

소설가이자 희귀도서 상인인 세르게이 민츨로프Sergei Mintslov는 페테르부르크 총파업 기간을 현지에서 목격했고, 그가 적은 10월 12일부터 10월 17일까지의 일기는 차르와 정교회를 믿는 애국적인 러시아인이 1905년 페테르부르크에서 일어난 혁명을 어떻게 보았는지를 잘 보여준다.

10월 12일. 피테르는 러시아 다른 지역과 차단되었다. [⋯] 공포가 시내 전체에 퍼졌다. 저녁이 되면 모든 상점이 문을 닫고 사람들은 파업에 나설 것이다. 소시지가게, 빵가게, 야채가게에 남아 있는 물건을 사려는 사람들이 장사진을 쳤다. [오늘] 고기 가격은 파운드당 16에서 22코페이카까지 올랐다.

10월 14일. 상점의 모든 유리를 보호하기 위해 판자를 덧대었다. 오늘은 전기가 전혀 들어오지 않았다. 상점 내부는 촛불 몇 개와 등유 램프로 희미하게 밝혀놨다. 모든 것이 오랫동안 그런 상태였던 것처럼 보였고, 조금만 이상한 진동이 느껴지면 가게 주인은 문을 닫고, 가게를 요새로 만들기 위해 불을 껐다.

10월 15일. 지원병력이 피테르에 도착했다. 프스코프와 차르스코예 셀로의 근위기병대가 도착했다는 얘기가 들렸다. [⋯] 오늘은 신문이 배달되지 않았다. [⋯] 차르는 황실 요트 '북극성'이 시동을 걸어놓은 페테르고프에 머물렀다. 만일의 경우 그는 요트를 타고 덴마크로 도망칠 준비를 하고 있다.

10월 16일. 저녁. 전기가 장난치는 것 같다. 한순간 거리 전체가 깜깜했다가, 울리는 소리가 나면서 가로등이 들어왔다가 몇 분 뒤 다시 꺼졌다. [해군성 위의] 거대한 탐조등이 넵스키 대로를 밝히고 있다. […] 20일 '혁명'이 일어날 것이라는 소문이 돌고 있다. 지금 모든 노동자들과 혁명가들은 무기를 들고 있다.

10월 17일. 비상 상황이 계속되고 있다. […] 고등교육기관은 병사들과 기관총이 점령했다. […] 모든 사람은 차르가 아무 양보도 하지 않을 것이라고 확신하고 있다. 정부의 최고위 지도층은 '혁명의 피를 뿌리기로' 굳게 마음먹고 있다.[68]

"무섭고 격렬한 폭발이 일어날 것 같은 불길한 징조가 하루하루 강해지고 있다"라고 한 정치인이 기록했다.[69] 민즐로프가 느낀 위기의 징조는 사방에 퍼진 듯했다. 잠시 동안 모든 사람의 시선은 트레포프와 노동자 대표 페테르부르크 소비에트에 쏠렸다. 10월 13일 처음 소집된 노동자 소비에트에는 30명이 모였지만, 곧 그 숫자는 562명으로 늘어났고, 레프 다비도비치 브론슈타인Lev Davidovich Bronshtein이 소비에트의 대정부 투쟁 방향을 이끌고 있었다. 혁명 가명인 트로츠키Trotskii로 더 잘 알려진 브론슈타인은 10월 사태가 발생했을 때 막 26세가 되었다. 그는 역사의 방향을 바꾸기 위해 핀란드에서 상트페테르부르크로 달려왔다. 그러는 동안 아무런 정치 감각이 없는 기마장교 출신 트레포프 장군은 자신의 길을 가로막는 것을 무엇이든지 진압할 생각으로 더 많은 병력을 시내로 진입시켰다. 트레포프는 상트페테르부르크의 파업자와 시위대를 충분히 진압할 수 있다고 확신했다. 그러나 그는 니콜라이 1세가 후에 자신의 어머니에게 설명한 것처럼, "피의 강물을 대가로" 치를 것이라고 경고했다.[70]

트로츠키가 후에 회고한 대로 상트페테르부르크에서 "소비에트가 자신을 주축으로 혁명 세력을 규합했다."[71] "러시아에서 결정적인 사건이 수일 내에 성취될 것"을 확신한 소비에트는 상트페테르부르크 노동자들에게 총파업을 지속할 것을 촉구하고, 너무 일찍 일자리로 돌아가는 것은 "비틀거리는 전제정에 결정적 타격"을 가할 기회를 저버리는 것이라고 경고했다.[72] 넵스키와 오부호프 지역의 공장에서는 10월 17일 1만 7천 명의 노동자들이 모여 소비에트의 결정을 지지했고, 몇천 명의 노동자들은 트레포프의 병력에 맞서 무장봉기를 일으킬 준비를 하였다. 노동자 다수는 트레포프의 부대가 너무 막강하기 때문에 주의해야 한다고 촉구했다. 그러나 먼저 뒤로 물러선 것은 정부였다. 신민들에게 양보할 것인가 아니면 트레포프에게 노동자를 살해할 권한을 줄 것인가 사이에서 고민하던 니콜라이 2세는 전자를 선택했다. 그는 두 번째 선택도 심각하게 고려했다. 실제로 그는 투표지(ballot)보다 총알(bullet)을 사용하는 것을 더 선호했지만, 그의 참모들이 이를 말렸다.

오부호프와 넵스키 지역 공장 노동자들이 대규모 집회를 연 10월 17일 니콜라이 2세는 소위 '10월 선언'에 서명하고 러시아인들의 민권을 인정하고, 러시아어로 두마Duma라고 불리는 입법기관을 만드는 데 동의했다. 이 조치를 러시아인들이 스스로 자신들의 운명을 형성해나갈 기회로 본 민츨로프는 황제의 포고령을 읽은 다음 "만세, 우리는 이제 자유를 얻은 국민이다"라고 기록했다.[73] 그러나 다른 페테르부르크 사람들은 이것을 다르게 받아들였다. 보수주의자들에게 10월 선언은 재앙이나 마찬가지였다. 자신들이 러시아의 과거. 현재, 미래를 보는 근간이 되는 '정교회, 전제정, 민족성' 원칙을 위협하는 것이기 때문이었다. 트로츠키나 페테르부르크 소비에트가 보기에 이 조치는 구체제를 그대로 유지하는 사소한 양보에 불과했다. "프롤레타리아는 [⋯] 헌법에 포장된 나가이카 nagaika, 즉 코자크의 채찍을 원하지 않는다"라고 트로츠키는 차르의 선언을 읽은 뒤에 선언했다.[74] 그는 프롤레타리아가 투쟁을 계속해가야 한다고 주장했다. 그러나 12월 초 정부가 노동자 대표 소비에트 일원 3백 명을 체포하면서 상트페테르부르크의 1905년 혁명은 역사 속으로 들어갔다. 트로츠키가 "혁명은 죽었다. 혁명 만세!"[75]를 선언했을 때 그는 불과 12년 후에 로마노프 왕가가 몰락하리라는 것을 상상도 하지 못했다.

1905년 혁명이 일어나고 5년 후 상트페테르부르크에서의 노동 투쟁은 힘든 시기를 맞았다. 새로운 체포의 물결이 주요 혁명가들을 감옥에 보내거나 외국 망명길에 오르게 했고, 프롤레타리아들은 지도자 없이 방치되었다. 파업에 참여하지 않았던 새로운 남녀들이 일자리를 찾아 상트페테르부르크로 쏟아져 들어왔다. 1908년부터 1913년 사이 도시의 금속 노동자 수는 3분의 2나 늘어났고, 면방직 노동자 수는 25퍼센트 늘어났다.[76] 공장 소유주들이 새로 들어온 노동자들을 좀 더 철저히 통제하자 노동자들은 다시 한번 거리로 나가게 되었다. 1913년 9월 말 십만 명의 페테르부르크 노동자들이 파업에 나섰다. 1914년 1월 9일 14만 명의 노동자들이 피의 일요일 9주기를 기리며 파업에 돌입했고, 그해 전반기 파업의 수는 계속 증가했다.[77] 1914년 7월 1차 대전이 발발할 때쯤엔 러시아의 노동자 두 명 중 한 명은 지난 12개월 사이에 일어난 다양한 형태의 노동 투쟁에 동참했다. 상트페테르부르크에서 그 비율은 훨씬 높았고, 1912년부터 1914년 사이에 열두 차례의 파업이 일어났다. 이 기간에 넉 달이나 파업을 지속한 곳들도 있었지만, 두세 달 파업에 동참하는 경우가 더 많았다.[78]

1차 대전이 일어나자 상트페테르부르크에서는 잠시 노동 투쟁이 수그러들었다. 전쟁이 시작된 지 2주 만에 도시의 이름은 슬라브어에 더 가깝고 독일어에서 더 먼 '페트로그라드Petrograd'로 바뀌었다. 페트로그라드 시민들은 겨울 궁전 광장에 모여 국가를 부르고 차르와 러시아를 위해 기도했다. 이 며칠 동안 국민과 군주는 피의 일요일 이후 처음으로 다시 단합된 듯 보였다. 그러나 1915년 봄이 되자 파업이 재개되었고, 정부가 이를 강제 진압하려 하자 더 많은 노동자가 파업에 참가했다. 분노가 페트로그라드 거리에 넘쳤고, 1917년 초가 되자 위기는 새로운 지점에 도달했다. 2월 23일 국제여성의 날을 축하하기 위해 모인 군중들은 날이 갈수록 숫자가 늘어났다. 그리고 3월 2일 페트로그라드 노동자들은 니콜라이 2세를 퇴위시켰다.

1917년 봄, 여름, 이른 가을 동안 페트로그라드 시민들은 몇 차례나 바뀐 임시정부와 타협점에 이르려 노력했지만, 계속되는 전쟁과 혁명의 파도는 그해 10월 폭발하여 레닌과 볼셰비키가 권력을 잡게 되었다. 10월 26일 새벽 2시 소수의 혁명전위대가 임시정부 각료들이 모여 있던 겨울 궁전의 회의실에 침입하여 이들을 체포했다. 러시아를 노동자의 혁명에서 멀어지게 하려고 노력했던 이들은 몇 시간 뒤 감옥에 수감되었다. 이들의 운명은 상트페테르부르크와 제국 러시아의 역사에서 마지막 아이러니의 한순간으로 남았다. "새벽 5시 5분 나는 [페트로파블롭스크 감옥의] 54번 감방에 수감되었다"라고 한 각료가 일기에 기록했다.[79]

혁명 전야

표트르 대제와 예카테리나 여제, 시인 푸시킨, 니콜라이 1세 황제의 도시가 제국의 권력과 영광스러운 미래의 비전의 빛을 발산한 데 반해 '은 시대*' 러시아의 수도는 화려함을 데카당스와 혼합하고, 타락에 대한 취향을 구원의 희망과 결합했다. 1898년부터 1918년 사이 상트페테르부르크의 작가들, 화가들, 작곡가들은 과학과 기술이, 한때 사람들을 신에게로 이끌었던 신비를 지워버린 세상에서 삶의 새로운 의미를 찾으려고 노력했다. 내일이 자신의 삶에 무엇을 가져올지 모르는 상태는 많은 이들을 불안하게 했고, 깊어가는 파멸의 느낌은 상트페테르부르크의 현재와 미래에 대한 비전을 어둡게 만들었다. 임박한 종말의 예감에 사로잡힌 이들은 선과 악의 마지막 대결을 기다렸다. 모든 것을 쓸어가는 큰불이 새로운 질서를 탄생시킬 것이고, 상트페테르부르크의 운명은 러시아가 유럽이 될 것인지 아시아가 될 것인지를 결정할 터였다.

---

*은 시대(Silver Age, Серебряный век)는 러시아 문학에서 상징주의, 미래주의 시인들이 활발한 창작활동을 벌였던 1890년대부터 1920년대까지의 시기를 일컬으며 1세기 전의 황금 시대(Golden Age)와 비교된다. 러시아 철학자 니콜라이 베르쟈예프가 처음으로 이 단어를 썼다.

1917년에 미래는 이들이 감히 상상한 것 이상으로 혁명적인 것이 되었다. 1년 간 일어난 사건들은 "위대한 러시아의 화강암 왕관"이었던 상트페테르부르크를 "붉은 피테르"로 바꾸었다. 이 도시는 볼셰비키가 지배하는 축소된 영토의 두 번째 도시로 전락했다.[1] 1918년 봄 레닌이 러시아의 수도를 다시 모스크바로 옮기 자 페테르부르크의 지식인들은 가장 종말론적인 예언에 맞부딪쳐야 했다. "만일 페테르부르크가 수도가 아니면 더 이상 페테르부르크는 없다. 이것은 단지 존재 하는 것처럼만 보일 것이다"라고 상징주의자 안드레이 벨리가 1차 대전 직전에 말한 적이 있다.[2] 전쟁과 혁명의 대학살이 도시를 변화시키기 전 이 도시를 휩쓴 종말론적 비전 중 벨리의 예언이 가장 대담했다. 그러나 그것은, 용감한 새로운 세상이 탄생할 '전야'에 와 있다는 느낌이 작가들과 예술가들을 사로잡았던 시 기에 러시아의 수도를 움켜쥔 폭넓은 파멸감을 반영한 것이었다.

1차 대전 직전 상트페테르부르크 시민들을 사로잡은 예감을 가장 먼저 표현 한 것은 표트르 일리치 차이콥스키Petr Ilych Chaikovskii였다. 동성애로 생의 마 지막 순간까지 고통받았던(그리고 자살까지 이르게 했던) 차이콥스키는 청중들 을 자리에서 벌떡 일어나게 만드는 음악을 작곡했으나, 불과 몇 년 뒤에 경박하 고 진부하다는 평가를 받았다. "차이콥스키의 음악을 비판하지 않고 콧방귀를 뀌는 것이 상례였다"라고 한 유명한 평론가가 2차 대전 직전에 썼다.[3] 1960년대 가 되어서야 평론가들은 차이콥스키가 대작을 만들었을 때 당대 사람들이 느꼈 을 눈부신 탁월함을 다시 축하했다. 그의 마지막 작품인 교향곡 6번의 피날레는 "너무나 독창적이라 음악가들은 한참 동안 되새겨보게 되었다. 이것은 더 발전 시킬 수 없다"라고 그의 전기 작가들은 썼다. "이것은 유일무이하다."[4]

차이콥스키는 성년 시기 대부분을 모스크바에서 보냈지만, 상트페테르부르크 와 밀접한 관계를 맺고 있었다. 그는 이곳에서 학교를 다녔고, 이곳에서 관리로 일했으며, 1860년대에 새로 설립된 음악원에서 배운 첫 학생 중 한 명이었다. 그 는 이 도시의 생동감과 넵스키 대로의 흥분, 자신을 떠오르는 사교계 인사로 받아들여준 극장과 무도회를 사랑했고, 이 느낌은 그의 인생 내내 각인되었다. "내 마음의 소중한 모든 것은 페테르부르크에 있다. 그것 없는 인생은 나에게 불가능하다"라고 그는 말한 적이 있다.[5] 상트페테르부르크에서 차이콥스키는 러시아의 국경 너머로 뻗은 세상을 접촉했다. 자신은 "완전히 말 그대로 러시아인"[6]이라고 선언했지만, 그는 상트페테르부르크가 관문 역할을 하는 서구의 청중과 환경을 필요로 했다. 이런 면에서 그는 은 시대를 지배한 모순을 자신의 인생에 그대로 반영했는데, 그가 러시아로 시선을 돌릴수록 유럽에 더 가까워졌기 때문이다. 러시아와 유럽 모두 그의 인생에서 중요한 역할을 했고, 그는 이 둘을 자신의 음악에 함께 반영했다.

젊은 차이콥스키가 경험한 상트페테르부르크는 귀족적 주제, 하층민의 멜로디, 동·서양의 민속적 모티프의 용광로였다. "넵스키 대로에서는 이탈리아 음조가 불리고, 몇 발짝 가면 빈의 민속춤곡이 들렸다"라고 한 평론가가 말했다. 사방에서 병사들이 군악대 음악에 맞춰 행진했다. 이탈리아 오페라가 제국극장의 무대를 장악했지만, 프랑스의 짧은 음악(ditty)이 시내 무도장에 울렸고, 농민들과 집시의 음악은 선술집을 채웠다. 왈츠(아직 위험한 음악으로 간주되어 젊은 여성이 공공장소에서 왈츠를 추기 위해서는 보호자의 허락을 받아야 했다)는 귀족의 무도회장에 성적 과감성을 가져왔다. 그리고 "러시아 민속 음조와 이탈리아 아리아가 복잡하게 섞여 멋진 살롱에서 자란 아름답고 어두운 선정적 꽃"인 로망스는 상류층에서 특별히 인기를 끌었는데 부드러움과 고뇌, 열정을 혼합한 음악이었다. 차이콥스키는 이 모든 음악을 듣고 흡수했다. "[차이콥스키의] 상트페테르부르크의 […] 온갖 다양한 음악은 그의 첫 세 교향곡에 […] 그대로 살아 있다. 슬픈 행진곡, 귀족적이고 관능적인 왈츠, 살롱과 교회의 로망스, 제국 무대의 발레 장면과 아리아, 민속축제, 시장, 축일의 음악 모두"라고 한 평론가가 최근에 썼다.[7]

1880년대와 1890년대의 어떤 음악가보다도 차이콥스키는 음악에 러시아와 상트페테르부르크에 대한 자신의 비전을 반영했다. 그는 〈슬라브 행진곡〉과

〈1812년 서곡〉에 "신이여 차르를 구하소서"를 자랑스럽게 도입했고, 이 주제를 이용하여 범슬라브주의와 민족적 승리감을 강조했다. 〈1812년 서곡〉에서는 러시아가 거둔 모든 승리와 제국 시대의 만개를 가져온 나폴레옹 격퇴의 영광을 표현했다. 생의 마지막 시기에 차이콥스키는 러시아의 위대함에 대한 희망적 찬가를 애수와 파멸의 감정을 담은 예감으로 대체했다. 1890년에 완성된 푸시킨의 장시를 바탕으로 한 오페라 〈스페이드의 여왕〉에서 이런 감정은 다른 어느 곳보다 상트페테르부르크에 적용되었다. 3년 뒤에 완성된 〈교향곡 6번〉에서와 마찬가지로 차이콥스키는 표트르의 도시에 임박한 몰락을 감지했다. 이 범상하지 않은 〈스페이드의 여왕〉에서, 상트페테르부르크를 "영광스러운 과거와 현재"를 가진 장소로 본 푸시킨의 비전은 "차이콥스키의 물결에 완전히 용해되어, 페테르부르크의 과거의 신비는 사라지고 대신 새로운 신비가 만들어졌다"라고 한 평론가가 말했다.[8]

　20세기에 들어서면서 우아하고, 고색창연하며, 바위처럼 단단하지만 움직이는 모래톱 위에 있는 상트페테르부르크는 환희와 실망을 같은 양만큼 지닌 듯했다. 상트페테르부르크는 유럽의 어느 수도보다 빠르게 성장하며 한때 텅 비고 황량했던 시골 지역으로 영역을 확장해나갔다. 철도, 화물차, 기관차, 육군의 육중한 대포, 해군의 전함, 모든 종류의 기계, 수백 수천 킬로미터의 면직 등 러시아가 필요로 하는 모든 것이 밤낮으로 돌아가는 공장에서 쏟아져 나왔다. 이 도시에서 생산되는 부는 놀랄 만했고, 이를 소유한 사람들은 예술의 후원자라는 명성을 얻으려고 이 돈을 아낌없이 썼다. 그러나 빈곤의 수준도 놀랄 만한 정도여서 수많은 이들이 그날 벌어 그날 먹고살았다. "황홀감의 망각과 절망의 망각, 왜 이 두 가지 감정을 동시에 느끼는 일이 점점 자주 있는가?"라고 한 시인은 물었다. 어떤 사람들에게 이 도시는 전에 없이 아름다웠지만, 어떤 사람들에게는 재앙의 문턱에 와 있는 것 같았다. 어느 날 저녁 창문 밖으로 교외에 펼쳐진 공장들을 바라보면서 한 시민은 "성문 밖에 와 있는 훈족을 감시하는 성문 위의 감시병처럼 느꼈다"라고 말했다.[9] 훈족이 쳐들어왔을 때와 마찬가지로 아무도 임박한 위험을 측정할 수 없었다. 일부는 그것을 두려워했고, 일부는 그것에 끌렸으며, 또다른 일부는 아무 의미가 없는 것으로 폄하했다. 은 시대 상트페테르부르크의 모든 작가, 예술가, 작곡가들은 그것을 이해하려고 애썼고, 이들의 노력은 이 도시 역사상 가장 다양하고 생동감이 넘치는 그림, 시, 소설, 음악으로 표현되었다.

차이콥스키의 비전에 끌린 아방가르드 예술가 중에 알렉산드르 베누아 Aleksandr Benois의 아파트에 모인 유미파(aesthetes)의 소집단이 있었다. 베누아는 음악과 연극에 열정을 지닌 젊은 예술가로 그의 조상은 18세기 후반 이탈리아, 프랑스, 독일에서 러시아로 왔다. 자신의 재능을 써먹기 위해 러시아에 온 다른 유럽 사람들처럼 베누아 집안 사람들은 1세기 이상 상트페테르부르크 예술계의 중심 가까이 있었으며 젊은 알렉산드르 베누아가 삶의 모토로 삼은 "모든 것 위에 있는 페테르부르크(Petersburg über Alles)"라는 말에 적극 동참하는 삶을 살았다. 무엇보다 베누아 가문은 이 도시를, 러시아를 서구에 더 가깝게 묶는 수단으로 보았다. 알렉산드르는 자신의 회고록에서 이 시기를 회상하며 "나는 러시아에 대해 아는 것이 거의 없었지만, 상트페테르부르크를 사랑했다"라고 적었다.[10] 독일계 교육자인 카를 메이의, 고위자녀를 위한 사립기숙학교에서 베누아가 만난 젊은 남녀 중에서 선택한 친구 집단에는 작가 드미트리 필로소포프*와 화가 콘스탄틴 소모프**가 포함되어 있었고, 이 둘은 베누아와 마찬가지

---

*드미트리 필로소포프Dmitry Vladimirovich Filosofov, Дмитрий Владимирович Философов (1872~1940)는 문학비평가, 종교사상가, 신문편집자로 1900년대 초반 문예지 《예술 세계》 그룹 활동과 메레시콥스키, 지나이다와 함께한 3인형제(Troyebratstvo) 그룹으로 유명했다. 러시아 혁명 후 폴란드로 이주했다.
**콘스탄틴 소모프Konstantin Andreyevich Somov, Константин Андреевич Сомов (1869~1939)는 예술사가이고 에르미타주 학예사인 안드레이 소모프 집안에 태어나 《예술 세계》 그룹 활동을 했고, 18세기 미술과 고대 음악에 관심이 많았다.

로 스무 살이 채 되지 않았다. 얼마 안 있어 이들은 화가 레프 박스트^{***}와 니콜라이 레리흐^{****}를 자신들의 오후 토론 클럽에 초청했고, 1890년 필로소포프의 '시골 사촌'인 세르게이 디아길레프를 초대했다. 예술은 "신비로운 경험의 형태로서, 영원한 아름다움이 표현되는 수단"이라고 이들은 주장했다.[11] 당차고, 거만하고, 아무 구속도 받지 않는 이들은 "러시아 예술, 러시아 건축, 러시아 철학, 러시아 음악, 러시아 시를 위한 가장 중요한 원칙을 만들기로" 맹세했다.[12]

1890년 초에 초연된 차이콥스키의 〈잠자는 미녀〉에 완전히 빠진 이 젊은이들은 그해 가을 마린스키 제국극장에서 공연될 〈스페이드의 여왕〉을 손꼽아 기다렸다. 〈스페이드의 여왕〉은 말 그대로 "나를 미치게 만들었다"라고 베누아는 많은 시간이 흐른 후 회고했다. "이것을 통해 나는 오랫동안 나에게 손짓해온 그림자의 세계에 들어갈 수 있었다"라고 그는 말했다.[13] 베누아와 친구들은 〈잠자는 미녀〉에서 "생은 무덤 이후에도 지속된다"라는 확신을 얻었을 때 처음으로 이 "그림자의 왕국(kingdom of shadows)"을 가슴으로 받아들였다. 이를 바탕으로 이들은 "분리된 개별적 인격뿐만 아니라 시대 전체가 계속 지속된다"라는 확신도 갖게 되었다.[14] 이것을 상트페테르부르크에 적용하여 이들은 자신들의 과거에 대한 경외를 파세이즘passeism이라 불렀다. 이것은 단지 도시의 역사뿐만 아니라 "가장 아름다운 수많은 예술과 문학"을 포함한다고 베누아는 주장했다.[15]

***레프 박스트Lev(Leon) Bakst, Лев(Леон) Николаевич Бакст (1866~1924)는 화가 겸 무대장치·의상 디자이너로 세르게이 디아길레프의 발레 뤼스의 무대장치와 의상을 맡았다. 이국적인 화려한 색채의 무대장치와 의상을 선보였다. 〈카르나발〉, 〈장미의 유령〉, 〈다프니스와 클레오〉, 〈잠자는 공주〉 등의 무대장치와 의상을 연출했다.
****니콜라이 레리흐Nikolai Konstanovich Rerikh, Николай Константинович Репих (1874~1947)는 화가, 작가, 고고학자, 철학자, 신지론자 등으로 다방면에서 활동하였다. 최면술과 영적 주술 세계에 관심이 많았으며 그의 그림은 최면적 표현을 나타냈다고 평가받았다.

혁명의 요람

표트르의 도시에서 영광스러운 건축물보다 더 예술가의 시선을 끌 만한 것은 없다고 그들은 생각했다. 차이콥스키처럼 베누아와 그의 친구들은 러시아의 작가, 작곡가, 예술가들은 이들의 민족 생활의 유럽적인 측면을 보여주어야 한다고 주장했다. 도스토옙스키와 고골이 상트페테르부르크를 대상으로 묘사한 어두운 비판으로부터 거리를 두고, 러시아의 위대성과 서방과의 연계를 표상하는 이 도시의 "유일무이한 로맨스"로 돌아갈 시간이 온 것이다.

모임의 이름을 '독학회(Society for Self-Education, кружок самообразования)'에서 '넵스키의 픽윅* 추종자들(Nevskii Pickwickians, Невские пиквикианцы)'로 바꾼 베누아와 친구들은 만남의 장소도 리테이니 대로와 시묘놉스카야 거리 모퉁이에 있는 디아길레프**의 아파트로 바꾸었다. 디아길레프가 외국 여행에서 수집한 르네상스 청동 조각, 고대 이탈리아 가구, 신인상파 그림들 사이에서 이들은 "문학적, 정치적, 사회적 경향을 반영하는 모든 것"을 거부하기로 맹세했다.[16] 새로운 진로를 정하기로 작정한 이들은 예술가는 "어떤 사상이나 사회에도 봉사해서는 안 된다"[17]라고 주장하고, 예술을 있는 그대로 받아들이기로 했다. 이들은 디아길레프가 수집한 커다란 16세기 이탈리아 테이블에 둘러앉아 논쟁하고, 박스트가 1906년에 그린 디아길레프 초상화 배경에 등장하는 늙은 하녀가 제공하는 차를 마셨다. 이들은 완전히 새로운 월간지를 창간하는 아이디어를 구체

---

*찰스 디킨스의 소설 『픽윅 클럽 여행기』의 주인공으로 '단순하고 순진한 인물'을 의미한다.
**세르게이 디아길레프Sergei Pavlovich Diaghilev, Сергей Павлович Дягилев (1872~1929)는 노브고로드 출신의 문예비평가, 발레 연출가, 공연기획자, 발레단장으로 1899년부터 《예술 세계》를 발간하고 파리에서 여러 차례 러시아예술전을 개최했다. 1908년 무소르그스키의 〈보리스 고두노프〉의 파리 공연이 성공하여 명성을 얻었다. 1909년 마린스키 발레단의 우수한 무용수를 초빙해 만든 '발레 뤼스'는 현대 발레의 기반을 닦은 것으로 평가된다. 디아길레프는 발레를 종합예술로 승화시켰고, 뛰어난 무용수를 발굴하고 육성했으며, 그의 사후 해산된 발레 뤼스 출신의 무용수들은 전 세계에 발레를 보급하는 데 크게 이바지했다.

화했다.[18] 그 결과 러시아 최초의 예술 전문 잡지인 《예술 세계Mir Iskusstva》가 1898년에 창간되었다. 이 잡지는 디아길레프가 말한 대로 "아름다움에 목이 마른 세대"의 대변인이 되었다.[19]

이 잡지를 만든 아이디어는 주로 베누아, 필로소포프, 박스트에게서 나왔지만, 실제로 《예술 세계》를 이끌어간 것은 디아길레프였다. 그는 시베리아 변경지역 페름에서 처음으로 상트페테르부르크에 왔을 때부터 어린애 같은 순진성으로 만나는 사람들을 놀라게 했다. "우리는 그가 미학, 철학 논쟁에 완전히 무관심한 것을 보고 크게 놀랐다. 그는 우리가 토론하는 동안 보란 듯이 졸았고 […] 특히 극장에서 하는 행동은 우리를 긴장시켰다"라고 베누아는 회고했다.[20] 그럼에도 인간적 매력, 고집, 강한 의지로 그는 친구들 모두를 압도했다. "엄청나게 빠른 속도로 그는 완전한 무지와 무관심에서 힘들고도 열정적인 공부로 들어섰고, […] 상당한 전문 지식이 필요한 분야에서도 대단한 식견을 보이게 되었다"라고 베누아는 덧붙였다.[21] 무엇보다도 그는 끓어오르는 에너지, 그리고 예술가들과 그들의 작품에 사람들의 관심을 모을 줄 아는 진정 희귀한 능력을 지녔다. "나는 특별한 재능은 없는 것 같아요"라고 디아길레프는 가장 내밀한 감정도 나누는 의붓어머니에게 고백했다 "[그러나] 메세나(예술후원가)가 되는 것이 내 천직이라는 걸 알았어요."[22]

베누아는 디아길레프가 "그림도 그리지 않았고, 몇 편의 (대단히 뛰어난) 글 외에는 쓴 것도 없었다. 건축과 조각에는 조금의 관심도 없었다. 음악을 작곡해보려는 의욕은 재빨리 접었고, 노래하는 것도 포기했다"라고 서술했다. "상상력도 별로이고 […] 그러나 친구들 마음속에 전개되는 것에서 그가 삶의 불꽃을 감지했을 경우엔 어떤 것이라도 탐욕스럽게 포착했다. 그리고 열성적으로 달려들어 그 아이디어들에 활기를 불어주었다. 자신의 것이 아니더라도"라고 베누아는 결론지었다.[23] '넵스키의 픽윅 추종자들'이 예술을 이해하는 새로운 길을 찾는 동안 디아길레프는 열광하여 폭발했다. "나는 확대경을 통해 미래를 본다"라고 디아길레프는 외쳤다. "나는 우리의 예술 생활의 전체를 하나로 통합할 것이다."[24] 디아길레프의 매혹에 빠진 두 명의 부유한 후원자의 지원을 받아 《예술 세계》는 "모든 것에 숨겨져 있고, 모든 시대에 걸쳐 있는 개성을 인정"하는 길에 나섰다.[25] 《예술 세계》는 모든 세상사 위에 있다. 별들 사이에 자리하며, 마치 눈 덮인 바위 위에 앉은 독수리처럼 고고하고, 수수께끼같이 외로이 빛난다"라고 잡지 첫 호가 발행되었을 때 박스트는 선언했다.[26]

무엇보다도 《예술 세계》는 "넵스키의 픽윅 추종자들"의 파세이즘을 옹호했다. "모든 것 위에 있는 페테르부르크"라는 베누아의 신조를 받아들여 이들은 이 도시의 아름다움에 찬사를 보내고, 이것이 러시아와 유럽 문화의 기념비라고 선언했다. 러시아인들이 한때 과거에 연결되었던 감정을 다시 포착해 베누아는 18세기 상트페테르부르크의 삶을 표현한 수채화 연작에 전력을 기울였다. 상트페테르부르크 창건 2백 주년을 기념하여 푸시킨의 「청동기마상」을 표현하는 서른세 점의 스케치를 싣기도 했다. 베누아의 스케치가 《예술 세계》에 실리자 상징주의 시인 발레리 브류소프Valerii Briusov는 "드디어 우리는 위대한 시인만 한 가치를 지닌 스케치를 갖게 되었다"라고 외쳤다. "이 스케치들 안에 옛 페테르부르크가 마치 시 안에 살아 있듯, 살아 있다." 이것은 "마치 예술가가 바로 그곳, 과거 세기의 페테르부르크 거리에 있었던 것만 같다"라고 또 다른 사람이 평했다. 세 번째 평론가는 이 스케치들이 "깊이가 있고 […] 꿈과 같은 소박함과 단순성을 가지고 있다"라고 보았다.[27]

상트페테르부르크의 모든 예술가와 비평가들이 이런 견해를 공유한 것은 아니었다. 1863년 열세 명의 젊은 예술가들은 제국예술아카데미의 엄격한 보수주의에 반기를 들고, 자신들의 길을 갔다. 근대 회화에서 러시아 최초 민족 화파의 기초를 놓기로 결의한 이들은 자신들을 '이동파(Wanderers, Peredvizhniki)'라고 불렀고, 러시아의 삶을 실제 그대로 그려내는 것을 목표로 삼았다. 1870년대와 1880년대에 이들의 그림을 본 사람들은 그 생생한 리얼리즘에 깜짝 놀랐다. 이

〈이반 뇌제와
아들 이반〉
(일리야 레핀 작)

들 중 가장 뛰어난 화가인, 한때 시골에서 성화를 그리던 일리야 레핀Ilia Repin
은 러시아인들의 영혼 가장 깊은 곳을 뒤흔드는 고통을 표현했다. 페테르부르크
시민들은 1885년 초 유수포프 궁전에 전시된 레핀의 〈이반 뇌제와 아들 이반〉
을 보기 위해 몇 시간씩 줄을 서서 기다렸다. 관람자들은 러시아 역사의 비극과
고통이 이렇게 한순간으로 압축된 것을 본 적이 없었다. "그림을 보고 여자들은
실신했다"라고 한 관람자는 이반 뇌제가 아들 이반의 머리에 입힌 피 흐르는 치
명상을 형상화한 레핀의 그림을 떠올리며 기록했다. "예민한 사람들은 구토했다"
라고 그는 덧붙였다.[28] 이 작품 이전과 이후에도 레핀은 비슷한 명성을 얻었다.
술에 잔뜩 취한 작곡가 무소르그스키Musorgskii가 상트페테르부르크의 병원에
누워 있을 때 그린 초상화는 아직도 천재의 자기 파괴적 힘에 대한 기념비로 남
아 있다.[29] 과거와 현재에 대한 사실적 묘사는 이동파 화가들 신조의 중심에 있
었다. 넵스키의 픽윅 추종자의 이상화된 과거 회고와 왜곡된 비전은 이들의 분노
를 불러일으켰다.

1860년대부터 세기말까지 비평계를 주도하고 이동파 사실주의를 강력하게 옹호했던 블라디미르 스타소프는 《예술 세계》가 모욕적이라고 느꼈다. 그가 디아길레프를 "데카당스의 응원단장"이라 폄하하고 그의 잡지를 "문둥이들의 뜰"[30]이라고 낙인 찍으면서 상트페테르부르크의 예술 세계는 폭발했다. 1860년대와 1870년대에 이와 유사한 충돌이 이반 크람스코이Ivan Kramskoi, 바실리 수리코프Vasilii Surikov, 그리고 당연히 레핀을 포함한 이동파 화가들을 향한 열광 지지자들을 새롭게 형성했다. 결과적으로 소모프, 박스트, 레리흐 같은 화가들에게도 더 많은 관심이 쏟아졌고, 넵스키의 픽윅 추종자들과 《예술 세계》가 지지하는 아방가르드 극장도 격려하게 되었다. 모스크바에서는 철도 갑부이자 예술후원가인 사바 마몬토프Savva Mamontov가 연극 무대장치 제작을 거친 무대장치 화가가 아니라 거장 예술가들에게 맡기는 혁명적 관행을 이미 수립했다. 얼마 안 있어 디아길레프는 이것을 파리로 도입하여 박스트, 레리흐, 베누아가 눈부신 '발레 뤼스'의 무대장치를 만들게 되었다.

스타소프가 펜과 강력한 성격을 이용하여 1870년대와 1880년대 이동파 화가들과 무소르그스키 같은 작곡가들이 페테르부르크 청중들의 호응을 얻도록 나선 것처럼 디아길레프는 《예술 세계》를 이용하여, 20세기 초에 한정된 것이었지만 러시아의 가장 논쟁적인 작가와 화가들을 규합했다. 화가 발렌틴 세로프Valentin Serov, 이삭 레비탄Isak Levitan, 박스트, 레리흐, 콘스탄틴 소모프, 미하일 브루벨Mikhail Vrubel이 모두 디아길레프의 잡지에 소개되었다. 작가 필로소포프, 드미트리 메레시콥스키, 바실리 로자노프Vasilii Rozanov, 과감한 이미지와 대담한 메타포로 러시아 시의 방향을 바꾼 시인 지나이다 기피우스Zinaida Gippius, 안드레이 벨리, 콘스탄틴 발몬트Konstantin Balmont도 이 잡지에 소개되었다. 보고 느끼는 것에 대한 각 예술가의 반응이 영구적인 아름다움을 표현하는 신비로운 경험의 열쇠라고 확신한 이들은 쾌락이 예술의 유일한 목적이 되어야 한다고 주장했다. 어떠한 예술 형태도 단독으로 아름다움의 모든 차원을 표현할 수 없다고 믿은 디아길레프는 철학, 건축, 음악, 시, 회화를 함께 혼합하여 이 목적을 이루는 데 가까이 다가가려고 시도했다.[31]

기피우스, 필로소포프, 메레시콥스키

이후 음악은 예술을 혼합하는 디아길레프의 비전의 핵심이 되었다. 아방가르드 화가, 시인, 소설가는 "교향악의 사회(symphonic society)"가 모든 사회 갈등을 해결하고, 모든 경제적 차이를 화해시키는 시대를 불러올 것으로 기대했다. 화가들은 자신의 스튜디오를 "음악의 둥지"라고 부르고, 자신의 작품을 "소나타"라고 말하고, 작품전시회를 "오디션"이라고 소개했다. 러시아의 대표적인 상징주의자 안드레이 벨리가 자신의 새 작품을 "심포니"라고 부른 데 반해 다른 아방가르드 예술가들은 달력의 시간으로부터 "음악적 시간"으로의 탈출에 대해 얘기하며 "알파벳의 현들"로 단어 유

디아길레프 초상(레온 박스트 작, 1905)

희를 추구했다. 벨리의 친구인 시인 알렉산드르 블로크는 자신의 시집을 "하프들과 바이올린들"이라고 불렀다. 1차 대전이 러시아가 혁명과의 조우에 가까이 가도록 만들면서, 탱고는 벼랑 끝에 선 사회의 음악적 주제가 되었다. 집시 바이올린, 스페인 기타, 돔라domra, домра,* 발랄라이카가 갈망과 몰락의 애처로운

---

*류트와 비슷한 러시아의 민속 악기로 만돌린과 같은 둥그런 울림통이 있다.

혁명의 요람

교향곡으로 혼합되어 상트페테르부르크와 러시아가 전복되려 하는 상황의 배경음악을 제공했다.[32]

실제 세계 위와 그 너머에 있는 영역에서 새로운 하모니를 찾는 사람 중에는 아름다운 지나이다 기피우스와 그녀의 남편이자 내향적이고 괴팍한 드미트리 메레시콥스키가 있었다. 두 사람은 일상의 세계는 더 높고, 더 중요한 영역의 상징적 반영에 불과하다고 믿는 가운데《예술 세계》노선을 따랐다. 메레시콥스키는 근대인들의 비극이, 인간 창조와 자연을 그토록 완벽하게 연결했던 고대 신들의 죽음과 그것을 다시 행할지 모를 새로운 신의 탄생 사이에 살도록 선고된 데 있다고 보았다. 그는 이 "똑같이 강력하면서도 화해할 수 없는 두 힘"[33] 사이의 갈등을 3부작 소설 『그리스도와 적그리스도』에서 탐구했다. 역사를 육신의 세계와 영혼의 영역 간 투쟁으로 제시한 이 소설로써 그는 "새로운 땅과 새로운 하늘"은 근대 문명의 몰락과 예술, 인간, 신이 화해하는 조화로운 새 세상의 출현으로 특징 지어지는 세계 종말을 통해서만 발견될 것이라고 결론지었다.[34] 어떤 이들은 메레시콥스키를 예언자로 보았고, 어떤 이들은 평범한 지성인으로 보았다. 그를 잘 알던 안드레이 벨리는 그를 작고 마르고 갈색 피부를 지니고 양처럼 "푸념하는" 사람으로 기억했고, "교회지기와 하급관리 중간쯤"처럼 보였다고 회고했다.[35]

"사고와 감정의 섬세함에서 메레시콥스키보다 머리 스물다섯 개쯤 높이" 서 있다고 묘사된 적이 있는 시인 지나이다 기피우스는 남편의 확신을 더 섬세하면서도 의미 있는 방법으로 바꾸었다.[36] 화려한 외모와 대중 앞의 기이한 행동으로 소문이 자자했던 기피우스는 삶과 종교를 좀 더 높은 형태의 자유로 결합하여 지상에 신의 왕국을 창조하려고 고투한 페테르부르크의 헤다 개블러Hedda Gabler*와 러시아의 메살리나[37]로 기억되었다. "우리는 새로운 형태, 새로운 죽음, 새로운 부활을 찾고 있다"라고 기피우스는《예술 세계》에 선언했다.[38] 삶과 예술에서 맞닥뜨리는 반대항들을 통합시킬 수 없었던 그녀는 사랑, 삶, 죽음이라는 삼위일체를 새로운 종교로 혼합하려고 시도했지만, 결국은 반대항들이 끌어당기는 힘이 너무 강하다는 것을 발견했다. "신은 나에게 가까이 있지만, 나는 기도를 할 수 없다"라고 그녀는 썼다. "나는 애정을 갈구하지만, 사랑할 수 없다."[39]

세기 전환기의 아방가르드들은 적어도 일주일에 한 번(대개 일요일에) '무루지의 집(Dom Muruzi)' 4층에 있는 기피우스와 메레시콥스키의 아파트에 모였다. 이 건물은 1870년대에 알렉산드르 무루지 공작이 건축가 알렉세이 세레브랴코프에게 리테이니 대로 24번지에 짓게 한 건물이었다. 여기서 기피우스는 고압적으로 모임을 이끌며, 10년 가까이 이 도시의 예술 세계를 이룩해온 젊은 예술가들과 그들의 작품을 심판대에 올렸다. 그는 젊은 시인 니콜라이 구밀료프Nikolai Gumilev를 아무런 중요성 없는 시인으로 평가했다("그의 훈계조 아이디어는 묘지를 방문하는 미망인의 모자처럼 낡았다").[40] 그리고 몇몇 친구들에게 모스크바 데카당스의 리더 발레리 브류소프가 침팬지를 생각나게 한다고 속삭였다.[41] 그러나 그녀는 젊은 상징주의자 안드레이 벨리에게 끌렸고, 그의 친구 알렉산드르 블로크에게는 더 매료되었다. "그의 표정은 곧바르고 움직임이 없었다. 마치 나무나 돌로 만든 것처럼 조용했다"라고 그녀는 블로크를 처음 본 인상을 기록했다. 그는 "모든 단어를 천천히 힘들여 정확하게 발음했다. 마치 깊은 명상에서 자신을 떼어내기라도 하듯." 그녀는 그의 내부에서 "뭔가 소중한 것"을 발견했지만, 그가 자기 자신을 둘러싼 보호구역의 벽을 완전히 뚫고 들어갈 수는 없었다.[42] "그는 바로 그곳에 같이 있을 때조차 늘 다른 어딘가에 가 있었다"라고 그녀는 고백했다.[43]

그 시기 기피우스는 자신의 긴 금발을 불타는 붉은색으로 물들이고, 마치 제2의 피부처럼 몸에 달라붙는 흰색이나 검정 드레스를 선호했다. 때때로 그녀는 안에 아무것도 안 입은 것처럼 보이는 분홍색 안감을 댄 주름 옷을 입었다.[44] 투베로즈-루뱅 향수는 거실의 두꺼운 깔개와 검은 벽돌 벽에 짙게 스며들었고, 그

녀는 마치 매력을 더해주는 지팡이처럼 향기로운 연기를 뿜어내며 긴 담뱃대를
흔들었다. 그녀의 초록빛 눈과 육감적인 입은 사람들을 그녀에게로 이끌었고,
호리호리한 몸매와 큰 키도 그런 역할을 했다. 그녀는 오후 늦게 잠자리에서 일
어나 긴 안락의자에 몸을 뻗은 채 시간을 보내고는 동틀 무렵 잠들었고 "풍성
한 붉은빛 금발 머리채가 벽난로의 붉은 불길에 빛났다"라고 한 방문자는 회상
했다.[45] 그녀의 신랄한 말, 변덕스러운 기분, 악의에 찬 소문을 퍼뜨리는 버릇은
그녀에게 큰 권위를 주었다. 많은 사람이 그녀에게 이끌렸고, 어떤 사람은 그녀
를 두려워했고, 어떤 사람은 그녀를 진심으로 혐오했다. 페테르부르크의 위대한
시인 안나 아흐마토바는 그녀를 "무례하고 저속하다"라고 기억했다.[46] 그리스도
의 복음을 마르크스의 복음과 바꾸고 있던 사상가 니콜라이 베르쟈예프Nikolai
Berdiaev는 그녀의 살롱을 "진정한 사람은 한 명도 만날 수 없는 곳"으로 기억했
다.[47] 처음에 그녀에게 매혹되었던 안드레이 벨리는 그녀를 "인간의 복장을 한
말벌"로 기억했다.[48] 그러나 기피우스는 한 명의 탁월한 시인이었고, 인류의 나약
함을 감지하는 육감을 지니고 있었다. 그리고 스스로, 자신이 지배하는 세계가
돌아가는 축이 되기를 결코 멈추지 않았다.[49]

기피우스가 손님들과 즐겁게 대화를 나누는 동안 메레시콥스키는 가운을 입
고 슬리퍼를 끌며 왔다 갔다 했다. 시가 연기가 가득한 가운데 그는 오랜 시간을
자기 서재에서 보냈는데, 나와서 뭔가 얘기하면 기피우스는 "드미트리, 얼토당토
않은 얘기 하지 말아요!"라고 외치며 그를 무시했다.[50] 그러나 기피우스와 그녀
의 남편은 더 높은 형태의 자유로 이끄는 새로운 종교에서 신과 인류가 하나로
연합될 수 있으리라는 희망을 여전히 공유했다. 그녀는 인간이 자유롭고 강해
지는 세 번째 세상을 선언하는 세 번째 성서가 나타날 것이라고 얘기했다. 특히
벨리와 함께 종교, 삼위일체, 육신에 대해 밤새 얘기했다. "맙소사, 지금 새벽 4시
요. 잠 좀 자게 해주시오!"라고 메레시콥스키는 다른 방에서 소리치곤 했다.[51]

1905년까지 상트페테르부르크를 한 번도 방문하지 않은 열렬한 모스크바 애

호가 안드레이 벨리는 기피우스-메레시콥스키 서클의 중요한 멤버가 되었다. 기피우스는 그가 "절대 걷지 않고 […] 춤추는 듯했다"라고 말했다. 다른 친구들은 그를 "가냘프고, 약하고, 높은 앞이마와 튀어나온 턱 때문에 머리가 언제나 살짝 뒤로 젖혀 있었고, 걷는 것이 아니라 나는 것처럼 보였다"라고 회상했다.[52] 그는 철학자 블라디미르 솔로비요프의 열정적인 제자로, 벨리 자신이 표현한 대로 "태양의 옷을 입은" '아름다운 여인(Beautiful Lady, Прекрасная Дама)'의 속죄의 힘을 믿었다. 벨리는 음악만이 시간, 장소, 인간을 신으로부터 분리하는 장소를 초월하기 때문에 음악이 우주를 이해하는 열쇠를 가지고 있다고 믿었다. 1903년 기피우스와 메레시콥스키가 발행하기 시작한 《새로운 길Novyi Put》의 첫 호에서 벨리는 선과 악의 최후의 투쟁이 시작되었다고 선언했다. 메레시콥스키가 그리스도와 적그리스도가 근대사 전체를 통틀어 전쟁을 벌이고 있다고 주장한 데 반해 벨리는 이들의 충돌을 20세기 최근의 산물로 보았다. 그는 이제 성스러운 지혜의 상징인 솔로비요프의 '아름다운 여인'이 인류의 영혼을 위한 최후의 투쟁에서 "대 창녀(Great Whore)"와 대결할 것이라고 주장했다.

세계 종말에 대한 비전에서 벨리는 메레시콥스키와 기피우스와 같은 입장을 취했을 뿐만 아니라 알렉산드르 블로크와도 의견을 같이했다. 페테르부르크 시인인 블로크가 시를 낭송하는 것은 "마치 달이 광인에게 영향을 미치는 것"처럼 청중들에게 영향을 미쳤다고 한 문학비평가가 말했다.[53] 부인을 때린 죄로 집에서 쫓겨난 사람의 아들이었던 블로크는 상트페테르부르크

안드레이 벨리(1912)

혁명의 요람

알렉산드르 블로크(1903)

대학 총장이었던 할아버지 밑에서 자라났다. 18세의 나이에 그는 솔로비요프의 저작에 매료되었고, 이제 막 상트페테르부르크에서 주기율표를 만든 화학자 멘델레예프의 아름다운 딸 류보프 멘델레예바와도 사랑에 빠졌다. 벨리와 마찬가지로 블로크도 무루지의 집 살롱에 끌렸지만 잠깐 동안만 이곳에 드나들었고, 1905년 초부터 상트페테르부르크의 뒷골목과 선술집에서 발견한 있는 그대로의 현실 세계를 탐구하기 시작했다.[54]

한 친구가 기억하는 바로 블로크는 "참을 수 없을 정도로, 믿을 수 없을 정도로" 잘생겼고, 그가 정성스럽게 지은 시를 열정적으로 낭송하는 엄숙한 태도는 청중들을 매료시켰다.[55] 그의 최면술 같은 단순한 음조에 사로잡힌 청중들로 인해 러시아 전역의 거리 매점에서는 그의 모습이 담긴 엽서 수만 장이 팔렸고, 싸구려 황색 저널도 그의 시를 실었다. "그 시기 '생각 있는' 러시아의 젊은 여자치고 블로크와 사랑에 빠지지 않은 여자는 없었다"라고 한 찬미자가 회고했고, 이 여자들은 그에게 열정의 징표를 아낌없이 퍼부었다.[56] 젊은 여성들은 그의 아파트로 가서 그가 드나들며 만진 문고리에 키스했고, 더 용감한 여자들은 내밀한 만남을 위해 그를 초청하고 불러들였다.[57] '아름다운 여인'에 대한 솔로비요프의 믿음을 자신이 알게 된 생의 적나라함과 화해시키려고 고투하면서도 블로크는 냉담한 채로 있었다. "울음, 광기, 그리고 종종, 고통스러운 불협화음"이 그의 시를 채웠다.[58] 1905년 말이 되자 "어둠 속으로 […] 소용돌이치는 모든 것과 함께"[59] 그가 첫 시집을 헌정한 '아름다운 여인'은 "자주색과 진홍색으로 차려입은 여인"으로 바뀌었다. 블로크는 이제 도스토옙스키 세계의 고통과 가난의 영역에서 살며 도와달라고 외쳐도 아무도 돌아보지 않는, 거리의 "미지의 여인"에 대해 썼다. "가슴에 쭈글쭈글한 장미를 장식하고, [⋯] 머리를 뒤로 젖히고, 입술이 반쯤 열린" 여인들이 그의 시에 등장한다.[60] "그리스도는 절대 거기에 없었다"라고 그는 벨리에게, 이 타락한 여인들이 사는 곳을 설명하며 썼다. "그는 아주 멀리 떨어진 어딘가를 걷는 중이다."[61]

상트페테르부르크에서 러일전쟁의 패배와 '피의 일요일', 1905년 혁명의 혼란은 무루지의 집 살롱 멤버들로 하여금 동양과 서양의 경계선이 자신들이 상상했던 것보다 더 극명하다는 것을 인정하게 만들었다. "당신들은 냉철하고, 우리는 취했다. 당신들은 이성적이고, 우리는 미쳤다. 당신들은 정의롭고, 우리는 무법이다"라고 메레시콥스키는 이 시기에 유럽과 러시아를 대조하면서 선언했다. "당신들에게 정치는 지식이지만, 우리에게는 종교다."[62] 블로크의 이모는 일부 상징주의자들이 바로 2, 3년 전 자신들의 시를 채웠던 즐거운 기대감을 포기하면서 "사람들에게 행복을 포기하도록 촉구했다"라고 회상했다.[63] 블로크와 마찬가지로 이들은 대중들에게 주의를 돌리기 시작했고, 하층민들에 대한 동정을 공유하지 못한 시인들에게 이 발견은 공포와 두려움을 가져왔다. "이렇게 갑자기 자신들을 드러낸 [⋯] 이 이상한 사람들은 누구인가?"라고 누군가 질문했다. "이들은 미개인이 아니다. [⋯] 미개인들은 샤먼과 축제와 주술을 지닌 선지자들이고 꿈꾸는 자들이다. 그러나 여기 [페테르부르크의 민중 사이에서] 우리가 가진 모든 것은 일종의 비존재의 구멍과도 같다."[64]

블로크나 벨리 같은 사람들도 총을 가지고 다니기 시작했다. 많은 친구들이 자살에 대해 얘기했고, 일부는 1908년 스스로 목숨을 끊은 1천5백 명의 페테르부르크 시민들에 끼게 되었다.[65] 이들 모두에게 세계의 종말은 더 이상, 먼 데서 온 달콤한 두려움으로 관조되는 비유적 표현만이 아니었다. 그것은 이제 바로 곁에 있는 듯했고 이 도시에 흘러들기 시작한 썩은 냄새와 연관되어 있었다. 아무리 향수를 많이 쏟아부어도 감출 수 없었다. 부패의 냄새는 기피우스가 여전히 투베로즈-루뱅 향수를 짙게 뿌리고 소파에 누워 있는 무루지의 집 살롱에도 이르렀다. 얼마 전까지만 해도 선명해 보였던 모든 것이 흐리고 불확실해 보였다.

상트페테르부르크의 아방가르드 예술가들은 시간과 공간의 제약을 벗어난 유명한 뱌체슬라프 이바노프Viacheslav Ivanov의 '탑'에서 1905년 이후의 불확실성으로부터 탈출하려고 시도했다. 뛰어난 고대 골동품 전문가이고 한때 "유럽과 러시아에서 가장 도시적이고 문화인이며 난해한 인물"[66]로 여겨진 이바노프는 40살이 되어서야 첫 시집을 발간했다. 오랜 세월 유럽에 거주했던 그는 시집에 대한 평론가들의 찬사에 반응하기 위해 잠시 러시아에 들어왔다가 다시 스위스로 도주했다. 그러다가 1906년 평범한 재능을 지닌 작가이자 푸시킨의 먼 친척인 리디아 지노비예바-안니발Lidia Zinovieva-Annibal과 함께 상트페테르부르크로 이주했다. 이들은 유명한 타브리다 궁전에서 멀지 않은 타브리체스카야 거리 25번지의 새 건물 옥상층을 거처로 삼았다. 타브리다 궁전은 몇 주 전 러시아 의회인 두마의 건물로 사용되기 시작했다. 매주 수요일 상트페테르부르크의 아방가르드들은 이바노프의 살롱에 모였다. 습진을 피하려고 늘 검은 장갑을 긴 이바노프는 과거, 현재, 미래의 경계선을 지우려는 새 신앙의 신전에서 이들을 환영했다.

이바노프와 부인은 아파트 세 개의 벽을 허물어 벨리가 "복잡하게 연결된 복도들, 방들, 문 없는 공실들이 있고, 정사각형의 방들, 장사방형, 부채꼴들, 그곳에 깔린 발소리를 삼키는 두꺼운 카펫"이라고 표현한 공간을 만들었다.[67] 골동품 가구는 무겁고 조각을 곁들인, 광택을 낸 어두운색 나무로 만든 것이고, 그것에 씌운 고급 천들은 벽을 덮은 붉은 오렌지색 태피스트리와 잘 어울렸다. 이 공간에 시계는 사라지고, 달력은 걸 수 없었다. "낮이 밤이 되고, 밤은 낮이 되었다. 지금 어느 나라에 있는지, 지금 몇 시인지 알 수 없다. […] 눈 한번 깜빡이면 한 달이 지났다"라고 벨리는 설명했다.[68] 비밀스러운 공간의 공기는 백합 향으로 채워졌고 수많은 초에서 타는 왁스 냄새가 여기에 섞여들었다. 와인은 부족함 없이 제공되었고, 원하는 만큼 마실 수 있는 홍차도 있었다. 인생과 마찬가지로 시간도 느낄 수 없었다. "한 번은 탑에서 3일을 머물려고 했는데, 5주를 있다가 나왔다"라고 벨리는 몇 년 뒤 회상했다.[69] 남색을 옹호한 「날개」라는 소설을 써서 보수주의자들을 격노하게 한 미하일 쿠즈민Mikhail Kuzmin은 이곳에 들렀다가 1년 넘게 머문 적도 있었다.[70]

당시 '위대한 뱌체슬라프'의 탑에서 상트페테르부르크의 시인들, 철학자들, 예술가들은 러시아의 과거와 현재를 형성한 모든 믿음에 도전장을 던졌다. 몇 시간, 며칠 동안 끝을 모르고 이들은 신의 존재, 상징주의의 의미, 로마노프 왕가의 미래에 대해 논쟁을 벌였다. 이 논쟁에는 니체, 도스토옙스키, 입센, 마테를링크의 사상이 거리낌 없이 혼합되었고, 보들레르, 고대 그리스 철학, 쇼펜하우어도 등장했다. 광란적 제례, 디오니소스적 신비, 인간 제물에 대한 논쟁도 진행되었다. 백야 때 블로크는 경사진 '탑' 지붕으로 올라가서, 별들을 향해 실족한 아름다운 부인의 실상을 드러낸 '미지의 여인'에 대해 열변을 토하기도 했다. '탑'에 아무런 벽이 없었던 것처럼 논의되는 아이디어에도 아무 장벽이 없었다. 우리는 "우주의 시민이고, 인류의 위대한 문화적 박물관의 문지기였다"라고 한 여성이 회고했다. "어떤 의미에서 우리는 혁명 전의 혁명이었다. 우리는 철저하게, 무자비하게, 결정적으로 오래된 전통을 부수고, 미래로 이어지는 다리를 놓았다. 그러나 우리의 깊이와 대담성은 피할 수 없는 부패의 느낌과 결합되었다. 우리는 비극의 최후의 막이었다"라고 그녀는 서글프게 말을 맺었다.[71]

영혼의 '실제' 세계에 대한 인식을 고조시키기 위해 아방가르드는 사랑을 인생의 열쇠로 보았다. 당시 벨리는 블로크의 부인과 사랑에 빠졌고, "불사조 예술가"는 사랑으로 죽음을 극복할 수 있다고 주장했다.[72] 동시에 블로크는 그가 사랑하는 여인과 헤어지게 만든 끓어오르는 긴장의 늪에 빠져 있었다. 그는 다른 여자들을 원했지만 또한 혼자 있고 싶어 했다. "신비주의는 황홀을 요구한다"라고 그는 노트에 썼다. "황홀은 고독이다."[73] "사랑에 빠지지 않은 사람은 죽은 것이나 다름없다"라고 주장한 이바노프는 지노비예바-안나벨이 성홍열에 굴복하자 그녀의 딸과 결혼했다. "사랑에 빠지기만 하면 자신의 첫 시에 필요한 모든 것을 얻을 수 있다. 열정, 낙담, 황홀경, 정신이상, 악, 죄, 분노를"이라고 한 젊은 시인은 결론 내렸다.[74]

이바노프의 탑에 아무런 장벽이 없었던 것은 1차 대전 직전 다양한 예술 매체가 상트페테르부르크에 흘러들어온 길을 보여주었다. 이들 중 디아길레프와 그의 친구들은 발레를 장면, 소리, 움직임을 강렬한 음악적 그림으로 혼합하는 장르로 이용하면서 가장 놀라운 예를 보여주었다. 1880년대 사바 마몬토프가 처음 시도한 이후 극적으로 확대되고 있던 조류를 이용하여 디아길레프는 레리흐, 베누아, 박스트의 그림을 무대장치로 사용하고, 미하일 포킨Mikhail Fokin의 안무와 거의 모든 러시아 주요 작곡가의 음악을 이용한 바츨라프 니진스키의 무용과 세 명의 프리마돈나인 안나 파블로바, 타마라 카르사비나Tamara Karsavina, 이다 루빈스타인Ida Rubinstein의 춤을 결합하여 놀라운 만화경 같은 연출을 해냈다. 젊은 프랑스 시인 장 콕토의 그림도 이용하여 무대를 장식한 디아길레프의 '발레 뤼스'는 예술 간의 경계가 허물어지는 것을 보여주었다. 그러나 디아길레프는 "우리는 먼저 황제 가족을 즐겁게 해주어야 한다"라는 제국극장 감독의 격언을 잊었다.[75] 디아길레프는 그의 예술과 삶이 러시아 황제의 취향에는 너무 당돌하다고 평가되면서 러시아 제국극장에서 공연할 수 없게 되었다. 그래서 상트페테르부르크가 아니라 파리가, 1차 대전 전후 유럽인들을 놀라게 한 발레 뤼스의 주요 공연무대가 되었다.

발레 뤼스의 가장 놀라운 연출 중 한 무대에서 디아길레프는 옛 상트페테르부르크를 되살리기 위해 예술, 발레, 이고르 스트라빈스키Igor Stravinskii의 음악을 사용했다. 러시아의 수도에서 태어나 자라고 교육을 받은 스트라빈스키는 러시아와 유럽의 유산을 혼합하고 해석하는 뛰어난 재능으로 서방에서 큰 명성을 얻게 된다. 디아길레프의 부탁을 받은 스트라빈스키는 1910년 중반부터 1911년 초반 사이에 〈페트루슈카Petrushka〉라는 발레곡을 작곡했다. 당시 스물여덟 살이었던 스트라빈스키는 "화려한 타이를 매고 여자 발을 밟은 채 손등에 키스하는 미개한 젊은이"였다고 클로드 드뷔시Claude Debussy는 말했다.[76] 그는 1910년 여름 파리에서 공연한 〈불새〉로 이미 천재라는 칭송을 받고 있었다. 이제 그는 상트페테르부르크의 카니발을 되살려 사순절 전 7일간의 러시아 전통 축제인 마슬레니차를 축하하는 손풍금 연주, 노래하는 걸인들, 활기찬 마부를 표현했다. 한 비평가는 스트라빈스키가 "플루트가 파이프 오르간의 리드처럼 부풀어 오르고, 트롬본과 투바는 바그너풍의 노예 상태에서 벗어나 서커스의 광대처럼 흥분되는 새로운 역할을 맡았고, 연이어 울리는 손풍금 소리는 트라이앵글 리듬과 합쳐져 음악에 섬세한 역설적 풍미를 불어넣었다"라고 평가했다.[77]

디아길레프로부터 〈페트루슈카〉 무대 세트 디자인과 의상을 부탁받은 베누아는 마슬레니차의 모든 드라마와 옛 민속 색깔을 되살려서 '파세이스트'의 꿈을 실현할 절호의 기회를 맞았다. 넵스키의 픽윅 추종자들이 생각하기에 러시아 귀족 가치의 황금기였던 니콜라이 1세 재위 시기를 배경으로 삼은 이 발레의 플롯은 인간의 정열의 파도에 휩쓸린 가련한 인형 페트루슈카의 무모한 장난을 둘러싸고 전개되었다. 감정적으로 베누아의 해석은 오랫동안 동경해온 E. T. A. 호프만의 아이디어에 크게 의존했으나 풍취와 내용에서 순수하게 페테르부르크적이었다. 상트페테르부르크가 러시아 전체의 적이었고, 이 도시의 시민들이 자신들이 어디로 가고 있는지, 또 어떻게 그곳에 도달할지를 확신했던 시기를 상기시키면서, 베누아가 스트라빈스키, 포킨과 함께 만든 이 작품은 서방에서 "참신하게 새롭고, 참신하게 러시아적"이며 "대단히 영리하고, 대단히 현대적이며, 대단히 바로크적"이라는 호평을 받았다.[78] 서방에서는 누구도, 베누아가 어린 시절 좋아했던 카니발 캐릭터를 재창조하게 한 깊은 향수를 알아차리지 못했다. 또한 스트라빈스키에게 "갑자기 생명을 부여받은" 인형을 음악적 언어로 상상하도록 자극한 순수한 장난도 감지하지 못했다. 이 인형의 모험은 "오케스트라의 사악

혁명의 요람

한 아르페지오의 인내를 고조시켜 "위협적인 트럼펫 폭발음으로 보복"할 수밖에 없었다.[79]

디아길레프가 당국과 겪은 갈등 때문에 페테르부르크 청중들은 〈페트루슈카〉의 즐거운 향수를 즐길 수 없었다. 그의 발레는 도시를 제압하기 직전인 정치적, 예술적 힘을 우회시키지도 못했다. "마치 뭔가 우리 한 사람 한 사람의 머리 위를 떠도는 것 같았다"라고 기피우스는 회고했다. "사람들은 […] 왜 그래야 하는지도 모르면서, 어떻게 행동해야 하는지도 모르면서 이곳저곳을 뛰어다녔다."[80] "상트페테르부르크의 모든 문학 서클은 부패의 마지막 단계에 다다라 […] 이미 악취가 나기 시작했다"라고 블로크는 탄식했고,[81] 그의 한 친구는 "영혼의 질병"이 모든 사람에게 내려왔다고 한탄했다.[82] "사람들은 화염, 유혈, 쇠몽둥이를 공기 중에 느낄 수 있었다"라고 블로크는 기억했다.[83] 그해 초 그는 유럽과 북아프리카를 여행 중인 벨리에게 "빨리 러시아로 돌아오게"라고 썼다. "지금 모습대로의 그녀를 알 시간이 얼마 남지 않은 것 같네."[84]

1911년이 되자 임박한 종말의 느낌이 상트페테르부르크 아방가르드들을 압도하기 시작했다. 1900년 철학자 블라디미르 솔로비요프Vladimir Soloviev가 처음 경종을 울리며 새로운 몽골족이 아시아에서 일어나고 있다고 경고했다. 새 세기의 첫 10년은 종말에 대한 러시아인의 비전을 상트페테르부르크에도 가져왔다. 충격적이고 전혀 예상 못 한 러일전쟁 패배, 1905년 혁명, 전제정 약화, 톨스토이의 죽음부터 핼리 혜성의 재등장에 이르는 온갖 사건들은 러시아인들로 하여금 자신들이 알던 삶이 끝나가고 있음을 확신하게 만들었다. 많은 이들에게 현대 도시는 악이 현화한 것이고 상트페테르부르크가 제국의 가장 충격적 사례였으며, 선과 악의 마지막 결전이 벌어지는 곳이었다. 이곳은 "짐승의 저주"이자 "인간의 마지막 저주"[85]로, 성당을 대신하여 공장이, 기술의 도구가 인류와 신 사이에 들어선 새 사회의 기념비가 되었다. "우리는 매일매일 공포, 부패, 절망, 공장의 연기, 음탕한 웃음의 립스틱, 역겨운 자동차의 굉음 속에서 살고 있다"라고 블로크는 썼다. "페테르부르크는 거대한 유곽이다. 나는 그것을 느낀다."[86]

벨리는 이 모든 느낌을 소설 『페테르부르크』에 담았다. 이 소설은 이전에 어느 작가도 감히 상상하지 못한 암울한 언어로 러시아의 수도를 그려낸 깜짝 놀랄 만한 종말론적 형상화였다. 블라디미르 나보코프는 『페테르부르크』를 조이스의 『율리시스』, 카프카의 『변신』, 프루스트의 『잃어버린 시간을 찾아서』와 더불어 "20세기 가장 위대한 대작" 중 하나로 평가했다.[87] 어떤 평론가들은 이 작품을 러시아 상징주의를 대표하는 작품으로 평가했다.[88] 『페테르부르크』는 서스펜스 소설의 형태를 빌린 사회적·철학적·정치적·심리적·역사적 작품이다. 이후에 번역가들이 설명했듯 이 작품은 너무도 풍부한 질감을 지녔고 끝없이 섬세하여 "다른 말로 표현하는 것에 거의 영향을 받지 않는다."[89] 이 작품에서 벨리는 도스토옙스키의 어두운 비전을 이어받아 상트페테르부르크는 "산산조각이 나고", 태양이 떠 러시아를 "밝게 비추기" 전에 "가라앉을" 것이라는 무시무시한 결론을 내렸다.[90] 여기에 가장 무시무시한 형태의 종말론이, 현대 문명과 진보에 대한 러시아의 가장 위대한 도시적 기념비의 한가운데를 배경으로 하고 있다.

벨리의 비전에서 상트페테르부르크는 "작고, 압축된 사각형의 영혼"을 가진 사람들이 넘쳐나는 악몽 같은 산업도시이다. "녹색의 누런 안개" 속에 간신히 보이는 "검은 회색의 사각형" 건물들 사이에서 벨리는 "매일 아침 수많은 굴뚝이 달린 공장으로 몸을 간신히 끌고 가는 수천 명의 인간 떼"를 보았다. 벨리의 비전에 예카테리나 여제식 고전적 우아함은 전혀 없었다. 이곳에는 베누아가 〈페트루슈카〉에서 그렇게 정감 있게 회상한 영광스러운 과거의 날은 흔적도 찾아볼 수 없다. 벨리의 상트페테르부르크는 습하고, 춥고, 사람들을 병들게 하는 세균으로 가득 차고, "굽고, 일부가 굽고, 살짝 굽고, 전혀 굽지 않은 몸뚱어리, 그리고 또 몸뚱어리"의 영역이다. 이것은 지상과 우주 사이, 유럽과 아시아 사이에 자리 잡고 있다. 벨리가 '탑'에서 거의 일주일간 『페테르부르크』를 낭독한 다음, 뱌체슬라프 이바노프는 "풍부한 혜안의 내적 의미와 깊이의 힘에 크게 감동했다"

　　　　　　　　　　　　　　　　　　　　　　혁명의 요람

라고 회고했다. 비밀스럽고, 신비롭고, 무한대로 복잡한 비전을 보여주는 이 소설은 러시아 문자를 새로운 문학세계의 끝까지로 가져갔다. 이 작품은 페테르부르크 시민들에게, 이제 역사에서 이 도시의 자리를 바꿀 힘과 조우하려는 시점에서 도시의 의미와 운명 양쪽 모두를 직시하도록 만들었다.[91]

『페테르부르크』가 1913년 연재물로 출간되었을 때는 러시아의, 그리고 유럽의 아마겟돈이 될 1차 대전 발발까지 1년도 남지 않은 시점이었다. 이 해에 로마노프 왕가는 러시아 왕좌를 차지한 3백 주년을 기념하고, 상트페테르부르크는 정도 210년을 축하했다. 상트페테르부르크는 인구 2백만 명의 대도시가 되었고, 1900년과 비교하여 50퍼센트 이상 인구가 늘었다. 상트페테르부르크 시민 열 명 중 일곱 명은 농민이었고, 서른아홉 명 중 한 명은 병사였으며, 173명 중 한 명은 정부 관리였고, 150명 중 한 명은 경찰이었고, 75명 중 한 명은 상인이었으며, 30~50명 중 한 명은 창녀였다.[92] 이 모든 이들의 삶이 달라지고 있었다. 우선 첫째로 1913년이 되었을 때 시민 열 명 중 여덟 명은 읽고 쓸 줄 알았으며, 이 도시에서 출판되어 팔리는 싸구려 소설과 통속 소설은 1년에 7백만 권에 달했다.[93] 당시 상트페테르부르크에서 발행되는 신문과 잡지는 555종이어서 모스크바의 거의 두 배였고, 러시아 전체 발행 부수의 4분의 1을 차지했다.[94] 상트페테르부르크 (그리고 러시아) 역사상 처음으로 많은 수의 여성 독자가 생겨났다. 1909년 아나스타시아 베르비츠카야Anastasia Verbitskaia가 쓴 『행복의 열쇠』는 넉 달 만에 3만 부 이상 팔렸고, 여성을 위한 잡지와 소설이 시내 서점에서 중요한 자리를 차지했다. 이 모든 것이 하층민의 시야를 넓혀주었다. 냇 핑커톤Nat Pinkerton의 모험담의 러시아어 판본은 지금 우리에겐 파격적인 면이 거의 없을지라도 당시엔 30, 40년 전 하층민이 읽던 원시적인 훈계조 이야기와는 전혀 다른 것이었다.

무엇보다도 상트페테르부르크 하층민의 시야가 넓어진 건, 모든 산업화된 나라에서 청중을 매혹시킨 대중오락의 새로운 형태인 영화 때문이었다. 1913년 말까지 넵스키 대로에만 스물세 곳의 상영관이 생겨났고 도시 전체로 보면 거의 150곳에 달했다. 처음에 영화관은 외국영화만 보여주었는데, 글자를 모르는 이들을 포함한 도시의 하층민들은 이를 보고 자신이 사는 좁은 공간과 자신이 일하는 공장을 넘어선 곳의 삶이 어떠한지를 처음으로 알게 되었다. 우선 이 영화들은 더 대담하고 더 자유스러운 생활양식을 보여주었으며, 이것은 페테르부르크 피아노연주자들이 이따금 스크린의 영화에 맞추어 반주하는 래그타임과 재즈 음악의 리듬으로 증강되었다. 미국이나 서유럽에서와 마찬가지로 이 시끌벅적하고 활기 넘치는 음악은 러시아의 수도에 사회적·성적 자유의 메시지를 전해주었고,[95] 이것은 상징주의자와 데카당파가 이미 도시의 아방가르드 살롱에 도입한 불복종에의 촉구를 더 넓고 깊게 하는 데 조력했다. 최신 유행 복장의 기성복 출현도 새로운 차원의 생활양식을 가져왔다. 20세기 첫 10년 사이에 페테르부르크 하류층의 젊은 멋쟁이들에게, 새 패션으로 차려입고 영화에서 봤던 생활방식을 따라 함으로써 현대적인 것을 동경하는 것이 가능해졌다.

1907년 러시아 최초의 영화 스튜디오가 상트페테르부르크에 만들어졌고, 다음 해 여기에서 17세기의 전설적인 반역자이자 도둑인 민중 영웅의 이야기를 담은 〈스텐카 라진〉이 제작되어 스크린에 올랐다. 10년도 지나기 전에 이 도시에 아홉 개의 영화 스튜디오가 만들어져 매년 수백 편의 영화를 만들어냈다. 도스토옙스키, 체호프, 푸시킨, 톨스토이, 레르몬토프, 투르게네프의 작품들이 영화화되어서, 문맹인 도시 민중들도 러시아의 문학 보고를 발견할 수 있게 되었다.[96] 영화는 역사상 처음으로 사회의 전 계층과 모든 직업인을 하나로 묶어주었다. 학생, 경찰, 노동자, 귀족, 상점주인, 사제, 지식인, 걸인 모두가 상트페테르부르크의 영화관에서, 비록 잠시뿐이었지만 한 장소를 공유했다. 그러나 은막이라는 마술의 세계를 떠나는 순간 이들 간 차이의 세계는 여전히 존재했고, 상류층과 노동계층 사이의 간격이 상트페테르부르크보다 더한 곳은 어디에도 없었다.

편안한 여유를 누리며 실제로 부유한 상트페테르부르크 사람들은 1차 대전 발발 전해에 더할 나위 없이 희망에 차고 즐거워 보였다. 이들 중 아방가르드들이 말하는 종말론적 설교에 귀를 기울인 사람은 거의 없었고, 많은 이들이 로마노프 왕가 출범 3백 주년을 앞으로 더 좋은 일이 일어날 약속으로 받아들였다. 굴, 샴페인, 파리산 최고급 클라레 와인, 페어스 비누, 과일케이크, 런던산 맛소금, 옥스퍼드와 케임브리지대학의 줄무늬 블레이저와 축구 티셔츠, 이 모든 것을 마음껏 소유했다. 이들은 이탈리아와 프랑스의 리비에라 해안에서 휴가를 보냈다. 이곳의 호텔과 레스토랑은 서방에서 선호하는 스타일을 따라 드라이 샴페인을 즐기는 러시아 상류층을 위해 특별 재고를 가져다 놓았다. 이들은 동양과 서양 사이를 그 어느 때보다 편하게 이동할 수 있었다. 기피우스, 메레시콥스키, 베누아, 디아길레프도 매년 파리에서 일정 시간을 보냈고, 로마노프 왕가 전복 음모를 꾸미던 혁명가들도 이곳의 카페에서 시간을 보냈다. 상트페테르부르크에 머무는 부유한 러시아인들에게는 상품의 상표와 제조국가가 중요했다. 파베르제가 만든 보석을 빼고는 프랑스, 영국, 독일에서 만들어진 것이 러시아에서 만들어진 것보다 훨씬 높은 평가를 받았다.

귀족들은 자신들이 고용한 오케스트라의 규모, 자신들이 제공하는 식사 메뉴, 옷차림, 손님들에게 내놓는 호의를 놓고 경쟁했다. 1912년에서 1913년으로 넘어가는 겨울과 1913년에서 1914년으로 넘어가는 겨울에는 무도회와 만찬이 끝없이 이어졌고, 모든 자리들이 늘 이전 자리보다 더 기억에 남을 만했다. 발레리나 마틸다 크셰신스카야Matilda Kshesinskaia는 아들을 위한 크리스마스 파티에 유명한 광대 두로프와 침대에 기대어 있다가 신호를 받으면 요강을 사용하는 코끼리를 등장시켰다.[97] 이 도시의 멋진 강둑을 따라 늘어선 저택과 아파트에서는, 철갑상어 알을 넣어 수북이 쌓은 종이처럼 얇은 팬케이크 블리니를 먹고 보드카로 건배하며 마슬레니차를 전통적인 방법으로 축하했다. 가난한 사람들은 공원의 썰매장에 모였고 거리와 광장에서 파는 매운맛 고기 파이와 양배추 파이, 그리고 사과 타르트를 즐겼다. 니콜라이 2세는 전쟁 전 마지막 마슬레니차를 2월 초에 축하하면서 황실 경기병 근위연대와 공식 만찬을 가졌다. 모든 음식이 은 쟁반에 놓였고 새벽 4시까지 군가가 울려 퍼졌다. 황후 알렉산드라는 여전히 혼자 시간을 보냈다. 그즈음 그녀가 상트페테르부르크 사교계를 좋아하지 않는다는 소문이 시내에 퍼졌다.

1913년에서 1914년으로 넘어가는 겨울을 즐긴 상트페테르부르크의 상류층은 사순절을 맞았다. 6주간 금식하고 금욕생활을 한 다음 봄의 첫 신호와 함께 오는 그리스도의 부활을 즐겁게 축하했다. 늘 그랬듯 봄이 오면 돈 많은 사람들은 앞으로 몇 달이나 남은 여름휴가를 계획했다. 5월이 되면 본격적으로 여행 가방을 꾸리기 시작했다. 어떤 이들은 핀란드와 에스토니아 해안의 시원한 바람을 고대했고, 어떤 이들은 시골 영지에서 시간 보낼 생각을 했고, 그보다 드물게는 파리나 런던을 방문할 계획을 짰다. 그러나 지나치게 건조한 봄이 지나고 여름이 오면서 페테르부르크 시민들이 느끼던 안락감은 바뀌었다. 6월 첫 2주 동안은 아주 날씨가 더웠고, 숲에는 들불이 자주 났다. 검은 연기구름이 도시를 덮었지만, 어디서 온 것인지는 확실하지 않았다. 어떤 이들은 도시 인근에 있는 토탄 노천광이 번개에 불이 붙어서 검은 구름이 생겼으리라 여겼고, 어떤 이들은 시베리아에서, 또는 모스크바와 상트페테르부르크 사이에 있는 목초지에서 왔으리라 여겼다. 모든 사람의 우려는 깊어졌다. 기피우스와 메레시콥스키는 상트페테르부르크에서 여름을 보내기 위해 파리에서 막 돌아온 상태였고, 다른 사람들은 멀리 여행 가는 것을 재고했다.[98] 니콜라이 2세와 알렉산드라 황후, 친지들과 아이들은 차르스코예 셀로의 알렉산드르 궁전에 머물다가 페테르고프의 궁전으로 옮겨갔다. 두 궁전 모두 수도에서 한 시간 거리에 있었다. 아무도 크게 말하지 않았지만 모두가 뭔가를 기다리는 듯했다.

1914년 6월 15일 사라예보에서 오스트리아 왕좌의 계승자인 프란츠 페르디난트 공이 암살되자 유럽의 군왕, 정치가, 의회들은 위기에 휩싸였고 이것은 결국 전쟁으로 이어졌다. 7월 19일 저녁 6시 니콜라이 2세는 총동원령을 내렸다.

혁명의 요람

이로부터 여섯 시간 후 주러시아 독일 대사 프리드리히 푸르탈레스 백작은 총동원령 취소를 요구했다. 러시아가 이를 거부하자 푸르탈레스는 다음 날 저녁 러시아 외무성을 마지막으로 방문하여 독일의 선전포고를 전달했다. 7월 23일(유럽의 그레고리력에 의하면 8월 5일) 서유럽 국가들은 전쟁에 돌입했다. "국민들의 정부에서 이성이 담당한 역할이 너무 적어, 단 일주일 만에 보편적 광기의 고삐가 풀리고 말았다"라고 그날 주러시아 프랑스 대사는 일기에 적었다.[99] "상황의 진행 방향을 예측할 수 있었다"라고 러시아 외무장관은 말했다. "[그러나] 그것을 바꾸기에는 힘이 너무 없었다."[100]

페테르부르크 시민들은 러시아에 대한 독일의 선전포고를 듣고 애국심과 격분한 민족 감정을 쏟아냈다. 7월 20일 니콜라이 2세가 러시아가 전쟁에 돌입했다고 선언하는 것을 듣기 위해 신하들, 황실 여성들, 고위 군지휘관들, 관리들이 겨울 궁전에 모였을 때 "다들 얼굴이 긴장되고 진지했다"라고 젊은 대공비가 회고했다. "남자들은 발을 옮기며 생각에 잠겨 인상을 찡그렸고, 칼집을 만지거나 손가락을 가슴에 달린 훈장 위로 가져갔다"라고 그녀는 기록했다.[101] 여자들은 울었다. "적군이 단 한 명이라도 우리 영토에 남아 있는 한 휴전은 없다"라고 니콜라이 2세가 선언하자 모두가 환호했다.[102] 겨울 궁전 광장에 모여 있던 군중들은 러시아와 황제를 위해 울부짖었고, 니콜라이 2세와 알렉산드라 황후가 궁전 발코니에 모습을 드러내자 모두 무릎을 꿇고 앉아 러시아 국가를 불렀다. 페테르부르크 시민들과 황제는 다시 하나가 된 듯이 보였다. 겨울 궁전 광장과 인근 거리의 분위기는 "거대한 성당에서 느낄 법한, 또는 공동체가 전부이고 개인은 그 일부로서만 중요성을 지니는 순간에 느낄 법한" 분위기였다고 한 방문자가 기록했다.[103]

이틀 후 페테르부르크 군중들은 불과 2년 전 완공된 독일대사관 건물로 난입했다. 카이저 빌헬름 시대 독일의 무취향의 기념비가 될 만한 이 건물을 두고 프랑스 대사는 "예술작품으로서 심히 끔찍하다"라며 그 "저속하고 천박한 설득력"을 비판한 바 있었다.[104] 확실히 이 건물은 이삭 광장의 인근에 있는 다른 건물들과도 별로 어울리지 못했다. 이것을 민족의 적의 상징으로 본 페테르부르크 시민들은 대사관의 가구, 그림을 파괴하고 창문을 깼으며, 푸르탈레스 대사가 수집한 희귀한 르네상스 청동조각품들을 광장으로 내던졌다. 이 소동이 벌어지는 동안 러시아 경찰은 그저 방관하기만 했다. 군중들이 대사관 건물 지붕을 장식한 청동 말과 거인 나상을 부술 때도 당국은 이를 제지하지 않았다. 상트페테르부르크 총독과 내무장관은 이 현장으로부터 불과 몇 발자국 떨어진 곳에 서 있었다. 4일 후 두마는 타브리다 궁전에서 특별 회의를 열고 전쟁에 필요한 재정을 위한 신용융자를 재가했다. 한 달 후 니콜라이 2세와 각료들은 상트페테르부르크의 이름을 슬라브어에 더 가까운 페트로그라드로 바꾸었다. 외교관들은 이 조치를 "게르만족의 침범에 대한 슬라브 민족주의의 항거"라고 반겼다.[105] 잠시나마 이 제스처는 이 도시의 몇몇 인텔리겐치아들로부터도 환영받았다. 그러나 민중들에게 이 도시는 표트르 대제 이래 늘 그랬듯 "피테르Piter"로 남았다.[106]

전쟁은 러시아의 수도에서 그 이름 외에도 많은 것들을 바꾸었다. 제국 최대의 무기 생산기지인 페트로그라드의 공장과 작업장은 야포, 포탄, 쇠와 철에서 만들어지는 모든 무기를 생산하기 위해 밤낮을 가리지 않고 가동했다. 일자리는 많았고, 임금도 올라갔다. 물가도 따라 올라갔다. 처음에는 임금이 올라가는 것보다 천천히 상승하던 물가가 임금 상승을 능가하자 파업이 늘어났다. 1914년 8월 노동쟁의가 모두 잠잠해졌지만, 전쟁 첫해 발생한 위기가 상황을 되돌렸다. 1915년 8월 전선에서의 전사자가 4백만 명을 넘어섰지만, 피해는 끝이 보이지 않았다.[107] 보병은 소총과 탄약이 부족했고, 포병도 포탄이 부족했다. 1915년 늦여름이 되자 러시아 도시 네 곳 중 세 곳은 식량 부족을 호소했고, 가을 수확에도 불구하고 그 피해 규모는 늘어만 갔다. 1914년의 애국주의는 너무도 급격히 냉소주의와 이기주의로 변해버렸다. 1915년 여름 상트페테르부르크는 전쟁 투기꾼들의 세상이 되었다. 사회적·정치적 연줄을 통해 징집을 피한 건강한 남자들도 거리에 넘쳐났다.

페트로그라드의 아방가르드들에게 전쟁은 모든 것을 바꾸어놓았다. 1914년과 1915년의 대량살상을 마주하자, 이 "러시아의 비참한 날들의 아이들"이 평화의 마지막 날들을 맞았다는 격렬한 각성 선언은 이제 완전히 음정을 벗어났다.[108] 세계 대전 직전의 날들이 상트페테르부르크의 예술가와 작가들이 경험한 가장 좋은 시절이었고 그들 중 누구도 사는 동안 그런 시간을 다시 만나지 못했다. 러시아 역사상 처음으로 예술품을 팔아 여유로운 삶을 살 수 있었을 뿐 아니라 검열도 존재하지 않는 것과 다름없었다. 짧은 기간 동안 미래는 자신들에게 속한다고 외쳤지만, 폴란드 서부와 프러시아 동부 늪지대에서 친구들이 죽어가자 페트로그라드의 작가와 예술가들은 자신들이 기회를 상실했고, 전쟁이 절대 기운을 북돋거나 희망을 주는 일이 아님을 깨달았다. 이제 이들이 알게 된 종말은 절대 재탄생을 가져오지 않았다. 세상을 청소해주리라는 희망으로 기대했던 아마겟돈의 화염은 모든 상상을 뛰어넘을 정도로 파괴적인 것으로 입증되었기 때문이었다.

세상이 다시는 예전과 같아질 가능성이 없어졌음을 알게 되자 이들은 "전쟁에는 꿈을 위한 공간이 전혀 없다"는 것을 마침내 깨달았다. 이들은 현재와 미래를 다른 방법으로 바라보기 시작했다. 많은 이들이, 운명이 그들을 밀어 넣은 "인류를 말살하기 위해 설비된 공장에서 탈출"하는 길은 구세계를 말소하고 새로운 사회로 대체하는 혁명뿐이라고 생각했다.[109] 그러나 전쟁 전 이들의 글을 지배했던 종말과 아마겟돈에 대한 비전에서는, 언제 혁명이 일어나고, 어떤 흔적을 남길 것인지가 아직 불분명했다. 1914년 말 페트로그라드의 아방가르드에게 혁명은 여전히, 실제에서 지극히 참혹하게 드러난 종말과 아마겟돈에 대한 비전을 대체하는 것 이상으로 비쳤다.

페트로그라드의 시인들은 더 이상 이바노프의 '탑'의 지붕에 올라가 별을 향해 시를 외치지 않았다. 이제 이 도시의 보헤미안들은 미하일롭스카야 광장과 이탈리안스카야 거리 코너에 있는 지하 카바레인 '떠돌이 개(Stray Dog, Podval brodiachei sobaka)'에 모여들었다. 이곳은 오물이 넘치는 변기와 싸구려 담배 연

기가 악취를 풍기는 곳이었다. 그곳에서
화가 세르게이 수데이킨Sergei Sudeikin
이 꽃과 새를 그려놓은 천장 아래 "동시
대 예술의 다양한 길 위의 모든 '떠돌이
개들'이 함께 모일 수 있었다."[110] 이 도
시의 아방가르드들은 자정 이후 이곳에

떠돌이 개 카페 입구

모여 시를 낭독하고 그 의미를 토론했다. 몇 년 전 '탑'에서의 토론을 주재한 '위
대한 뱌체슬라프'와 달리 떠돌이 개의 주인인 보리스 프로닌Boris Pronin은 파
리의 아리스티드 브뤼앙*의 예를 따라, 예술가들과 작가들은 무료로 입장시켰지
만 돈 많은 정치인들, 전쟁 투기꾼, 도시의 유명한 화가나 시인 옆에 앉기 위해 기
꺼이 돈을 지불할 용의가 있는 다른 부류의 속물들에게는 과도한 입장료를 뽑
아냈다. 이 구경꾼들은 낭독과 공연을 하나같이 "오마주! 오마주!"라는 환호로
맞이하면서도 "테이블 밑에서 서로 욕정에 찬 무릎들을 비벼댔다"라고 한 회고
록 집필가는 회상했다.[111]

　떠돌이 개는 전쟁 중 페트로그라드에서 "아무 이름도 없는 젊은 작가와 예술
가들이 집처럼 편안하게 느낄 수 있는 […] 유일한 작은 섬"이었다.[112] 프로닌은
"특별한 월요일" 프로그램이나 "평범치 않은" 수요일, 토요일을 이따금 조직하
거나 특별한 주제를 내세운 저녁 시간을 마련했다. 이를테면 이탈리아 미래주의
의 창시자인 필리포 마리네티Filippo Marinetti, 런던 공연을 성공적으로 마치고
막 돌아온 발레리나 타마라 카르사비나가 특별 출연하기도 했다. 또 다른 저녁
엔 나중에 미국으로 가 명성을 쌓은 아르투르 루리에Arthur Lourie, 또는 스트라

---

*아리스티드 브뤼앙Aristide Bruant(1851~1925)은 벨 에포크 시기에 활약한 위대한 샹송
가수로, 가난한 농부의 아들로 태어나 열일곱 살 때 가족과 함께 파리로 이주하여 하층민으
로 살면서 비참한 생활을 노래로 만들었다. 카바레 '검은 고양이'와 '미르리통'을 무대로 샹송
레알리스트의 스타일을 확립시켜 오늘날의 샹송의 기초를 닦은 것으로 평가받는다.

빈스키의 모스크바 예술극장에서 공연된 희곡을 쓴 일리야 사츠Ilia Sats가 출연하기도 했다. 미래주의자, 아크메이스트, 큐비스트, 구성주의자 모두에게 떠돌이 개는 집같이 편안하고 예술이 무엇인지, 무엇이 되어야 하는지, 러시아가 어디로 향하고 있는지를 자유롭게 토론할 수 있는 곳이었다. 문헌학자 빅토르 시클롭스키Viktor Shklovskii와 보리스 아이헨바움Boris Eikhenbaun의 후원을 받은 미래주의 시인 블라디미르 마야콥스키는 그 당시 "정신 너머의 언어로" 쓴 새로운 종류의 시를 요청했다. 그의 라이벌인 아크메이스트들은 사물을 더 높고, 신비한 세상의 상징으로 보는 것을 그만두고 장미를 다시 한번 그 자체로 "아름다워지도록" 두자고 주장했다.[113]

겨울 저녁 젊은 소설가 알렉세이 니콜라예비치 톨스토이Aleksei Nikolaevich Tolstoi는 떠돌이 개를 자주 찾았다. 나중에, 스탈린 문학상을 받은 소설 『갈보리 가는 길』에서 알렉세이 톨스토이는 페트로그라드를 "냉담하게 끓고 있고 배가 부른" 도시로 묘사했다. 이 도시는 "마치 최후의 심판 날을 기다리는 것처럼 살았다." 엄청나게 큰 너구리 모피 코트를 걸치고 큼지막한 비버 모자를 쓴 채 거리를 몰아치던 그는 페트로그라드를 "잠 못 이루는 밤으로 고통받으며 와인, 금, 사랑 없는 사랑으로 자신의 비참함을 죽이는" 곳으로 보았다.[114] "탐미주의자들의 왕"이자 "러시아의 보 브루멜*"이라고 불리기도 한 미하일 쿠즈민도 당시 떠돌이 개를 자주 방문했다.[115] 많은 아방가르드가 그랬듯 쿠즈민도 음악의 길을 꿈꾼 적이 있으나 시인이 되었다. 떠돌이 개에서 그가 이따금 직접 피아노를 연주하며 노래를 부르면 "약사들"(프로닌이 돈을 내고 입장한 고객들을 경멸조로 부른 호칭)은 손뼉을 치고 환호했다.

알렉세이 톨스토이, 쿠즈민, 시인 베네딕트 립시츠Benedikt Livshits와 니콜라

---

*보 브루멜Beau Brummel, George Bryan "Beau" Brummell(1778~1840)은 영국 왕실 남성 패션의 상징적 인물로, 조지 4세 왕과 친분이 깊었다.

이 구밀료프와 수십 명의 다른 페트로
그라드 보헤미안들은 떠돌이 개를 자주
찾았고 이곳은 1912년 신년 전야부터
1915년 늦봄까지 짧은 기간 동안 문을
열었다. 그러나 이 카바레의 가장 중심
이 된 두 사람은 시인 안나 아흐마토바
와 블라디미르 마야콥스키였다. 두 사람
중 대중에게 먼저 알려진 안나 아흐마토
바는 전에 이바노프의 '탑'을 자주 드나
들었고, 구밀료프의 아내이자 시인 오시
프 만델스탐Osip Mandelshtam의 친구
였다. "내가 본 여성 중에 그 얼굴과 외
양 전체가 […] 어디에서든 어떤 아름다
운 여성들 사이에서도 그토록 눈에 띄는
여성은 없었다"라고 그녀의 한 친구가 썼
다. 사람들은 그녀가 "아름다운 것 이상"
이라고 봤고, 사랑과 정열에 대한 그녀의
시는 그녀의 미모보다 사람들을 더 끌어

안나 아흐마토바와
남편 니콜라이 구밀료프,
아들 레프 구밀료프

블라디미르 마야콥스키(1910)

당겼다.[116] 안나 아흐마토바에게 사랑은
아름다우면서도 동시에 무서운 것으로 그려졌다. 그녀가 내밀한 감각으로 사랑
의 모든 단계에 대해 쓴 글은 독자들로 하여금 어떤 연인 혹은 연인들을 그녀가
마음에 두고 있는지 궁금하게 만들었다.

　1912년 파리에서 돌아온 뒤에 특히 아흐마토바는 삶과 사랑에서 발견한 상
극을 강조하기 시작했다. "여기 우리는 모두 난봉꾼, 매춘부. 우리가 함께 있는
건 얼마나 무료한가!"라고 그녀는 떠돌이 개의 후원자들이 1913년 새해 전야를

축하할 때 이렇게 읊조렸다.[117] 그러나 그때가 아흐마토바의 인생에서 가장 행복한 시기였다. "그렇다, 나는 시끄럽고 사람들이 북적대는 밤을 사랑했다"라고 많은 시간이 흐른 후 그녀는 전쟁 직전 몇 달을 회고하며 말했다. 당시 페테르부르크의 보헤미안들이 당면한 가장 큰 도전은 생의 진정한 의미를 찾는 것이었다. "당시 우리는 첫 유럽 전쟁과 10월 혁명 전야를 살고 있었다는 것을 알지 못했다"라고 그녀는 덧붙였다.[118] 그녀는 자신과 떠돌이 개의 친구들이, 스탈린 시대와 2차 대전까지 산 사람들을 기다리던 공포에 대해서도 전혀 예감하지 못했다는 것을 덧붙여야 했을 것이다.

1915년 유대인 화가인 나탄 알트만Natan Altman이 그린 아흐마토바의 초상화는 그녀의 시가 표상하는 모더니스트 운동의 아이콘이 되었다. 등록 화가라는 자격을 가지고 있어 상트페테르부르크에 거주할 수 있게 된 알트만은(재산이나 고등교육, 장인 자격증을 갖지 않은 유대인은 수도에 거주할 수 없었다) 큐비즘과 아크메이즘의 영향을 받았다. 푸르고 검은 드레스에 밝은 노란색 숄을 걸치고 허리에 달걀형 장신구를 단 아흐마토바의 초상화는 그의 최고작으로 즉시 갈채를 받았다. 알트만은 아흐마토바를 1911년 파리에서 우연히 만났다. 당시 그녀는 "아직 예술의 혼이 [우리를] 바꾸어놓기 전이었다. […] 그때까지 우리에게 일어난 모든 일은 우리 인생에서 역사 전이었다"라고 그녀는 후에 썼다.[119] 이제 알트만은 그녀를 전쟁의 첫해가 끝나가면서 페트로그라드를 감싼 "일반적인 영적 불안의 화신"으로 만들었다.[120] 애국적 정열은 이미 오래전에 시들었고, 모든 사람은 전선에서 연이어 들려오는 나쁜 뉴스에 점점 지쳐갔다. 정부 지지자조차 이 시기에는 자신들이 "부러진 송장들이 가득 찬 참호 가장자리에서 '마지막 탱고'를 추고 있다"라고 생각했다.[121] 한동안 이들은 자신들의 입을 닫고 있었다. 그러나 떠돌이 개에 모인 보헤미안들은 그러지 않았다.

떠돌이 개의 작은 실내에서 스물한 살의 미래주의 시인 블라디미르 마야콥스키는 반항과 격노의 목소리를 대표했다. 큰 키에 검은 피부와 강한 체구를 지닌 그는 아방가르드 세대의 일부로서, 메레시콥스키나 기피우스처럼 예술을 위한 예술을 실험한 사람들과 예술을 정치의 도구로 제공하려 한 소비에트 초기 구성주의자들 사이에 있었다.[122] 1차 대전 전 그는 도시, 공장, 기계를 모두 그가 만들려고 하는 세계의 상징들로 받아들였고, "마천루의 꼭대기에서" "하찮은" 톨스토이, 도스토옙스키, 푸시킨을 내려다볼 것이라고 외쳤다.[123] 1914년 8월에 그는 군대에 지원하려고 했지만 레닌이 이끄는 볼셰비키와 밀접한 관계를 맺고 있다는 이유로 거부당했다. 그는 페트로그라드로 이주하여 동프러시아 침공을 지지하는 포스터를 몇 장 만들었지만, 이후 전쟁에 반대하는 입장으로 돌아섰다. 한 친구가 기억하기에, 떠돌이 개에서 마야콥스키는 압도적인 침묵 속에서 다른 사람들을 관찰하는 데 집중했다. 그는 미래주의자 동지가 들어올 때마다 그가 두드리는 "투르크 북 위에, 부상당한 검투사처럼 반쯤 누운 자세였다."[124] 그런 자세로 그는 '약사들'이 드나들며 전쟁 투기로 번 돈을 흥청망청 쓰는 것을 지켜보면서 평온함을 유지했다.

그러다가 1915년 2월 마야콥스키는 문가의 자기 자리에서 일어나 벨벳처럼 부드러운 목소리로 시를 낭송하기 시작했다. 그의 목소리는 그가 즐겨 사용하는 거친 단어들과 늘 어울리지 않아 보였다. "당신들에게(Vam)!"라고 그는 의심 없는 청중들이 기대감으로 바라보자 시를 낭독했다. "날이면 날마다 주연에 빠져 사는 당신들에게!" 그는 "총격과 같은 말들"의 일제 사격이라 부른 것을 풀어놓으며 이렇게 공격을 계속했다. "신문을 읽으면서 부끄럽지 않은가?/[용맹하다고] 성 게오르기 십자가 훈장 수여하는 것에 대해서는?" 그는 몇 줄을 더 낭독한 다음, 역겨워 외면하며 이렇게 마쳤다. "왜 내가 당신을 위해 목숨을 바쳐야 하는가?/차라리 바에 있는 창녀들에게/파인애플 주스를 돌리겠다!"[125] 마야콥스키는 16행에 압축해 넣은 77단어로 이윤의 이름으로 차르와 국가에 봉사한 자가 당착적 애국주의의 허식을 산산조각냈다. 1914년 그의 애국심을 거절한 당국이 얼마 후 그를 징집하려 하자, 그의 친구들은 일련의 관료주의적 속임수를 써서 그를 구했다.

마야콥스키가 자신의 시를 토해냈을 때, 페트로그라드는 난민으로 넘쳐났다. 전쟁은 여전히 사람과 매일의 일상을 메레시콥스키가 말한 대로 "야수 취급하며" 먹구름처럼 도시 위에 머물렀다. 1915년 8월 니콜라이 2세는 직접 러시아군 총사령관직을 맡아 전선으로 떠났다. 신경증과 신경쇠약에 걸린 황후 알렉산드라가 러시아를 통치하기 위해 이들이 둘 다 "썩은 페트로그라드"라고 부른 곳에 남았다. 다음 해에 생활 여건이 더 험난해지면서 시민들은 점점 인내심을 잃어 갔다. 1916년 가을 저녁 도농 레스토랑에서 식사하면서 전 수상 코코브체프*는 "우리는 혁명으로 가고 있다"라고 프랑스 대사에게 말했다. 그 자리에 동석한 알렉세이 푸틸로프는 다르게 생각했다. "우리는 무정부 상태로 가고 있다. 둘 사이에는 큰 차이가 있다. 혁명에는 재건설하려는 의도가 있지만, 무정부주의자들은 파괴만을 생각한다"라고 그는 말했다.[126]

푸틸로프와 코코브체프 같은 부유한 사람들은 둘 사이의 차이에 대해 논쟁할 수 있었지만, 대부분의 페트로그라드 시민들이 당면한 문제는 식량 부족과 치솟는 물가였다. 장화는 1916년 말 가격이 전쟁 초기에 비해 다섯 배 올랐다. 석탄 가격은 네 배 올랐고, 허름한 노동자 식당에서 먹는 한 끼 가격은 일곱 배나 올랐다.[127] 1917년 초 눈보라와 급강하한 기온이 물품 공급을 어렵게 하면서 가격은 급격히 치솟았다. 빵 값은 매주 2퍼센트씩 올랐고, 감자와 양배추 가격은 3퍼센트, 소시지 가격은 7퍼센트, 설탕 가격은 10퍼센트 이상 올랐다.[128] 2월의 살을 에는 추위가 페트르그라드를 덮쳤을 때 난방용 장작 가격이 너무 올라 노

---

*블라디미르 코코브체프Vladimir Nikolayevich Kokovtsov, Владимир Николаевич Коковцов(1853~1943)는 니콜라이 2세 치세 마지막 시기인 1911년부터 제정러시아 수상을 역임했고 1914년 1월 언론을 통제하지 못한다는 이유로 해임되었다. 러시아 혁명 후 체카에 체포되어 심문을 받았으나 탈출해 파리에 정착한 후 유럽의 러시아 이민사회에서 주도적 역할을 했다.

동자들은 식품과 난방 중 하나만 택해야 했다. 많은 이들이 실내 온도가 한낮에도 12도 이상 올라가지 않는 건물 안에서 생활했다.[129] 도시의 민중이 분노하고 초조해하고 있다는 것은 공개된 비밀이었고, 그 이유는 분명했다. "아이들이 굶주리고 있다. 혁명이 일어난다면 […] 자발적인 것이 될 것이고, 굶주림으로 인한 폭동이 될 것이다"라고 한 비밀경찰 첩보원이 보고했다.[130] "하루하루 갈수록 민중은 점점 더 분노에 차서 동요하고 있다. 이들과 정부 사이에 심연이 열리고 있다"라고 다른 첩보원이 보고했다.[131]

1917년 2월 초 정치인, 고위관리, 외교관 등 페트로그라드에서 니콜라이 2세와 알렉산드라 황후를 제외한 모든 사람들이 심각하게 상황을 우려했다. 다시 자살률이 크게 높아졌다.[132] "모든 사람이 용기를 잃었다. 이들은 자신들이 얼마나 힘이 없는지를 잘 알고 있다"라고 두마의 지도적 진보 의원이 기록했다.[133] 프랑스 대사는 "해체의 힘이 러시아 사회의 중심에서 조용히 작용하고 있다"[134]라고 보았다. 이것은 특히 페트로그라드 무기공장에서 사실인 것처럼 보였다. 이 공장들에서 2월 14일 거의 9만 명의 노동자들이 마슬레니차 축일 종료를 맞아 파업에 돌입했으나 기마경찰과 코자크 병사들이 이를 강제 해산했다. 도시를 찾아온 지독한 한파에도 불구하고 다음 주 동안 20만 명의 노동자들이 시내 곳곳에서 150회 이상 파업을 벌였다. 이들 모두 전쟁을 반대하고 식품 부족에 항의하며 시위를 벌였다.[135]

그러다가 날씨가 풀리고 해가 나며 발코니와 창문에서 눈이 사라져갔다. 2월 21일 거대한 푸틸로프 무기공장에서 7백 명의 노동자가 파업에 돌입했고, 이틀 후인 2월 23일 목요일 시내 다른 공장의 3만 명의 노동자들이 국제여성의 날을 축하하는 5만 명의 면방직 공장 여성 노동자들과 함께 임금 인상을 요구하는 시위를 벌였다. 그때까지만 해도 아무도 상황을 크게 걱정하지 않았다. 지나이다 기피우스는 이날의 시위를 "독일에서 벌어졌던 그런 종류의 단식 투쟁"이라고 대수롭지 않게 여겼다. 프랑스 대사는 그날 대사관 만찬에 스물여섯 명의

손님을 초대했고, 라지윌 공주는 일요일의 대규모 파티를 계획대로 치르기로 했다.[136]

예상과 달리 다음날 거리 시위에 참가한 노동자 숫자가 두 배로 늘어났다. 그 다음 날인 일요일에 푸틸로프 공장의 노동자들도 시위에 동참했다. 이때가 되자 시위 참여자 숫자는 20만 명을 넘어섰고, 이미 어두워지기 시작한 오후 중반에 이들은 넵스키 대로를 행진하여 니콜라이 기차역이 있는 즈나멘스카야 광장까지 행진했다. 이곳에서 분노에 찬 남녀들은 시 당국에 밀가루 창고를 열고 이들에게 빵을 제공할 것을 요구했다. 경찰이 이들을 해산하려고 시도하자, 시위대는 실망하여 넵스키 대로가 눈에 들어오는 도로 몇 곳에 바리케이드를 만들기 시작했다. 당국이 시위대와 분리선을 지키는 가운데 충돌을 피하면서 불안한 평화가 지속되었다. 밤이 도시를 포위하자 모두가 일요일에 어떤 일이 벌어질지에 촉각을 세웠다.[137]

상트페테르부르크에서 몇백 킬로미터 떨어진 러시아 총참모본부 스타브카 Stavka에서 니콜라이 2세는 아주 다른 방식으로 토요일을 보냈다. 그날 아침 늦게 일어난 황제는 여유 있게 아침 식사를 한 다음 한 시간 정도 보고를 청취했다. 여유 있게 점심 식사를 하고서 그는 황후에게 짧은 편지를 보내고, 인근의 수도원에서 기도한 뒤, 아프지 않으면 늘 하던 대로 오후 산책을 했다. 오후 늦게 도착한 황후 알렉산드라의 편지에는 시위에 대한 언급이 있었지만 이것에 큰 중요성을 부여하지는 않았다. 니콜라이의 비서실장은 페트로그라드 상황에 대한 상세한 보고를 계속 받았고 이 중 일부를 (전부가 아니라) 저녁 식사 때 황제에게 보고했다.[138] 니콜라이 2세가 저녁에 사무를 보기 위해 자리를 잡았을 때 페트로그라드의 상황이 그의 마음에 걸렸다. 그러나 그는 이것을 빨리 처리하고 다른 일을 처리하려고 했다. "나는 수도의 모든 혼란을 내일부로 종식시킬 것을 명한다"라고 그는 페트로그라드 지역 군사령관에게 전보를 보냈다. "독일, 오스트리아와 전쟁을 벌이고 있는 이 어려운 시기에 이것은 용납될 수 없다"라고 그는

덧붙였다.[139]

별생각 없이 니콜라이 2세는 정부와 페트로그라드 시민들을 서로 충돌하는 코스로 밀어 넣었다. 만일 군중이 해산하지 않으면, 무질서를 종식시키는 유일한 방법은 사격을 가하는 것이었다. 그러나 만일 농민 출신의 페트로그라드 병사들이 공장에서 일하는 자신의 농민 형제들에게 사격하는 것을 거부하면 어떻게 할 것인가? 니콜라이 2세가 이런 가능성을 조금이라도 고려했다는 증거는 찾아볼 수 없지만, 페트로그라드 군지휘관들은 이런 상황을 너무도 잘 이해하고 있었다. 만일 병사들이 시위대를 총격으로 거리에 쓰러뜨리지 않으면 노동자들의 시위는 혁명이 될 상황이었다. "아주 작은 불씨도 큰불을 일으킬 수 있다"라고 두마 의장의 부인은 그 며칠 전 친구에게 보내는 편지에 썼다.[140] 이제 황제가 작성한 그 짧은 16단어 전보에 의해 이 불씨가 댕겨진 것처럼 보였다.

혁명의 요람

동지들

2월 25일 밤 니콜라이 2세가 운명을 바꾸는 결정적인 전보를 쓰고 있을 때, 약 1천3백 명의 페트로그라드 관객들은 넵스키 대로에서 조금 떨어진 알렉산드린스키 극장의 푹신한 의자에 앉아 있었다. 그날 저녁 이 극장에서는 한 관객이 "끝내주는 리바이벌"이라고 부른 미하일 레르몬토프Mikhail Lermontov의 〈가면무도회(Маскарад)〉가 공연되었다. 이 작품은 1830년대에 레르몬토프의 혁명에 대한 동경을 담은 작품으로, 당시 그는 니콜라이 2세의 증조할아버지인 니콜라이 1세가 시행하는 엄격한 검열제가 자신의 시와 소설에 오명을 씌우는 것을 막기 위해 싸우고 있었다. "멍청함과 배신이 지구를 돌게 하는 힘"이라고 레르몬토프는 당시에 썼고, 〈가면무도회〉는 "열정과 인물의 폭력성" 때문에 금서 조치 되었다.[1] 이제 페트로그라드의 과감한 연출가인 브세볼로드 메예르홀트Vsevolod Meyerhold가 맡은 〈가면무도회〉는 5년간 공연되며 다듬어지고 있었다. 메예르홀트의 아방가르드 기법은 조만간 상징주의, 미래주의, 표현주의의 다양한 예술 경향을 혁명적인 새 연극적 관점으로 결합해낼 운명이었다. 배우, 무대 세트, 의상, 극적 효과에 있어 이 연극은 제국 러시아의 최고 공연이라 할 만했지만, 어떤 운명론적 아우라가 공연 시작부터 둘러싸고 있었다. 1917년 배우, 음악가, 무대 담당자들은 이 연극에 "제국의 황혼"이라는 별명을 붙였다.[2]

전쟁으로 인해 탄약부터 빵에 이르기까지 모든 것이 부족한 상태에서 제국 재무성은 〈가면무도회〉의 무대장치를 위해 3만 루블을 지원했다. 무대장치는 알렉산드르 골로빈Aleksandr Golovin이 만들었는데, 그는 완전히 만족할 때까지 4천 장의 스케치를 그렸다. 메예르홀트는 매 단계 디테일에 대한 골로빈의 열정에 맞추어, 배우들이 말하는 단어 하나하나를 해당 안무 동작과 조화시키려 했다. 어떤 청중들은 그의 노력을 "음악 없는 오페라"라고 불렀고, 모든 사람이 그날 밤 배우, 감독, 설계가가 만들어낸 압도적인 예술적 태피스트리에 경탄을 금치 못했다. 러시아 궁정, 사교계, 정부 모두 '거짓 가면무도회'라는 이 연극의 메시지는 청중들이 처한 상황과 딱 들어맞는다는 강렬한 인상을 심어주었다. 화려한 무대장치와 페트로그라드의 굶주린 민중의 침울한 분노 사이의 대조는 이보다 더 강렬할 수 없었다. "그 뒤에 우린 무엇을 하려고 했던가?" 한 비평가가 연극이 끝나고 청중들이 무대에 월계관과 꽃다발을 쌓아갈 때 스스로 묻던 것을 기억했다. "루쿨루스 식당에 가서 나이팅게일 혀 요리를 먹고, 굶주린 인간들은 빵과 자유를 찾으며 울부짖게 둘 것인가?"[3] 바로 그 순간에 20만 명이 넘는 노동자들이 페트로그라드의 거리로 다시 쏟아져 나올 참이었다. '수도의 모든 무질서를 내일까지 중단시키라'는 니콜라이 2세의 전보를 받은 페트로그라드 지역 군사령관 세르게이 하발로프Sergei Khabalov 장군은 1만 5천 명이 넘는 병사, 코자크, 경찰을 배치하기 시작했다.

〈가면무도회〉를 감상한 관객들이 극장 문을 나선 것은 거의 밤 12시였다. 이들이 모이카나 폰탄카에 있는 저택이나, 네바강 건너 바실렙스키섬이나 페트로그라드 구역의 아파트로 돌아가려고 할 때 이들은 지금 만들어지고 있는 역사의 일부가 되리라는 으스스한 느낌을 가졌다. 깜깜한 밤이었다. 보병 부대와 소규모 기마대가 조용히 거리를 지나갔고, 일부는 그늘 속에 머물고, 일부는 공개적으로 이동했다. 때때로 오발탄이 정적을 깼다. 전차는 운행이 중단된 상태였고, 극장에서 나와 한동안 마차를 찾던 안나 아흐마토바는 자신을 비보르크 노동자 거주 구역의 집으로 데려다줄 용감한 마차꾼을 찾아냈다. 그곳에선 계속 총소리가 들려왔다. 화려한 '무주리의 집'에 사는 지나이다 기피우스는 이런 어려움 없이 집에 도착했지만 역시 불안에 휩싸였다. "마치 어떤 어마어마한 송장이 목 졸리는 느낌이었다. 아주 이상한 느낌이다"라고 그녀는 그날 밤 일기에 적었다.[4] 도시는 무장한 병영처럼 바뀌었다. 다음 날 해 뜨기 전 주요한 전략 거점과 교차로를 내려다보는 지점에 기관총 사수들이 지붕과 다락방 창문에 자리를 잡았다. 보병 병력은 주요 건물에 대한 경비를 섰다. 코자크 부대는 말을 타고 시내를 순찰했다. 그 자신의 시민에 맞서 그 자신의 군대에 의해 붙잡힌 페트로그라드는 자신의 역사에서 처음으로 점령당한 도시가 되었다.[5]

이후 4일이 흐르는 동안 페트로그라드 병영도 노동자 편에 가담하기 시작했다. 일요일 이른 아침 하발로프 장군은 시위대가 "어떤 형식으로든 위협을 가하면, 세 번 경고 후 사격하라"라는 명령을 내렸다.[6] 일부 병사들이 명령을 따랐고 정오가 되자 "노동자들의 피가 눈을 적셨다"라고 한 병사가 회고록에 남겼다.[7] 그날 저녁 몇몇 부대가 경찰에게서 돌아섰다. 러시아 미신에 의하면 늘 불행의 날인 월요일에 병사와 노동자들은 리테이니 무기고를 습격하여 7만 정 이상의 소총과 권총, 최소 4백 정의 기관총을 탈취했다.[8] 습기 찬 겨울 해가 지기 전 일요일의 총파업은 월요일에 니콜라이 황제와 정부에 대한 무장폭동으로 변했다. 일요일과 월요일 내내 페트로그라드 고위관리들과 시민들의 다급한 보고가 황제의 총사령부에 쏟아져 들어왔지만, 그는 이 모든 것을 무시했다. 이윽고 하발로프 장군이 패배를 인정했다. "수도에서 질서를 회복하라는 지시를 이행할 수 없음을 전하께 보고드립니다"라고 그는 월요일 밤 총사령부 당직 장교에게 전보를 보냈다. "대부분의 무장 병사들은 […] 반군들에게 사격하는 것을 거부하고 있고"라고 그의 보고는 계속되었다. "어떤 부대들은 반군 측에 가담하여 그들의 무기를 황제께 여전히 충성하는 병력에게로 겨누고 있습니다"라고 그는 보고했다.[9]

자정 직후 하발로프의 전보가 총사령부에 도착했을 때 황제는 절대 양보하지 않고 페트로그라드의 군중을 무력으로 무릎 꿇게 하리라고 결정했다. 2월 28일 그는 니콜라이 이바노프Nikolai Ivanov 장군과 전투 경험으로 다져진 영웅들의 성 게오르기 정예부대를 수도로 보냈다. 이 부대는 전투에서의 용맹을 인정받아 성 게오르기 훈장을 받았으며 명령 수행을 기대해도 될 법한 부대였다. 그러나 니콜라이 황제가 부대의 이탈 규모를 파악했을 때, 좀 더 분별 있는 총참모장인 미하일 알렉세예프Mikhail Alekseev 장군은, 페트로그라드에서 격화된 전투로 인해 더 많은 부대가 혁명에 가담하는 것을 막기 위해 이바노프 부대에게 회

2월 혁명과
타브리다 궁전의 두마 회의

케렌스키와 군 수뇌부
(오른쪽에서 두 번째가 케렌스키)

군하도록 명령했다. 그날 페트로그라드의 노동자들과 병사들은 혁명을 장악하리라는 희망으로 노동자·병사 대표 소비에트를 조직했다. 이때쯤 되자 인근 시골과 도시의 병사, 수병, 노동자들도 이들에게 가담했다.

무장한 프롤레타리아 세력이 페트로그라드를 제압하는 것을 막기 위해 두마의 중도, 보수 멤버들은 니콜라이 황제의 퇴위를 청원하고 임시정부 구성을 위해 고투했다. 처음에 황제는 이들의 청원에 전혀 귀 기울이지 않았다. 두마 의장인 미하일 로쟌코Mikhail Rodzianko가 몇 번의 전보를 보내 황제의 의사를 물어도 "대답조차 하지 않았다."[10] 이틀 후인 3월 2일 니콜라이 2세는 피할 수 없는 상황에 굴복하여 퇴위 문서에 서명했다. 다음 날인 1917년 3월 3일 새벽 1시 그는 황후 알렉산드라와 자녀들이 기다리는 차르스코예 셀로의 알렉산드르 궁전으로 향했다.* "내 마음은 그간 발생한 사태로 인해 무겁다. 내 주변에는 역모, 비겁함, 기만뿐이다!"라고 그는 출발하면서 일기에 적었다.[11]

페트로그라드의 노동자들은 니콜라이 2세의 퇴위에 환호를 올렸다. 모든 사람이 할 말이 있었고, 이를 경청할 사람이 늘 있었기에 연설과 대중 집회가 일상이 되었다. 부자들의 저택은 "쉬운 사냥감"이 되어, 소위 저택 "수색"은 파괴와 약탈로 이어졌다. 겨울 궁전에는 거대한 붉은 기가 제국 깃발을 대신해 날렸고, 환호하는 군중들은 정부 건물에서 쌍두 독수리 동상을 떼어내어 모닥불에 던져 넣었다. 15세에 레닌의 볼셰비키에 가담하고, 16세 생일을 독방에서 수감되어 보낸 마야콥스키는 자신이 바라던 일이 일어나자 군중들을 격하게 격려했다. "우리는 승리했다/우리 모두에게 영광을!/우리 모두에게 영-광-을!"이라고 그는 자

---

* 니콜라이 2세는 처음에는 외아들인 알렉세이에게 황위를 물려줄 생각이었지만, 혈우병을 앓고 있는 알렉세이가 오래 살기 힘들다는 의사들의 의견을 듣고 동생인 미하일 대공이 황위를 이어받기를 원했다. 그러나 3월 3일 미하일이 황위 계승을 거부하고, 러시아 제헌의회가 승인하는 경우만 황제에 즉위하겠다고 선언함으로써 사실상 황위 계승은 무산되었고, 두마 의원들과 소비에트가 구성한 임시정부가 권력을 잡게 되었다.

신의 혁명의 "시 연대기"에 적었다. "쌍두 독수리에게 죽음을!/단 한 번의 칼질로/그 긴 목을 잘라버려라!"[12]

이후 여덟 달 동안 2월 혁명이 페트로그라드를 손아귀에 넣었다. 민주적인 러시아의 지휘권은 니콜라이 2세가 퇴위한 날 공식적으로 임시정부 손에 넘어갔지만, 노동자·병사 대표 소비에트가 무기공장, 철로, 군대, 우체국, 전보를 통제했고, 소비에트만이 대중을 지휘할 수 있었고, 실질적 권력을 보유했다. 봄, 여름, 초가을 동안 몇 개의 임시정부가 나타났다가 사라졌고 새 임시정부가 들어설 때마다 좌익으로 점점 더 기울었다. 그러나 이것이 좋은 일인지 아닌지는 아무도 알지 못했다. 시인 알렉산드르 블로크는 "피, 폭력, 수간"이 곧 "핑크빛 클로버"에 자리를 내주기를 희망했고, 자신의 친구들에게 "무거운 망치는 유리는 깨뜨리지만 강철은 단련시킨다"라는 것을 기억하라고 충고했다.[13] 빈민가에서 자라 작가가 되고 대중의 억눌린 잔혹성을 직접 경험한 엄청난 인기 소설가 막심 고리키는 상황을 더 잘 알았다. "삶의 와해, 거짓, 정치의 오물에 분노한 군중의 검은 본능이 타올라 연기를 내뿜으며 우리를 분노, 혐오, 복수로 독살시킬 것이다"라고 그는, 페트로그라드의 여름이 끝나고 가을날의 해가 짧아지는 시점에 내다봤다. "사람들은 스스로 동물적 우매함을 억누르지 못하고 서로를 죽일 것이다"라고 그는 암울하게 예측했다.[14]

러시아가 계속 방향을 잡지 못하고 비틀대는 동안 레닌은 권력을 장악할 계획을 구체화했다. 그는 "현재의 과제는 페트로그라드와 모스크바에서 무장 폭동을 일으켜 권력을 장악하고 정부를 전복시키는 것이다"라고 피신해 있던 핀란드에서 썼다.[15] "러시아 혁명의 미래 전체가 이에 달려 있다."[16] 10일 10일(신력 10월 23일) 밤 얼음같이 찬 보슬비가 내리는 아래, 그는 자신의 무장 폭동 계획에 반대하는 열한 명으로 구성된 당중앙위원회를 만나기 위해 페트로그라드로 잠입해 들어왔다. 몇 시간 동안 이어진 토론 후 레닌은 아홉 명의 찬성을 얻어냈다. 이제 행동에 나서기로 한 시점에서 이들 대부분은 여전히 확신을 갖지 못했다. "우리는 거대한 산을 움직이려는 난쟁이들 같았다"라고 그중 한 명이 친구에게 말했다.[17] 임시정부 경찰에 쫓기고 있던 레닌은 다시 몸을 숨겼고, 페트로그라드에서 볼셰비키 혁명을 이끄는 과업은 트로츠키에게 떨어졌다. 러시아 남부의 유대인 농부의 아들인 그는 뛰어난 전략가였다. "[그는] 중심인물이었다. 그는 이 중요한 역사의 페이지에서 진정한 영웅이었다"라고 한 관찰자가 오랜 시간이 지난 후 기록했다.[18]

1917년 10월의 페트로그라드는 절망적인 미래를 두려워하는 절망적인 사람들로 가득 찬 도시였다. 그해 여름 전선에서 러시아군의 마지막 대규모 공세가 실패로 돌아간 후 전쟁 수행 능력은 와해되었고, 이길 수 없고 끝나지 않을 전쟁에 대한 절망감이 모든 것을 덮쳤다. 모든 이들이 그해 겨울 식량과 연료 부족은 그 전해보다 훨씬 심각할 것이라고 우려했다. 물가는 치솟고, 돈 가치는 땅에 떨어지고, 한때 부자였던 사람들은 보석과 골동품을 팔아서 식량을 샀다. 시민들은 담배, 초콜릿, 설탕, 우유를 사기 위해 몇 시간씩 줄을 서서 기다려야 했고, 빵 배급량도 불시에 하루 반 파운드로 줄어들 것이라는 소문이 돌았다. 혁명을 자기 눈으로 직접 보기 위해 얼마 전 이 도시에 들어온 미국 사회주의자 잭 리드 Jack Reed는 "잿빛 하늘 아래 헐떡이는 거대한 도시는 점점 더 빠르게 달려가고 있었다. 그런데 어디로?"라고 적었다.[19] 레닌은 알고 있었고, 트로츠키도 알고 있었다. 전혀 새로운 종류의 혁명이 만들어지고 있었고, 페트로그라드는 그 중심에 있었다. 이제 필요한 것은 "혁명 지도자들"이 타격을 가할 때를 포착하는 것이었다. "이들은 반란이 무르익을 때를 제대로 파악해서 이를 음모로 보충해야만 한다"라고 그는 적었다. "직감과 경험"이 필요했다. 에너지, 헌신, 과감성도 필요했다.[20] 당시 트로츠키가 못 할 일은 없어 보였다. 페트로그라드 구에 있는 현대 서커스장의 원형극장도 트로츠키의 연설을 들으려는 군중으로 가득 찼다. 사명감으로 그는 자신의 과제를 굳건히 수행했고, 레닌이 없는 동안 확고한 지휘권을 행사했다.

여름과 초가을에 볼셰비키가 스몰니 여학교에 설치한 사령부는 혁명의 맥박을 느낄 수 있는 곳이었다. 이곳에 오면 혁명 지도자들과 추종자들을 자유롭게 만나며 페트로그라드에서 보기 힘든 풍족한 식탁을 즐길 수 있었다. 리드는 자주 스몰니 지하의 식당을 찾아갔다. "약 20명의 남녀가 거대한 가마솥에서 국자로 양배추 수프를 퍼담고, 고깃덩이, 카샤.* 더미, 흑빵 조각이" 가대식 식탁에 앉은 1천여 혁명 일꾼들의 접시에 담겼다.[21] 10월 하순 트로츠키의 명령 한 번으로 이런 막역한 동지애는 사라졌다. 트로츠키가 새로 조직한 군사혁명위원회가 페트로그라드의 무장봉기를 위한 마지막 계획을 만드는 동안 철저한 군사 보안이 스몰니를 도시와 차단시켰다. 이제 며칠만 있으면 볼셰비키가 타격을 가할 준비가 완료될 터였다.

일요일인 10월 22일 볼셰비키는 시내 전역에서 대중 집회를 열어 페트로그라드 소비에트 날을 축하했다. 임시정부의 체포 명령이 유효한 상태였기 때문에 레닌은 계속 잠복 상태에 있었지만, 트로츠키는 사방에 나타났다. "소비에트 권력은 우리나라의 모든 것을 가난한 사람과 참호 안에 있는 사람들에게 제공할 것이다. 양털 가죽 외투를 두 벌 가진 부르주아는 한 벌을 참호에서 추위에 떨고 있는 병사에게 주라"라고 트로츠키는 동물원 근방의 시민 궁전에 모인 군중 앞에서 연설했다. 그는 페트로그라드의 하층민을 자기편으로 끌어들이도록 계산된 화려한 말을 쏟아냈다. "당신들은 따뜻한 장화도 가지고 있나?"라고 그는 위선적인 중산층 시민들을 겨냥해 말했다. "당신들은 집에 머물라. 노동자야말로 당신의 장화가 필요하다!" 수천 명의 노동자와 병사들을 말로 사로잡은 트로츠키는 이들로부터 "어떤 값을 치르더라도 전력을 다해, 혁명을 승리로 이끄는 엄

---

* 러시아와 동유럽 지역의 전통적인 죽으로 밀, 보리, 귀리, 수수, 호밀 등을 물이나 우유에 끓여 만든다. 영국의 오트밀과 유사하며 나라마다 명칭이 조금씩 다르다. 러시아는 카샤каша, 체코는 카셰kaše, 폴란드는 카샤kasza, 리투아니아는 코셰košė이다.

　　　　　　　　　　　　　　　　혁명의 요람

중한 과제를 떠맡은 소비에트를 지지할 것"이라는 맹세를 받아냈다.[22]

다음날 트로츠키는 "연설보다는 감정을 자극하는 노래를 불러" 페트로파블롭스크 요새 주둔 부대와 이들이 관리하는 인근 크론베르크 무기고의 무기를 획득했다고 한 목격자가 기록했다.[23] 페트로그라드 공장에서 모집한 적위대(Red Guards)와 트로츠키는 아직 볼셰비키에 충성을 맹세하지 않은 여성강습대대(Women's Shock Battalions), 사관생도부대, 고위 장교, 시내 여기저기에 흩어져 있는 코자크 부대를 제압했다. 일주일 넘는 기간 동안 페트로그라드 적위대가 조직되었다. 명령을 받자마자 도시에 진입할 준비가 된 거대한 푸틸로프 공장의 노동자들은 소총을 잡았다. 한 적위대원은 몇 년 후 이렇게 회고했다. "선반공들은 탄약대를 어깨에 멘 채로 작업대에 앉아 있었고, 소총은 손을 뻗으면 잡을 수 있는 거리에 있었다."[24] 10월 22일이 되자 많은 적위대원들이 결전의 시간이 다가오기를 기다리며 공장에서 잠을 잤다. 이들이 더 이상 뒤를 돌아볼 수 없는 시간이 임박했다고 한 볼셰비키 친구가 리드에게 말했다. "적군도 우리를 끝내버리지 않으면 자신들이 끝장난다는 것을 알고 있다"라고 그는 말했다.[25]

대중 집회, 연설, 적위대의 모집 등 이 모든 일이 진행되는 동안 레닌은 외곽 비보르크 지역에 사는 충실한 볼셰비키인 마가리타 포파노바Margarita Fofanova의 아파트에 숨어 있었다. 친츠 커튼과 꽃장식 벽지로 둘러싸인 포파노바의 아파트 구석방에서 레닌은 스몰니에 있는 동지들에게 한 순간도 헛되이 낭비하지 말라고 촉구하는 편지를 계속 쓰고 있었다. "우리는 주저하지 말아야 한다. [주저하면] 모든 것을 잃는다"라고 쓴 그의 편지를 포파노바는 10월 24일 동료들에게 전달했다. "정부가 무너지려 하고 있다. 무슨 대가를 치르더라도 치명적인 타격을 가해야 한다!"[26] 38세의 트로츠키가 상황을 확고히 장악하고 있는지, 볼셰비키 당원들이 실수하지는 않을지 알 수 없었던 레닌은 손으로 직접 전달되는 자신의 편지가 따라가기 어려울 정도로 빠르게 진행되는 사건들에 대해 더 분명한 그림을 얻기 위해 애썼다. 몇 시간 후 포파노바의 아파트 안에서 쉴 새 없이 왔다 갔다 하면서 그는 "모든 것이 실 하나에 매달려 있듯 일촉즉발이다"라고 씩씩거렸다. "바로 오늘 저녁이나 오늘 밤 반드시 모든 것을 결정해야 한다."[27]

레닌이 진행 상황을 더 자세히 알았더라면 덜 걱정했을 것이다. 임시정부의 붕괴는 혁명이라기보다는 연이은 실수로 만들어진 희극 같았다. 정부 밖에서는 아무도 저항하지 않았고, 아무도 불평하지 않았다. 포파노바가 레닌의 그날 첫 편지를 스몰니의 당 중앙위원회에 전달한 다음 무기 소지를 잊은 트로츠키의 요원 두 사람은 군사혁명위원회의 이름으로 중앙전보국을 접수했다. 10월 25일 새벽 4시까지 군사혁명위원회의 볼셰비키 인민위원들은 전기발전소, 중앙우체국, 니콜라옙스키 기차역을 접수했고, 네바강의 모든 다리를 장악했다. "달빛은 멋진 장관을 연출했다. 거대한 건물들은 중세 성처럼 보였다"라고 한 볼셰비키가 후에 회고했다.[28] 아침 6시에 페트로그라드 중앙은행이 볼셰비키 수중에 떨어졌고, 7시에 중앙전화교환국이, 8시에는 바르샤바 기차역이 장악되었다. 오전 9시 아무 데서도 임시정부에 충성하는 부대를 찾을 수 없었던 임시정부 수반 알렉산드르 케렌스키는 미국 대사가 보내준 피어스 애로 승용차의 뒷자리에 올라타고 겨울 궁전을 빠져나왔다. 수요일 이른 오후, 겨울 궁전에 모인 임시정부 각료들은 그제야 케렌스키가 도주한 것을 알았다. 곧 볼셰비키 적위대는 겨울 궁전의 포위망을 좁혔다. 위대한 10월 혁명의 마지막 막이 막 시작될 참이었다.[29]

"전반적으로 군사작전은 혁명이라기보다 경비대 교대 같아 보였다"라고 한 증인은 회고했다.[30] 수요일 볼셰비키가 시 곳곳의 전략요충을 장악하는 동안 프랑스 외교관인 루이 드 로비엥 백작은 도농 레스토랑에서 점심 식사를 하고, 콘탄트 레스토랑에서 저녁 식사를 했지만 평소와 크게 다른 것을 느끼지 못했다. 그날 저녁 성악가 샬리아핀은 불과 며칠 전 트로츠키가 군중에게 연설한 시민 궁전에서 공연했다. 알렉산드린스키 극장에서는 50여 년 된 알렉세이 톨스토이의 〈이반 뇌제〉의 리바이벌 공연이 있었다. 볼셰비키가 어떤 계획을 가졌는지 아무도 큰 주의를 기울이지 않았고, 신경도 쓰지 않았다. "거리의 군중들의 무관심은 놀라웠다"라고 총참모본부의 한 참모가 그날 저녁 집으로 향하는 사람들을 보고 적었다.[31] 기피우스도 같은 생각이었다. "역사상 가장 암울하고, 가장 멍청하고, 가장 더러운 '사회 혁명'이 우리를 덮쳤다"라고 그녀는 집에 돌아와 일기에 썼다. "다 지옥에나 가라. 지루하고 역겨울 뿐이다. […] 투쟁의 요소는 어디에도 없다"라고 그녀는 덧붙였다.[32]

기피우스에게는 "지루하고 역겨웠을" 테지만 역사의 방향을 바꿀 기회를 포착한 볼셰비키에게는 그렇지 않았다. 인내심의 한계에 다다른 레닌은 10월 24일 자정 직전 포파노바의 아파트를 빠져나와 스몰니로 향했다. 레닌은 가발로 자신의 대머리를 가리고, 얼굴은 더러운 붕대로 감추었다. 그 시간 "스몰니는 불빛이 휘황하게 빛났고, 거대한 벌집처럼 소란스러웠다"라고 잭 리드는 회고했다. 정문에는 기관포와 대포가 설치되고 마당에는 공격 준비가 된 장갑차들로 가득 차 있었다.[33] 다음날 밤까지 볼셰비키는 겨울 궁전을 제외한 시 요충 모두를 장악했다. 겨울 궁전에서는 케렌스키 없이 임시정부 내각이 계속 회의 중이었다. 이들을 방어하는 병력은 복도를 오가며 시간을 보내고 있던 4백 명의 사관생도와 소수의 코자크 병력, 그리고 케렌스키가 여름에 조직한 여성강습대대 하나가 전부였다. "오페라 무대 같은 분위기가 풍겼다. 그것도 희극 오페라의 한 장면 같았다"라고 잭 리드의 부인 루이즈 브라이언트는, 《샌프란시스코 불레틴》의 특파원으로 이들과 함께 페트로그라드에 온 자신의 친구 베시 비티에게 썼다.[34] 겨울 궁전 안에 있던 임시정부의 각료들은 다르게 느꼈다. 오히려 "모두에게 버려져 거대한 쥐덫 안에서 이리저리 돌아다니다가 곧 죽게 된 쥐들 같았다"라고 이들 중 한 명이 나중에 말했다.[35]

그러던 중 병력 이탈이 시작되었다. 10월 25일 저녁 일부 사관생도들이 궁전을 빠져나갔고, 코자크와 여성강습대대도 뒤를 따랐다. 겨울 궁전 밖에서 볼셰비키는 포위망을 좁혔다. 그러나 어려움도 있었다. 페트로파블롭스크 요새의 대포가 사격 명령을 받았을 때, 요새의 적위대는 몇 시간 걸려 대포를 발사 위치로 이동시켰으나 대포 발사를 위해선 대포를 청소해야 한다는 사실을 발견했다. 전함 오로라호가 니콜라옙스키 다리까지 이동하여 공포탄 한 발을 쏜 다음에야 요새의 대포들은 약 30발의 실탄 사격을 했다. 그러나 이중 겨울 궁전에 명중한 것은 두 발에 불과했다. 그런 후 적위대는 방어부대가 잠가놓지 않은 문과 창문을 통해 겨울 궁전 안으로 진입했다. 내부로 충분한 인원이 진입한 다음 적위대는 임시정부 편의 병력을 무장 해제시켰다. 후에 소련 영화와 노래에서 영웅화된 치밀한 공격은 이루어진 적이 없었다. 몇 대의 기관총만이 가끔 궁전 벽과 창문에 사격을 가했다.[36]

겨울 궁전 2층 황제의 식당에서 임시정부 각료들이 기다리고 있었다. 자정을 지나 10월 26일 새벽이 되면서 이들의 긴장감은 커졌다. 새벽 2시가 조금 안 된 시간 식당 문이 갑자기 열렸다. "파도에 밀려온 나뭇조각처럼 한 키 작은 남자가 뒤에서 쏟아져 들어오는 [적위대의] 군중에 떠밀려 식당 안으로 들어왔다"라고 각료 한 사람은 후에 기록했다. "그는 기다란 녹 빛 머리에 안경을 쓰고 있었고, 짧게 깎은 붉은 콧수염과 짧은 턱수염, […] 색깔 없는 눈동자에 지친 표정이었

오로라호

혁명 다음 날
겨울 궁전에 모인
볼셰비키

다"라고 그는 덧붙였다. "옷깃, 셔츠, 옷소매, 손이 온통 지저분한 남자였다.[37] 적위대 지휘관 중 한 명으로 '총검'이라는 암호명의 이 인상 더러운 시가전 전술가는 임시정부 인사들을 체포했다. 그 순간 적어도 볼셰비키는 페트로그라드의 통제권을 확보했다. 그들이 계속 이를 유지할지는 시간이 말해줄 터였다.

도시를 포위한 군대처럼 페트로그라드의 병사, 수병, 노동자들은 오랜 시간 동안 자신들이 일하고, 굶고, 고통당한 빈민가가 있는 이 도시를 마음대로 휩쓸고 다녔다. 궁전과 저택들은 약탈당했고, 가구들은 부서지고, 귀중품은 도둑맞았다. 그러나 이들이 가장 좋아한 것은 와인 저장고였다. 전설적인 희귀 와인이 보관되어 있던 겨울 궁전 와인 저장고부터 시작해서 모든 술 저장고가 약탈당했다. "프레오브라젠스키 적위대가 와인 저장고들을 경비하는 임무를 맡았으나 이들부터 완전히 취했다"라고 적위대 한 명이 후에 기록했다. "그런 다음 우리는 혁명의 버팀목인 파블롭스키 적위대를 파견했지만, 이들도 와인의 유혹을 이기지 못했다. 그다음 선발된 다른 부대를 보냈지만 모두 술에 취했다. 몰려오는 군중을 해산시키기 위해 장갑차를 보냈다. 그러나 그들도 몇 번 그 앞을 왔다 갔다 하더니 갈지자로 움직였다. 우리는 와인 저장고 입구를 벽돌로 막으려 했지만 군중은 창문을 뚫고 들어와 쇠창살을 부순 후 손에 잡히는 대로 술을 가져갔다. 우리는 저장고를 물에 잠기게 하려고 했지만 출동한 소방대도 마찬가지로 취했다"라고 그는 적었다.[38]

술 약탈이 대공과 대귀족 저택, 도농 같은 고급 식당으로 확대되면서 며칠 동안 군중들의 이런 주취가 계속되었다. "그런 고급 와인들이 던져지는 것을 보는 것은 역겨웠다"라고 드 로비엥 백작이 일기에 한탄했다. "겨울 궁전에는 예카테리나 여제 시대부터 보관되어온 토카이 와인이 있었는데, 이 모든 술을 보드카 주정뱅이들이 목에 부어 넣었다. […] 마치 바쿠스 왕국의 입구를 차지하기 위한 게릴라전 같았다"라고 차르스코예 셀로에 있는 파벨 알렉산드로비치 대공의 궁전이 폭도들의 공격을 받아 가장 희귀품인 샤토 무통-로스차일드를 포함한 와인들이 사라졌다는 말을 듣고서 그는 덧붙였다. 콘탄트 레스토랑은 마지막 순간에 기관총으로 무장한 특별 부대를 고용한 후 와인 저장고를 지킬 수 있었다.[39] 레닌조차도 "보드카 주정뱅이"들이 황제의 최고 와인을 마셔대는 것을 보고 어떻게 해야 할지 몰랐다. 겨울 궁전이 함락되었다는 소식이 스몰니에 도달하자 그는 트로츠키에게 "수배와 은신 상태에서 이렇게 빨리 권력을 잡으니 머리가 핑핑 돈다!"라고 말했다.[40]

다른 문제들이 곧 볼셰비키의 머리를 더욱 빙빙 돌게 만들었다. 이후 몇 달 동안 스물여덟 개의 정부가 제정이 무너진 러시아 땅에 나타났고, 이중 스물일곱 개가 반反 볼셰비키 정부였다. 보다 즉각적으로 3년간의 1차 대전 전쟁과 8개월의 혁명이 러시아 민중의 잔혹성을 그대로 분출시켜, 볼셰비키의 승리가 페트로그라드에 마지막으로 남아 있던 질서를 쓸어가버리자, 상황은 통제할 수 없는 지경이 되었다. 드 로비엥은 두 명의 병사가, 길거리에서 파는 푸른 사과값을 지불하는 대신 농부 상인을 총으로 쏘는 장면을 목격했다.[41] 이와 유사한 사건들이 빈발하여 도시의 누구도 안전하지 않다는 것이 드러났다. 병사들과 무장한 노동자들이 돈, 의복, 식품을 빼앗거나 전혀 이유 없이 사람을 죽이자 폭력은 일상의 일부가 되었다. 강도는 하루 8백 건으로 치솟았다. 어느 날 밤 강도들이 페트로그라드의 새로 조직된 치안대 대장을 마차에서 끌어내려 그의 장화를 강탈하고서 발가벗긴 채 집으로 돌아가게 만들었다.[42]

레닌은 추종자들에게 "독일인들에게서 규율을 배우라고" 지시했고 트로츠키는 "노동, 질서, 인내와 자기희생"을 강조했지만 부질없었다. 곧 이들은 러시아인들에게 익숙한 종류의 절제를 실현하려면 위로부터의 강제력이 필요하다는 것을 깨달았다. "우리가 스스로를 구할 유일한 방법은 끈질긴 노동과 혁명적 규율뿐이다"라고 트로츠키는 주장했다.[43] 이것이 볼셰비키 혁명 조직을 다른 경쟁 집단과 확연하게 구별시켜주었다. 그리고 이것을 무자비한 테러와 결합하여 그들은 결국 페트로그라드와 러시아를 장악할 수 있었다. 1921년 내전이 끝날 때까지 테러는 러시아 생활의 간판처럼 되어버려, 적군과 백군 모두 서방 관측자들을 경악시킬 정도의 테러를 사용했다. 그러나 백군(White Army)이 분노와 열정을 가지고 테러를 사용한 데 반해, 볼셰비키는 좀 더 냉정하게 복수심을 가지고 사용했다. 1917년 말 인민위원회가 "러시아 전역의 모든 반혁명 행위와 사보타주를 척결하기 위해" 만든 고도로 효율적이고 한없이 잔혹한, 체카Cheka, ЧК라는 약자로 알려진 반혁명파업투쟁특별위원회는 러시아의 미래에 대한 볼셰비키의 비전을 공유하지 않는 사람은 무차별하게 척결하는 기구가 되었다.[44]

한 명의 보조직원과 1천 루블의 예산을 가지고, 해군성과 겨울 궁전에서 몇 분 거리인 고로호바야 거리 3번지에 만들어진 체카는 빠른 속도로 혁명의 "복수의 칼"이 되었고, 현대 세계에서 가장 큰 두려움의 대상인 보안경찰기관이 되었다. 이렇게 만든 것은 펠릭스 제르진스키Feliks Dzerzhinskii의 업적이었다. 그는 러시아 혁명가 중 가장 극기심 강하고 엄격한 사람 중 한 명이었다. 큰 키에 마르고, 대심문을 진행한 스페인 대귀족을 연상케 하는 날카롭게 다듬은 반 다이크 턱수염의 제르진스키는 어떤 역경에도 굴하지 않는 돌같이 단단한 혁명 정신을 소유하고 있었다. "그에게서 가장 눈에 띄는 것은 눈이다. 그의 눈은 지속적인 광신의 불에 타고 있었다. 결코 눈을 깜박이지 않았다. 눈썹은 마비된 듯 보였다"라고 그를 잘 아는 사람이 기록했다.[45]

성년 시기의 3분의 1을 차르의 감옥에서 보낸 제르진스키는 수감자의 태연한 인내심을 갖추게 되었고, 이것은 수도승의 엄격함과 전설적인 업무 능력과 결합되었다. 그는 가족, 우정, 개인적인 안락함보다 혁명을 우선시해 체카의 사무실에서 잠을 잤고, 볼셰비키의 신조를 공유하지 않는 사람은 무자비하게 척결했다. 그는 1918년에 6년 동안 보지 못했던 부인과 아들에게 이렇게 썼다. "나는 전투의 최전선에 있소. 나의 사고는 나에게 동정이 없도록 만들고, 내 안에는 사고를 끝까지 밀고 나가는 강철 같은 의지가 있소."[46] 차갑고 무자비하고 굽힐 줄 모르는 "강철 펠릭스"는 무슨 대가를 치르더라도 혁명을 방어할 각오가 되어 있었다. 그는 자신을 볼셰비키가 러시아의 미래를 만들어가는 데 기초로 삼을 가치의 수호자로 생각했고, 자신이 더 나은 세계를 만들고 있다고 진심으로 믿었다.

볼셰비키가 상황을 장악하면서 페트로그라드의 유산층의 삶은 산산조각 났다. "모든 것이 취소되었다"라고 알렉세이 톨스토이는 러시아 혁명과 내전을 다룬 스탈린상 수상작인 3부작 소설 『1918』의 2부 도입부에서 회상했다. "지위, 명예, 연금, 재산, 심지어 자신이 살고 싶은 대로 살 권리 등 모든 것이 사라졌다."[47] 볼셰비키가 은행 예금 인출 한도를 몇백 루블로 제한하자 모든 시민들은 자신의 부와 노동을 국가를 위한 봉사로 돌렸다. "금은 아무 힘을 쓰지 못할 것이다"라고 선전하며 특별요원들이 그들이 발견한 모든 개인 소유의 금, 백금, 은, 귀금속을 몰수했다. 이렇게 되자 암시장에서 귀금속 가격이 폭등했다. 1922년 봄 무렵 차르 시대 금화 10루블은 지폐 2천4백만 루블의 값어치와 같아졌다.[48]

페트로그라드의 삶의 정상에 있던 사람들은 밑바닥 인생으로 떨어졌다. "관리, 변호사, 교장, 기술자는 짐 배달꾼이나 전령으로 일자리를 얻었고 […] 얼음 깨는 일을 하거나 신문, 담배, 초콜릿을 팔기도 했다"라고 한 관찰자가 기록했다.[49] 루벤스, 반 다이크, 클로드 로랭의 값을 매길 수 없는 그림이 걸린 방에서 싸구려 시가를 피우며 도나텔로의 루도비고 곤자가 흉상에 기대어 해바라기 씨를 조각 마루 위로 내뱉는 발트해 함대 수병들은 라스트렐리가 지은 스트로가노프 궁전을 자신들의 휴게 클럽으로 만들었다. 오볼렌스카야 공주는 인근에서 눈을 치우는 모습이 발견되었고, 한때 자랑스러운 황실근위대 대령이었던 사람은 예브로파 호텔의 수석웨이터에게 수프를 구걸하고 있었다는 말이 돌았다.[50] 페트로그라드의 삶은 언젠가 트로츠키가 외쳤던 내용을 그대로 반영한 듯했다. "우리의 할아버지, 증조부와 아버지들은 당신들 할아버지, 아버지의 똥과 오물을 치우며 살아야 했다. 이제 당신들이 같은 일을 우리를 위해 할 때가 되었다."[51]

그러나 민중의 생활은 조금 나아졌을 뿐이었다. 연료, 식량, 상품, 공공서비스의 부족은 페트로그라드를 광범위하게 지배했고, 특히 12월 마지막 열흘 동안 네 번의 눈보라가 도시를 덮쳤을 때 더욱 그랬다. 하루하루 갈수록 기온은 더 떨어지고 식량을 사기 위해 사람들이 선 줄은 더 길어졌다. 11월에 페트로그라드 성인의 일일 칼로리 섭취량은 1,395에서 1,039칼로리로 떨어졌고, 1918년 1월에는 698칼로리로 떨어졌다. 2월이 되자 하루 빵 배급량은 4분의 1파운드로 줄어들었고, 많은 대용품이 밀가루를 대신해서 칼로리 섭취량은 306칼로리까지 떨어졌다.[52] 1918년 초에 실시된 조사에 따르면 러시아 전역의 기관차의 절반이 고장 나 서 있었고 철로는 형편없는 상태에 있었다. 철도가 운송해주던 연료와 원료가 수중에 들어오지 않아 수많은 공장이 가동하지 못했고, 볼셰비키 혁명 1주년이 되기 전 페트로그라드의 공장 노동자의 3분의 2가 할 일이 없게 되었다.[53] "굶어 죽어가는 페트로그라드는 […] 석탄과 빵이 없는 도시가 되었고, 공장 굴뚝은 차가워졌다"라고 알렉세이 톨스토이는 썼다. 그는 페트로그라드가 "끔찍한 곳"이었다고 회상했다.[54] 한때 수백 개의 공장 굴뚝이 쏟아내는 연기로 어두웠던 페트로그라드의 하늘은 1918년 겨울 눈부신 파란색으로 바뀌었다. 이제 어둠이 광장과 거리, 사람들이 전기 없이 등유나 초 약간을 지닌 채 옹기종기 모인 수십만 곳의 길모퉁이에 내려앉았다.

1918년 볼셰비키가 수도를 모스크바로 옮기면서 페트로그라드의 생활은 더 나빠졌다. 암시장에서는 가장 단순한 물건도 엄청난 가격을 요구했다. 사람들은 식권으로 공영식당에서 제공받을 수 있는 물 같은 수프와 묽은 귀리죽으로 목숨을 부지하기 위해 분투했다. 볼셰비키가 건설하는 새 사회에 필요하다고 판단된 사람들만 이 식권을 얻을 수 있었다. 내전 기간에 페트로그라드에 살았던 사회학자인 피티림 소로킨Pitirim Sorokin은 "[대학 식당에서] 모두가 집에서 가져온 접시와 숟가락을 들고 줄을 선 사람들은 이전에 교회 문 앞에서 구걸하던 거지 같았다"라고 기록했다. 소로킨의 한 냉소적인 동료는 식당까지 걸어가느라고 소비하는 에너지가 이들이 제공받는 음식이 주는 에너지보다 더 많다고 비아냥댔지만, 교수들은 계속 식당에 나타났다. "내일도 살아 계시오"라고 이들은 식당을 떠나면서 동료들에게 말했다. "시간이 갈수록 그런 인사말을 할 수 있는 사람도 점점 줄어들었다"라고 소로킨은 슬프게 회상했다.[55]

매해 겨울 뼛속까지 얼게 만드는 페트로그라드의 습기는, 차가운 돌을 뒤덮고 이삭 대성당의 화강암 기둥을 핑크빛 은색으로 바꾸는 특이한 서리를 만들어냈다. 1919년에서 1920년으로 가는 겨울 이 서리가 도시 저택, 궁전, 아파트 건물들의 외벽을 덮었고, 이 은빛 막은 이따금 난방이 되는 방에 의해서만 갈라졌다. 페트로그라드의 모든 것이 '태울 수 있는 것'과 '태울 수 없는 것'으로 나누어졌던 그때 문학평론가이자 언어학자인 빅토르 시클롭스키는 이런 희귀한 온기의 안식처는 "거리에서 은색으로 뒤덮인 곳에 가끔 어두운 반점으로 나타났다"라고 회상했다. 빅토르 시클롭스키는 네 개의 의자와 방수포, 카펫으로 아파트 가운데 작은 은신처를 만들고 자신의 숨결과 전기가 들어올 때 전구로 온기를 만드는 한 작가를 알고 있었다. 시클롭스키 아파트의 방 한 칸은 섭씨 7도까지 온도가 올라갔기 때문에 친구들이 몸을 녹이기 위해 종종 그를 찾아왔다.[56]

아방가르드 화가인 유리 안넨코프Iurii Annenkov는 1918년부터 1920년까지의 겨울을 "썩고, 얼어붙은 고기, 곰팡이 핀 딱딱한 빵조각, 먹을 수 없는 대용식품들의 역사적 시기"로 기억했다. 굶주린 사람들은 개, 고양이, 쥐를 잡아먹었고, 거리에서 발견한 죽은 동물들 시체를 뜯어갔다. 남자들은 발기 불능이 되었고, 여자들은 월경을 멈췄다. 모든 이들이 무엇이든 태울 수 있는 것은 다 태웠다. 안넨코프는 가구, 책장, 책을 태웠다. "만일 나무로 된 손발을 가지고 있었다면, 나는 그것도 태웠을 것이다"라고 그는 고백했다. 사람들은 버려진 아파트의 문을 뜯어 난로에 태웠다. 그다음으로 버려진 건물을 뜯어냈다. "이것은 정기적인 대학살의 축제였다. 큰 건물들은 작은 건물들을 집어삼켰다"라고 그는 썼다.[57] 이런 상황에서는 사람들이 물건을 보는 시각이 달라졌다. 이때는 "사람들이 주고받을 수 있는 가장 소중한 선물은 장작 한 개비였다"라고 안넨코프는 회상했다.[58]

추위와 기아와 함께 장티푸스가 퍼졌다. 수도관이 얼고 터져서 화장실이 작동하지 않게 되자 이 역병은 더 빨리 퍼졌다. 마당과 거리 코너에 쌓인 오물에서 번식한 이가 매개체가 되어 장티푸스는 기아와 함께 가장 큰 사망 원인이 되었다. 장티푸스의 고열을 견딜 수 없을 정도로 몸이 쇠약해진 사람들은 병균에 오염된 이한테 한 번만 물려도 사망했다. 민간인보다 네 배나 높은 비율로 장티푸스에 감염된 적군 병사들을 제외하고, 1920년 1월 6천 명의 페트로그라드 시민이 장티푸스로 사망했다. 2월에는 8천 명, 3월에는 9천 명이 사망했다.[59] 굶주리고, 추위에 시달리고, 병에 걸릴 것을 두려워한 주민의 3분의 2가 도시에서 도망쳤다. 페트로그라드의 삶은 완전히 붕괴되어 한때 사람들이 분주히 오가던 거리에 야생화가 피어났다.[60] 그러나 뭔가가, 아마도 러시아인들이 역경을 맞닥뜨릴 때마다 나오는 신랄한 유머 감각 같은 것이 페트로그라드 시민들이 완전한 절망에 빠져드는 것을 막았다. 1919년 어느 날 아침 유리 안넨코프와 시인 안드레이 벨리는 총을 어깨에 걸친, 지루해 보이는 한 경찰이 양발을 넓게 벌린 채 눈 위에 자신의 소변으로 이름을 쓰는 것을 보았다. 이 황당한 장난에 놀란 벨리가 소리쳤다. "잉크! 나에게 작은 잉크병과 종잇조각을 주십시오! 나는 눈 위에 글씨 쓰는 법을 모릅니다!" 놀란 경찰이 바지춤을 채웠다. "지나가시오, 시민, 지나가시오"라고 그는 투덜거렸다.[61]

1919년 가을 페트로그라드 주민들이 기아로 고통받을 때 니콜라이 유데니치 Nikolai Iudenich 장군은 차르에 충성했던 소수의 반볼셰비키 병력과 에스토니아 병력, 영국 고문관들로 구성된 부대를 이끌고 볼셰비키에 대한 전광석화 같은 반격을 개시하여 모든 사람을 놀라게 했다. 러시아의 전선에 면한 페트로그라드의 노출된 지역에 그런 공격이 가해질 것을 우려한 레닌은 그해 봄 스탈린에게 이 지역의 방어를 강화하도록 명령했고, 스탈린은 공포 정치에 돌입하여 그해 여름 중반까지 이어갔다. 그러나 페트로그라드는 여전히 취약한 상태였고 스탈린의 안전하다는 주장에도 불구하고, 유데니치가 10월 초 에스토니아에서 공격을 시작했을 때 페트로그라드의 방어태세는 혼란을 벗어나지 못하고 있었다. 백군 부대가 3주도 되지 않아 페트로그라드를 내려다보는 풀코보 고지에 다다르자 레닌은 전쟁 담당 인민위원인 트로츠키로 하여금 스탈린의 자리를 맡게 했다. 트로츠키는 "적군이 바로 문 앞까지 와 있다"라고 선언하고, "붉은 페트로그라드는 [⋯] 혁명의 횃불이자, 미래의 교회의 기반이 될 강철 같은 바위로 남아 있어야 한다"라고 강조했다. 트로츠키는 "무슨 일이 있어도 굴복하지 않을 수천 명의 병사"를 소집했다.[62] 이 병력이 4일 뒤 유데니치 부대를 풀코보에서 몰아내자 트로츠키는 볼셰비키 혁명 2주년을 맞아 "소비에트 권력은 [⋯] 굳건히 서 있고, 파괴당할 수 없다"라고 모스크바에 보고했다.[63] 페트로그라드는 계속 기아에 허덕였고, 식량 사정이 좀 나아지기까지 1년을 더 기다려야 했다. 그러나 트로츠키가 "붉은 소비에트 공화국의 혁명의 지표"라고 부른 이 도시는 볼셰비키가 굳게 장악했다.[64]

자유의 비전에 취했지만 그 위험으로 생이 더 짧아질 수도 있다는 것을 두려

위한 페트로그라드의 아방가르드들은 내전이 자신들 주변을 휩쓰는 동안 온갖 형식의 예술적 실험에 미친 듯이 몰두했다. 아마도 이 시기에 알렉산드르 블로크보다 더 밝은 꿈을 꾸거나, 더 암울한 실망에 빠진 사람은 없을 것이다. 그는 1917년에 일어난 사건을 "천 명의 등장인물과 가장 환상적인 조합을 지닌, 마음을 잡아끄는 소설"이라고 보았다. 혁명의 "과장된 음악이 기만적이고, 더럽고, 지루하고, 흉측한 우리 삶을 정의롭고, 순수하고, 즐겁고, 아름다운 것이 되도록 […] 모든 것을 조직"하는 것을 가능하게 하리라 확신한 그는 "[러시아] 인텔리겐치아의 음악은 […] 볼셰비키의 음악과 같다"라고 결론지었다.[65] 페트로그라드의 혁명이 그 후유증으로 수백 가지 고통을 양산해내자 블로크는 상극되는 것들의 의미를 구별하려고 애썼다. 선은 악에서 나오는가? 평화는 폭력에서 나오는가? 행복은 불행에서 나오는가? 1918년 새해가 밝자 그는 이에 대한 답을 찾았다고 생각했다. "안으로 전율하며" 그는, 혁명을 위해 만들어진 작품 가운데 가장 탁월한 시적 아이콘이 되는 「12사도(Двенадцать)」를 쓰기 시작했다. 여기에서 혁명의 힘과 민중의 적나라한 힘이 느껴졌다. 페트로그라드의 남녀노동자들이 혁명에 발을 맞추어가면서 미래는 더 나아질 것이라는 느낌이 밝게 빛났다.[66]

대담한 새 세계가 만들어지고 있었지만, 이것은 어떻게 민중의 마음을 사로잡는 동시에 통제할 수 있을 것인가? 시와 소설보다 극장에서, 볼셰비키는 민중에게 미래를 제시하고 자신들이 창조하려는 세계로 민중을 끌어들일 수단을 찾았다. "급박하게 전개되는 행동과 강렬한 열정, 진귀한 대조, 전체적 성격, 강렬한 고통, 고상한 환희"가 필요하다고 대중교화 인민위원(Commissar Enlightenment)인 아나톨리 루나차르스키Anatolii Lunacharskii는 설명했다. "고상한 사회주의 예술"을 만들어내기 위해서는 "셰익스피어, 실러와 과거의 많은 거인들을 부활시켜 이들을 미래의 위대한 군주인 민중과 연결시키는 것"이 필요하다고 그는 주장했다.[67] 스탈린이 연극을 다른 소비에트의 선전도구처럼 제어하게 될 때까지 루나차르스키의 목표를 어떻게 성취할 것인가가 열띤 토론의 대상이 되었다. 극작가와 연출가들은, 메예르홀트와 그의 친구들이 혁명 전 보로딘스카야 거리의 스튜디오에서 실험한 '민중 극장'식으로 대중을 능동적인 참여자로 만들기 위해 무대 너머로 가 닿는 방법을 찾았다. 그 결과 1917년 이후 10년 동안 러시아 역사상 가장 대담한 무대 실험이 진행되었다.

　매일 반복되는 비참한 생활에서 민중을 해방시킬 새로운 비전을 찾아 사람들은 내전 기간 러시아 전역에서 극장으로 몰려왔다. "서리, 냄새나는 청어, 누더기, 장티푸스, 성홍열, 체포, 빵을 사기 위한 긴 줄, 무장한 병사들로 뒤덮인 이 비참한 세상에서, 어느 첫 밤에 또 다른 밤이 이어졌고 매일 밤 극장들은 사람들로 넘쳐났다"라고 페트로그라드에서 시클롭스키는 썼다. 난방을 제대로 할 수 없었던 1918년, 1919년 겨울, 무대화장이 배우들 얼굴에 얼어붙었고, 연주자들은 모피 코트와 귀마개가 달린 모자를 쓰고 연주했다. "수천 명의 관객들이 쉰 목소리로 '용감한 동지들이여, 발맞추어 앞으로 나가자'를 부르는 동안 이사도라 덩컨은 조명이 비치는 무대에서 춤을 추었다"라고 그는 회고했다.[68] 이 시기 볼셰비키를 지지하기 위해 미국에서 페트로그라드로 온 이사도라 덩컨은 붉은 상의를 입고 적기를 흔들며 춤추는 것을 즐겼다. 일부 러시아 발레광들은 그녀의 춤을 비판하면서 "도덕성과 체조의 별난 조합"이라 불렀고 그런 것이 "그녀의 '해방된' 몸의 자유로운 통달"에 이르지 못하게 한다고 했다. 볼셰비키 추종자들은 그녀의 춤이 "차르의 장화에 눌려 가시밭길을 걸어오다 마침내 족쇄의 사슬을 끊어버린 러시아 노동계급"을 보여준다고 환호했다. 후에 서방에서 조

이사도라 덩컨과 세르게이 예세닌

지 발란신George Balanchine이란 이름으로 명성을 날린 게오르기 발란치바제는 그녀가 세련되지 못하고 뚱뚱하다고 혹평하고 "저 여자는 돼지처럼 춤을 춘다"라고 친구에게 말하기도 했다.[69]

볼셰비키의 10월 혁명 1주년을 축하하기 위해 메예르홀트는 최초의 혁명 가극인 마야콥스키의 〈미스터리-희가극(Мистерия-Буфф)〉을 페트로그라드의 음악극인민극장(Communal Theater of Musical Drama) 무대에 올렸다. 대규모 스펙터클을 올리려던 이전의 시도를 되살리고, 천재적인 입체-미래주의자인 카지미르 말레비치Kazimir Malevich가 채색한 무대장치를 배경으로 한 이 연극은 모더니즘, 민중 연극, 종말론적 비전을 결합하여 혁명을 미래로 향한 문으로 찬양했다. 〈미스터리-희가극〉은 성서에 나온 대홍수의 이야기를 혁명의 우화로 다시 보여주었는데, 루나차르스키가 전에 설명한 대로 노동계급은 "점차적으로 기생충을 털어버리면서 지옥과 천당을 거쳐 약속된 땅으로 가는데 결국 이 땅은 죄악에 가득 찬 우리의 지상임이 밝혀진다."[70] 빠른 속도로 혁명적 종말론에서 유토피아로 이동해가면서 이 연극은 마야콥스키가 생각하는 새로운 사회주의 도시의 이미지를 페트로그라드 민중들에게 보여주었다. 약속된 땅은 그의 종말론적 방정식의 최종 해답이었다. 여기에 볼셰비키의 미래 세계가 있었다. "홀은 가구로 가득 찼고/방은 전기가 들어오는 최신의 방"이며, 모든 것이 러시아인들이 곧 즐기게 될 일상생활을 보여주는 형태로 제시되었다.[71]

〈미스터리 희가극〉은 바로 러시아 혁명의 역사를 재창조하는 엄청난 시도의 모델이 되었다. 이런 종류의 시도 중에 가장 웅장한 것은 〈겨울 궁전 습격〉으로, 8천 명의 연기자와 5백 명의 음악가가 동원된 이 스펙터클은 1920년 11월 7일 볼셰비키 혁명 3주년에 맞추어 공연되었다. (레닌 정부는 1918년 2월 1일 서양식 그레고리력을 채택했는데, 이것은 차르 시대에 사용된 율리우스력보다 13일이 빠르다. 그래서 10월 혁명 기념일은 11월로 옮겨졌다.) 블로크의 시집 『12사도』의 삽화를 그린 입체-미래주의자 화가인 유리 안넨코프가 무대장치를 맡았다. 이 작품의 연출은 1차 대전 전 페테르부르크 연극계에서 메예르홀트의 라이 벌이었던 니콜라이 예브레이노프Nikolai Evreinov가 맡았다. "러시아의 오스카 와일드"라고도 불린[72] 예브레이노프는 연극을 새로운 정체성을 창조하고 사건 을 변형시키는 수단으로 보았다. 〈겨울 궁전 습격〉에서 그는 역사를 기록하거나 설명하려고 하지 않고, 대신 과거 사건에서 극적인 자료를 추출하여 그것에 새로 운 초점과 의미를 부여했다.

수십만의 페트로그라드 시민들이 지켜보는 가운데 탐조등이 겨울 궁전 광장 한 곳에서 다른 곳으로 관객들의 시선을 이동시킨다. 총검이 부착된 소총을 든 군인들을 태운 트럭이 왔다 갔다 하고 기관포가 소리를 울린다. 전함 오로라호는 이미 유명해진 공포탄을 다시 한번 쏜다. 대규모 적위대 병사들이 카를로 로시 가 만든 총참모본부와 재무성과 외무성을 나누는 아치를 통해 밀려 들어온 후 겨울 궁전을 공격한다. 겨울 궁전 창문에는 방어자들과 접전을 벌이는 적위대의 실루엣이 비친다. 볼셰비키가 권력을 장악한 실제 과정보다 훨씬 더 극적으로 연 출된 〈겨울 궁전 습격〉은 1917년 10월보다 몇 배 많은 인원을 동원했다. 예브레

볼셰비키 간부회의
(오른쪽 끝이 레닌)

혁명의 요람

타브리다 궁에서 열린 2차 코민테른 회의에서 연설하는 레닌(이삭 브로드스키 작, 1924)

이노프가 만든 연극에서 케렌스키는 여자 옷을 입고 도망치고, 큼지막한 붉은 기가 겨울 궁전 위를 휘날린다. 피날레에서 배우들과 청중들은 〈인터내셔널가〉를 부르며 새 시대의 시작을 알린다.[73]

3년간 전투 끝에 내전은 거의 종결되었다. 멀리 남쪽에서는 백군의 잔당들이 1920년 11월 말 러시아 땅에서 완전히 밀려나고 이제 볼셰비키는 자신들이 통치하게 된 무너진 나라를 재건하는 데 집중한다. 그러나 페트로그라드가 끔찍한 겨울을 나는 것을 막을 시간적 여유는 없었다. 연료와 식량 부족은 이 도시를 또다시 벼랑의 문턱으로 끌고 갔다. 전쟁으로 엉망이 된 철로 위에 멈춰 선 화물열차들은 1921년 1월 러시아를 덮친 눈보라를 뚫고 석탄을 페트로그라드로 운송해 올 방법이 없었다. 또한 매달 운반해야 하는 1만 8천 화물칸 분량의 난방용 목재 중 6분의 1도 수송하지 못했다. 혁명 3주년 기념일부터 1921년 1월까지 페트로그라드 시의회는 연료를 얻기 위해 건물 175채를 허무는 것을 허용했고, 2월에도 추가로 50채의 철거를 허가했다.[74] 그해 겨울 페트로그라드의 주요 공장 중

93곳이 폐쇄되었고, 노동자들의 배급량은 3분의 1로 줄어들었다. 실질 임금은 1913년에 비교하여 10분의 1도 안 되는 수준으로 떨어졌고, 빵값은 그 전해에만 1천 퍼센트 상승했다. 1921년 첫 30일 동안 빵과 감자 가격은 세 배나 올랐다. 1917년 지폐로 8루블 정도였던 금화 루블의 가치는 1,250루블로 뛰었다. 이 가격은 계속 상승해 1922년 봄 금화 1루블의 가치는 지폐 25만 루블이 되었다.[75]

치솟는 물가는 1917년 2월 혁명 직전의 상황을 떠올리게 하는 불길한 징조였다. 페트로그라드 노동자들은 1921년 2월 초 자신들이 겪는 비참한 상황에 항의하며 길거리로 나왔다. 그러나 4년에 걸친 기아, 물자 부족, 체카의 무자비한 공포 정치는 엄청난 인명 피해를 발생시켰고, 주민들은 볼셰비키 정권이 길에 배치한 중무장 특수 부대에 맞설 용기를 내지 못했다. 볼셰비키가 "노동자를 다루는 방법은 그다지 동지적이지 않았다"라고 미국인 무정부주의자인 엠마 골드만 Emma Goldman은 나중에, 제대로 평가받지 못한 자신의 대작에 썼다.[76] 크론시타트 해군기지의 수병들은 훨씬 더 말하기 힘든 문제에 맞닥뜨렸다. "이것은 공장이 아니다. 차르 시대의 강제노동 수용소와 같다"라고 이들은 페트로그라드의 몇 공장을 방문한 후 보고했다.[77] 1917년 첫 봉기를 일으킨 후 크론시타트 수병들은 계속 볼셰비키를 지지해왔다. 그러나 이들은 레닌의 폭압적 통치 방법을 보면서 마음을 바꾸었다. 모든 형태의 강압과 정치적 압제에 반대하는 수병들은 볼셰비키가 "도둑"이자 "농민의 약탈자"라고 불만을 터뜨렸다.[78] 1921년 첫 봄기운이 서리와 눈을 녹이기도 전에 크론시타트 해군기지의 분위기는 실제로 위험한 상황으로 바뀌었다.

페트로그라드 서쪽으로 30킬로미터쯤 떨어진, 핀란드만의 북쪽 연안과 남쪽 연안 사이 정확히 중간 지점에 위치한 크론시타트 해군기지는 11킬로미터의 삼각형을 이루고 있는데, 가장 넓은 지점이 2킬로미터도 되지 않는다. 일곱 개의 저지 요새와 열세 개의 석재 및 콘크리트 포대로 둘러싸여 있고 크루프 대포로 중무장된 크론시타트 요새는 여러 겹의 방어시설로 네바강 하구를 방어하고 있기에 "난공불락의" 요새라고 베데커의 1914년 판 러시아 여행안내서는 평가했다. 수병들이 흔히 그러하듯 자유분방한 정신으로 가득 찬 이 기지의 수병들은 1905년과 1906년에도 반란을 일으켰다. 이들이 1910년 다시 반란을 일으키자 차르 군대는 1백 명 이상의 수병을 사살하고, 수백 명을 수장시켰다. 수병들은 1917년 2월 하룻밤에 지휘 장교들을 40명 가까이 사살하고 볼셰비키를 지지하며 혁명이 더 진전되기를 바랐다. 이들의 충성심을 완전히 확신한 레닌은 10월 혁명 이후 이들을 친위대로 사용했다.[79]

내전 기간 중 검은 전투복을 입은 크론시타트 수병들은 수십 곳의 전투에서 적군(Red Army)을 위해 싸웠다. 그러나 이들은 전투하면서 볼셰비키가 러시아를 잘못된 방향으로 이끌고 있지 않나 의구심을 갖기 시작했다. "휴가로 고향 마을에 갔을 때 부모들은 왜 우리가 압제자들 편에서 싸우는지를 물었다. 이때부터 우리는 다른 생각을 하기 시작했다"라고 한 수병이 기록했다.[80] 1920년 전반기 크론시타트 수병 중 볼셰비키 당원 수는 절반으로 줄어들었다. 1921년 1월에만 5백 명 이상의 수병이 이탈했다. 드디어 1921년 3월 2일 수병들은 반란을 일으켰다. "공산당은 민중들과 분리되었고, 철저한 경제 붕괴로부터 러시아를 구할 힘이 없다"라고 분노한 수병들은 선언했다.[81] 러시아는 레닌이 위에서 통치하는 "코미사르 정치"가 아니라 "노동자들의 진정한 정부"를 필요로 했다. 왜냐하면 민중의 신뢰를 얻는 정부만이 나라를 제대로 구할 수 있기 때문이다.[82] 거의 일주일 동안 볼셰비키 정부는 수병들과 협상을 벌였고 최후통첩을 보낸 후 답변을 기다렸다. 그런 후 3월 7일 볼셰비키는 포문을 열고 열흘 동안 수병들에게 포사격을 퍼부었다. 시내의 아스토리아 호텔에서 포성을 들은 엠마 골드만은 붉은 군대가 붉은 병사들을 상대로 싸우는 전투의 "무서운 공포"를 느꼈다고 일기에 적었다.[83] "그날 내 안의 무언가가 죽었다"라고 엠마의 친구인 알렉산더 베르크맨도 일기에 적었다. "거리의 사람들은 슬픔과 당혹감으로 머리를 떨구었다."[84]

크론시타트 수병들이 진압군의 연이은 공격을 격퇴하는 동안 볼셰비키는 그들을 파괴하기 위해 보낸 병력에 감히 대항하는 "반혁명적인 소부르주아들"에 격분했다.[85] 레닌과 측근들은 크론시타트 방어군의 반란 정신이 러시아의 모든 농촌에 깊게 뿌리 내린 무정부적 전통에 있음을 잘 알았다. 만일 크론시타트에서 시작된 화염이 그 뿌리까지 번지게 되면 볼셰비키가 지배하는 러시아가 수천 조각으로 흩어지리라는 것도 잘 알았다. 이 이유만으로도 모든 반란의 불꽃은 바로 짓밟아버려야 했다. 자연도 그들의 절박한 염려를 보탰다. 3월 중순이 다가오면서 크론시타트 주변의 얼음이 녹기 시작했다. 얼음이 녹으면 볼셰비키는 더 이상 육로로 크론시타트 요새와 수병들이 장악한 군함에 접근할 수 없었다. 이렇게 되면 볼셰비키의 적들은 바다를 통해 증원될 터였다.

내전 중 적군이 거둔 가장 탁월한 몇몇 승리의 설계자인, 아직 서른 살도 채되지 않은 군사작전 천재 미하일 투하쳅스키*가 이끈 적군은 3월 17일 이른 시간 크론시타트를 향해 마지막 공격을 가했다. 이날 하루 종일 적군은 요새의 방어망을 반복적으로 쉴 새 없이 공격했지만 매번 후퇴했다. 자정 직전에야 진압군은 마지막 보루를 점령했고 크론시타트의 대포는 잠잠해졌다. "페트로그라드를 덮친 정적은 끊임없는 포화보다 더 무서웠다"라고 엠마 골드만은 적었다. 투하쳅스키가 승리했다는 소식이 시내에 전해졌을 때 "페트로그라드는 섬뜩한 시체처럼 검은 천 안에 매달려 있었다"라고 그녀는 덧붙였다. 다음 날 아침 승리를 거둔 투하쳅스키의 병사들이 〈인터내셔널가〉를 부르는 소리를 들었을 때, 그녀는

---

*미하일 투하쳅스키Mikhail Nikolayevich Tukhachevsky, Михаил Николаевич Тухачевский(1893~1937)는 1918년부터 1937년까지 소련군 지휘관으로 크론시타트 반란 진압 이후 1920~21년 소련-폴란드 전쟁을 지휘하여 우크라이나 지역에서 폴란드군을 격퇴하는 데 성공했으나, 비스와강 전투에서 피우수트스키가 지휘하는 폴란드군에 패배했다. 당시 투하쳅스키 부대의 정치장교는 스탈린이었고, 스탈린이 병력을 분산하여 르비프를 공격한 것이 패인으로 꼽힌다. 1935년 원수 직위에 올랐으나 1937년 대숙청 때 스탈린은 그에게 독일과 밀통한 혐의를 씌워 처형했다.

같은 생각을 이어나가며 "이제 그 소리는 인류의 불타오르는 희망에 대한 장송 곡처럼 들렸다"라고 슬프게 글을 맺었다.[86] 그때 골드만은 크론시타트 수병들이 이미 그녀와 러시아가 소중히 여기던 혁명의 꿈에 대한 비문을 써놓은 것을 알 지 못했다. "이제 숨쉬기도 불가능해졌다"라고 투하쳅스키의 공격일 아침, 수병 들의 혁명 신문 마지막 호는 선언했다. "소비에트 러시아 전체가 이미 감옥 같은 식민지가 되었다"라는 것이 그들의 마지막 전언이었다.[87]

볼셰비키 정권이 1918년 봄 모스크바로 수도를 옮기자, 제국의 수도에서 소련 제2의 도시로 격하된 페트로그라드 시민들의 고통은 더 커졌다. 이 시기에 모스 크바에서의 삶도 힘들었지만, 페트로그라드에서의 삶은 더 힘들었다. 볼셰비키 가 새 수도가 된 모스크바에 자신들이 지배하는 지역에서 생산되는 모든 생필 품을 우선적으로 배당했기 때문이다. 새 정권으로부터 호의를 바라는 모든 사 람들은 모스크바에 청원했다. 식량과 연료 부족으로 거의 파멸의 문턱에 이른 페트로그라드 주민들은 수만 명씩 도시를 버리고, 생명을 이어갈 길을 찾아 자 신이나 부모들이 떠나온 시골 지역으로 돌아갔다. 1917년 초 230만 명이었던 페트로그라드 인구는 1920년 말 72만 명으로 줄어들었다. 산업 생산은 8년 전 인 1912년에 비해 8분의 1로 떨어졌다.[88] 페트로그라드는 그간 발생할 피해를 수리할 수 있는 자체 자원을 갖고 있지 못했다. 러시아 철도는 거의 가동하지 않 는 상태였고, 페트로그라드의 항만은 1914년 중반 사실상 활용할 수 없는 상태 가 되었다. 투하쳅스키가 크론시타트 반란을 진압하고 귀환했을 때 페트로그라 드는 식량, 보급품, 연료, 공공서비스, 그리고 무엇보다도 사람을 필요로 했다. 누 구도 어디서 이 모든 것을 공급받을 수 있을지 알지 못했지만, 봄이 되고 얼음이 녹으면서 도시는 다시 한번 생기를 찾기 시작했다.

내전 기간에도 페트로그라드의 문화계는 살아 있었고 이 도시의 시인, 화가, 작곡가는 자신을 덮친 재앙에서 살아남기 위해 고투했다. 이 시기에 블로크는 자신의 최고의 시를 썼고, 반세기 동안 이 도시의 영혼을 사로잡은 시를 쓴 안나 아흐마토바는 다른 수십 명의 작가와 함께 그들이 여전히 '피테르'라고 부르는 도시를 따라 고난을 겪어야 했다. 시인들과 마찬가지로 화가들도 도시가 겪고 있는 고난을 기록했다. 1919년 유리 안넨코프는 블로크의 시집 『12사도』의 삽화를 그렸고, 《예술 세계》의 멤버였던 므스티슬라프 도부진스키Mstislav Dobuzhiskii는 '1921년의 페테르부르크'라는 유명한 석판화 시리즈를 만들었다. "바로 내 눈앞에서 이 도시는 비상한 아름다움을 지닌 죽음을 겪었다"라고 도부진스키는 오랜 세월이 흐른 후 회고했다. "나는 이 무섭고 공허하고 상처받은 모습을 포착하려 했다. 이것은 도시 전 생애의 에필로그이다"라고 그는 회고를 마무리했다. "이 도시는 완전히 다른 사람들과 완전히 다른 생을 가진 다른 도시인 레닌그라드로 바뀌고 있었다."[89]

1924년 볼셰비키는 페트로그라드의 명칭을 레닌그라드로 바꾸었다. 몇 달 후 레닌그라드는 수백 년 만에 가장 큰 홍수를 겪었다. 이것은 구체제 시대부터 남아 있던 표류물 대부분을 쓸어가버렸다. 2백 년 동안 러시아의 권력과 특권의 중심지였던 레닌그라드는 이제 인민의 도시이자 공산주의 대도시로 바뀌어, 일상과 관련된 모든 것은 인민을 위한 것이 되었다. 그 첫 노력 중 하나가 1918년 노동자의 날에 겨울 궁전에서 7천 명의 청중을 모아놓고 모차르트의 〈레퀴엠〉을 연주했을 때였다. 청중 가운데 많은 이들이 고전 음악을 들어본 적이 한 번도 없었고, 한 소년은 〈레퀴엠〉의 첫 부분이 연주되자 머리를 무릎 사이에 박고는 연주가 끝날 때까지 들지 않았다.[90] 인민의 생활을 좀 더 높은 수준으로 끌어올리겠다는 희망을 가진 아방가르드 몇몇 예술가들은 잠시 이 노력에 동참했지만, 관료주의적이고 이념적인 간섭이 도시의 삶의 수준을 떨어뜨리면서 많은 이들이 등을 돌렸다. 도부진스키를 비롯한 일부는 서방으로 이주한 후 영영 돌아오지 않았다. 어떤 예술가들은 그들이 대항하기에 권력이 너무 강력하다고 보고 타협했고, 그보다 적은 수의 일부 예술가들은 볼셰비키가 배신했다고 생각하고 자신이 본 비전을 지키기 위해 노력했다. 이런 노력을 펼치다가 안나 아흐마토바의 남편이었던 니콜라이 구밀료프는 1921년 체카의 처형실에서 죽임을 당했다. 볼셰비키가 문화를 대중의 수준으로 끌어내리려고 시도하면서, 아흐마토바와 다른 친구들 대부분에게 예술의 프롤레타리아화와 정치화에 대한 저항은 오랜 기간의 핍박과 고통을 의미했다.

혁명 기간 중 볼셰비키의 이상을 포용한 블로크는 제일 먼저 혁명이 실패했다고 선언했다. "숨이 막힌다. 우리 모두 숨이 막힌다. 세계 혁명은 세계 협심증으로 변하고 있다!"라고 그는 1921년 초 한 친구에게 썼다.[91] 블로크는 러시아의 새 주인들이 그가 외국에서 심장병 치료를 받는 것을 거절한 뒤 그해 후반부에 사망했다. 그런 다음 1925년 시인 세르게이 예세닌이 레닌그라드 호텔 방에서 자살했다. 마야콥스키도 5년 뒤 같은 방식으로 삶을 마감했다. 러시아의 새로운 관료들이 혁명을 배반하고 살찌는 것을 비난한 「목욕탕」을 쓴 후 볼셰비키의 이 가장 위대한 시인은, 거품이 되어버린 꿈과 함께 살기보다 가슴에 총을 쏘아 자살하는 길을 택했다. 이바노프의 '탑'과 프로닌의 '떠돌이 개' 시절에서 20년도 채 지나지 않은 상태 아닌가? 그 시절을 기억하는 사람들에게, 1930년의 레닌그라드를 1910년의 상트페테르부르크와 분리하는 그 짧은 기간은 마치 한 시대와도 같았다.

소비에트 레닌그라드의 모든 것은 인민에게 속했지만, 인민의 지도자들은 자기들 편한 대로 이것을 사용했다. 볼셰비키는 지체하지 않고 도시의 대귀족들의 미술 수집품을 압수했다. 지난 5백여 년간 유럽의 미술을 지배한 루벤스, 반 다이크, 클로드 로랭, 렘브란트와 수십의 다른 대가들 그림이 볼셰비키 정부 손에 들어왔다. 이들 중 많은 그림들이 에르미타주로 들어와 이제 예카테리나 여제의 미술관은 겨울 궁전 대부분으로까지 확장되었다. 또한 로시가 19세기 초 미하일 롭스카야 광장에 미하일 파블로비치 대공과 엘레나 파블로브나 대공녀를 위해 지은 궁전인 러시아 박물관으로도 확장되었다. 그때부터 몇 년 동안 이 두 박물관은 파닌, 스트로가노프, 보론초프, 셰레메티예보, 유수포프 가문이 수집한 그림들을 보유하게 되었고, 말할 것도 없이 모스크바의 미술상인 세르게이 슈킨 공과 이반 모로조프의 수집품도 소장하게 되었다. 유럽 최고 화가들의 그림 중 4백점 이상이 모스크바에 있는 푸시킨 박물관으로 옮겨졌다. 그러나 제정 시대 페테르부르크의 많은 보물들은 1920년대와 1930년대에 외국으로 팔려나갔다. 볼셰비키 지도자들은 소련이 서방에서 배워야 할 기술을 습득하기 위한 비용을 마련하고자 그림들을 팔았다. 덜 유명한 작품들이 먼저 팔려나갔고, 1928년까지 지멘스, 제너럴 일렉트릭, 포드 같은 산업 거인으로부터 기계장비를 사 오는 데 필요한 재원을 위해 렘브란트, 라파엘, 보티첼리, 티치아노의 걸작품들이 팔려나갔다. 이 기계장비로 현대적 제철소, 유정, 트럭과 자동차 공장을 만들었다.

 값나가는 예술품의 매도는 1918년 말부터 시작되었지만 최고의 보안 속에 진행되었다. 처음에는 귀금속, 은, 금이 녹여져 무게로 팔려나갔다. 은과 금 십자가, 은제 성화 액자, 은제 교회 서적 제본, 심지어 안드레이 보로니힌이 카잔 대성당에 설계한 놀랍도록 견고한 은제 성화벽까지 모두 용광로에 녹여 팔았다. 18세기 중반 라스트렐리가 디자인하고 러시아 장인들이 만든 성 알렉산드르 넵스키 석관은 에르미타주 박물관장이 러시아 당중앙위원회와 트로츠키의 부인에게 개인적으로 청원한 끝에 보로니힌의 성화벽과 같은 운명을 간신히 피했다. 수천만 루블 값어치를 가진 골동품 종교 보물, 희귀 자기 고벨린 태피스트리, 청동 조각상, 그림들이 가득 찬 창고들이 서방의 구매자를 기다린다는 보도가 있었다. 내전 시기 초기 이 보물 중 일부는 러시아의 북부 전선을 통해 무기, 트럭, 트랙터로 물물교환되었다. 후에 소비에트 정권은 획득한 보물을 판매하는 특별 부서를 만들었다. 그러나 몇몇 경우를 제외하고는, 레닌그라드에서 온 물건이든 다른 곳에서 온 물건이든, 이런 판매품 중 위대한 걸작은 포함되지 않았다. 그것들은 1928년 시작한 스탈린이 1차 경제 5개년 계획에 필요한 비용을 마련하기 위해 팔려나가기 시작해 대공황으로 서방의 예술품 시장이 급격히 축소된 1932년까지 팔렸다.[92]

몇몇 유명한 미국, 유럽의 예술품 중개상을 통해 저명한 수집가와 박물관이 1928년부터 1932년까지 에르미타주의 소장품들을 사들였다. 소련으로부터 처음 예술품을 구입한 사람 중에는 이라크 석유회사를 소유한 아르메니아인이자 귀화 영국인인 칼루스트 굴벤키안Calouste Gulbenkian이 있었다. 그는 처음에는 18세기 파리 보석상에서 만든 최고의 금은 세공품을 사들였고 이후 루벤스의 초상화 한 점, 렘브란트의 그림 세 점, 장 앙투안 우동의 디아나 여신 대리석상을 구입했다.[93]

2년 후인 1930년 미국 재무장관 앤드루 멜론*은 굴벤키안을 제치고 볼셰비키의 가장 중요한, 에르미타주 소장품 고객이 되었다. 뉴욕, 런던, 베를린의 중개상을 통해 멜론은 1백만 달러를 지불하고 렘브란트 초상화 두 점, 프란츠 할스의 〈젊은이의 초상〉, 반 다이크의 〈성수태고지〉를 구입했다. 그런 다음 보티첼리의 〈동방박사의 경배〉와 라파엘의 〈알바 마돈나〉를 포함한 20여 작품을 추가로 구입했다. 1년도 지나지 않아 그는 6,654,053달러를 지불하고 21점의 놀라운 걸작들을 또 구입했다. 여기에는 할스 작품 두 점, 렘브란트 작품 다섯 점, 루벤스 작품 한 점, 라파엘 작품 두 점, 티치아노 작품 한 점, 페루지노 작품 한 점, 보티첼리 작품 한 점, 반 다이크 작품 네 점, 반 에이크 작품 한 점, 벨라스케스의 초상화 한 점, 샤르댕과 베로네세의 작품 각각 한 점씩이 포함되어 있었다. 그런 다음 소련 정권의 레닌그라드 보물 판매는 수그러들었다. 그 이유 중 하나는 에르미타주의 학예사들이 예술품 판매를 막을 수 있는 고위층 인사들을 찾아냈기 때문이었다. 이 뿐만 아니라 대공황으로 인해 미술품 가격이 크게 떨어졌고, 외국으로 이민한 귀족들이 예술품에 대한 소유권을 주장하는 소송을 제기했다. 1931년 5월 스탈린

---

*앤드루 멜론Andrew Mellon은 미국의 은행가, 사업가로 1921년부터 1931년까지 재무장관을 지냈다. 예술후원가와 자선가로 많은 재원을 기부했고, 기부금으로 카네기-멜론대학을 설립했으며, 멜론 재단을 설립하여 학자들을 후원했다. 1936년엔 자신이 수집한 그림과 예술품을 기부하여 워싱턴에 국립미술관을 설립했다.

정권은 베를린의 중개상을 통해 레닌그라드의 스트로가노프 궁전 미술품과 다른 소장품의 판매를 마지막으로 제안했다. 그러나 256점의 예술품이 613,326달러라는 시시한 금액에 팔렸다. 이 중에는 렘브란트의 작품인 〈우물가의 그리스도와 사마리아 여인〉이 포함되어 있었는데 이 작품의 가격은 5만 달러도 되지 않았다.[94]

프롤레타리아 주민들이 줄을 서서 박물관으로 바뀐 궁전을 관람하게 되면서 레닌그라드는 인민의 도시가 되었다. 그러나 만일 과거의 예술이 인민에게 속하게 되었다면, 현재의 예술은 어떻게 되었는가? 1924년 도시의 이름이 레닌그라드로 바뀔 때쯤 아방가르드 예술가들은 뿔뿔이 흩어졌다. 1차 대전 직전 상트페테르부르크의 예술 세계를 형성했던 사람 중 기피우스와 메레시콥스키는 파리에 영구히 거주하게 되었고, 베누아도 상트페테르부르크를 빠져나와 이들과 합류하기 직전이었다. 마야콥스키와 알렉세이 톨스토이는 모스크바로 이주했다. 블로크와 구밀료프는 사망했고, 안나 아흐마토바와 시인 오시프 만델스탐과 그들의 많은 친구들은 주류에서 구석으로 밀려나 점점 무시되어갔다. 더 이상 러시아 엘리트들의 전유물이 아닌 레닌그라드의 문화생활은 인민에게 초점이 맞춰졌다. 그러나 당분간은 여전히 서방과 연계를 유지했고, 레닌그라드 주민들은 더 낮은 것을 지향하면서 더 먼 곳으로 뻗어갔다. 재즈가 민중 문화 형성에 중요한 역할을 한 미국에까지.

1922년은 레닌이 소련의 경제를 되살리려는 필사의 시도로 신경제정책을 실시한 지 1년이 되는 해였다. 러시아 전역에서 소규모 기업들이 살아나고 수백만 명의 개인 기업가들이 소비재를 생산하고 판매하고, 서비스를 제공하고 여분의 식량을 재배하기 시작했다. 연극, 문학, 영화, 음악 등 모든 예술은 빚지지 않고 살아가야 했고, 이는 공산당과 아방가르드 양쪽 모두 무시했던 수요자의 취향에 맞춰야 함을 의미했다. 열정적으로 '현대적'이 되려고 했던 레닌그라드 젊은이들은 자신들이 보기에 '최신'인 서구의 생활양식을 적극 수용하는 '광란의 20년대'로 진입했다. 이것은 폭스트롯과 시미* 같은 춤을 포함했고 이를 위해 재즈가 필요했다. 1920년대 내내 소비에트 당국은 재즈가 억압된 인민의 소리인지, 상류층의 악인지 정확한 규정을 내리지 않았다. 이들이 주춤하는 동안 재즈는 러시아에 깊숙이 들어와 1922년 즈음에는, 1917년에 프랑스 국가 〈라마르세예즈〉를 불렀던 많은 젊은 남녀들이 팝 히트곡인 〈밤의 마르세유〉를 흥얼거렸다.

재즈, 시미, 폭스트롯은 모두 1924년 여름 페트로그라드에 공식적으로 들어왔는데, 그 시작은 메예르홀트가 연극에서, 2년 전 모스크바에서 발렌틴 파르나흐가 일리야 에렌부르크의 희곡에 기반한 연극 〈트러스트 DE〉를 연출하면서 재즈밴드를 기용한 것이었다. 신경제정책 덕분에 나이트클럽이 호황을 맞고, 작은 상점들이 플래퍼 패션을 양산해내며 레닌그라드 주민들은 재즈 시대를 즐겼다. 파나흐의 재즈밴드 조직 2년 후 샘 우딩이 이끄는 '초콜릿 키디스'라는 미국 무용단, 가수, 재즈음악가 앙상블이 레닌그라드에서 공연했고, 이후 1년도 되지 않아 레닌그라드는 미국 악기로 구성된 자체 재즈밴드를 갖게 되었다. 이 재즈연주단을 만든 레오폴트 테플리츠키Leopold Teplitskii는 필라델피아와 뉴욕 여행에서 이 악기들을 사 왔다. 그 후 재즈밴드가 우후죽순처럼 생겨나고 재즈가 프롤레타리아의 것인지 데카당의 음악인지에 대한 논란이 계속되는 가운데, 레닌그라드 주민들은 〈예스, 써, 댓츠 마이 베이비〉, 〈스윗 수〉, 〈마이 블루 헤븐〉, 〈더 찰스톤〉 등의 미국 재즈 음악에 맞춰 춤을 추었다.[95] 이 논쟁은 신경제정책이 레닌그라드의 대중문화에 확실한 족적을 남긴 후 스탈린 시대에까지 이어졌다. 재즈가 데카당의 음악인가에 대한 논쟁은 1970년대의 소련에서도 진행되었다. 스탈린 시대에만도 이에 대한 공식 입장이 여러 번 바뀌었다.

레닌그라드 주민 대부분은 영화를 통해 재즈 음악과 춤을 배웠다. 영화는 볼

---

*시미shimmy 댄스는 재즈 댄스의 일종으로 몸은 꼿꼿이 한 채 히프와 어깨를 흔들며 추는 춤으로, 처음 등장했을 때는 외설적이라는 평가를 받기도 했다.

셰비키가 문맹인 러시아 민중과 소통하는 수단으로 삼은 중요한 선전도구였다. 재즈 시대에, 그리고 "말하는 영화" 도래 전까지는 외국에서 들어온 영화가 러시아, 특히 레닌그라드에서 대단한 인기를 끌어, 1922년 하반기에만 3백 편 이상의 외국 영화가 상영되었다.[96] 피아노나 오케스트라가 미국 최신 음악을 반주하는 당시 영화는 엄청난 수익을 올렸다. 이 수익으로 소련의 영화 스튜디오들은 좀 더 진지하고 이념적인 영화를 제작했다. 로마노프 왕가 밑에서 민중이 겪은 고난, 투옥된 혁명가들이 견뎌낸 고문, 1917년 혁명의 절정 등이 초기 소비에트 영화제작자들이 선호한 주제였고, 볼셰비키가 정권을 잡은 순간은 최고의 인기 주제였다. 이 덕분에 레닌그라드는 다시 한번 러시아 혁명의 중심 무대를 차지했다. 10월 혁명 10주년을 맞아 세르게이 에이젠슈타인Sergei Eisenstein은 〈10월〉을 제작했고, 이 영화의 중심에는 레닌그라드가 있었다.

"리가에서 온 평범한 소년"이었던 에이젠슈타인은 1918년 적군에 가담했고, 공병으로 훈련받고 페트로그라드 방어선 강화에 투입되었다. 내전 후 그는 메예르홀트 밑에서 영화를 공부했지만 스승의 아이디어는 연극무대보다 영화에 더 잘 맞는다는 것을 금방 알아차렸다. 1924년부터 1926년까지 그가 만든 두 편의 영화 〈파업〉과 〈전함 포템킨〉은 그에게 명성을 안겼다. 서방에서 '세계를 흔든 열흘'이라는 제목으로 자주 상연된 〈10월〉은 그를 영화 역사에 남는 감독의 반열에 올려놓았다. 이 영화에서 에이젠슈타인이 그린 1917년의 사건들은 너무나 실제와 비슷해 이후 오랫동안 다큐멘터리 영화로도 취급받았다. 러시아 혁명의 아이콘인 블로크의 「12사도」에 영화로서 필적할 〈10월〉은 레닌의 부인인 나데즈다 크룹스카야Nadezhda Krupskaia로부터 "미래 예술의 한 편린"이라는 평가를 받았다. 이 영화는 그 안의 가장 극적인 장면들은 실제 일어난 적이 없지만 현실을 그대로 되살린 듯한 인상을 주었다.[97]

1920년대와 1930년대의 영화가 레닌그라드의 관객들에게 과거와 현재를 보는 시각을 제공해주었다면, 소설은 그들의 현재와 미래의 비전을 혼합했다.

1923년《프라우다》에 실린 한 논설이 소련 공산주의의 승리를 축하하기 위해 미국의 탐정소설이나 모험소설 방식의 작품 집필을 촉구하자, 작가들은 소수의 헌신적 공산주의자들이 탐욕스러운 자본주의자들의 음모를 연속해서 좌절시키는 내용의 소설들을 쏟아냈다. 이러한 싸구려 소설 중에 가장 유명한 것은 1924년 마리예타 샤기난Marietta Shaginian이 '짐 달러'라는 필명으로 출간한 『메스-멘드, 또는 페트로그라드의 양키』였다. 샤기난의 소설은 "라디오시티"라고 불리는 미래주의적 페트로그라드를 배경으로 삼고 있는데, 여기에서는 제품이 자라고 가공되어 완성품이 된 다음에 소련과 세계 곳곳으로 보내진다. 샤기난의 페트로그라드는 모든 것이 초인간적 속도로 움직이는 혁명적 유토피아이다. 사람들은 늙지 않고, 적의 공격으로부터 늘 안전하며, 동일하고 표준화된 세계에서 산다. "이곳에는 모든 것이 있다"라고 저자는 약속한다. 그러나 "모든 것"은 샤기난의 새로운 사회의 중심인 페트로그라드에만 있었다. 곧 다가올 미래의 유토피아는 연속적인 자본주의 음모에 의해 위협받지만, 그 음모는 경외심을 불러일으키는 한 명의 영웅이 이끄는 "메스-멘드Mess-Mend"라는 노동자 비밀결사에 의해 좌절된다.[98] 최근의 한 평론가가 평한 대로 여기에서 "재즈 시대가 혁명적 유토피아를 만났다." 그리고 삶은 한 편의 교향곡처럼 흘러갔다. 그 안에서 "각자 연주하는 건 자기 악보이지만 듣는 건 오로지 교향곡이다."[99]

그러나 1920년대 중반이 지나면서 샤기난의 유토피아는 현실과 얼마나 동떨어져 있었는가? 그리고 러시아 내전으로부터 9백 일 도시 포위가 시작된 나치 침공까지 20년 동안 레닌그라드 주민들은 공산주의의 이상 실현에 얼마나 다가갔는가? 사실상 권력을 잡은 순간부터 볼셰비키는, 레닌그라드의 중심이 몰락한 지배계급에 대한 불필요한 기념비 역할을 하고 있고, 이 도시의 산업 빈민가를 재건해야 한다는 사실을 강력하게 감지했다. 현대식 편의시설, 학교, 병원, 여가시설을 갖추고 공공 교통으로 쉽게 연결되는 견고히 건설된 노동자들의 주거시설이 필요했다. 이런 것이 건설되면 한때 악취가 진동하던 빈민가는 미래를 밝히는 등대가 될 터였다. 이제 이것은 어떤 대가를 치르더라도 소련의 현대화를 추진하기로 한 스탈린의 1~3차 5개년 계획의 목표가 되었다.

레닌그라드의 인텔리겐치아는 시의 중심부를 바꾼다는 어떤 계획에도 반대했다. 그들에게 중심가의 궁전, 기념비, 성당, 정원은 무슨 수를 써서라도 보존해야 할 대상이었다. 니콜라이 안치페로프Nikolai Antsiferov는 1922년에 출간된 『페테르부르크의 영혼』이라는 책에서 이러한 관점을 강하게 주장했다. 출판사는 책 표지에 도시 이름을 여전히 "페테르부르크"라고 표기했다. 러시아의 붕괴된 수도는 "더 이상 '위대한 러시아'에 화강암 왕관을 씌우지 못하게" 된 "비극적 제국주의의 도시"가 되었다고 안치페로프는 썼다.[100] 이곳 네바강과 화강암 강둑에서, 라스트렐리, 쿠아렌기, 로시가 지은 건축물과 넵스키 대로 가로등의 그림자를 드리우는 불빛, 그리고 무엇보다도 팔코네의 청동기마상에서 이 예민하고 슬픔에 잠긴 사람은 이 도시의 영혼을 찾았다. "내가 생에서 최고로 생각하는 것들이 이곳에 집중되어 있다"라고 그는 19세기 작가 블라디미르 코롤렌코Vladimir Korolenko의 말을 인용해 썼다. 그는 열정을 제어하지 않은 채 "페테르부르크의 삶은 신기루 같은 독창성으로 가득 차 있다"라고 썼다.[101]

안치페로프는 레닌그라드 노동자들에게 도시의 과거를 존중할 것을 요청했다. 한 비평가가 이런 주장은 "잘못되고, 반프롤레타리아적인 관점"을 대변하는데, 페테르부르크를 이해하는 열쇠는 본질적으로 혁명 이전 "공장, 빈곤, 노예제가 존재해온 […] 넓은 지역"에 있기 때문이라고 대응했다.[102] 안치페로프는 레닌그라드가 세계 혁명의 등대인 "붉은 피테르(Red Piter)"[103]가 되면서 이 도시를 유일무이하게 만든 역사적 보물들을 잃을 위험에 처했다고 우려했다. 이것이 정확하게 볼셰비키가 마음에 두고 있던 바였다. 안치페로프와 그의 동료들이 그렇게 사랑하던 귀족적 성격을 완전히 쓸어내고, 다시 한번 이 도시로 쏟아져 들어오는 프롤레타리아 남녀들을 위한 현대식 생활의 편의를 만드는 데 집중할 때라고 이들은 주장했다.

'붉은 피테르'를 노동자의 대도시로 바꾸고자 하는 꿈은, 역사적 중심부를 버리고 인터내셔널 대로(현재의 모스크바 대로—옮긴이)라 이름 붙인 새 거리를 중심으로 도시를 재구성하기로 한, 1936년 공식 채택된 계획의 기저가 되었다. 차르 시대부터 센나야 광장 시장 주변에 형성된 빈민가에서 시작되는 이 새 대로는 남쪽으로 거의 10킬로미터까지 이어져 새로운 공산주의 삶의 초점을 형성할 터였다. 이 간선도로를 따라 노동 인민을 위한 아파트 건물, 백화점, 영화관, 클럽, 의료시설, 학교가 건설될 예정이었다. 볼셰비키 혁명의 도가니인 레닌그라드는 이렇게 미래의 모델이 되었다. 유사한 변화를 겪고 있는 모스크바와 함께 이 도시는 노동자들이 드디어 노동의 정당한 대가를 받는 장소가 될 터였다.

수많은 거창한 소비에트 계획과 마찬가지로 인터내셔널 대로 프로젝트는 일부만 실현되었다. 원래의 시 중심이 파괴되면 "심각한 불편"이 야기될 것임을 인지한 새로운 건축가 그룹은 1938년 새 도시 계획 대상의 면적을 12만 평에서 3만 4천 평으로 축소했다. 인터내셔널 대로는 빈 땅을 통과해 만들어졌고, 대로변

인터내셔널 대로와 승리 광장

에 1만 1천 평 사무실 면적을 지닌 엄청난 규모의 소비에트 건물(House of Soviets)이 육중한 신고전주의 양식으로 건설되었다. 나중에 이 거리 옆에 도시 계획자들이 원래 제안했던 시설 중 아파트 건물과 학교가 세워졌다. 1910년에 노동자 가족이 자신의 아파트를 갖는 것은 드문 일이었고 아이들을 학교에 보내지 못하는 경우도 절반쯤 되었다. 그러나 교육은 정부의 프로파 간다에 중요한 매체가 되고, 통치받는 사람들에게 정부가 더 쉽게 다가갈 수단이 되었기에 볼셰비키 정권은 주택 문제만큼 교육에 많

은 신경을 썼다. 1931년에는 레닌그라드에 사는 아동의 99.6퍼센트가 학교에 다녔다. 1936년부터 1941년 중반까지만 레닌그라드 시 당국은 프롤레타리아를 위해 4백 곳 이상의 학교를 만들고, 7만 7천 평에 달하는 주거단지를 조성했으며 이 중 상당수는 인터내셔널 대로 같은 새로운 지역에 건설되었다.[104]

레닌그라드를 노동자의 대도시로 바꾸는 것에는 산업 건설도 포함되었다. 내전이 끝날 무렵 도시에는 식량이 거의 없었고, 연료는 바닥났고, 원료도 드물었다. 신경제정책으로 이후 5년 동안 8천 개 이상의 소기업과 공방이 생겨났다. 이 덕분에 소비재와 식품 공급이 원활해지자 볼셰비키는 도시의 중공업을 재건하는 데 집중할 수 있었다. 이를 위해 대규모 공장들이 필요로 하는 전력, 연료, 원료 공급에 주력했다. 1932년 1차 5개년 계획이 끝났을 때 레닌그라드의 노동자 수는 10년 전에 비해 여덟 배 늘어났다. 또한 1913년과 비교하여 다섯 배 많은 주철과 강철 제품을 생산해냈다. 1930년대 초 스탈린이 새로 만든 집단농장에 필요한 수만 대의 트랙터가 '붉은 푸틸로프' 공장과 오부호프 공장에서 생산되었다. 소련에서 생산되는 수력발전기 열 대 중 아홉 대, 전화기 열 대 중 여덟 대가 레닌그라드에서 생산되었다. 1932년 레닌그라드의 공장들은 소련에서 생산되는 주철, 강철 제품의 4분의 1과 화학제품의 3분의 1을 생산해냈다. 2차, 3차 경제 5개년 계획 기간 중 생산량은 더욱 늘어나 1940년에는 1913년에 비해 열두 배 이상 늘어났다.[105]

이 기간에 레닌그라드를 이끈 지도자는 1926년부터 1934년까지 시당 제1서기였던 세르게이 미로노비치 키로프Sergei Mironovich Kirov였다. 북쪽 오지인 뱌트카에서 태어난 키로프는 열여덟 살 때 공산당에 가담했고, 1920년 중반 이후 스탈린의 최측근 중 한 명이 되었다. 대부분의 볼셰비키 관료들보다 정직했던 그는, 스탈린의 많은 내부자들이 나중에 판명 난 것과 달리 비굴하지도 잔학하지도 않았다. 그가 몸담고 일하는 볼셰비키 체제는 그를 무자비하게 만들었지만, 그는 레닌그라드 주민과 당 관료 가운데서 많은 추종자를 얻었다. 1930년대 초반 그는 스탈린의 최측근으로 여겨졌지만, 소련 정권이 2차 경제 5개년 계획을 시작하면서 스탈린과 의견이 갈리기 시작했는데, 특히 레닌그라드 노동자들에 대한 식량 공급에서 그러했다. 공개적으로 스탈린은 키로프를 계속 칭찬하고 그를 모스크바로 전근시키겠다고 했다. 그러나 마음속으로는 너무 독자적이고 인기가 높은 키로프에 대한 다른 계획을 갖고 있었다. 많은 전문가들이 밝혀냈듯 그가 생각한 것은 암살이었다. 총알 한 방이면 스탈린은 키로프의 그림자를 영원히 떨쳐낼 수 있었다. 게다가 진짜 적이건, 상상의 적이건 모든 정적을 척결하는 공포 정치를 시작할 구실이 될 수 있었다.

1934년 가을 스탈린은 치밀하고 사악한 계획을 만들었다. 비밀경찰(NKVD) 책임자인 겐리흐 야고다Genrikh Iagoda를 앞장세워 그는 레오니트 니콜라예프 Leonid Nikolaev라는 암살범을 고용했다. 그에게 나간트 권총을 주고, 키로프의 경호원들의 주의를 다른 데로 돌린 뒤에 범행에 나서게 했다. 1934년 12월 1일 오후 4시 30분이 조금 지난 시간 니콜라예프는 스몰니에 있는 키로프의 집무실 바로 밖에서 그의 등에 총을 발사했다. 암살 사건 직후 스탈린은 소련 전역에서 거대한 숙청 물결을 일으켜 2차 대전 발발 때까지 이어갔다. 레닌그라드의 첫 시당 제1서기였고 레닌의 가장 오랜 동지 중 한 사람인 그리고리 지노비예프 Grigorii Zinoviev는 키로프 암살의 배후로 지목되어 처형되었다. 이것과 다른 이유를 붙여 한때 당 고위직을 차지했던 모든 구 볼셰비키들이 숙청되었다.[106]

이후 체포의 물결이 소련 전역을 휩쓸었다. 1936년까지 5백만 명의 소련 시민이 러시아의 극북 지역과 시베리아 전역에 퍼져 있는 강제노동 수용소에 수감되었다. 1937년과 1938년에는 7백만 명이 추가로 체포되었다. 이 중 1백만 명은 총살형을 당했고, 2백만 명은 영양실조, 질병, 학대행위로 사망했다. 대숙청으로 적군의 거의 모든 고위 장교가 제거되었다. 열다섯 명의 야전사령관 중 두 명을 제외한 나머지 지휘관이 숙청되고, 57명의 군단 사령관 중 50명이 숙청되었다. 1935년 기준으로 186명의 사단장 중 32명만 목숨을 건졌고, 108명의 고위 군코미사르 중 아홉 명만이 5년 후에 발발하는 러시아-핀란드 전쟁까지 자리를 지켰다.[107] 스탈린의 숙청으로 1934년 당대회에 참석했던 대부분의 인민대표, 1920년대와 1930년대 초의 공산당원 대부분, 비밀경찰의 고위간부들이 사라졌다.

스탈린의 심복인 안드레이 즈다노프Andrei Zhdanov가 키로프의 자리를 차지한 레닌그라드에서 "막대한 인명 손실"이 있었고 많은 이들이 "재판도 받지 않고 처형되었다"라고 1961년 22차 공산당대회에서 한 연설자가 전했다.[108] 레닌그라드에서의 숙청은 키로프 암살 사건 바로 뒤에 시작되었다. 3만 명이 넘는 사람들이 시베리아나 북극 지역의 강제노동 수용소에 수감되었다. 아흐마토바의 아들 레프 구밀료프와 친구인 오시프 만델스탐도 비밀경찰에 체포되었고, 수백 명의 학자, 과학자, 시인, 화가, 소설가, 작곡가가 체포되었다. 메예르홀트도 체포되어 사형당했다. 1차 대전 후 아방가르드의 삶을 뛰어난 문체로 기록한 『1과 2분의 1개의 눈을 가진 궁수』라는 회고록을 쓴 미래주의 시인 베네딕트 립시츠도 같은 운명에 처했다. 오래전에 모스크바로 이주한 알렉세이 톨스토이는 도스토옙스키의 주요 주인공들은 "전형적 트로츠키파가 될 잠재성이 있다"라는 얼토당토않은 주장을 펼치는 식으로 목숨을 부지했다.[109] "그때는 종말론적 시간이었다"라고 안나 아흐마토바는 「십자가 처형」과 「죽음에게」라는 시를 쓰며 말했다.[110] 아무도 탈출구를 찾을 수 없을 것처럼 보였다. "누가 다음 번개에 맞아 죽을지 말하는 것이 불가능했다. 사람들은 스파이 행위, 사보타주, 테러, 파괴 등 말도 되지 않는 죄를 자백하며 섬망증 속에 죽어갔다. 이들은 흔적도 없이 사라졌고, 이어 부인, 아이들, 가족 전체가 그 뒤를 따랐다"라고 한 생존자가 회고했다.[111]

'음모'가 사방에서 발각되었다. 비밀경찰은 이집트 전문학자, 화폐수집가, 고고학자, 비문제작자, 에르미타주 박물관의 동전과 골동품 담당과의 "독일 스파이"를 체포했고, 동양학과의 "일본 스파이"를 체포했고, 도처에서 "계급의 적"을 체포했다. 고대 무기와 갑옷을 오랫동안 수집해온 한 학예사는 "반란을 일으킬 목적으로 무기를 비축한" 혐의로 유죄판결을 받았고, 다른 사람들은 "아르메니아 테러리스트들"과 "우크라이나 민족주의자들"과 연계를 가진 혐의로 체포되었다.[112] 에르미타주 박물관의 학예사 50명이 체포되어 징역형이나 강제노동 수용소 복무형을 받았고, 열 명 이상이 스파이로 몰려 총살당했다.[113] 사람들은 단지 서방의 누군가로부터 편지를 받았다는 이유나 서방 사람이 참석한 모임에 갔었다는 이유, 그런 사람을 알고 있었다는 이유로 10~15년형을 선고받았다. 공식 연회에서 서방 외교관과 너무 오래 춤을 춘 발레리나와 여배우들도 체포되었다. 외국 외교관들의 애완동물을 치료해준 수의사들도 체포되었다.

아동용 책 작가나 화가도 고통받았다. 시인 사무일 마르샤크Samuil Marshak와 화가 블라디미르 레베데프Vladimir Lebedev의 주도로 레닌그라드는 1920년대와 1930년대에 소련에서 아동용 도서를 가장 많이 출간하는 도시가 되었다. 1930년대 중반 언론은 이 두 사람과 이들이 지도하는 아동작가 그룹을 "반혁명적인 적의 사보타주 갱단"이라고 비난했다. 아흐마토바와 마찬가지로 두 사람도 체포되지는 않았지만, 그 동지들은 큰 고난을 당했다. 가장 불행한 일은 즈다노프와 그의 심복들이 레닌그라드에서 가장 재능 있는 아동 도서 삽화가에 속하는 베라 에르몰라예바Vera Ermolaeva를 카자흐스탄의 강제노동 수용소로 보낸 일일 것이다. 그곳에서 그녀는 마비되어 있던 다리들을(그녀는 어려서 말에서 떨어진 적이 있다) 너무 학대당해 절단해야만 했다. 그런 다음 에르몰라예바는 아랄해의 무인도에 버려졌다. 그 이후 아무도 그녀의 소식을 듣지 못했다.[114]

모든 사람이 공포 속에 살았고, 아무도 어떻게 행동해야 할지 어떻게 반응해야 할지 몰랐다. "당신이 죄가 없다는 걸 아는데 어떻게 도망치겠는가?" 한 희생자가 질문했다. "심문받을 때 어떻게 행동할 것인가?"[115] 다달이 숙청이 계속되어 수만의 레닌그라드 사람들이 심문당하고, 굶고, 폭행당하고, 잠을 자지 못했다. 아흐마토바가 항의하자, 그녀의 불평은 "너무 늦게 태어났거나 제때 죽지 못한 여자의 징징거림"으로 무시되었다.[116] 수십만 명이 처벌되고 난 1937년 숙청은 더 악랄해졌다. 그해와 다음 해 희생자 수는 수백만 명으로 치솟았다. 이번엔 미하일 투하쳅스키 원수, 알렉세이 리코프Aleksei Rykov(내각 수상 겸 전 인민 위원회 의장), 니콜라이 부하린Nikolai Bukharin(전 코민테른 의장)과 NKVD 책임자인 야고다까지 포함되었다.

"무엇 때문에(Zachem)?" "무엇을 위해(Dlia chego)?" "무슨 이유로(K chemu)?" "어째서(Otchego)?" "왜(Pochemu)?" 모든 사람이 계속해서 "왜?" 그리고 "무엇 때문인지?" 물었다. 사람들은 NKVD의 처형실로 끌려 들어갈 때, 등 뒤에서 감방 문이 쾅 닫힐 때, 시베리아로 가는 긴 여행을 위해 가축운반용 화물차에 밀어 넣어질 때, 한밤중에 친구나 친지들이 끌려나갈 때 이런 질문을 했다. 사람들은 자신을 굶기고 고문하는 이들에게 이 질문을 했고, 영원히 사라질 편지, 일기, 출간되지 않은 원고 뭉치를 두 팔 가득 들고 나가는 이들에게 이렇게 물었다. 이들은 감방 벽에 이렇게 썼고, 화물칸 문에 손톱으로 이렇게 썼다. 이들은 수백만 번도 더 이 질문을 던졌으나 결코 답을 듣지 못했다. "당신은 '무엇 때문에'라는 말로 뭘 말하려는 건가? 사람들은 아무 이유도 없이 체포된다는 것을 이해해야 할 때가 되었다"라고 아흐마토바는 분노에 차서 말했다.[117] 그때 즈음 그녀의 아들이 다시 체포되어 강제노동 수용소로 보내졌다. "남편은 무덤에, 아들은 감옥에"라고 그녀는 썼다. "나를 위해 기도해주오."[118]

수십만의 레닌그라드 사람들이 사라졌고, 수백만의 러시아인들이 사라졌다. 처음에 대숙청은 인텔리겐치아와 독자적인 창의적 사고가 가능해 보이는 이들을 쓸어가버렸다. 그러나 그런 다음 숙청의 범위는 아흐마토바가 말한 대로 "아무 이유 없이 체포되는" 사람들로 확대되었다. 도처에 죽음이 기다리고 있었고, 레닌그라드에서 가족 중 누군가를 잃지 않은 사람을 찾기가 어려워졌다. 그러나 이런 와중에도 정상적 외관은 유지되었다. 사람들은 일하러 가고, 식품을 사고, 식당에서 식사하고. 휴일에는 놀러 갔다. 발레와 연극을 보러 가고, 중고서점에 나오는 출처 모를 희귀본을 샀다. 사랑에 빠지고, 결혼하고 아이를 낳았다. 소비재 공급이 늘어나면서 물질생활 수준도 나아졌다. 무엇보다도 당국은 일상이 정상적으로 굴러가는 것처럼 보이게 하려고 노력했다. 여론조작용 공개재판을 제외하고, 언론은 숙청을 다루지 않았다. 사람들을 싣고 고문과 감옥으로 보내는 '검은 마리아'라고 불리는 차량은 '육류'나 '우유'나 '빵'이라는 표지를 달고 물품 배달용 트럭처럼 위장하고 다녔다.

스탈린은 모든 사람에게 "삶은 더 나아지고 더 즐거워지고 있다"라고 확신시켰다. 그리고 학생, 새 기술자, 갓 학교를 졸업한 청년 등 숙청으로 비게 된 자리를 재빠르게 채운 레닌그라드의 젊은이들에게는 특히 이 말이 사실처럼 들렸다. 1939년이 1940년, 1941년으로 넘어가면서 공포는 과연 끝났는가? 사실 이것은 스탈린과 그의 심복들이 인민의 피에 대한 갈증을 해소했기 때문이 아니었다. 1941년 숙청은 훨씬 더 큰 비극에 함몰되었다. 그해 여름 나치 독일군이 레닌그라드를 봉쇄하면서 무서운 포위가 시작되었다. 이 봉쇄는 거의 9백 일 동안 지속되었고, 이 기간 동안 레닌그라드 주민들은 수백만 발의 포탄과 폭탄이 쏟아지는 가운데 얼어 죽고, 굶어 죽어갔다. 어떤 때는 레닌그라드의 운명이 가늘디가는 실 끝에 걸려 있었다. 그러나 작가 일리야 에렌부르크Ilia Ehrenburg가 쓴 것처럼 이 도시는 영원한 도시였고, 결국 살아남았다. 러시아 민담의 불새처럼 레닌그라드는 잿더미에서 다시 일어나게 되어 있었다. 이 도시의 철저한 파괴와 부활은 페테르부르크의 긴 역사에서 가장 영웅적인 순간이 되었다.

영웅 도시

ST. PETERSBURG

1941–1991

사람들은 서서히 회복했다. 배고픔의 압박과 사랑하는 이들의 죽음에서 받은 충격은 매우 컸다. 이런 큰 재앙을 겪어보지 못한 사람들과 달리 레닌그라드 사람들은 무엇이 정말 중요하고, 무엇이 그렇지 않은지 이해하게 되었다. 그러나 봉쇄의 흔적은 여전히 남았다. 검게 변한 피부, 수척한 외모, 그리고 무엇보다도 눈동자에 고난의 흔적이 고스란히 남았다. […] 모든 것은 미래에 할 일이었다. 당분간 레닌그라드 사람들은 오로지 평화 속에 있기를 원했다. 아직 전쟁이 계속 진행되고 있었지만, 이들을 함께 묶은 고난의 기억을 마음속에 간직하려 했다.

St. Petersburg

900일

1941년 6월 22일 일요일 레닌그라드에서 평소와 달라 보이는 것을 찾는다면 날씨였다. 그 전 주 내내 비가 내려서 그다지 환영받지 못하는 습하고 추운 봄 날씨였다. 그러다가 1년 중 백야가 가장 짧고 낮이 가장 긴 날인 바로 전날 남쪽에서 불어오는 바람이 구름을 몰아내고 날이 따뜻해졌다. 그날 저녁 하지를 축하하는 군중과 학기 종강을 축하하는 학생들이 네바강의 다리를 넘어 넵스키 대로로 쏟아져 나왔다. 많은 레닌그라드 시민들은 그날 밤 잠자리에 들지 않았고, 그들이 집이라 부르는 혼잡한 방과 아파트보다 자정의 햇빛을 즐기러 밖으로 나왔다. 잠시 눈을 붙인 사람들은 자리에서 일어나 이미 하늘 높이 뜬 일요일 해를 보았다. 라일락꽃과 벚꽃 향기가 아직 축축한 소나무 숲의 톡 쏘는 신맛과 마술적으로 뒤섞인 시골의 들판을 즐기라는 거부하기 어려운 초청이었다.

소풍 바구니와 등 가방을 가득 채우고 젊은 커플들은 차르스코예 셀로나 파블롭스크로 가는 기차를 타기 위해 서둘러 비텝스크역으로 나갔다. 황실 궁전에 딸린 거대한 공원들이 레닌그라드 시민들이 즐겨 찾는 소풍 장소가 된 지 오래였다. 어떤 사람들은 반대 방향인 발트역으로 가서 핀란드만의 페테르고프 궁전이나 오라니엔바움 궁전으로 향했다. 어떤 사람은 아코디언을 들고 가고, 어떤 젊은이는 일곱 줄짜리 러시아 기타를 메고 갔다. 많은 이들이 아이스크림을 먹고 에스키모 파이를 씹으면서 30분마다 떠나는 혼잡한 기차에 올라탔다. 이런 일요일에는 앞으로 일주일 걱정을 하는 사람은 거의 없었다. 지금은 일단 하루를 즐기고 다음 날 아침 공장의 호각 소리가 이들을 부를 때 일터로 가면 되었다.

레닌그라드의 한 화학연구소 연구원인 엘레나 이오시포브나 코치나Elena Iosifovna Kochina는 일요일에 다른 사람들보다 훨씬 일찍 움직였다. 그녀와 남편은 이미 며칠 전에 시골로 내려와 일주일의 휴가를 즐기기 위해 여름별장 다차의 방을 빌렸다. 늦은 아침을 먹고 엘레나는 아직 갓난아기인 딸을 데리고 마당으로 나왔다. 그때 다차의 주인인 여자가 뛰어와 라디오에서 독일군이 러시아를 침공했다는 소식을 들었다고 알렸다. 핀란드와의 전쟁이 끝난 지 2년도 채 지나지 않은 때였다. 그래서 엘레나는 전쟁이 무엇을 의미하는지를 잘 알았다. "내 나이 서른넷인데, 이번이 벌써 네 번째 전쟁이야"라고 그녀는 울적하게 중얼거렸다.

사랑하는 사람들이 피해를 입는 것에 더해, 레닌그라드 사람들에게 전쟁은 식량 부족, 연료 부족, 그리고 생필품을 찾는 데 극도로 어려움을 겪게 되는 것을 뜻했다. 그날 오후 주부들은 설탕, 유지, 버터, 소시지, 카샤, 성냥 등 쌓아둘 수 있는 물건들을 사 모으기 시작했다. "나는 수수를 4파운드 반 샀다"라고 그녀는 기록했다.[1] 식품 구입을 먼저 생각하지 않은 사람들은 은행으로 가 예금을 찾아 소련 시대 이전의 귀금속과 골동품을 파는 가게로 달려갔다. 시베리아산 다이아몬드, 에메랄드, 유화, 니콜라이 2세 시대의 금화, 금시계 등 실제 가치가 있는 물건들이 이들이 사려는 것이었다. 일주일 뒤 지폐 루블화 가격이 어떻게 될지, 한 달 뒤나 일 년 뒤에는 어떻게 될지 아무도 알 수 없었다.

소련 전역에 걸쳐 라디오와 연결된 대형스피커가 건물 장식 처마와 전신대 위에 설치되고, 이를 통해 외무인민위원 뱌체슬라프 몰로토프Viacheslav Molotov의 방송이 흘러나왔다. 억양 없는 단조로운 어조의 그는 스탈린이 가장 아끼는 측근이었다. 몰로토프는 나치 독일군이 아무런 도발도 받지 않은 상태에서 소련을 침공했다고 알렸다. 그는 소련이 승리할 것이라고 약속했지만 사람들은 의구심이 들었다. 소련이 히틀러의 어마어마한 군대를 제압할 수 있을까? 스탈린은 무슨 생각일까? 밤이 지나고 새날이 밝았지만 스탈린은 한마디도 하지 않았다. 어떤 이들은 이것도 이상하다고 생각했다.

1941년 레닌그라드의 인구는 354만 4천 명으로 집계되었다. 레닌그라드 주변 지역에도 320만 명이 살고 있었다. 기계, 기관차, 발전기, 터빈, 화학, 야포, T-28 경전차, T-34 탱크, 60톤이나 나가는 괴물 같은 KV 탱크, 라디오 송신기, 신발, 천 등 레닌그라드가 생산해내는 주요 물품은 계속 이어졌다. 레닌그라드가 생산하는 제품은 소련 전체 공업 생산의 8분의 1에 해당했다. 레닌그라드에는 소련에서 가장 큰 기계공장이 있었다. 이것은 붉은 푸틸로프라는 명칭을 가졌다가 지금은 키로프 공장으로 이름이 바뀌었다. 레닌그라드는 소련에서 가장 많은 숙련 기계공과 선반공도 보유하고 있었다. 적군은 레닌그라드의 병참 생산에 의존하고 있었고, 소련 해군도 마찬가지였다.

평화 시기나 전쟁 때나 소련은 레닌그라드를 필요로 했다. 그러나 이 도시는 제정러시아 때보다 더 위험한 위치에 있었다. 1939년 핀란드와의 경계는 24킬로미터밖에 떨어져 있지 않았고, 에스토니아와의 국경은 서쪽으로 불과 160킬로미터 떨어져 있었다. 두 나라 모두 소련을 좋아하지 않았다. 1939~1940년 러시아-핀란드 전쟁으로 얻은 영토로 레닌그라드는 북쪽의 완충지대를 확대할 수 있었지만 그 대가로 핀란드인들을 원수로 만들었다. 1941년 전쟁이 발발하자 핀란드인들은 독일 편을 들었다. 인근의 에스토니아, 라트비아, 리투아니아도 독일에 우호적이었다. 1940년 소련에 강제로 합병된 세 나라는 독일군에게 레닌그라드를 공격할 수 있는 좋은 거점을 마련해주었다. 이 나라들은 히틀러의 군대가 진주하기를 기다리면서 축일과 같은 분위기에 잠식되어 있었다. 에스토니아의 수도인 탈린은 새로 벽에 붙은 "자유를 위해 하나로 뭉쳐 일어나자"라는 소련의 선전 포스터에 아무도 주의를 기울이지 않았다. 대신 탈린 시민들은 시내의 옥외 카페에서 칵테일과 커피를 마시며 독일군을 기다렸다. "그들이 왔을 때 천사처럼 보였다"라고 한 여성은 첫 독일군 SS 부대가 도착한 순간을 기억했다. "후에 그들은 악마처럼 행동했다."[2]

레닌그라드 사람 중 일부도 그런 식으로 생각했다. 스탈린의 대숙청 기간 중 밤에 잠을 자다가, 낮에 직장에서 일하다가 끌려가서 돌아오지 못한 수만 명을 어떻게 잊겠는가? 대숙청에서 사라진 푸틸로프와 오부호프 노동자들은 어떻게 되었는가? 교수들은 어떻게 되고, 시인들은 어떻게 되었는가? 발레와 오페라 쪽 사람들은 어떻게 되었는가? 당과 공산주의 이상을 위해 생을 바쳤음에도 '인민의 적'이라고 불린 사람들은 어떻게 되었는가? 한때 열렬한 공산주의자였던 사람들도 독일군이 진군해 오자, 이렇게 사라진 사람들을 생각했다. 일부는 나치가 스탈린의 굴레에서 해방될 기회를 주지 않을지 질문했다. 러시아에 히틀러는 스탈린보다 더 재앙이 될 것인가? 아니면 그 반대인가?

스탈린의 실각을 고대하던 레닌그라드의 많은 지식인들도 진지하게 이런 질문을 던졌다. 그러나 이들은 스탈린의 실각이 자신들이 사랑하는 도시의 죽음보다 더 중요한가를 생각해야 했다. 여름이 끝나기 전 모든 사람이 독일군 최고사령부가 7월 초에 발표한 것이 무엇을 의미하는지 제대로 깨달았다. "레닌그라드를 갈아엎고, […] 사람이 살지 못하는 곳으로 만드는 것이 […] 총통의 뜻이다. 그러면 우리는 겨울 동안 이 도시 사람들을 먹여 살릴 의무에서 해방된다"라고 히틀러의 최고사령부는 비밀 비망록에 기록했다. "도시는 공군에 의해 완전히 파괴될 것이다. 이 목적을 위해 탱크를 동원할 필요가 없다"라고 문서에는 기록되었다.[3] 자신들이 사는 도시가 말살되는 것이 스탈린을 제거하는 대가로 너무 크다고 생각한 사람들은 시인 올가 베르골츠의 말을 받아들였다. "아니, 아무것도 잊지 않았다"라고, 스탈린을 증오한 이 여인은 전쟁이 일어난 첫 일요일에 썼다. "나의 조국은 가시로 된 왕관을 쓰고 있다. 너의 머리 위에는 어두운 무지개가 있구나. […] 나는 너를 사랑한다. 나는 다른 것을 할 수 없다."[4]

에스토니아, 라트비아, 리투아니아, 핀란드가 모두 독일을 도우리라는 것을 알면서도 모스크바에 있는 사람들은 레닌그라드 방어를 위해 거의 아무것도 하지 않았다. 무기도, 탄약도 충분하지 않았고, 도시를 방어하는 병력도 부족했다. 소련군 총사령부는 1938년과 1939년 대숙청에서 아직 회복되지 못한 상태였다. 레닌그라드의 관리들과 공장 관리자도 마찬가지였다. 가장 나쁜 것은 대숙청으로 인해 진실을 말하는 것을 모두가 두려워하고 있다는 것이었다. 동화에서와 마찬가지로, 도시의 방어와 보급에 대해서 아무도 왕이 벌거벗고 있다는 것을 감히 말하지 못했다.

진실을 말하면 레닌그라드의 민방위 훈련은 엉성하고 피상적이었다. 소방대는 소이탄이 야기하는 대규모 화재에 대한 훈련이 되어 있지 않았고, 대전차 방어물과 참호도 만들어지지 않았다. 보급 체계는 포위로 인한 압박에 전혀 준비되어 있지 않았다. 전쟁이 시작되었을 때 레닌그라드 식량 비축분은 30일 치에 불과했고 연료도 평화 시 수요에 맞춰 비축된 상태였다. 그러나 주민들과 공장들은 매달 1만 3천 톤의 케로신과 6만 톤의 연료, 2,240톤의 가솔린을 필요로 했다. 난방과 조리를 위해 레닌그라드 시민들은 매년 거의 5만 6천 세제곱미터의 목재와 수백만 톤의 식량이 필요했다. 9월 2일 배급제가 시작된 후에도 레닌그라드의 빵집과 상점은 매일 2천 톤, 1년으로 따지면 75만 톤의 밀가루가 필요했다.[5] 전투가 시작되었을 때 레닌그라드가 포위당할 것이라는 상상은 전혀 하지 못했다. 그리고 전쟁 발발 후 두 달 반 만에 독일군의 포위망이 도시를 조여 올 때도 이에 대해서는 전혀 준비되지 않았다. 독일군의 폭격이 시작된 다음에도, 도시의 방어를 책임진 사람들은 어떤 식으로든 겨울이 오기 전에 봉쇄를 돌파할 수 있으리라 생각했다.[6] 그러나 점차 이것이 불가능하다는 것을 깨달았다.

7월과 8월 독일군이 진격해 오면서 레닌그라드 시민들은 연속으로 이어지는 전차 호를 파고 대전차 장애물을 쌓았다. 일부는 시 남쪽 110킬로미터 이상 떨어진 루가에까지 이르렀다. 시민들 중 많은 사람이 이미 군에 가담했다. 전투가 발발한 지 첫 주 20만 명 이상이 군에 징집되었고, 남은 노동자들은 나이 많은 사람, 10대 청소년, 여성들이었다. 특히 여성들이 두른 밝은색 머릿수건은 들판에 핀 꽃처럼 빛났다.[7] 공장 노동자들은 근무 시간이 끝나면 대전차 호를 팠고, 학생들도 수업 후에 땅을 파기 위해 나갔다. 에르미타주 박물관 학예사, 레닌그라드의 수많은 도서관 사서, 대학과 기술 연구소의 교수들도 모두 나서서 대전차 호를 팠다.

수만의 시민들이 자신의 일과에서 시간을 내어 곡괭이와 삽을 들고 매일 작업했다. "하루 열두 시간씩 18일 동안 쉬지 않고 일했다. 곡괭이를 들고 부지런히 일해야 했다. 단단하게 굳은 땅은 바위 같았다"라고 57세의 여성이 신문사에 써 보냈다.[8] 레닌그라드 시민들은 여름 땡볕 아래서, 또는 비를 맞으며 작업했다. 어떤 때는 먹을 것이 없는 상태에서 일했다. 얼마나 많은 식량을 갖고 나가야 하는지, 얼마나 오래 들판에 나가 있어야 하는지 얘기해주는 이들이 없었다. 독일 공군기는 매일 공격해 왔다. 급강하하고, 폭탄을 투하하고, 기총소사했다. 엘레나 코치나도 거의 총알에 맞을 뻔했다. 독일 공군기의 기관포 총알이 "작은 금속 도마뱀처럼" 자기 옆의 땅에 박혔다고 그녀는 후에 회고했다.[9]

9월 1일이 되기 전 레닌그라드 시민들은 2만 6천 킬로미터의 참호와 550킬로미터의 대전차 호를 팠고, 640킬로미터 길이의 철조망을 설치했다. 이들은 수십만 그루의 나무를 베어 쌓아 올려서 3백 킬로미터의 장애물을 만들었고, 5천 곳의 나무 또는 콘크리트 사격 진지를 만들었다.[10] 그러는 동안 소련군은 뒤로 후퇴했다. "우리는 땅을 충분히 팠는데, 당신들은 제대로 못 싸운다"라고 그해 여름 한 나이 든 여자가 한 적군 장군에게 말하기도 했다.[11] 소련군은 탱크와 야포가 부족했고 항공지원도 모자랐다. "우리가 공격을 시작하면, 독일군은 달려 나오기 시작합니다. 갑자기 독일군 탱크와 비행기가 우리를 공격합니다. [⋯] 우리는 공군기도 없고 탱크도 없고, 보병뿐입니다. 우리가 어떻게 이런 군대에 맞설 수 있겠습니까?"라고 한 병사가 지휘관에게 말했다.[12] 8월 말 독일군은 레닌그라드 교외까지 밀려 들어왔다. 동시에 핀란드인들은 카렐리아 반도 대부분을 탈환해 1939년 국경을 회복했다.

독일군이 진격해 오자 레닌그라드 시민들은 광학기계, 항공기, 탱크를 만드는 공장을 분해하고, 기계들을 상자에 담아 기차에 실어 시베리아의 안전한 장소로 옮기기 시작했다. 8월 말이 되기 전 164,320명의 노동자도 이 기계와 함께 후방으로 보내졌다.[13] 몇몇은 레닌그라드가 가진 보물들을 싸기 시작했다. 사람들은 팔코네가 만든 청동기마상 주변에 모래주머니를 높고 두텁게 쌓아 올리고, 작은 동상들은 끌어 내려 여름 정원에 묻었다. 주요 건물 창문에는 널빤지를 대고 테이프를 가로질러 붙였다. 공공도서관에서는 9백만 권의 장서 중 7천 권의 초기 간행본, 세계에서 두 번째로 오래된 그리스어 신약, 볼테르의 개인 장서, 스코틀랜드 메리 여왕의 기도서, 구텐베르크 성서와 기타 총 36만 권의 희귀도서가 상자에 담겨 후방으로 보내졌다. 2백 년의 레닌그라드 역사를 담은 역사적 고문서, 푸시킨의 편지, 도스토옙스키의 육필 원고, 고대 동방의 비기와 기타 수십만 종류의 문서도 상자에 담겨 후송되었다.[14] 다음으로 가장 어마어마한 작업이 진행되었다. 150만 점의 값을 매길 수 없는 에르미타주 박물관 소장품을 포장해서 옮기는 일이었다.

1941년 봄 독일군의 공격이 임박했다는 소문이 미리 돌자, 에르미타주 박물관장인 이오시프 오르벨리Iosif Orbeli는 포장재를 쌓아 모으기 시작했다. 50톤의 나무 상자, 3톤의 면 충전재, 16킬로미터의 유포를 에르미타주 지하와 두 곳의 창고에 쌓아놓았다.[15] 6월 22일 일요일 몰로토프가 개전을 알리자 오르벨리는 가장 소중한 40점의 그림을 유명한 스키타이 금제 세공품을 보관한 철제 금고방으로 옮기도록 지시했다. 그런 다음 월요일부터 박물관 직원들은 6일 동안 밤낮을 가리지 않고 소장품을 포장했다. 몸이 도저히 견디지 못할 때만 잠깐씩 잠을 잤다. 이들은 작은 그림들은 나무 상자에 담고 천을 그림들 사이에 넣어 보호했다. 많은 대형 그림들은 틀에서 떼어서 말았다. 렘브란트의 대작 〈십자가에서 내림〉도 표면이 긁힐 염려가 있었지만 이런 식으로 포장되어야 했다. 이보다

다소 작지만 2.6미터 길이에 2미터 폭의 〈돌아온 탕아〉는 그대로 포장되었다. 이 그림이 기차에 실리기에 너무 크다고 걱정하는 사람도 있었다.

스키타이 금제 세공품과 황실의 보석도 포장되었다. 라파엘과 레오나르도 다 빈치의 성모상들도 포장되었다. 거대한 상자에 안드레아 델 사르토의 〈성 가족〉, 티치아노, 조르조네, 틴토레토, 반 에이크, 반 다이크의 그림, 그리고 에르미타주를 스페인 화가 작품에 있어 프라도 미술관에 견줄 수 있게 만든 벨라스케스, 무리요, 엘 그레코의 그림도 포장되었다. 18세기 중반 상트페테르부르크 은세공업자가 시베리아에서 새로 발견된 은광에서 채굴된 은으로 만든 1.5톤 무게의 알렉산드르 넵스키 석관은 분해해서 포장해야 했다. 미켈란젤로의 〈웅크린 소년〉은 특별 제작된 이중 나무 상자에 들어갔다. 깨지기 쉬운 중국, 유럽 도자기와 엘리자베타 여제와 예카테리나 여제가 세운 공방에서 구운 도자기들, 그리스와 로마의 음각, 모든 시대와 장소를 망라하는 30만 점의 희귀 동전이 정성스레 포장되었고, 라스트렐리가 만든 차르 복장을 한 표트르 대제 왁스 동상, 우동의 볼테르 동상, 기원전 4세기에 만들어진 체르토믈리크 은제 화병 등은 분해되어 포장되었다. 포장 작업을 한 박물관 직원들은 몸을 숙인 채 너무 오래 일하는 바람에 코피가 나기도 했다. "잠시 누워 머리를 두드리며 코피를 멈추게 한 뒤 다시 포장 상자로 달려갔다"라고 한 여직원은 회고했다.[16]

전쟁이 발발한 지 9일째 되는 날 포장된 보물들을 실은 트럭들은 넵스키 대로를 3킬로미터 이상 달려 모스크바역 뒤의 철로로 갔다. 그곳에 정차된 특별 열차에 짐이 채워졌다. 〈돌아온 탕아〉를 담은 큼지막한 상자가 화물차 문을 간신히 통과해 실리는 것을 박물관 직원들은 손에 땀을 쥐고 바라보았다. 그런 다음 50만 점의 소장품을 담은 1천 개 이상의 나무상자가 기차에 실렸고, 7월 1일 이른 시간 출발 준비를 마쳤다. 철로 상태를 살피는 선도 기차의 뒤를 이어 두 대의 기관차와 소장품을 실은 장갑열차가 이어졌고, 다음으로 독일 공군기의 공격에 대비하여 방공기관총과 방공포가 설치된 무개열차가 뒤따랐다. 그 뒤로 다른

영웅 도시

값진 그림과 예술품은 실은 4량의 특별 열차와 스물두 대의 화물차와 두 대의 여객차, 또 대공화기를 실은 무개열차가 뒤따랐다. 3주 후 두 번째 특별 열차가 약 75만 점의 소장품을 싣고 첫 열차에 이어 스베르들롭스크(당시 이름은 예카테린부르크), 1918년 같은 달 니콜라이 2세와 알렉산드라 황후와 모든 자녀들이 총살당했던 그 도시에 도착했다.* 독일군이 8월 30일 레닌그라드와 소련 다른 지역과의 철로 연결을 끊어버리자, 351개의 마지막 상자들은 미처 포장되지 못한 다른 소장품과 함께 뒤에 남게 되었다. 여기에는 프라 안젤리코가 1440년대에 성 도메니코 수도원을 위해 그린 그림도 포함되어 있었다. 이 그림은 이동시키기에는 너무 약했기에, 에르미타주 박물관 학예사들은 그림 근처에 폭탄이 떨어질 경우를 대비해 모래주머니를 쌓아 높이 4미터, 넓이 3미터의 흉벽을 만들었다.[17]

에르미타주 박물관장 오르벨리와 직원들이 소장품을 이송시키기 위해 애쓰는 동안, 레닌그라드 시 당국은 39만 2천 명의 아동을 피난시킬 방법을 모색했다. 처음부터 이 피난 작업은 공포와 자포자기가 뒤섞인 채 진행되었다. 부모들은 아이들의 안전을 바라는 희망과 부모에게서 떨어지게 된 아이들의 공포 사이에서 균형을 잡아야 했다. 엘레나 코치나는 기차역으로 향하는 아이들 얼굴이 "동물들처럼 공포에 젖어 있었다"라고 했다. 그녀는 기차역을 "그 아이들의 어린 시절의 경계선"으로 칭했다. "저편에서 부모 없는 생활이 시작될 것이었다." 어린 여행자들은 옷가지 몇 벌, 음식과 돈이 조금 든 카키색 배낭을 메고 있었다. 일

---

*볼셰비키 적군에 의해 예카테린부르크에 억류되어 있던 니콜라이 2세 가족은 백군이 이 지역으로 접근하자 레닌의 명령으로 1918년 7월 17일 새벽 처형되었다. 가족사진 촬영을 명목으로 가족을 지하 방에 일렬로 세운 후 적군 병사들이 일제히 사격하여 가족을 몰살하고 시신은 뼈가 산화되도록 도시 인근 석회광산 굴에 버렸다. 소련 붕괴 후 옐친 시기에 시신이 수습되어 상트페테르부르크 페트로파블롭스크 요새 성당에 안치되었고, 니콜라이 2세 가족은 정교회에 의해 순교자로 시성되었다.

부 운 좋은 아이들은 목적지에 도착하면 같이 지내게 되길 바라는 친구나 지인에게 보내는 부모의 편지를 휴대하고 있었다. 코치나는 트럭이 이 어린이들을 기차역으로 실어 나르는 장면을 기억했다. "아이들의 작은 얼굴들이 마치 황갈색 버섯처럼 차창 밖으로 튀어나왔다."[18] 이보다 더 불행한 광경은 있을 수 없을 터였다. 나이 든 여성을 가리키는 바부시카babushka(한 바부시카를 두고 마흔다섯 살인지 예순 살인지를 분간하기란 어려운 일이다)는 그해 가을 레닌그라드 공원에 자라난 많은 버섯들이 많은 죽음을 의미한다고 중얼거렸다. 몇 주가 지나면서 이것은 비극적이게도 사실이 되었다. 코치나처럼 많은 부모들이 아이들을 며칠 더 데리고 있을 작정으로 피난 보내지 않았다. 그리고 너무 늦었다. 독일군이 레닌그라드와 나머지 지역과의 철로를 차단했을 때 도시의 어린이 중 절반 정도만 간신히 피난을 보낸 상태였다.[19]

독일군은 오라니엔바움, 페테르고프, 가치나, 파블롭스크, 차르스코예 셀로(소비에트가 푸시킨으로 개명함)의 황제 궁전을 점령한 다음 공격을 멈추었다. 레닌그라드의 방어선을 돌파하는 것이 불안했던 히틀러의 장군들은 공습과 포격으로 이 도시를 파괴하기로 결정했다. 9월 1일 몇 문의 240밀리미터 대포에서 날아온 첫 포탄에 53명이 사망하고 101명이 부상을 입었다. 그런 다음 독일군은 도시를 포위했다. 포위망은 독일군이 계획한 것처럼 완전히 구축되지는 않았지만, 포사격이 충분한 효과를 거둘 수 있을 정도로 시에 바짝 붙었다. 독일군의 철저한 옥죔에 3백만 명의 레닌그라드 시민들은 경악했다. 한 사람도 탈출할 수 없게 포위망을 만드는 작전이 전개되었다. "나는 한 사람도 전선을 빠져나가지 못하게 하는 것이 핵심이라는 […] 보고서를 썼다"라고 전쟁 후 독일의 한 영양학 전문가가 한 러시아 장교에게 털어놓았다. "이들이 [레닌그라드에] 더 오래 갇혀 지내면 결국 죽게 될 것이고, 우리는 단 한 명의 독일 병사도 희생하지 않고 […] 시내로 진입할 수 있을 것으로 내다봤다"라고 그는 진술했다.[20]

이러한 권고에도 불구하고 독일군은 시민들이 굶어 죽기를 기다리는 동안 레닌그라드에 공습과 포격을 퍼부었다. 유럽에서 가장 큰 야포를 이용하여 9월에 5,364발, 10월에 7,590발, 11월에 11,230발, 12월에 5,970발의 포탄을 퍼부었다. 27킬로미터 거리 밖에서 쏘아대는 포탄 중 어떤 것의 중량은 거의 1톤쯤 되었다. 중량이 작은 폭탄들은 시와 근접한 거리에서 발사되었고, 소련군은 그곳에 보복 포격을 가했다. 양측의 공방전이 계속되면서 엄청난 사상자가 발생했다. 상황은 더 악화되어 독일 공군은 1941년 가을과 초겨울에 레닌그라드에 10만 발 이상의 폭탄을 투하했다. 한 번의 공습에 6백 기 이상의 항공기가 참여하기도 했고, 2백~3백 대가 한꺼번에 출격하는 것은 흔한 일이었다. 이럴 땐 아흐마토바가 표현한 대로 지상에 떨어지는 "용의 울음"이 사방에서 들렸다.[21] 지뢰, 소총 사격, 비행기에서 가해지는 기총소사도 많은 사람을 살상했다. 지연뇌관을 가진 폭탄들도 사람들을 살상했고, 간혹 폭발 전에 뇌관이 제거되기도 했다. 한 번은 1톤 이상 나가는 파랗고 노랗게 칠해진 폭탄이 에리스만 병원 인근에 투하되었는데, 수백 명의 환자들이 가슴을 졸이며 지켜보는 가운데 사흘에 걸쳐 뇌관이 제거되었고, 이 폭탄을 끌어내는 데는 일주일이 걸렸다.[22]

1941년 8월 말과 9월 초 러시아인들이 바비요 레토Bab'e leto, Бабье Лето 라고 부르는 깜짝 더위 혹은 인디언 서머 이전에 나타나는 회색빛 난기류는 볼 수 없었다. 공원의 풀은 9월까지 녹색으로 남아 있었고, 보리수나무는 자주색과 황금빛으로, 자작나무는 노란색으로, 단풍나무는 붉은색으로 변하며 가을의 시작을 알렸다. 독일군이 계속 포격과 폭격을 가했으므로 시내의 주요 건물들, 겨울 궁전, 총참모본부, 스몰니, 심지어 페트로파블롭스크 요새의 바늘같이 뾰족한 첨탑도 계절의 색에 맞는 위장막을 설치해야 했다. 겨울이 되면 이 위장막의 색이 바뀌어야 했고, 봄이 되면 또 바뀌어야 했지만, 도시가 그때까지 버텨낼 수 있을지는 의문이었다. 위장막을 덮을 수 없는 거대한 해군성 탑은 비전문 등산가들이 올라가서 지저분한 회색을 칠해 위장했다. 독일 공군기들이 폭탄을 쏟으며 시를 지나갈 때 가능한 한 기준점을 찾지 못하게 하기 위해서였다.

전쟁 초기부터 레닌그라드 주민들은 나치 측 스파이의 활동을 염려했다. "스파이 공포는 전염병처럼 퍼졌다"라고 엘레나 코치나는 적었다.[23] 이것은 모든 사람에게 영향을 미쳤고, 수십 년 동안 그 흔적을 남겼다. 1970년대가 되었을 때도 레닌그라드에서는 이삭 대성당 돔 위에서나 네바강변에 기항한 선박을 사진 찍는 것이 허용되지 않았다. 레닌그라드 포위가 시작된 후부터 모든 주민들은 독일군을 위해 정보를 수집하고, 지도를 그리고, 사보타주를 꾸미는 스파이를 찾기 위해 혈안이 되었다. 외국식 복장을 하거나, 외국식 수염을 기르고, 이상한 모자를 쓴 사람은 보안순찰대에 체포되었다. 절뚝거리는 사람, 카메라를 든 사람, 군사령부나 경찰서로 가는 길을 묻는 사람도 체포되었다. 8월 27에는 밤 10시부터 새벽 5시까지 통행 금지가 시작되어, 특별 통행증이 없는 사람은 시내를 다닐 수 없었다. 모든 이들이 벼랑 끝에 매달린 듯했고, 이토록 큰 규모의 도시 전체가 봉쇄된 적은 역사상 한 번도 없었기에 무슨 일이 일어날지 아무도 예측할 수 없었다. 레닌그라드는 8억 평에 달하는 면적을 가지고 있었고, 8백 킬로미터의 전차, 버스 노선이 있었으며, 주민 수는 3백만 명이 넘었다. 1941년 9월 이 도시가 처한 상황은 "현대 도시가 견뎌낸, 가장 대규모로 오래 지속된 봉쇄였다"라고 러시아 전쟁 시기 최고의 관찰자 중 한 사람이 기록했다.[24]

그해 가을 레닌그라드가 버텨낼지 아무도 알 수 없었다. 독일군이 교외 지역으로 밀려 들어오면서 레닌그라드 시민들은 더 강력한 방어선을 쌓기 위해 몸을 던졌다. 9월에는 매일 10만 명의 여성과 청소년들이 작업에 나섰고, 이 숫자는 10월에는 일일 평균 11만 3천 명으로 늘어났다. 이들은 도시 건물에 저격수들이 총을 쏠 수 있는 1만 7천 개의 총안을 만들고 4,126개의 사격 진지를 만들었다.[25] 예고로프 주물공장은 1.5톤짜리 고슴도치형 대전차 장애물을 수백 개 만들어, 적의 탱크의 전진을 막기 위해 시내 도로 위에 설치했다. 1919년 유데니치가 이끄는 백군이 페트로그라드로 진격해 올 때 트로츠키는 도시를 요새로 만들라고 지시하면서 "각 집은 일종의 수수께끼, 위협, 치명적 위험이 되어야 한다"

라고 촉구했었다.[26] 이 말은 유데니치의 공격이 갑자기 와해되면서 소용없어진 데다, 스탈린의 명령으로 트로츠키가 멕시코에서 암살된 지도 1년 이상이 지났다. 그러나 트로츠키가 1919년에 지시한 것이 1941년에 되살아났다.

레닌그라드의 모든 구역은 자경 부대, 중대, 대대를 가지고 있었다. 독일군 낙하산부대가 내려올 수 있는 넓은 공간인 센나야 광장 시장, 극장 광장, 마르스 광장 등 10여 곳에는 기관총 고사포 진지가 설치되었다. 대공기관총, 대공포, 대전차포 등이 사방에 배치되었고, 적 공군기가 식별할 수 없게 위장되었다. 레닌그라드가 얼마나 버텨낼 수 있을지는 아무도 몰랐지만, 시민들은 독일군을 모든 건물과 거리를 상대로 싸우게 만들 태세가 되었다. 시가전을 벌일 경우 독일군이 미로 같은 시내에서 방향을 찾지 못하도록 각 거리의 표지판과 건물의 번지를 다 지워버렸다. "도시의 남부 지역에서 각 건물은 사실상 요새로 변했다. 기관총 위장막과 대전차 진지가 사거리와 주요 간선도로 상 주요 건물의 지하와 1층에 구축되었다"라고 한 종군기자가 썼다. "시멘트를 붙이고, 모래주머니를 쌓고, 철제 대들보와 아홉에서 열두 개의 통나무 두께를 지닌 나무 벽 더미로 지지된 이 작은 요새들의 네트워크가 다양한 밀도로 레닌그라드 전체를 감쌌다"라고 그는 보도했다.[27]

레닌그라드 주민들은 독일 공군기의 폭격과 야포 공격과 함께 식량 문제에 직면했다. 전쟁 발발 8일 후 배급제도가 시행되었지만 9월 초까지 식량 공급은 거의 정상적으로 이루어졌다. 레스토랑과 카페도 영업을 계속했다. 육류와 어류도 계속 판매되었고, 필수 식품이 아닌 당과류와 다른 식품들도 공급이 유지되었다. 그러나 독일군의 승리가 이어지면서 그 영향이 나타나기 시작했다. 이것은 독일군이 레닌그라드를 바짝 포위한 결과만이 아니었다. 전쟁 발발 후 첫 넉 달 동안 서부 러시아와 우크라이나 지역이 독일군 수중에 떨어지면서 곡물 수확량은 1940년의 5분의 2 수준으로 떨어졌다. 설탕은 5분의 4, 석탄, 주철, 알루미늄은 3분의 2, 소고기는 5분의 2, 돼지고기는 3분의 2로 공급량이 줄어들었다. 겨울

이 오기 전 러시아 전체의 식량 공급량은 급격하게 줄어들었다. 독일군이 레닌그라드 봉쇄를 완료한 후 시 당국자들은 창고에 보관된 비축 식량이 한 달분에 불과하다는 것을 알았다. 9월 2일 시 당국은 노동자들의 하루 빵 배급량을 1파운드로 줄이고, 사무 노동자는 더 적게, 어린이들은 반 파운드의 빵만 배급했다. 살아남을 수 있는 양이었지만, 간신히 버티는 정도였다. 배급량이 더 줄거나 상황이 장기화되면 주민들의 생명이 위험해질 수 있었다.[28]

모스크바의 국가방위위원회는 9월 초에 드미트리 파블로프Dmitri Pavlov를 레닌그라드의 식량 배급 책임자로 임명했다. 성실하고 직선적이며, 냉정하고 공정한 36세의 파블로프는 소련 최고의 식량 공급 전문가였다. 9월 9일 그가 탄 미국제 DC-3 수송기가 레닌드라드 공항에 도착한 순간부터 그는 선전 금지, 거짓말 금지, 변명 금지를 요구하며 엄격한 통제를 시작했다. 그는 레닌그라드 시 당국이 보고한 것보다 실제 상황이 심각한 것을 발견했다. 배급 체계의 수많은 빠져나갈 구멍으로 일주일 만에 식량 비축량이 절반으로 줄어들었다. 배와 부두 시설 부족으로 라도가호수가 공급 노선이 되어야 했는데, 모스크바에서는 호수가 트럭 무게를 견딜 만큼 단단히 얼어붙을 때까지 이것이 현실적인 생각이라고 보지 않았다. 파블로프는 자신이 할 수 있는 모든 일을 시작했다.

파블로프가 레닌그라드에 도착하기 전날 독일군은 인산탄과 네이팜탄을 비텝스크역과 옵보드니 운하 바로 남쪽의 가장 큰 하치장에 있는 바다예프 창고에 투하했다. 화재는 5천 평쯤 되는 지역을 며칠 동안 계속 태웠다. 80년 전 슈킨 아케이드와 아프락신 시장의 대화재 이후로 보지 못했던, 밤하늘을 밝히는 거대한 불길이었다. 20세기 초 목재로 다닥다닥 붙게 지어진 창고 건물들은 불쏘시개처럼 타올랐다. 하지만 이 중 여러 창고가 비어 있었고, 몇 곳만 부분적으로 물건들이 차 있었다. 화재가 진압될 때까지 3천 톤의 밀가루, 2천5백 톤의 설탕이 타버렸다. 사람들은 이 물품들이 불타던 첫날 밤 "거리에 초콜릿 녹은 물이 흘러다녔다"라고 말하기 시작했다.[29] 큰 관점에서 보면 이 손실은 그다지 심각한 것은 아니었다. (9월 2일 배급량 기준으로 보면 3천 톤의 밀가루는 도시의 하루 반 치 공급량이었다.) 그러나 며칠간 타오르는 불길과 육류, 설탕, 밀가루가 타는 냄새의 심리적 영향은 엄청났다. 거의 모든 시민들이 바다예프 화재로 이제 도시가 대재앙의 문턱에 들어섰다고 생각했다. "모든 것이 끝났다. 이제 기아다"라고 바부시카들은 중얼거렸다.[30] 이번에는 많은 사람들이 이 말을 믿었다. 화재로 도시가 몇 년을 버틸 식량을 잃었다는 말이 퍼졌다. 이것은 사실이 아니었지만, 전쟁이 끝난 후에도 오랫동안 이 믿음이 지속되었다.[31]

식량 부족 사태가 일어나리라는 자기 충족 예언은 공급이 바닥나기 전에 실제가 되었다. 사람들은 야채 통조림을 사 모으기 시작했고, 게살 통조림과 캐비아 통조림도 사재기했다. 장군, 당 간부, 기자들이 이용하는 특별상점에서는 몇 주 더 식품을 살 수 있었다. 레닌그라드 작가동맹 회장의 부인은 "만약을 위해" 커다란 캐비아 통조림을 샀으나, 남편이 안 좋은 사례가 될 수 있다고 반품하게 했다. "오, 맙소사, 나중에 그것을 후회하지 않았냐고요?" 그는 1943년 가을 레닌그라드를 방문한 한 영국 종군기자에게 말했다. "기아가 덮친 기간 동안 8킬로그램짜리 캐비어 통조림을 내내 생각했소. 마치 낙원을 잃어버린 것 같았소!"[32]

파블로프는 레닌그라드의 식량 공급과 배급 체계를 빨리 통제해야만 했다. 도시 교외와 독일군 전초기지 사이의 들판에 감자가 다 자라 수확할 때가 되었음을 안 그는 공장 노동자와 사무 노동자들을 보내 감자를 캐오도록 했다. "이들은 밤에 팔과 무릎으로 기어 들판으로 나가 감자를 수확해 왔다. 포탄 구멍에 몸을 숨기고 엎드린 채로 감자를 캐 모아서 가져왔다"라고 그는 회고했다.[33] 사과도, 양배추도 수확했지만 겨울 내내 버틸 식량은 주민 1인당 9파운드도 되지 못했다. 러시아 사람들의 주식인 빵이 파블로프의 가장 큰 걱정거리였다. 그는 시 직원들을 보내 시내의 모든 창고와 철도 측선에 서 있는 화물열차, 부두에 정박한 화물선을 뒤져 식량을 모았다. 9월 중순부터 그는 밀가루에 귀리, 보리, 콩, 맥아를 섞어 빵을 만들었다. 후에는 아마, 면실유, 겨, 대마, 가수 분해된 섬유소

로 빵을 만들었고, 이러는 동안 빵 배급량은 점점 줄어들어 1인당 반 파운드 밑으로 떨어졌다.[34]

11월이 되자 파블로프는 조금이라도 식량으로 가치가 있는 것은 전부 사용했고, 그럴 가치가 없는 것도 활용했다. 양조장과 밀가루 창고 마루를 뜯어 밑에 깔려 있던 밀가루를 모았다. 그해 겨울 과학아카데미의 학자들은 섬유소에서 효모균과 효모유를 추출해 수프를 만드는 방법을 찾아냈고, 이렇게 만든 수프는 레닌그라드 시민들이 매일 부분적으로 배급받는 공장과 사무실 식당에 공급되었다. 항구에 정박한 배의 선창에서 발견된 2천 톤의 양 창자를 끓여 고기 젤리도 만들어냈다. 그러나 냄새를 없애기 위해 정향유를 첨가해야 했다. 파블로프의 과학자들은 시내 빵 공장에서 빵 굽는 판에 쓰는 식용유를 소다 유재, 물, 기름의 혼합물로 대체하여 매일 2톤의 식용유를 절약했다. 파블로프의 말에 따르면 이런 것 중 일부는 "역겨웠다."[35] 그러나 어떤 것이든 먹을 수 있는 것이라면 그럴 수 없는 것보다 선호되었다. 1941년 말까지 도시의 거의 모든 애완동물, 가금류, 쥐가 사라졌고 주민들은 벽지의 밀가루 풀, 책 장정의 접착제를 긁어내 수프를 만들었다. 곧 그들은 점점 더 자포자기가 되었다. "집에 돌아와 너무 허기져 […] [벽난로 옆의 소나무] 통나무 조각을 집어 […] 갉아먹기 시작했다. […] 거기서 송진이 나왔다"라고 한 여성이 세월이 흐른 뒤에 회고했다. "송진 향기가 내게 기쁨을 안겨주었다."[36]

모든 이들이 먹을 것을 생각하고, 그것을 얻기 위한 방법을 생각해냈다. 빵 배급카드, 육류 배급카드, 기름 배급카드는 레닌그라드에서 살아남기 위한 열쇠였다. 육류 배급카드는 고기 젤리, 채소와 선지로 만든 소시지, 가루로 만든 달걀을 뜻했고, 기름 배급카드는 사탕이나 심지어 바다예프 창고 밑의 설탕에 젖은 흙을 의미하기도 했다. 파블로프의 배급 당국은 매달 새 배급카드를 발부했고, 매번 발급받을 때마다 신분 증명을 요구했다. 배급카드 한 장이 같은 무게의 금보다 소중하게 여겨졌기에 가짜 배급카드를 만드는 위조범들은 호경기를 만났다. 독일군이 레닌그라드의 식량 배급 상황을 더 어렵게 만들기 위해 위조 배급카드를 뿌리지 않을까 하는 두려움도 있었다. 배급카드 위조 범죄는 발각되는 대로 총살형이었고, 백지 카드를 파는 것도 같은 형을 받았다. 폭격이나 절도로 배급카드를 분실한 사람들이 새 카드 발급을 요구하자 파블로프는 새 카드 발급 불가라는 철칙을 만들었다. 이로 인해 운이 나쁜 수백 명이 굶어 죽었지만, 이 원칙은 바뀌지 않았다.[37]

살아남기 위해서 주민들은 립스틱을 녹여 빵을 튀기고, 얼굴 분을 밀가루 대용으로 사용하고, 공장에서 기계를 돌리는 가죽 벨트를 끓여 '고기' 비슷한 것을 만들어냈다. 주민들은 아마 씨 기름으로 팬케이크를 굽고, 감자 가루나 전분에 가루 치약을 섞어 '푸딩'을 만들었다. 한 여성은 어느 날 오후 일부러 설사약 70정을 먹었는데, 약에 함유된 사카린이 뭔가 좋은 것을 먹는 느낌을 주기 때문이었다. 많은 주민들이 인근 늪지에서 토탄을 집어 먹었는데, 이것이 먹을 만하다고 여겼기 때문이었다. 그러나 거의 모든 이들이 한 번 이상 암시장에서 식품을 사야 했고, 암시장은 봉쇄가 끝날 때까지 성업했다. 센나야 광장 시장 뒷골목의 암시장은 150년 이상 레닌그라드 지하세계의 중심이었다. 가장 힘든 시기였던 1941년 겨울에 이곳에서는 천문학적 숫자의 가격에 빵을 살 수 있었다. 황제가 하사한 금화, 희귀 골동품 화병, 코담뱃갑이 빵 1파운드와 교환되었다. 다이아몬드 반지로는 조금 더 살 수 있었다.

이 시기에 레닌그라드에는 식인에 대한 이야기들이 무성했다. 겨울 서리가 내린 후에 눈이 형형하고 살 오른 남녀가 팔기 시작한 고깃덩어리가 어디서 나왔는지 용감하게 물어볼 사람은 많지 않았다. 실제로 인육을 먹는 사람을 보았다고 말하는 이가 나타난 것도 아니었다. 그러나 많은 이들이 넓적다리 살이 잘려나간 시체를 보았거나, 기아로 죽은 사람의 앙상한 살이 어떤 다른 생물체에 의해 먹힌 증거를 보았다고 주장했다. "아파트 벽 뒤에서 무슨 무서운 장면이 벌어지는지 아무도 모른다"라고 한 생존자가 후에 회고했다. 남편이 죽은 아내의 시신을 먹었는가? 부인이 죽은 남편의 시신을 먹었는가? 부모들이 죽은 자식의 시신을 먹었는가? 아무도 확신을 가지고 말할 수 없었다. 그러나 많은 이들이 1941년 12월과 1942년 1월 사이에 이런 참혹한 일이 일어났다고 믿었다.[38]

레닌그라드 주민들에게 죽음은 일터, 집, 거리를 가리지 않고 찾아왔고, 그 원인은 기아와 추위였다. 따뜻하게 해가 내리쬐던 가을이 지나고 10월 14일 첫눈이 왔다. 그러고서 잠시 멈췄다가 눈이 계속 내렸다. 사람들은 가능한 모든 방법을 동원하여 난방했다. 보통은 '부르주이카burzhuika'라고 불리는 작은 양철 난로에 나무 조각을 넣어 잠깐 동안 불을 지폈다. 사람들은 가구를 부수고 책을 찢어 나무 한 조각씩, 종이 한 쪽씩 연소시킬 수 있는 모든 것을 난로에 집어넣었다. 그럼에도 얼어붙는 온도 이상으로 실내를 덥힐 열기는 절대 만들어지지 않았다. 병원 병동에서도 실내 온도는 영하 1도에서 영상 2도를 맴돌았다. 환자들은 코트와 담요와 다른 천으로 몸을 감쌌다. 대변은 변기에 그대로 얼어붙었고, 의사와 간호사들도 장갑을 끼고 모자를 쓰고 외투를 입은 채 일했다. "잘 때나 먹을 때나 일할 때나 냉기는 물러가지 않았다"라고 작가 리디아 긴즈부르크 Lidia Ginzburg는 회고했다.[39] 사람들은 함께 모여 추위를 견뎌냈다. 어떤 가족들은 창문 없는 작은 방에 함께 모여 서로의 체온으로 추위를 견디기도 했다. 이런 식으로 모여 있으면 열기가 덜 빠져나가고, 날아다니는 유탄에 맞을 확률도 적었다.

11월이 되자 레닌그라드 주민들의 외모가 바뀌기 시작했다. 친구들과 이웃들은 이런 변화에 대해 얘기하기 시작했고, 거울을 볼 때마다 변하는 자신의 모습을 알아차렸다. 어깨뼈가 앞으로 튀어나오기 시작하고, 팔다리는 젓가락처럼 가늘어지고, 광대뼈가 불쑥 솟아올랐다. 그다음으로 몸이 붓기 시작했다. 처음에는 손발이 붓고, 다음에는 얼굴과 목이 부어올랐다. "모든 사람이 퉁퉁 부어서 무서워 보였다. 피부가 거무스레해지면서 지저분해지고 수척해졌다"라고 누군가 일기에 적었다. "우리 모두 늙었다"라고 그녀는 덧붙였다. "젊은 사람들도 노인처

레닌그라드 봉쇄 시
물을 얻기 위해
줄을 선 시민들

럼 유령의 모습으로 변했다. 그런 모습은 보기만 해도 무서웠다."[40] 기름기에 굶
주린 사람들은 탱크와 트럭용 윤활유도 먹었다. "얼마나 그걸 좋아했는데! 아주
놀라운 먹거리였어!"라고 한 남성이 회고했다.[41] 배를 채우기 위해 먹었지만, 소
화 안 되는 것들 때문에 대부분의 레닌그라드 주민들은 설사병을 앓았다. 식수
탑이 공습으로 파괴되고 수도관이 얼어붙자 주민들은 얼어붙은 네바강에 구멍
을 내고 물을 떠 마셨다. 이로 인해 설사는 더 심해졌다. 사람들이 한꺼번에 죽
어나갔다. 1941년 12월에만 5만 3천 명이 죽었다. 이 숫자는 1940년 한 해 사망
자와 같은 숫자였다.[42] 그러나 이 사망자 숫자는 추측에 불과했다. 많은 이들이
이 숫자가 너무 적다고 생각했다. "열흘 전에 기아로 하루에 6천 명이 죽는다는
얘기를 들었다. 지금은 당연히 더 많은 사람이 죽는다"라고 젊은 작가인 파벨 루
크니츠키Pavel Luknitskii가 12월 29일 일기에 적었다.[43]

많은 이들이 보기에 죽음은 너무 쉽게 찾아왔다. "죽는 것은 너무 간단했다.
모든 것에 관심을 잃고 그저 침대에 누워 있으면 다시는 일어나지 못한다"라고
한 여성이 썼다.[44] 남성들이 여성들보다 먼저 죽었고, 청소년들이 장애인보다 먼

저 죽었다. 사람들이 너무 약해진 나머지 어떤 질병도 이들을 죽음으로 이끌 수 있었다. 1941년에서 1942년으로 넘어가는 겨울에 레닌그라드에서는 감기, 독감, 궤양 등 어떤 가벼운 질병도 사람을 죽일 수 있었다. 어떤 때는 앉아 있다가 죽기도 하고, 아침에 잠자리에서 일어나지 못하고 죽기도 했다. 어떤 때는 일터로 걸어가다가 죽기도 하고, 죽은 가족의 시신을 묘지로 끌고 가다가 본인이 죽기도 하고, 빵 배급을 받기 위해 줄서 있다가 죽기도 했다. "많은 시체가 눈에 띄었다. 죽음은 […] 항시 살아 있는 사람들 주변에 넘쳤다. 사람들은 쉽게, 힘들이지 않고 눈물도 흘리지 않고 죽었다. 죽은 이들은 천에 말리고 줄로 묶여 묘지로 운반되었고, 묘지에는 시신들이 겹겹이 쌓였다. […] 모두 공동묘지에 묻혔다"라고 코차나는 1941년 12월 말에 기록했다.[45] 흰 천에 쌓여 묶인 시신들은 이집트 미라 같았고, 썰매에 실려 눈이나 얼음 위로 운반되었다.

그해 겨울 모든 것은 썰매로 운반되었다. 전찻길이 눈과 얼음에 덮여 1941년 말 모든 전차는 멈춰 섰고, 버스는 그전에 운행이 중단되었다. "이제 유일한 운반 수단은 어린이용 썰매였다. 어린이용 썰매가 끝도 없이 길거리를 오갔다"라고 코차나는 썼다.[46] 북극지방에서 개가 끌며 짐을 운반하는 그런 대형 썰매가 아니라, 전 지구 북부 지역에서 수백만의 아이들이 눈 덮인 언덕을 지치던 그런 작은 어린이용 썰매가 도시를 가득 채웠다. 각각의 썰매는 그것을 끄는 쇠진한 인간만 아는 어떤 목적지를 향해 느리게 움직였다. 어떤 사람은 건강이 너무 나빠 걷지 못하는 가족이나 친구를 끌고 갔고, 어떤 사람은 장작더미나 물통을 아슬아슬하게 균형을 잡으며 어렵사리 운반하고 있었다. 많은 썰매들이 뭐든 남는 천으로 감싸고 줄로 묶은 미라 같은 시신을 싣고 묘지로의 마지막 여행을 하고 있었다. 도시 전체가 조용했고, 썰매와 썰매 끄는 사람만이 유일한 움직임의 근원이었다. 아름다운 레닌그라드, 엘리자베타 여제와 예카테리나 여제, 알렉산드르 1세와 니콜라이 1세의 제국의 수도, 신비한 백야와 즐거운 겨울날을 간직했던 이 도시는 바람, 날씨, 사람들의 필사적인 식욕이 지배하는 차가운 회색 화강암의 섬뜩한 무덤이 되었다. 2백 년 이상 도시의 중심부였던 넵스키 대로조차 이제 폐허가 되었다. "거리는 인적이 거의 끊기고 눈의 담요에 덮여 누워 있었다. 많은 집들이 반은 무너졌다. 대부분의 창문에는 널빤지를 덧대고, [...] 상인 아케이드는 불길에 그을려 검게 변했다"라고 새해 직후 한 여성이 기록했다.[47] 9월 19일 대형 폭탄이 그곳에 투하되어 아케이드가 며칠간 불탔다. 건물을 수리하려는 시도는 엄두도 못 내었다. 당분간은 수리할 이유도 없어 보였다.

사람들은 자기 자신의 세계에 함몰했다. "우리는 지금만큼 서로에게서 멀어진 적이 없다. 서로를 도울 수 있는 방법이 전혀 없다"라고 코치나는 1942년 새해가 일주일 지난 후에 썼다. "결국 나의 심장(불규칙한 고동을 들을 뿐이다), 나의 위장(고통스러운 공복만 느낀다), 나의 뇌(표현하지 못한 생각들의 무게만 느낄 뿐이다) [...] 사람은 혼자 삶과 죽음과 싸워야 한다는 것을 우리는 이제 인식한다"라고 그녀는 적었다.[48] 마치 혹한이 만지고, 마시고, 먹는 것에 스며든 것처럼 모든 것이 죽음에 물들었다. 거의 모든 건물 앞에 얼어붙은 시신들이 장작더미처럼 쌓였다. 1월 24일 기온이 영하 40도가 되면서 모든 곳에서 수도 시설이 터졌다. 그러자 사람들은 오물을 창밖으로 그냥 던져버리거나 자신들이 "사는" 아파트 건물 마당에 내다 버렸다.[49]

레닌그라드의 한 작가는 새해를 자축하는 방법으로 봉쇄 초기 포탄이 떨어질 때 빠져나온 예전 아파트에서 미출간 원고를 가져오기로 결심했다. 그러나 그는 1월 17일이 되어서야 그 아파트 건물에 들어갈 수 있었다. 작은 썰매를 끌고 거리에 나선 그는 얼어붙은 도시를 조심스레 걸어갔다. 거리와 보행로는 얼음과 사람들이 버린 오물로 막혀 있었다. 사방에서 눈 위에 누워 있는 시신들이 보였다. 시신은 일부만 매장되고 팔과 발이 삐져나와 있었고, 썰매나 마차 위에 쌓여 있기도 했다. 모두 똑같아 보였다. 불쌍할 정도로 여위고 피부가 노출된 시신은 붉은색, 분홍색의 죽음의 흔적을 드러냈다. 그는 때로 썰매에 실려 가는 시신에서 삐져나온 긴 머리카락을 피해야 했고, 너무 힘이 없어 몸을 피하지 못하는 맞은

편 행인을 조심해서 비켜 가야 했다. 죽은 사람과 산 사람의 운명을 가른 것은 무엇인가? 이것은 단지 운인가 아니면 신의 다른 의지가 작용한 것인가? 그가 만난 사람 중 단 한 사람만 달라 보였다. 그는 잘 먹은 듯한 인상에 탐욕스러운 눈을 하고 있었다. 투기꾼인가 하고 작가는 의심했다. 죽은 사람이나 죽어가는 아파트 입주자의 배급표로 빵을 받아 암시장에 내다 파는 아파트 관리인인가? 이런 사람은 "모두 총살당해야 한다!"라고 그는 생각했다.[50]

도스토옙스키의 소설에서 고난을 겪는 여주인공들처럼 1941년 말 여성들은 힘을 모아 레닌그라드를 지켜냈다. 전투 초기에 남성들이 전선으로 나가자 여성들은 공장 일자리를 대신 채웠고, 도시의 방어선을 견고하게 만들기 위해 참호를 팠다. 또한 집안일을 하고, 땔나무를 찾아오고, 물을 길어 나르고, 아이들을 돌보고, 빨래와 다림질을 하고, 소량의 빵과 벽지의 풀과 평소엔 식용 불가능이지만 그 끔찍한 시절엔 먹어야 했던 온갖 재료들을 가지고 식사를 준비했다. 그리고 줄을 서서 기다렸다. 봉쇄된 레닌그라드의 일상이 된 끝없는 줄 서기도 여성들의 몫이 되었다. 남성들은 줄 서는 것을 싫어했고, 여성들이 해주기를 바랐다. "남자들은 자신들의 시간은 소중하다는 생각에 익숙해 있었기 때문에, 줄 서서 기다리는 일을 잘 못 했다"라고 리디아 긴즈부르크는 지적했다. 남성들은 줄 서서 기다리는 데 필요한 참을성을 지니지 못했다. "남자들은 일과 후에는 쉬거나 놀아야 한다고 생각한다"라고 긴즈부르크는 설명했다. "[그러나] 일하는 여자들은 집에 돌아와도 계속 일한다."[51]

"굶주림은 이제껏 감춰 있던 사람들의 감정과 특성을 드러냈다"라고 식량 배급 책임자인 파블로프는 19141~1942년의 가장 힘들었던 시기를 회고하며 말했다.[52] 이것은 특히 이 도시의 여성들에게 사실이었다. 살아남아야 한다는 의지를 유지한 것은 여성들이었기 때문이다. 여성들은 자신들뿐만 아니라 아이들, 아버지들, 남편들이 살아남도록 내면의 힘을 공급했다.[53] 그러나 희망이 전혀 보이지 않는다면 의지가 굳은 여성들도 계속 버텨나갈 수 있겠는가? 8월 말 독일군이 전략적 요충인 철로 분기점 므가 기차역을 장악하자 레닌그라드는 러시아 다른 지역과의 연결선이 끊겼다. 11월 8일에는 티흐빈 철로 끝 지점을 장악해 러시아 내륙지역에서 라도가호수 남단의 노바야 라도가로 이어지는 공급로를 차단했다. 운송로 확보에 혈안이 된 러시아인들은 라도가호수 지역의 독일군 포위망에 작은 틈을 낸 소련군의 작전을 이용하여 불과 한 달 만에 황무지를 횡단하는 346킬로미터 길이의 도로를 만들었다. 12월 6일 적은 양의 공급품이 노바야 라도가 길로 공급되기 시작했고, 그달 중순엔 호수의 얼음이 단단해져 2.25톤 트럭의 무게를 견딜 수 있게 되었다. 이때가 되자 소련군은 티흐빈에서 독일군을 몰아내고, 노바야 라도가 철로 끝 지점에서 206킬로미터에 달하는 길을 냈다. 이때 레닌그라드에 남아 있는 식량은 9~10일분에 불과했다. 깻묵, 겨, 제분 분진 등 모든 '식량 재고'가 완전히 소진된 상태였다.[54]

12월 중순 티흐빈은, 러시아 내륙 지역에서 도착한 화물차의 짐을 내리고, 이를 황무지와 얼음 위로 실어 나르러 끊임없이 도착하는 트럭에 싣기 위해 24시간 일하는 노동자들과 병사들로 "거대한 개미 언덕"이 되었다고 파블로프는 회고했다. 일단 얼음 위로 올라선 트럭들은 얼음이 얇게 언 부분을 피하느라 조심스럽게 진로를 잡았다. 독일 공군의 연이은 공습과 장거리 야포 사격으로 트럭 운전자들은 주로 밤에 운행해야 했다. 공급로를 유지하기 위해 2만 명의 남녀가 동원되었고, 12월 말에는 식량 운송량이 하루 6백 톤 이상으로 늘어났지만, 이것은 레닌그라드가 필요로 하는 식량의 3분의 1에도 못 미쳤다. 그러나 괴로워도 견딜 만한 배고픔과 굶주림 사이의 차이를 만들어내기에는 나름대로 충분했다. 크리스마스날 파블로프는 시민들에 대한 빵 배급량을 전쟁 발발 후 처음으로 늘렸다. 노동자들의 빵 배급량은 두 배로 늘어났다. 나머지 사람들은 3분의 2 정도 늘어났다.[55]

12월 말 소련군의 승리 덕분에 겨울 공급로를 관리하던 사람들은 티흐빈에서 보이보칼로역까지 기차운행을 개시하며 1942년 새해를 축하했다. 이 역에서 도로로 48킬로미터 떨어져 있는 레드네보와 카바노바는 노바야 라도가보다 레닌그라드에 훨씬 가까이 위치해 있었다. 그러고서 생명선은 점점 견고해지기 시작했고, 식량 공급량도 하루 2천 톤으로 늘어났다. 2월이 되자 3천 톤으로 늘어났고, 3월과 4월에는 3천6백 톤까지 늘어났다. 파블로프는 1월 24일에 다시, 그리고 2월 11일에 또다시 배급량을 늘렸다. 이제 남은 문제는 라도가호수 서안에서 레닌그라드 시내까지 식량을 운반하는 것이었다. 이것은 봄이 되면 얼음이 녹아 라도가호수 횡단 운송이 중단되기에 큰 문제였다.[56]

라도가호수를 가로질러 식량과 연료를 운송한 트럭이 빈 채로 되돌아가는 것을 원한 사람은 없었다. 1942년 1월 22일 파블로프를 임명했던 국가방위위원회는 어린이, 노인, 여자들부터 시작하여 50만 명의 레닌그라드 시민들을 철수시키기로 결정했다. 1월부터 4월까지 50만 명 이상이 레닌그라드를 떠났고 448,010명이 5월 말부터 11월까지 추가로 떠났다. 이때가 되자 죽음과 주민 철수로 레닌그라드 인구는 1백만 명 정도로 줄어 1941년 여름에 비해 3분의 1 규모가 되었다.[57]

공식 집계에 잡히지 않은 수만 명이 추가로 레닌그라드를 떠났다. 동료 작가들을 구하려고 노력하면서 1941~1942년 겨울을 보낸 파벨 루크니츠키Pavel Luknitskii는 2월 초 드디어 레닌그라드를 빠져나올 수 있었다. 그는 길에 늘어선 모든 차량에 사람들이 가득 찬 것을 보았다. 많은 사람이 담배, 보드카, 빵이나 금을 운전수에게 뇌물로 주고 차에 올라탔다. 루크니츠키는 아무도 공짜로 무엇을 해주려고 하지 않았다고 썼다. 심지어 죽음에 가까이 이른 사람도 빵으로 뇌물을 줘야 했다. 레닌그라드에서 라도가호수 동부 해안까지의 여행이 얼마나 힘들었는지는 작가인 루크니츠키가 모든 재능을 동원해도 다 서술하기 힘들었다. 트럭, 버스, 승용차가 기다시피 간신히 앞으로 나아가다 멈추고 고장으로 버려졌다. 뒤에 있던 차량들은 이들을 지나쳐 앞으로 나아갔다. 매일 길을 떠난 수천 명의 피난민을 위한 음식, 피난처, 보급품은 전혀 없었다. 설사 라도가호수를 건너는 데 성공한 후에도 많은 이들이 먹을 것이나 몸을 따뜻하게 할 장소를 찾지 못했다. 기온이 영하 30~40도로 떨어진 상태에서 여행의 각 단계마다 사람들이 죽었다. 시신은 옆으로 밀어놓아 봄이 오면 처리하도록 했다. 절박감이 사람들을 앞으로 내몰았다. 아무도 그들의 여행이 어디에서 끝날지 알지 못했다.[58]

겨울 보급로 연결로 레닌그라드의 암시장이 다시 살아났다. 운전사, 물품발송자, 트럭에 짐 싣고 내리기를 한 사람들은 큰 이익을 남기고 식량을 판매할 기회를 그냥 지나치기 힘들었다. 루크니츠키와 라도가호수 횡단을 동행한 관리도 친지들을 모두 데리고 이동했지만, 암시장에서 필요한 물건을 챙겨 다시 레닌그라드로 돌아갈 작정이었다. 이런 여행길에서 굶주리는 피난민들은 봉쇄 기간 동안 자신들의 희생의 대가로 배를 불린 이들을 만났다. 병원 운영자와 그의 가족은 모두 비싼 옷을 입고 있었는데 닭튀김, 초콜릿, 분유를 잔뜩 지니고 있었다. 배급 담당 고위관리의 아들은 엘레나 코치나와 그녀의 가족과 같은 열차를 타고 가다가 "봉쇄 기간에 전쟁 전보다 더 잘 먹었어요"라고 코치나의 남편에게 떠벌렸다. "우리는 버터와 초콜릿을 상자째 먹었어요. 전에 한 번도 그런 걸 본 적이 없었어요"라고 아들의 여자친구가 거들었다. 이들 대부분은 레닌그라드 센나야 광장 시장과 연계되어 있어 그곳에서 밀가루 한 통을 2만 5천 루블에 팔고 다른 물건들도 큰 이익을 남기고 팔았다.[59] 식량 투기꾼은 총살형에 처한다는 규정에 이들은 전혀 아랑곳하지 않았다. 대부분의 사람들은 스스로를 처벌해야 할 바로 그 관리들에게 "보호비"를 지불한다고 생각했다.

1942년 4월 얼음이 녹으면서 겨울 보급로를 통한 상품 운송이 어려워질 때쯤 레닌그라드 사람들은 독일군이 가한 최악의 피해에서 살아남았다고 생각했다. 소련군이 티흐빈에서 라도가호수 동쪽 연안까지의 철로를 확고히 장악한 상태에서 호수의 얼음이 녹자 배를 통한 운송도 재개되었다. 철로 상황이 개선되었고, 저장창고와 부두 시설도 수리되었다. 그해 여름 당국은 반복되는 독일 공군기의 공격에도 불구하고 라도가호수 바닥에 석유 송유관을 깔았다. 이것은 봉쇄가 계속되더라도 레닌그라드가 연료 없이 두 번째 겨울을 맞는 상황은 피하게 되었다는 것을 의미했다.[60]

1941년에서 1942년으로 넘어가는 겨울 식량과 연료를 기다리는 동안 레닌그라드 시민들은 책을 읽었다. 많은 사람들이 도스토옙스키, 투르게네프, 체호프의 작품을 읽었고, 그보다 수천 명 더 많이 레프 톨스토이의 작품을 읽었다. "책을 읽을 만한 에너지를 가진 사람은 포위된 도시에서 『전쟁과 평화』를 읽었다"라고 긴즈부르크는 회고했다. "톨스토이는 용기에 대해, 민중의 전쟁에서 자기 몫을 하는 사람들에 대해 결정적인 말을 남겼다. 아무도 생명에 대한 톨스토이의 태도의 타당성에 의심이 없었다. 독자는 자기 자신에게 이렇게 말할 것이다. 맞아, 나는 이에 대해 바른 생각을 갖게 됐어. 그렇다면 이렇게 되어야 해"라고 그녀는 덧붙였다.[61] 책을 읽을 힘이 없는 사람은 라디오를 들었다. 라디오에서는 작가와 시인들의 작품 낭독이 포위 상태의 단조로움을 깨주었다. 이들의 작품은 사람들에게 용기를 주었다. 이들은 인간 정신의 회복력, 기억의 힘, 이들이 절대 잊지 말아야 할 의무에 대해 말했다. 그해 겨울, 사람들은 봉쇄 시대를 기록한 책을 준비했고, 일기를 썼고, 이에 대한 시와 소설을 썼다. 이들은 자신들이 필요한 존재라는 것을 느낄 필요가 있었다. 그리고 자신들의 삶을 이끌어갈 미래의 지향점이 필요했다. 라디오에서 더 이상 작품 낭독이 없을 때엔 메트로놈 소리가 들렸다. 그 소리는 결코 멈추지 않고 정확한 간격으로 울렸다. 너무도 강해 죽을 수 없는 한 도시의 쉼 없는 맥박이었다. 봉쇄 기간 내내 그 소리는 한 번도 멈추지 않았다. 항상 그곳에 있었다. 삶이 더 지속되지 못할 것처럼 보인 순간에도 그 소리는 계속 울렸다.

굶고 허약해져 어떤 때는 죽음의 문턱에 서기도 한 레닌그라드의 음악가들은 그 겨울, 시내 전체에 방송되는 콘서트를 열어 자신들이 할 일을 했다. 가장 마법적인 순간은 1942년 봄 레닌그라드 시민들이 이 도시에 바쳐진 드미트리 쇼스타코비치*의 교향곡 7번을 들었을 때였다. 쇼스타코비치는 이 교향곡을 전쟁 직전에 작곡하기 시작했다. 독일 공군의 폭탄이 상인 아케이드에 떨어진 9월 19일 밤, 쇼스타코비치는 가장 가까운 친구 몇 명을 자신의 아파트로 초청했다. 친구들이 왔을 때 쇼스타코비치는 이제 막 끝낸 교향곡의 첫 세 악장을 그린 악보에 둘러싸여 있었다. 쇼스타코비치가 이를 연주하는 것을 듣고 친구들은 놀랐다. 공습 사이렌이 울리자 쇼스타코비치는 자기 부인과 아이들을 방공호로 보내고는 연주를 계속했다. 폭탄이 천둥을 울리고 사이렌이 요란한 소리를 내고 대공포가 쿵쿵거리는 와중에 그의 음악은 "육체적으로, 정신적으로 견디기 어려운 소리의 수준을 지닌 강력하고 날카롭게 울부짖는 클라이맥스"[62]라고 한 평론가가 나중에 표현한 것에 도달했다. 그의 친구들은 러시아의 문화에서, 그리고 전 세계 문화에서 진귀한 순간을 목격했음을 깨달았다. 쇼스타코비치와 더 높은 어떤 힘이 합쳐져 그들이 사는 시간과 장소를 초월할 수 있을 듯했다.

얼마 후 쇼스타코비치는 가족과 함께 항공편으로 볼가강변의 쿠이비셰프[**]로 이송되었다. 이 도시에는 그해 가을 후방으로 철수한 많은 예술가, 작가, 음악가들이 모여 있었다. 그곳에서 쇼스타코비치는 7번 교향곡을 완성하고 표지에 "레닌그라드 시민들을 위하여"라고 썼다. 후에 그는 가장 친한 친구들에게, 고향곡에 표현한 고뇌와 분노는 히틀러뿐만 아니라 스탈린에게도 향한 것이라고 말했다. "이것은 공포 정치, 노예제, 영혼의 압제에 대한 음악이다"라고 그가 말한 것을 한 친구는 회고했다. "[이것은] 단지 파시즘에 대한 것이 아니라 우리나라

---

[*]드미트리 쇼스타코비치Dmitri Dmitriyevich Shostakovich Дмитрий Дмитриевич Шостакович (1906~1975)는 20세기 러시아 최고의 작곡가 중 한 사람으로 초기에는 아방가르드 풍 작품을 작곡했으나 후에 낭만파 작품을 많이 썼으며 구스타프 말러의 영향을 많이 받았다. 1936년부터 1948년까지 소련 당국의 검열과 압제에 시달렸다. 줄리언 반스의 소설 『시대의 소음』과 M. T. 앤더슨의 평전 『죽은 자들의 도시를 위한 교향곡』에 당시 상황이 잘 표현되어 있다.

[**]쿠이비셰프Kuybyshev, Куйбышев 는 2차 대전 중 소련의 임시 수도로 현재의 사마라 Samara, Самара 에 해당된다.

에 대한 것, 그리고 압제와 전체주의 전반에 대한 것이다."[63]

1942년 3월 중순 레닌그라드의 시인 올가 베르골츠는 항공편으로 모스크바로 이송되었고, 그곳에서 쇼스타코비치 7번 교향곡이 소련에서 처음 연주되는 것을 들었다. 연주 후 그녀는 쇼스타코비치가 자리에서 일어나 머리를 숙여 인사하는 것을 보았다. "나는 그를 쳐다보았다. 큰 안경을 낀 작고 연약한 사람이었다. 나는 이렇게 생각했다. '이 사람은 히틀러보다 훨씬 강하다.'"[64] 라디오를 통해 울려 퍼진 교향곡 〈레닌그라드〉를 처음 들은 다른 사람들도 그렇게 생각했다. "포위된 도시에서 7번 교향곡을 연주했다는 사실 자체가 레닌그라드 시민들의 꺼지지 않는 애국정신과 강인함, 승리에 대한 확신, 마지막 피 한 방울까지 싸울 준비가 되어 있다는 다짐을 보여준다"라고 연주 직전 아나운서가 말했다.[65] 아흐마토바의 시와 마찬가지로 쇼스타코비치의 음악을 통해 레닌그라드 시민들은 용기를 얻었다. 이것은 그들을 위해, 그들에게, 그들이 견뎌내도록 요청된 끔찍한 짐에 대해 이야기했다. 1942년 4월 중순, 도시가 봉쇄된 지 248일이 지났어도, 이 짐의 차원은 여전히 미지의 것으로 남아 있었고 제대로 측정할 수도 없었다.

여전히 확신할 수 없지만, 봉쇄 첫 248일 동안 1백만 명 이상의 레닌그라드 시민들이 희생당했고 이 숫자는 1945년 히로시마에서 사망한 사람 수의 열두 배 이상이었다. 레닌그라드 봉쇄는 다른 현대 도시가 견뎌낸 고난과 비교하는 것이 불가능했다. 미국 남북전쟁 중 빅스버그시 봉쇄***는 1863년 5월 18일부터 7월 4일까지 48일간 지속되었다. 아무도 굶어 죽지 않았고, 1백여 명의 여성과 아이들이 사망했다. 빅스버그 시민들은 봉쇄 기간 동안 당나귀, 말, 개, 고양이를 잡아먹었다. 남부군이 민간인보다 일곱 배나 많았지만, 열네 명 중 한 명 미만이 전

***미국 남북전쟁 중 그랜트 장군이 이끄는 북군에게 밀린 남군이 빅스버그 요새에서 마지막 저항을 펼쳤으나 40일간의 봉쇄 끝에 북군에 항복했다.

사했다. 1942년 1월, 2월, 3월, 4월에 레닌그라드에서 하루에 죽은 사람 수가 빅스버그 사망자 전체보다 많았다. 1870년 9월 19일부터 1871년 1월 27일까지 지속된 파리 봉쇄*는 비교할 대상도 되지 않는다. 1942년 4월 중순까지 레닌그라드의 봉쇄는 파리 봉쇄보다 두 배나 길었다. 빅스버그 주민들과 마찬가지로 파리 주민들도 집에서 기르는 동물들을 잡아먹고 심지어 동물원의 코뿔소도 잡아먹었다. 그러나 파리 주민들은 레닌그라드 주민들이 살아남기 위해 첫해 겨울에 먹었던 것과 같은 것들은 먹지 않았다. 파리에는 와인이 넘쳐났고, 날씨도 훨씬 따뜻했다.[66]

1942년 봄에 눈이 녹자 레닌그라드의 재앙이 제대로 모습을 드러냈다. 수천 채의 건물이 파괴되었고 거리와 보행로의 포탄 웅덩이 말고도 도시의 하수 시설이 심각하게 손상되었다. 산더미 같은 눈, 잔해, 사람의 배설물이 도시에 있는 약 1만 2천 곳의 마당에 쌓여 있었다. 6백만 평이 넘는 면적이 쓰레기, 눈, 시신을 그 표면 아래 숨기고 있었고, 거리를 뒤덮은 얼어붙은 눈덩이와 얼음의 두께는 거의 1미터가 되었다. 사람의 배설물과 쓰레기가 상상할 수 없는 규모의 전염병을 일으키기 전에 레닌그라드를 청소해야 했다. 그러나 이 작업을 하는 것은 "오물로 덮인 북극을 청소하는 것과 같았다"라고 시인 베라 인베르Vera Inber가 썼다.[67]

3월 마지막 주와 4월 첫 2주 동안 레닌그라드 시민들은 도시를 청소하는 데 나섰는데, 어떤 때는 30만 명이 한꺼번에 동참하기도 했다. "모든 사람이 한 몸처럼 나섰다. 가정주부, 어린 학생들, 교육받은 민중인 교수, 의사, 음악가, 나이 든 남녀 모두가 나섰다. 어떤 사람은 쇠 지렛대, 어떤 사람은 삽, 어떤 사람은 곡괭이를 가지고 나왔다. 어떤 사람은 빗자루, 어떤 사람은 바퀴 손수레, 어떤 사람은 어린이용 썰매를 가지고 나왔다. 이 중 일부는 자기 다리를 끌기에도 힘들 정도

---

*보불 전쟁 당시 프러시아군이 파리를 봉쇄했다. 결국 프랑스가 항복하면서 프러시아의 승리로 전쟁이 끝나 독일 제국과 파리 코뮌 정부가 탄생했다.

로 쇠약한 상태였다. 어린이 썰매 하나에 다섯 사람이나 몸을 묶고, 지쳐 쓰러질 때까지 썰매를 끌었다"라고 당시 모스크바에서 찾아온 한 기자가 썼다.[68] 4월 중순까지 레닌그라드 시민들은 수백만 톤의 잔해와 인간의 오물을 거리와 마당에서 치웠다.[69] "아우게이아스 왕의 외양간**"은 참혹한 겨울을 나며 지친 사람들이 수행한 위업에 비하면 아이들 장난처럼 보인다. 1월이나 2월에 레닌그라드를 본 사람은 오늘 이 도시를 알아보기 어려울 정도이다"라고 노년의 시인 니콜라이 티호노프Nikolai Tikhonov가 썼다.

봄이 왔다. 전차가 다시 다니고, 백야가 다시 찾아왔지만 봉쇄는 계속되었다. 여름의 긴 낮 동안 독일군은 공습과 야포공격을 강화했다. 8백 대의 중야포가 포격에 동원되었다. 이제 사람들은 이런 공격에 익숙해졌다. "사람들은 머리 위로 날아가는 포탄 소리에 무신경해졌다"라고 리디아 긴즈부르크는 회고했다. "포탄이 오는 것을 기다리기란 훨씬 힘든 일이다"라고 그녀는 계속했다. "그러나 포탄 소리를 들어도 이번엔 나한테 떨어지지 않을 거라고 다들 생각했다." 오직 일부만이 공포감을 드러냈다. 한 화가는 "포탄을 무서워하는 면에서 다른 레닌그라드 주민들과 달랐다." 포격이 시작되면 그는 아래층에 사는 친구들 집으로 피신했다. 포격이 진행되는 동안 그는 안정을 찾지 못했다. "와서 차 한잔하세요. 곧 끝납니다"라고 말을 건네면 그는 이렇게 답했다. "당신은 상상력이 전혀 없군요. 그래서 겁을 안 내시나 봅니다. 제대로 겁을 먹으려면 정말로 현명해져야 해요."[70]

사람들은 마르스 광장과 여름 정원에 양배추, 감자를 심어 다가올 겨울을 진작에 준비했다. 풀밭이나 공원이 있는 곳이면 어디든 '텃밭'이 생겼다. 사람들은 채소가 자라기를 기다리는 동안 초록색 먹거리에 대한 갈망을 풀기 위해 잡초

**아우게이아스 왕이 3천 마리의 소를 기르면서 30년간 청소를 하지 않았는데 헤라클레스가 강물을 끌어 들여와 하루 만에 청소했다는 전설을 가리킨다.

영웅 도시

와 야초를 먹었다. "풀과 허브가 솟아나기 시작하자 사람들은 동물처럼 변했다" 라고 한 생존자가 기억했다. "눈에 보이는 대로 풀을 뜯어 먹었다. 남아나는 것이 없었다." 모든 종류의 풀들이 집안의 식탁, 공장과 사무실 식당에 올라왔다. "질경이 수프, 쐐기풀과 수영 퓌레, 비트 잎 동그랑땡, 명아주 동그랑땡, 양배추 잎 슈니첼" 모두 그 봄에 "깻묵으로 만든 간 요리, 깻묵 페이스트리, 어분 소스, 카세인 팬케이크, 효모 수프"에 곁들여 나왔다. 당시 풀과 허브가 독성이 있는지 점검하기 위해 동료와 함께 식물원을 방문했던 한 여성도 이와 비슷한 회고를 했다. 이들은 식물원 책임자를 기다리는 동안 근처에서 눈에 띈 처빌chervil을 뜯어 먹었다. "처빌 좀 뜯어가도 될까요?"라고 그들이 묻자 함께 일하기로 배정된 연구자가 "잡초예요"라고 답했다. "뭐 우리한테는 상관없어요"라고 그녀는 대답했다. "그렇게 우리는 두 봉지를 처빌로 가득 채워 실험실로 돌아왔어요. 우리는 그것을 다 먹어치우고 만족했어요. 그 풀을 먹으면서 우리가 얼마나 행복했던지. 처빌 한번 실컷 먹었죠!"[71]

그해 여름 레닌그라드 사람들은 데이지, 캐모마일, 미뇨네트, 들장미를 꺾어 집으로 가져와 삶이 '정상'으로 돌아온 것처럼 보이도록 모든 방법을 동원했다. 어떤 점들에 있어 삶은 정상으로 '돌아오고' 있었다. 예의범절이 돌아왔고 친절함도 돌아왔다. 사람들은 여전히 허약했지만 길이 험한 데서는 서로 도왔다. 알렉산드르 파데예프Aleksandr Fadeev는 한 농부 출신 병사가, 전차 계단을 혼자 오르지 못하는 한 노파를 부축해 올려주는 것을 보았다. "고마워요, 우리 아들"이라고 노파는 답례 인사를 건넸다. "날 도와줬으니 당신은 무사히 살아남을 거요. 내 말을 기억해요. 총알은 당신을 피해 갈 거요!"[72] 그러나 '정상' 상태는 겉치레일 따름이었다. 넵스키 대로에 포격으로 인한 피해를 감추기 위해 가림막이 세워진 것처럼. 1년 가까운 독일군의 포격과 폭격으로 멀쩡하게 남은 건물이 거의 없다는 것을 모두가 알고 있었다.[73] 이것은 사람도 마찬가지였다.

사람들은 서서히 회복했다. 배고픔의 압박과 사랑하는 이들의 죽음에서 받은 충격은 매우 컸다. 이런 큰 재앙을 겪어보지 못한 사람들과 달리 레닌그라드 사람들은 무엇이 정말 중요하고, 무엇이 그렇지 않은지 이해하게 되었다. 그러나 봉쇄의 흔적은 여전히 남았다. 검게 변한 피부, 수척한 외모, 그리고 무엇보다도 눈동자에 고난의 흔적이 고스란히 남았다. "그 얼굴과 눈동자는 모든 충격적인 기근의 이야기를 모아놓은 것보다 훨씬 많은 것을 내게 말해주었다"라고 파데예프는 레닌그라드의 어린이들을 처음 본 뒤에 말했다. 그가 본 아이들은 노는 법을 잊어버리고 자신의 세계에서 나오지 않았다. 아이들은 종종 몇 시간이고 침묵을 지켰다. "저는 늘 엄마를 생각해요"라고 한 아이가 말했다. 또 다른 아이가 말했다. "엄마가 집에서 어떻게 죽었는지 기억나요. 엄마는 [빵을 사려고 오랫동안 줄서 있다가] 집에 돌아오자마자 마루에 쓰러졌어요. […] 제가 엄마를 침대에 누이려고 했는데, 너무 무거웠어요. 이웃 사람들이 엄마가 죽었다고 했어요."[74]

파데예프가 방문한 고아원에서 점심을 먹는 동안 한 어린 소녀가 계속해서 빵몇 조각을 옆에 따로 떼어놓았다. 왜 그러는지를 묻자 아이가 답했다. "엄마를 기억하고 싶었어요. 엄마랑 늦은 밤에 늘 침대에서 빵을 같이 먹었어요. […] 그래서 엄마가 했던 걸 똑같이 따라 하려고요. 엄마를 사랑해요. 엄마를 기억하고 싶어요." 어른들은 감정을 더 잘 감추었지만, 삶의 중압감은 여전히 드러났다. "그녀는 정말 예뻤었다"라고 파데예프는 봉쇄 이래 처음 만난 사촌에 대해 4월에 이렇게 적었다. "[지금은] 거의 노인 같았다. 시들고, 눈꺼풀은 부었고, 얼굴은 까매지고 다리는 부어올랐다. 매끄럽고 검고 가지런하던 머리카락은 회색빛이 되었다. 섬세한 손은 거칠어졌고, 힘든 노동을 하는 남자의 메마르고 옹이 진 손처럼 변했다."[75]

아주 오랫동안 생각을 내부로 돌려왔던 사람들은 책을 통해서 밖으로 나오려고 하기 시작했다. "사방에서 사람들이 책을 읽는 것이 보였다"라고 파벨 루크니츠키는 7월 15일 일기에 적었다. "광장, 정원, 공원, 거리의 벤치에 앉아 책을 읽었다. 의자를 가져와 책을 읽는 이들도 있었고, 자신이 살던 폭탄 맞은 건물에서 안락의자를 마당으로 내와 거기 앉아 책을 읽는 사람도 있었다." 그해 여름 레닌그라드의 책 거래는 다시 활기를 찾았다. 이 도시는 최소한 18세기 중반부터 애서가들의 안식처였다. 조상들로부터 물려받은 희귀한 책들도 많았다. 겨울 동안 굶주림에 시달리던 사람들은 빵을 사기 위해 책을 팔았고, 피난 가게 된 사람들도 책을 팔았고, 죽거나 전쟁에 피살당한 사람들의 상속자들도 책을 팔았다. 폭격과 포격 때문에 방치된 아파트를 돌아다니며 물건을 훔치는 도둑들은 값나갈 만한 책들을 훔쳐 팔았다. 이런 책들이 중고책방, 가판대, 센나야 광장 시장에 다시 나타났다. 수십 년간 레닌그라드 서점에서 볼 수 없었던 희귀 초판본과 혁명 전 인쇄업자들이 일일이 그려 넣은 귀중한 원본 삽화가 들어간 책들, 멋진 가죽 장정이 된 책들(일부는 거의 예술 수준의 장정이었다) 등 수만 권의 책들이 그해 여름 구매자를 기다리며 시장에 나왔다.[76]

1942년 8월 9일 레닌그라드 필하모니는 전쟁으로 초토화된 레닌그라드에서 쇼스타코비치의 〈교향곡 제7번〉을 초연했다. 교향곡 악보는 6월에 특별 군용기로 쿠이비셰프에서 공수되었고, 한 달 이상 리허설이 진행되었다. 연주회가 열린

드미트리 쇼스타코비치(1950)

필하모니 연주장의 훌륭한 객석은 하얀색, 금박, 붉은 벨벳의 눈부신 혼합으로 이루어져 있었다. "누구도 이 콘서트는 잊지 못할 것이다"라고 누군가 기록했다. "스웨터, 조끼, 재킷, 칼라 없는 셔츠를 입은 다채로운 오케스트라 단원들이 영감과 흥분 속에서 연주했다. […] 오케스트라가 피날레를 연주하자 청중들은 모두 일어났다. 앉아서 듣는 것이 불가능했다."[77] 연주 중에 야포 소리가 쇼스타코비치의 음악에 맞추어 울렸다. 이번에는 러시아

쇼스타코비치
〈교향곡 7번
레닌그라드〉
연주 장면
(1942. 8. 7.)

의 대포 소리였다. 4월부터 레닌그라드 전선 지휘를 맡은 포병 출신 레오니트 고보로프Leonid Govorov 중장은 연주 중에 있을지 모를 독일군의 공격에 대비하여 3천 문의 총포를 동원하여 연주장을 방어했다.[78] 대포 소리와 쇼스타코비치 음악의 힘이 레닌그라드의 정신의 힘과 결합하면서 사람들은 죽은 이들을 기억하며 눈물을 쏟았다. 멀리 떨어져 있는 사람들이 살아 있기를 바라면서 우는 사람들도 있었다.

적군의 야포는 독일군의 포위를 뚫기 위한 시도의 시작을 알렸다. 9월 8일 고보로프의 지휘부는 보병 3개 사단을 동원하여 네바강 건너편 실리셀부르크를 공격했지만 격퇴당했다. 몇 주 후 두 번째 공격을 시도했으나 이번에도 실패했다. 소련군은 아직 독일군의 포위를 분쇄할 전력을 갖추지 못했지만, 독일군 최선선 부대에 6만 명의 사상자를 발생시켜, 레닌그라드가 직접 공격받을 위험을 제거했다. 봉쇄된 상태에서 맞아야 하는 두 번째 겨울이 다가오고 있었고, 레닌그라드 주민들은 앞으로 있을 어려움을 예상했다. 그러나 최악의 상황은 지나갔다는 것을 알았다. 도시는 식량 비축분을 확보하고 있었고, 지난 8개월간의 주민 철수와 사망으로 먹여 살려야 할 주민 수도 많이 줄어들었다. 독일군이 티흐빈에서 격퇴된 탓에, 라도가호수에 얼음이 얼면 겨울 보급로가 바로 열릴 터였다. 기아 수준의 배급은 이제 과거의 일이 되었다.

여름과 가을에 걸쳐 수리작업이 활발히 진행되었다. 지붕도 고치고, 상하수도 배관도, 전기선도 다시 연결되었다. 깨진 창문도 다시 달거나 그 자리에 널빤지를 댔다. 일부 아파트에는 난로가 설치되고, 원래 있던 난로는 수리되었다. 전차선도 복구되고, 보행로의 포탄 구멍도 메워졌다.[79] 피해를 입은 많은 시설들이 그대로 남아 있었지만, 레닌그라드 주민들의 분위기는 바뀌었다. 이제 그들은 과연 포위 가 돌파될 수 있을지가 아니라 언제 돌파될 것인가를 논했다. 많은 이들에게 봉쇄 해제는 단지 시간문제로 보였고, 그들은 어떻게 기다려야 하는지 배웠다.

1942년 늦가을 레닌그라드 시민들이 가진 희망이 무엇이었든 해방은 1년 이상을 더 기다려야 했다. 9월과 10월 독일군의 포위망을 뚫으려는 시도가 실패로 돌아가자 고보로프는 전력이 증강될 때까지 기다리기로 했다. 가을이 시작되고 또 지나갔지만 그는 기다렸다. 레닌그라드 주민들은 이제 더 이상 기아에 허덕이지 않았다. 탄약 공장은 고보로프의 전방 병력이 필요로 하는 포탄, 총알, 수류탄을 충분히 생산해냈다. 처음으로 전쟁포로들이 넵스키 대로를 행진했다. 독일 포로를 보고 격분한 여성들을 제지하기 위해 병사와 경찰들이 나서야 했다. 일부 포로들은 그들이 이제껏 파괴했던 모든 것을 재건해야 독일 귀환을 허용할 것이라는 러시아인들의 명령을 듣고는 눈물을 쏟았다고 한다.[80]

시인 올가 베르골츠는 그전 해를 회고하는 시를 써서 1943년 새해를 축하했다. 그해 대부분 기간에 그녀는 레닌그라드 라디오위원회가 사용하는 건물에서 살았다. 다른 예술가, 시인, 작곡가와 함께 그녀는 자신의 시를 낭독했다. 다른 것이 가능하지 않을 때 그녀는 도시의 삶에 신호를 보내는 메트로놈 소리를 내보냈다. 남편은 이미 사망했고, 그녀는 영양실조로 고통받고 있었다. 그녀는 말할 수 없이 기력이 쇠약해졌지만, 계속 이야기하고 쓰고 낭독했다. 지난겨울 레닌그라드 시민들은 그녀 자신의 투쟁을 묘사한 「2월 일기」를 숨죽이고 들었다. "우리는 울지 않는다. 그들은 진실을 얘기한다. 눈물은 레닌그라드 사람들의 내부에서 얼어붙었다고"라고 그녀는 낭독했다. "우리는 죽을 것이다. 그러나 '붉은 피테르'는 결코 항복하지 않는다!"[81] 이제 베르골츠는 다시 말했다. "다시 겨울입니다. 눈발이 날립니다. 적들은 아직 도시의 문턱에 있습니다"라고 그녀는 시작했다. "그러나 우리는 파티를 하며 새해를 맞을 것입니다. […] 그리고 우리는 [1년 전만 해도] 죽음이 머물고 어둠이 지배했던 건물들에 우리의 따뜻한 숨결을 불어넣을 것입니다. 이곳에는 생명이 있을 것입니다!"[82] 레닌그라드에게는 생명, 그러나 아마도 독일인들에게는 죽음. 그것이야말로 레닌그라드 사람들이 가장 원하는 희망이었고, 그들의 희망은 곧 실현될 터였다.

네바강 건너 실리셀부르크 지역을 방어하는 미하일 두하노프Mikhail Dukhanov 장군이 지휘하는 67군의 종군기자로 일하던 파벨 루크니츠키는 1943년 1월 11일 저녁 레닌그라드로 돌아오라는 명령을 받았다. 열다섯 시간이 지난 다음 날 아침 9시 반 4천5백 문의 소련군 야포가 독일군 진영에 포탄을 퍼부었다. 중대포, 박격포, 귀를 찢는 소리가 결코 잊힐 수 없는 카추샤 다연장포가 두 시간 동안 쉬지 않고 수만 발의 포탄을 독일군 진영에 쏘아댔다. 이튿날 오후 루크니츠키가 전선으로 귀환하는 것이 허용되었을 때 두하노프의 부대는 네바강 도하에 성공했다. 5일 후에 실리셀부르크가 탈환되면서 독일군 방어선은 라도가호수 남단에서 15~25킬로미터 후방으로 밀려났다. 레닌그라드와 소련 다른 지역으로 연결되는 철로가 수복되었다. 봉쇄를 완전히 돌파하는 데는 1년 이상이 더 걸릴 터였지만, 일단 레닌그라드를 둘러싼 포위망은 돌파되었다. "봉쇄가 뚫렸습니다. 우리는 승리할 것입니다"라고 올가 베르골츠는 기쁜 목소리로 라디오 레닌그라드에 선언했다. "우리는 겪어야 할 일이 아직 많고 견뎌야 할 게 아직 많다는 것을 압니다. 하지만 우리는 모든 것을 이겨낼 것입니다"라고 그녀는 덧붙였다.[83] 레닌그라드 시민들은 길거리로 쏟아져 나왔다. 베르골츠가 말을 마친 다음 베라 인베르가 바로 이어갔다. "눈발에 달빛이 비치는 1월 18~19일 밤은 이날을 경험한 사람들 기억에서 결코 사라지지 않을 것입니다. 이 행복, 해방된 레닌그라드의 행복을 우리는 결코 잊지 못할 것입니다."[84]

그러나 봉쇄는 계속되었다. 나치 독일군의 야포는 계속 레닌그라드를 포격했고, '본토' 지역에서 레닌그라드로 들어오는 기차들은 독일군의 포화를 뚫고 운행해야 했다. 4백만 톤 이상의 화물이 운송되었지만 인명 피해는 컸다. 독일군은 열린 포위망을 다시 닫으려고 시도했고, 소련군은 이를 넓히려고 애썼으며, 양측 다 포사격에 주로 의존했다. 1943년 노동절에 독일군은 레닌그라드에 대한 포격을 강화했고, 철로로 이동하는 거대한 포를 발사해 공공도서관을 파괴하고, 넵스키 대로의 전차를 부쉈다. 올가 베르골츠는 포탄이 날아오는 예리한 소리와 폭발 소리 때문에 두 단락 이상 글을 쓸 수 없을 때가 많았다. 시 당국은 "시민 여러분! 포탄이 날아오면 거리의 이쪽은 더 위험합니다"라고 쓴 파란색, 흰색의 경고 표지판을 수천 장 내걸었다. "그렇게 오랫동안 봉쇄 상태에서 살았는데도 우리가 아직 모를 거라고 보나"라고 베르골츠는 중얼거렸다.[85] 그럼에도 삶은 조금씩 천천히, 그러나 분명히 나아졌다. 연극 공연장과 영화관이 다시 문을 열었다. 여름에는 축구 경기도 열렸다. 사람들은 다시 농담하기 시작했다.[86]

레닌그라드 시민들이 1944년 새해 맞을 준비를 할 때 올가 베르골츠는 라디오 청취자들에게 한 가지 약속을 했다. "우리는 봉쇄 상태에서 세 번째 새해를 맞게 되었습니다. 그러나 이런 상태로 네 번째 새해를 맞지는 않을 것입니다. 됐어요. 이걸로!"[87] 이 생각은 고보로프 장군 마음속에도 있었다. 그리고 레닌그라드 시당 지도자인 안드레이 즈다노프와 스탈린도 같은 생각을 하고 있었다. 가을 내내 전력 증강이 이루어져 125만 명의 소련 공격 병력은 독일군 병력을 두 배 이상 넘어섰다. 엄청나게 많은 중포와 카추샤 다연장포가 반입되어 전선 1킬로미터당 평균 2백 기의 대포가 배치되어, 5미터마다 한 문씩 설치되었다. 이 숫자에는 소련 발트함대의 포와 크론시타트 기지와 주변 작은 요새에 배치된 대포는 포함되지 않았다. 레닌그라드에서 생산하는 포탄 말고도 포탄을 가득 실은 1천 대 이상의 트럭이 외부에서 들어왔다. 레닌그라드에서 생산된 포탄은 탄두에 새겨진 문구를 보면 알 수 있었다. "레닌그라드 노동자들의 피를 위해 [그대가로]," "우리 아이들의 고난을 위해," "살해당한 우리 친구들을 위해."[88] 대장으로 승진한 고보로프 장군은 스탈린과 소련 포병 사령관 니콜라이 보로노프Nokolai Voronov 원수에게 좀 더 많은 대포와 포탄과 병력을 보내줄 것을 요청했다. 그는 첫 공격에 독일군을 제압하고자 했다. 그는 이렇게 보고했다. "레닌그라드의 운명은 우리의 진격 속도에 달려 있습니다. 만일 우리 공격이 저지당하면 레닌그라드는 버틸 수 없는 엄청난 포격을 당하게 됩니다. 그러면 많은 인명이 살상당하고 많은 건물이 파괴될 것입니다."[89]

독일군이 레닌그라드를 봉쇄한 지 868일째 되는 1944년 1월 14일 아침 고보로프는 65분에 걸쳐 10만 발 이상의 포탄을 안개에 묻힌 독일군 진지에 퍼붓도록 명령했다. 그날 소련군 2강습군은 11킬로미터쯤 되는 전선에서 3킬로미터 이상 전진했다. 이것은 결정적 공세는 아니었지만, 독일군의 재편성을 막기에 충분했다. 그날 밤 눈이 왔다. 다음 날 아침 고보로프는 그해 가장 강력한 포격을 개시하도록 명령했다. 오전 9시 20분부터 11시 50분까지 소련 포병은 50만 발의 포탄과 카추샤 다연장포를 독일군 진지에 퍼부었다. 이것은 스탈린그라드 공방전 때 쏟아부은 포탄보다 더 많은 양이었다. 심지어 1차 대전 때 독일군이 러시아군 진지를 분쇄하기 위해 펼친 '폰 마켄센 쐐기' 작전* 때보다도 더 강력한 공격이었다. "오늘 아침 나는 여느 때처럼 동트기 훨씬 전에 일어났다"라고 파벨 루크니츠키는 그날 일기에 썼다. 등유 램프 불빛에 그는 프랑스 소설을 펼쳐 들었는데, 그때 그리보예도프 운하에 있는 그의 아파트 창문이 갑자기 격렬하게 흔들리기 시작했다. 건물 전체가 흔들리는 찰나 루크니츠키는 침대에서 뛰어내려 창

---

*1차 대전 당시 독일군의 폰 마켄센이 이끄는 9군이 비스와강까지 독일군을 진격시켜 러시아군 1군과 2군의 방어선을 분리시키는 '쐐기'를 박은 것을 지칭하는 작전.

가로 달려가 창문을 열었다. 운하 반대편 아파트 창문도 밖을 내다보는 얼굴들로 가득 찼다. 이것은 무엇인가? 포격 소리가 도시 전체에 울려 퍼졌지만, 포탄이 폭발하는 소리는 들리지 않았다.[90]

갑자기 사람들은 무슨 일이 일어났는지 깨달았다. "이건 우리한테 쏘는 포가 아니야! 우리 대포야!"라고 사람들은 소리쳤다. "드디어 시작되었어!"라고 누군가 외쳤다. "시작되었어!" 루크니츠키는 펠트 장화를 신고 겨울 모자를 쓰고 짧은 양털 외투를 걸친 다음 문을 박차고 뛰어나갔다. 그가 종군기자 브리핑 룸에 도착했을 때 제2강습군은 이미 10킬로미터를 돌파한 상태였다.[91] 이번에는 소련군의 공격이 흐트러지지 않았다. 이후 며칠 동안 소련군의 진격 속도는 빨라졌지만, 후퇴하는 독일군을 따라잡을 정도로 빠르지는 않았다. 며칠 만에 고보로프의 소련군은 풀코보, 푸시킨, 파블롭스크, 롭샤, 크라스노예 셸로, 페테르고프를 탈환했다. 봉쇄 기간 동안 레닌그라드를 포격했던 독일군 중야전포도 노획했다. 소련군이 탈환한 모든 곳은 폐허투성이였다. 페테르고프의 황금삼손상과 대분수, 예카테리나 궁전, 푸시킨의 아름다운 카메론 미술관도 파괴된 상태였다. 표트르 대제가 프러시아 왕으로부터 받은 황옥을 라스트렐리가 섬세하게 조각해 만든 황옥방*의 황옥 벽판은 완전히 사라진 상태였다. 오늘날까지도 이 보물이 어디로 갔는지 아무도 모른다. 궁전의 대무도회장에는 아무것도 남아 있지 않았고, 검은 포탄 자국만 있었다.

며칠 후 고보로프의 군대는 독일군 포위의 전략 요충인 므가를 탈환했다. 1월 27일 저녁 즈다노프는 324개의 대포에서 쏘는 24발의 예포에 이어 "레닌그라

---

*상트페테르부르크 근교 차르스코예 셸로에 있는 예카테리나 궁에 설치된 방으로, 1716년 프러시아의 프레데릭 빌헬름 1세가 표트르 대제에게 선물한 황옥 패널로 장식되었다. 2차 대전 중 이 지역을 점령한 독일군이 약탈해 갔으나, 쾨니히스베르크(현 칼리닌그라드) 인근까지만 이송 과정이 추적되고 실종된 상태이다. 러시아 당국은 2003년 예카테리나 궁에 황옥방을 복원했다.

드가 적군의 봉쇄와 야만적인 포격으로부터 해방되었다"라고 선언했다.[92] 현대 도시 역사상 한 도시가 견뎌낸 가장 긴 봉쇄가 마침내 끝난 것이다. "이제 우리는 어디든 원하는 대로 거리를 걸을 수 있게 되었다"라고 루크니츠키는 기쁜 마음을 표현했다. 날카로운 포탄 소리를 더 이상 들을 필요가 없고, 타고 가는 전차 위로 포탄이 떨어질지 염려할 필요가 없고, 위험의 징조를 피하기 위해 눈을 부릅뜨고 있어야 할 필요도 없어졌다.[93]

무엇보다도 사람들은 도시가 조용해졌다는 것을 느꼈다. "레닌그라드는 조용하다. 아이들은 이제 양지바른 곳으로 다닐 수 있게 되었다. 넵스키 대로를 다닐 때 가장 위험하다는 곳으로 말이다"라고 올가 베르골츠는 썼다. "이제 아이들은 양지바른 곳으로 마음 놓고 다닐 수 있게 되었다! 이제 양지바른 쪽 방에서 마음 놓고 살 수 있게 되었다. 밤에도 죽는다는 염려 없이 평화롭게 깊은 잠을 잘 수 있게 되었다"라고 그녀는 이어갔다. 넵스키 대로의 양지바른 쪽에 있는 10월 극장도 다시 문을 열었다. 며칠 후 독일군은 히틀러가 약속한 대로 나르바 개선문을 통해 걸어 들어왔다. 그러나 경비병에게 호송되는 전쟁포로로 걸어 들어온 것이다.[94] 베르골츠와 같이 라디오 레닌그라드에서 방송한 베라 인베르는 그녀에게 필요한 단어를 찾지 못했다. "봉쇄에서 완전히 벗어난 것은 레닌그라드 역사상 가장 중요한 사건이다"라고 그녀는 일기에 썼다. "지금 전문 작가인 나는 이것을 표현할 단어를 찾을 수 없다. 내가 말할 수 있는 것은 레닌그라드가 드디어 자유로워졌다는 것이다. 그것이 전부다."[95]

당분간은 그것으로 충분한 듯했다. 아무도 레닌그라드를 어떻게 재건할 것이며, 독일군이 끼친 450억 루블 규모의 피해를 어떻게 복구할 것이며, 사람들을 어떻게 다시 데려올 것인지(당시 인구는 겨우 50만 명에 불과했다), 그리고 공장, 아파트, 거리는 어떻게 복구할 것인지 묻지 않았다. 모든 것은 미래에 할 일이었다. 당분간 레닌그라드 사람들은 오로지 평화 속에 있기를 원했다. 아직 전쟁이 계속 진행되고 있었지만, 이들을 함께 묶은 고난의 기억을 마음속에 간직하려

했다. 그러나 나치 독일의 손에서 견뎌낸 고통은 자신들의 지도자가 준 고통의 기억을 불러오지 않을까? 레닌그라드 사람들은 그 이전 10년 동안 겪은 고통을 떠올리지 않고 봉쇄 기간의 고통만 기억할 것인가? 이 질문들도 미래에 답할 것이었다. 그 답이 그 누가 상상했던 것보다 빨리 오긴 했지만.

1944년 봄과 여름에도 전쟁은 계속 진행되었다. 소련군은 돈강, 드네프르강, 부크강, 드네스트르강을 넘어 서쪽으로 진격하여 폴란드와 루마니아에 들어섰다. 소련군은 키예프, 탈린, 르보프, 바르샤바와 부다페스트에서 독일군을 몰아내고, 그런 다음 베를린으로 진격했다. 레닌그라드에서 사람들은 재건을 생각했고, 고난을 기억하는 방법을 생각했다. 1944년 4월 30일 그들은 18세기에 지어진 소금창고에서 봉쇄 방어 기념 전시회를 열었다. 이 장소는 1917년 혁명 얼마 전 제국교육박물관, 제국기술사회박물관, 제국가사제품박물관, 제국농업박물관으로 개조되었다. 이 건물 주변의 거의 모든 집들이 독일군의 포격과 폭격을 받았다. 시 공산당과 레닌그라드 전선사령부는 소금창고에 남아 있는 부분을 박물관으로 개조하였다. 6천7백 평 면적의 열네 개의 방에 6만 점의 전시품을 전시했다. 외부에는 노획한 독일군 야포, 타이거 탱크, 중야전포와 독일군이 레닌그라드를 공격하기 위해 동원한 모든 무기를 전시했다.

사람들은 단체로, 또는 짝을 지어, 또는 혼자서 전시장을 둘러보았다. 그러나 모두가 전시물들이 불러일으킨 기억과 홀로 마주했다. 루크니츠키는 네 시간 동안 전시장에 머물렀다. 베라 인베르는 1941년 가을 자신과 남편이 일하던 병원 바로 옆에 떨어진 것과 똑같은 노란 점이 찍힌 푸른 폭탄을 보았다. 당시에 이것은 공포의 대상이었다. 지금은 그저 하나의 통계 자료였다. "무게 1천 킬로그램, 반경 660밀리미터, 길이 990밀리미터."[96] 모든 사람은 포위 당시의 빵집 모형을 바라보았다. 이 가게는 창문이 얼음에 덮이고, 한 사람이 125그램의 빵을 저울에 달아 나오는 계산대를 복원했다. "50퍼센트 불량 호밀, 10퍼센트 소금, 10퍼센트 면실 찌끼, 15퍼센트 섬유소, 5퍼센트 콩가루, 5퍼센트 재생 제분 분진, 5퍼센트 톱밥 분진."[97] 이것은 한 사람 한 사람의 마음에 이들 모두가 공유하고 이제 소중하게 여기게 된 과거를 불러왔다. 그러나 미래는 어찌될 것인가? 1944년 봄에 레닌그라드 사람들은 이에 대해서도 생각하고 있었다.

도시 밖으로 반출된 모든 것이 되돌아와야 했고, 파괴된 모든 것을 다시 건설해야 했다. 8만 평 이상의 주거 건물, 5백 곳 이상의 학교, 기념 건물로 보존되어 온 18세기 건물의 3분의 2, 8백 개 이상의 공장, 이 모두를 재건하거나 수리해야 했고, 75킬로미터의 하수관, 44킬로미터의 상수도관, 70개 이상의 다리, 2백 킬로미터에 달하는 거리도 수리해야 했다. 도시는 전쟁 전보다 1백만 명 이상의 주민을 더 수용할 수 있도록 확장되어야 했다.[98] 다음으로 에르미타주 소장품이 있었다. 포위 중에 독일군의 공격 목표가 된 에르미타주는 32발의 포탄을 맞았고, 폭탄 두 개가 투하되었다. 건물 자체를 수리하고 복원해야 했고, 값진 소장품들을 다시 가져와야 했다. 이 작업을 위해 필요한 물품 목록을 작성하라는 지시를 받은 박물관장 이오시프 오르벨리는 65톤의 석고 반죽, 80톤의 설화석고, 1백 톤의 시멘트, 2톤의 창호 접착제, 40톤의 석고 반죽, 30톤의 백묵 석고, 1백 톤의 아스팔트 유향수지를 요청했다. 이는 시작에 불과했다. 오르벨리의 목록은 30톤의 토양 안료, 20톤의 건조 안료, 10톤의 백납, 20톤의 아마씨유, 2톤의 청동 주형, 2톤의 청동판, 80킬로그램의 청동 가루, 6킬로그램의 금, 수천수만 제곱미터의 유리, 캔버스, 장식 직물도 포함했다.[99]

모든 예술품은 우랄 지역에 있는 스베르들롭스크에서 포장되어 기차로 실려와야 했다. 1945년 10월 10일 두 대의 기차가 레닌그라드에 도착하자 1941년의 반대 장면이 연출되었다. 1천 개 이상의 포장 짐을 실은 거대한 트럭 행렬이 모스크바역으로부터 넵스키 대로를 지나 이동했다. 표트르 대제와 예카테리나 여제, 러시아의 대귀족들의 보물이 다시 에르미타주로 돌아왔고, 큐레이터들은 짐을 풀기 시작했다. 렘브란트의 〈붉은 옷을 입은 노인의 초상〉, 〈레이스 칼라의 젊은이 초상〉, 〈십자가에서 내림〉 등이 다시 그림틀에 들어가 벽에 걸렸다. 틴토

레토, 티치아노, 조르조네의 작품도 다시 걸렸다. 스키타이 황금 유물과 러시아 여황제들의 보석도 특별 금고에 보관되었다. 이전처럼 당당한 우동의 볼테르 좌상이 원래 자리에 다시 설치되었다. 일요일인 11월 4일 에르미타주 345개 전시실 중 68개 전시실이 다시 일반 관람객에게 개방되었다. 전시실을 감시하는 예리한 시선의 키 작은 장년 여성들도 각자 자기 위치로 돌아왔고, 오르벨리와 봉쇄에서 살아남은 모든 에르미타주 직원들도 정위치로 돌아왔다. 레닌그라드와 마찬가지로 에르미타주는 새로운 역사의 장을 열었고, 낙관주의로 가득 찼다. 오르벨리와 박물관 직원들은 새로운 기회와 새로운 전시물들을 고대했다. 이것들은 전쟁 전보다 박물관을 훨씬 더 위대하게 만들 터였다.[100]

오르벨리와 극히 소수의 사람들에게만 알려진 채 값을 매길 수 없는 수천 품의 작품이 그날 에르미타주 창고에 들어왔다. 널리 예고된 마지막 기차의 보물들이 스베르들롭스크에서 레닌그라드에 도착하고 바로 엿새 후 다른 기차가 베를린에서 도착했다. 아무 환영 행사 없이 도착한 이 기차는 동쪽에서 온 기차보다 두 배나 길었으며 그 안의 내용물은 심지어 오늘날까지도 그 전체 규모가 알려지지 않았다. 그러나 40량으로 편성된 이 기차의 각 칸 바닥에는 베르가몬의 제우스 제단을 장식했던 값을 매길 수 없는 대리석 판이 한두 장씩 깔려 있었다. 기원전 2세기 부조로 조각된 이 대리석은 120미터가 넘는 프리즈(건축물 윗부분에 그림이나 조각으로 된 띠 모양의 장식물—옮긴이)에 신과 거인들의 전투를 묘사하고 있었다. "고통 속에 울며 소리치는 거인과 당당하게 승리한 아테나가 내 눈앞에 있었다"라고 나치가 이 보물을 감춘 장소를 찾아낸 한 러시아 미술품 전문가가 일기에 적었다. 이 돌에 화려하게 새겨진 것은 "그 영원한 주제, 즉 삶과 죽음의 투쟁, 빛과 어둠의 투쟁, [⋯] 승리와 파국, 파괴와 열정적이고 황홀한 삶의 승리였다."[101] 베를린의 페르가몬 박물관은 이 프리즈들을 전시하기 위해 특별히 만들어졌다. 그리고 이 프리즈들은 소련군이 독일군에게 입은 피해를 보상하기 위해 러시아로 가져온 첫 전리품 중 하나였다.

이 대리석 판 위에 쌓인 다른 예술품들이 동쪽으로 이동했고, 이후 2년간 기차 세 대를 채우고도 남을 만큼 많은 예술품이 러시아로 반입되었다. 이 전리품들은 베를린의 카이저 프리드리히 박물관, 뮌헨 알테 피나코테크 미술관에서 탈취한 그림과 조각, 드레스덴의 올드 마스터 컬렉션의 그림 수집 점, 수백 점의 개인 소장품, 특히 나치의 재무장으로 엄청난 부를 축적했다고 알려졌고 1941년 암으로 사망한 오토 크렙스의 소장품들을 포함했다. 소련군이 네 개의 기차를 가득 채워서 에르미타주로 보낸 미술품은 어머어마했다. 세잔, 르누아르, 피사로, 고갱, 드가, 고야의 작품과 라파엘, 반 다이크, 뒤러, 루카스 크라나흐의 작품도 포함되었다. 이집트의 석조상, 페르시아의 세밀화, 그리스 대리석상, 로마의 청동상과 네페르티티의 두상, 보티첼리의 〈신곡〉 그림, 하인리히 폰 슐리만의 트로이 발굴에서 나온 보물들도 포함되어 있었다. 폰 슐리만이 1880년대에 독일 제국에 기증한 모든 금 장신구는 이미 모스크바의 푸시킨 박물관으로 공수되었지만, 그가 비축한 완벽한 상태로 보전된 수많은 도자기와 청동상은 에르미타주로 보내졌다. 이 보물들이 소련에 있다는 사실은 오랫동안 철저하게 비밀에 부쳐졌다. 1980년대가 되어서야 비밀의 커튼이 열리기 시작했다.

이 보물들은 무작위로 탈취된 것이 아니라, 공산당 중앙위원회와 스탈린의 직접 승인을 받고 면밀하게 짜인 계획에 의해 수행되었다. 러시아의 교회와 궁전 수백 곳을 나치가 무자비하게 파괴한 것, 그리고 나치가 키예프, 노브고로드, 프스코프의 박물관들과 레닌그라드 교외 궁전들의 소장품을 있는 대로 약탈한 것에 대한 보복으로, 러시아인들은 자기네 군이 독일과 인근 국가로 진주하고 나자 현지의 소장품들을 수집하기로 결의했다. 그들의 이유는 간단했고 명확하게 표현되었다. "러시아 문화를 말살하고 러시아 예술의 가장 뛰어난 소장품을 파괴한 독일 파시스트 야만인들은 자신들이 저지른 죄악에 대한 책임을 면할 수 없습니다"라고 푸시킨 박물관 소장은 1944년 인민위원각의에 보고했다. "추축국들의 박물관은 대작들로 가득 찼습니다. 이것들을 피해의 보상으로 소련에 가져와야

합니다"라고 그는 썼다.[102]

이러한 의견은 레닌그라드에도 널리 퍼졌다. "예술품을 의도적으로 파괴한 자들은 자신들의 예술품을 보유할 권리가 없다"라고 수많은 레닌그라드 사람들은 영국의 종군기자 알렉산더 워스Aleksander Werth에게 말했다. "그들은 예술에 대한 사랑이 전혀 없다. 그렇다면 왜 훈족이 드레스덴, 뮌헨, 베를린의 유럽 보물을 소유하는 것이 문제가 된단 말인가?"[103] 전쟁의 마지막 해에 다다르자 이것이 소련 공산당 중앙위원회가 가진 공식 견해가 되었고, 중앙위원회는 수십 명의 미술사가와 학예사들에게 군 계급장을 달아 소련군과 함께 독일로 들어가게 했다.[104] 이들은 당 관료나 저속한 의도를 가진 이념가들이 아니었다. 독일 소장 예술품을 반출해 오는 데 주도적 역할을 담당한 세 명의 핵심 인물은 소련 예술계의 최고 거장들로 이고르 그라바르, 세르게이 트로이니츠키Sergei Troinitskii(전 에르미타주 박물관장), 전 푸시킨 박물관 수석 학예사이자 러시아 최고 전문가에 해당하는 빅토르 라자레프Viktor Lazarev였다. 이들은 서방 예술을 잘 알고 어디에 어떤 대작이 있는지 손바닥 들여다보듯 잘 알았다. 이들의 부하들은 그림과 소재지에 대한 상세한 목록을 가지고 독일로 들어갔다. 독일군이 침공한 1941년부터 1944년까지 소련의 예술 작품에 끼친 손해를 보상하기 위해 어떤 예술품을 반출해야 하는지에 대한 상세한 계획이 마련되어 있었다.

독일과 그 동맹국 박물관에서 예술품을 반출해 오는 것은 전후 소련을 공산주의의 성취에 대한 살아 있는 기념비로 바꾸는 막대한 노력의 일부에 지나지 않았다. 무너진 건물들과 폭격으로 파괴된 공장을 가지고 몇몇 도시 계획자들은, 레닌그라드가 '집합체(collective)'로 일하는 사람들이 성취할 수 있는 것을 세계에 보여주리라고 생각했다. 1941년부터 1944년까지 레닌그라드가 치른 희생은 좀 더 높은 이상에 헌신한 사람들이 성취할 수 있는 것을 이미 실증했다. 전쟁 기간에 그런 위업을 달성하도록 만든 공동의 목표는 평화 시기에도 수행될 수 있을 것인가? 레닌그라드는 다시 온전한 모습을 보여줄 수 있을 것인가? 그러기까지 얼마나 많은 시간이 걸릴 것인가? 시당 위원장인 안드레이 즈다노프가 1944년 봄 시당 위원회에서 선언한 대로 이 도시는 "전쟁 전보다 더 안락한" 도시가 될 수 있을 것인가? 독일군이 푸시킨, 페테르고프, 가치나, 파블롭스크의 궁전에 끼친 피해는 절대 다시 복원될 수 없다고 생각하는 사람도 많았다. 또한 그 폐허들이 나치 만행을 기억하는 흔적으로 그대로 남아야 한다고 주장하는 이들도 있었다. 그러나 레닌그라드 자체가 재건되어야 한다는 것에는 아무도 이견이 없었다. 소련군이 폴란드를 점령하고 서쪽으로 계속 진군하자 즈다노프는 "우리의 과제는 이 도시를 단순히 재건하는 것이 아니라 완전하게 복원하는 것이다"라고 선언했다.[105] 오래된 건물들은 이전에 과시했던 웅장함을 다시 복원해야 했고, 새 건물도 지어야 했다. 표트르 대제의 도시는 레닌의 도시로 완전히 변형되었다. 레닌그라드는 러시아의 과거에 대한 기념비 역할을 하는 동시에 현재와 미래에 대한 상징이 되어야 했다. 또한 타의 추종을 불허하는 건축적 경이와 고난을 모두 상징하는 도시가 되어야 했다.

이것이 연합군이 베를린을 압박해 들어갈 때 레닌그라드의 미래를 그린 사람들이 가진 비전이었다. 그러나 이 도시의 과거, 현재, 미래에는 또 하나 고려해야할 점이 있었다. 18세기에 이 도시는 러시아 조선업의 중심지였고, 19세기에는 러시아 중공업의 핵심 지역이었다. 1928년부터 1941년까지 많은 공장이 우랄산맥 동쪽에 건설되기는 했지만, 레닌그라드는 소련 시대에도 이 역할을 계속 수행했다. 소련 계획자들은 정밀과학기계 중심지로서 소련의 전통이 사라지게 할 생각이 없었다. 레닌그라드는 산업중심지로 거듭나야 했고, 이를 위해 공구와 프레스 금형, 무기 생산, 조선 기술자들이 다시 도시로 들어왔다. 1944년 1월 봉쇄가 완전히 풀렸을 때 레닌그라드의 인구는 60만 명도 되지 않았다. 20개월 후 인구는 두 배 이상 늘어났다. 그러나 나치 봉쇄 기간에 42만 평의 주거 공간이 파괴되었음에도 주거시설 건축 예산은 1940년 수준에 불과했다.[106]

이미 1945년부터 레닌그라드의 도시 계획자들과 건축가들은, 제국의 과거와 웅장한 소비에트의 미래를 혼합한 위대한 문화적 대도시를 건설한다는 애초 계획을 수정하지 않을 수 없었다. 주거시설 건설과 공장 재건이 1943~1944년 도시 계획자들이 꿈꾼 웅장한 그림보다 우선순위가 되었다. 레닌그라드 재건에서 상상력과 비전은 실용주의에 밀려났고, 1948년이 되자 봉쇄 기간에 굶주린 계획가들이 보여준 모든 열정과 과감성은 완전히 사라져버렸다. 물론 재정적 제약이 한 원인이 되기는 했지만 그것이 전부는 아니었다. 크렘린 내의 정치적 내분이 레닌그라드의 미래에 결정적 영향을 미쳤고, 이것은 1940년대가 끝나가면서 거대한 르네상스의 희망이 급격히 사라진 것과 직접 관련되었다.

전쟁의 암울한 시기에도 크렘린의 정치는 사악하고 살인적인 내부 투쟁을 계속했다. 독일에서의 전쟁이 끝나갈 무렵, 레닌그라드 당위원장인 즈다노프와 모스크바의 게오르기 말렌코프Georgii Malenkov 간에 스탈린 핵심층의 첫 번째 자리를 차지하기 위한 경쟁이 벌어졌다. 두 사람은 1930년대 숙청을 발판으로 크렘린의 고위직을 차지했다. 전쟁 초기 즈다노프의 위상은 크게 추락했다. 만일 레닌그라드가 함락되었더라면 즈다노프는 총살당했을 것이 분명했다. 그러나 레닌그라드의 강력한 저항으로 즈다노프는 재기의 발판을 마련했다. 1944년이 되자 권력의 진자는 즈다노프 쪽으로 움직여 그는 모스크바로 영전했고, 심복인 알렉세이 쿠즈네초프Aleksei Kuznetsov에게 레닌그라드 공산당을 맡겼다. 스탈린 다음 2인자가 된 즈다노프는 소련의 예술 분야 결정권자가 되어 공포 정치의 통치기를 시작했는데 이 시기는 여전히 그의 이름을 담고 있다. 즈다노프의 영향력이 가장 강력했던 시기인 '즈다놉시나Zdanovshchina, ждановщин*는 예술 분

---

*1946년 즈다노프가 만든 일명 '즈다노프 독트린'으로 불리는 문화정책. 세계를 소련이 이끄는 사회주의 세계와 미국이 이끄는 자본주의 세계로 이분한 뒤 "소련 문화에서 가능한 유일한 투쟁은 선과 악의 투쟁이다"라는 모토를 내세우며 문화예술에 대한 엄격한 정부의 통제를 강조하고, 자본주의적 요소와 세계주의적 요소를 배격했다. 이 원칙은 곧 소련의 공식 문화정책이 되어 스탈린이 사망할 때까지 지속되었다.

야에서의 반계몽주의, 경직성, 이념적 맹목성으로 지금까지 기억된다. 레닌그라드에서는 이 즈다놉시나로 인해 모든 위대함에 대한 꿈이 끝나고, 가장 탁월한 작가들을 대상으로 한 억압이 시작되었다. 안나 아흐마토바는 전쟁 중에 중앙아시아 타슈켄트로 후송되어 그곳에서 전쟁 시기의 대부분을 났다.

1941년 9월 레닌그라드를 떠나기 전 아흐마토바는 레닌그라드의 강직한 여성들이 도시를 구할 것이라고 선언하고 봉쇄 내내 이 믿음을 간직했다. 타슈켄트에서 그녀는 러시아 최고의 인텔리겐치아들과 함께 시를 쓰고, 낭독하고, 대화를 나누고, 사색에 잠기고, 작곡하며 살았다. 이 도시의 가파르고 좁은 뒷골목과 동양적 정취, 자신이 뒤에 두고 떠나온 것과 완전히 별개의 세계 같은 이국적 분위기는 그녀를 매혹시켰고, 시에서 자주 언급되었다. 이곳에서 그녀는 장티푸스와 성홍열에 걸려 고생했지만 회복했고 미래를 내다보았다. 그러나 그녀의 생각은 늘 레닌그라드와 그 고난, 주민들의 용기, 그 미래에 가 있었다. 1944년 레닌그라드로 돌아온 그녀는 이 도시가 겪은 재앙에 크게 낙담했지만, 작가들과 예술가들의 생활은 더 좋아지리라는 희망을 가졌다. 그녀는 자신이 작품들이 다시 출간되고 레닌그라드는 서구로 난 창이라는 원래의 위상을 되찾으리라고 생각했다.[107]

아흐마토바는 조지프 브로드스키가 묘사한 레닌그라드의 이미지를 보았다. "네바강의 추상적인 빛이 움푹 들어간 창에 비치는 여위고 굳어진 얼굴. […] 그 뒤로는 낡은 피아노, 해진 깔개, [그리고] 육중한 청동 액자 안의 먼지 낀 그림. […] 희미한 생명이 깜박이기 시작했다."[108] 레닌그라드 봉쇄를 견디어낸 모든 시인 중 가장 위대한 시인으로 추앙받은 그녀는 엄청난 인기를 누렸고, 자신의 시가 출간되고 재출간되는 것을 보았으며, 단숨에 이 도시의 전후 인텔리겐치아의 여왕(grande dame)이 되었다. 50대에 들어선 그녀는 이바노프의 '탑'과 프로닌의 '떠돌이 개' 시대와 다름 없는 강렬한 인상을 주었다. 전후에 러시아 인텔리겐치아에 대한 저술로 서방 최고의 러시아 전문가가 된 이사야 벌린*은 아흐마토바를 "서둘지 않는 몸짓, 고귀한 두뇌, 아름다우면서 다소 엄격한 자태, 엄청난 슬픔의 표현력으로 지극히 품위 있는" 사람으로 서술했다.[109] '엄청난 슬픔'이라는 느낌은 벌린에게 평생 간직되었다. "전쟁 뒤 레닌그라드는 그녀에게 거대한 묘지, 그녀의 친구들의 공동묘지에 불과했다"라고 그는 그 후 40년 이상의 세월을 회고했다. "그녀가 견딜 힘은 […] 문학과 과거의 이미지에서 나왔다. 푸시킨의 상트페테르부르크, 바이런, 푸시킨, 모차르트, 몰리에르의 돈 후안, 그리고 이탈리아 르네상스의 위대한 파노라마에서."[110]

아흐마토바의 인내의 힘은 과거에서 나왔을지 모르지만 그녀는, 스탈린이 아무것도 모스크바에 대적하지 못하고 자신의 권력에 도전하지 않기를 바라는 현재와도 여전히 싸워야 했다. 1945년과 1946년 중후반기까지 아흐마토바의 명성은 지속되었다. 그러고서 스탈린의 2인자인 즈다노프가 공격을 개시했다. 그의 촉구에 의해 당중앙위원회는 아흐마토바와 레닌그라드의 위대한 풍자 소설가인 미하일 조셴코Mikhail Zoshchenko를 타락한 과거의 유물로 비난하고, 이들의 작품을 출간한 레닌그라드 문예지를 엄격하게 검열했다. 3주 후 즈다노프는 소련작가동맹 레닌그라드 지회를 소집하여 당중앙위원회의 비난결의문을 낭독했다. 그는 아흐마토바와 조셴코를 작가동맹에서 축출할 것을 요구했다. "레닌그라드는 레닌그라드를 자신의 개인적 목적에 이용하는 모든 종류의 끈적끈적한 문학 불한당들의 피난처가 되어서는 안 된다"라고 그는 어리둥절하는 작가들 앞에서 선언했다.[111] 일곱 시간이나 계속된 회의에서 그는 아흐마토바의 시가 소련 젊은이들의 도덕성을 타락시키고, "낙담, 정신적 절망, 공공의 삶의 긴급한 문제로부터 멀리 도망칠 마음만 심어주는" 돌이킬 수 없이 퇴폐적인 문학이라고 비난했다.[112] 따라서 아흐마토바는 비난받아야 하고, 그녀의 작품은 더 이상 출간

---

*이사야 벌린Isaiah Berlin(1909~1997)은 라트비아 태생의 철학자, 정치학자로 옥스퍼드대학 교수와 영국과학아카데미 원장을 역임하며 『러시아 사상가들』을 비롯한 저술을 남겼다.

되어서는 안 된다고 그는 선언했다.

작가동맹에서 축출된 아흐마토바는 더 이상 급여도 식량 배급카드도 받을 수 없게 되었다. 그토록 오랜 세월 동안 레닌그라드의 생과 고난에 대한 진솔한 말하는 시를 쓴 시인은 친구들의 자선에 의해 생을 이어가며 망각과 침묵 속으로 사라졌다. "나는 아주 유명했고, 그다음에 아주 악명이 높았지. 나는 이 둘이 본질적으로 하나이고 같은 거라고 확신해"라고 그녀는 친구에게 말했다.[113]

레닌그라드의 가장 위대한 시인을 침묵하게 만든 즈다노프는 이 도시의 가장 위대한 작곡가에게 공격의 화살을 돌렸다. 그는 "사람들이 흥얼거릴 수 없는 멜로디"를 가진 음악은 퇴폐적이라고 선언했다.[114] 그리고 음악을 "혼란스러운 소리의 총합"으로 만드는 것은 "미국과 유럽 음악의 퇴폐성"을 반영한 것이라고 말하며 쇼스타코비치도 침묵시킬 것을 요구했다.[115] 쇼스타코비치의 〈레닌그라드〉 교향곡이 가져온 명성은 바로 사라졌다. 아흐마토바, 조셴코, 쇼스타코비치를 비난한 파도는 계속 다른 사람에게로 확산되었다. 최악의 봉쇄 기간 동안 매일 라디오 레닌그라드를 통해 시민들에게 용기를 준 올가 베르골츠도 이를 피해 가지 못했다. 이제 크렘린은 고난을 상기시키는 것은 더 이상 원하지 않았다. 공식적으로 고난은 더 높은 목표를 향해 자발적으로 노동하는 것으로 전환되었다. 기아로 죽은 수십만의 인명은 이제 잊혀야 했다. (이들은 스탈린 사후에야 다시 기억되었다.) 레닌그라드 방어 기념 박물관도 갑자기 폐쇄되었다. 독일군의 포격이 진행되는 동안 주민들에게 위험한 장소를 경고한 파란색과 흰색의 거리 표시도 어느 날 모두 철거되었다. "어둡고" "무섭고" "부정적이고" "공포를 불러일으키고" "사기를 떨어뜨리고" "불안하게 하는" 봉쇄에 대한 기록은 더 이상 출간될 수 없었다.[116] 올가 베르골츠는 이 모든 기록을 자신의 아파트에 수집해놓았고, 날이 갈수록 '미출간'을 뜻하는 "N. O."가 표시된 종이 더미는 늘어났다. 이는 즈다노프가(그리고 스탈린이) 러시아와 서방의 모든 접촉, 특히 서구 지향적인 레닌그라드와 서방의 접촉이 종식되어야 한다는 것을 분명히 하기 위해 택한 방식이었다. 다시 한번 서구의 예술은 퇴폐적이고, 타락하고, 아주 위험한 것이 되었다.

그러나 새 숙청의 물결은 레닌그라드를 서방과 차단시키는 것보다 더 거셌다. 소련에서 늘 그렇듯 예술가들과 작가들은 정치 투쟁의 첫 희생자가 되었다. 1948년 즈다노프의 죽음은 말렌코프가 그의 심복들과 그 밑에서 일한 수천 명의 중하급 관리를 숙청하는 시작을 알렸다. 레닌그라드 방어 기념 박물관은 폐쇄되었을 뿐 아니라 박물관장은 시베리아로 유형 보내졌고, 봉쇄와 관련된 모든 서류는 이후 25년간 어떤 역사학자도 볼 수 없게 창고로 보내져 자물쇠가 채워졌다. 즈다노프의 연설문도 사라지고, 그의 어떤 글도 출간되지 않았다. 1944년 즈다노프가 수집하도록 명령한 봉쇄에 관한 모든 자료들도 소련 시대에 출간되지 않았고, 이에 공헌한 주요 작가들과 예술가들의 기록도 출간되지 않았다. 역사는 변해야 했고, 인간이 기억하는 기억도 바뀌어야 했다.

레닌그라드가 소련의 새로운 서방으로 난 창이 되리라는 꿈은 깨지고 매장되었다. 소련은 서방으로 난 창을 갖지 않기로 결정되었다. 모스크바의 전쟁의 상흔도 복구되었다. 키예프, 오데사, 민스크, 스탈린그라드의 전쟁 피해도 복구되었지만, 레닌그라드는 마치 크렘린의 누구도 이 도시가 존재했다는 것을 기억하고

피스카렙스코예
공동묘지

싫어 하지 않는다는 듯 맨 마지막으로 복구를 마쳤다. 1942년 2월부터 죽은 사람의 공식 매장지는 피스카렙스코예 공동묘지였지만, 이 묘지에 대한 기념비는 1960년이 되어서야 세워졌다. 이때에야 각각의 대학살이 표시되었고, 이때에야 봉쇄 기간 중 사망한 레닌그라드 주민들에 대한 올가 베르골츠의 추도문도 그곳의 돌 위에 새겨졌다.

> 여기에 레닌그라드 사람들이 누워 있다.
> 이 도시의 남자와 여자, 아이들이,
> 붉은 군대의 병사들과 나란히 누워 있다.
> 모든 사람들이 목숨을 바쳤다,
> 혁명의 요람인 너를 지키기 위해,
> 오, 레닌그라드여.
> 우리는 이 영원한 화강암 아래 묻힌
> 고귀한 사람들의 이름을 나열할 수 없다.
> 그러나 이 돌이 기념하는 당신들은
> 아무도 잊지 못할 것이고, 아무것도 잊히지 않으리라.[117]

지도자들의 정책이 어찌 되었건 9백 일간의 봉쇄에 대한 레닌그라드 사람들의 기억은 결코 사라지지 않았다. 이로 인해 이 도시가 다시 정의되고 새로운 정체성을 얻었기 때문이다. "상트페테르부르크와 페트로그라드는 영원히 사라졌다"라고 전쟁 중 이 도시를 방문한 영국 종군기자 알렉산더 워스는 썼다. "스탈린그라드를 '차리친'이라고 부르지 않는 것처럼, 어느 누구도 레닌그라드를 '상트페테르부르크'나 '페트로그라드'로 부르고 싶어 하지 않는다"라고 그는 덧붙였다.[118] 봉쇄는 이 도시와 그 이름을 영원히 사람들 가슴에 고정시켜놓았다. 표트르의 도시는 청동기마상, 해군성, 이삭 대성당, 카잔 대성당, 겨울 궁전의 고향이었다. 사람들은 이 도시를 혁명의 요람, 푸시킨, 고골, 도스토옙스키의 도시로 기억했다. 레닌그라드는 쇼스타코비치, 아흐마토바, 올가 베르골츠와 9백 일의 봉쇄의 도시가 되었다. 그 끔찍하고도 생동감 넘치는 시간을 겪어낸 사람이라면 누구도 이 도시를 다른 식으로 생각하지 못할 터였다. 1945년 이사야 벌린을 만난 아흐마토바는 자신이 상트페테르부르크에서 만들어졌다고 강조해서 말했다. 그러나 그녀가 봉쇄를 견딘 그 도시는 마음속에서 레닌그라드였지, 상트페테르부르크가 아니었다. "나는 추모하도록 살아남았다. 모든 사람이여 무릎을 꿇고 앉아라!"라고 그녀는 이름 모를 9백 일 봉쇄의 영웅들에게 추모사를 썼다. "진홍색 빛이 쏟아져 내린다! 레닌그라드 사람들은 줄을 지어 포연 속에 나타난다. 죽은 사람도 산 사람도 영광 속에서 결코 죽지 않으리라."[119]

1941년부터 1944년까지 방어자들 덕분에 레닌그라드는 적의 수중에 떨어지지 않았다. 레닌그라드는 유럽 대륙에서 이것을 자랑할 유일한 도시다. 그러나 그 운명은 어떻게 전개될 것인가? 그리고 어디로 향할 것인가? "미래는 과거에서 자라나고, 마찬가지로 과거는 미래로 연기를 피운다"라고 아흐마토바가 쓴 적이 있다.[120] 1953년 스탈린이 죽었을 때 아무도 과거와 미래가 레닌그라드에서 어떻게 합쳐질지 알지 못했다. 또한 흐루쇼프Khrushchev가 1956년 20차 공산당대회에서 스탈린을 규탄한 유명한 비밀연설을 했을 때도 그 답은 알지 못했다. 그 질문들에 대한 대답은 1960년대, 1970년대, 1980년대에 펼쳐진 사건들에 담겨 있었다. 이 기간에 레닌그라드 시민들은, 시대가 명확하게 제시하지 않은 비전을 실현하기 위해 함께 행진했다.

함께 보조를 맞추어

공동의 목표를 이루기 위해 함께 일하는 개인의 '집합체'가 공산주의 사회로 나가는 소비에트 비전의 핵심이었다. 소련 전역의 공장, 농장, 학교, 정부 사무실에서 볼셰비키는 체제에 충성하는 남녀들의 집합체가, 최대 다수에게 최고선을 가져오면서 동시에 각 구성원이 개인으로서의 잠재력을 최대로 발휘하는 것을 이상으로 삼고 있었다. 1917년 10월 승리를 거둔 레닌의 볼셰비키 집단은 그러한 유토피아가 하룻밤 사이에 건설되고, 한 달이나 늦어도 1년 안에 세계 혁명이 일어나리라고 내다봤다. 그러나 유토피아 건설과 세계 혁명의 희망이 사라지자 스탈린은 공산주의 사회로 나가기 전에 더 점진적인 방법으로 소련에 사회주의를 건설하는 꿈을 꾸었다. 스탈린은 일국사회주의는 가능하다고 주장했다. 자본주의 서구와의 전쟁을 뒤로 미루는 동안 헌신적인 프롤레타리아가 무너진 러시아 제국의 무한정한 자원을 이용하여 먼저 사회주의를 건설하고 다음으로 공산주의 사회를 건설할 수 있다고 보았다. 볼셰비키가 1917년부터 1921년 사이에 이룩하려고 한 것이 결국은 실현될 것이라고 스탈린은 약속했다. 그러나 이것은 처음 생각했던 것보다 더 많은 시간, 노력, 인내가 필요했다.

레닌그라드의 역사에서 1920년대와 1930년대는 "사회주의 건설 시기"[1]로 알려졌다. 이 시기 동안 모든 집합체는 서로 경쟁하며 볼셰비키가 꿈꾼 기회와 사회 정의가 있는 세상을 만들기 위해 노력해야 했다. 2차 대전과 나치 독일의 레닌그라드 포위로 이 과정이 중단되었기에 1945년 이후 20년간은 "사회주의 건설을 완성하고 단계적으로 공산주의로 이행하는 시간"(소련과학아카데미가 1970년에 출간한 방대한 저서 『레닌그라드의 역사에 대한 에세이』 제6권의 부제)[2]이 되었다. 그러나 1989년 이 시리즈의 마지막 책인 제7권이 출간되었을 때 사회주의로의 이행은 완전히 포기되었다. 1960년대가 끝나기 훨씬 이전에 레닌그라드의 집합체들의 작업은 실제라기보다는 선전에 가까운 목표를 향해 함께 발맞추어 행진하는 죽어가는 과정으로 전락했다. '공산주의로의 이행'은 이 구호가 사용된 우스꽝스러운 시기와 별 다를 바가 없는 것으로 드러났다. 이때 1920년대에 생명을 바친 수많은 열성적인 볼셰비키들의 비전과 이상은 이미 오래전에 잊힌 상태였다.

그러나 볼셰비키가 그토록 중요하게 생각한 사회주의적 경쟁이 아닌 다른 힘들은 때로 집합체들을 일하게 만드는 위력을 발휘했다. 애국주의도 큰 몫을 했고, 레닌그라드의 역사와 연결되어 있다는 느낌도 중요한 역할을 했다. 레닌그라드 봉쇄 기간 동안 집합체의 일원이라는 사실은 오르벨리와 에르미타주의 영웅들에게 중요했다. 올가 베르골츠와 라디오 레닌그라드의 영웅들에게도 중요했고, 1941년부터 1944년까지 자신의 장소에서 살고 일하기로 선택한 모든 남녀들에게 중요했다. 전쟁 후 레닌그라드는 다른 삶을 살 운명이었다. 1943년 1월 독일군의 포위가 일부나마 돌파되었을 때 도시에 살아남아 있던 사람은 간신히 60만 명에 달하는 정도였다. 레닌그라드는 1965년이 되어서야 2차 대전 전 인구 수준을 회복했다. 그리고 너무 많은 레닌그라드 주민들이 피난 갔던 지역에서 살해되거나 돌아오지 못해, 전쟁 후 도시 인구의 상당 부분은 새 이주자로 채워졌으며 그들은 이곳의 일상의 기본 조직에 흡수되어야 했다.

레닌그라드 봉쇄 기간 동안 이곳에 살았던 사람들과 달리 1940년대 말, 1950년대, 1960년대의 새 시민들은 이 도시의 전통에 자신들을 적응시킬 방법을 찾아야 했다. 전에는 이 도시와 아무 연관이 없던 사람이 대부분이었다. 이들은 자신이 택한 도시의 역사에 대한 지식도 거의 없었고, 중세 왕국에서 나치 독일을 동부 전선에서 격파한 나라로 변하는 과정에서 이 도시가 한 역할에 대해서는 더 아는 것이 없었다. 이들은 예카테리나 여제 시대 이후 이 도시의 과거와 현재와 자신을 동일시했던 수많은 세대의 특징인 그 특별한 자부심을 얻을 때까지 시간이 필요했다. 이들이 자신들의 새로운 유산을 어떻게 이해하고, 어떻게 다룰지가 20세기 나머지 기간 동안 레닌그라드의 운명을 형성하는 데 큰 역할을 했다.

2차 대전이 레닌그라드를 남성의 도시에서 여성의 도시로 변형시켰다는 사실은 새 이주자들이 이 도시와 자신들의 관계를, 이전에 이주해 왔던 이들과 다르게 정의해야 한다는 것을 의미했다. 표트르 대제 이후 러시아 군대의 지휘부이자 제국 관료주의의 중심이었던 로마노프 왕가의 상트페테르부르크는 줄곧 많은 남성들을 끌어들였다. 19세기 중반 중공업 중심지로 부상하면서 남성들이 더 많이 밀려 들어왔다. 20세기 초 농민 여성들이 이 도시의 면방직 공장으로 쏟아져 들어오면서 잠시 여성들의 숫자가 남성들보다 많아지기도 했다. 그러나 전쟁이 흐름을 바꿔놓기 전까지 1차 경제 5개년 계획은 여성보다 남성을 더 많이 유입시켰다. 러시아-핀란드 전쟁과 2차 대전으로 엄청난 숫자의 레닌그라드 남성들이 사라졌고, 1944년 도시의 인구가 다시 늘기 시작하자 전쟁에 나간 남성들이 비운 일자리를 차지한 것은 대부분 여성들이었다.[3] 레닌그라드에 새로 온 여성들은 이름도 생소한 시골 지역 출신이 많았다. 이들 중 많은 수가 불과 두어 해 만에 학교 교육을 마쳤고, 또 새로 고용된 일자리가 필요로 하는 전문적 훈련을 아예 받지 못한 경우도 상당수였다. 그들은 여가 시간에 책을 읽는 사람들이 아니었으며, 자신들이 대신한 남성들보다 세계관이 좁은 편이었다. 그러나 전쟁 후 레닌그라드 일상의 어려움에다 직무에 필요한 훈련이 더해져 이들에게 어차피 여가 시간은 별로 허용되지 않았다. 많은 이들의 일상이 주로 생존에 계

속해서 초점이 맞추어져 있었다.[4]

1943년 3월부터 1945년 9월까지 여성 인구의 유입으로 레닌그라드의 인구는 두 배로 늘어나 125만 명이 되었다. 1948년 기준으로 면방직 공장에서 일하는 인력 여덟 명 중 한 명, 기계제작 공장에서 일하는 노동자의 세 명 중 한 명만이 전쟁 전부터 레닌그라드와 연계를 가지고 있었다. 열 명 중 여섯 명이 30세 미만이었고, 네 명 중 한 명은 20세도 안 되었다. 여성이 레닌그라드 철강과 기계제작 공장 일자리 다섯 자리 중 세 자리를 차지했고, 면방직과 소비재 제품을 생산하는 공장에서는 일자리 열 자리 중 아홉 자리를 차지했다. 이들은 레닌그라드가 과거에 중요한 역할을 수행한 정치적 과정에 대한 경험이 거의 없었고, 지역이나 국가 정치 영역에 다급히 가담하기를 주저했다. 1940년부터 1945년 사이 레닌그라드의 공산당원 숫자는 거의 절반으로 줄어들었다. 1934년 키로프가 암살당했을 때 당원 열 명 중 한 명이 레닌그라드 출신이었던 반면 10년 후에는 50명 중 한 명에 불과했다.[5]

급격한 당원 감소로 세력이 약해진 레닌그라드 시 공산당은 전쟁 후 10년 동안 소련 정치의 복마전 속에서 이리저리 던져졌고, 이것은 도시의 미래에 대한 비전을 극적으로 바뀌게 했다. 소련군이 서방으로 진격하자 즈다노프는 완전히 새롭게, 전보다 훨씬 크게 도시를 재건할 것이라고 말하기 시작했다. 도시의 위대한 건축 기념비는 다시 지어지고 새로운 구역을 추가한다고 말했다. 즈다노프가 말하는 레닌그라드 르네상스 계획에서는 커다란 광장들이 만들어지고, 웅장한 새 건물들이 지어질 예정이었다. 중앙가스공급망이 나무 난로와 아궁이를 대체하고, 훨씬 확장된 대중교통망이 수백만 노동자들을 도시 이곳저곳으로 운송할 계획이었다. 새로운 레닌그라드 건설 계획은 소련의 재건 예산에서 할당된 것보다 훨씬 큰 예산을 필요로 했고, 이전보다 훨씬 많은 소비재를 생산하고 서구와의 교역도 크게 확대할 예정이었다. 1944년과 1945년의 도시 계획자들은 도시 부활과 건축을 위한 돈이 제대로 사용될 것이라는 데 아무 의심이 없었다. 어떤 현대 도시도 레닌그라드만큼 인내심을 갖춘 곳은 없다고 판명되었으며, 봉쇄 기간 동안 이 도시가 러시아의 영혼과 의지에 대한 진정한 기념비가 되었다고 많은 사람이 생각했다. 재건되고 변모된 레닌그라드는 새로운 "유럽의 심장"이 될 것이라고 소설가이자 국제특파원인 일리야 에렌부르크가 공언했다.[6] 레닌그라드가 다시 한번 볼품없고 촌스러운 모스크바를 대신해 소련의 수도가 될 것이라는 소문도 돌았다.

1946년 스탈린의 지시를 받은 즈다노프가 시작한 맹목적 반예술·문화 운동은 하룻밤 만에 레닌그라드의 운명을 바꾸어놓았다. 1934년부터 1940년까지와 마찬가지로 1946년부터 1953년 사이 시민들은 대거 시베리아 유형에 처해졌다. 이들에게 닥친 불행의 이유는 예전처럼 불분명했고 자의적이었다. 전쟁 기간 동안 레닌그라드 공산당을 이끌었던 사람 중 다수가 1950년이 되기 전에 총살당했고, 레닌그라드대학교 총장은 해임되었으며, 이 도시의 혁신적 영화 스튜디오는 사실상 문을 닫았다. 예술, 시, 소설, 역사와 음악은 위험한 활동이 되었지만 도시의 물리적 과거 흔적을 재건하는 것은 좀 더 안전해 보였다. 그래서 레닌그라드 사람들은 러시아의 민족적 성취에 대한 기념비로 재건될 만한 트레치니, 라스트렐리, 쿠아렌기, 발렝 드 라 모트, 로시, 그리고 수많은 다른 건축가들에 더 가까이 다가갔다. 이 건물들은 표트르 대제의 도시의 일부였던 것처럼 이제 레닌의 도시의 일부로 여겨졌다.

이렇게 해서 전쟁 후 10년 동안 리빈스크, 코스트로마에서 온 여성들, 아룔에서 온 남성들, 우크라이나에서 온 십 대들, 멀리 떨어진 이르쿠츠크, 키예프, 카잔의 전문학교와 기술학교 졸업생들이 레닌그라드 주민이 되었다. 농민이든 근로자이든 지식인이든, 또 당원이건 아니건, 또 러시아인인지 유대인인지 타타르인인지 다른 수십 소수민족에 속하는지 상관없이 2차 대전 후 레닌그라드에 온 사람들은 이 도시가 소련의 타 지역과 다르다는 느낌을 지울 수 없었다. 2층 이상 높은 건물을 본 적이 없고, 도시란 도로 하나를 사이에 두고 양쪽에 일군의 건물이 늘어선 곳이라고 여겨왔던 사람들은 겨울 궁전, 총참모본부, 페트로파블롭스크 요새, 카잔 대성당, 이삭 대성당, 스몰니와 18세기와 19세기 초반에 건설된 다른 수십 개의 웅장한 건물을 보고 입을 다물지 못했다. 또한 이들은 1930년대에 인터내셔널 대로(종전 시 스탈린의 이름을 따서 개명) 주변에 형성된 거대한 노동자 아파트 단지를 보고 놀라지 않을 수 없었다. 이렇게 새 이주민들은 자신들이 사는 도시, 특히 부활된 도시에 대한 자부심을 갖게 되었다. 일부 사람들은 레닌그라드가 모스크바보다 더 웅장하다고 생각했지만, 또한 이곳이 더 어둡다고 생각했다. 특히 즈다노프가 죽은 1948년부터 스탈린이 죽은 1953년까지 더욱 그랬다.

이 기간 내내 레닌그라드 사건(Leningrad Affair)은 검은 구름처럼 도시 위에 머물렀다. 한 세기 이상 상트페테르부르크의 지식인들은 1848년부터 1855년 사이의 기간을 "어둡고 음울한 7년 시기"로 기억했다. 이제 정확히 1백 년이 지난 후 또 하나의 실망스러운 7년이 이들을 덮쳤다. 이전과 마찬가지로 이것은 도시의 지식인들의 탄압으로 시작되었다. 그런 다음 1세기 전과 마찬가지로 초점은 예술에서 정치로 옮겨갔다. 이번에는 그 뿌리가 즈다노프와 말렌코프 사이의 권력 투쟁에서 시작되었다. 말렌코프는 1936~1938년 대숙청의 주된 수행자였고, 스탈린 핵심층에서 권력 승계 경쟁자 중 한 명이었다. 1948년 즈다노프가 죽자, 비밀경찰 수장 라브렌티 베리야Lavrentii Beria의 지원을 받은 말렌코프는 즈다노프 지지자들에게 전쟁을 선포하고, 즈다노프 권력의 기반이라고 불린 레닌그라드에 대한 숙청을 시작했다. 말렌코프가 꾸몄다고 거의 확실시된 음모에 의해 즈다노프의 뒤를 이어 시당 제1서기가 된 알렉세이 쿠즈네초프와 표트르 폽코프Petr Popkov가 총살형을 당했고, 말렌코프의 심복이 그 자리를 차지했다. 그러나 숙청은 훨씬 더 멀리까지 다다랐다. 이것은 레닌그라드와 크렘린이 정치뿐만 아니라, 이후 수십 년 동안 이 도시의 삶이 따르게 될 향방에도 영향을 미쳤다.

1949년과 1950년, 말렌코프와 베리야는 레닌그라드의 고위간부들을 몰아내고 추가로 2천 명의 중하급 관리도 숙청했다. 이 사람들은 1930년대에 키로프 밑에서 일을 시작했고, 1차 5개년 계획에 따른 산업기지 건설에 참여한 사람들이었다. 대숙청 기간에도 살아남은 이들은 레닌그라드를 이끌었고, 전쟁이 끝났을 때 많은 수가 아직 40대였다. 유고슬라비아 공산당 지도자인 밀로반 질라스[*]의 말에 따르면 이들은 "교육을 받고, 이 도시의 비극을 어깨에 짊어진 성실하게 일하는 사람들"이었다.[7] 공유한 경험으로 서로 연대된 이들은 언젠가 레닌그라드를 대신해 강력한 목소리를 낼 위험이 있었다. 자신에게 의존하지 않는 모든 정치적 권력을 두려워한 스탈린은 그래서 말렌코프와 베리야가 이들을 제거하기 위해 거짓 혐의를 씌우는 것을 허락했다. 기대한 대로 이들의 실각으로 소련의 정책 결정 엘리트 집단에서 레닌그라드의 영향력은 크게 약화되었다. 또한 이로 인해 즈다노프가 2차 대전의 참화로부터 도시를 재건시키려는 계획이 실행될 가망성도 사라져버렸다.[8] 즈다노프의 계획은, 2차 대전 후 소련 재건의 초석으로 스탈린이 생각한 중공업의 발전을 배제하고 있었지만, 이제 소련의 다른 지역에서와 마찬가지로 레닌그라드의 공업 발전은 국제 문제에서 지배력을 주장할 수 있게 만들었으며 그 어떤 분야보다 우위에 놓였다.

유럽에서 2차 대전이 끝나자, 스탈린의 계획자들은 히틀러 군대가 소련과 국민들에게 입힌 피해 규모를 추산했다. 1천7백 개의 도시와 7만 개의 마을이 완전히 또는 부분적으로 파괴되었다. 6백만 채의 건물과 8만 4천 곳의 학교, 3만 1천 곳의 공장, 1천3백 개의 다리가 파괴되었다. 소련 내의 말 7백만 마리, 1천7백만 마리의 소, 2천만 마리의 돼지, 2천7백만 마리의 양과 염소도 사라졌다. 또한 13만

---

[*] 밀로반 질라스Milovan Djilas, Milovan Ðilas(1911~1995)는 2차 대전 중 티토와 함께 반나치 파르티잔 운동을 벌였고, 유고슬라비아 부통령을 지냈으나 티토에 의해 숙청되어 반체제 인사가 되었다. 계급 없는 사회를 내세운 공산주의의 위선을 다룬 『신계급』, 『스탈린과의 대화』 등을 집필했다.

7천 대의 트랙터, 4만 9천 대의 콤바인, 1만 5천 대의 기관차, 40만 대의 열차, 10만 곳의 집단농장이 사라지고 수천만 명의 인명이 희생되었다.[9] 이 엄청난 손실을 만회하고 소련이 2차 대전 중 얻은 국제적 영향력을 유지하기 위해 스탈린과 측근들은 국가 재건 프로그램에서 중공업을 우선순위에 놓았다. 레닌그라드는 공장을 재건하는 예산은 할당받았지만, 위대한 르네상스의 꿈은 모두 물거품이 되었다. 레닌그라드는 전쟁 중 90만 평의 주거지를 잃었지만, 1945년에 주거 재건에 배당된 예산은 1940년과 거의 비슷했다.[10] 1951년 한 아파트에 평균 세 가족이 살 정도로 주거시설이 열악했던 레닌그라드 주민들은 적어도 한 세대 이상은 여전히 열악한 공동주택에서 살아야 할 운명이었다. 1970년대 말이 되어서야 레닌그라드 4인 가족은 뉴욕의 침실 하나짜리 소형 아파트와 비슷한 주거 면적에서 생활하게 되었다.[11]

레닌그라드의 전후 재건 작업은 중공업에 손과 발이 묶이게 되었다. 1950년대부터 정밀기계와 고급 산업제품의 소련의 주 생산기지가 된 레닌그라드는 시간이 가면서 산업 능력을 키우기 위해 더 큰 과학 연구 기반을 갖추게 되었다. 1980년대 초반 1백만 명 이상의 고학력, 전문 학력 인력을 보유한 레닌그라드의 산업 생산 능력은 소련 전체의 30분의 1에 불과했지만, 소련 기계 수출의 10분의 1 이상, 터빈과 발전기의 반 이상, 인쇄 시설의 4분의 1 이상을 보유하게 되었다. 도시 계획자들이 도시 인근의 빈 땅에 주거단지를 조성하면서 레닌그라드는 처음에는 남쪽으로 다음에는 북쪽으로 확장되었고, 1980년에는 1917년에 비해 열세 배 넓은 지역을 차지하게 되었다. 여전히 많은 레닌그라드 주민들이 교외의 넓은 지역보다 붐비는 도시 중심에 사는 것을 선호해, 1980년대 초반 인구의 4분의 1이 도시 전체 면적의 0.7퍼센트에 불과한 중심부에 거주했다.[12]

1950년대 후반 레닌그라드 주민의 절반이 도시 중심에 거주했지만, 1980년이 되자 4분의 3이 외곽지역에 살았고, 중간 지역과 교외 지역으로 절반씩 분포되었다.[13] 전후 레닌그라드가 크라스노셀스키 구, 즈다놉스키 구, 비보르크스키

구, 칼린스키 구, 크라스노그바르데이스키 구로 확장되면서 주민들의 대중교통 의존율은 그 어느 때보다 높아졌다. 도시 한곳에서 다른 곳으로 한 시간 이내로 걸어 이동하는 것은 이미 오래전 일이 되어버렸다. 1953년 1,250킬로미터의 대중교통망이 연인원 14억 명을 운송했다. 30년 후 레닌그라드의 버스, 전차, 지하철 노선은 두 배 반 이상 증가해 매년 32억 5천만 명을 운송했다. 이 시기 주민들은 평균적으로 대중교통 티켓 한 장으로 5킬로미터를 이동했고 지하철, 전차, 버스를 힘들게 갈아타며 출퇴근했고, 식사 준비를 위한 식재료들을 샀으며, 쉬는 날의 개인 용무를 보았다.[14]

1970년대와 1980년대에 레닌그라드의 지하철은 주민들을 가장 먼 거리까지 실어 날랐고 공식적으로 '레닌 메트로폴리탄'이라는 이름이 붙었다. 1930년대 중반에 건설된 모스크바 지하철의 놀라운 성공을 본 소련 도시 계획자들은 레닌그라드에도 지하철을 건설하기로 했지만, 2차 대전 발발로 공사가 중단되었다. 레닌그라드의 첫 지하철은 볼셰비키 혁명 38주년 기념일인 1955년 11월 7일에야 개통되었다. 그 뒤 새로운 지하철 노선이 시 외곽으로까지 뻗어나가 1990년에는 네 개 노선과 49개의 지하철역을 갖게 되었다. 다치노예와 알렉산드롭스코예 같은 남쪽 교외 지역에서 북쪽의 오제르키와 무리노까지 이어지는 노선이 만들어졌다. 외곽지역의 주민들을 기차역, 주요 공장, 중심부 상업지역까지 운송하도록 지어진 지하철 노선은 환승이 쉽게 버스와 전차 노선과 교차하도록 설계되었고 건설된 10년 뒤에는 매년 약 3억 명을 운송했다. 개통 25주년에는 7억 5천만 명의 승객을 운송했고, 상당수의 승객들이 인구 밀도가 적은 외곽지역에 사는 이들이었다.[15]

모스크바 지하철역을 본따 레닌그라드 건축가들은 지하철역을 인민궁전으로 건설했고, 모든 승객은 5코페이카(소고기 반 온스, 빵 3분의 1파운드 가격과 동일)로 지하철을 이용할 수 있었다. 세월이 갈수록 점점 밋밋해지는 교외 대규모 아파트 단지의 우중충한 분위기에서 사는 남녀들은 지하철 에스컬레이터를 타

레닌그라드
압토보 지하철역

고 60~90초를 내려가면 밝은 조명과 대리석, 크리스털과 청동으로 장식된 지하 세계에 들어설 수 있었다. 이곳에 놓인 대리석 바닥은 지저분한 거리와 보행로를 대신했고, 영웅들의 동상은 대형 벽화와 경쟁하며 공산주의가 인도해줄 영광된 미래를 보여주었다. 레닌그라드의 지하철역에서는 모든 남녀가 미래의 왕자나 공주가 될 수 있었다. 승객들은 뉴욕이나 런던의 지하철처럼 어두침침하고 그래피티가 난무한 열차가 아닌, 신속히 도착하여 조용히 떠나는 빛나는 강철 열차를 타고 그들의 여정을 달렸다.

1950년대에 레닌그라드에 건설된 웅장한 지하철역들은 즈다노프가 전쟁 중에 품었던 레닌그라드 르네상스를 상기시키는 유일한 건축물이 되었다. 1960년에 이것은 피스카렙스코예 공동묘지에 강력한 인상의 조국어머니 동상이 세워지고 거대한 희생자 묘지와 이를 두른 화강암 벽이 생기면서 변하기 시작했다. 레닌그라드가 나치 침공을 막아낸 영웅들을 다시 한번 기념하는 것이 가능해지면서 다른 대규모 전쟁 기념물도 세워졌다. 1975년부터 1977년까지 이 도시의 예술가들과 건축가들은 승리 광장 한가운데에 레닌그라드 방어 영웅 기념탑을 세웠다. 이 광장은 모스크바 대로(스탈린 대로에서 개명) 남단 다히노예와 쿱치

노 인근에 있었다. 이곳에 전투를 벌이는 남녀 집단의 청동상이 두 개의 거대한 화강암 기반 위에 세워졌고, 중앙에는 높은 화강암 기념비가 만들어졌다.[16]

텅 빈 광장 중앙에 자리 잡은 대형 호텔, 콘서트홀, 스포츠 단지는 레닌그라드 가 표트르 대제나 예카테리나 여제가 시의 일부가 되리라 상상하지 못한 지역까 지 뻗쳐나가고 있음을 보여주었다. 이 모든 것에는 웅장한 분위기는 있었지만, 공 허감 역시 존재했다. 기념비적인 새 건축물에는 러시아의 황제와 여황제를 위해 봉사했던 위대한 건축가들의 작품의 특징인 통일성과 화려함이 결여되어 있었 기 때문이다. 공간이 너무 넓었고 그 공간을 활용할 재능도 부족했다. 더군다나 주변 환경과도 지나치게 동떨어져 1960년대, 1970년대, 1980년대에 소비에트 레닌그라드에 세워진 기념비 대부분은 라스트렐리, 드 토몽, 로시의 건축물과 전 혀 어울리지 못했다. 이들은 소련 시대 직전 제정 시대의 건축가인 몽페랑, 자하 로프, 보로니힌과 대여섯 명의 다른 건축가들의 탁월함도 따라가지 못했다. 그런 식으로 일반화한다면 아마도 피스카렙스코예 공동묘지에 세워진 가슴 울리는 기념비만이 유일한 예외로 남게 될 터였다. 이 도시의 토박이 주민과 방문자 모 두의 가장 깊은 감정을 울리는 면에서는 제정 시대의 어떤 건축물도 이 기념비 를 따라가지 못했다. 비애, 슬픔, 수백만의 무고한 인명에 재난을 안긴 적에 대한 뿌리 깊고 지속적인 분노가 모두 이 묘지의 기념비로부터 흘렀다. 다른 어느 곳 에서도 돌, 동상, 단순한 묘지 봉분이 보는 사람의 마음을 이토록 강하게 뒤흔들 지 못했다.

2차 대전에 대한 레닌그라드의 추모비와 기념비는 필연적으로 괴로운 질문을 던지는데, 그것은 이 도시와 러시아 역사의 페이지에서만 끌어낼 수 있는 아이 러니이다. 스탈린의 공포 정치 기간으로부터 정확하게 1백 년 전인 1825년부터 1855년까지 니콜라이 1세 재위 기간에 상트페테르부르크의 지식인들은 역사, 예술, 진실, 신념의 의미를 이해하려 분투했고 이는 그들을 둘러싼 정치적으로 억압된 세계에서 자신들이 차지하는 위치를 밝히기 위한 것이었다. 그 당시 '저주받은 질문'이라 불렸던 이것들은 이제 1백 년 후 마르크스-레닌주의의 교조에 대한 스탈린의 해석으로 답변되었다. 요컨대 각 개인을 집합체 안에 견고히 위치시키고, 마르크스와 레닌이 포용한 변증법의 확고한 틀 안에서 역사, 예술, 진리의 의미를 설정했다. 그러나 1960년대에서 1970년대로 넘어오면서 레닌그라드의 전쟁 기념비는 성찰적인 이들에게 새로운 '저주받은 질문'을 제기했고, 이것은 니콜라이 1세 시대의 지식인들이 마주했던 질문들보다 훨씬 위험했다. 히틀러 침략군이 저지른 만행은 스탈린이나 NKVD, 그 후신인 KGB가 저지른 만행과 달랐는가? 그리고 현재의 폭압을 어떻게 과거의 폭정과 비교할 수 있겠는가?

드미트리 쇼스타코비치는 히틀러와 스탈린은 똑같이 압제적이고, 똑같이 잔인한 두 가지 형태의 폭정을 대표한다고 항상 느껴왔고, 다른 이들도 같은 결론에 도달했다. 그러나 스탈린 시대의 폭정과 니콜라이 1세 시대의 폭정의 차이는 훨씬 두드러진 것이었다. 소련의 모든 학생들이 데카브리스트 반란 이야기와 니콜라이 1세 정부를 비판하다가 시베리아로 유형 보내진 다른 사람들 이야기를 배우는데, 레닌그라드에서 누군가 이들과 스탈린 시대의 희생자 사이에 평행선을 그리지 않았을까? 니콜라이 1세 폭정의 희생자는 기껏해야 수백 명이었지만 스탈린의 희생자는 수백만 명에 달한다. 특히 1956년 20차 공산당대회에서 흐루쇼프가 행한 비밀 아닌 비밀연설의 내용이 알려진 뒤에 레닌그라드 시민들은 스탈린의 폭정이 그들의 역사 어느 시기보다 잔인하다는 것을 명확히 알게 되었다.

차르 시대의 압제가 소련 시대에 많은 책과 영화를 통해 강조되었음에도, 니콜라이 1세의 30년 재위 기간 중 처형된 사람은 다섯 명에 불과했다는 사실을 바꿀 순 없었다. 그러나 레닌그라드의 모든 지식인은 주변에서 총살당하거나 사라진 사람들을 적어도 열 명 이상 알고 있었다. 제정 시대에는 차르 스스로가 정치적 범죄로 처벌받은 사람의 미망인, 고아, 가족을 돌보아야 한다고 선언했다. 그러나 소비에트 시기 레닌그라드의 지식인들 가운데, 친척이나 친구가 체포되었을 때 그와의 연관성 때문에 자기도 체포될지 모른다는 떨리는 공포를 느끼지 않았던 사람이 있었을까? 부인들은 남편이 저질렀다고 추정된 죄에 대한 징벌로 징역형을 받았고, 아이들도 부모나 조부모의 범죄로 피해를 입었다. 상상력이나 역사 지식이 거의 없더라도 니콜라이 1세나 그의 이전과 이후의 다른 황제들의 폭정이 1928년부터 1953년까지 스탈린이 소련 시민에게 가한 폭압에 비하면 대단한 것이 아니었음을 알 수 있었다.

모든 레닌그라드 학생들 역시 19세기 러시아 혁명가들이 감당해야 했던 오랜 기간의 수형이나 유형 생활에 대해 읽었다. 소비에트 혁명 영웅들에 대한 성인전 작가들은 감방에 수감된 젊은 남녀들이 한 번에 몇 권의 책만 소지할 수 있었고, 필기도구 사용에도 제약이 많았고, 친지들은 아주 드물게 면회할 수 있었다는 사실을 몇 번이고 강조했다. 그러나 이런 경험을 스탈린의 강제노동 수용소에서 수백만이 겪은 고난, 그리고 NKVD 감옥에서 굶어 죽고, 아무것도 읽고 쓸 수 없는 상태에서 고통받은 또 다른 수백만의 경험과 어떻게 비교할 수 있겠는가? 특히 1956년 이후 이런 희생자들이 귀향한 뒤에 스탈린의 강제수용소와 감옥에서 기록한 글들이, 손으로 꼼꼼히 옮겨지나 관공서에서 훔친 카본지에 타이핑되어 레닌그라드 지하에서 나돌기 시작하자(카본지와 타자기 리본 잉크를 암시장에서만 살 수 있는 시대가 있었다), 스탈린 시대의 폭압이 얼마나 잔인했는지, 이것을 낳은 체제가 변할 가능성이 얼마나 희박한지 분명해졌다.

즈다노프가 아흐마토바를 "수녀이거나 창녀"라고 비난하고 미하일 조셴코를 "문학 깡패"라고 비난한 경향은 1960년대까지 소련 언론에서 계속 반복되었다. 볼셰비키 혁명을 탈출하여 서방에서 명성을 쌓은 작가들은 모두 소비에트 조국의 배신자라고 낙인찍혔다. 블라디미르 나보코프, 이반 부닌Ivan Bunin 같은 작가나 마르크 샤갈Marc Chagall, 바실리 칸딘스키Vasilii Kandinskii 같은 화가, 이고르 스트라빈스키 같은 작곡가, 조지 발란신 같은 무용가와 안무가 등 수십 명의 예술인들이 이런 비난의 대상이 되었다. 그러나 안팎의 압력으로 스탈린이 러시아를 에워쌌던 벽에 작은 틈이 열리게 되자, 레닌그라드 주민들은 25년 이상 동떨어져 있던 놀라운 문화적 성취를 발견하기 시작했다. 오랜 기간 이들에게 감추어진, 서방에서 러시아인들이 이룬 예술적 업적은 상당히 많았다. 이것들을 레닌그라드로 다시 가져오는 방법은 없는 것일까? 그렇게 하는 데 위험부담은 얼마나 큰가?

1956~1962년 사이의 짧은 '해빙' 이후 어두운 그림자가 레닌그라드 위에 절망의 먹구름을 드리웠다. 조상들이 니콜라이 1세 재위기 동안 알코올에서 위안을 찾았던 것처럼 레닌그라드의 지식인들은 초기 이상주의의 마지막 흔적이 사라지면서 알코올에 의존하기 시작했다. "우리는 엄청난 양의 술을 마셔댔다. 내 인생의 모든 좋은 것은 보드카 덕분이다"라고 시인 레프 로세프Lev Loseff는 회고했다. "보드카는 영적 무기력을 씻어주었고, 무의식의 흥미로운 방으로 들어가는 문을 열어주었고, 동시에 사람이나 당국을 두려워하지 않게 해주었다"라고 그는 덧붙였다.[17] 어떤 사람들에게는 그것이 사실이었지만, 브레즈네프Brezhnev 시대가 이 도시와 러시아에 드리운 긴 석양으로 인해 대부분의 레닌그라드 주민들에게 삶은 참을 수 없을 정도로 지루한 것이 되었다.

부분적으로는 지루함 때문에, 그러나 보다 주요한 이유로 핀란드와의 국경 바로 너머에 있는 활기차고 맥동하는 전후 세계의 일부가 되고 싶어, 레닌그라드 주민들은 즈다노프와 스탈린이 서방 문화에 대한 전쟁을 시작했음에도 불구하고 서방과의 접촉을 확대하기 위해 고투했다. 재즈는 연주하는 음악가나 듣는 청중은 위험을 감수해야 했지만 여전히 현대성, 젊음, 에너지의 상징으로서 외부 세계와의 접촉을 유지하는 한 방식이었다. 1946년 후반 폴란드-소련 재즈 영웅인 에디 로즈너Eddie Rosner의 체포를 시작으로 소련 내 대부분의 재즈 음악가는 투옥되거나 침묵을 강요당했다. 특히 색소폰 연주자들은 당국이 생각하기에 '자극적인' 음악과 밀접하게 연관되어 있어 가장 맹렬한 공격 대상이 되었다.[18]

소련에서는 색소폰을 생산한 적이 없기에 이 악기는 정부에서 제공해야 했다. 1949년 소련 정부는 연주자들에게, 모든 악기를 반납한 후 다시 노동허가증을 발부받아, 허가된 악기 이외의 다른 악기는 연주할 수 없게 만들었다. 그러나 재즈는 살아남았고, 어떤 때는 전혀 기대하지 못한 장소에서 살아남았다. 시베리아 북동쪽 끝에 있는 콜리마 강제수용소에서 징역형을 선고받은 에디 로즈너는 재즈를 좋아하는 수용소 감독관을 만났고, 감독관은 그에게 그 지역 수용소의 최고 연주자를 찾아 4인조 악단을 조직하도록 했다. 로즈너의 앙상블은 달스트로이의 수용소 지역 전체 책임자인 판텔레이몬 데레벤코와 체구가 거대한 그의 부인 갈리나의 눈에 들었다. 이들의 전임자인 이반 니키쇼프와 그의 부인 마리야 그리다쇼바(미국 부통령 헨리 월리스는 그들을 매력적인 "기계 시대와 도시 건설자의 선구자들"이라고 불렀다[19])의 발자취를 따라 데레벤코 부부는 마가단 강제노동 수용소에 공연장을 마련했고 로즈너의 악단은 그 지역 명물이 되었다.[20]

로즈너가 마가단 문화궁전 음악회의 고정 출연자가 되자 그의 4인조 악단은 모스크바 최고의 재즈 음악가들을 포함한 오케스트라로 발전했다. 소련의 다른 지역에서 재즈는 카잔 같은 낙후된 지역에서도 번성했다. 그곳에서는 시베리아 출신의 3세대 러시아인 올레크 룬드스트렘Oleg Lundstrem이 즈다놉시나 기간 내내 플레처 헨더슨, 듀크 엘링턴, 글렌 밀러의 재즈 음악을 연주했다. 룬드스트렘의 연주는 모스크바의 핫 뮤직 팬들에 의해 아침 시간에 방영되기도 했다. "이것은 뉴욕이나 파리가 아니라 카잔에서 나오는 천상의 소리였다"라고 한 젊은 음악가는 기억했다.[21] 이 시기에 재즈 음악은 발트 공화국의 수도들인 리가, 빌니우스, 특히 탈린에서 크게 울렸는데 이곳에서 젊은 음악가들의 스윙클럽은 재즈 음악 실험을 하며 스탄 켄튼, 찰리 파커, 디지 길레스피의 음악을 연주했다.[22]

다른 예술형식과 마찬가지로 재즈는 1950년대, 1960년대, 1970년대에 서서히 레닌그라드로 돌아왔다. 유럽 사람들이 대거 주말이나 휴가철에 이 도시를 방문하면서 서방의 음반이 소련 세관 당국의 감시를 피해 흘러들어왔다. 개인 사업을 하는 레닌그라드 주민들은 서방에서 들어온 보물을 중고 엑스레이 판에 복사해 불법 복제물을 만들었다[그래서 '뼈 음악(bone music)'이라는 별명이 붙었다].²³ 이 음악을 듣고 영감을 얻은 연주자들은 1950년대와 1960년대 초 몇몇 레스토랑에서 이 음악을 연주했다. 다시 한번 이오시프 와인스타인Iosif Weinstein 오케스트라(20년 전 크론시타트 구 해군 재즈오케스트라로 유명했던)는 글렌 밀러, 해리 제임스, 듀크 엘링턴의 재즈 고전을 연주하기 시작했고, 곧 카운트 베이시와 버디 리치의 음악도 추가했다. 프랭크 시나트라 같은 목소리를 지닌 가수이자 서툰 관료들을 상대하는 기술이 탁월했던 와인스타인은, 더 '현대적'이라고 기꺼이 내세울 만한 다른 연주단이 있었음에도, 자신의 밴드를 1955년부터 1965년까지 소련에서 가장 유명한 재즈 악단으로 만들었다. 와인스타인 악단의 두 명의 핵심 연주자인 트럼펫 주자 콘스탄틴 노소프Konstantin Nosov와 색소폰 주자 겐나디 골스타인Gennadi Golstein(그는 삼촌이 뉴욕에서 밀수해 온 색소폰을 사용했다)은 스탈린 사후 시대에 레닌그라드에서 많은 청중을 끌어모았고, 1950년대 후반에는 공공장소에서 연주하는 딕시랜드 재즈 악단이 열 개가 넘었다. 재즈는 정말로 다시 돌아온 것 같았다. 재즈 연주자들은 당국이 더 바람직한 음악으로 간주한 오케스트라에서 연주하는 것보다 훨씬 적은 돈을 벌었지만, 몇몇 새로운 재즈 악단들은 시내 중심가의 백야 카페와 네바 레스토랑에서 연주하기도 했다.

소련 최초의 재즈 팬클럽이 1958년 레닌그라드에서 결성되었다. 바로 이어 레닌그라드 국립대학 학생들이 두 번째 팬클럽을 결성했다. 1962년 베니 굿맨 악단의 소련 순회공연 때 '스윙svingovanie'이란 단어가 러시아 어휘에 들어왔다. 굿맨의 레닌그라드 연주는 일반 대중의 눈에 재즈 음악을 더욱 선명하게 각인시켰다. 아스토리아 호텔에서 밤새 이어진 잼 세션에선 골스타인과 다른 최고의 재즈 음악가들이 미국 음악가들과 함께 연주했다. 그러나 몇 달 뒤 흐루쇼프는 모스크바에서 열린 일리야 벨류틴*의 전시회에서 현대 예술에 대한 장황한 비판을 늘어놓았다. 크렘린 지도자의 저속한 언어로 정부가 그러한 모든 "개똥(dog shit)**24** 생산자들에 대한 전쟁을 선포할 때 여기에 재즈도 현대 미술과 함께 포함되었다. 2년의 초조한 기다림의 시간이 이어졌다. 1964년 흐루쇼프가 크렘린에서 쫓겨나고서야 서구 음악 팬들은 잠시나마 안도의 숨을 내쉴 수 있었다. 브레즈네프 집권기 초기에 레닌그라드 재즈 클럽은 도시의 음악적 삶에서 두드러진 역할을 담당했다. 그런 다음 서구의 영향에 반대하는 힘이 다시 한번 강해지기 시작했다.**25**

1967년 초 몇 명의 소련 반체제 인사가 재판에 회부되었다. 5월에 스탈린의 딸이 서방으로 망명했다. 몇 달 후 소련의 지원을 받은 중동 국가들이 6일 전쟁에서 이스라엘에게 패했다. 1년도 채 되지 않아, 32세의 나이에 소련 수소탄을 만든 안드레이 사하로프Andrei Sakharov가 서방에서 『진보, 평화공존, 지적 자유에 대한 생각』이라는 책을 출간하며 소련 당국에 도전장을 던졌다. 몇 달 동안 비등해온 체코슬로바키아 위기가 폭발하여 1968년 늦여름 브레즈네프는 프라하로 탱크를 보내 이를 진압했다. 재즈는 다시 한번 위험한 음악으로 간주되었다. 몇 년 후 한 평론가는 1968년부터 1972년까지의 기간은 "소련 역사에서 재즈가 가장 침체된 것처럼 보였다"라고 한탄했다.**26** 그러나 실상은 음악에 대한 관심이 이동한 것이었다. 비틀스와 롤링 스톤스가, 1950년대의 러시아의 재즈 혁명을 형성했던 사람들의 마음을 끌어당긴 것이었다.**27**

1960년대 후반 소련 전역에서, 한 대중의 우상이 말한 대로 "토끼처럼" 증식하며 여기저기서 록밴드가 나타나기 시작했다.**28** 이 중에는 레닌그라드에서 게오르기 오르다놉스키Georgii Ordanovskii가 결성한 그룹이 있었고 '아르고의 선원들'이라는 이름의 그룹이 뒤를 따랐다. 그러나 1970년대 초의 진정한 개척

＊일리야 벨류틴Ilia Beliutin, Eliy Mikhailovich Belyutin, Элий Михайлович Белютин (1925~2012)은 러시아의 시각예술작가이자 예술이론가, 추상미술가로 신현실예술아카데미 (The New Reality artistic academy)를 설립하여 소위 신현실예술파를 주도했다.

영웅 도시

자는 블라디미르 렉샨Vladimir Rekshan의 밴드로 '상트페테르부르크'란 이름을 가진 이 밴드는 시대의 지루함과 관성에 반기를 들었다. 얼마 되지 않아 모든 공장과 기관마다 하나 이상의 록밴드가 결성되었다. 1965년에 운동장이나 체육관만큼 무도장에서도 시간을 보낸 소련 젊은이들은 록밴드 없이는 춤을 출 수 없었다. 조류를 거스르지 못한 당국은 공식으로 후원하는 그룹을 만들었고, 이들 중 레닌그라드에서 가장 잘 알려진 록밴드는 '노래하는 기타들'라는 이름의 그룹이었는데, 레닌그라드 음악원 출신인 31세의 색소폰 연주가 아나톨리 바실리예프Anatolii Vasiliev가 이 밴드를 이끌었다. 이 그룹은 알렉산드르 슈르빈 Aleksandr Shurbin과의 협업으로 〈오르페우스와 에우리디케〉라는 첫 공식 소비에트 록 오페라를 제작했는데 많은 평론가들이 "뛰어나다"라고 평했다.[29]

그러나 공식으로 인정된 이런 그룹은 배교자 밴드들이 퍼져나가는 것을 막지 못했다. 이들의 음악은 레닌그라드 구시가지의 마당에서 울려 나왔고, 외곽 아파트의 새 단지들을 나누는 공터를 가로질러 요란한 소리를 냈다. 1960년대가 가기 전에, 현대 대중문화를 '개똥'이라고 한 흐루쇼프의 비난에 동참했던 충직한 당국도, 피할 수 없는 것이라면 받아들여야 했다. 불법 자기 테이프, 침대 머리판을 뜯어 만든 기타, 훔친 공중전화기 부품에서부터 소련 우주 프로그램에서 빼돌린 전자장비까지 모든 것을 동원해 만든 앰프로 이뤄진 록 음악은 뿌리를 뽑는 것이 불가능해졌다. 1979년 엘튼 존은 자신의 음악에 제대로 열광한 레닌그라드 팬들을 위해 공연을 펼쳤다. 3년 뒤 '타임머신'이라는 모스크바 록 밴드가 레닌그라드 기념일 경기장을 히스테릭한 팬들로 가득 채웠는데, 군중의 광적인 성화로 인해 밴드를 태운 차량이 예정과 다른 경로로 이동해 경기장에 들어와야 했다.

때때로 당국은 연주될 수 있는 것과 없는 것을 직접 지정하려고 했다. 그리하여 "라 라 라스푸틴, 러시아의 가장 위대한 사랑꾼"이라 부르는, 서방 록 그룹 보니 엠의 새 히트곡 〈라스푸틴〉을 연주 불가 음악으로 지정하기도 했다. 그러나 금지는 전염을 확산시키기만 했다. 불과 수주 만에 이 노래는 시베리아 한가운데 이르쿠츠크의 밴드에 의해서도 연주되었다.[30] 다시 한번 공산당은 대중의 가치와 기호를 정하는 데 실패했다. 레닌그라드 사람들과 소련 전 지역 젊은이들은 그들이 수용하는 문화를 자기들의 방식대로 누릴 자유를 요구했다.

1980년대 초반 넵스키 대로에서 조금 떨어진 루빈스타인 거리 13번지 개인 아마추어 공연센터의 후원을 받을 정도로 제도권으로 들어온 '레닌그라드 록 클럽'은 도시의 대중음악계를 장악했다. 처음 클럽의 중심은 보리스 그레벤시코프Boris Grebenshchikov가 수년 전에 결성한 '아쿠아리움'이라는 록 그룹이었다. 그레벤시코프는 기타를 연주하고 시를 썼는데, 그의 시는 세기 전환기의 아크메이즘의 영향을 드러냈고, 아흐마토바의 첫 남편인 니콜라이 구밀료프가 이 유파의 리더에 속했다. 당국은 재빨리 그레벤시코프의 시를 "아흐마토비즘Akhmatovism"이라고 비난하며 아쿠아리움이 시내에서 연주하는 것을 금지했다. 록 클럽에서는 키노Kino(영화)*, 주파르크Zoopark(동물원), 텔레비조르 Telovizor(텔레비전)라는 밴드들이 연주했고, 그레벤시코프와 아쿠아리움은 레닌그라드 바깥의 지하에서 연주를 계속해 록 팬들에게 비밀스러운 우상 같은 존재가 되었다.

1987년 미하일 고르바초프의 페레스트로이카를 향한 노력이 가속화되고 계산 빠른 크렘린 당국자들이 소외되고 냉소적인 소련 젊은이들의 마음을 다시 얻으려 시도할 때 아쿠아리움은 국영 음반사인 '멜로디야Мелодия'에서 새 앨범을 준비했다. 보수주의자들은 그들이 생각하기에 "정신적으로 도덕적으로 해악이 큰" 음악을 계속 비난했다.[31] 그러나 레닌그라드와 소련 전역에서 록 음악은 더 이상 성난 신문 사설이나 무례한 불평으로 막을 수 없는, 일상의 일부가 되었

---

* 1982년 고려인인 빅토르 최가 키노를 조직하고 이끌었으나 1990년 8월 그의 사망으로 활동을 중단했다.

다. 이미 아쿠아리움을 포함한 네 개의 레닌그라드 록밴드의 음반이 캘리포니아에서 발매된 지 1년도 더 지났다. 주말에 관광하러 들어오는 핀란드 사람들이 보드카와 바꾸기 위해 반입한 청바지, 비싼 운동화, VCR 기계처럼 록 음악도 레닌그라드에 계속 머물게 되었다.[32]

레닌그라드 사람들은 대중음악에 대한 통제권을 조금씩 장악하게 된 것과 마찬가지로, 스탈린 시기 공산당이 억누르려 했던 고급 예술의 보고를 되찾고자 했다. 19세기 후반 상트페테르부르크의 마린스키 발레단은 러시아에서 가장 화려한 공연을 했고, 부속 발레학교는 서방의 어느 발레학교보다 뛰어났으며, 황제가 매년 제공하는 2백만 금화 루블의 후원금으로 유럽의 모든 발레 무대에 빛을 밝히는 발레리나들을 키워냈다. 엘레나 안드레아노바, 마틸다 크세신스카야, 타마라 카르사비나, 바츨라프 니진스키, 그리고 전설적인 안나 파블로바는 극장 거리에 위치한 수녀원 같은 제국발레학교에서 교육을 받았다. 이곳에서 그들은 은둔자 같은 생활을 하며 훈련받았고, 요한손Johannson과 체케티Cecchetti 같은 위대한 스승들은 닦기만 하면 완벽해질 수 있는 보석처럼 재능 있는 제자들을 위해 전심을 다했다. 이후 디아길레프 같은 천재 덕분에 상트페테르부르크의 발레는 파리와 런던으로 역수출되어 관객과 비평가들을 깜짝 놀라게 했다.

여전히 완벽함을 목표로 하는 발레학교와 발레단은 1917년 혁명, 1930년대의 숙청, 나치 독일의 레닌그라드 봉쇄에도 살아남았다. 그러나 러시아의 나머지 모든 것과 마찬가지로 발레단(1934년 키로프 발레단으로 개칭)도 스탈린 시대에 상처 없이 다시 일어서지는 못했다. 스탈린의 편집증은 레닌그라드의 발레 스승들과 발레리나들에게, 서방에서 디아길레프가 이끈 발레 학교 이민자들과 그의 유명한 발레 뤼스가 해낸 것 같은 과감한 실험을 차단시켰다. 당시 레프 박스트와 알렉산드르 베누아는 이미 러시아를 떠나 디아길레프의 무대장치를 만들고 있었고, 나탈랴 곤차로바Natalia Goncharova와 마르크 샤갈도 러시아를 떠났다. 1차 세계대전 발발로 서방에 고아처럼 남겨진 안나 파블로바는 포킨 연출의 〈빈사의 백조〉를 전 세계 무대에 올렸다. 얼마 안 있어 뉴욕 시립 발레단의 조지 발란신으로 명성을 얻게 될 게오르기 발란치바제는 당시 파리에 있었고, 그와 평생을 협연하게 될 이고르 스트라빈스키도 파리에 있었다.

점점 더 '플롯 없는' 발레를 선보이는 발란신의 실험은 예술에서 모더니즘과 고전주의를 모두 수용하려는 미학자들에 의해 높은 평가를 받았다. 그러나 이념적 고려가 테크닉, 모더니즘, 고전 발레에 대한 토론을 진흙탕으로 만든 레닌그라드에서 다른 문제들은 다른 해결책들을 요구했다. 첫 번째 문제는 당연히 무용수를 찾는 것이었다. 볼셰비키가 권력을 장악하고 몇 주 사이에 제국의 마린스키 발레단의 최고 무용수들은 서방으로 망명했고, 다른 무용수들도 혁명이 생각만큼 예술적 자유를 허용하지 않으리라는 것을 깨닫고 곧 뒤따라 망명했다. 참혹하고 고통스러운 내전 기간은 발레의 어려움을 가중시켰다. 마린스키 발레단의 무용수들은 1918년과 1919년 겨울 동안 다른 사람들과 마찬가지로 제대로 먹고 난방하는 것이 거의 불가능했다. 엄격하고 정확하고 성을 잘 내는 아그리피나 바가노바Agrippina Vaganova의 부단한 완벽성 추구는 선천적인 천재들을 예술적 완성품으로 변형시켰고, 마린스키 발레학교는 1925년 혁명 후 첫 졸업생을 배출했다.[33] 그 이후에야 소비에트 발레가 살아나기 시작했다.

마린스키 발레단의 무용수들과 안무가들은 기본적으로 귀족적인 예술 장르인 발레에 일반 대중이 쉽게 접근할 수 있는 길을 찾아야 했다. 볼셰비키 혁명 후 귀족 남녀 대신 일반 민중이 객석에 앉게 되었다. 일부 안무가는 오직 자연적인 동작만이 새로운 시대의 취향에 맞고 현대화·산업화되어가는 혁명적 사회에서 의미 있는 삶의 비전을 만들 수 있으리라고 믿었다. 바가노바는 다르게 생각하고, 안무를 완벽하게 만드는 유일한 열쇠로서 명쾌함과 정확성을 계속 요구했다. 1925년 그녀의 제자인 마리나 세묘노바Marina Semenova는 〈개울〉이란 작품으로 레닌그라드 발레 무대에 데뷔하여 소비에트 러시아에서 고전 발레의 상징적 승리로 여전히 기억되고 있는 안무를 선보였다. 세묘노바의 안무는 가장 열성적인 모더니스트에게도 테크닉에 대한 논쟁에서 고전주의자가 옳았다는 것을 확신시켜주었지만 어떻게 관객을 안무에 가깝게 할 것인가의 문제는 해결되지 않은 상태로 남았다. 한 비평가는 새로운 도전을 "고전 발레를 혁신하여 깔끔하고 빛나는 표면을 사람들에게 더 가까이 가져가 그들의 상상력이 더 새롭고 풍부한 그림을 자신들의 거울에 만들 수 있게 하는 것"이라고 설명했다.[34] 이 과제는 말보다 실행하기가 훨씬 어려웠다. 이념도 고전적인 훈련도 레닌그라드 발레가 수립하려 한 민중들과의 연계를 위해 필요한 혜안을 제공해주지 않았다.

민중에게 더 다가가기 위해 레닌그라드의 안무가들은 고전 무용과 곡예적 무용을 새 작품에서 결합하여 주위에서 형성 중이라고 여겨지는 세계를 반영하려고 시도했다. 그러나 여러 번의 실패 끝에 현대적 주제와 전통적 안무가 쉽게 혼합될 수 없다는 것이 분명해졌다. 그러다가 1932년 마린스키 극장에서 초연된 바실리 바이노넨Vasilii Vainonen의 〈파리의 화염〉에서 적절한 새 형식이 발견되었다. 이것은 '무용극(choreodrama)'으로, 무용수의 화려한 동작과 복잡한 발동작보다 플롯의 전개와 극적인 표현성에 더 초점을 맞춘 연출이었다. 반면 소비에트 조지아의 인간 노동의 위대성(무용극 〈말타브카〉의 주제)과 산림에서 생활

마린스키 극장

하면서 외국 간첩들과 싸우는 콤소몰 단원들의 영웅주의(모스크바 볼쇼이 극장에서 초연된 〈스베틀라나〉의 주제)는 발레를 위한 최선의 소재가 아니라는 것이 드러났다. 프롤레타리아 관객들은 감동이나 깊은 인상을 받지 않은 채 자리에 앉아 있었고, 소비에트 비평가들조차 〈스베틀라나〉를 "거만하고 순진한 알레고리"라고 평가했다.[35]

이러한 실패는 2차 대전 전 키로프 발레단의 마지막 대작인 〈로미오와 줄리엣〉에서는 반복되지 않았다. 기존에 고착된 원칙을 뛰어넘겠다는 의지를 갖고 프로코피예프는 역동적인 동작을 만들어내기 위해 이미지와 드라마를 결합한 간결한 언어의 "음악적 초상화"를 지닌 교향곡 스타일로 그의 발레를 연출했다.[36] 키로프 발레단에서 레오니트 라브로스키Leonid Lavroskii의 거장다운 안무는 음악의 서정적 표현(lyricism)을 지지했고, 레닌그라드 발레 전통을 가장 잘 보여주는 무용수 콘스탄틴 세르게예프Konstantin Sergeev와 갈리나 울라노바Galina Ulanova는 로미오와 줄리엣을 비극적 종말로 이끄는 힘을 우아하게 표현했다. "울라노바는 줄리엣에서 깊은 우주적 호소와 따뜻한 영혼의 주제를 찾아냈다"라고 한 비평가는 평했다.[37] 이 배역에서 울라노바의 유령 같은 탁월한 안무는 그녀를 위대한 혁명 전의 라이벌들과 같은 반열에 올려놓았다.

전통주의자들은 안무가 충분하지 않다고 계속 혹평했지만, 1930년대 초반의 〈파리의 화염〉과 〈바흐치사라이의 분수〉에서 1940년대의 〈로미오와 줄리엣〉과 〈청동기마상〉으로 이어지는 무용극의 전통은 레닌그라드 관객들로부터 큰 호응을 받았다. 소련 시대 가장 성공한 남녀 무용수들은 이러한 작품들에서 가장 눈에 띄는 역할을 소화해냈다. 이 작품들에서 활약한 세묘노바, 갈리나 울라노바, 그리고 놀라운 점프와 드라마틱한 자세로 이름을 떨친 나탈리아 두딘스카야Natalia Dudinskaia와 알렉세이 에르몰라예프Aleksei Ermolaev는 전후 세대인 루돌프 누레예프Rudolf Nureyev와 미하일 바리시니코프Mikhail Baryshnikov로 이어지는 길을 닦았다.

누레예프와 바리시니코프는 둘 다, 키로프 발레단에서 바가노바의 다른 한편에서 남성 무용수들을 가르치던 알렉세이 푸시킨Aleksei Pushkin 덕분에 초기의 성공을 거두었다. 누레예프가 천재적 잠재력을 지녔음을 알아본 푸시킨은 그가 학교에서 쫓겨나게 되었을 때 자신의 수업으로 불러들였고, 자신의 집에서 같이 살게 하면서 그에게 제2의 아버지 역할을 해주었다. 조심성과 헌신성을 가지고 푸시킨은, 소련의 삶이 부과하는 압박을 견디기 힘들어하는 시베리아 출신 반항아인 누레예프의 재능을 연마시켜 1958년 졸업 공연에서 관객들의 경탄을 자아냈다. 그러나 관료주의와 이념의 족쇄를 벗어나고자 하는 누레예프의 갈망은 스승에 대한 깊은 의무감보다 강력했다. 1961년 파리의 르 부르제 공항을 통과할 때 누레예프는 순식간에 자신의 소비에트 '경호원' 두 사람과의 필사적인 몸싸움 끝에 서방으로 탈출하는 데 성공했고, 그곳에서 마고트 폰테인Margot Fonteyn이 그의 새 보호자가 되었다.[38]

누레예프의 망명은 키로프의 무용수들이, 스탈린 관료주의자들이 예술에 씌우려는 구속에 지쳤음을 분명히 보여주었다. 1949년 키로프 발레단이 초연한 〈청동기마상〉은 성공한 마지막 무용극이 되었고, 이후 이 장르는 조악한 사회주의 리얼리즘의 전형으로 빠르게 전락했다. 새롭고 도전적인 모든 것에서 단절되었다고 느낀 재능 있는 무용수들은 새로운 해석과 테크닉 실험에 대한 갈증을 느꼈다. 누레예프가 자유를 찾아 용감하게 서방으로 망명한 1년 후 조지 발란신이 이끄는 뉴욕 시립 발레단이 레닌그라드에 와서 공연했다. 1924년 소련을 떠난 발란신은 전혀 돌아올 의사가 없었다. 소비에트 레닌그라드의 모든 것, 이를테면 아름다운 카잔 대성당을 종교사와 무신론 박물관으로 변형시키고 도시명 자체조차 바꾼 것에 그는 분노했다. 그는 미 국무성의 반복된 요청 끝에 소련 순회공연에 동의했다. 1962년 그의 레닌그라드 방문과 10년 후의 재방문은 키로프 발레단에 큰 영향을 미쳤고, 최고 무용수 두 명의 서방 망명으로 이어졌다.[39]

젊은 키로프 무용수들에게 발란신의 공연은 자신들이 사는 세상의 "먼지 낀 풍경을 마치 커다란 스펀지가 말끔히 닦아낸 것"과 같았다고 한 관찰자는 평했다.[40] 특히 1920년대 초반 발란신과 함께 수학한 학생이었고 그의 친구가 서방으로 망명한 후에도 레닌그라드에 남아 있던 연출가 레오니트 야콥손Leonid Iakobson은 발란신의 공연을 스탈린의 심복들이 말살하려 했던 유산의 일부를 되찾을 기회로 이용했다. 얼마 후 야콥손은 나탈리아 마카로바Natalia Makarova를 위한 특별 역할을 만들고(마카로바는 1970년 서방으로 망명했다), 미하일 바리시니코프를 위한 카메오 발레인 〈베스트리스〉를 만들었다. 푸시킨의 또 다른 제자였던 바리시니코프는 놀라운 재능과 그칠 줄 모르는 호기심을 지녔던 무용수였고, 1974년 서방으로 망명했다.

누레예프, 마카로바, 바리시니코프 같은 천재적 무용수들이 망명한 것은 최고 수준의 예술가들이 자신들의 재능을 표현하고 발전시킬 수 있는 자유를 찾아 떠난 것을 의미했다. 이 분명한 사실은 서방의 자유주의적이고 급진적인 지식인들을 당황하게 했다. 이들은 1920년대 이후 이민자들을 왕정주의자와 정치적 반혁명주의자로 폄하해왔던 것이다. 이보다 더 다급하게 이들의 망명은 미국과 유럽에서 불어오는 정치적 바람에 점점 예민해지고 있던 소련 당국에 심각한 문제를 제기했다. 바리시니코프가 서방으로 망명했을 때 스탈린주의 관료들의 거친 언사는 보리스 파스테르나크Boris Pasternak와 알렉산드르 솔제니친Aleksandr Solzhenitsyn의 노벨상 수상 비난, 안드레이 사하로프 탄압, 젊은 시인 조지프 브로드스키 추방과 더불어 소련의 이미지에 재차 먹칠을 가했다. 작가들 역시 스탈린주의자들이 말살하려 한 문학 유산을 되찾고자 했다. 1953년 스탈린 사망 당시에 도스토옙스키의 많은 작품들, 은 시대 시인들의 모든 작품, 이반 부닌이나 블라디미르 나보코프 같은 망명 작가의 작품들은 소련 문단에서 공식적으로 사라져 있었다. 그러나 스탈린 사후 5년 만에 레닌그라드의 인텔리겐치아는 이것들을 되찾는 긴 투쟁을 서서히 시작했다.

이들은 표도르 도스토옙스키로부터 시작했다. 도스토옙스키는 러시아가 배출한 작가 중 가장 고통받은 작가이고 상트페테르부르크의 '모욕받고 상처 입은' 사람들의 생을 기록한 가장 뛰어난 연대기작가였다. 그는 센나야 광장 시장 근처의 비참한 빈민가에 몰려 있는 남녀들을 작품에 등장시켰다. 톨스토이와 달리 도스토옙스키는 소련 비평가들에 의해 여러 차례 푸대접을 받았다. 막심 고리키는 도스토옙스키 작품을 몇 편 읽은 후 "이것은 아무것도 분명히 밝히지 않는다. 인생의 긍정적인 면은 고양시키지 않고, 어두운 세력의 혼란 속에 있는 사람들의 무기력을 묘사할 뿐이다"라고 평했다.[41] 1920년대에 "모든 현대 문학은 도스토옙스키의 발자취를 따르고 있다"라고 주장한 문학 평론가들이 있긴 했지만,[42] 고리키의 관점이 문단을 지배했다. 도스토옙스키는 반혁명주의자의 원조로 간주되었고, 볼셰비키가 파괴하기로 작정한 바로 그 잔인한 자본주의 세계의 인류 관점을 지닌 신비주의자로 폄하되었다. 그는 "부르주아 배교주의 역사의 연대기작가"이고 "현재의 사회주의 사회의 기초를 놓은 사람들에게 가장 적대적인" 작가라고 1930년대 초 한 비평가는 말했다. 다른 비평가들도 도스토옙스키를 "완벽한 반계몽주의자이며, 반동적인 사회 그룹의 표준을 담지한 자이고, 사회주의의 적들의 이념가"라고 비판했다.[43]

2차 대전 중 러시아 민족 감정의 가마솥의 불을 지피려는 스탈린의 냉소주의적 노력은 도스토옙스키를 잠시 부활시키기도 했다. 비평가들은 독일의 오만함과 우쭐거림을 조롱한 그의 문장에 박수를 보내고, "그의 저작의 러시아적 성격"을 찬양했다. 도스토옙스키 탄생 125주년을 맞아 1946년엔 오랫동안 고대해온 그의 새 전집이 출간되었다. 당시 한 비평가는 그를 "러시아 영혼에 대한 거대한 감정적 영감"이라고 찬양하기도 했다. 1880년 모스크바에 세워진 푸시킨 동상 제막식 때 도스토옙스키가 행한 유명한 연설에서 비평가들은 소련이 세계를 이끌어 파시즘에 승리하리라는 예언을 발견했다. 1947년 소련의 가장 유명한 문학비평가는 도스토옙스키가 "사회주의를 위한 투쟁에서 중력의 중심이 러시아

로 옮겨질 것이라는 희미한 예감"을 가지고 있었다고 결론지었다.[44]

정확히 1년 뒤 모든 것은 변했다. 즈다노프의 충동으로 도스토옙스키는 "소련 인민과 노동 계층의 적"이 되었다. 또한 "이념적 독으로 러시아 젊은이들을 중독시킬 음모를 꾸미는" "사기꾼과 배신자들"의 "영적 아버지"라고 낙인찍혔다. 비평가들은 다시 도스토옙스키를 "반동의 전위"로 만들었고, 심지어 그의 사상이 "월스트리트의 이념적 하인들"과 연계된다는 증거를 찾아냈다고 주장했다. 거의 하룻밤 사이에 도스토옙스키의 사상은 "독실한 체하는 생명 없는 기독교 도덕성의 진부하고도 무분별한 음표"가 되었다. 비평가들은 도스토옙스키를 "독자들을 위협하기 위해 프롤레타리아 혁명의 전망"을 이용한 "반동의 적극적 사상가"라고 결론 내렸다. 1952년에 출간된 아동과 청소년을 위한 『러시아 문학 선집』에 도스토옙스키의 작품은 한 편도 포함되지 않았다. 스탈린 사후 이듬해인 1954년 두 번째 판본에도 그의 이름은 들어가지 않았다.[45]

도스토옙스키를 러시아 문학 신전에 복원시키려는 노력은 1955년에 시작되었다. 러시아 문학 연구소 레닌그라드분소와 과학아카데미는 일 년 뒤에 있을 서거 75주년 행사를 준비했다. 이러한 노력의 일환으로 레닌그라드 고리키 극장 감독인 게오르기 톱스토노고프Georgii Tovstonogov는 도스토옙스키의 『백치』를 무대에 올리기 위해 준비했고, 이 공연은 소련 생활의 고통과 고난에 대해 언급할 수 있는 드문 기회를 마련했다. 소설과 연극 모두 미시킨이 오랜 여행 끝에 상트페테르부르크로 돌아오는 장면으로 시작하는데, 이것은 이 도시를 오래 떠나 있다가 돌아온 '복권된' 스탈린 숙청의 피해자들을 연상시킬 수밖에 없었다. 그러나 이 장면을 레닌그라드의 무대에 올리는 것은 마치 다이너마이트로 가득 찬 달걀을 밟고 걸어가는 것만큼 위험한 일이었다. 미시킨 공작 역할은 19세기의 위대한 러시아 사실주의 화가 일리야 레핀이 1884년에 그린 〈아무도 기다리지 않았다〉이래 가장 극적으로 유형의 고통을 표현할 잠재력을 품고 있었다. 스탈린의 돌아온 희생자들과 마찬가지로 미시킨이 놀라움으로 이 도시를 바라보는 인물로 그려질 수 있고, 오랫동안 유럽의 병원에 외롭게 있는 내내 생각했던 사람들과 다시 대화하려는 갈망은 보고 듣기에 거의 고통스러울 수 있기 때문이었다.

그러나 톱스토노고프가 너무 잘 알았듯, 과거와 현재의 이런 연결은 배우들이 무대에서 행하는 무엇 때문이 아니라 오로지 관객들의 마음속에서만 만들어지는 것이었다. 공연에는 공개적으로 특별히 드러나는 것이 없었고, 단지 스탈린 시대의 공포 정치에서 살아남은 이들이 감지할 수 있는 연결의 암시만 있었다. 이러한 위업을 이루려면 미시킨 역할을 맡는 배우와 이를 지도하는 연출가의 천재적인 감각이 필요했다. 이 핵심 배역을 맡을 배우로 톱스토노고프는 거의 알려지지 않은 젊은 배우 인노켄티 스목투놉스키Innokentii Smoktunovskii를 지목했다. 이보다 더 나은 선택은 없었다. 스목투놉스키는 재능을 지녔을 뿐만 아니라 배역에 필요한 절제력도 갖추고 있었다. "석 달 동안 연극 연습을 했다. 나는 이 기간 내내 미시킨 공작의 비전과 분위기 속에 살았다"라고 그는 회고했다.[46] 스목투놉스키가 무대에서 거둔 성공은 대단했고, 편안한 자연스러움과 진지함으로 미시킨 공작의 이미지를 표현한 그의 천재적 연기는 관객들을 매료시켰다. 특별한 동작과 대사 없이 그는 육체적으로 미시킨의 이미지를, 강제노동 수용소에 돌아온 희생자로 변형시켰다. "그의 몸은 가늘고, 길게 뻗은 팔다리를 가지고 있었다. 인간의 몸이라기보다 한 신체의 외곽선이었고, 살로 덮인 생명의 가련한 다이어그램이었다"라고 한 평론가가 설명했다.[47]

톱스토노고프의 경이로운 『백치』 연출에 이어 소련 최초의 도스토옙스키 전집 출간이 이루어졌다. 저명한 도스토옙스키 전문가들이 편찬한 이 열 권짜리 전집에는 도스토옙스키의 대표작이 거의 다 포함되었다. 첫 두 권은 1956년 30만 부나 출판되었고, 나머지 책들도 예정된 일정대로 출간되었다. 그러나 이것이 도스토옙스키를 둘러싼 모든 장벽이 완전히 철거되었음을 의미하지는 않았고, 레닌그라드의 도스토옙스키 편집자들이 그들의 모든 행동을 지켜보는 크렘린의 이념적 검열관의 눈으로부터 자유로워졌음을 뜻하지도 않았다. 일례로 1967년 도스토옙스키 출판위원회의 한 간사는 소련에 대한 테러리즘을 계획했다는 얼토당토않은 혐의로 체포되었다.[48] 예술과 정치가 분리되는 데는 아직 긴 시간이 필요했다.

레닌그라드의 도스토옙스키 전집 편집자가 체포된 사건은 흐루쇼프의 짧은 해빙이 끝나고 시작된 문학과 예술 분야의 반체제 인사 척결 운동의 끝자락에 일어난 것이었다. 레닌그라드에서 가장 큰 희생자는 조지프 브로드스키였다. 마르고 빨강 머리를 한 스물세 살의 유대인 학교 중퇴자였던 그는 후에 미국 최초의 외국 태생 계관시인이 된다. 1940년에 태어난 브로드스키는 레닌그라드 봉쇄 첫 겨울을 어머니와 함께 보낸 뒤에 피난 갔다. 해군 장교였던 아버지는 그가 여덟 살이 될 때까지 단 한 번 만났다. 그의 가장 오래된 기억은 한때 프레오브라젠스키 근위연대 교회로 쓰였던 교회 지하 방공호에서 보낸 밤들에 대한 기억, 그리고 전쟁 막바지에 어머니가 가져온 소금에 절인 미국산 소고기 통조림에 대한 기억이다. "소고기 맛보다 깡통에 대한 기억이 더 선명하다. 커다란 사각의 양철통 옆에 따개가 부착되어 있었다. 이것은 완전히 다른 기계적 원리와 다른 감성을 알려주었다"라고 그는 회고했다.[49]

내용물을 먹고 난 빈 깡통은 화분이나 장식품으로 쓰였다. 레닌그라드의 벼룩시장, 친구의 아파트, 학교 운동장까지 들어온 서구 기술의 온갖 잡동사니들은 어린 나이의 브로드스키에게 소련 국경 너머에 아주 다른 세상이 있다는 것을 알려주었다. 곧 그는 할리우드 영화를 통해(언제나 "조국을 위한 위대한 전쟁 중에 [노획한]" 군사적 전리품으로 드러날 때 확인되었다), 다음으로 책을 통해 이 세계를 탐험하기 시작했다.[50] 로버트 테일러, 비비안 리, 에롤 플린, 2차 대전의 무기 대여 프로그램*으로 들어온 미국 스튜드베이커와 페커드의 잔재, 그리고 중국에서 돌아온 아버지가 가져온 수십 장의 미국 음반은 브로드스키를 레닌그라드에서 러시아 최북단 국영농장으로, 그리니치 빌리지로, 그리고 생의 마지막 15년간 시를 강의한 매사추세츠 중부 언덕의 마운트홀리요크대학까지 이

끌어간 오디세이의 시작을 알렸다. "나의 첫 영어 표현은 'His Master's Voice' 였다"라고 그는 아버지가 수집한 RCA 빅터 음반을 회상하며 기록했다.[51] 손에 잡히는 대로 접촉한, 매혹적인 신세계에서 나온 이 유형의 지스러기들은 브로드스키의 교육의 진정한 시작을 만들었다.

브로드스키의 전후 유년 시절은 학교, 그리고 부모와 함께 산 한 칸 반짜리 방이 포함된 공동주택 아파트, 그리고 세상 여행을 계속하게 해준 필립스 단파 라디오를 중심으로 전개되었다. 순전한 우연으로 그의 가족은 리테이니 대로 24번지 아파트 28호에 살게 되었는데, 지나이다 기피우스와 드미트리 메레시콥스키가 은 시대의 황금기에 세기 전환기의 아방가르드를 호령하던 곳이 바로 이곳이었다. 쪽마루가 완비된 브로드스키 가족의 특별한 집에는(기피우스-메레시콥스키의 아파트는 1920년대 초에 네 가족이 살도록 분할되어 있었다) 기피우스가 자주 서서 내다보던 발코니도 포함되어 있었다. 오로지 열한 명과만 (다른 곳처럼 스물다섯 명에서 쉰 명이 아니라) 공동 부엌, 욕조, 화장실을 공유했던 브로드스키 가족은 이것을 행운으로 생각했다. 더 좋았던 것은 이웃들이 다 잘 어울릴 수 있는 사람들이라는 사실이었다. 이웃집 수프 단지에 비누 조각을 넣거나 빨아 넌 하얀 천을 밟고 지나가게 만드는 싸움과 갈등이 브로드스키네 이웃 간에는 없었다. 그러나 리테이니 대로 24번지에 거주하는 것은 비밀이 거의 허용되지 않는 적나라한 삶이었다. "대변의 양을 보면 누가 화장실을 사용했는지, 그나 그녀가 아침이나 저녁 식사로 무얼 먹었는지 알 수 있었다. 침실에서 나는 소리와 여자들이

---

*미국의 루스벨트 대통령이 2차 대전 중 연합국에 무기, 군수물자, 식량, 연료 등을 지원한 프로그램으로 1941년 3월 시작되어 1945년 9월 종료되었다. 그는 선금을 받고 전쟁 물자를 판매하는 기존 법안을 우회하기 위해 대여(lend), 임대(lease)라는 개념을 가져왔다. 총 지원액은 미국의 전체 전쟁 지출의 11퍼센트인 총 501억 달러(2018년 기준 5,650억 달러)로, 영국에 314억 달러(3,540억 달러), 소련에 12억 달러(361억 달러), 프랑스에 32억 달러(361억 달러), 중국에 16억 달러(180억 달러), 나머지 연합국에 26억 달러(180억 달러)를 지원했다.

언제 월경을 하는지도. […] 희미하게 불이 비치는 동굴 속 부족의 삶 같은 면이 있었다. 원시적인 어떤 것, 또는 진화하는 그 무언가"라고 그는 말을 맺었다.[52]

브로드스키는 스탈린과 레닌의 이미지가 지배하는 세계에서 자라났다. 두 사람의 이름과 초상화가 사방에 걸렸고, 대리석과 콘크리트로 조각되고, 청동으로 주조되고, 포스터와 신문에 인쇄되고, TV와 라디오와 학교에서 계속 인용되었다. 브로드스키는 스탈린이 사망했을 때 사람들이 흘린 눈물을 포함해 이 모든 것을 경멸했다. (그는 학생들이 위대한 지도자의 사망 소식을 처음 들었을 때 한 히스테리컬한 선생이 학생들에게 "모두 무릎 꿇어, 모두 무릎 꿇어"라고 울부짖던 소리를 기억했다.)[53] 당시 열세 살이던 브로드스키는 '미국의 소리' 방송에서 들은 재즈에 매료되었다. "뭔가 새로운 일이 일어나기 시작했다. […] 심지어 우리의 걸음걸이도 달라졌다"라고 그는 당시 자신과 학교 친구들을 회고하며 썼다. "우리를 강력하게 억제하던 러시아적 틀의 조인트가 '스윙'에 귀 기울이면서." 루이 암스트롱, 시드니 베케트, 듀크 엘링턴, 엘라 피츠제럴드, 찰리 파커가 브로드스키의 삶의 일부가 되었다. 그는 열다섯 살에 학교를 중퇴한 뒤 다시는 학교로 돌아가지 않았다.[54]

1956년 브로드스키는 무기공장이었다가 전후에 농기계 생산 공장으로 바뀐 아르세날 공장에 일하러 갔다. 한동안 레닌그라드 노동계급의 주류에서 살았다. 러시아의 지식인들이 감히 발을 들여놓지 않았던 이 세계는 거친 잔혹성과 진정한 비열함이 지배하고, 폭력과 비참함이 지루한 단조로움과 병존하는 곳이었다. 여기에서는 모두가 부대끼며 생활했다. "교대로 잠을 자고, 고래처럼 술을 마셔대며 […] 아내를 죽어라 때리고, 스탈린이 갑자기 죽었을 때 또는 영화를 보던 중에 공공연히 울음을 터뜨리고, 서로 너무 자주 욕을 해댄 나머지 '비행기' 같은 평범한 단어는 뭔가 교묘하게 음란한 것으로서 행인을 공격하는 것이 되었다"라고 그는 회고했다.[55] 레닌그라드 노동자들의 숙소는 19세기 페테르부르크 센나야 광장 시장의 세계를 거울처럼 비춘 듯했다. 이곳에서 사람들은 친구가 아닌 동맹을 만들었고, 탐욕과 이기심이 모든 것의 바탕이 되었다. 모든 이들이 현재만을 위해 살았다. 브로드스키가 살던 곳에서 대부분의 남성들은 쉴 새 없이 마시는 보드카 병 바닥에서 헛되게 미래를 찾았고, 그것이 이 도시에서 가장 흔한 취미였다. 아침 9시에는 만취한 사람이 택시보다 더 많이 보였다. 미래는 시야에 들어오지 않았다. 아무도 정부의 선전을 믿지 않았고, 소련의 사회주의 리얼리즘 작가나 화가들이 만들어내는 삶의 비전도 믿지 않았다. 그러나 그들은 대신 무엇을 기대할지, 또는 어디에서 그것을 찾기 시작할지도 알지 못했다.

브로드스키가 "신시내티, 칼턴, 프리츠 베르너, 지멘스&슈케르트(모두 독일에서 전쟁배상금으로 받은)라는 이름들을 포함한 이국적인 창조물로 가득 찬 완전한 주물 동물원"이라고 기억한 아르세날 공장의 모든 것은 한물간 물건들이었다. 매일매일 위기였고, 매 순간이 혼란이었다. 기계가 망가져도 예비 부품이 없었다. 원료는 4등급, 5등급 품질로 판명되었다. "반쯤 취한 용접공들"이 패치를 붙이고, 테이프를 붙이고, 땜질하고 전선으로 묶어 기계가 망가지는 것을 막아보려고 했다. 아무도 제대로 일하지 않았고, 아무도 신경 쓰지 않았다. "월요일에는 모든 사람이 숙취로 고생했고, 특히 월급날 다음 날은 더 심했다"라고 브로드스키는 기억했다. "도시나 국가 대표 축구팀이 패한 이튿날은 생산량이 급격히 떨어졌다."[56] 거의 모든 이들의 삶의 수준이 낮았고, 노동자들이 받는 월급은 거의 가치가 없었는데, 살 수 있는 것이 거의 없었기 때문이다. 어떻게 보면 이것은 정당한 교환이었다. 실질적으로 아무 보상이 없기 때문에 아무 일도 하지 않는 것이고, 모두가 이것을 알았다. "정부는 우리에게 급여를 지불하는 척할 뿐이고, 우리는 일하는 척할 뿐이었다"라고 당시 사람들은 말했다.

어린 시절 전쟁을 겪고, 스탈린의 죽음을 보고, 소련이 강대국 역할을 맡으려고 고투하면서 삶의 불확실성을 겪었던 여느 젊은이들과 마찬가지로 브로드스키도 이 직업 저 직업을 떠돌았다. 아르세날 공장에서 도정 기계를 담당하던 그는 병원 시신 보관실로 옮겨 시신 해부를 맡았다. 그것이 1957년이었고 이후 5년 동안 직업을 열한 번 바꾸었다. 그는 의사, 조종사, 지질학자가 되는 것을 생각해봤다. 그리고 어느 날, 지질탐사단과 함께 시베리아에서 일하던 먼 야쿠츠크의 한 가판대에서 우연히 러시아 낭만주의 시집을 집어 들었다. 시들이 그의 상상력을 사로잡아 꽉 붙들었다. "이 책을 읽었을 때 나는 […] 시가 내가 이해할 수 있는 유일한 것임을 깨달았다"라고 그는 많은 세월이 지난 뒤에 고백했다.[57] 브로드스키에게 시는 진실이었고, 그가 보고 살았던 삶의 그야말로 정반대(antithesis)였

조지프 브로드스키(1988)

다. "우리 세대 사람들은 어떤 일에도 충격받지 않는다. 우리는 거짓말도, 이중성도, 우리를 둘러싼 냉담함도 잘 알았다. 우리는 스스로에게 거짓말을 했다"라고 그는 말한 바 있다.[58] 그러나 당의 선전자가 아니라 진정한 작가라면 진실을 말해야만 했다. 브로드스키와 그의 친구들 사이에서는 삶을, 당위적으로 되어야 할 모습이나 공산당이 원하는 모습이 아니라, 있는 그대로 말하는 것이 작가의 도덕적 의무가 되었다.

나이 든 아흐마토바가 그녀의 "마법의 합창단"이라고 부른 젊은 시인 집단의 리더로서 브로드스키는 레닌그라드 예술가와 지식인 전후 세대를 가장 잘 표상했다. 그들 중 많은 사람이, 그가 나중에 말한 대로 이상한 일이나 "정신 나간 일"을 하게 되었는데, 문학에 의해 부과된 양심의 희생자가 되었기 때문이다. "아무도 이 사람들만큼 문학이나 역사를 잘 알지 못했고, 아무도 이 사람들만큼 러시아어로 글을 잘 쓰지 못했고, 아무도 우리 시대를 더 진지하게 모욕하지 못했다"라고 그는 설명했다. "이들은, 흔히들 여기듯 또 다른 잃어버린 세대가 아니었다"라고 그는 설명을 이었다. "이들은 자기 자신을 찾은 유일한 러시아인 세대였

고, 지오토나 만델스탐이 자신의 개인적 운명보다 더 긴급했던 이들이었다." 이들은 생각이 진정한 차이를 만들어낸다고 믿었다. "[그들에게는] 책이 우선적이고 유일한 실제가 되었다. 실제 그 자체는 허튼소리나 골칫거리로 여겨졌다"라고 그는 덧붙였다.[59]

이 사람들은 과거와 현재의 시들을 베껴 쓰느라 밤을 새우는 사람들이었다. 오랫동안 금서였지만 여전히 보존되어 있던 오시프 만델스탐, 벨리미르 홀레브니코프Velimir Khlebnikov, 마리나 츠베타예바Marina Tsvetaeva, 보리스 파스테르나크의 초판본, 그리고 아흐마토바의 "마법의 합창단"을 구성하는 젊은 시인들의 책장 모서리가 접힌 원고들로부터. 리디아 추콥스카야Lidia Chukovskaia, 나데즈다 만델스탐Nadezhda Mandelshtam, 예브게니야 긴즈부르크Evgeniia Ginzburg의 비통한 고발 회고록과 함께 이 복사본들은, 레닌그라드와 다른 도시들의 지하에서 유통되던 금지된 필사본 문헌을 가리키는 사미즈다트samizdat의 효시가 되었다. 1950년대 후반과 1960년대 초반 이곳에서 브로드스키는, 당국이 엄청난 규제와 금지와 언어 공격으로 매장시키려고 노력했음에도 러시아 시가 진정으로 담고 있는 보물들이 어떤 것인지 발견했다. 소련 시대까지 살아남은 몇몇 은 시대 시인(가장 최근의 시인은 아흐마토바와 파스테르나크였다)은 별도로 하고, 러시아 시는 당시 고루함에 위험할 정도로 전염되어 있었고, 세기 전환기 상트페테르부르크 아방가르드들이 그토록 중요한 역할을 담당했던 세계로부터 점점 더 멀어지는 듯했다. 1950년대에서 1960년대로 넘어가면서 금서가 된 사미즈다트 원고들은 브로드스키가 자신의 예술을 은 시대의 유산과 연결하도록 도왔고, 이와 동시에 그는 서구 문화에 대한 열정에서 진화된 코스모폴리타니즘에 천착했다.

1959년 브로드스키는 경찰에 처음 체포되었다. 1961년에 두 번째로 체포되었고, 1963년 세 번째로 체포되었을 때는 모스크바의 정신병동에 잠시 수감되었다. 이 기간에 그는 틈틈이 일을 했고(그러나 나중에 당국이 그를 '기생충 노룻'으로 비난하지 못할 만큼 충분하지는 않았다), 수만 행의 시를 썼는데 이 중 상당수는 사미즈다트로 유통되었다. 1961년 여름 브로드스키는 안나 아흐마토바를 처음 만났고, 이후 두 사람은 정기적으로 대화를 나누게 되었다. 어느 겨울에 그는 아흐마토바가 머물던 시골 인근에 한 농가를 빌려 지내면서 매일 그녀를 만났다. 그녀는 그를 자신의 "특별한 고양이"로 부르며 자신의 "마법의 합창단"에 포함시켰다. 브로드스키는 아흐마토바를 "울부짖는 뮤즈"로 부르며 그녀의 시를 스펀지처럼 빨아들였다. 아흐마토바는 아직 출판하지 않은 「레퀴엠」과 「영웅 없는 시」를 보여주며 그에게 도전하고 꼬드기고 위협했고, 그러는 동안 그의 펜에서는 시가 흘러넘쳤다.[60] "아흐마토바는 목소리의 톤만으로 또는 머리 한 번 돌리는 것으로 당신을 호모 사피엔스로 만든다"라고 브로드스키는 오랜 세월이 지나고서 회상했다. "아흐마토바와의 만남은 매번 나에게 아주 특별한 경험이었다. 그런 일은 전에 내게 일어난 적이 없었고, 이후에도 일어나지 않을 것 같다"라고 그는 덧붙였다.[61]

1964년 KGB의 수사망이 좁혀왔다. 1월에 브로드스키는 이 마을 저 마을로 옮겨 다니며 친구들 집에 머물기도 하고 그들의 농가에서 자기도 하면서 수사망을 피해 다녔다. 그러나 2월 11일 그가 레닌그라드에 잠입했을 때 체포되었고, 사흘 뒤에 재판이 시작되었다. 그는 체포 전에 이미 기소되어 있었다. 소련 시대 다른 수백, 수천 건의 경우와 같이 그에 대한 재판과 평결도 이미 각본이 짜여 있었다. 그러나 브로드스키 재판은 달랐다. 한 용감한 여성이 재판장의 필기 금지 지시에도 불구하고 이 재판에 대한 현장 기록을 남겼다. 그리고 이 기록은 당국이 그에게 뒤집어씌우려고 한 범죄의 거짓을 드러냈다. 검열을 피한 이 프리다 비그도로바Frida Vigdorova라는 여성의 기록은 사미즈다트에 유통되었고 서방으로 반출되었다. 이 기록은 《인카운터》와 《뉴 리더》에 게재되어 소련 체제의 왜곡된 폭정의 실상을 드러냈다.

과거에 많은 서구 지식인들은 소련의 폭정을 못 본 체했다. 예를 들어 시어

도어 드라이저, 조지 버나드 쇼, 로맹 롤랑, 앙드레 지드 같은 문단의 거장들은 1930년대 소련 체제의 '인간애'에 박수를 보냈고, 많은 유력 미국 지식인들은 1943년 망명 작가 마르크 알다노프Mark Aldanov의 소설이 '이달의 책'으로 선정되자 항의 서한을 보냈다. 그러나 이번 브로드스키 재판에 대해서는 항의가 있었다. 소련 체제의 열렬한 옹호자인 장 폴 사르트르도 소련 최고 회의 의장 아나스타스 미코얀Anastas Mikoian에게 항의 서한을 보냈다. 나중에 이것들은 효과를 발휘했지만, 브로드스키가 재판을 받고 처벌된 이후였다.

브로드스키의 재판은 1964년 2월 14일 레닌그라드 제르진스키 구 봉기 거리 36번지의 어두컴컴한 법정에서 시작되었다. 브로드스키는, 예술과 문학에 완전히 문외한인 것이 분명한 명한 표정의 한 여성 재판관을 쳐다보며 벽에 몸을 기대고 구부정하게 앉아 있었다. "법률적으로 말해 이것은 완전히 그로테스크했다. 나는 현장에서 일어나고 있는 일에서 나 자신을 최대한 분리시키려고 했다. […] 내게 이것은 이미 심리학적으로 시대착오적인 것이었다. 마치 책에 나온 것 같은. 카프카의 『심판』처럼 이미 쓰인 책에"라고 그는 회고했다.[62]

"누가 당신을 시인이라고 했소?"라고 재판관이 물었다. "누가 당신에게 시인 호칭을 부여했소?"

"아무도 그러지 않았습니다. 누가 나에게 인간이라는 호칭을 부여했습니까?" 브로드스키는 이렇게 답했다.

"당신은 이것을 공부했소?"라고 재판관은 방향을 돌리지 않고 계속했다. "당신은 이런 과목을 배워봤소? 어디에서 시 공부를 했소?"

"이것은 교육으로 배울 수 있는 게 아니라고 생각합니다"라고 브로드스키가 대답했다.

"그러면 이건 어떻게 알게 되었지요?"

"내 생각에 이것은 신으로부터 오는 겁니다"라고 그가 대답했다.[63]

재판관은 브로드스키에게 정신병원 수감을 판결했다. 이곳에서 가장 '선호하는' 치료법은 환자를 시트에 단단히 감아 욕조에 던져 넣은 다음에 꺼내 뜨거운 라디에이터 옆에 앉히는 것이었는데 시트가 말라가면서 피부 조각이 벗겨져 나갔다.[64] 3주 후 정신병원 관리자들이 브로드스키가 중노동을 해도 괜찮다고 진단을 내리자, 그는 5년 형을 선고받고 북쪽 오지로 보내져 국영농장에서 육체노동을 하게 되었다. 이곳은 몇십 년 전에 시간이 멈춰버린 음산하고 가난에 찌든 지역이었고, 농부들은 하루에 몇 코페이카를 받고 해가 뜰 때부터 질 때까지 일했다. 사람들의 외관은 볼품없어졌다. 넝마를 걸치고 추위에 대비해 캔버스 천으로 된 장화를 신고 일했다. 사방을 보아도 회색빛 공허만 있었다. 들판은 그루터기들로 채워져 있었고 그 위엔 검은 구름이 낮게 깔려 있었다. "[이곳은] 무언가 쓰고, 말하고, 펜을 잉크에 적시기에 심리적으로 유쾌하지 않은 곳이다"라고 그는 한 친구에게 털어놓았다.[65]

그러나 시는 계속 써졌다. "이곳에 산 채로 묻혀 […] 언 손을 내 엉덩이에 누르고 […] 거의 아무 고통도 느끼지 못하며 […] 서리가 내 입의 구멍으로 파고든다. […] 내 웃음은 뒤틀리고, 잡목숲 길에 공포를 가져온다." 시간이 지나면서 이런 시행들은 브로드스키의 「아우구스타로의 새 스탄자」,[66] 「노렌스카야의 가을」이 되었다. 이 시들에서 그는 나이보다 빨리 늙는 남녀들, 중노동과 영양실조와 만성적 피로와 지루함으로 죽어가는 그들의 정신에 대해 말했다. "그곳에는 아무것도 할 게 없다. 풍경 속에 움직이는 육체로서도, 바라보는 관람자로서도"라고 그는 나중에 설명했다. 레닌그라드에서는 그렇게 매혹적이던 백야조차 브로드스키가 유형 된 땅에서는 단조로움을 감소시키지 않았다. "백야는 완전한 부조리의 요소를 가져왔다. 조명받을 가치가 전혀 없는 것에 너무 많은 빛을 쏟아냈다"라고 그는 말을 맺었다.[67]

1965년 11월 소련 당국은 브로드스키를 석방했다. 그가 겪은 고난에 대한 소문이 그의 시를 전 세계에 알려지게 만들었음에도 불구하고 러시아 문학계의 감독관들은 이 사건에서 아무런 교훈도 얻지 못했다. 이듬해 당국은 소련에 비판적인 소설과 에세이를 쓴다는 죄목으로 안드레이 시냡스키Andrei Siniavskii와 율리 다니엘Iulii Daniel을 투옥했고, 이들의 재판은 또다시 서방에서 '유명한 사건'이 되었다. 비그도로바의 사례를 뒤이어 이들의 재판과정을 기록한 알렉산드르 긴즈부르크Aleksandr Ginzburg가 체포되었고, 이 기록을 출간한 유리 갈란스코프Iurii Galanskov도 체포되었다. 이들의 투옥은 소련에 더 불리한 주목을 불러일으켰다. 1968년 소련 작가동맹은 솔제니친을 제명했다. 그다음 소련 경찰은 소련의 프라하 침공을 비난했다는 죄목으로 나탈리아 고르바넵스카야 Natalia Gorbanevskaia를 정신병동에 수감했다.

소련 이상의 배신자로 낙인찍은 사람들에 대한 비난을 강화하면서 당국은 이전 시기에 사용하던 거친 언사를 거의 바꾸지 않았다. 1940년대 후반에 즈다노프는 프로코피예프와 쇼스타코비치의 음악을 "미국과 유럽 음악의 퇴폐 경향을 반영한" "음의 혼란스러운 결합"이라고 비난했다.[68] 1960년대에 그의 후계자들은 파스테르나크의 시를 "부패한 타락의 가장 노골적인 예"라고 비난했다. 소련 언론은 『닥터 지바고』의 출간을 "부패의 더미에서 건져 올린" "사악한 속물의 인생 이야기"라고 폄하하면서 지바고는 "분노에 찬 도덕적 괴물"이고 파스테르나크는 "부르주아 선전의 도구"에 지나지 않는다고 비난했다. 10년 후 선전가들은 브로드스키 세대를 "오늘 당장 먹을 고깃덩어리를 탐하는 소인들"로 폄하하고, 이들의 "푸념하는 울음소리"는 "역겨움만 불러일으킨다"라고 비난했다.[69] 1970년대 중반에는 브로드스키를 서방 비밀정보기관에 기식해 먹고 사는 사람이라고 비난했다.[70] 페레스트로이카가 진행되던 1987년에도 KGB는 브로드스키의 노벨문학상 수상을 "서방 반동 그룹의 도발적 정치 행위"라고 비난했다.[71] 이러한 조악한 비난이 소련 체제를 오랫동안 옹호해온 서방 지식인들에게도 외면당하자 소련 당국은 새로운 길을 택했다. 흐루쇼프 시절 처음으로 재판받은 러시아 시인이었던 브로드스키는 1972년 브레즈네프에 의해 해외로 추방당하는 뛰어난 작가들의 첫 사례가 되었다.

소련 기득권 세력은 역동적인 창작성에 평범하게 순응하는 식으로 대응했다. 그러나 이런 와중에 당국은 러시아의 과거와 단절하고, 서방과 단절하는 것이 거의 불가능해지고 있음을 인정하지 않을 수 없었다. 소련을 방문하는 점점 더 많은 학자, 공연예술가, 관광객들이 새로운 정보를 수없이 제공했기 때문이다. 1960년대보다 1970년대에 더 많이, 그리고 1970년대보다 1980년대에 훨씬 더 많이, 서방과 혁신과 러시아 과거에 대한 통념에 어긋나는 보물의 문이 소리를 내며 열렸다. 사미즈다트는 거센 홍수가 되어 정치 평론, 소설, 에세이, 시가 사람들 손에 손을 거쳐 유통되었고, 이를 받아본 사람들은 더 많은 복사본을 만들어 다음 사람들에게 전달했다. 검열제도가 더 많은 자료를 사미즈다트 채널로 유통시키고, 이를 통해 서방에 더 쉽게 반출된다는 것을 깨달은 당국은 단속의 손아귀를 늦추기 시작했다. 이 첫 신호가 1971년 도스토옙스키 탄생 150주년 기념 문학비평서의 출간에서 드러났다. 이 책은 15년 전, 작가 사망 75주년 기념으로 발간된 어떤 자료보다 그 내용이 뛰어났다.

빅토르 시클롭스키 같은 뛰어난 형식주의자나 유리 로트만Iurii Lotman 같은 예리한 모더니스트는 더 이상 무시될 수 없었다. 아흐마토바에 대한 공격도 그녀가 1966년 심장마비로 사망하기 전 시기에 많이 완화되었다. 아흐마토바, 브로드스키와 그의 친구들이 많은 영감을 받은 은 시대 전통이 레닌그라드 지식인들에 의해 다시 주목받기 시작했고, 이들은 이것을 되찾아야 할 문화적 이정표로 간주했다. 1946년 즈다노프는 은 시대를 "러시아 인텔리겐치아 역사에서 가장 수치스럽고 가장 형편없는 시기"로 규정했다. 이제 그 복원을 바라는 힘이 강렬해지면서 은 시대의 예술과 시가 발레나 도스토옙스키의 소설보다도 더 빠르게 공개되었다. 도스토옙스키 탄생 150주년이 거의 20년 지난 시점에 레닌그라드 시민들은 은 시대를 "20세기 보석함의 열쇠"라고 부르게 되었다.[72]

1960년대에 아흐마토바와 그 추종자들은 레닌그라드 사람들이 은 시대의 예술과 문학을 되찾아올 기반을 마련했다. 그러나 올가 베르골츠와, 1910년대와

1920년대를 살아남은 소수의 아방가르드 예술가들과의 우정에 더 기꺼이 열광한 도시의 보헤미안들 사이에 더 생생한 요소들이 있었다. 이들은 브레즈네프 시대의 끔찍한 지루함을 낙담하여 바라보며 삶이 예술에 의미 있는 방식으로 연계되어야 한다고 주장했다. 이들은 인간의 실존이 시간, 정치적 이념, 지리적 경계를 초월한다고 보았기에 자신들을 러시아의 과거와 현대 서구 양쪽 모두를 포용하는 움직임의 일부라고 여겼다. 그들 중 몇몇은 세계가 서구의 예술 서적, 문학, 음악의 암시장 거래를 중심으로 돌아간다고 보았다. 또 다른 몇몇은 전통적인 러시아 의상을 입고, 막심 고리키처럼 무릎까지 오는 검정 장화를 신고, 벨리미르 흘레브니코프의 미래주의 시에서 영감을 얻었는데, 흘레브니코프는 이성을 넘어서는 예술이 지상의 삶의 모순들이 서로 화해하는 한 영역으로 끌어올려지기를 오래전에 갈망한 시인이었다. 브로드스키와 마찬가지로 이 젊은 반항아들은 부두 노동자, 수위, 화부로 육체노동을 하면서 시대의 타성에 반응했다. 어떤 이들은 병을 수집하여 돈을 벌었고, 거의 모두가 지나치게 술을 많이 마셨다. 이들은 은 시대에 쓰인 시를 읽고 자신들이 공유한 비전에 대해 열정적으로 논쟁했다. 결국 이들은 서서히 1980년대의 레닌그라드 '히피'가 되었다.

은 시대 문학은 1970년대 내내, 그리고 1980년대 대부분의 기간에 여전히 공식적으로 접근할 수 없었기 때문에 레닌그라드의 지식인들은 책장 모서리가 접힌 혁명 전 판본과 아르디스나 YMCA 프레스 같은 서방의 출판사가 낸 책들의 밀반입 판본을 지하에서 돌려봄으로써 그 대작들과의 교류를 유지했다. 이 기간에 그들의 교류는 확대되었고, 동요하는 더 많은 젊은 남녀들이 세기 전환기에 레닌그라드를 환하게 밝힌 작가들의 뛰어난 작품에 매료되었다. 고르바초프 집권기에 전자 시대의 도래로 레닌그라드 시민들이 컴퓨터를 사용하게 되면서 정부의 정보 독점은 무너졌다. 오랫동안 금서였던 책들에 쉽게 접근할 수 있게 되었고, 레닌그라드 사람들을 과거와 차단했던 벽이 무너지면서 당국은 상황을 통제할 수 없게 되었다. 책들이 다시 나타나고 이름이 바뀌기 시작했다. 레닌그라드 국립대학교 명칭에 붙어 있던 "즈다노프의 이름을 따서 명명된"이라는 딱지는 떨어져 나갔고, 1988년 공산당 중앙위원회는 42년이나 된 아흐마토바와 조셴코에 대한 공식 비난을 철회했다.

1987년 봄, "검은 마리아의 타이어 아래 […] 무고한 러시아가 온몸을 비틀고" "미소 짓던 사람들이 죽어가던" 참혹한 시기에 대한 아흐마토바의 시적 기념비가 드디어 러시아에서 출간되었다.[73] 다음 해 그녀의 첫 남편이었던 니콜라이 구밀료프의 아크메이스트 시가 출간되었고, 그다음 해에 당국은 그녀가 오랜 기간 거주했던 셰레메티예보 궁의 아파트에 아흐마토바 박물관을 열었다. 60년간 공개되지 못했던 책들의 출판이 활발하게 이루어졌고, 안드레이 벨리, 미하일 쿠즈민, 오시프 만델스탐, 지나이다 기피우스의 작품들이 정부로부터 오래도록 억압받아온 바로 그 출판사들에 의해 출간되었다. 레닌그라드 오케스트라는 스트라빈스키의 음악을 연주하기 시작했고, 키로프 발레단은 조지 발란신의 작품을 레퍼토리에 넣었다. 그다음으로 러시아인들이 잘 알지 못하던 다른 보물들이 쏟아져 나왔다. 마르크 샤갈과 바실리 칸딘스키의 회화, 조지프 브로드스키의 시, 그리고 한 평론가가 썼듯 "[블라디미르] 나보코프의 소설 십여 편을 포함한 그의 모든 위대한 유산이 한 번에 구워져 나왔다."[74] 마치 홍수처럼, 오랫동안 금지되었던 예술이 쏟아져 나왔다. "이러한 '자료들로의 침수' 효과는 마치 잠수병을 앓는 것만 같았다"라고 한 독자는 말했다.[75]

모든 곳에서 레닌그라드 사람들은 그들의 과거를 되찾았고, 소련 당국이 오랫동안 숨겨온 보석창고를 다시 집어 들었다. 에르미타주와 러시아 미술관에는 피카소, 마티스, 모딜리아니, 나탄 알트만과 유리 안넨코프의 작품이 다시 나타나 70년간의 소비에트 통치하에 지치고 누더기가 된 도시에 새로운 빛과 활력을 가져왔다. 그리고 1991년 10월 1일 레닌그라드가 공식적으로 다시 상트페테르부르크가 되면서, 시민들은 도시의 이름도 되찾았다. 시장 아나톨리 소브차크 Anatolii Sobchak가 말한 대로 다시 한번 이 도시는 "서방으로 향한 유일한 문"

아나톨리 소브차크

이 되었다.[76] 또한 러시아 자신과의 관계, 현
대성과의 관계, 서구와의 관계에 대한 3백
년간의 논란의 중심이 되었다.

　그러나 이것은 무엇을 의미했는가? 멘시
코프의 병사들이 처음 지은 엉성한 건물
과 소련 붕괴를 목격한 누더기가 된 상트
페테르부르크 사이에 존재한 288년을 돌
아보면, 상트페테르부르크는 어떤 면에서 러시아의 과거에 대한 살아 있는 기념
비인 동시에 어떤 미래가 올 것인지도 암시해주었다. 상트페테르부르크로 불리
든, 페트로그라드로 불리든, 레닌그라드로 불리든, 이 도시는 이곳에 거주한 사
람들에게는 '피테르Piter'로 남아 있었다. 이 도시의 창건자 이름에서 직접 따온
'표트르'가 아니라, 이국적인 것과 애정이라는 의미를 동시에 나타내는 네덜란드
식 버전의 친숙한 이름으로. 이곳은 여전히 푸시킨, 도스토옙스키, 표트르 대제
와 예카테리나 여제, 알렉산드르 블로크, 쇼스타코비치, 아흐마토바, 브로드스키
의 도시였다. 동시에 외롭고, 친밀하고, 웅장하고, 아름답고, 압제적이고, 낭만적
이고, 덧없고, 고립주의적이고, 종말론적인 도시였다. 이곳은 부와 가난의 도시이
고, 죄와 벌의 도시이며, 저주와 구원의 도시였다. 소련의 과거의 족쇄에서 일단
풀려난 상트페테르부르크는 다시 한번 과거와 현재를 합쳐 미래에 대한 비전을
제시하는 러시아 전체의 이정표로 일어설 것이었다. 이것을 어떻게 이해할 것인
가는 상트페테르부르크 주민들이 1991년 레닌주의적 가명을 벗어버렸을 때 당
면한 딜레마였다. 이 도시의 이야기는 다시 한번 러시아 그 자체의 이야기가 되
었던 것이다. 이 두 가지 모두를 이해하기 위해서는 오랫동안 숨겨져 있던 과거
를 다시 발견해야 했다. 이 도시와 그 창건자의 비전 과잉으로부터 새로운 혼합
물(amalgam)이 만들어져야 했다. 그런 다음에야 '피테르'의 사람들은 앞에 놓인
것을 감지하기 시작할 것이다.

과거와 현재

모스크바 공국의 차르들이 유라시아의 땅을 모아 국가를 만든 이후 러시아인들은 자신들의 운명이 동쪽을 가리키는지 서쪽을 가리키는지 알기 위해 애썼다. 강력한 적들은 양방향에서 모두 왔고, 어떤 때는 동시에 몰려왔다. 13세기 몽골이 동쪽에서부터 러시아를 휩쓸었고, 스웨덴, 폴란드, 리보니아 기사들과 리투아니아는 서쪽에서부터 공격해 왔다. 몽골은 공물을 요구했지만, 서쪽에서 온 정복자들은 땅을 빼앗아갔고 여기에는 네바강 어귀도 포함되었다. 그런 다음 폴란드는 크렘린을 점령했고, 스웨덴은 발트해 연안에 요새를 짓고 중요한 교역 중심지인 노브고로드를 점령했다. 1480년대 몽골의 굴레에서 벗어난 후에도 모스크바 공국의 대공들은 서방에서 쳐들어오는 군대에 대항할 수단을 갖지 못했다.

그러나 점차로 러시아는 강해졌다. 1580년대에서 1650년대 사이 러시아 코자크들은 우랄산맥과 태평양 사이에 놓여 있는 8천 킬로미터를 가로질러 갔고 시베리아를 정복하여 세계에서 가장 풍부한 모피를 공급할 수 있게 되었으며, 당시에는 그 종류와 가치를 짐작조차 하기 힘들었던 자원을 손에 넣었다. 시베리아의 모피는 러시아의 차르들에게 부를 제공하여 서쪽에서 오는 적들에 대항하는 데 필요한 더 크고 현대화된 군을 조직할 수 있게 해주었다. 17세기 후반 러시아인들은 국토의 서쪽에서 폴란드인들을 몰아내고, 발트해 연안에서 스웨덴인들을 몰아냄으로써 전통적인 적들을 제압할 힘을 보여주었다. 1812년 말 나폴레옹의 대군을 격퇴할 때쯤 이전의 모든 적들은 러시아에 대항하기에 너무 약해졌고, 중국이나 한때 세력이 강했던 중앙아시아의 칸국들도 마찬가지로 약해졌다. 이때 러시아 차르는 폴란드의 비스와강부터 북부 캘리포니아의 보데가만에 이르는 지구 육지의 6분의 1 이상의 면적을 지배하게 되었다. 그러나 러시아의 미래가 동방에 놓여 있는지, 서방에 놓여 있는지의 문제는 해결되지 않은 상태로 남았다.

전쟁과 정치와 마찬가지로 통상도 러시아를 동방과 서방으로 끌어당겼다. 모피가 시베리아에서부터 중국의 외진 북서부 국경 지역을 가로질러 흘러갔고, 그쪽에서 흘러온 비단, 향신료, 차가 러시아인들을 동방으로 끌어당겼다. 그러나 모피, 목재, 대마, 타르를 찾아 백해의 새로운 항구 아르한겔스크로 들어온 영국과 네덜란드의 상인들은 러시아를 서방으로 이끌었다. 1689년 표트르 대제가 이복누이 소피아로부터 권좌를 빼앗았을 때 전 세계의 온갖 물건들이 러시아의 국경을 넘어 끊임없이 흘러들어오고 있었지만, 러시아는 동방이나 서방으로 향하는 진정한 창을 갖고 있지 못했다. 역사, 종교, 광활한 유라시아 대륙은 러시아를 수수께끼로 만들었고, 이 비밀은 여전히 풀리지 않은 채였다.

표트르 대제가 상트페테르부르크를 건설하고 수도를 이곳으로 이전하기로 결정하면서 러시아는, 자신들의 국경 안에 있는 그 어떤 것보다도 기술적으로 더 앞서 있고 더 현대적인 세계로 첫 창문을 열게 되었다. 상트페테르부르크란 창을 통해 표트르는 근대 무기, 선박, 패션, 건축, 정부 제도, 학문을 도입했다. 그는 새로운 달력과 알파벳, 매너 안내서, 새로운 생활양식을 들여왔다. 수백 년을 고민한 끝에 러시아는 드디어 서쪽을 향하기로 결정한 듯했지만, 1725년 표트르 대제가 죽었을 때 대부분의 러시아인들은 상트페테르부르크가 너무 멀리 떨어져 있고, 생활양식에 비용이 너무 많이 들고, 행동방식이 너무 이국적이라고 생각했다. 많은 사람들에게 이 도시는 들어가고 싶지 않은 세상을 대변했고, 그들이 표트르 대제를 아직 정체가 밝혀지지 않은 불가사의한 힘에 의해 자신들의 한가운데로 보내진 반反그리스도라고 여긴 것은 그럴 만한 배경이 있었다. 상트페테르부르크가 대변하는 근대 양식을 받아들이려 한 이들조차 다른 곳에 사는 것을 선호했다. 표트르 대제의 손자인 표트르 2세가 1728년 수도를 다시 모스크바로 옮기기로 결정한 것은 그의 변덕 탓만이 아니었다. 같은 시기에 러시아의 동방으로 난 첫 창문으로 시베리아-중국 국경의 캬흐타에 무역관을 만든 것도 순전한 우연의 일치는 아니었다. 이후 몇 세기 동안 러시아인들이 서방을 외면한 적은 거의 없었지만, 새로운 동방 탐사 역시 착수함으로써 유럽과 아시아라는 두 대륙에 양다리를 걸치고 균형을 잡는 법을 모색했다.

많은 이들이 안나 여제가 1732년 수도를 다시 상트페테르부르크로 되돌린 것을, 러시아의 통치자들이 이 나라의 미래를 서방에서 찾기로 했다는 결정적인 성명으로 간주했다. 그러나 그 직후 바로 러시아인들의 탐험이 이어져 시베리아를 탐사하고 베링해협을 건너 알래스카까지 진출하게 되었다. 러시아의 사제 중 일부는 상트페테르부르크를 "새 예루살렘"[1]으로 받아들였고, 거대한 강으로 갈라진 이 도시 중심의 규칙성이 요한계시록(21:10-23, 22:1-2)에 예언되어 있다고 주장했다. 새 예루살렘인 상트페테르부르크는 이제 제3의 로마로 모스크바보다 우위에 서게 되었고, 러시아의 교회는 건축과 예술 양식에서 서방에 더 가까워지게 되었다. 비잔틴, 키예프의 예를 따르면서 모스크바의 중세 교회는 동방으로부터 진화되어왔다. 이제 우뚝 솟은 첨탑, 돔, 기둥을 가진 상트페테르부르크의 교회들은 서방의 교회를 닮아갔다.

러시아의 군주가 되기 전에 성년기 대부분을 서방에서 보낸 안나 여제는 페테르부르크 주민들이 유럽식 생활방식과 패션을 당연히 받아들일 것이라고 보았다. 그녀의 측근 신하들에게 이것은 서구 스타일의 저택과 궁전을 짓는 것을 뜻했지만, 안나 여제의 궁정이나 정부에서 두각을 나타내고 싶어 한 이들은 유럽식 생활양식을 배워야 했다. 처음으로 예의범절에 대한 의식이 러시아에 나타났고, 상트페테르부르크의 궁정은 이를 이끌고 나갔다. 예의범절이 무엇을 의미하고 어떻게 실행되어야 하는지는 아직 분명히 이해되지 않았다. 안나 여제의 수하에 있던 유럽 사람들이 어느 정도는 상트페테르부르크 사람들의 모범이 되었고, 서구를 방문했던 소수의 러시아 사람들도 그 역할을 했다. 또한 안나 여제는 정중한 태도의 기술을 페테르부르크 사람들에게 교육하기 위해 귀족 보병사관부대를 만들어, 젊은 생도들에게 춤추는 법과 칼 쓰는 법, 승마법을 배우고 서구의 언어와 생활방식을 익히게 했다. 2백여 명에 불과한 사관생도들로 18세기 전반기 상트페테르부르크 너머까지 영향력을 미치기에는 역부족이었지만, 이것은 상트페테르부르크에 유럽식 사교생활의 시작을 알렸고 이 도시에서 꽃핀 후 러시아로 더 깊이 퍼져갔다.[2]

안나 여제는 서구를 모방할 것을 상트페테르부르크 주민들에게 권고했지만, 마음속으로는 여전히 충분히 러시아인으로 남아 때때로 비서구적 과거를 연상시키는 행동을 요구하기도 했다. 매년 그녀는 취임일이 돌아오면 바커스 신을 기려 모든 신하들에게 만취하도록 술을 마시며 축하하게 했다. 삼촌이었던 표트르 대제와 마찬가지로 난쟁이와 광대들의 익살극을 흥청대며 즐겼는데, 이런 여흥은 유럽의 궁정에서 이미 오래전에 사라진 것이었다. 한겨울 어느 날에는 궁정 신하들을 네바강 한가운데 얼음으로만 지어진 작은 궁전으로 불러들여 어릿광대 골리친 공과 신부로 선택된 농부 여성의 결혼식에 참석하게 했다. 안나 여제의 지시로 하객들은 돼지, 염소, 순록, 황소가 끄는 썰매를 타고 왔고, 두 사람이 혼인하고 밤에 얼음 신혼 방에 가둬지는 것을 아연실색하여 바라보았다. 유럽으로 난 창인 상트페테르부르크는 동방에 속하지는 않았지만, 이런 행사는 아직 완전히 서방에 속한 것도 아니었음을 분명하게 드러냈다.

이것은 엘리자베타 여제 시대에 변하기 시작했다. 그녀는 아버지인 표트르 대제와 사촌 언니인 안나 여제의 거친 취향을 공유하지 않았다. 엘리자베타 여제는 러시아를 굳건하게 서방으로 향하는 길로 인도했고, 상트페테르부르크를 수천 채의 가축우리 같은 집이 넘쳐나는 유럽화된 강변 도시에서 서구 대도시로 변형시켰다. 엘리자베타 여제 시기에 러시아 수도의 다양한 부분이 한데 통합되어 표트르 대제 시대의 방문객들이 말하던 마을들이 연결되어 쌓인 듯한 모습은 더 이상 볼 수 없었다.[3] 상트페테르부르크는 넓은 가로수길과 운하와 강변 풍경이 만들어놓은 넓은 조망을 지닌 도시가 되었고, 여기에 라스트렐리와 그의 제자, 라이벌 건축가들이 지은 바로크식 궁전이 화려하게 빛나는 도시가 되었다. 엘리자베타 여제 재위 중반에 상트페테르부르크는 표트르 대제가 꿈꿨던 모든 것을 갖추었다. 요새, 부산한 항구, 서방으로의 창, 정부의 중심지, 러시아가 될 수 있을(혹은 되어야 할) 모든 것의 모델이 되었다.

상트페테르부르크의 서구적 성향이, 18세기 중반 미하일 마하예프Mikhail Makhaev의 판화만큼 생생하게 그려진 곳은 없었다. 30대에 18세기 이탈리아와 프랑스의 최고의 판화기술을 익힌 그는 상세한 이미지를 큰 종이에 투사할 수 있는 대형 광학카메라의 도움으로 상트페테르부르크의 파노라마를 세세하게 묘사하여 보트, 마차, 사람들의 모습을 자신의 설계에 맞춰 배치했다. 마하예프가

미하일 마하예프의
여름 궁전 판화(1753)

이 그림을 바탕으로 제작한 판화는 세상에 공개되자마자 정확성과 디테일로 명성을 얻었다. 1750년대 초반에 대형 앨범 형식으로 출간된 그의 판화집은 상트페테르부르크가 러시아의 진정한 서구식 오아시스로 부상하는 모습을 보여주었다. "그 시대의 놀라운 자료"[4]라고 서술된 마하예프의 판화는 이전 시대 옛 러시아에 대한 암시는 거의 찾아볼 수 없는 서구적 건물, 마차, 보트, 사람의 세계를 그려냈다. 상트페테르부르크의 삶의 디테일을 보여주기 위해 러시아와 외국의 미술가들은 이 판화를 수없이 복제했다. 1830년대에 바실리 사도브니코프의 석판화가 대중들에게 부상할 때까지, 마하예프의 판화를 다시 그린 그림들은 커다란 유화 캔버스부터 자그마한 코담뱃갑에 이르기까지 모든 곳에 나타났고, 러시아와 그 수도에 대한 외국인들의 수십 편의 작품에도 당연히 삽화로 그려졌다.[5]

마하예프는 건물 지붕 위에서 시야를 확보했기 때문에 도시의 여러 부분을 나누는 빈 공간은 숨겨질 수 있었다. 그러나 이 공간도 18세기 후반에 빠르게 채워져 건물의 밀집도 면에서 상트페테르부르크는 보다 유럽적인 도시가 되었다. 도시가 발전하면서 화가들은 이 도시를 가까이서 들여다보고 그것을 건축적 시야가 아닌 하나의 풍경으로 다루기 시작했다. 이제 도시의 전체적 인상이 아니라 다리, 기념비, 각 건물, 사람들의 의상과 일상생활의 다양한 면들의 내밀한 디테일이 초점이 되었다. 그러나 러시아 사람들이 서방을 볼 수 있는 열린 창인 러시아의 수도는 너무 서구화되기 시작해 유럽인들이 이 도시를 통해 실제 러시아를 보기는 어려워졌다. 상트페테르부르크는 러시아 나머지 지역이 따라야 할 모델이 되어가고 있었지만, 유럽인들이 러시아의 나머지 부분을 보기 위해서는 수도 너머를 바라보아야 했다.

예카테리나 여제는 재위 초기 러시아가 모든 의미에서 "유럽 강대국"[6]이 되어야 한다고 주장했고 그녀가 수도에서 벌이는 모든 사업은 이 믿음을 강조하도록 계산되었다. 그러나 상트페테르부르크 건설을 처음에 가능하게 했던 이중 구조는 그대로 남아, 동방과 서방의 수수께끼에 또 하나의 차원을 더했다. 서구의 수도와 대비되게 상트페테르부르크는 러시아 군주들이 국민들에게 강요한 노예제 덕분에 빠르게 부상할 수 있었다. 이런 면에서 이 도시는 외양은 동양보다 서양을 더 많이 닮긴 했지만, 파리보다 베이징과의 공통점이 더 많았다.

표트르 대제가 늪지대에 도시를 건설하는 데 성공한 것, 예카테리나 2세가 1천5백 톤 무게의 돌을 늪지에서 시내 중심부로 옮겨 팔코네의 청동기마상을 만든 것, 니콜라이 1세의 고위 신하가 1837년 말 화재로 타버린 겨울 궁전을 2년도 안 되어 복원한 것, 러시아의 입헌군주제가 스탈린의 폭정으로 바뀐 것, 이 모든 것이 전제정과 노예제가 상트페테르부르크(그리고 러시아)의 역사를 형성한 방식을 반영하고 있다. 심지어 2차 대전 중 9백 일간의 봉쇄에도 항복하지 않은 이 도시의 가장 영웅적인 순간도 이러한 힘 덕분으로 볼 수 있었다. 민중들이 군주가 요구하는 어떤 희생도 감수해온 오랜 역사가 없었더라면, 소련 정부는 레닌그라드 주민들이 봉쇄로 강요된 고난을 견뎌내리라고 기대하지 않았을지도 모른다. 이런 면에서 상트페테르부르크는 러시아의 역사를 형성한 무력과 그 건설자들이 가진 비전에 대한 기념비로 우뚝 서 있다. 이것들이 어떻게 서로 균형을 잡을 수 있는가는 표트르 대제 시대 이래 모든 러시아 통치자, 정치가, 작가, 사상가가 맞닥뜨렸던 딜레마이다.

3백 년의 기간 거의 내내, 동양이나 서양에 대한 선호를 전제정과 노예제의 힘과 어떻게 혼합할 것인가라는 질문은 러시아가 스스로 수행했던 계속되는 대화를 지배했다. 러시아가 되고 싶어 하는 것의 모델(때로는 되고 싶어 하지 않는 것의 반영이기도 하지만)인 상트페테르부르크는 종종 그 대화의 가장 중심에 서 있고, 이 도시의 외형적 발전과 인간적 발전은 그 사실을 반영했다. 표트르 대제 시대에 이 대화는 전제정, 서구, 그리고 러시아가 어떻게 근대 세계에 진입할 것인가에 초점이 맞춰졌다. 전제정이 자연을 정복하고, 국가가 움직이는 속도를 변화시키고, 사회 전체의 관습을 재구성하는 것 모두가 상트페테르부르크의 시작에 고려되었다. 러시아 지배자들이 이 목적을 달성하는 속도는 이 도시의 눈부

영웅 도시

신 부상을 설명했다. 한 인간의 생애보다 짧은 기간 동안 상트페테르부르크는 어부 몇 명이 사는 고립된 황무지에서 러시아의 가장 분주한 발트해 항구로 진화했다. 이 도시는 거리와 부두에서 보이는 인종과 민족으로 보면 유럽에서 가장 코스모폴리탄적인 도시가 되었고 동시에 세계에서 가장 큰 한 덩이로 이어진 제국(contiguous empire)의 신경중추가 되었다. 수십 곳의 궁전, 저택, 선창, 창고, 조선소, 성당, 정부 건물, 수십만의 주민이 사는 주거시설 모두가 상트페테르부르크 역사 첫 50년 동안 생겨났고, 이것은 시작에 불과했다. 유럽 어느 곳에서도 통치자가 이런 속도로 이런 규모의 도시를 건설한 적은 없었다. 한 국가 전체의 보물과 노동이, 그리고 서방의 어느 제도보다 엄격한 전제정의 한 형태가 이를 가능하게 했다. 유럽의 어느 군주도 표트르 대제만큼 이 도구들을 효율적으로 사용하지 못했다. 그리고 누구도 국가의 운명을 바꾸는 데 그만큼 자신의 권력을 대담하게 사용하지 못했다.

표트르 대제가 사망할 때 아직 미완성이고, 한꺼번에 여러 방향으로 성장해가고, 건축되는 대작들의 최종 형태가 분명하지 않은 상태였던 상트페테르부르크는 새 러시아 제국과 마찬가지로 많은 부분이 여전히 만들어지는 과정에 있었다. 안나 여제와 엘리자베타 여제 재위 기간 중 러시아에서 지속된 대화는 어떻게 근대 세계로 들어갈 것인가에서 어떻게 유럽에 들어갈 것인가로 바뀌기 시작했고, 상트페테르부르크의 형태도 그에 맞춰 변화했다. 두 여제는 서구의 기술보다 과시적 요소에 관심이 많았기에 상트페테르부르크가 무역중심지, 조선소, 요새로 발전하는 것보다는 러시아가 들어가는 중인 서구 세계의 수도들 사이에서 당당하게 설 수 있는 도시가 되는 것이 중요했다. 이런 목적을 가지고 안나 여제는 건축가들에게 도시의 전체적 발전 계획을 세우도록 지시했고, 같은 동기가 엘리자베타 여제로 하여금 러시아에서 이전에 보지 못한 규모의 건설에 열정을 발휘하도록 만들었다. 유럽 전체가 베르사유 궁전에 매혹되는 것을 보고 엘리자베타 여제는 10년 남짓한 기간 동안 그런 궁전을 한 채도 아니고 네 채를 상트페테르부르크와 그 인근에 짓도록 지시했다. 상트페테르부르크의 겨울 궁전과 여름 궁전 외에 페테르고프와 차르스코예 셀로의 궁전들은 전제정과 노예제가 달성할 수 있는 극적인 결과를 재차 보여주었다.

그러나 상트페테르부르크에는 건물 말고도 부상한 것이 더 있었다. 엘리자베타 여제 재위 기간에 러시아 숙녀들은 고래수염, 강철 조인트와 다른 장치들로 세운 복합구조물들을 이용한 최신 유행의 의상과 헤어스타일을 사용하며 자신을 예술적 기념비로 변신시켰다.[7] 이러한 살아 있는 예술 창작은 1740년대와 1750년대에 상트페테르부르크에 번성한 극장, 오페라, 상류사회 무도회에 어울리는 배경을 형성했다. 안나 여제 때 시작된 이런 여흥은 축제, 공식 만찬, 무도회가 화려한 왕실 환경에 필수적이라고 여긴 엘리자베타 여제 때 더 세련되어졌다. 유럽의 최고급 요리도 이때 상트페테르부르크 상류사회에서 삶의 일부가 되었다. 보드카, 벌꿀 술, 옛 러시아의 거친 음식은 계속해서 시골 지역의 삶에서 주요한 부분을 차지했지만, 상트페테르부르크에서는 샴페인, 클라레 와인, 페리고르식 파테와 수십 종의 다른 최고급 요리가 귀족들이 기꺼이 돈을 쓰는 음식이 되었다.

예카테리나 여제가 왕좌에 오른 1762년 즈음에는 러시아의 대화의 초점이 서방의 외형적 화려함을 베끼는 데서 그 아래 있는 사상과 감정을 포용하는 것으로 옮겨갔다. 유럽인처럼 행동하는 데 익숙해진 몇몇 페테르부르크의 귀족들은 유럽인들처럼 생각하기 시작했고, 18세기 중후반에 문학과 시는 러시아인들이 아주 최근에 모방했던 서구의 전범 수준으로 올라갔다. 러시아 연극도 예카테리나 여제 때 역량을 발휘하게 되었고, 미술도 마찬가지였다. 위대한 상트페테르부르크 초상화가인 드미트리 레비츠키와 블라디미르 보로비콥스키Vladimir Borovikovskii는 서방의 토머스 게인즈버러Thomas Gainsborough나 조슈아 레이놀즈Joshua Reynolds 경의 수준에 도전하기 시작했다. 처음으로 이 도시의 귀족들은 자신들을 둘러싼 문화적 세계를 진정으로 편하게 느끼게 되었고, 18세기 말에는 파리, 런던, 빈에서도 고국에서처럼 편하게 지낼 수 있게 되었다. 18세기 프랑스를 모방하기 시작한 이후 그들은 정말로 구체제(Ancien Régime)의 일부가 되어 몇몇은 러시아어보다 프랑스어를 선호하게 되었고, 이 사실은 톨스토이의 『전쟁과 평화』에 나오는 대화와 1789년 혁명 후 상트페테르부르크에서 피난처를 구한 프랑스 왕정주의자들의 회고록으로 뚜렷하게 드러났다.

그러나 예카테리나 재위 기간 중 상트페테르부르크에는 프랑스의 앙시엥 레짐의 생활양식을 재현하는 것 이상의 정치, 사회, 문화적 움직임이 있었다. 최소한 물질적 의미에서 신고전주의에 대한 여황제의 열정은 러시아를 고대 그리스와 로마의 유산에 더 가깝게 묶었고, 이 기간 상트페테르부르크의 건축 모델은 이탈리아와 프랑스 바로크 스타일에서 영원한 도시(Eternal City), 근동, 파에스툼의 신전*으로 옮겨갔다. 시인들은 예카테리나를 러시아를 '번영하는 로마'로 만든 군주라고 칭송하며 올림퍼스산의 꼭대기 구름 가운데 신들 사이로 올려놓았다. 자신들의 군주를 승리의 여신으로 끌어올린 상트페테르부르크 사람들은 고대 사람들을 기리며 단순한 웅장함과 우아한 취향을, 인생과 예술의 목표로 삼았다. 한 관찰자의 말대로 "에게해와 티베르강변의 조각상들"은 부와 우아함을 상징하는 "기둥들의 시" 사이에 살기를 열망하는 남녀들의 이상이 되었다.[8] "얼마나 멋진 도시인가! 얼마나 멋진 강인가!"라고 시인 콘스탄틴 바튜시코프Konstantin Batiushkov가 1814년 감탄의 말을 쏟아냈다. 이때 이미 상트페테르부르크는 "아침 해에 빛나는 경이로운 건물들이 […] 네바강의 투명한 거울에 모습을 비추는" 도시가 되었다.[9]

바튜시코프가 상트페테르부르크의 아름다움을 찬미하는 글을 썼을 때 러시아는 서방과의 관계에서 새 역할을 맡았고, 전반적인 역사 체계에서 상트페테르

---

*이탈리아 남단에 있던 고대 그리스의 도시. 기원전 550년부터 450년 사이에 지어진 도리아 양식의 그리스 신전, 원형 극장이 남아 있다.

부르크의 위치도 바뀌었다. 1789년 발생한 프랑스혁명은 러시아를, 파리 군중이 척결하고자 한 구체제 사회의 가장 견고한 모델로 만들었다. 부유하고 강력한 귀족과 유라시아의 거대한 자원을 통제하는 군주를 가진 러시아는 요동치는 세계에서 안정의 보루가 되었고, 상트페테르부르크는 역사의 힘이 세느강변에서 네바강변으로 갑자기 이동시킨 우아한 생활양식의 중심에 서게 되었다. 이곳의 귀족 살롱과 저녁 파티(soiree)는 프랑스혁명이 휩쓸어버린 시대에 파리에서 번성했던 모임에 필적할 만했다. 프랑스에서 포악한 군중이 길로틴으로 귀족들을 처형하는 동안 상트페테르부르크는 평화롭고 고요했다. 날카로운 검열관의 눈과 부지런한 경찰이 반체제 분자는 눈에 안 띄도록 막았기에 예카테리나 여제 재위 마지막 기간에 어떤 물결도 일어나지 않았다. 유럽 대륙에서 러시아는 곧 나폴레옹의 새로운 제국 비전에 도전했다. 알렉산드르 1세와 나폴레옹 모두 고대 로마의 유산을 포용했지만, 그 둘 모두 상대방을 다르게 보았다. 러시아인들이 보기에 나폴레옹은 역사를 조작하여 정통성을 찾으려는 건방진 인간이었다. 나폴레옹이 보기에 러시아는 제국주의 라이벌일 뿐만 아니라 이성의 힘을 압제해온 동방정교회 신앙의 보루였다.

1812년 나폴레옹은 자신의 대육군(Grande Armée)을 이끌고 러시아를 침공했다. 마치 라이벌 제국의 비전의 중심지로서 상트페테르부르크를 무시하듯 나폴레옹은 모스크바로 바로 진군해 들어갔다. 러시아의 관점에서 보면 이 침공은 그들이 그토록 오랫동안 모방해왔던 세계 질서에 의한 직접 공격을 의미했다. 이 공격의 심리적 여파로 동방과 서방이 갈라졌다. 나폴레옹과의 전쟁에서 승리한 러시아 제국은 명백히 유럽 대륙에서 가장 강력한 국가였다. 러시아를 통치하는 이들에게 이것은 러시아를 논란의 여지 없이 새로운 로마로 만들었고, 세 대륙으로까지 뻗어 나간 러시아에게 상트페테르부르크는 모든 면에서 로마에 견줄 제국의 중심이 되었다. 신전을 작아 보이게 만드는 건물들, 성 베드로 성당에 필적할 성당들, 파리, 빈, 런던, 심지어 고대 로마의 어떤 곳도 능가하는 연병장, 이 모든 것은 예카테리나 여제의 손자들의 제국적 비전을 반영했다. 수십 톤의 청동, 수만 톤의 화강암, 준보석, 금, 은 모두가 19세기 상트페테르부르크의 새로운 제국 건축물들을 만드는 데 쓰였다. 이전의 어떤 군주도 이런 거대한 규모의 건축을 한 적이 없었다. 로마노프 왕가의 수도는 세계의 거의 절반에 뻗어 있는 제국의 위대성을 반영해야 했다.

1825년 12월 니콜라이 1세가 황제로 즉위한 것은 러시아가 서구와 맺은 관계의 극적인 변화와 동방에서의 역할 확장을 표시했다. 자신의 할머니나 형과 다르게 니콜라이 1세는 러시아를 유럽의 일부로만 보지 않았고, 러시아가 점점 더 불확실해지는 세계에서 질서의 보루로 특별히 남아야 한다고 주장했다. 러시아인들이 이제 자신들의 국가의 임무가 유럽에만 있지 않다는 점점 강력해지는 믿음에서 비롯된 유일무이함을 새로 자각하게 되었기에 니콜라이 1세의 상트페테르부르크는 그 어느 때보다도 확실하게 유라시아 제국의 중심이 되었다. 1840년대와 1850년대에 러시아의 아시아 지역에 대한 가장 큰 탐험이 시작되었고, 이후 거의 1세기 동안 사냥꾼, 상인, 인류학자, 군지휘관들은 꿈을 좇아 시베리아와 알류샨 열도를 건너 캘리포니아 북부 연안의 보데가만에까지 다다랐다. 시베리아 횡단철도가 건설되기까지는 반세기를 더 기다려야 했지만 토볼스크, 크라스노야르스크, 이르쿠츠크는 더 이상 멀게만 보이지 않았다. 조지아, 아제르바이잔, 톈산산맥의 산악 지역도 러시아 영역으로 들어왔고, 아무르강 유역의 넓은 지역도 러시아 영토가 되었다.

상트페테르부르크에서는 러시아의 동방에 대한 관심으로 제국지리학회가 과거의 유물들을 연구하는 다른 학회들과 함께 조직되었다. 이제 상트페테르부르크 사람들은 자신들의 역사의 뿌리를 아시아에서, 그리고 그들을 서구와 분리시킨 아주 오래전 사건들에서 찾기 시작했다. 러시아의 위대한 시인 푸시킨과 레르몬토프, 레프 톨스토이란 이름을 가진 젊은 장교는 코카서스 지역과 단순하고 순수한 토박이 주민의 삶에 러시아인들이 끼친 영향에 대해 썼다. 아시아의 부는 어느 때보다 러시아의 삶에서 큰 역할을 하게 되었다. 1824년 알렉산드르 1세는 시베리아의 모든 수로와 강을 탐사꾼들에게 열었고, 30년도 채 지나지 않아 6만 명 이상이 유라시아의 충적 모래에서 금을 추출하기 위해 4백만 톤의 흙을 파냈다.[10] 세계의 금 채취량을 몇 배나 늘린 19세기의 이러한 발견으로 1830년대와 1840년대에 시베리아 골드러시가 일어났고, 이것은 제국의 금고에 새로운 부를 채워주었다. 니콜라이 1세가 제국적 스타일의 건물 건축에 큰돈을 쏟아부은 것은 단순히 기분 탓이 아니었다. 1811년 형인 알렉산드르 1세는 카잔 대성당 건축을 위해 4백만 루블을 지출했었다. 1825년부터 1855년까지 30년 동안(이것은 1차 시베리아 골드러시 기간과 일치한다) 니콜라이 1세는 이삭 대성당 건축에 이보다 여섯 배 많은 재원을 지출했다.[11]

우아하고 호화롭고 고압적이고, 글자 그대로 제국적인 상트페테르부르크는 니콜라이 1세 재위 기간 중 고립되고 차가운 곳이 되었다. 어떤 의미에서, 동방과 서방 어느 곳에도 중심을 두지 않는, 그러나 이 도시가 받든 제국처럼 자급자족하는 자신만의 진정한 정체성을 구하고 있었다. 러시아의 군주들과 정치인들이 이제 질서가 가장 중요한 가치가 되는 제국의 미래를 마음속에 그리는 한편으로, 법은 그것을 만든 부자와 권력자들을 그대로 남겨두었다. "법을 부드럽게 만들기 위해서는 보다 우월한 자비가 필요하고, 우리에게 이것은 절대 군주정의 형태로만 올 것이다"라고 그 당시 작가 니콜라이 고골은 설명했다. "절대 군주가 없는 국가는 자동기계 같은 것이다. 절대적 지도자가 없는 국가는 지휘자 없는 오케스트라 같다"라고 그는 덧붙였다.[12]

이러한 시각이 영향력을 미치며 상트페테르부르크의 삶에 침투했고 이 시각을 반영하여 지위는 부보다 훨씬 더 중요해졌다. 이런 카멜레온 세상에 사로잡힌 사람들은 오늘이 내일과 같을 것이고, 자신들과 다른 사람들도 같은 방식으로 다룰 수 있을 것으로 생각하지 않았다. "누구에게 말하느냐에 따라서 그는 주피터 신처럼 경외감을 불러일으키는 얼굴, 아니면 비위를 맞추려는 한 고혹적인 여자의 알랑거리는 모습을 닮았다"라고 한 페테르부르크 사람은 자신이 아는 고위 관료에 대해 적었다.[13] 고골이 상트페테르부르크를 마음과 눈이 항시 속임수를 쓰는 도시로 묘사한 것은 당연했다. 이곳은 안개 낀 것처럼 흐릿하고 환영 같았고, 자정의 햇빛이 정오의 어둠으로 바뀌는 곳이었다. "이곳에는 뭔가 거부할 수 없는 매력이 있었다. 소름 끼치도록 아름다운 뭔가가"라고 한 작가는 1860년 중반에 말했다.[14]

부와 가난, 폭정과 노예제, 궁전과 움막, 밝은 전경과 안개에 덮인 거리 등 상트페테르부르크가 만들어내는 거의 모든 것은 서로 반대편에서 나온 것 같았고, 이 대조는 시간이 가면서 더 날카로워졌다. 이것을 도스토옙스키보다 더 극적으로 포착한 사람은 없었다. 그가 보기에 수도는 "영혼은 귀가 먹은 […] 호화로운 그림"이고 이것은 사람들의 상상력을 "화려한 파노라마"가 아니라 어두컴컴한 뒷골목과 숨겨진 구석으로 이끌었다.[15] 그러나 도스토옙스키는 상트페테르부르크의 뒷골목이 드러내는 고통에 대한 생생한 연대기를 창조하는 이상의 성취를 남겼다. 그는 고통에서 구원으로 이르는 길을 찾기 위해 러시아인들이 계속해온 과거, 현재, 미래에 대한 대화를 확장했다. 선과 악, 수단의 너그러움과 영혼의 비열함, 운명을 유혹할 가능성과 그것에 굴복할 기회, 이 모든 것이 도스토옙스키가 그린 상트페테르부르크 삶의 일부였다. 이곳에서 사람들은 환경과 운명의 거친 손에 도전할 의사가 있느냐에 따라 희망이 있거나 없는 삶을 살았다. 상트페테르부르크는 러시아가 따라야 할 모델과 거리가 멀다고 생각한 도스토옙스키는 이 도시를 러시아를 그 운명으로부터 떼어놓는 "반쯤 미친 도시"[16]라고 보았다. 그가 보기에 러시아는 서방을 재창조할 것이 아니라 "진정 인간적이고 진정 통합하는 러시아의 영혼으로 유럽의 고뇌를 배출하는 곳"[17]이 되어야 했지만, 상트페테르부르크는 이에 정반대되는 곳이었다.

만일 상트페테르부르크에서 구원을 찾을 수 없다면 이 도시는 여전히 의미를 가지고 있는가, 아니면 러시아인들이 외면하기 시작하고 있는 세상을 향한 창문에 불과한 것인가? 19세기 황혼기에 작가들은 더 이상 이전처럼 이 도시의 극적인 전경이나 성공의 약속에 대해 쓰지 않았다. 러시아 문학과 예술에서 상트페테르부르크의 이미지가 어두워지기 시작했다. 그늘, 안개, 가로등의 희미한 불빛이 이전 시기의 희망에 찬 화려함을 대신했다. 후에 거대한 캔버스에 옛 러시아 역사를 그려 유명해진 시베리아 출신 화가 바실리 수리코프는 해가 지면 안개가 밀고 들어오는 도시의 어둠을 강조하여 상트페테르부르크를 그린 최초의 화가였을 것이다. 1870년대부터 석양이나 어둠이 깔리는 시간이 자주 그림으로 표현된 납빛 하늘의 도시 상트페테르부르크는 미술가들이 가장 선호하는 주제가 되어, 고골이나 도스토옙스키가 창조한 언어적 이미지가 그림으로 표현되었다. 광활한 파노라마는 사라졌다. 대신에 화가들은 침침한 유리를 통해 보듯이 이 도시를 바라보았고, 밤 시간이 가져오는 그림자와 실루엣에 집중했다.

이렇게 어두워진 이미지는 러시아인들이 그들의 수도를 거부하거나 많은 세대들이 포용했던 그 영혼과의 접촉을 잃었다는 것을 뜻하지는 않는다. 그러나 새 이미지는 푸시킨, 예카테리나 여제, 니콜라이 1세 시기 동안 제국의 대도시를 만든 사람들 시기의 것만큼 밝거나 명쾌하지 않았다. 1880년대에 상트페테르부르크는 완전히 산업혁명의 손아귀에 들어가 있었다. 도시의 중심부는 연기와 검댕을 쏟아내는 높은 굴뚝들에 둘러싸였고, 이 매연은 짙은 안개의 담요로 도시를 감쌌다. 벽돌과 콘크리트로 만들어진 으스스한 광야로 민중들은 아침에 밀려갔다가, 저녁에 파도처럼 빠져나와 집으로 돌아갔다. 모두가 일에 지치고 창백한 모습이었고, 대부분이 겨우 입에 풀칠하며 살아갔다. 표트르 대제 시대에 수만 명의 일꾼이 늪지대에서 죽어간 이래 처음으로 상트페테르부르크는 사람들을 대량으로 삼키기 시작했다. 이 사실 하나만으로 이전 시대에 분명하게 보였던 삶의 방식에 불확실성이 드리워졌다.

안개와 매연의 새로운 왕국에서 생각이 깊은 페테르부르크 사람들은 아직 명확하게 기술할 수 없는 방향으로 움직이는 비현실적인 힘을 감지했다. 도대체 세상이 어디로 향하고 있는지에 대한 불길하면서도 가슴 설레는 감각이 20세기 초에 일어나기 시작했다. 특히 법대생에서 화가로 변신한 므스티슬라프 도부진스키의 작품에 이것이 잘 나타났다. 그가 그린 도스토옙스키의 『백야』 삽화는 빛보다 어둠이 지배한다. 도부진스키가 그린 상트페테르부르크에서 인간이 지은 것은 자연과 신의 창조물을 얼룩처럼 가리면서 불길한 비전을 투사한다. 아주 작은 불빛에 조명받는 그늘과 그림자의 도시 정경, 그리고 긴 그림자를 드리우는 특징 없는 건물들, 사람을 대체한 기계들, 사람은 더 이상 중요하지 않다는 느낌, 이 모든 것이 1900년부터 1922년까지 도부진스키와 그의 친구들이 그린 것이었다.

상트페테르부르크가 1차 대전과의 조우를 향해 다가가고 있을 때 분노한 종말의 그림자가 이 도시 위에 내리깔리기 시작했다. 차이콥스키의 음악도, 도부진스키의 친구들이 《예술 세계》의 페이지에서 과거의 영혼을 포용한 열정도 이 움직임을 느리게 만들지 못했다. 상트페테르부르크는 "나른하고 쓰라린 시들"의 도시가 되었다고 도부진스키는 쓴 적이 있다.[18] 그리고 사악한 힘이 이 도시 위에 몰려들고 있다는 느낌이 예술가들의 작품을 지배하기 시작했다. 1909년 팔코네의 청동기마상 안에서 1천 리터 이상의 고인 물이 발견된 것은,[19] 18세기 건설자들이 이 도시가 번성하기 전에 활용하도록 강제했던 바로 그 요소가 이제 내부로부터 공격하는 방법을 찾았다는 사실을 가리키는 듯했다. 그런 한편으로, 굶주린 프롤레타리아 군단들은 밖으로부터 이 도시를 계속 위협했다.

1차 대전 전야 모스크바 상징주의 작가 안드레이 벨리는 의미를 제대로 이해할 수 없는 공포의 그림자가 러시아의 수도에 드리운 것을 보았다. 이 도시가 러시아 전체의 현재에 어두운 그림자를 드리우고 있다는 강력한 종말론적 감각이 그의 소설 『페테르부르크』를 지배했다. 이 소설에서 그는 상트페테르부르크를 "잿빛이고 흐릿한" 곳이면서 미래에 대해 전적으로 잉여적인 곳으로 묘사했다. "거무죽죽한 회색빛 정육면체" 같은 도시의 건물들은 거리에 스며든 "녹색의 흐릿함"과 "녹색의 노란 안개" 속에 보일 듯 말 듯 하다고 벨리는 썼다. "완전히 사람도 아니고, 완전히 그림자도 아닌" 이 도시의 사람들은 노란색과 녹색에 물들고 "완전히 매연에 찌든" "인간의 늪"을 구성했다. 그가 예견하고 있는 급격한 변동으로 이 도시가 "조각조각 분해될 것"이라고 확신한 벨리는 상트페테르부르크는 침몰해 시야에서 사라지고 러시아는 새로운 진로를 택할 것이라고 확언했다. 그러나 그를 포함해 누구도 지평선 너머에 무엇이 기다리고 있는지 알지 못했다. 진보라는 도구에 휩쓸린 상트페테르부르크는 더 이상 제국의 영화를 상징하지 않고, 많은 진지한 러시아인들이 서구의 골칫거리라고 생각하는 것들만 보여주고 있었다. 상트페테르부르크를 좀 더 유럽적인 도시로 만들기 위해 2세기 이상 노력한 뒤에 이제 사람들은 이 도시가 너무 "비러시아적"[20]이라고 불평했다. 금속성 소리를 내는 기계들은 "사물의 영혼에 있는 사악한 힘"을 표상한다고 벨리의 한 친구가 지적했다.[21] 이런 이들에게 현재와 미래에 대한 대화가, 유럽에서 벗어나 1천 년 이상 러시아의 운명을 형성해왔다고 여겨진 유라시아의 힘에 집중할 시간이 도래했다.

그러나 이 힘은 정확히 어떤 것이며, 이것은 어떻게 러시아의 미래에 영향을 미칠 것인가? 유라시아의 수수께끼를 풀기 위해 시인 알렉산드르 블로크는 동방과 서방을 혼합해 혁명적 미래로 이끄는 비전을 보았다. 혁명이 "모든 것을 조직해 […] 우리의 거짓되고, 더럽고, 지루하고, 흉측한 삶이 정의롭고, 순수하고, 밝고, 아름다운 삶이 되리라는" 희망에 찼던 블로크는 1917년 후반 폭력이 일상화된 현실을 보고 크게 낙담했다. 그럼에도 러시아를 휩쓸고 있는 "적대감, 야만, 타타르족주의(Tatarism), 분노, 굴욕, 압제, [그리고] 복수의 불꽃"에서 그는 인류를 변형시키기로 약속한 용감한 신세계를 예언하는 시적 상징을 추출해냈다.[22] 이전의 많은 사람들처럼 블로크의 비전은 상트페테르부르크에 집중되었고 그곳에서 혁명의 "부풀어 오르는 음악"이 "억누를 수 없는 자유"로 모습을 갖추리라고 보았다.[23] 「12사도」라고 그가 명명한 시에서는 종말의 상징인 흰색의 장미 화관을 쓴 그리스도 자신이 그 길을 이끌기 위해 일어났다. "전진, 전진, 남녀노동자들이여, 혁명과 보조를 맞추라!"라고 블로크는 독자들에게 촉구했다.[24]

상트페테르부르크의 서구적 유산은 볼세비키의 유라시아적 비전과 맞지 않았기 때문에 러시아 공산주의자들의 미래는 모스크바에 있다는 것을 블로크는 재빨리 파악했다. 1918년 레닌이 수도를 다시 모스크바로 옮긴 후 상트페테르부르크는 소비에트의 '제2의 도시'가 되었다. '러시아 혁명의 요람'이었다는 불확실한 자부심을 갖고 있었지만, 레닌의 정치적 후계자들이 이 도시에 던져준 레닌그라드라는 이름은 불편하게 느꼈다. 소련 시대 내내 이 도시는 서구를 바라보면서, 소련 체제의 집단적 가르침을 받아들이기를 거부하는 독립적인 예술가, 작가, 음악가들의 피난처로 남았다. 반세기 동안 이 도시의 서구화된 영혼은 아흐마토바, 만델스탐, 브로드스키의 시와 쇼스타코비치의 음악, 그리고 스탈린과 그 후계자들이 강요한 복종에 무릎 꿇지 않고 단지 빛을 조금 덜 받은 수많은 예술가의 창작품에 계속 살아 있었다. 1918년 이후에는 아주 드물게 혁신적이고 현대적인 것이 레닌그라드의 극장, 문학 모임, 민간 콘서트, 카바레 어딘가에 나타났다. 이런 식으로 레닌그라드 사람들은 1930년대의 숙청을 지나오고, 1941~1944년의 봉쇄와 흐루쇼프, 브레즈네프 시대의 단조로움을 견뎌냈다. 조지프 브로드스키나 레프 로세프 같은 뛰어난 재능을 지닌 시인들은 소비에트 신조를 반영한 예술을 창조하기를 거부한 죄로 해외로 추방당했고, 침체가 그들이 뒤에 남긴 친구들을 무겁게 내리눌렀다.

냉전이 큰 부담으로 작용하기 시작했을 때 군사적 요구는 소비재와 공공서비스에 들어가야 할 재원을 소진해버렸고, 이로 인해 모두가 고통받았다. 한때 러시아 산업의 선봉에 섰던 레닌그라드는 1970년대와 1980년대 서방에서 쏟아져 나온 마이크로칩 프로세서와 첨단 기술의 물결과 경쟁할 수 없었다. 1960년대까지도 레닌그라드의 공장 대다수는 시대에 뒤떨어졌고, 시간이 가면서 더 뒤에 처졌다. 한때 레닌그라드의 이론핵물리학연구소의 과학자들은 연구 데이터를 부

호화하고 가공 작업 하기 위해 비행기로 유고슬라비아의 베오그라드까지 공수해야 했는데, 과학아카데미 레닌그라드 분소에는 이런 자료를 처리할 컴퓨터가 없기 때문이었다. 서방에서 워드프로세스가 타자기를 대체한 다음에도 타자기리본은 레닌그라드에서 찾기 힘든 희귀 물품이었다. 서방에서 소형 계산기가 아주 흔해져 수고스럽게 배터리를 교체하는 대신 그냥 갖다버리는 이들이 있을 정도였을 때도, 레닌그라드 상점과 사무실의 계산원들은 여전히 주판으로 물건값을 합산했다. 1980년대에 소련에서 만들어진 자동차는 20년 전 런던이나 뉴욕 거리에서 보던 것과 같았다. (사실 그것들은 같은 주형에서 만들어지지 않았는지 미심쩍어 보였다.) 값싼 카메라를 제외하고 소련에서 생산되는 물건은 서방에서 시장을 거의 찾을 수 없었다. 이런 상황은 한때 고급 상품 생산기지였던 레닌그라드에 큰 타격을 미쳤다.

1970년대가 되자 물건 부족은 10년 전에 비해 더 심각해졌고, 어이없는 방식으로 생활을 방해했다. 어느 겨울 레닌그라드에서는 어디에서도 정찬 접시를 찾을 수 없었다. 한 번은 넉 달 동안 달걀이 떨어졌고, 몇 달 동안 빵과 비스킷과 케이크는 살 수 있었지만 밀가루는 없던 때도 있었다. 한동안 마요네즈가 사라지기도 하고, 겨자가 동나기도 했다. 두 초강대국 중 한 국가의 제2의 도시에서 화장지보다 보드카를 사는 게 백 배 더 쉬웠고, 병원 처방전은 종종 치료의 시작이 아니라 길고도 헛수고가 될 수도 있는 약 찾아 헤매기의 시작을 의미했다. 1960년대엔 발트해 동부에서 나온 풍부한 어패류가 여전히 시민들 식탁에 올랐지만, 1970년대 후반이 되자 필사적인 남획으로 대폭 감소하여 거의 바닥나게 되었다. '여행자의 점심'으로 불린 생선 내장과 각종 부위를 갈아 만든 통조림이 이전의 고등어와 대구를 대신했다. 통조림의 내용물은 싸구려 고양이 사료처럼 보였고 냄새도 그러했다.

1970년대 후반에 소련이 유대인에게 이민 가는 것을 허용한 직후 인구에 회자된 한 농담은 레닌그라드의 물품 부족에 초점을 맞췄다. "왜 이민 가려고 하는 겁니까?"라고 비자 부서의 직원이 이스라엘 입국 비자를 신청한 유대인에게 물었다. "여기엔 너무 행복이 넘칩니다. 더 견딜 수 없습니다"라고 그는 심드렁하게 대답했다. "행복이 너무 넘친다니? 무슨 말입니까? 어떻게 너무 넘치는 행복이 있을 수 있습니까?"라고 직원이 어리둥절해져 반문했다. "우리 집사람이 장화 한 켤레가 필요해 몇 주 동안 찾아 헤맸지만 살 수 없었어요. 그러다 한 상점에서 카운터 아래 숨겨놓고 판다는 얘기를 듣고 거기 가서 우리의 한 달 월급에 해당하는 값을 치르고 장화를 샀습니다. 그래서 우리는 너무 행복했죠. 그런 다음 우리는 새해를 축하하기 위해 거위 요리를 하기로 했지요. 집사람은 며칠을 헤맨 끝에 뼈만 남은 닭을 드디어 찾아냈어요. 우리가 찾던 것은 아니었지만, 무언가 찾아낸 것이 너무 행복했습니다. 그런 다음 우리 아들이 먹을 약이 필요했어요. 이곳에서는 그 약을 찾을 수 없어 나는 모스크바로 가서, 그곳 암시장에서 그 약을 조금 살 수 있었죠. 다시 한번 우리는 너무 행복했어요. 저는 이런 행복을 더 이상 못 견디겠습니다. 그래서 이민 가기로 결정한 거요!"라고 그가 말을 맺었다.

"우리는 꾸준히 이 나라의 인적, 사회적, 자연적, 도덕적 자원을 거덜냈다"라고 후에 레닌그라드 시장이 된 아나톨리 소브차크가 말했다. "히틀러에 대한 승리에서부터 우주 비행까지, 발레에서 문학까지, 공산주의 교리가 거둔 모든 승리는 예외 없이 러시아 역사의 주머니에서 빌려온 것이다"라고 그는 결론 지었다.[25] 원칙적으로 소련 시대에 언제나 가치가 있었던 것은 소련 시대 이전에 만들어진 것이었다. 이런 이유로 2차 대전이 시작되자 레닌그라드 사람들은 지속적인 가치를 지닌 것을 사려고 저축한 돈을 찾아 골동품 상점으로 갔다. 이것이 소련 당국이 1917년 이전에 만들어진 것에는 높은 세금을 부과하고, 그 이후에 만들어진 물품에는 세금을 부과하지 않은 이유였다. 그림, 귀금속, 성화, 책, 심지어 혁명 전에 출간된 백과사전과 문고판 역사책은 무거운 관세를 내야 했다. 1918년 이전에 만들어진 차르 시대의 우표, 구리 동전은 물론 그림엽서조차 그랬다.

1980년을 기점으로 '글라스노스치'는 소련 체제를 만든 비전이 얼마나 고리

타분한지를 보여주었다. 아무도 소련의 앞날을 장담할 수 없었지만, 특히 레닌 그라드는 더욱 그랬다. 이 도시가 서방으로 향한 자연적 기울어짐을 계속 이어 갈 수 있을지 아무도 알지 못했기 때문이다. 모든 것이 변하기 시작했다. 거리, 광장, 다리의 이름과 키로프 발레단, 파블로프와 멘델레예프가 강의했던 위대한 대학 이름도 바뀌고, 마침내 도시 이름 자체도 바뀌었다. 레닌그라드는 다시 진정한 상트페테르부르크가 될 수 있을 것인가? 아니면 레닌그라드 봉쇄 말미에 영국 종군기자 알렉산더 워스가 말한 것처럼 상트페테르부르크는 "영원히 사라지고" 레닌그라드가 그 자리를 차지한 것인가?[26] 아흐마토바조차 봉쇄와 스탈린 숙청의 희생자들을 언급할 때 레닌그라드라고 말했다.[27] 만일 그녀가 오래 살아 1991년 여름과 가을, 마치 거대한 진흙더미가 무너지듯 소련이 붕괴되는 것을 보았더라면 생각을 바꾸었을 것인가? 어쩌면 그녀는 미래 세대는 "악마보다는 성인의 이름을 지닌 도시에 사는 것"이 더 좋을 것이라는 브로드스키의 생각에 동감했을지도 모른다.[28] 아니면 자신의 생에 큰 상처를 남긴 비극을 기억하려 했을지도 모른다. 소련 체제의 경험이 만들어낸 수백만의 죽음과 또 다른 수백만의 망가진 삶은 그녀가 태어난 도시의 삶의 일부였고 그 도시는 레닌그라드였지, 상트페테르부르크가 아니었다. "아무도 잊지 않게, 아무것도 잊히지 않게 하자"라고 2차 대전 후 올가 베르골츠는 썼다.[29] 그토록 많은 희생자와 그토록 많은 영웅들에 대한 기억은 쉽게 던져버릴 수 없었다. 그것들이 다시 태어난 상트페테르부르크에 살아남을 것인가?

그렇게 많은 인명의 희생 위에 무엇이 이루어졌는가? 67년 전 레닌의 이름을 받은 도시와 1991년 다시 상트페테르부르크가 된 도시는 얼마나 다를까? 분명히 이 도시는 더 많은 사람, 더 많은 면적을 갖게 되었고, 이전에 아무도 상상하지 못한 대중교통 시스템도 갖추게 되었다. 더 많은 학교, 더 많은 대학 졸업생들, 더 많은 공장, 더 많은 아파트 건물도 생겨났다. 그러나 소련의 유산은 엄청나게 무거웠다. 어떤 도시도 물려받고 싶어 하지 않는 문제들을 가져왔고, 그것들은 상트페테르부르크가 해결할 여력이 되지 않는 것들이었기 때문이다. 시내 거리, 상하수도는 붕괴되고 있었고, 2차 대전 이후 세워진 수많은 허접한 건물들은 무너져가고 있었다. 도시가 교외로 확장되면서 오라니엔바움으로 이어지는 주요 도로는 한쪽에 아무렇게나 지어진, 마치 군사 대형으로 놓인 기울어진 탑들처럼 생긴 아파트 단지를 지나야 했다. 벽돌들이 벽에서 떨어지고, 전면은 칠과 회반죽이 벗겨져 내리고, 창문과 문은 제대로 이가 맞지 않아 어떤 곳은 몇 센티미터씩 간격이 벌어졌다. 배관과 난방은 작동하지 않았다. 지하철 노선 일부 구간은 인근 건물에 너무 바짝 붙어 건물이 무너지고 있었다. 새 건물이 완공된 시점은, 건설 인력이 물러나고 수리 인력이 들어올 때라는 말이 부정할 수 없는 정확한 표현이었다. 많은 건물이 너무 엉터리로 지어져 수리 비용이 신축 비용보다 더 드는 상황이 발생했다. 그러나 상트페테르부르크는 속담에 나오는 교회의 쥐처럼 가난한 상태로 새 삶을 시작했다.

상트페테르부르크의 화려한 18세기, 19세기 건축 유산도 무너지고 있었다. 썩어가는 치장 벽토와 흔들리는 벽돌들은 제대로 수리된 적이 없었고, 수십 년간 방치된 대가는 컸다. 소련의 현대화 추진 시기에 배관과 난방은 되는대로 설치되었고, 지속적인 개선을 위해서라기보다 프로파간다 주장을 지지할 목적으로 착수되는 경우가 너무 많았다. 도시의 물은 1703년이나 1914년과 마찬가지로 식수로 사용하기에 여전히 위험했다. 차르스코예 셀로의 예카테리나 궁전과 페테르고프 여름 궁전에서 착수된 기념비적 재건축 같은 몇 경우를 제외하고 나치 봉쇄 후에 행해진 보수는 심지어 소련보다도 먼저 무너지기 시작했다. 의료 시설은 페테르부르크 인구를 감당할 수 없었다. CT 촬영, MRI, 기타 전자 영상 시스템 장비 등의 진단 기계는 인구의 극소수에게만 혜택이 돌아갔다. 심전도 장비도 찾기 어려웠다. 1990년대 초반엔 주사를 맞아야 할 사람은 스스로 주사기와 주삿바늘을 사서 병원에 가져가야 했다는 얘기가 있었다. 처방전 약은 소련 시대보다 더 찾기 어려웠다.

밝은 면을 찾는다면 상트페테르부르크의 일상이 소련 시대의 회색빛 칙칙함을 어느 정도 던져버렸다는 점이었다. 넵스키 대로를 다니는 행인들은 더 다양한 색깔의 옷을 입었고 의상 스타일도 덜 단조로워졌다. 곧 상점들은 서구의 모든 물질적 풍요로움을 획득했고, 몇 년 전에는 소련의 특권층도 상상할 수 없었던 다양한 상품을 갖추었다. 1990년대 중반에는 버버리 레인코트, 페라가모 스카프, 피렌체 가죽 코트와 구두, 프랑스제 화장품이 뒷골목의 암시장에서 나와 대로변 상점에 전시되었다. 그러나 이것들의 가격은 일반인들의 수입을 지나치게 뛰어넘는 것이었기에 상트페테르부르크의 최고급 상점들은 얼마 안 있어 서구의 부를 전시하는 박물관이 되어버려, 대중들은 안에서 그것들을 구경할 수 있었지만 극소수의 사람들만 구매할 수 있었다.

많은 페테르부르크 주민들이 한 달을 50달러에 상당하는 금액으로 살았고, 이보다 적은 금액으로 사는 경우도 있었다. 소련 시대의 전문인 중산층은 주변에 형성되는 새 세상에 자신들의 기술을 위한 자리가 없다는 것을 알게 되었다. 차르 시대보다 훨씬 심각하게 1990년대의 상트페테르부르크는 극소수의 가진 자와 엄청난 수의 갖지 못한 자로 나뉘었다. 소련 시대에는 돈이 없어서가 아니라 연줄이 없어서 최고급 식당이나 호텔을 사용하지 못했다. 지금은 돈이 생활의 모든 면을 지배했지만, 오만한 몇몇 사람들의 손에 다 들어가 있었다. 이런 사람들은 아침 식사 가격이 바깥의 거리를 가득 메운 남녀의 거의 반달 치 급료에 해당하는 최고급 레스토랑과 화려한 호텔을 애용했다. 소련 시대에 모은 흔치 않은 귀중품을 팔려는 사람들이 뒷골목의 암시장 사람들을 대체했다. 거지가 다시 나타났고 좀도둑 떼도 다시 나타났다.

상트페테르부르크 정도 3백 주년이 다가오면서 이 수많은 문제들의 무게는 이 도시의 미래에 대한 의구심을 갖게 만들었다. 상트페테르부르크는 소련 시대 경험의 트라우마를 벗어나 도시의 균형상태를 되찾을 것인가? 만일 되찾게 되면, 어디를 향할 것인가? 표트르가 건설한 도시는 1991년 소브차크 시장이 약속한 대로 다시 한번 서방으로 열린 러시아의 창이 될 것인가? 아니면 21세기로 들어서면서, 많은 지식인들이 20세기 초에 요구한 대로 다시 동쪽을 쳐다볼 것인가? 이러한 질문에 페테르부르크 사람들이 어떻게 답할 것인가가 이들의 운명의 열쇠를 쥐고 있다. 그러나 이 놀라운 도시의 역사는, 페테르부르크 사람들은 다르기 때문에 단순히 사실과 숫자만으로 그 미래를 결정하지 않으리라는 것을 보여주었다. 그들은 언어를 다르게 사용하고, 손을 뻗고, 모든 기회를 잡고, 해결할 수 없는 것을 받아들이는 성향이 더 강하다. 그들은 과거도 다르게 바라본다.

브레즈네프의 지루한 시기가 4분의 3쯤 지났을 때 레닌그라드의 화가 예브게니 우흐날례프Evgenii Ukhnalev는 〈아무 곳으로도 가지 않는 길〉을 그렸다. 이 그림에서 레닌그라드의 입구는 검은 심연을 향하고 있었다. "이곳은 레오나르도 다빈치의 유명한 우화에 나오는 동굴처럼 어둡다. 이 동굴은 그 내부에 무수한 새로운 그리고 알려지지 않은 이미지들을 숨길 수 있다"라고 1995년 우흐날례프의 그림을 본 페테르부르크 작가 그리고리 카가노프Grigorii Kaganov는 말했다. "이 [이미지] 중에는 잊지 못할 만큼 가장 아름다운 것도 있을 수 있고 잊지 못할 만큼 가장 무시무시한 것도 있을 수 있다"라고 그는 말했다.[30] 전에 수도 없이 일어났는데, 무엇이 부상할지 또는 어떤 순서로 나타날지 추측할 방법이 없다고 말할 수는 없다. 아름다움과 추함, 연설의 탁월함과 장황함, 그리고 수백 개의 또 다른 반대항들이 처음 시작부터 상트페테르부르크의 경험의 일부가 되어왔다. 그것들이 계속되고 있다는 것이 지금 미래를 내다보는 것을 훨씬 더 힘들게 만든다.

우흐날례프의 그림의 내면의 후미진 곳에서 카가노프가 발견해낸 "들어갈 수 없는 깊이"는 앞으로 놓여 있는 것에 직접 적용된다. 상트페테르부르크가 짊어져야 할 짐은 엄청나고, 실질적인 해결책을 찾는 것도 결코 쉽지 않다. 그러나 역사는 상트페테르부르크가 엄청난 희생을 치를 수 있고 경탄할 성취를 이뤄낼 수 있는 주목할 만한, 회복력이 뛰어난 사람들의 도시라는 것을 보여주었다. 네바강의 진흙 삼각주에서 국가의 수도를 건설하고, 이 도시를 북구의 베네치아로 만들고, 이 도시의 보물들을 소비에트 '진보'의 약탈로부터 보호하고, 나치의 봉쇄 중 엄청난 역경에 맞서 이 도시와 함께한 조상들을 둔 남녀는 앞에 놓인 도전을 탁월한 방식으로 대면할 것이 분명하다. "어쩌면 환영 같지만, 대단히 강력한 자유라는 개념이 그곳에 사는 모든 이들의 의식 속에서 필연적으로 자라날 것이다"라고 조지프 브로드스키는 한 친구에게 말했다. "이 도시에서 개인은 한계 너머로 가기 위해 늘 분투할 것이다"라고 그는 덧붙였다.[31] 이 말속에서 브로드스키는 상트페테르부르크의 미래에 대한 열쇠를 찾은 것일지도 모른다. 정치에서, 외부 세계와의 관계에서, 예술에서 상트페테르부르크 사람들은 통상적인 인간 경험의 한계 너머에 닿기 위해 늘 애써왔기 때문이다. 그들이 다시 그러리라는 것은 의심할 여지가 없지만, 오로지 시간만이 그들의 노력이 어떤 형태가 될지 드러낼 것이다.

최근의 상트페테르부르크

1991~2010

브루스 링컨 교수는 자신의 마지막 저작인 이 책의 출간을 보지 못하고 타계했다. 그는 자신이 평생을 천착해온 러시아의 역사가 소련이라는 한 막을 내리고 새로운 시대를 여는 것을 보았지만, 와병으로 소련 해체 이후의 상트페테르부르크의 역사를 이 책에 담지 못했다. 1991년 소련 해체 후 벌써 30년이 지났고, 그 사이 상트페테르부르크는 역사의 다른 어느 시기 못지않은 격심한 변화를 겪었다. 2000년 이후 상트페테르부르크 출신 인물들이 국가 최고 권력을 장악하고, 러시아를 움직이는 핵심 자리에 포진하여 막강한 영향력을 행사하고 있다. 상트페테르부르크의 정치적 영향력은 표트르 대제 천도 이후만큼이나 강해졌다고 볼 수 있다. 이 책을 읽는 독자들은 당연히 소련 붕괴 이후 상트페테르부르크의 모습에도 관심이 많을 것이기에 이 지면에 간단히 소련 붕괴 후의 역사를 정리했다.

볼셰비키가 수도를 모스크바로 다시 옮기면서 쇠락하기 시작한 상트페테르부르크의 위상과 영향력은 2차 대전 후에 더 빠른 속도로 축소되었다. 이 도시는 제정러시아의 화려한 영광을 간직한 옛 수도의 광휘는 보존했지만, 정치·경제·문화·인구 모든 면에서 소련 제2의 도시라는 위상에 만족해야 했다. 그러나 1980년대 중반 고르바초프가 소련 사회 전반에 대한 개혁을 시작하면서 상트페테르부르크는 3백 년 전과 같이 변화와 진보를 상징하는 도시가 되었다. 고르바초프의 페레스트로이카 이전까지 소련은 변화를 거부하고 수십 년간 정체 상태에 머물러 있었다. 이것은 마치 상트페테르부르크 천도 이전의 모스크바 중심의 구체제와 유사했다. 1984년 소련 공산당 서기장이 된 고르바초프가 1985년 4월 '페레스트로이카'와 '글라스노스치'를 개혁의 구호로 선언한 후 처음으로 방문한 도시가 레닌그라드였던 것은 치밀한 계산이 깔린 것이었다. 그는 키로프 공장, 산업전시회 방문과 공과대학 교수, 학생들과의 대화에 이어 스몰니 정치대학에서 페레스트로이카에 대한 중요한 연설을 하는 등 여러 일정을 소화했다. 공식 방문 일정 동안 고르바초프는 차량으로 이동 중 예정에 없이 넵스키 대로에서 하차해 지나가는 시민들과 격의 없는 대화를 나누었다. 그는 시민들에게 개혁에 대해 즉석 설명을 해주었고, 시민들은 궁금한 것에 관해 거침없이 물었다.

글라스노스치는 현재 소련 사회의 문제와 정책 결정에 대한 정보 공개뿐만 아니라 과거에 저질러진 잘못을 바로잡는 데도 큰 역할을 했다. '즈다노프주의'는 잘못된 정책으로 공식 선언되었고, 지노비예프와 키로프의 '레닌그라드 반대파' 모함도 실체가 드러났다. 스탈린 시대에 숙청되거나 압제 받은 많은 작가들이 복권되고, 이들의 작품이 출간되었다. 아흐마토바와 조셴코는 1988년 공식으로 복권되었다. 1989년에는 안나 아흐마토바 탄생 1백 주년을 축하하는 행사가 열렸고, 그녀가 살던 폰탄카의 아파트는 문학박물관이 되었다. 1991년에는 오시프 만델스탐 탄생 1백 주년 행사가 열렸다. 《예술 세계》와 은 시대 작가들의 작품이 다시 세상에 나왔다. 상징주의자, 아크메이스트, 미래주의자 시인들의 작품이 출간되고, 조셴코와 '세라피온 형제'의 작품도 큰 인기를 끌었다. 1987년 조지프 브로드스키가 노벨문학상 수상자로 선정된 것도 소련 시대 지하출판으로만 접할 수 있던 작가들의 작품에 대한 국제적 인정과 헌사였다. 박물관 창고 깊은 곳에 보관되어 있던 은 시대와 아방가르드 화가들의 작품이 다시 전시되었다. 검열을 통과하지 못해 상영되지 않았던 알렉세이 게르만 감독의 〈길 위에서의 심판〉, 〈나의 친구 이반 라프신〉 같은 영화도 상영되었다. 1905년 혁명, 1917년 볼셰비키 혁명, 레닌그라드 봉쇄 등 20세기의 주요 사건을 겪은 러시아 고대 문학과 문화의 대가 드미트리 리하초프는 상트페테르부르크 지식인과 문화인들의 대부와 같은 역할을 하였다. 언론에서는 레닌그라드 채널5에서 네브로조프가 진행하는 〈600초〉가 소련 사회의 다양한 부패를 파헤치고, 페레스트로이카 진행 상황을 국민들에게 알렸다. 벨라 쿠르코바가 진행하는 〈다섯 번째 바퀴〉는 생방송 인터뷰로 많은 비밀을 파헤쳤고, 이 중 대표적인 방송은 아흐마토바의 아들이자 유라시아 역사학자였던 레프 구밀료프가 사망한 경위를 파헤친 것이었다.

정치 분야에서도 진보적 지식인들이 개혁 정치를 이끌었다. 1989년 4월 공산당을 대체하는 인민대표회의 선거가 진행되자, 민주적 정치 그룹들은 레닌그라드 시민전선(People's Front)으로 통합하여 개혁적 후보들을 지원했다. 이때 유력한 후보로 부상한 사람은 상트페테르부르크 법과대학 교수였던 아나톨리 소브차크였다. 시베리아 치타 출신인 소브차크는 레닌그라드대학 법과대학을 졸업하고 1973년부터 모교에서 교수 생활을 했다. 본래 정치와 거리가 멀었던 그는 개혁에 뜻을 두고 인민대표회의 후보로 나섰으며, 청중을 휘어잡는 연설로 강력한 인상을 심었다. 그는 선거운동 기간 레닌그라드 채널5 방송에 후보 간 최초의 TV 토론을 제안해 이를 성사시켰다. 그는 큰 어려움 없이 당선되어 레닌그라드 대표로 인민대표회의에 진출했다. 당시 그와 함께 당선된 인사로 드미트리 리하초프와 후에 러시아 총대주교가 되는 레닌그라드-노브고로드 대주교 알렉세이가 있었다. 모스크바에서도 소브차크는 인권, 정부와 경제 개혁, 연방공화국들의 권리 등에 대한 뛰어난 연설로 전국적인 유명 인사가 되었다. 다른 지역 출신 대표들과 함께 지역대표협의체를 구성한 소브차크는 이를 활용하여 인민대표회의와 최고회의에 큰 영향력을 행사했다. 1990년 6월 시 행정을 담당하는 레닌그라드소비에트 의장에 선출된 소브차크는 1991년 신설된 시장직에 출마해 당선되었다.

소련 체제에 대한 도전이 거세지면서 부각된 문제는 볼셰비키 혁명 지도자의 이름을 딴 레닌그라드라는 도시 명칭을 변경하는 것이었다. 도시의 명칭 변경을 주장하는 사람들은 이것이 단순히 과거의 이름을 회복하는 문제가 아니라 이 도시가 지향할 방향을 상징한다고 보았다. 페테르부르크라는 이름을 복원하는 것은 계몽·문화·개방성·자유·세계주의·민주주의를 지향하는 것이고, 레닌그라드라는 이름은 세계로부터의 고립, 전제 정치의 계속을 의미한다고 주장했다. 명칭 변경을 반대하는 사람들은 레닌그라드라는 이름은 볼셰비키 혁명을 통해 얻어졌고, 레닌그라드 봉쇄라는 영웅적인 투쟁을 상징한다고 주장했다. 미국에 머물던 브로드스키는 주민들이 "악마의 이름보다는 성자(saint)의 이름이 붙은 도시에 사는 것이 더 낫다"라고 촌평했다. 소브차크는 당연히 상트페테르부르크라는 명칭의 복원을 지지했고, 고르바초프는 레닌그라드라는 이름을 그대로 보존하기를 바랐다. 알렉산드르 솔제니친은 상트페테르부르크를 러시아어로 옮긴 '스뱌토-페트로그라드('스뱌토'는 러시아어로 '성聖'을 뜻함)'를 제안했다. 명칭 변경 문제는 1991년 6월 12일 주민투표에 부쳐져 상트페테르부르크Санкт-Петербург가 54.8퍼센트의 찬성을 얻어 도시의 공식 명칭이 되었다. 그러나 상트페테르부르크가 속한 지역인 레닌그라드주州의 명칭은 아직까지 그대로 사용하고 있다.

1991년 8월 보수파의 쿠데타 당시 모스크바에 있던 소브차크는 옐친과 공동 대응을 협의하고, 신변의 위험 속에 급히 레닌그라드로 돌아와 저항 운동을 벌였다. 소브차크는 쿠데타 저항 운동 본부인 마린스키 궁전으로 가서 알렉산드르 벨라예프와 의원들을 만나 시민 저항 운동을 논의했다. 시의회는 레닌그라드 관구 부대와 KGB와 경찰에 호소문을 보내 쿠데타에 가담하지 말 것을 요청했다. 소브차크는 채널5 사장 보리스 페트로프의 도움으로 방송국에서 생방송 연설을 했다. 페트로프는 이 방송이 소련 전역에 중계될 수 있도록 위성 연결망도 확보했다. 모스크바의 TV는 국가비상위원회가 장악하고 있었기 때문에 이 방송은 소련 지역에 유일하게 방송된 반쿠데타 연설이었다. 소브차크는 쿠데타의 불법성을 성토하고 다음 날 오전 10시 대규모 군중 집회를 연다고 선언했다. 소련 각지의 주민들은 이 방송을 시청하도록 지인들에게 급하게 연락했다. 소브차크의 연설은 소련 국민들에게 쿠데타에 조직적으로 저항하는 정치인들이 있다는 것을 알리는 시발점이었고, 라디오 방송국 에호 모스크바에서 중계된 옐친의 모스크바 연설과 함께 쿠데타 분위기를 역전시키는 데 큰 역할을 했다. 다음 날 이삭 광장에는 약 2천 명의 시민들이 모여 정치인들의 반쿠데타 연설을 들었다. 시외곽에 주둔하고 있던 탱크부대가 레닌그라드를 향해 이동 중이라는 소식이 전해지자 시민들은 마린스키 궁전 주변에 인간 띠를 만들어 저항 의지를 보였다. 발트함대 사령관이 부대 없이 마린스키 궁전으로 들어가는 모습에 시민들은 환호를 올렸다. 발트함대는 중립을 지킨다는 것이 확실해졌다. 긴장의 시간이 흘렀지만 탱크부대는 레닌그라드에 진입하지 않았다. 다음 날 새벽 KGB 병력이 시의 회를 습격한다는 소문이 돌자 소브차크와 벨라예프는 시의회 지도부를 둘로 나누었고, 소브차크는 키로프 공장으로 옮겨갔다. 긴장의 시간이 흐르고 고르바초프가 연금 상태에서 풀려나 모스크바로 귀환하던 중에, 쿠데타 주동 세력이 체포되었다는 소식이 전해지면서 3일간의 긴박했던 시간은 끝이 났다.

소브차크는 쿠데타 시기에 보여준 용기로 레닌그라드 시민들의 확고한 지지를 받는 지도자가 되었고, 전국적인 민주·개혁 인물로 부상했다. 시민들의 새로운 희망과 개혁의 분위기는 9월 6일 레닌그라드가 정식으로 상트페테르부르크로 개칭되면서 고조되었다. 소브차크는 상트페테르부르크를 소련 개혁의 중심지이자 상징으로 만들고 싶어 했다. 그의 주변에는 개혁을 주도할 뛰어난 인재들이 포진해 있었다. 개혁 성향의 젊은 경제학자 그룹을 이끌고 있던 아나톨리 추바이스를 비롯하여 알렉세이 쿠드린, 세르게이 벨라예프, 미하일 마네이비치, 일리야 유자노프 등이 초기에 주도적 역할을 담당했고, 후에 게르만 그레프, 드미트리 코자크, 알프레드 코흐 등이 가담했다. 추바이스 그룹에 속했던 드미트리 바실리에프는 소브차크의 수석 경제보좌관이 되었고, 상트페테르부르크 국유재산기금 부위원장에 임명되어 사유화 과정을 주도해나갔다.

소브차크 팀에 가담한 인물에 포함되어 있던 블라디미르 푸틴은 크게 눈에 띄지 않는 인물이었다. 1952년 레닌그라드 태생으로 레닌그라드대학 법과대학을 졸업하고 KGB에 들어가 동독 드레스덴에 파견되었던 푸틴은 1990년 귀국후 중령 계급으로 사실상 KGB를 나와 한동안 무직으로 있다가 레닌그라드대학교 대외업무 일을 잠시 맡았다. 레닌그라드 법대의 은사였던 소브차크는 푸틴을 새로 구성된 시 대외협력위원회 책임자 겸 제7부시장으로 임명했다. 쿠데타 기간 동안 푸틴은 소브차크에게 충성하며 KGB와의 대화 채널 역할을 한 것으로 추정된다. 쿠데타 후 소브차크는 상트페테르부르크의 경제를 현대화시키고 문화를 복원하기 위해 노력했으나, 소련 경제가 와해된 상태에서 상트페테르부르크 시는 시민들의 식량 조달에도 어려움을 겪을 정도로 경제적 난관에 봉착했다. 푸틴은 상트페테르부르크에서 생산되는 공산품을 내주는 대가로 독일에서 육류를 수입하는 등 대외 교역을 통해 경제적 난관을 극복하려고 애썼고, 이 시기에 대우그룹 초청으로 상트페테르부르크 사절단의 일원으로 한국도 방문했다. 소브차크는 경제 부흥 계획의 일환으로 상트페테르부르크를 혁명 전과 같이 금융·재정의 중심지로 만들려고 시도했다. 이 노력은 초기에 어느 정도 성과를 거두어 크레디 료네와 BPN/드레스드너 방크는 모스크바보다 상트페테르부르크에 먼저 지점을 개설했고, 후자의 경우 푸틴이 나서서 지점을 유치했다. 곧이어 도이체 방크와 ABN-AMRO도 지점을 설치했다. 외국 영사관도 속속 개설되었다. 영국·덴마크·남아프리카공화국·노르웨이·그리스가 상트페테르부르크에 총영사관을 개설했다.

그러나 페레스트로이카 시작 이후 가중된 경제난은 상트페테르부르크에도 영향을 미쳤다. 시민들의 생활 수준은 점점 떨어졌고, 기본적인 생필품 부족 현상도 나타났다. 상트페테르부르크의 발전 과정은 모스크바와도 비교되었다. 모스크바는 루시코프 시장의 지휘 아래 활발한 건설 공사를 벌이며 도시의 모습을 변모시켰지만, 상트페테르부르크는 낡은 건물과 유적들을 제대로 보존하는 것도 힘에 겨웠고, 도시 인프라도 개선되지 않았다. 러시아의 다른 도시에서와 마찬가지로 상트페테르부르크에는 조직범죄, 마약, 매춘, 사업장 갈취 등이 확대되었고 치안도 불안해졌다. 마피아 갱단 간의 총격전도 심심치 않게 벌어지면서 이 도시는 "네바강가의 시카고"라는 불명예스러운 별명도 얻었다. 국유재산 사유화를 둘러싼 잡음과 범죄행

엘친이 지켜보는 가운데 취임 선서를 하는 푸틴
(2000. 5.)

위도 잇따라 1997년 8월에는 시 자산사유화위원장인 마네비치가 암살되었다.

소브차크는 민주 지도자로 소련 전체에서 인기가 높았지만, 상트페테르부르크의 일선 행정에는 충분한 관심을 두지 않은 채 외유가 잦았다. 개혁에 대한 시민들의 기대가 실망으로 돌아서면서 소브차크의 인기도 하락하기 시작했다. 소브차크는 시의회와도 자주 충돌했고, 이것은 그의 정치 기반을 약화시켰다. 1996년 시장 선거가 다가오자 소브차크 밑에서 부시장을 역임하고 경제위원장을 맡았던 블라디미르 야코블레프가 소브차크에 도전했다. 야코블레프는 미디어를 이용한 선거운동을 효율적으로 펼치며 지지율을 올렸고, 소브차크 재임 기간에 개선되지 않은 경제 상황에 대한 시민들의 불만을 자극하며 시장 교체의 필요성을 내세웠다. 시장 선거에서 전국적인 지명도가 없었던 야코블레프가 당선되자, 소브차크의 참모진 중 상당수는 모스크바로 가서 중앙정부에서 일자리를 찾았다. 푸틴은 야코블레프 팀에 잔류하기를 요청받았지만, 소브차크와의 인연을 중시했기에 이를 거부하고 야인으로 돌아갔다가 이후 크렘린에 진출한 동료들의 천거로 옐친 밑에서 일하게 되었다. 역설적이게도 멘토인 소브차크의 낙선으로 푸틴은 러시아 중앙정계로 진출하게 된 셈이었고, 결국 러시아 권좌에 오를 수 있었다.

2000년 푸틴이 러시아의 대통령이 되면서 상트페테르부르크는 국가 최고 지도자뿐 아니라 주요 정책입안자들을 배출한 도시가 되었다. 푸틴의 측근 인물뿐만 아니라 상트페테르부르크에서 일했던 많은 젊은 관리들, 특히 경제 전문가들이 러시아의 핵심 요직을 차지했다. 옐친 밑에서 부총리와 대통령실장을 맡았던 추바이스는 국영에너지회사 사장직을 맡았고, 쿠드린은 재무장관, 그레프는 경제개발장관이 되었다. 파트루셰프는 정보책임자와 국가안보회의 의장을 맡았고, 푸틴의 KGB 동료인 이바노프는 국방장관에 임명되었다. 글라지예프는 하원의장, 미로노프는 상원의장을 맡았고, 현 상원의장인 마트비옌코도 상트페테르부르크 시장을 역임했다. 상트페테르부르크 출신 인물들이 많이 등용되면서 이와 관련된 농담도 생겨났다. 상트페테르부르크발 기차가 도착하는 역에서 상트페테르부르크 출신은 모두 정부로 데려간다는 농담도 회자되고, 모스크바 출신인데도 레닌그라드 대로에 산다는 이유로 정부에서 일하게 되었다는 말도 나왔다. 푸틴이 연임 제한에 걸려 대통령직에서 잠시 내려왔을 때 뒤를 이은 것은 푸틴이 상트페테르부르크 부시장으로 일하던 시절에 법률 자문으로 그를 도왔던 메드베데프였다. 2003년부터 2011년까지 상트페테르부르크 시장을 맡은 마트비옌코는 카리스마 있는 지도력과 푸틴의 전폭적 지원을 받으며 시의 부활과 발전에 큰 역할을 했다.

2003년 상트페테르부르크는 정도 3백 주년 행사를 화려하게 치르며 새로운 도시로 태어나는 모습을 세계에 드러냈다. 재건된 콘스탄틴 궁전에서 개최된 G8 정상회담에 참석하기 위해 미국의 부시 대통령, 영국의 블레어 수상, 프랑스의 시라크 대통령 등 세계 최고 지도자들이 상트페테르부르크에 모였다. 수많은 공연과 전시회가 열리고, 시 외곽 차르스코예 셀로의 예카테리나 궁에는 독일군에게 약탈당한 호박방이 재건되었고, 3백 주년 기념공원도 핀란드만에 조성되었다. 정부의 주요 기관도 하나둘 상트페테르부르크로 이전해 왔다. 헌법재판소가 옛 상원 건물에 자리 잡았고, 가스프롬 본사도 유럽에서 가장 높은 초고층 건물을 신축하여 이주해 올 예정이다. 최근에는 상트페테르부르크 문화포럼과 경제포럼을 개최하여 국제적인 네트워크도 강화하고 있다. 상트페테르부르크대학도 모스크바대학과 함께 러시아 최고 명문 대학의 전통을 이어가고 있으며, 러시아 정부는 두 대학을 교육부 대신 대통령실의 직접 관할을 받는 대학으로 지정하여 예산을 비롯해 다양한 방면으로 지원하고 있다.

상트페테르부르크의 문화도 다시 살아났다. 1980년대 말 이후 새로운 작품을 선보이지 않았던 마린스키 발레단은 바지예프가 발레감독을 맡고, 게르기예프가 음악감독이 되면서 새롭게 출발했다. 2002년 마린스키 발레단은 파리에서 '세종 뤼세Saisons Russes'라는 행사를 재현하여 디아길레프의 클래식 발레를 다시 선보였다. 보리스 에이프만 발레단은 다양한 새 기법을 도입하며 러시아의 대표적인 현대 발레단이 되었다. 상트페테르부르크 심포니는 테미르카노프가 음악감독을 맡으면서 옛 명성을 되찾았다. 에르미타주 박물관도 미하일 피오트롭스키가 관장이 되면서 새로운 발전의 계기를 맞았다. 그는 옐친의 지원으로 충분한 정부 예산을 확보해 박물관의 인프라를 개선하고, 전문 인력을 보강하여 세계 최대의 박물관으로 인정받는 것을 목표로 하고 있다. 1996년에는 에르미타주가 대통령실 관할로 들어갔다. 세계의 여러 기업들과 후원 네트워크를 조성하여 매년 거액의 기부금을 받고 있고, IBM의 도움을 받아 박물관의 시각 투어를 전 세계에 제공하고 있다. 현재 상트페테르부르크에는 221곳의 박물관, 2천 곳의 도서관, 80곳 이상의 연극극장, 1백여 개의 콘서트 그룹, 42개의 갤러리와 전시장이 있고, 매년 1백 개 이상의 문화예술 페스티벌이 열리고 있다.

상트페테르부르크는 서구로 향한 러시아의 창이기도 했지만, 외부 사람들이 러시아의 열정과 좌절을 들여다볼 수 있는 창이기도 했다. 3백 년의 상트페테르부르크 역사는 러시아가 강대국으로 부상한 역사이다. 이 과정에서 있었던 여러 번의 부침과 더불어 소련제국의 해체로 러시아의 위상은 많이 축소되었다. 그러나 표트르 대제가 꿈꾼, 유럽과 어깨를 나란히 하는 현대적 국가는 러시아의 목표에서 제외될 수가 없다. 얼마 전 작고한 삼성그룹 이건희 회장이 상트페테르부르크의 흥망성쇠와 최근의 부활을 연구하여 경영의 반면교사로 삼으라고 지시했다는 일화를 전해 들었다. 상트페테르부르크의 역사는 한 수도, 한 도시를 넘어, 지난 3백 년간 러시아의 족적이 다른 어느 곳보다 강하게 새겨진 러시아 역사의 중요한 부분이며 러시아 전체의 축소판이다. "페테르부르크는 러시아의 머리이자 심장이다. […] 현재까지도 페테르부르크는 아직 먼지와 돌무더기 속에 있다. 그러나 이곳은 여전히 만들어지고 있고, 무언가가 되어가고 있다"라는 도스토옙스키의 말을 기억하며 이 도시의 미래의 역사가 어떻게 전개되는지를 지켜보아야 할 것이다.

옮긴이의 말

1988년 서울올림픽에 소련대표단이 참가하면서 물꼬가 터진 한-러 교류는 1990년이 되어 정식 수교를 논의하는 단계까지 이르렀다. 국내 주요 인사, 학자들이 유행처럼 서로 소련을 방문하려고 노력하던 당시 미국 대학에서 연구교수 생활을 마무리하던 나도 한국으로 완전히 귀국하기 전 소련에 직접 가서 현장 공부를 하고 오기로 결정했다. 1989년 교환학자 프로그램으로 브라운대학교 외교정책연구소에서 나와 우정을 쌓은 소련 외교관이었던 엘마르 맘마자로프(아제르바이잔 출신인 엘마르는 고국에서 외교부 장관으로 16년간 일하고 얼마 전 물러났다)의 도움으로 어렵지 않게 비자를 발급받았다. 당시 소련에서 초청장을 보낸 기관은 모스크바의 과학아카데미 산하 언어학연구소와 레닌그라드대학교였다.

1990년 6월 초, 막 개설된 대한항공 서울-모스크바 직항노선을 타고 모스크바로 가서 언어학연구소에서 두 달 반을 지낸 다음, 8월 말 모스크바에서 '붉은 화살'이란 이름이 붙은 야간열차 편으로 레닌그라드에 간 것이 네바강변의 이 도시를 방문한 첫 기록이 되었다. 핀란드만이 보이는 카라블로-스트로이첼니 거리에 위치한 20평 정도의 넓은 기숙사 방에 숙소를 잡고, 그해 12월 말까지 체제 변혁의 고통을 겪고 있던 소련 말기 이 도시의 모습을 현장에서 지켜보았다. 이후 각종 행사 참석 등으로 적어도 20회 이상 이 도시를 방문했지만, 거의 일주일 미만으로 체류하다 돌아오는 것이 보통이었기 때문에, 이 도시를 깊이 있게 공부할 기회는 거의 없었다. 상트페테르부르크에 대한 공부를 깊이 하는 방법으로 이 도시에 대한 책을 번역하는 길을 택했다. 책을 번역하는 일이 힘든 것은 사실이지만, 저자와 문장으로 대화하면서 해당 주제를 공부하던 습관을 다시 한번 발휘했다. 러시아 사람들은 상트페테르부르크를 '유럽으로 난 창'이라고 불렀지만, 나는 '러시아를 들여다보는 창'으로 오랫동안 생각해왔다. 이 책을 번역하며 새로 배운 사실들은 러시아에 대한 이해를 깊이 하는 데 큰 도움이 되었다.

국내에 상트페테르부르크에서 공부하고 돌아온 각 분야 전공자들이 수백 명이 되는데, 내가 나서서 책을 낼 필요가 있을까 하는 생각도 들었다. 그러나 상트페테르부르크를 본격적으로 국내 독자와 학생들에게 소개하는 자료가 거의 없는 상황을 고려하여, 10여 종의 영어판, 러시아어판 책을 검토한 끝에 러시아에 대한 명저를 여러 권 낸 브루스 링컨 교수의 『Sunlight at Midnight』이 단행본으로 국내에 소개하기에 가장 좋은 책이라는 결론을 내리고, 이 책을 번역했다.

이 책이 나오기까지 많은 분의 도움을 받았다. 은 시대 문학 부분은 이 분야가 전공인 고려대 노어노문학과의 이명현 교수가 수정과 감수를 해주었고, 상트페테르부르크에서 수학한 최정현 교수가 문장 전반을 살펴봐주었다. 12년을 상트페테르부르크에서 살면서 공부하고 러시아 건축 양식을 주제로 박사논문을 쓴 여시재의 이대식 박사는 이 책의 앞부분에 나오는 건축사 부분을 수정, 감수해주었을 뿐만 아니라 책 전체를 읽고 추천사를 써주었다. 번역자보다 상트페테르부르크에 대한 지식이 훨씬 깊은 분들의 감수를 받은 것은 큰 행운이었다. 끝으로 이 책의 원고를 보고 선뜻 출판에 동의하신 삼인의 홍승권 부사장님과 세심하게 편집해주신 삼인 편집 담당자들께 감사드린다.

2021년 10월
허승철

옮긴이의 말

주

프롤로그

1 다음 자료에서 인용. O. N. *Zakharov, Arkhitekturnye panoramy nevskikh beregov* (Leningrad, 1984), p. 155.

2 다음 자료에서 인용. Solomon Volkov, *St. Petersburg: A Cultural History,* translated by Antonina W. Bouis (New York, 1995), p. 10.

3 N. V. Gogol', "Nevskii prospekt," in *Sobranie sochinenii* N. V. *Gogolia* (Moscow, 1959), Ⅲ, p. 42.

4 Friedrich Christian Weber, *The Present State of Russia* (Reprint, New York, 1968), 1, p. 4.

5 다음 자료에서 인용. Harrison E. Salisbury, *The 900 Days: The Siege of Leningrad* (New York, 1970), p. 432.

6 G. F. Petrov, *Piskarevskoe kladbishche* (Leningrad, 1975), p. 36.

7 M. E. Saltykov-Shchedrin, *Sobranie sochinenii* (Moscow, 1970), X, p. 271.

8 다음 자료에서 인용. Volkov, *St. Petersburg*, p. 545.

9 A. S. Pushkin, "Mednyi vsadnik," in *Polnoe Sobranie sochinenii v desiati tomakh* (Moscow, 1963), IV, pp. 396, 395.

1부 | 서구로 난 창 1703~1796

건설자들

1 *Sanktpeterburg: Izsledovaniia po istorii, topografii i statistike stolitsy* (St. Petersburg, 1870), Ⅱ, pp. 5-28. 1870년 네바 삼각주의 섬은 총 65개였다. 다음 자료도 참조. Dmitri Shvidkovsky, *St. Petersburg: Architecture of the Tsars*, with photographs by Alexander Orloff, translated from the French by Jane Goodman (New York, London, Paris, 1996), p. 20.

2 Henry Storch, *The Picture of Petersburg*, translated from the German (London, 1801), p. 10.

3 P. N. Petrov, *Istoriia Sankt-Peterburga s osnovaniia goroda, do vvedeniia v deistvie vybornago gorodskago upravleniia, po uchrezhdeniiam oguberniiakh, 1703-1782* (St. Petersburg, 1884), I, pp. 30-38; K. N. Serbina, "Istoriko-geograficheskii ocherk raiona Peterburga do osnovaniia goroda," in M. P. Viatkin, ed., *Ocherki istorii Leningrada* (Moscow-Leningrad, 1955), I, pp. 11-27.

4 Zakharov, *Arkhitekturnye panoramy nevskikh beregov,* pp. 84-85.

5 S. P. Luppov, *Istoriia stroitel'stva Peterburga v pervoi polovine XVⅢ veka* (Moscow, 1957), p. 23.

6 예를 들어 다음 자료를 보라. *Pis'ma i bumagi Imperatora Petra Velikago,* IV (St. Petersburg, 1887), p. 445 (19 November 1706); VI (St. Petersburg, 1912),

pp. 160-161 (20 November 1707); IX (Moscow-Leningrad, 1950), p. 55 (27 January 1709), p. 472 (29 November 1709). 다음 자료도 보라. James Cracraft, *The Petrine Revolution in Russian Architecture* (Chicago and London, 1988), p. 175; Luppov, Istoriia stroitel'stva Peterburga, pp. 15-17, 80-83; G. E. Kochin, "Naselenie Peterburga do 60-kh godov XVⅢ v.," in M. P. Viatkin, ed., *Ocherki istorii Leningrada* (Moscow-Leningrad, 1955), I, pp. 94-95; Weber, *The Present State of Russia*, I, p. 300; A. V. Predtechenskii, "Osnovanie Peterburga," in A. V. Predtechenskii, ed., *Peterburg petrovskogo vremeni* (Leningrad, 1948); P. N. Stolpianskii, *Peterburg: Kak voznik, osnovalsia i ros Sankt-Piterburkh* (Petrograd, 1918), pp. 7-9.

7 V. O. Kliuchevskii, *Sochineniia v vos'mi tomakh* (Moscow, 1958), IV, p. 125.

8 다음 자료에서 인용. Predtechenskii, "Osnovanie Peterburga," p. 24.

9 다음 자료에서 인용. Cracraft, *Petrine Revolution in Russian Architecture*, p. 218.

10 Pushkin, "*Mednyi vsadnik*," p. 395. Zakharov, *Arkhitekturnye panoramy nevskikh beregov*, p. 85.

11 표트르는 1706년 멘시코프에게 보내는 편지에서 처음으로 상트페테르부르크에 이 표현을 적용했다. "Pis'mo Petra Alekseevicha k A. D. Menshikovu," 11 sentiabria 1706, *Pis'ma i bumagi Imperatora Petra Velikago* (St. Petersburg, 1900), IV, pt. 1, no. 1349.

12 다음 자료에서 인용. Lindsey Hughes, *Russia in the Age of Peter the Great* (New Haven and London, 1998), p. 213.

13 V. N. Bernadskii and A. E. Sukhnovalov, *Istoricheskoe proshloe Leningrada* (Leningrad, 1958), pp. 53-56; Weber, *The Present State of Russia*, I, pp. 314-320.

14 다음 자료에서 인용. Hughes, *Russia in the Age of Peter the Great*, p. 215.

15 Zakharov, *Arkhitekturnye panoramy nevskikh beregov*, p. 69.

16 다음 자료에서 인용. N. V. Kaliazina, L. P. Dorofeeva, and G. V. Mikhailov, *Dvorets Menshikova: Khudozhestvennaia kul'tura epokhi, istoriia i liudi, arkhitekturnaia khronika Pamiatnika* (Moscow, 1986), p. 11.

17 다음 자료에서 인용. Shvidkovsky, *St. Petersburg*, p. 257.

18 Cracraft, *The Petrine Revolution in Russian Architecture*, pp. 148-154, 179; Luppov, *Istoriia stroitel'stva Peterburga*, p. 45; Kochin, "Naselenie Peterburga do 60-kh godov XVⅢ v.," pp. 94-102; I. Grabar', *O russkoi arkhitekture* (Moscow, 1969), p. 282; Weber, *The Present State of Russia*, I, p. 323; William Brumfield, *A History of Russian Architecture* (Cambridge and New York, 1993), pp. 271-272; Shvidkovsky, *St. Petersburg*, pp. 246-270.

19 W. Bruce Lincoln, *Between Heaven and Hell: The Story of a Thousand Years of Artistic Life in Russia* (New York, 1998), p. 58; Ivan Zabelin, *Domashnii byt russkikh tsarei v XVI i XVII st.,* vol. 1 of *Domashnii byt russkago naroda v XVI i XVII st.* (Moscow, 1895), pp. 444-486; Ia. Reitenfel's, "Skazaniia svetleishemu gertsogu Toskanskomu Kos'me Tret'emu o Moskovii," *Chtenie v obshchestve istorii i drevnostei rossiiskikh pri Imperatorskom Moskovskom universitete*, no. 3 (1905), pp. 92-94.

20 Christopher Marsden, *Palmyra of the North: The First Days of St. Petersburg*

(London, 1943), p. 65.

21 Brumfield, *History*, pp. 201-208. 다음 자료도 참조. M. V. Iogansen, "Ob avtore general'nogo plana Peterburga petrovskogo vremeni," in T. V. Alekseeva, ed., *Ot srednevekov'ia k novomu vremeni* (Moscow, 1984), pp. 50-72; Cracraft, *Petrine Revolution in Russian Architecture*, pp. 150-157; V. F. Shilkov, "Arkhitektoryinostrantsy pri Petre I," in I. E. Grabar', ed., *Istoriia russkogo iskusstva* (Moscow, 1960) V, pp. 84-115.

22 I. Lisaevich, *Pervyi arkhitektor Peterburga* (Leningrad, 1971), pp. 39-40; I. E. Grabar', "Osnovanie i nachalo zastroiki Peterburga," in Grabar', *Istoriia russkogo iskusstva*, V, pp. 71-73, 86; Cracraft, *Petrine Revolution in Russian Architecture*, pp. 155-158; and T. T. Rice, "The Conflux of Influences in Eighteenth-Century Russian Art and Architecture: A Journey from the Spiritual to the Realistic," in J. G. Garrard, ed., *The Eighteenth Century in Russia* (Oxford, 1973), pp. 270-271; "Domeniko Trezini," in I. Grabar', *Peterburgskaia arkhitektura v XVIII i XIX vekakh*, vol. 3 of *Istoriia russkago iskusstva* (Moscow, 1910), pp. 45-64.

23 Luppov, *Istoriia stroitel'stva Peterburga*, pp. 15-17, 80-83; Kochin, "Naselenie Peterburga do 60-kh godov XVIII v.," pp. 94-95.

24 다음 자료에서 인용. Cracraft, *Petrine Revolution in Russian Architecture*, p. 213.

25 다음 자료도 참조. 같은 책, pp. 211-212.

26 Weber, *The Present State of Russia*, I, p. 151.

27 Mrs. William Vigor, *Letters from a Lady Who Resided some Years in Russia*, 2d ed. (London, 1777), pp. 3, 6.

28 당시 상트페테르부르크가 영국으로 수출하고 영국에서 수입한 상품 자료에 대해서는 Herbert H. Kaplan의 도움을 받았다. 이 시기에 영국과의 무역량은 거의 3분의 1만큼 증가했다.

29 S. S. Bronshtein, "Peterburgskaia arkhitektura 20-30-kh godov XVIII veka," in Grabar', *Istoriia russkogo iskusstva*, V, p. 150.

30 같은 책, pp. 122-130; Grabar', *Peterburgskaia arkhitektura v XVIII i XIX vekakh*, pp. 155-161; M. V. Iogansen, *Mikhail Zemtsov* (Leningrad, 1975), *passim*.

31. Grabar', *Peterburgskaia arkhitektura XVIII i XIX vekakh*, pp. 170-172; Bronshtein, "Peterburgskaia arkhitektura 20-30-kh godov XVIII veka," pp. 144-148.

32 Iogansen, *Mikhail Zemtsov*, pp. 105-106.

33 N. A. Evsina, *Arkhitekturnaia teoriia v Rossii XVIII v.* (Moscow, 1975), pp. 77-93; Iurii Alekseevich Egorov, *The Architectural Planning of St. Petersburg*, translated by Eric Dluhosch (Athens, Ohio, 1969), pp. 27-40.

34 Petrov, *Istoriia Sankt-Peterburga*, I, pp. 324-342.

35 Shvidkovsky, *St. Petersburg*, pp. 56-61.

36 같은 책, 라스트렐리에 대해 이어지는 내용에 대한 축약본은 다음의 책에 처음 나온다. W. Bruce Lincoln, *Between Heaven and Hell*, pp. 70-75.

37 Marsden, *Palmyra of the North*, p. 108.

38 Vigor, *Letters from a Lady*, pp. 94-95.

39. Iu. Ovsiannikov, *Franchesko Bartolomeo Rastrelli* (Leningrad, 1982), pp. 5-60; D. Arkin, *Rastrelli* (Moscow, 1954), pp. 10-16; George Heard Hamilton, *The Art and*

Architecture of Russia, 3d ed. (New Haven and London, 1983), pp. 276-278; B. R. Vipper, "V. V. Rastrelli," in 1. E. Grabar', ed., *Istoriia russkogo iskusstva* (Moscow, 1955), V, pp. 174-179. N. Kostomarov, *Russkaia istoriia v zhizneopisaniiakh eia glavneishikh deiatelei* (St. Petersburg, 1893), Vll, p. 143; Iogansen, *Mikhail Zemtsov*, pp.126-133; Grabar', *Peterburgskaia arkhitektura v XVⅢ i XIX vekakh*, p. 180.

40 Anthony Cross, ed., *Russia under Western Eyes, 1517-1825* (New York, 1971), pp. 192-194.

41 Arkin, *Rastrelli*, pp. 36-38; Ovsiannikov, *Franchesko Bartolomeo Rastrelli*, pp. 72-75; Brumfield, *History*, pp. 236-242.

42 B. R. Vipper, *Arkhitektura russkogo barokko* (Moscow, 1978), p. 80.

43 다음 자료에서 인용. 같은 책, p. 81. 다음 자료도 참조. Grabar', *Peterburgskaia arkhitektura v XVⅢ i XIX vekakh*, pp. 206-212; Brumfield, *History*, pp. 250-253; Lincoln, *Between Heaven and Hell*, pp. 73-75.

44 Ovsiannikov, *Franchesko Bartolomeo Rastrelli*, pp. 156, 160.

45 Iu. M. Denisov, "Ischeznuvshie dvortsy," and "Zimnyi dvorets Rastrelli," in V. I. Piliavskii and V. F. Levinson-Lessing, eds., *Ermitazh: Istoriia i arkhitektura zdanii* (Leningrad, 1974), pp. 32-37, 39-47; Marsden, *Palmyra of the North*, pp. 246-248; Brumfield, *History*, pp. 246-247.

46 Hamilton, *The Art and Architecture of Russia*, p. 288.

47 Kaliazina, Dorofeeva, and Mikhailov, *Dvorets Menshikova*, pp. 11-13.

48 A. E. Sukhnovalov, "Ekonomicheskaia zhizn' Peterburga do 60-kh godov XVⅢ v.," in Viatkin, *Ocherki istorii Leningrada*, pp. 52-93; William Coxe, *Travels in Poland, Russia, Sweden, and Denmark*, 5th ed. (London, 1802), Ⅱ, pp. 102-103.

49 Zakharov, *Arkhitekturnye panoramy nevskikh heregov*, pp. 128-129.

50 Petrov, *Istoriia Sanki-Peterburga*, Ⅱ, pp. 206-246.

51 Kochin, "Naselenie Peterburga do 60-kh godov XVⅢ v.," in Viatkin, *Ocherki istorii Leningrada*, pp. 94-114.

52 Louis-Guillaume, vicomte de Puibusque, *Lettres sur la guerre de Russie en 1812, sur la ville de Saint-Petersbourg, les moeurs et les usages des habitans de la Russie et de la Pologne* (Paris, 1817), p. 189.

53 다음 자료에서 인용. Volkov, *St. Petersburg*, p. 17.

54 Pis'mo Imperatritsy Ekateriny II k Mel'khioru Grimmu, 23 avgusta 1779 g., in Ia. Grot, ed., *Pis'ma Imperatritsy Ekateriny II k Grimmu (1774-1796), Sbornik Imperatorskago russkago istoricheskago obshchestva, hereafter SIRIO* (St. Petersburg, 1878), p. 157.

55 V. G. Lisovskii, *Akademiia khudozhestv: Istoriko-iskusstvovedcheskii ocherk* (Leningrad, 1982), pp. 18-26.

56 Grabar', *Peterburgskaia arkhitektura v XVⅢ i XIX vekakh*, p. 312.

57 같은 책, pp. 312-315; M. F. Korshunova, *Iurii Fel'ten* (Leningrad, 1988), pp. 39-44.

58 Brumfield, *History*, p. 275.

59 F. F. Vigel', *Zapiski*, edited by S. A. Shtraikh (Moscow, 1928), I, p. 181.

60 다음 자료에서 인용. Shvidkovsky, *St. Petersburg*, p. 100.

61. 다음 자료에서 인용. Hamilton, *The Art and Architecture of Russia*, pp. 309-310.

62. 같은 책, p. 310.

63 A. N. Voronikhina, M. F. Korshunova, and A. M. Pavelkina, eds., *Arkhitekturnye proekty i risunki Dzhakomo Kvarengi iz muzeev i khranilishch SSSR* (Leningrad, 1967), pp. 17-34.

64 pis'mo imperatritsy Ekateriny II k Mel'khioru Grimmu, 28 oktiabria 1785 g., *SIRIO* (St. Petersburg, 1878), p. 365; M. F. Korshunova, *Dzhakomo Kvarengi* (Leningrad, 1977), pp. 28-110.

65 Korshunova, *Dzhakomo Kvarengi*, pp. 111-137.

66 N. N. Belekhov and A. N. Petrov, *Ivan Starov: Materialy k izucheniiu tvorchestva* (Moscow, 1950); D. A. Kiuchariants, *Ivan Starow* (Leningrad, 1982); A. I. Kudriavtsev and G. N. Shkoda, *Aleksandro-Nevskaia lavra: Arkhitekturnyi ansambl' pamiatniki nekropolei* (Leningrad, 1986), pp. 25-30; Hamilton, *The Art and Architecture of Russia*, pp. 300-304; Shvidkovsky, *St. Petersburg*, pp. 102-107.

67 Hamilton, *The Art and Architecture of Russia*, p. 302.

68 Shvidkovsky, *St. Petersburg*, p. 104.

69 다음 자료에서 인용. Hamilton, *The Art and Architecture of Russia*, p. 303.

70 G. E. Kochin, "Naselenie Peterburga 60-90-kh godakh XVIII v.," in Viatkin, *Ocherki istorii Leningrada*, I, pp. 294-295.

71 V. I. Makarov, "Ekonomicheskaia zhizn' Peterburga 60-90-kh godov XVIII v.," in Viatkin, *Ocherki istorii Leningrada*, I, pp. 288-289; Storch, *Picture of Petersburg*, pp. 264-268.

72 Storch, *Picture of Petersburg*, p. 119.

73 Makarov, "Ekonomicheskaia zhizn' Peterburga 60-90-kh godov XVIII v.," pp. 292-293.

왕국의 주인들

1 다음 자료도 참조. Nicholas V. Riasanovskii, *A History of Russia*, 3d ed. (New York, 1977), p. 241.

2 Kliuchevskii, *Kurs russkoi istorii* (Moscow, 1937), V, pp. 235-236.

3 Richard S. Wortman, *Scenarios of Power: Myth and Ceremony in Russian Monarchy from Peter the Great to the Death of Nicholas I* (Princeton, 1995), pp. 43-61.

4 다음 자료를 참조할 것. Pis'ma i bumagi Imperatora Petra Velikago (St. Petersburg, 1900), IV, pp. 183-184; VII (Petrograd, 1918), pp. 90-91; M. I. Semevskii, "Petr I kak iumorist'," in *Slovo i delo: Ocherki i razskazy iz russkoi istorii XVIII veka* (St. Petersburg, 1885), pp. 285, 296-297, 314-315, 319-320; and Johann Georg Korb, *Diary of an Austrian Secretary of Legation at the Court of Czar Peter the Great*, translated from the original Latin and edited by Count MacDonnell (London, 1863), 1, p. 256.

5 Iu. Lotman, "The Poetics of Everyday Behavior in Russian Eighteenth Century Culture," in A. Shukman, ed., *The Semiotics of Russian Culture* (Ann Arbor, 1984), pp. 232-234.

6 P. N. Miliukov, *Ocherkipo istorii russkoi kul'tury* (Moscow, 1995), III, p. 208; W. Bruce Lincoln, *The Romanovs: Autocrats of All the Russias* (New York, 1981), pp. 251-252; Hughes, *Russia in the Age of Peter the Great*, pp. 193, 289, 322.

7 다음 자료에서 인용. Hughes, *Russia in the Age of Peter the Great*, p. 430.

8 Weber, *The Present State of Russia*, pp. 187-188.

9 Peter Henry Bruce, *The Memoirs of Peter Henry Bruce, Esq. A Military Officer in the Service of Prussia, Russia, and Great Britain* (London, 1782), pp. 85-86.

10 다음 자료에서 인용. Wortman, *Scenarios of Power*, pp. 54-55.

11 다음 자료에서 인용. Hughes, *Russia in the Age of Peter the Great*, p. 284.

12 다음 자료에서 인용. Miliukov, *Ocherki*, p. 235. 다음 자료도 참조. Wortman, *Scenarios of Power*, pp. 55-60; E. P. Karnovich, "Assamblei pri Petre Velikom," *Drevniaia i novaia Rossiia* (1887), no. 1, pp. 81-82.

13 다음 자료에서 인용. Hughes, *Russia in the Age of Peter the Great*, p. 273.

14 Grigory Kaganov, *Images of Space: St. Petersburg in the Visual and Verbal Arts*, translated from the Russian by Sidney Monas (Stanford, 1997), p. 4. 다음 자료도 참조. E. E. Libtal' and S. P. Luppov, "Opisanie . . . stolichnogo goroda Sanktpeterburga," in M. K. Anikushin, ed., *Belye nochi* (Leningrad, 1974), IV, pp. 197-247.

15 Kochin, "Naselenie Peterburga do 60-kh godov XVIII v.," pp. 112-114.

16 같은 책, pp. 98-114.

17 E. V. Anisimov, "Anna Ivanovna," in Donald J. Raleigh, ed., and A. A. Iskenderov, comp., *The Emperors and Empresses of Russia: Rediscovering The Romanovs* (Armonk and London, 1996), p. 52.

18 I. G. (Johann Gottlieb) Georgi, *Opisanie rossiisko-imperatorskogo stolichnogo goroda Sankt-Peterburga i dostopamiatnostei v okrestnostiakh onogo, c planom* (1794; rpt. St. Petersburg, 1996), pp. 459-460.

19 다음 자료에서 인용. Anthony Cross, *By the Banks of the Neva: Chapters from the Lives and Careers of the British in Eighteenth-Century Russia* (Cambridge from, 1997), p. 21. 다음 부분도 참조. pp. 19-20.

20 Storch, *Picture of Petersburg*, p. 574.

21 Herbert H. Kaplan, *Russian Overseas Commerce with Great Britain During the Reign of Catherine II* (Philadelphia, 1995), pp. 269-270. 다음 부분도 참조. pp. 211-268.

22 이 통찰에 대해서는 Herbert H. Kaplan 교수의 도움이 컸다.

23 다음 자료에서 인용. Anthony G. Cross, "The British in Catherine's Russia: A Preliminary Survey," in J. G. Garrard, ed., *The Eighteenth Century in Russia* (Oxford, 1973), pp. 242-243. 다음 자료도 참조. Kaplan, *Russian Overseas Commerce*, pp. 243-244.

24 다음 자료에서 인용. Cross, *By the Banks of the Neva*, p. 334.

25 슈토르히의 책은 다음 참조. *Picture of Petersburg*, 게오르기의 책은 다음 참조.

Opisanie, pp. 459-460.

26 이것은 William Richardson의 설명으로, 다음 자료에서 인용 Cross, *By the Banks of the Neva*, p. 348.

27 다음 자료에서 인용. 같은 책, pp. 389-390.

28 W. Bruce Lincoln, "The Russian State and Its Cities: A Search for Effecfive Municipal Government, 1786-1842," *Jahrbücher für Geschichte Osteuropas*, XVII, no. 4 (December 1969), pp. 531-541.

29 Georgi, *Opisanie*, pp. 60-63; Storch, *Picture of Petersburg*, pp. 23-24.

30 G. Komelova, G. Printseva, and I. Kotel'nikova, *Peterburg v proizvedeniiakh Patersena* (Moscow, 1978).

31 Georgi, *Opisanie*, pp. 148-149.

32 Makarov, "Ekomomicheskaia zhizn' Peterburga 60-90-kh godov XVIII v.," pp. 284-285.

33 Storch, *Picture of Petersburg*, p. 115.

34 Karl Baedeker, *Russia with Teheran, Port Arthur, and Peking: Handbook for Travellers* (Leipzig, 1914), p. 102.

35 John T. Alexander, "Catherine the Great and Public Health," *Journal of the History of Medicine and Allied Sciences*, xxxvl (1981), pp. 184-204; John T. Alexander, *Catherine the Great: Life and Legend* (New York and Oxford, 1989), pp. 145-147. 다음 자료도 참조. S. P. Luppov, "Gorodskoe upravlenie i gorodskoe khoziaistvo Peterburga v 60-90-kh godakh XVIII v.," in Viatkin, ed., *Ocherki istorii Leningrada*, I, pp. 376-377.

36 A. A. Eliseev and G. E. Pavlova, "Estestvoznanie i tekhnika v Peterburge ot kontsa XVIII v. do 1861 g.," in Viatkin, *Ocherki istorii Leningrada*, pp. 846-848.

37 Georgi, *Opisanie*, pp. 277-313; Storch, *Picture of Petersburg*, pp. 214-246.

38 A. I. Khodnev, *Istoriia Imperatorskago vol'nago ekonomicheskago obshchestva* (St. Petersburg, 1865), pp. 1-35.

39 Kochin, "Naselenie Peterburga v 60-90kh godakh XVIII v.," pp. 294, 301.

40 같은 책, p. 409. 다음 부분도 참조. pp. 205, 194-213.

41 Coxe, *Travels*, II, p. 75.

42 Storch, *Picture of Petersburg*, p. 411.

43 Coxe, *Travels*, II, pp. 124-125.

44 Peter Putman, ed., *Seven Britons in Imperial Russia, 1689-1812* (Princeton, 1952), p. 171.

45 torch, *Picture of Petersburg*, p. 417.

46 같은 책, pp. 408-409.

47 같은 책, p. 453.

48 Coxe, *Travels*, II, pp. 134-135.

49 William Tooke, *View of the Russian Empire during the Reign of Catherine the Second and to the Close of the Eighteenth Century* (London, 1800), II, p. 233.

50 같은 책, pp. 233-234.

51 S. M. Troitskii, *Finansovaia politika russkogo absoliutizma* (Moscow, 1966), pp. 311, 316; Georgi, *Opisanie*, pp. 158-159; Kochin, "Naselenie Peterburga v 60-

90-kh godakh pp. 310-311.
52 Alexander, *Catherine the Great*, p. 323; Storch, *Picture of Petersburg*, pp. 465-467.
53 Storch, *Picture of Petersburg*, pp. 461-462.
54 Alexander, *Catherine the Great*, pp. 321-324.
55 S. M. Troitskii, *Russkii absoliutizm i dvorianstvo v XVIII v.: Formirovanie biurokratii* (Moscow, 1974), pp. 171-173, 181.
56 *Sanktpeterburg*, III, pp. 106-107.
57 Kaganov, *Images of Space*, p. 76.

겨울 궁전의 그늘

1 Isabel de Madariaga, *Russia in the Age of Catherine the Great* (London, 1981), p. 327.
2 Volkov, *St. Petersburg*, p. 15.
3 다음 자료에서 인용. K. Waliszewski, *The Romance of an Empress: Catherine 11 of Russia* (New York, 1894), p. 346.
4 다음 자료에서 인용. 같은 책, p. 341.
5 Geraldine Norman, *The Hermitage: The Biography of a Great Museum* (New York, 1998), pp. 29-35.
6 다음 자료에서 인용. Waliszewski, *The Romance of an Empress*, pp. 344-345.
7 같은 책, p. 344. 다음 자료도 참조. Norman, *The Hermitage*, pp. 21-46.
8 다음 자료에서 인용. Waliszewski, *The Romance of an Empress*, p. 344.
9 다음 자료에서 인용. 같은 책, pp. 346-348.
10 다음 자료에서 인용. 같은 책, p. 346. 다음 자료도 참조. Norman, *The Hermitage*, pp. 328-329.
11 Baedeker, *Russia*, pp. 144-145.
12 Madariaga, *Russia in the Age of Catherine the Great*, p. 151.
13 Storch, *Picture of Petersburg*, pp. 33, 30.
14 Coxe, *Travels*, II, p. 154.
15 *Secret Memoirs of the Court of St. Petersburg, Particularly Towards the End of the Reign of Catherine II and the Commencement of that of Paul I* (London, 1895), p. 38.
16 다음 자료에서 인용. Fitzgerald Molloy, *The Russian Court in the Eighteenth Century* (New York, 1905), II, pp. 447, 455.
17 다음 자료에서 인용. Wortman, *Scenarios of Power*, p. 131.
18 V. N. Golovine, *Memoirs of Countess Golovine* (London, 1910), p. 38.
19 N. M. Gershenzon-Chegodaeva, *Dmitrii Grigor'evich Levitskii* (Moscow, 1964), pp. 39-162; N. M. Chegodaeva, "D. G. Levitskii," in Grabar', *Istoriia russkogo iskusstva*, VII, pp. 40-48.
20 다음 자료에서 인용. Hans Rogger, National Consciousness in Eighteenth-Century Russia (Cambridge, Mass.: 1960), pp. 202-203.
21 다음 자료에서 인용. Wortman, *Scenarios of Power*, p. 137.

22 다음 자료에서 인용. 같은 책, pp. 110, 124.
23 같은 책, pp. 138-139.
24 다음 자료에서 인용. 같은 책, p. 145.
25 다음 자료에서 인용. 같은 책, pp. 143-144.
26 다음 자료에서 인용. D. Arkin, *Mednyi vsadnik: Pamiatnik Petru I v Leningrade* (Leningrad, 1958), p. 11. 다음 부분도 참조. pp. 8-10.
27 다음 자료에서 인용. A. Kaganovich, *"Mednyi vsadnik": Istoriia sozdaniia monumenta* (Leningrad, 1975), p. 53. 다음 부분도 참조. pp. 16-18.
28 "Donesenie kniazia Golitsyna N. I. Paninu ot 31 avgusta 1766 goda, s prilozheniem kontrakta, zakliuchennago s Fal'konetom i spiska veshcham ego, *SIRIO*, XVII (St. Petersburg, 1876), pp. 372-377; P. M. Maikov, *Ivan Ivanovich Betskoi: Opyt ego biografii* (St. Petersburg, 1904), pp. 344-345.
29 Louis Reau, *Etienne-Maurice Falconet* (Paris, 1922), II, pp. 334-335.
30 Maikov, *Ivan Ivanovich Betskoi*, pp. 348-349; Reau, *Etienne-Maurice Falconet*, I, pp. 96-100; "Kopiia Vsepoddanneishago doklada Pravitel'stvuiushchago Senata ot 4 marta 1776 g.," in *SIRIO*, XVII, pp. 406-408.
31 Etienne-Maurice Falconet, *Oeuvres d'Etienne Falconet* (Lausanne, 1781), I, pp. 181-182, 191.
32 다음 자료에서 인용. Kaganovich, *"Mednyi vsadnik,"* p. 92.
33 다음 자료에서 인용. 같은 책, pp. 62-63. 다음 자료도 참조. "Pis'mo Falkoneta Imperatritse Ekaterine II, 25 marta 1773 g.," in *SIRIO* XVII (1876), pp. 186-187; Reau, *Etienne-Maurice Falconet*, II, pp. 367-368.
34 Kaganovich, *"Mednyi vsadnik,"* pp. 161-166.
35 다음 자료에서 인용. Arkin, *Mednyi vsadnik*, p. 11. 다음 부분도 참조. pp. 8-10.
36 다음 자료에서 인용. Kaganovich, *"Mednyi vsadnik,"* p. 53. 다음 부분도 참조. pp. 16-18.
37 다음 자료에서 인용. Arkin, Mednyi vsadnik, pp. 13, 16. 다음 자료도 참조. Charboures (Carburi), Marinos Komis, Mvnument éléve à la gloire de Pierre-le-Grand (Paris, 1777); Reau, *Etienne-Maurice Falconet*, II, p. 361; Kaganovich, *"Mednyi vsadnik,"* p. 42.
38 Kaganovich, *"Mednyi vsadnik,"* pp. 161-166.
39 N. I. Novikov, "Otryvok puteshestVIIa v*** I*** T***," in I. V. Malyshev, ed., *N. I. Novikm i ego sovremenniki: Izbrannye sochineniia* (Moscow, 1961), p. 100.
40 "Smertnyi prigovor A. N. Radishchevu," in D. A. Babkin, ed., *Protsess A. N. Radishcheva* (Moscow, 1952), p. 244.
41 같은 책.
42 "Pis'mo Ekateriny II k D'Alemberu s predlozhdeniem priekhat' v Peterburg i zaniat'sia vospitaniem Velikago Kniazia Pavla Petrovicha, 13 noiabria 1762 g.," *SIRIO*, VII (1871), p. 179.
43 다음 자료도 참조. A. Startsev, *Radishchev v gody "Puteshestviia"* (Moscow, 1960), p. 21.

제국의 중추

1 Lincoln, *The Romanovs*, pp. 461-462; Wortman, *Scenarios of Power*, pp. 170, 210.

2 다음 자료에서 인용. Wortman, *Scenarios of Power*, p. 311.

3 V. N. Petrov, "M. I. Kozlovskii," in Grabar', *Istoriia russkogo iskusstva*, VI, pp. 420-433. 다음 자료도 참조. V. A. Evseev, A. G. Raskin, and L. P. Shaposhnikova, *Monumental'naia i dekorativnaia skul'ptura Leningrada* (Leningrad, 1991), pp. 24-25.

4 Petrov, "M. I. Kozlovskii," p. 433; Wortman, *Scenarios of Power*, pp. 211-212.

5 Vigel', *Zapiski*, 1, pp. 179, 177-178.

6 G. Vilinbakhov, "Sankt-Peterburg-voennaia stolitsa," *Nashe nasledie*, no. 1 (1989), pp. 16-17.

7 Lincoln, *Between Heaven and Hell*, pp. 110-111; M. A. Il'in, "A. D. Zakharov," in Grabar', *Istoriia russkogo iskusstva*, VIII, bk. 1, pp. 86-104; G. G. Grimm, *Arkhitektor Andreian Zakharov* (Moscow, 1940), pp. 7-62; V. I. Piliavskii and N. Ia. Leiboshits, *Zodchii Zakharov* (Leningrad, 1963); Brumfield, *History*, pp. 356-358; Hamilton, *Art and Architecture of Russia*, pp. 321-322.

8 Théophile Gautier, *The Complete Works of Théophile Gautier*, translated and edited by F. C. De Sumichrast (New York, 1910), VII, p. 110.

9 다음 자료에서 인용. Shvidkovsky, *St. Petersburg*, p. 144.

10 Lincoln, *Between Heaven and Hell*, p. 114; I. E. Grabar', "T. Tomon," in Grabar', *Istoriia russkogo iskusstva*, VII, bk. 1, pp. 111-112; P. Svin'in, *Dostopamiatnosti Sanktpeterburga* (St. Petersburg, 1816), II, pp. 98-109.

11 S. V. Bezsonov, *Krepostnye arkhitektory* (Moscow, 1938), pp. 39-54; V. Panov, *Arkhitektor A. N. Voronikhin* (Moscow, 1937), pp. 25-30; M. A. Il'in, "A. N. Voronikhin," in Grabar', *Istoriia russkogo iskusstva*, VII, bk. 1, pp. 62-80; Ia. I. Shurygin, *Kazanskii Sobor* (Leningrad, 1987), pp. 7-41; G. G. Grimm, *Arkhitektor Voronikhin* (Leningrad, 1963), pp. 33-58; Svin'in, *Dostopamiatnosti Sanktpeterburga*, II, pp. 52-57; Lincoln, *Between Heaven and Hell*, pp. 114-115, 118-119; Brumfield, *History*, pp. 348-348

12 다음 자료에서 인용. Brumfield, *History*, p. 359. 다음 부분도 참조. pp. 400-403; Egorov, *Architectural Planning*, pp. 157-166; N. F. Khomutetskii and N. A. Evskina, "Arkhitektura", in Grabar', *Istoriia russkogo iskusstva*, VII, bk. 2, pp. 463-467; Lincoln, *Between Heaven and Hell*, pp. 111-112.

13 Gautier, *Complete Works*, VII, pp. 240-241.

14 같은 책, pp. 250-251, 268, 267.

15 다음 자료에서 인용. Brumfield, *History*, p. 359.

16 다음 자료에서 인용. Hamilton, *Art and Architecture of Russia*, p. 327.

17 M. Z. Taranovskaia, *Karl Rossi—arkhitektor, gradostroitel', khudozhnik* (Leningrad, 1980), pp. 9-18; Brumfield, *History*, pp. 358-360.

18 G. G. Grimm, M. A. Il'in, and Iu. A. Egorov, "K. I. Rossi," in Grabar', *Istoriia*

russkogo iskusstva, VIII, bk. 1, pp. 132-138.

19 같은 책, pp. 151-157; N. Veinert, *Rossi* (Moscow-Leningrad, 1939), pp. 99-130; Taranovskaia, *Karl Rossi*, pp. 96-156; Lincoln, *Between Heaven and Hell*, pp. 112-113.

20 Veinert, *Rossi*, pp. 57-85; Egorov, *Architectural Planning*, pp. 137-154; Taranovskaia, *Karl Rossi*, pp. 71-85; Lincoln, *Between Heaven and Hell*, p. 113; V. I. Piliavskii, *Zodchii Rossi* (Moscow, 1951), pp. 83-94; Brumfield, *History*, pp. 361-364, 402-403.

21 Grimm, Il'in, and Egorov, "K. I. Rossi," pp. 158-161; Lincoln, *The Romanovs*, pp. 466-467; Piliavskii, *Zodchii Rossi*i, p. 95-98; Veinert, Rossi, pp. 131-141; Egorov, *Architectural Planning*, pp. 166-182.

22 S. Frederick Starr, *Decentralization and Self-Government in Russia, 1830-1870* (Princeton, 1972), pp. 27-28.

23 다음 자료에서 인용. Michael Florinsky, *Russia: A History and An Interpretation* (New York, 1968), 11, pp. 896-897.

24 W. Bruce Lincoln, *In the Vanguard of Reform: Russia's Enlightened Bureaucrats, 1825-1861* (DeKalb, 1982), pp. 12-13; P. A. *Zaionchkovskii, Pravitel'stvennyi apparat samoderzhavnoi Rossii v XIX v.* (Moscow, 1978), p. 69.

25 L. V. Tengoborskii, "Extraits du Memoire secret du Conseiller Privé Actuel Tengoborski (janvier 1857)," Rossiiskii gosudarstvennyi istoricheskii arkhiv v *Sanktpeterburg*e (RGIA), fond 851, opis' 1, delo no. 289-290.

26 A. P. Zablotskii-Desiatovskii, "Statisticheskoe obozrenie gosudarstvennykh i obshchestvennykh povinnostei, dokhodov i raskhodov v Kievskoi gubernii, 1850-1851 gg.," RGIA, fond 940, opis' 1, delo no. 69/3.

27 A. I. Artem'ev, "Dnevnik, 1 iiulia-31 dekabria 1856 g.," Otdel rukopisei, Rossiiskaia natsional'naia biblioteka (ORRNB), fond 37, delo no. 159/138.

28 M. P. Veselovskii, "*Zapiski* M. P. Veselovskago s 1828 po 1882," ORRNB, fond 550.F.IV.861/420.

29 L. A. Perovskii, "O prichinakh umnozheniia deloproizvodstva," RGIA, fond 1287, opis' 36, delo no. 137/15.

30 P. A. Valuev, "Duma russkago vo vtoroi polovine 1855 g.," *Russkaia starina*, LXX, no. 5 (May 1891), p. 355.

31 Saltykov-Shchedrin, *Sobranie sochinenii*, X, p. 271.

32 A. I. Artem'ev, "Dnevnik, 1 ianvaria-31 iiulia 1856 g.," Entry for January 11, 1856, ORRNB, fond 37, delo no. 158/8.

33 Lincoln, *In the Vanguard of Reform*, pp. 91-100.

34 I. D. Iakushkin, *Zapiski, stat'i, pis'ma dekabrista I. D. Iakushkina,* edited by S. Ia. Shtraikh (Moscow, 1951), pp. 41-42.

35 W. Bruce Lincoln, *Nicholas I: Emperor and Autocrat of All the Russias* (London, 1978), pp. 31-47.

36 다음 자료에서 인용. Volkov, *St. Petersburg*, p. 23.

37 Pushkin, "*Mednyi vsadnik*," in *Polnoe Sobranie sochinenii*, IV, pp. 389, 395.

38 N. K. Shil'der, *Imperator Nikolai Pervyi: Ego zhizn' i tsarstvovanie* (St.

Petersburg, 1903), Ⅱ, p. 362; A. V. Predtechenskii, "Politicheskaia i obshchestvennaia zhizn' Peterburga 30-50-kh godov XIX v.," in Viatkin, ed., *Ocherki istorii Leningrada*, I, pp. 680-681.

39 A. V. Nikitenko, *Dnevnik* (Moscow, 1955), I, p. 312.

40 V. P. Bykova, *Zapiski staroi smolianki* (St. Petersburg, 1898), p. 180.

41 "Obozrenie khoda i deistvii kholernoi epidemii v Rossii v techenie 1848 goda," *Zhurnal Ministerstva vnutrennikh del*, XXⅦ, no. 9 (September 1849), pp. 314-328.

42 Pushkin, "Mednyi vsadnik," p. 383.

43 Lincoln, *Between Heaven and Hell*, p. 137.

44 다음 자료에서 인용. A. S. Pushkin, "Evgenii Onegin," in *Polnoe Sobranie sochinenii*, V, p. 140.

45 다음 자료에서 인용. Volkov, *St. Petersburg*, p. 26.

46 Vladimir Nabokov, *Nikolai Gogol* (New York, 1944), p. 8.

47 "Pis'mo N. V. Gogolia k P. P. Kosiarovskomu, 3-go oktiabria 1827 g.," in Gogol', *Sobranie sochinenii* (1959), VI, p. 273.

48 Volkov, *St. Petersburg*, p. 31.

49 Nabokov, *Nikolai Gogol*, p. 12.

50 N. V. Gogol', "Nevskii Prospekt," in Gogol', *Sobranie sochinenii* (1959), Ⅲ, p. 43.

51 Victor Erlich, *Gogol* (New Haven and London, 1969), p. 79.

52 Lincoln, *Between Heaven and Hell*, p. 286.

53 Nabokov, *Nikolai Gogol*, p. 12.

54 Andrei Belyi, *Peterburg* (Munich, 1967), Ⅱ, p. 12.

55 Gogol', "Nevskii Prospekt," p. 42.

56 같은 책, pp. 7-8.

넵스키 대로

1 Gogol', "Nevskii Prospekt," p. 8.

2 같은 책, pp. 8-9.

3 I. G. Kotel'nikova, *Vidy Peterburga: Akvareli V. Sadovnikova* (Leningrad, 1970), pp. 1-3; Kaganov, *Images of Space*, p. 81.

4 다음 자료에서 인용. Kaganov, *Images of Space*, p. 107.

5 Gogol', "Nevskii Prospekt," p. 8.

6 같은 책, pp. 10-11.

7 같은 책, p. 12.

8 A. I. Kopanev, *Naselenie Peterburga v pervoi polovine XIX veka* (Moscow-Leningrad, 1957), pp. 17, 27, 54, 58; A. I. Kopanev, "Naselenie Peterburga ot kontsa XⅧ v. do 1861," in Viatkin, ed., *Ocherki istorii Leningrada*, I, pp. 527-528.

9 Kopanev, "Naselenie Peterburga ot kontsa XⅧ v. do 1861," p. 532.

10 같은 책, pp. 542-544.

11 다음 자료에서 인용. Kaganov, *Images of Space*, p. 109.

12 Lincoln, *Vanguard of Reform*, pp. 12-25; W. Bruce Lincoln, "The Daily Life of *St.*

Petersburg Officials in the Mid-Nineteenth Century," *Oxford Slavonic Papers*, Ⅷ (1975), pp. 82-100.

13 "O polozhenii chernorabochikh v S.-Peterburge," RGIA, fond 869, opis' 1, delo no. 350/1-16.

14 Reginald E. Zelnik, *Labor and Society in Tsarist Russia: The Factory Workers of St. Petersburg, 1855-1870* (Stanford, 1971), pp. 241-244.

15 Nikitenko, *Dnevnik*, Ⅱ, pp. 393, 454.

16 다음 자료에서 인용. Volkov, *St. Petersburg*, p. 44.

17 Richard Stites, *The Women's Liberation Movement in Russia: Feminism, Nihilism, and Bolshevism, 1860-1930* (Princeton, 1991), pp. 60-63.

18 A. A. Bakhtiarov, *Briukho Peterburga: Ocherki stolichnoi zhizni* (Sankt-Peterburg, 1994), p. 140.

19 Théophile Gautier, *Travels in Russia*, translated and edited by F. C. de Sumichrast (New York, 1902), p. 231.

20 Bakhtiarov, *Briukho Peterburga*, pp. 140-141.

21 같은 책, pp. 53-76; Kopanev, *Naselenie Peterburga*, pp. 32-48.

22 Nikitenko, *Dnevnik*, I, p. 79.

23 William L. Blackwell, *The Beginnings of Russian Industrialization, 1800-1860* (Princeton, 1968), pp. 274-278.

24 같은 책, pp. 279-302; S. P. Luppov and N. N. Petrov, "Gorodskoe upravlenie i gorodskoe khoziaistvo Peterburga ot kontsa ⅩⅧ v. do 1861," in Viatkin, *Ocherki istorii Leningrada*, pp. 622-624.

25 M. A. Pylaev, *Staryi Peterburg* (Leningrad, 1990), pp. 108-119.

26 다음 자료에서 인용. 같은 책, p. 120.

27 같은 책, pp. 123-126.

28 다음 자료에서 인용. Volkov, *St. Petersburg*, pp. 61-63. 다음 자료도 참조. Lincoln, *Between Heaven and Hell*, pp. 147-149.

29 Pylaev, *Staryi Peterburg*, pp. 89-94; Gautier, *Travels in Russia*, p. 231.

30 다음 자료에서 인용. I. N. Bozherianov, *Zhizneopisanie Imperatritsy Aleksandry Fedorovny* (St. Petersburg, 1898), I, p. 37.

31 다음 자료에서 인용. Pylaev, *Staryi Peterburg*, p. 104.

32 다음 자료에서 인용. 같은 책, p. 104.

33 다음 자료에서 인용. Blackwell, *Beginnings of Russian Industrialization*, p. 295.

34 Norman, *The Hermitage*, pp. 71-76.

35 P. Kropotkin, *Memoirs of a Revolutionist* (Boston and New York, 1899), pp. 157-158.

36 다음 자료에서 인용. Abbott Gleason, *Young Russia: The Genesis of Russian Radicalism in the 1860s* (Chicago and London, 1983), p. 169.

37 다음 자료에서 인용. Franco Venturi, *Roots of Revolution: A History of the Populist and Socialist Movements in Nineteenth-Century Russia*, translated from the Italian by Francis Haskell, with an introduction by Isaiah Berlin (Chicago and London, 1983), pp. 293, 292, 296.

38 다음 자료에서 인용. Starr, *Decentralization and Self-Government*, p. 53.

39 D. G. Kutsentov, "Naselenie Peterburga: Polozhenie peterburgskikh rabochikh," in B. M. Kochakov, ed., *Ocherki istorii Leningrada* (Moscow-Leningrad, 1957), Ⅱ, pp. 172-174, 182-183, 206-207.
40 다음 자료에서 인용. N. Antsiferov, *Dusha Peterburga* (Peterburg, 1922), p. 141.

3부 | 혁명의 요람 1856~1941

근대성의 도전

1 James H. Bater, *St. Petersburg: Industrialization and Change* (Montreal, 1976), pp. 192, 203, 206-208.
2 같은 책, pp. 177-178, 182-183.
3 다음 자료에서 인용. 같은 책, p. 184.
4 G. Dobson, *St. Petersburg* (London, 1910), pp. 110-111.
5 Bater, *St. Petersburg*, pp. 349-352.
6 S. M. Lapitskaia, *Byt rabochikh Trekhgornoi manufaktury* (Moscow, 1935), p. 63.
7 P. N. Stolpianskii, *Zhizn' i byt peterburgskoi fabriki za 210 let ee sushchestvovaniia, 1704-1914 gg.* (Leningrad, 1925), pp. 120-121.
8 Kopanev, "Naselenie Peterburga ot kontsa XVIII v. do 1861," pp. 627-628; Kutsentov, "Naselenie Peterburga. Polozhenie peterburgskikh rabochikh," p. 216.
9 같은 책, p. 174; Stolpianskii, *Zhizn' i byt peterburgskoi fabriki*, pp. 120-121.
10 M. I. Gil'bert, "Dvizhenie zarabotkov rabochikh v kontse XIX v.," in M. V. Nechkina et al., eds., *Iz istorii rabochego klassa i revoliutsionnogo dvizheniia* (Moscow, 1958), pp. 319-332.
11 Bater, *St. Petersburg*, pp. 335-336, 345-347; Kutsentov, "Naselenie Peterburga," pp. 202-203.
12 다음 자료에서 인용. I. A. Baklanova, "Formirovanie i polozhenie promyshlennogo proletariata. Rabochee dvizhenie: 60-e gody-nachalo 90-kh godov," in V. S. Diakin et al., eds., *Istoriia rabochikh Leningrada* (Leningrad, 1972), p. 143.
13 Bater, *St. Petersburg*, pp. 337-342.
14 같은 책, p. 393.
15 N. V. Kireev, "Promyshlennost'," in Kocharov, *Ocherki istorii Leningrada*, Ⅱ, pp. 94-101.
16 Bater, *St. Petersburg*, pp. 222-227.
17 M. Mitel'man, B. Glebov, and A. Ul'ianskii, *Istoriia Putilovskogo zavoda* (Moscow-Leningrad, 1939), pp. 21-38; René Girault, "Finances internationales et relations internationales (à propos des usines Poutiloff)," *Revue d'histoire moderne et contemporaine*, no. 3, XIII (juillet-septembre 1966), p. 220.
18 다음 자료에서 인용. *The Modern Encyclopedia of Russian and Soviet History* (Gulf Breeze, Fla.), p. xxx, 106.
19 같은 책, pp. 106-108; Mitel'man, Glebov, and Ul'ianskii, *Istoriia Putilovskogo zavoda*, pp. 163-170, 361-371; Girault, "Finances internationales et relations

internationales," pp. 219-221.

20 N. V. Kireev, "Transport, torgovlia, kredit," in Kocharov, *Ocherki istorii Leningrada*, II, pp. 156-168; Olga Crisp, *Studies in the Russian Economy before 1914* (New York, 1976), pp. 123-127; I. I. Levin, Aktsionernye kommercheskie banki v Rossii (Petrograd, 1917), pp. 176-177, 194-196, 289-301; 1. F. Gindin, *Russkie kommercheskie banki* (Moscow, 1948).

21 Bater, *St. Petersburg*, pp. 128-139, 275-284, 308-309.

22 다음 자료에서 인용. William Craft Brumfield, *The Origins of Modernism in Russian Architecture* (Berkeley and Los Angeles, 1991), pp. 17-18.

23 다음 자료에서 인용. 같은 책, p. 4.

24 같은 책.

25 다음 자료에서 인용. 같은 책, pp. 7-8.

26 V. G. Isachenko, "Fedor Lidval," in V. G. Isachenko, comp., *Zodchie Sankt-Peterburga: XIX-nachalo XY veka* (St. Petersburg, 1998), pp. 705-722; Brumfield, The *origins of Modernism*, pp. 174-177.

27 Brumfield, The *Origins of Modernism*, pp. 181-192.

28 같은 책, p. 212.

29 다음을 참조하라. Henry Charles Bainbridge, *Peter Carl Fabergé: Goldsmith and Jeweller to the Russian Imperial Court and the Principal Crowned Heads of Europe* (London, 1949), pp. 9-12; Gerald Hill, ed., *Fabergé and the Russian Master Goldsmiths* (New York, 1989).

30 I. G. Tokareva, "V poiskakh 'novogo stilia'," *Leningradskaia panorama*, no. 6 (1986), p. 33.

31 V. S. Gorniunov, N. V. Isachenko, and O. V. Taratynova, "Gavriil Baranovskii," in Isachenko, comp., *Zodchie Sankt-Peterburga*, pp. 609-627.

32 Brumfield, *Origins of Modernism*, pp. 212-220; V. G. Isachenko et al., *Arkhitektory stroiteli Peterburga-Petrograda nachala XX veka* (Leningrad, 1982), pp. 117-127; V. G. Isachenko, "Pavel Siuzor," in Isachenko, comp., *Zodchie Sankt-Peterburga*, pp. 501-517.

33 다음 자료에서 인용. Brumfield, *Origins of Modernism*, p. 459.

34 같은 책, pp. 220-246; Brumfield, *History*, pp. 458-464; Georgii Lukomskii, "Neo-klasitsizm v arkhitekture Peterburga," *Apollon*, no. 5 (1914), pp. 10-19.

35 다음 자료에서 인용. Brumfield, *Origins of Modernism*, pp. 258, 238, 265.

36 같은 책, pp. 265-273; V. E. Zhukov, "Ivan Fomin," in Isachenko, comp., *Zodchie Sankt-Peterburga*, pp. 786-815; I. E. Gostev, "Marian Peretiatkovich," 같은 책, pp. 746-760; B. M. Kirikov, "Marian Lialevich," 같은 책, pp. 912-924.

37 E. E. Kruze and D. G. Kutsentov, "Naselenie Peterburga," in Kochakov, *Ocherki istorii Leningrada*, III, p. 105; S. S. Volk, "Prosveshchenie i shkola v Peterburge," 같은 책, p. 536.

38 *Russkaia periodicheskaia pechat': Spravochnik*, 2 vols. (Moscow, 1957-1959); vol. 1, 1702-1894, ed. A. G. Dement'ev, A. V. Zapadov, and M. S. Cherepakhov; vol. 2, *1895-oktiabr' 1917*, ed. M. S. Cherepakhov and E. M. Fingerit.

39 N. G. Chernyshevskii, "The Aesthetic Relation of Art to Reality," in N. G.

Chernyshevskii, *Selected Philosophical Essays* (Moscow, 1953), pp. 379-381.
40 다음 자료에서 인용. Venturi, Roots of Revolution, p. 174.
41 Adam B. Ulam, *In the Name of the People: Prophets and Conspirators in Pre-Revolutionary Russia* (New York, 1977), pp. 135-137; William F. Woehrlin, *Chernyshevskii: The Man and the Journalist* (Cambridge, Mass., 1971), pp. 313-319.
42 Gleason, *Young Russia*, pp. 308-309, 324-326; E. S. Vilenskaia, *Revoliutsionnoe podpol'e Rossii (60-e gody XIX v.)* (Moscow, 1965), pp. 394-414; Venturi, *Roots of Revolution*, pp. 334-345.
43 Vilenskaia, *Revoliutsionnoe podpol'e Rossii*, pp. 102-109; Gleason, *Young Russia*, pp. 126-127, 330-331.

페트로파블롭스크 요새

1 A. V. Predtechenskii, "Osnovanie Peterburga. Politicheskaia i obshchestvennaia zhizn' goroda 1703-1725 gg.," in Viatkin, *Ocherki istorii Leningrada*, I, pp. 34-35, 48-49; A. I. Gegello and V. D. Shilkov, "Arkhitektura i planirovka Peterburga do 60-kh godov XVIII v.," 같은 책, pp. 117-120, 130-132; A. N. Petrov et al., *Pamiatniki arkhitektury Leningrada* (Leningrad, 1972), pp. 28-30; M. N. Gernet, *Istoriia tsarskoi tiur'my* (Moscow, 1960), I, pp. 161-165.
2 Gernet, *Istoriia tsarskoi tiur'my*, I, pp. 165-168.
3 Hughes, *Russia in the Age of Peter the Great*, pp. 409-411; V. Ulanov, "Oppozitsiia Petru Velikomu," in *Tri veka* (Moscow, 1912), pp. 79-82.
4 Gernet, *Istoriia tsarskoi tiur'my*, I, pp. 185-195.
5 Iakuskhin, *Zapiski, stat'i, pis'ma dekabrista I. D. Iakushkina*, pp. 65-67; M. V. Nechkina, Dvizhenie dekabristov (Moscow, 1955), II, pp. 392-400.
6 다음 자료에서 인용. Gernet, *Istoriia tsarskoi tiur'my*, III, p. 121.
7 Vera Figner, *Memoirs of a Revolutionist* (New York, 1927), p. 152.
8 Lincoln, *Nicholas I*, pp. 303-310; J. H. Seddon, *The Petrashevtsy: A Study of the Russian Revolutionaries of 1848* (Manchester, 1985), pp. 14-15, 24-31.
9 다음 자료에서 인용. Gernet, *Istoriia tsarskoi tiur'my*, III, p. 222.
10 F. M. Dostoevskii, *Pis'ma* (Moscow-Leningrad, 1928), I, p. 128. 다음 자료도 참조. W. Bruce Lincoln, *The Conquest of A Continent: Siberia and the Russians* (New York, 1994), pp. 177-178.
11 다음 자료에서 인용. Leonid Grossman, *Dostoevskii* (Moscow, 1965), p. 154.
12 다음 자료에서 인용. 같은 책, p. 157.
13 다음 자료에서 인용. Gernet, *Istoriia tsarskoi tiur'my*, III, p. 343.
14 Kropotkin, *Memoirs of a Revolutionist*, p. 343.
15 같은 책, p. 342.
16 같은 책, pp. 352, 345-346.
17 같은 책, p. 353.
18 같은 책, p. 351.
19 Stepniak [Sergei Kravchinskii], *Russia under the Tzars*, translated into English

by William Westall (New York, 1885), pp. 148, 154.

20 다음 자료에서 인용. David Footman, *Red Prelude: The Life of the Russian Terrorist Zhelyabov* (New Haven, 1945), pp. 107, 110.

21 다음 자료에서 인용. the introduction to A. F. Koni, "Vospominaniia odele Very Zasulich," in *Sobranie sochinenii* (Moscow, 1966), p. 19. 다음 자료도 참조. W. Bruce Lincoln, *In War's Dark Shadow: The Russians before the Great War* (New York, 1983), pp. 158-160.

22 Vera Figner, *Zapechatlennyi trud: Vospominaniia* (Moscow, 1964), I, pp. 219-227; S. S. Volk, *Narodnaia volia*, 1879-1882 (Moscow-Leningrad, 1966), pp. 102-104; Footman, *Red Prelude*, pp. 130-139; Lincoln, *The Romanovs*, pp. 441-443; Lincoln, *In War's Dark Shadow*, pp. 164-165.

23 다음 자료에서 인용. Footman, *Red Prelude*, p. 167.

24 Lincoln, *In War's Dark Shadow*, pp. 165-166.

25 다음 자료에서 인용. Footman, *Red Prelude*, p. 106.

26 Lincoln, *In War's Dark Shadow*, pp. 165-166.

27 같은 책, pp. 167-169; Footman, *Red Prelude*, pp. 171-185; Figner, *Zapechatlennyi trud*, pp. 258-267.

28 다음 자료에서 인용. Footman, *Red Prelude*, p. 236. 다음 자료도 참조. pp. 218-235, 248, and Gernet, *Istoriia tsarskoi tiur'my*, III, pp. 156-158.

29 Footman, *Red Prelude*, pp. 236-243.

30 Figner, *Memoirs of a Revolutionist*, p. 152.

31 같은 책, p. 188.

32 다음 자료에서 인용. Samuel H. Baron, *Plekhanov: The Father of Russian Marxism* (Stanford, 1963), p. 55.

33 G. V. Plekhanov, "Pervye shagi sotsial-demokraticheskogo dvizheniia v Rossii," in *Sochineniia*, edited by D. Riazanov (Moscow-Leningrad, 1923), XXIV, pp. 178-179.

34 S. I. Mitskevich, *Revoliutsionnaia Moskva*, 1888-1905 (Moscow, 1940), p. 143.

35 Iu. Martov, *Zapiski sotsial-demokrata* (Berlin-Petersburg-Moscow, 1922), p. 19.

36 Lincoln, *In War's Dark Shadow*, pp. 178-182.

37 다음 자료에서 인용. Gerald D. Suhr, *1905 in St. Petersburg: Labor, Society, and Revolution* (Stanford, 1989), p. 54.

38 같은 책, pp. 53-56.

39 다음 자료에서 인용. K. M. Takhtarev, *Rabochee dvizhenie v Peterburge (1893-1901 gg.)* (Leningrad, 1924), pp. 56-58.

40 같은 책, pp. 79-83; Allan K. Wildman, *The Making of A Workers' Revolution: Russian Social Democracy, 1891-1903* (Chicago, 1967), pp. 64-80; Richard Pipes, *Social Democracy and the St. Petersburg Labor Movement, 1885-1897* (Cambridge, Mass., 1963), pp. 94-98.

41 다음 자료에서 인용. Takhtarev, *Rabochee dvizhenie v Peterburge*, p. 66.

42 다음 자료에서 인용. *1905 in St. Petersburg*, p. 90.

43 같은 책, pp. 87-95.

44 다음 자료에서 인용. Harrison E. Salisbury, *Black Night, White Snow: Russia's*

Revolutions, 1905-1917 (New York, 1977), p. 93.

45 다음 자료에서 인용. Walter Sablinsky, *The Road to Bloody Sunday: Father Gapon and the St. Petersburg Massacre of 1905* (Princeton, 1976), p. 43.

46 G. A. Gapon, *Zapiski Georgiia Gapona* (Moscow, 1918), pp. 27-28. 다음 자료도 참조. pp. 11-27.

47 다음 자료에서 인용. Sablinsky, *The Road to Bloody Sunday*, p. 85.

48 다음 자료에서 인용. Gerald D. Suhr, "Petersburg's First Mass Labor Organization: The Assembly of Russian Workers and Father Gapon," *Russian Review*, XL, no. 3 (July 1981), p. 259.

49 A. E. Karelin, "Deviatoe ianvaria i Gapon," *Krasnaia letopis'*, no. 1 (1922), p. 107.

50 다음 자료에서 인용. Sablinsky, *The Road to Bloody Sunday*, pp. 88-89.

51 같은 책, PP. 142-144.

52 다음 자료에서 인용. 같은 책, p. 158.

53 다음 자료에서 인용. *Suhr, 1905 in St. Petersburg*, p. 161.

54 다음 자료에서 인용. Sablinsky, *The Road to Bloody Sunday*, p. 198.

55 다음 자료에서 인용. Salisbury, *Black Night, White Snow*, p. 123.

56 L. Gurevich, "Narodnoe dvizhenie v Peterburge 9-go ianvaria 1905 goda," *Byloe*, no. 1 (January 1906), p. 204.

57 다음 자료에서 인용. A. El'nitskii, *Tysiacha deviat'sot piatyi god* (Kursk, 1925), p. 34. 다음 자료도 참조. Lincoln, *In War's Dark Shadow*, pp. 285-289.

58 S. N. Semanov, *Krovavoe voskresen'e* (Leningrad, 1965), pp. 72-73.

59 Gurevich, "Narodnoe dvizhenie," p. 213.

60 다음 자료에서 인용. Salisbury, *Black Night, White Snow*, p. 124.

61 P. M. Rutenberg, "Delo Gapona," *Byloe*, Nos. 11-12 (July-August 1909), p. 33. 다음 자료도 참조. Semanov, *Krovavoe voskresen'e*, p. 86.

62 M. Gor'kii, "9-e ianvaria," in I. P. Donkov, I. M. Mishakova, and N. V. Senichkina, *Pervaia russkaia ... Sbornik vospominanii aktivnykh uchastnikov revoliutsii 1905-1907 gg.* (Moscow, 1975), p. 10.

63 Sablinsky, *The Road to Bloody Sunday*, pp. 229-261; Salisbury, *Black Night, White Snow*, pp.123-131; Lincoln, *In War's Dark Shadow*, pp. 288-291.

64 다음 자료에서 인용. Sablinsky, *The Road to Bloody Sunday*, p. 269.

65 Edward J. Bing, ed., *The Letters of Tsar Nicholas and Empress Marie* (London, 1937), p. 139.

66 P. I. Klimov, *Revoliutsionnaia deiatel'nost' rabochikh v derevne v 1905-1907 gg.* (Moscow, 1960), pp. 107-108; N. Karpukhin, ed., *1905 god v Riazanskoi gubernii* (Riazan, 1925), p. 18; Lincoln, *In War's Dark Shadow*, pp. 290-298; Bertram Wolfe, *Three Who Made A Revolution: A Biographical History* (New York, 1948), pp. 320-321; Leon Trotsky, *1905*, translated by Anna Bostock (New York, 1971), pp. 92-94.

67 L. M. Ivanov, ed., *Vserossiiskaia politicheskaia stachka* (Moscow-Leningrad, 1955), 1, p. 354.

68 Mintslov의 일기에 대한 나의 번역은 다음의 졸저에 처음 수록되었다. *War's Dark Shadow*, pp. 298-299. 원본은 다음과 같다. S. R. Mintslov, *Peterburg v 1903-1910*

godakh (Riga, 1931), pp. 161-164.

69 다음 자료에서 인용. Salisbury, *Black Night, White Snow*, p. 159.

70 다음 자료에서 인용. 같은 책, p. 162.

71 Trotsky, *1905*, p. 111.

72 다음 자료에서 인용. Suhr, *1905 in St. Petersburg*, pp. 332, 334.

73 Mintslov, *Peterburg v 1903-1910 godakh*, p. 166.

74 다음 자료에서 인용. Wolfe, *Three Who Made A Revolution*, p. 323.

75 다음 자료에서 인용. Florinsky, *Russia*, II, p. 1183.

76 E. E. Kruze, "Gody novogo revoliutsionnogo pod"ema v Peterburge,' in Kochakov et al., eds., *Ocherki istorii Leningrada*, III, pp., 462-463.

77 같은 책, pp. 502, 512-513.

78 같은 책, pp. 526-529; K. Sidorov, ed., "Bor'ba so stachechnym dvizheniem nakanune mirovoi voiny," *Krasnyi arkhiv*, XXXIV (1929), pp. 96-97.

79 A. V. Liverovskii, "Poslednie chasy Vremennogo pravitel'stva. Dnevnik ministra Liverovskogo," *Istoricheskii arkhiv*, no. 6 (1960), p. 47.

혁명 전야

1 Antsiferov, *Dusha Peterburga*, p. 219.

2 Belyi, *Peterburg*, p. 13.

3 M. D. Calvocoressi and Gerald Abraham, *Masters of Russian Music* (New York, 1976), p. 332.

4 Lawrence and Elizabeth Hanson, *Tchaikovsky: The Man Behind the Music* (New York, 1966), p. 363.

5 다음 자료에서 인용. Volkov, *St. Petersburg*, p. 111.

6 다음 자료에서 인용. Iuri Keldysh, "Tchaikovsky: The Man and His Outlook," in Dmitrii Shostakovich et al., *Russian Symphony: Thoughts About Tchaikovsky* (Freeport, N.Y., 1969), p. 22.

7 Volkov, *St. Petersburg*, pp. 69-70, 111-112.

8 같은 책, p. 121.

9 다음 자료에서 인용. 같은 책, pp. 151, 144.

10 Aleksandr Benua (Alexandre Benois), *Moi vospominaniia*, 5 vols. in 2 (I-III, IV -V) (Moscow, 1980), I-III, p. 11.

11 다음 자료에서 인용. I. N. Pruzhan, *Lev Samoilovich Bakst* (Leningrad, 1975), p.35.

12 Camilla Gray, *The Great Experiment: Russian Art, 1863-1922* (New York, 1962), p. 44. 다음 자료도 참조. Zinaida Gippius-Merezhkovskaia, *Dmitrii Merezhkovskii* (Paris, 1951), pp. 79-81; John E. Bowlt, *The Silver Age: Russian Art of the Early Twentieth Century and the "World of Art" Group* (NewtonVille, Mass., 1979), p.60.

13 Benua, *Moi vospominaniia*, I-III, p. 654.

14 같은 책, p. 603.

15 같은 책, p. 654. Katerina Clark는 다음의 선구자적 연구에서 이것을 보존 운동이라고 불렀다. 다음을 참조. Katerina Clark, *Petersburg: Crucible of Cultural Revolution*

(Cambridge, Mass., 1995), pp. 57-60.

16 Benua, *Moi vospominaniia*, IV-V, p. 189.

17 다음 자료에서 인용. John E. Bowlt, "The World of Art," *Russian Literature Triquarterly* (1972), p. 191.

18 Aleksandr Benua, *Vozniknovenie "Mira iskusstva"* (Leningrad, 1928), pp. 5-19.

19 다음 자료에서 인용. Janet Kennedy, *The "Mir Iskusstva" Group and Russian Art, 1989-1912* (New York and London, 1977), p. 1.

20 Benua, *Moi vospominaniia*, I-Ⅲ, p. 642.

21 같은 책, p. 644.

22 다음 자료에서 인용. Arnold L. Haskell, in collaboration with Walter Nouvel, *Diaghileff: His Artistic and Private Life* (New York, 1935), p. 60.

23 Benua, *Moi vospominaniia*, I-Ⅲ, p. 645.

24 Benua, *Vozniknovenie*, p. 27.

25 다음 자료에서 인용. Haskell, *Diaghileff*, p. 87.

26 다음 자료에서 인용. Benua, *Vozniknovenie*, p. 42.

27 다음 자료에서 인용. Volkov, *St. Petersburg*, pp. 135-136.

28 다음 자료도 참조. O. A. Liaskovskaia, *Il'ia Efimovich Repin* (Moscow, 1982), p. 244. 다음 부분도 참조. pp. 245-262.

29 Lincoln, *Between Heaven and Hell*, pp. 195-197.

30 다음 자료에서 인용. Volkov, *St. Petersburg*, p. 131.

31 Lincoln, *Between Heaven and Hell*, pp. 269-270.

32 James H. Billington, *The Icon and the Axe: An Interpretive History of Russian Culture* (London, 1966), pp. 476-478; W. Bruce Lincoln, *Passage Through Armageddon: The Russians in War and Revolution, 1914-1918* (New York, 1986), pp. 262, 272.

33 다음 자료에서 인용. C. Harold Bedford, *The Seeker: D. S. Merezhkovsky* (Lawrence, Kans., 1975), 66-67.

34 다음 자료에서 인용. Bernice Glatzer Rosenthal, *Merezhkovskii* (The Hague, 1975), p. 104. 다음 자료도 참조. Lincoln, *Between Heaven and Hell*, pp. 270-271.

35 Andrei Belyi, *Nachalo veka* (Moscow-Leningrad, 1933), pp. 173-174.

36 같은 책, p. 434.

37 같은 책, pp. 173-174.

38 Olga Matich, *Paradox in the Religious Poetry of Zinaida Gippius* (Munich, 1972), p. 49.

39 다음 자료에서 인용. Marc Slonim, *From Chekhov to the Revolution: Russian Literature, 1900-1917* (New York, 1962), p. 101.

40 다음 자료에서 인용. Volkov, *St. Petersburg*, p. 168.

41 Andrei Belyi, *Lug zelenyi* (New York and London, 1967), pp. 200, 178; Martin P. Rice, *Valery Bryusov and the Riddle of Russian Decadence* (Berkeley and Los Angeles, 1985), pp. 104-110.

42 다음 자료에서 나온 인용문. K. V. Mochul'skii, *Aleksandr Blok* (Paris, 1948), p. 57.

43 다음 자료에서 인용. 같은 책, p. 64.

44 V. Zlobin, "Z. N. Gippius: Ee sud'ba," *Novyi zhurnal*, ⅩⅩⅩⅠ(1952), p.153.

45 K. V. Mochul'skii, *Andrei Belyi* (Paris, 1955), p. 43. 다음 자료도 참조. Belyi, *Nachalo veka*, pp. 189-192, 418-426; Andrei Belyi, "Vospominaniia o Bloke," *Epopeia*, no. 1 (1922), pp. 181-189.

46 다음 자료에서 인용. Volkov, *St. Petersburg*, p. 169.

47 Nicholas Berdyaev, *Dream and Reality* (New York, 1951), p. 145.

48 Belyi, *Nachalo veka*, pp. 173-174.

49 Lincoln, *Between Heaven and Hell*, pp. 271-272.

50 다음 자료에서 인용. Mochul'skii, *Andei Belyi*, p. 76.

51 Belyi, *Nachalo veka*, p. 422; Lincoln, *In War's Dark Shadow*, pp. 355-360; Lincoln, *Between Heaven and Hell*, p. 271.

52 Quotes from Mochul'skii, *Andrei Belyi*, p. 42, and Oleg A. Maslennikov, *The Frenzied Poets: Andrey Biely and the Russian Symbolists* (Berkeley and Los Angeles, 1952), p. 106.

53 다음 자료에서 인용. Avril Pyman, *The Life of Aleksandr Blok: The Distant Thunder, 1880-1908* (Oxford, 1979), p. 241.

54 Lincoln, *Between Heaven and Hell*, pp. 274-278; Pyman, *Distant Thunder*, pp. 27-155; Belyi, *Nachalo veka*, pp. 270-279.

55 Kornei Chukovskii, *Iz vospominanii* (Moscow, 1958), p. 371.

56 다음 자료에서 인용. Volkov, *St. Petersburg*, p. 159.

57 같은 곳.

58 다음 자료에서 인용. Pyman, *Distant Thunder*, p. 156.

59 다음 자료에서 인용. 같은 책, p. 205.

60 다음 자료에서 인용. M. A. Beketova, *Aleksandr Blok* (Petersburg, 1922), p. 102.

61 다음 자료에서 인용. Pyman, *Distant Thunder*, p. 171.

62 다음 자료에서 인용. Bernice Glatzer Rosenthal, "Eschatology and the Appeal of Revolution: Merezhkovsky, Belyi, Blok," *California Slavic Studies*, XI (1980), p. 111.

63 Beketova, *Aleksandr Blok*, p. 101.

64 Kornei Chukovskii, "Nat Pinkerton," in *Sobranie sochinenii* (Moscow, 1969), VI, pp. 122, 124.

65 Volkov, *St. Petersburg*, p. 151.

66 Renato Poggioli, *The Poets of Russia*, 1890-1930 (Cambridge, Mass., 1960), p. 161.

67 Salisbury, *Black Night, White Snow*, p. 181.

68 Belyi, *Nachalo veka*, pp. 321-323.

69 같은 책, p. 323.

70 Lincoln, *Between Heaven and Hell*, pp. 281-283.

71 E. Iu. Kuz'mina-Karavaeva, "Vstrechi s Blokom," in V. E. Vatsuro et al., eds., *Aleksandr Blok vospominaniiakh sovremennikov* (Moscow, 1980), II, pp. 62-63.

72 Viacheslav Ivanov, *Po zvezdam: Stat'i i aforizmy* (St. Petersburg, 1909), p. 372; Mochul'skii, Andrei Belyi, p. 91.

73 A. Blok, *Zapisnye knizhki,* edited by P. N. Medvedev (Leningrad, 1930), pp. 55-57.

74 V. F. Khodasevich, *Nekropol': Vospominaniia* (Brussels, 1939), p. 14.

75 다음 자료에서 인용. Volkov, *St. Petersburg*, p. 257.

76 다음 자료에서 인용. Neil Tierney, *The Unknown Country: A Life of Igor Stravinsky* (London, 1977), p. 47. 다음 부분도 참조. pp. 39-43.

77 같은 책, p. 50.

78 다음 자료에서 인용. Volkov, *St. Petersburg*, p. 256.

79 Igor Stravinsky, *Stravinsky: An Autobiography* (New York, 1936), p.48.

80 Gippius-Merezhkovskaia, *Dmitrii Merezhkovskii*, p. 208.

81 다음 자료에서 인용. Avril Pyman, *The Life of Aleksandr Blok: The Release of Harmony, 1908-1921* (Oxford, 1980), p. 140.

82 다음 자료에서 인용. 같은 책, p. 119.

83 Aleksandr Blok, introduction to "Vozmezdie," in *Sobranie sochinenii v shesti tomakh* (Moscow, 1971), IV, p. 148.

84 Blok to Belyi, 3 March 1911, in V. I. Orlov, ed., *Aleksandr Blok i Andrei Belyi* (Moscow, 1940), p. 249.

85 다음 자료에서 인용. Billington, *The Icon and the Axe*, p. 507.

86 다음 자료에서 인용. Volkov, *St. Petersburg*, p. 218.

87 Andrei Bely, *Petersburg*, translated, annotated, and introduced by Robert A. Maguire and John E. Malmstad (Bloomington, Ind., 1978), p. vii.

88 Volkov, *St. Petersburg*, p. 215.

89 Bely, *Petersburg*, p. x i .

90 다음에서 나온 인용. Lincoln, *Between Heaven and Hell*, p. 287; Lincoln, *In War's Dark Shadow*, p. 387.

91 다음에서 나온 인용. Lincoln, *Between Heaven and Hell*, pp. 286-287.

92 Kruze and Kutsentov, "Naselenie Peterburg," pp. 115-120, 142-144; Lincoln, *In War's Dark Shadow*, pp. 377-378; Stites, *The Women's Liberation Movement in Russia*, p. 183.

93 Volkov, *St. Petersburg*, p. 143.

94 S. S. Volk, "Prosveshchenie i shkola v Peterburge," in Kochakov, *Ocherki istorii Leningrada*, III, p. 585.

95 S. Frederick Starr, *Red and Hot: The Fate of Jazz in the Soviet Union, 1917-1980* (New York, 1983), pp. 11, 27.

96 D. G. Ivaneev, "Zarozhdenie i pervye shagi kino," in Kochakov, *Ocherki istorii Leningrada*, III, pp. 837-845.

97 Mathilde Kschessinska, *Dancing in Petersburg* (New York, 1961), p. 146.

98 같은 책, p. 252; Zinaida Gippius, *Siniaia kniga: Peterburgskii dnevnik* (Belgrade, 1929), pp. 12-14.

99 Maurice Paléologue, *La Russie des Tsars Pendant la Grande Guerre* (Paris, 1921), I, p. 44.

100 S. D. Sazonov, *Vospominaniia* (Paris, 1927), p. 151.

101 Grand Duchess Maria Pavlovna, *Education of a Princess: A Memoir*, translated from the French and Russian (New York, 1931), p. 162.

102 다음 자료에서 인용. Mikhail Lemke, *250 dnei tsarskoi stavke (25 sentiabria 1915-*

2 iiulia 1916) (Petersburg, 1920), p. 7.

103 Sir Bernard Pares, *The Fall of the Russian Monarchy: A Study of the Evidence* (New York, 1961), pp. 187-188. 다음 자료도 참조. Lincoln, *Passage through Armageddon*, pp. 41-43.

104 Paléologue, *La Russie des Tsars*, I, pp. 51-52.

105 같은 책, 1, p. 106.

106 106. A. I. Spiridovich, *Velikaia voina i Fevral'skaia revoliutsiia* (New York, 1960), I, pp. 13-14; Lincoln, *Passage through Armageddon*, p. 43.

107 Pares, *Fall of the Russian Monarchy*, p. 237.

108 Gippius, *Merezhkowskii*, p. 208.

109 Ilya Ehrenburg, *People and Life: Memoirs of 1891-1917*, translated by Anna Bostock and Yvonne Kapp (London, 1961), p. 173.

110 Harold B. Segal, *Turn-of-the-Century Cabaret: Paris, Barcelona, Berlin, Munich, Vienna, Cracow, Moscow, St. Petersburg* (New York, 1987), p. 305.

111 이것은 다음 자료에서 발췌된 Benedikt Livshits의 설명이다. Wiktor Woroszylski, *Life of Mayakovsky*, translated from the Polish by Boleslaw Taborski (New York, 1970), p. 138. 다음 자료도 참조. Lincoln, *Between Heaven and Hell*, pp. 308-310.

112 다음 자료에서 인용. Segal, *Cabaret*, pp. 307-308.

113 다음 자료에서 인용. Roberta Reeder, *Anna Akhmatova: Poet and Prophet* (New York, 1994), p. 44.

114 다음 자료에서 인용. Lincoln, *Between Heaven and Hell*, p. 311.

115 I. V. Odoevtseva, *Na beregakh Nevy* (Washington, D.C., 1967), p. 144.

116 Georgy Adamovich, "Meetings with *Anna Akhmatova*," in Konstantin Polivanov, ed., *Anna Akhmatova and Her Circle*, translated from the Russian by Patricia Beriozkina (Fayetteville, 1994), p. 64.

117 *Anna Akhmatova, Stikhi* (Moscow, 1988), p. 50.

118 다음 자료에서 인용. Reeder, *Akhmatova*, p. 79. 다음 자료도 참조. Lincoln, *Between Heaven and Hell*, pp. 311-312.

119 다음 자료에서 인용. Reeder, *Akhmatova*, p. 36.

120 Volkov, *St. Petersburg*, p. 185.

121 V. V. Shul'gin, *Dni* (Belgrade, 1925), p. 76.

122 Lincoln, *Between Heaven and Hell*, p. 312.

123 다음 자료에서 인용. 같은 책, p. 296.

124 이것은 다음 자료에서 발췌된 Benedikt Livshits의 기억이다. Woroszylski, *Life of Mayakovsky*, p. 139.

125 다음 자료에서 인용. Lincoln, *Between Heaven and Hell*, pp. 312-313.

126 Paléologue, *La Russie des Tsars*, III, p. 24.

127 "Doklad Petrogradskogo okhrannogo otdeleniia osobomu otdelu departamenta politsii, oktiabr' 1916 g.," in M. N. Pokrovskii, ed., "Politicheskoe polozhenie Rossii nakanune Fevral'skoi revoliutsii v zhandarmskom osveshchenii," *Krasnyi arkhiv*, XVII(1926), pp. 10-12.

128 Tsuyoshi Hasegawa, *The February Revolution: Petrograd*, 1917 (Seattle and

London, 1981), p. 200.

129 M. N. Pokrovskii, "Ekonomicheskoe polozhenie Rossii pered revoliutsii,' *Krasnyi arkhiv*, X (1925), p. 67.

130 다음 자료에서 인용 Hasegawa, *The February Revolution*, p. 201.

131 Pokrovskii, "Politicheskoe polozhenie Rossii," p. 15.

132 다음 자료에서 인용. Hasegawa, *The February Revolution*, pp. 183-184.

133 다음 자료에서 인용. E. D. Chermenskii, *Chetvertaia Gosudarstvennaia duma i sverzhenie tsarizma v Rossii* (Moscow, 1976), p. 277.

134 Paléologue, *La Russie des Tsars*, Ⅲ, p. 92.

135 "Zapiski otdeleniia po okhranenniu obshchestvennoi bezopastnosti i poriadka v stolitse, 14 fevralia 1917 g.," RGIA, 1405, opis' 530, delo no. 953; "Vedomost' predpriiatiiam goroda Petrograda, rabotaiushchim na Gosudarstvennuiu oboronu, masterovye koikh prekratili raboty 14-go fevralia 1917 goda," RGIA, fond 1405, opis' 530, delo no. 953/40-41. E. N. Burdzhalov, *Vtoraia russkaia revoliutsiia: Vosstanie v Petrograde* (Moscow, 1967), I, pp. 85-93; I. P. Leiberov, *Na shturm samoderzhaviia: Petrogradskii Proletariat v gody pervoi mirovoi voiny i Fevral'skoi revoliutsii* (Moscow, 1979), pp. 108-115; I. I. Mints, *Istoriia Velikogo Oktiabria* (Moscow, 1967), I, pp. 470-476.

136 Gippius, *Siniaia kniga*, p. 72; Paléologue, *La Russie des Tsars*, Ⅲ, pp. 214-215.

137 Hasegawa, *The February Revolution*, pp. 233-247; A. A. Blok, *Poslednie dni imperatorskoi vlasti* (Petrograd, 1921), p. 53; Lincoln, *Passage through Armageddon*, pp. 318-326.

138 Letters of Nicholas to Aleksandra, February 25 and 26, 1917, in Nicholas Ⅱ, *Letters of the Tsar to the Tsaritsa, 1914-1917*, translated by A. L. Hynes (London, 1929), pp. 315-316; Nicholas Ⅱ, *Journal intime de Nicolas Ⅱ* (juillet 1914-juillet 1918) (Paris, 1934), p. 92; D. N. Dubenskii, "Kak proizoshel perevorot v Rossii," in P. E. Shchegolev, ed., *Otrechenie Nikolaia Ⅱ: Vospominaniia ochevidtsev, dokumenty* (Leningrad, 1927), pp. 36-39.

139 "Dopros generala S. S. Khabalova, 22 marta 1917 g.," in P. E. Shchegolev, ed., *Padenie tsarskogo rezhima* (Moscow-Leningrad, 1924), I, p. 190.

140 A. B. Rodzianko, "Pis'mo kn. Zin. N. Iusupovoi grafine Sumarokovoi-El'ston, 12 fevralia 1917 g., in P. Sadikov, ed., "K istorii poslednikh dnei tsarskogo rezhima (1916-1917 gg.)," *Krasnyi arkhiv, ⅩⅣ* (1926), p. 246.

동지들

1 〈가면무도회〉의 대사들은 다음에서 나온 인용. V. A. Manuilov, "Lermontov,' in B. P. Gorodetskii, *Istoriia russkoi literatury* (Moscow-Leningrad, 1955), Ⅶ, p. 307. 검열 관의 의견은 다음 자료에서 인용. Marc Slonim, The Epic of Russian Literature from Its Origins through Tolstoi (New York, 1964), p. 114.

2 다음 자료에서 인용. Volkov, *St. Petersburg*, p. 200. 다음 자료도 참조. Lincoln, *Passage through Armageddon*, pp. 318-320.

3 다음 자료에서 인용. Volkov, *St. Petersburg*, p. 201.

4 Gippius, *Siniaia kniga*, p. 76.
5 Lincoln, *Passage through Armageddon*, pp. 328-329. 나는 1917년 혁명사에 대해서 이 책의 pp. 315-476에서 훨씬 자세히 다룬 바 있다.
6 "Dopros Generala S. S. Khabalova," p. 191.
7 다음 자료에서 인용. Marc Ferro, *La Révolution de 1917* (Paris, 1967), I, p. 69.
8 I. P. Leiberov, "Petrogradskii proletariat v Fevral'skoi revoliutsii 1917 g.," in Diakin et al., eds., *Istoriia rabochikh Leningrada*, I, pp. 528-529.
9 "Telegramma generala S. S. Khabalova tsariu, 27 fevralia 1917 g.," RGIA, fond 1282, opis' 1, delo no. 737/70.
10 "Dopros grafa Frederiksa, 2 iiunia 1917 g.," in Shchegolev, *Padenie tsarskogo rezhima*, V, p. 38.
11 Nicholas II, *Journal intime*, p. 93. 다음 자료도 참조. Lincoln, *Passage through Armageddon*, pp. 328-345; Hasegawa, *The February Revolution*, pp. 265-512; Shul'gin, *Dni*, pp. 178-307.
12 V. V. Maiakovskii, "Revoliutsiia: Poetokhronika," in V. V. Maiakovskii, *Sobranie sochinenii v os'mi tomakh* (Moscow, 1968), I, pp. 224-225.
13 다음 자료에서 인용. Pyman, *Release of Harmony*, pp. 268-269.
14 Maxim Gorky, *Untimely Thoughts: Essays on Revolution, Culture, and the Bolsheviks, 1917-1918*, translated from the Russian with an introduction and notes by Herman Ermolaev (New York, 1968), p. 83.
15 V. 1. Lenin, *Collected Works* (Moscow, 1960-1970), XXVI, p. 20.
16 Lenin, *Collected Works*, XXVI, p. 77.
17 L. Trotskii, *The History of the Russian Revolution*, translated by Max Eastman (Ann Arbor, 1960), III, p. 155.
18 N. N. Sukhanov, *Zapiski o revoliutsii* (Berlin-Petersburg-Moscow, 1921), VII, p. 76.
19 John Reed, *Ten Days That Shook the World* (New York, 1919. Reprinted 1960), pp. 49-50.
20 Trotskii, *History of the Russian Revolution*, III, pp. 167-173.
21 Reed, *Ten Days that Shook the World*, p. 41.
22 Sukhanov, *Zapiski o revoliutsii*, VII, pp. 91-92.
23 다음 자료에서 인용. Alexander Rabinowitch, *The Bolsheviks Come to Power: The Revolution of 1917 in Petrograd* (New York, 1976), p. 245.
24 다음 자료에서 인용. Rex A. Wade, *Red Guards and Workers' Militias in the Russian Revolution* (Stanford, 1984), p. 167. 다음 자료도 참조. Mitel'man et al., *Istoriia putilovskogo zavoda*, I, p. 569.
25 다음 자료에서 인용. Reed, *Ten Days that Shook the World*, p. 89.
26 Lenin, *Collected Works*, XXVI, pp. 235, 234. 다음 자료도 참조. M. V. Fofanova, "Poslednee podpol'e," in *Ob Il'iche* (Leningrad, 1970), p. 348.
27 Lenin, *Collected Works*, XXVI, pp. 234-235.
28. 다음 자료에서 인용. Rabinowitch, *The Bolsheviks Come to Power*, p. 269.
29 Lincoln, *Passage Through Armageddon*, pp. 434-447.
30 Sukhanov, *Zapiski o revoliutsii*, VII, p. 160.

31 다음 자료에서 인용. S. P. Melgunov, *Kak bol'sheviki zakhvatili vlast'* (Paris, 1953), p. 108.

32 Gippius, *Siniaia kniga*, pp. 210-212.

33 Reed, *Ten Days that Shook the World, p. 102.* N. K. Krupskaia, *Vospominaniia o Lenine* (Moscow, 1968), p. 332.

34 Albert Rhys Williams, *Journey into Revolution: Petrograd, 1917-1918*, edited by Lucita Williams (Chicago, 1969), p. 111.

35 P. N. Maliantovich, "V Zimnem Dvortse, 25-26 oktiabria 1917 goda. Iz vospominanii," *Byloe*, XII, no. 6 (June 1918), pp. 123-124.

36 Lincoln, *Passage Through Armageddon*, pp. 447-451.

37 Maliantovich, "V Zimnem Dvortse," p. 130.

38 V. A. Antonov-Ovseenko, *Zapiski o grazhdanskoi voine* (Moscow, 1924), I, pp. 19-20.

39 Comte Louis de Robien, *The Diary of a Diplomat in Russia, 1917-1918*, translated from the French by Camilla Sykes (London, 1969), pp. 164, 175-176, 225. 다음 자료도 참조. Ariadna Tyrkova-Williams, *From Liberty to Brest-Litovsk: The First Year of the Russian Revolution* (London, 1919), p. 440.

40 다음 자료에서 인용. L. Trotskii, *Moia zhizn'* (Berlin, 1930), II, p. 59.

41 De Robien, *The Diary of a Diplomat in Russia*, pp. 165-166.

42 R. H. Bruce Lockhart, *British Agent* (New York and London, 1933), p. 239.

43 Lenin, *Collected Works*, XXVII, p. 106; L. Trotskii, *Kak vooruzhalas' revoliutsiia* (na voennoi rabote) (Moscow, 1923), I, pp. 29-30.

44 *Iz istorii Vserossiiskoi Chrezvychainoi Komissii 1917-1921 gg.: Sbornik statei* (Moscow, 1958), p. 79.

45 Lockhart, *British Agent*, p. 254.

46 다음 자료에서 인용. George Leggett, *The Cheka: Lenin's Political Police* (Oxford, 1981), pp. 250-251.

47 A. N. Tolstoi, *Izbrannye sochineniia v shesti tomakh* (Moscow, 1956), III, p. 298.

48 Iu. V. Got'e, *Time of Troubles: The Diary of Iurii Vladimirovich Got'e*, translated, edited, and introduced by Terence Emmons (Princeton, 1988), p. 453.

49 Tyrkova-Williams, *From Liberty to Brest-Litovsk*, p. 433.

50 De Robien, *The Diary of a Diplomat in Russia*, p. 222.

51 Trotskii, *Kak vooruzhalas' revoliutsiia*, I, p. 310.

52 A. L. Fraiman, *Forpost sotsialisticheskoi revoliutsii: Petrograd v pervye mesiatsy sovetskoi vlasti* (Leningrad, 1969), pp. 289, 295, 306, 321-322; *God raboty Moskovskogo gorodskogo prodovol'stvennogo komiteta (mart 1917 g.- mart 1918 g.)* (Moscow, 1918), pp. 43-45; N. Orlov, *Prodovol'stvennaia rabota sovetskoi vlasti* (Moscow, 1918), p. 354.

53 G. I. Il'ina, "Chislennost', sostav i material'noe polozhenie rabochikh Petrograda v 1918-1920 gg.," in Fraiman, *Forpost*, pp. 89-90.

54 Tolstoi, *Izbrannye sochineniia* , III, pp. 297, 300.

55 Pitirim Sorokin, *Leaves from a Russian Diary* (New York, 1924), pp. 227-228.

56 Viktor Shklovsky, *A Sentimental Journey: Memoirs, 1917-1922*, translated by

Richard Sheldon (Ithaca and London, 1970), pp. 174-176, 235.

57 Iu. Annenkov, *Dnevnik moikh vstrech: Tsikl tragedii* (New York, 1966), I, PP. 34-35.

58 Sorokin, *Leaves from a Russian Diary*, p. 218.

59 N. V. Afanas'ev, "Petrograd v 1920 g.," in S. I. Avvakumov et al., eds., *Ocherki istorii Leningrada*, IV, p. 211.

60 S. N. Semanov, *Likvidatsiia antisovetskogo kronshtadskogo miatezha 1921 goda* (Moscow, 1973), p. 25; Henry Noel Brailsford, *The Russian Workers' Republic* (London, 1921), p. 23.

61 Annenkov, *Dnesvnik moikh vstrech*, I, p. 78.

62 Trotskii, *Kak vooruzhalas' revoliutsiia*, II, pp. 399, 383.

63 같은 책, pp. 441-442.

64 같은 책, p. 399; W. Bruce Lincoln, *Red Victory: A History of the Russian Civil War* (New York, 1989), pp. 289-299.

65 다음 자료에서 인용. Pyman, *Release of Harmony*, pp. 243, 249, 268-269, 281-282.

66 Lincoln, *Between Heaven and Hell*, pp. 316-317.

67 다음 자료에서 인용. Nikolai A. Gorchakov, *The Theater in Soviet Russia*, translated by Edgar Lehrman (New York, 1958), p. 109.

68 다음 자료에서 인용. Marc Slonim, *Russian Theater: From the Empire to the Soviets* (Cleveland and New York, 1961), p. 241.

69 Volkov, *St. Petersburg*, pp. 295-296.

70 다음 자료에서 인용. Marjorie L. Hoover, *Meyerhold: The Art of Conscious Theater* (Amherst, Mass., 1974), p. 112.

71 다음 자료에서 인용. James von Geldern, *Bolshevik Festivals, 1917-1920* (Berkeley and Los Angeles, 1993), p. 71. 다음 자료도 참조. pp. 62-70, and Lincoln, *Between Heaven and Hell*, pp. 320-321.

72 다음 자료에서 인용. Volkov, *St. Petersburg*, p. 274.

73 Von Geldern, *Bolshevik Festivals*, pp. 199-207; Clark, *Petersburg*, pp. 122-124.

74 Semanov, *Likvidatsiia antisovetskogo kronshtadskogo miatezha*, pp. 27-31.

75 A. S. Pukhov, *Kronshtadtskii miatezh* (Moscow, 1931), pp. 11-12, 23-24; Got'e, *Time of Troubles*, pp. 422, 435, 452.

76 Emma Goldman, *Living My Life* (New York, 1931), p. 874.

77 다음 자료에서 인용. Paul Avrich, *Kronstadt 1921* (Princeton, 1970), p. 72.

78 다음 자료에서 인용. 같은 책, p. 64.

79 같은 책, pp. 51-63; Lincoln, *Red Victory, pp. 489-491; Israel Getzler, Kronstadt, 1917-1921: The Fate of Soviet Democracy* (Cambridge, 1983), pp. 19-183; P. Z. Sivkov, *Kronstadt: Stranitsy revoliutsionnoi istorii* (Leningrad, 1972), pp. 7-46, 83-336.

80 Avrich, *Kronstadt 1921*, p. 67.

81 *Izvestiia vremennogo revoliutsionnogo komiteta matrosov, krasnoarmeitsev, i rabochikh goroda Kronshtadta*, nos. 1-14, March 3-16, 1921. Reprinted in *Pravda o Kronshtadte: Ocherk geroicheskoi bor'by kronshtadtsev protiv diktatury Kommunisticheskoi partii* (Prague, 1921), p. 45.

82 같은 책, p. 128.
83 Goldman, *Living My Life*, pp. 884-885.
84 Alexander Berkman, *The Kronstadt Rebellion* (Berlin, 1922), p. 304.
85 Lenin, *Collected Works*, p. 185.
86 Goldman, *Living My Life*, p. 886.
87 *Izvestiia vremennogo revoliutsionnogo komiteta*, p. 128.
88 Blair A. Ruble, *Leningrad: Shaping a Soviet City* (Berkeley and Los Angeles, 1990), p. 27; E. E. Kruze, "Petrograd v nachale 1921 g.," in Avvakumov et al., *Ocherki istorii Leningrada*, IV, p. 222.
89 M. V. Dobuzhinskii, *Vospominaniia* (Moscow, 1987), p. 23.
90 Volkov, *St. Petersburg*, p. 213.
91 다음 자료에서 인용. Annenkov, *Dnevnik moikh vstrech*, I, p. 74.
92 Iu. N. Zhukov, *Operatsiia Ermitazh: Opyt istoriko-arkhivnogo rassledovaniia* (Moscow, 1993), pp. 7-28; Robert C. Williams, Russian Art and *American Money, 1900-1940* (Cambridge, Mass., 1980), pp. 18-28; Norman, *The Hermitage*, pp. 179-186.
93 Norman, *The Hermitage*, pp. 192-195; Zhukov, *Operatsiia Ermitazh*, pp. 98-102; Williams, *Russian Art and American Money*, pp. 158-162.
94 Williams, *Russian Art and American Money*, pp. 173-179; Zhukov, *Operatsiia Ermitazh*, pp. 103-107.
95 S. Frederick Starr, *Red and Hot*, pp. 39-129; Clark, *Petersburg*, pp. 162-163.
96 같은 책, p. 27; Richard Taylor, *The Politics of the Soviet Cinema, 1917-1929* (Cambridge, 1979), p. 75; Clark, *Petersburg*, pp. 163-164.
97 Lincoln, *Between Heaven and Hell*, pp. 327-330. 소비에트 영화에 대한 추가 자료에 대해선 다음을 참조하라. Jay Leda, *Kino: A History of Russian and Soviet Film*, 3d ed. (Princeton, 1983); Denise J. Youngblood, *Soviet Cinema in the Silent Era, 1918-1930* (Ann Arbor, 1985); Taylor, *The Politics of the Soviet Cinema*; James Goodwin, *Eisenstein, Cinema, and History* (Urbana, Ⅲ, and Chicago, 1993).
98 Clark, *Petersburg*, pp. 175-176.
99 다음 자료에서 인용. 같은 책, p. 178. 다음 자료도 참조. p. 177.
100 Antsiferov, *Dusha Peterburga*, pp. 27, 219.
101 같은 책, pp. 127-128, 135.
102 같은 책, p. 219.
103 다음 자료에서 인용. Volkov, *St. Petersburg*, p. 418.
104 Ruble, *Leningrad*, pp. 43-46; V. V. Popov, "Stroitel'stvo i arkhitektura," in Avvakumov et al., *Ocherki istorii Leningrada*, IV, pp. 475-481; N. E. Nosov and Iu. S. Tokarev, "Narodnoe obrazovanie," in 같은 책, pp. 559, 571.
105 E. E. Kruze, "Leningrad v period vosstanovleniia narodnogo khoziaistva (1921-1925)," in 같은 책, pp. 232-244; A. P. Dzeniskevich, "Izmenenie sostava leningradskikh rabochikh za gody piatiletki," in 같은 책, pp. 317-318; Ia. M. Dakhia, "Itogi pervoi piatiletki po gorodu Leningradu," in 같은 책, pp. 338-342; E. V. Stepanov, "Leningrad v gody tret'ei piatiletki (1938-1941 gg.)," in 같은 책, pp. 398-399.

106 Robert Conquest, *The Great Terror: A Reassessment* (New York and Oxford, 1990), pp. 37-52.
107 같은 책, pp. 485, 450.
108 다음 자료에서 인용. 같은 책, p. 214.
109 다음 자료에서 인용. 같은 책, p. 306.
110 다음 자료에서 인용. Reeder, *Anna Akhmatova*, p. 208.
111 Evgenii Shvarts, *Zhivu bespokoino: Iz dnevnikov* (Leningrad, 1990), pp. 629-630.
112 다음 자료에서 인용. Norman, *The Hermitage*, p. 234.
113 같은 책, pp. 230-240.
114 다음 자료에서 인용. Volkov, *St. Petersburg*, p. 496. 다음 자료도 참조. pp. 494-497.
115 Shvarts, *Zhivu bespokoino*, p. 630.
116 다음 자료에서 인용. Volkov, *St. Petersburg*, p. 407.
117 다음 자료에서 인용. Reeder, *Anna Akhmatova*, p. 201.
118 다음 자료에서 인용. 같은 책, p. 217.

4부 | 영웅 도시 1941~1991

900일

1 Elena Kochina, *Blockade Diary*, translated and introduced by Samuel C. Ramer (Ann Arbor, 1990), pp. 31, 37.
2 이 언급은 1941년 여름에 탈린에 살던 Tamara Rudzinska에게서 나왔다.
3 다음 자료에서 인용. Leon Goure, *The Siege of Leningrad* (Stanford, 1962), p. 17. 다음 자료도 참조. Salisbury, *The 900 Days*, pp. 148-157.
4 Ol'ga Berggol'ts, *Izbrannye proizvedeniia v dvukh tomakh* (Leningrad, 1967), I, pp. 105-106.
5 Gouré, *The Siege of Leningrad*, pp. 6-7; A. V. Karasev, *Leningradtsy v gody blokady* (Moscow, 1959), pp. 126-128; Dmitri V. Pavlov, *Leningrad 1941: The Blockade*, translated by John Clinton Adams, with a foreword by Harrison E. Salisbury (Chicago and London, 1965), p. 52.
6 Alexander Werth, *Russia at War, 1941-1945* (New York, 1964), p. 314.
7 Kochina, *Blockade Diary*, p. 34.
8 다음 자료에서 인용. Gouré, *The Siege of Leningrad*, p. 27.
9 Kochina, *Blockade Diary*, p. 34.
10 Werth, *Russia at War*, 1941-1945, p. 303.
11 I. I. Fediuninskii, *Podniatye po trevoge* (Moscow, 1961), pp. 58-59.
12 다음 자료에서 인용. Salisbury, *The 900 Days*, p. 199.
13 Gouré, *The Siege of Leningrad*, pp. 49-52.
14 Alexander Werth, *Leningrad* (New York, 1941), pp. 140-141.
15 Sergei Varshavskii and Boris Rast, *Saved for Humanity: The Hermitage during the Siege of Leningrad, 1941-1944*, translated from the Russian by Arthur

Shkarovskii-Raffe (Leningrad, 1985), p. 82.

16 다음 자료에서 인용. Norman, *The Hermitage* p. 244. 다음 자료도 참조. Varshavskii and Rast, *Saved for Humanity*, pp. 23-66.

17 Varshavskii and Rast, *Saved for Humanity*, pp. 60-68, 86-87, 99-101.

18 Kochina, *Blockade Diary*, p. 35.

19 Goure, *The Siege of Leningrad*, pp. 52-57.

20 다음 자료에서 인용. Ales Adamovich and Daniil Granin, *A Book of the Blockade*, translated from the Russian by Hilda Perham (Moscow, 1983), p. 40.

21 다음 자료에서 인용. Salisbury, *The 900 Days*, p. 420.

22 같은 책, pp. 421-422; Pavel Luknitskii, *Skvoz' vsiu blokadu* (Leningrad, 1964), pp. 96-97.

23 Kochina, *Blockade Diary*, p. 33.

24 다음 자료에서 인용. Werth, *Russia at War*, 1941-1945, p. 297.

25 Salisbury, *The 900 Days*, pp. 380-382.

26 Trotskii, *Kak vooruzhalas' revoliutsiia*, II, p. 383.

27 Werth, *Leningrad*, p. 91.

28 Pavlov, *Leningrad 1941*, pp. xx, 43-44; Salisbury, *The 900 Days*, pp. 339-341.

29 다음 자료에서 인용. Gouré, *The Siege of Leningrad*, p. 128.

30 다음 자료에서 인용. Salisbury, *The 900 Days*, p. 339.

31 T. A. Zhdanova, *Krepost' na Neve* (Moscow, 1960), p. 28.

32 Werth, *Leningrad*, p. 77.

33 Pavlov, *Leningrad 1941*, p. 58.

34 같은 책, pp. 57-59.

35 같은 책, pp. 59-65.

36 Adamovich and Granin, *A Book of the Blockade*, p. 31.

37 Pavlov, *Leningrad 1941*, pp. 69-75. 다음 자료도 참조. A. Skiliagin, V. Lesov, Iu. Pimenov, and I. Savichenko, *Dela i liudi leningradskoi militsii: Ocherki istorii* (Leningrad, 1967), pp. 289-290.

38 다음 자료에서 인용. Salisbury, *The 900 Days*, p. 550. 다음 자료도 참조. pp. 549-552, and Adamovich and Granin, *A Book of the Blockade*, pp. 342-343.

39 Lidiya Ginzburg, *Blockade Diary*, translated from the Russian by Alan Myers (London, 1995), p. 28.

40 다음 자료에서 인용. Adamovich and Granin, *A Book of the Blockade*, p. 147.

41 다음 자료에서 인용. 같은 책, p. 90.

42 Karasev, *Leningradtsy v gody blokady*, pp. 134-138, 144-152; Salisbury, *The 900 Days*, p. 478; Gouré, *The Siege of Leningrad*, pp. 159-162.

43 Luknitskii, *Skvoz' vsiu blokadu*, p. 188.

44 다음 자료에서 인용. Salisbury, *The 900 Days*, p. 436.

45 Kochina, *Blockade Diary*, p. 64.

46 같은 책, p. 43.

47 다음 자료에서 인용. Adamovich and Granin, *A Book of the Blockade*, p. 363.

48 Kochina, *Blockade Diary*, p. 70.

49 같은 책, pp. 82-83.

50 Luknitskii, *Skvoz' vsiu blokadu*, pp. 204-207.

51 Ginzburg, *Blockade Diary*, pp. 38-39.

52 Pavlov, *Leningrad 1941*, pp. 134-135.

53 Elena Kochina의 일기에는 자기 남편의 취약함을 못 본 체하는 순간들이 허다하다. 이를테면 그들의 딸이 죽기 직전에 추가 음식에 대한 특별 배급표가 주어졌을 때 식량배급의 일부를 갈취하는 것에 그는 저항하지 못했다. 다음을 참조하라. Kochina, *Blockade Diary*, passim. Lidia Ginzburg의 *Blockade Diary*와 봉쇄 기간에 살아남은 여성들이 남긴 또 다른 기록과 일기들도 마찬가지이다.

54 Pavlov, *Leningrad 1941*, pp. 140, 151, 153.

55 같은 책, pp. 136-147; Karasev, *Leningradtsy v gody blokady*, pp. 170-180; Goure, *The Siege of Leningrad*, pp. 203-206.

56 Karasev, *Leningradtsy v gody blokady*, pp. 180-184; Pavlov, *Leningrad 1941*, pp. 150-160.

57 Pavlov, *Leningrad 1941*, p. 164.

58 Luknitskii, *Skvoz' vsiu blokadu*, pp. 217-223.

59 Kochina, *Blockade Diary*, p. 107; Salisbury, *The 900 Days*, pp. 578-579.

60 Pavlov, *Leningrad 1941*, p. 165.

61 Ginzburg, *Blockade Diary*, p. 3.

62 Volkov, *St. Petersburg*, p. 429.

63 다음 자료에서 인용. 같은 책, p. 430.

64 Berggol'ts, Izbrannye proizvedenie, Ⅱ, pp. 161-162.

65 다음 자료에서 인용. Volkov, *St. Petersburg*, p. 440.

66 Salisbury, *The 900 Days*, pp. 590-591.

67 다음 자료도 참조. Goure, *The Siege of Leningrad*, p. 268. 다음 자료도 참조. Skiliagin et al., Dela i liudi leningradskoi militsii, pp. 278-279.

68 Alexander Fadeev, *Leningrad in the Days of the Blockade*, translated by R. D. Charques (London and New York, n.d.), p. 9.

69 Gouré, *The Siege of Leningrad*, p. 268.

70 Ginzburg, *Blockade Diary*, pp. 30-32.

71 다음 자료에서 인용. Adamovich and Granin, *A Book of the Blockade*, pp. 89, 210.

72 Fadeev, *Leningrad in the Days of the Blockade*, p. 18.

73 Luknitskii, *Skvoz' vsiu blokadu*, pp. 317-319, 323-324.

74 Fadeev, *Leningrad in the Days of the Blockade*, pp. 39, 43-44.

75 같은 책, pp. 42, 36.

76 Luknitskii, *Skvoz' vsiu blokadu*, pp. 321-322.

77 다음 자료에서 인용. Volkov, *St. Petersburg*, p. 441.

78 같은 책, pp. 440-441; Salisbury, *The 900 Days*, pp. 618-619.

79 Karasev, *Leningradtsy v gody blokady*, pp. 260-262; Luknitskii, *Skvoz' vsiu blokadu*, pp. 329-330.

80 Salisbury, *The 900 Days*, p. 618.

81 Berggol'ts, *Izbrannye proizvedenie*, I, p. 137-138.

82 같은 책, 11, pp. 192-193.

83 같은 책, Ⅱ, pp. 194-195; Luknitskii, *Skvoz' vsiu blokadu*, pp. 341-380.

84 Vera Inber, *Stranitsy dnei perebiraia . . . (iz dnevnikov i zapisnykh knizhek)* (Moscow, 1967), p. 161. 다음 자료도 참조. Salisbury, *The 900 Days*, pp. 628-631; Karasev, *Leningradtsy v gody blokady*, pp. 271-277.

85 Berggol'ts, *Izbrannye Proizvedenie*, II, p. 233.

86 Karasev, *Leningradtsy v gody blokady*, pp. 295-297; Salisbury, *The 900 Days*, pp. 632-640.

87 Berggol'ts, *Izbrannye Proizvedenie*, II, p. 241.

88 다음 자료에서 인용. Karasev, *Leningradtsy gody blokady*, p. 304.

89 다음 자료에서 인용. Salisbury, *The 900 Days*, p. 646. 다음 자료도 참조. pp. 643-645; Feduinskii, *Podniatye po trevoge*, pp. 174-177; Karasev, *Leningradtsy v gody blokady*, pp. 300-306.

90 Karasev, *Leningradtsy v gody blokady*, pp. 304-306; Luknitskii, *Skvoz' vsiu blokadu*, pp. 455-456.

91 Luknitskii, *Skvoz' vsiu blokadu*, pp. 456-457.

92 다음 자료에서 인용. Karasev, *Leningradtsy v gody blokady*, p. 309.

93 Luknitskii, *Skvoz' vsiu blokadu*, p. 498.

94 Berggol'ts, *Izbrannye proizvedenie*, II, p. 261.

95 Inber, *Stranitsy dnei perebiraia*, p. 209.

96 다음 자료에서 인용. Salisbury, *The 900 Days*, p. 656.

97 다음 자료에서 인용. 같은 책, p. 657.

98 같은 책, p. 659. 다음 자료도 참조. Blair A. Ruble, "The Leningrad Affair and the Provincialization of Leningrad," *Russian Review,* XLII (1983), pp. 304-305.

99 Varshavskii and Rast, *Saved for Humanity*, pp. 253-254.

100 같은 책, pp. 264-270.

101 다음 자료에서 인용. Norman, *The Hermitage*, p. 268.

102 다음 자료에서 인용. 같은 책, p. 265.

103 다음 자료에서 인용. Werth, *Leningrad*, p. 188.

104 Norman, *The Hermitage*, pp. 261-281.

105 다음 자료에서 인용 Salisbury, *The 900 Days*, p. 658.

106 같은 책, pp. 659-661; Ruble, "The Leningrad Affair," p. 305.

107 Reeder, *Anna Akhmatova*, pp. 249-282.

108 다음 자료에서 인용. 같은 책, pp. 284-285.

109 Isaiah Berlin, "Anna Akhmatova: A Memoir," in *The Complete Poems of Anna Akhmatova*, translated by Judith Hemschemeyer, edited and with an introduction by Roberta Reeder (Somerville, Mass., 1990), II, p. 26.

110 같은 책, pp. 34-35.

111 다음 자료에서 인용. Volkov, *St. Petersburg*, p. 450.

112 다음 자료에서 인용. Reeder, *Anna Akhmatova*, p. 292.

113 다음 자료에서 인용. 같은 책, p. 324.

114 다음 자료에서 인용. Lincoln, *Between Heaven and Hell*, p. 413.

115 다음 자료에서 인용. Edward J. Brown, *Russian Literature Since the Revolution* (Cambridge, Mass., 1982), pp. 183-184.

116 다음 자료에서 인용. Salisbury, *The 900 Days*, p. 665.

117 다음 자료에서 인용. V. E. Mushtukov, A. A. Nashkevich, and B. K. Pukinskii, *Leningrad: Putevoditel* (Leningrad, 1970), p. 401.

118 Werth, *Leningrad*, p. 18.

119 *The Complete Poems of Anna Akhmatova*, II, p. 191.

120 다음 자료에서 인용. Volkov, *St. Petersburg*, p. 476.

함께 보조를 맞추어

1 다음 참조. S. I. Avvakumov et al., eds., *Ocherki istorii Leningrada: Period Velikoi Oktiabr'skoi sotsialisticheskoi revoliutsii i postroeniia sotsializma v SSSR, 1917-1941 gg.* (Leningrad, 1964), IV.

2 Z. V. Stepanov et al., *Ocherki istorii Leningrada: Leningrad v period zaversheniia stroitel'stva sotsializma i postepennogo perekhoda k kommunizmu, 1946-1965 gg.* (Leningrad, 1970), VI.

3 Ruble, "The Leningrad Affair," pp. 301-306.

4 V. A. Ezhov, "Izmeneniia v chislennosti i sostave rabochikh Leningrada v poslevoennyi period," *Vestnik Leningradskogo universiteta. Seriia istorii iazyka i literatury* (1966), no. 2, pp. 15-20.

5 Ruble, "The Leningrad Affair," pp. 306-309; V. A. Ezhov, *Rabochii klass-vedushchaia sila vosstanovleniia Leningrada v 1943-1950 gg.* (Leningrad, 1982), pp. 22-24; A. R. Dzeniskevich, "Leningrad v gody pervoi poslevoennoi piatiletki (1946-1950 gg.)," in Stepanov et al., *Ocherki istorii Leningrada*, VI, pp. 33-34.

6 다음 자료에서 인용. Salisbury, *The 900 Days*, p. 660.

7 다음 자료에서 인용. Ruble, "The Leningrad Affair," p. 318.

8 같은 책, pp. 310-320; Robert Conquest, *Power and Policy in the U.S.S.R.: The Study of Soviet Dynasties* (New York, 1961), pp. 95-111.

9 Riasanovsky, *A History of Russia*, p. 585; Paul Dukes, *A History of Russia: Medieval, Modern, Contemporary*, 2d ed. (Durham, N.C., 1990), p. 292.

10 Salisbury, *The 900 Days*, p. 661.

11 Ruble, *Leningrad*, p. 64.

12 같은 책, pp. 61-66, 82, 242.

13 같은 책, p. 70.

14 S. M. Semanov, "Gorodskoe khoziaistvo," in Stepanov et al., *Ocherki istorii Leningrada*, VI, pp. 259-261; A. P. Kitaigorodskaia, "Stroitel'stvo i arkhitektura," in A. Z. Vakser et al., *Ocherki istorii Leningrada*, VI I, pp. 182-186.

15 V. I. Piliavskii, "Arkhitektura i stroitel'stvo," in Stepanov et al., *Ocherki istorii Leningrada*, VI, pp. 216-220; Kitaigorodskaia, "Stroitel'stvo i arkhitektura," pp. 185-186.

16 Kitaigorodskaia, "Stroitel'stvo i arkhitektura," pp. 156-157; I. A. Bashinskaia and E. A. Ivanova, "Izobrazitel'noe iskusstvo," in Stepanov et al., *Ocherki istorii Leningrada*, VI, pp. 383-385.

17 다음 자료에서 인용. Volkov, *St. Petersburg*, p. 520.

18 Starr, *Red and Hot*, pp. 216-218.

19 다음 자료에서 인용. Eleanor Lipper, *Eleven Years in Soviet Prison Camps* (Chicago, 1951), p. 112.

20 Lincoln, *The Conquest of a Continent, pp. 345-346;* Starr, *Red and Hot*, pp. 216, 224-225.

21 다음 자료에서 인용. Starr, *Red and Hot*, p. 228.

22 같은 책, pp. 224-234.

23 Joseph Brodsky, "Spoils of War," in Joseph Brodsky, *On Grief and Reason* (New York, 1995), p. 13.

24 다음 자료에서 인용. Priscilla Johnson, *Khrushchev and the Arts: The Politics of Soviet Culture, 1962-1964* (Cambridge, Mass., 1965), p. 121.

25 Starr, *Red and Hot*, pp. 251-275.

26 다음 자료에서 인용. 같은 책, p. 292.

27 같은 책, pp. 276-293.

28 다음 자료에서 인용. Volkov, *St. Petersburg*, p. 532.

29 다음 자료에서 인용. Timothy W. Ryback, *Rock Around the Bloc: A History of Rock Music in Eastern Europe and the Soviet Union* (New York, 1990), p. 151. 다음 자료도 참조. pp. 151-155.

30 Volkov, *St. Petersburg*, pp. 531-534; Starr, *Red and Hot*, pp. 292-311.

31 다음 자료에서 인용. Ryback, *Rock Around the Bloc*, p. 230.

32 같은 책, pp. 156-166, 211-231.

33 Nikolai Volkov, "Agrippina Vaganova," in Juri Slonimsky et al., *The Soviet Ballet* (New York, 1947), pp. 45-47.

34 Iris Morley, Soviet Ballet (London, 1946), p. 16. 다음 자료도 참조. pp. 14-15; Tim Scholl, *From Petipa to Balanchine: Classical Revival and the Modernization of Ballet* (London and New York, 1994), pp. 79-133.

35 다음 자료에서 인용. Morley, *Soviet Ballet*, p. 19.

36 A. Sokhor, "Kompozitor-dramaturg v balete," in *Muzyka sovetskogo baleta: sbornik statei,* edited by Lev Nikolaevich Raaben (Moscow, 1962), p. 101.

37 Juri Slonimsky et al., *The Soviet Ballet* (New York, 1947), pp. 31, 83.

38 Volkov, *St. Petersburg*, pp. 501-504.

39 같은 책, pp. 503-504.

40 같은 책, p. 505.

41 다음 자료에서 인용. Vladimir Seduro, *Dostoevskii in Russian Literary Criticism, 1846-1956* (New York, 1957), p. 83.

42 다음 자료에서 인용. Billington, *Icon and the Axe*, p. 415.

43 다음 자료에서 인용. Seduro, *Dostoevskii in Russian Literary Criticism*, p. 136.

44 다음 자료에서 인용. 같은 책, pp. 251, 258, 267.

45 다음 자료에서 인용. 같은 책, pp. 280, 278, 283, 285, 287-288.

46 다음 자료에서 인용. Vladimir Seduro, *Dostoevsky in Russian and World Theater* (North Quincy, Mass., 1977), p. 363. 다음 자료도 참조. pp. 359-366.

47 다음 자료에서 인용. Volkov, *St. Petersburg*, p. 500.

48 Vladimir Seduro, *Dostoevski's Image in Russia Today* (Belmont, Mass., 1975), p. 165.

49 Brodsky, "Spoils of War," p. 3.
50 같은 책, p. 8.
51 같은 책, p. 16.
52 Joseph Brodsky, "In a Room and a Half," in Joseph Brodsky, *Less Than One: Selected Essays* (New York, 1985), pp. 455. 다음 자료도 참조. pp. 447-454.
53 다음 자료에서 인용. Solomon Volkov, *Conversations with Joseph Brodsky: A Poet's Journey Through the Twentieth Century,* translated by Marian Schwartz (New York and London, 1998), p. 30.
54 Brodsky, "Spoils of War," p. 6.
55 Joseph Brodsky, "Less Than One," in *Less Than One*, p. 14.
56 같은 책, p. 15.
57 다음 자료에서 인용. Valentina Polukhina, *Joseph Brodsky: A Poet for Our Time* (Cambridge and New York, 1989), p. 9.
58 다음 자료에서 인용. 같은 책, p. 4.
59 Brodsky, "Less Than One," pp. 29, 28.
60 Polukhina, *Joseph Brodsky*, pp. 11-20; Volkov, *St. Petersburg*, pp. 478-482.
61 다음 자료에서 인용. Volkov, *Conversations with Joseph Brodsky*, p. 207.
62 다음 자료에서 인용. Polukhina, *Joseph Brodsky*, p. 23.
63 다음 자료에서 인용. 같은 책, p. 22.
64 Volkov, *St. Petersburg*, p. 477.
65 다음 자료에서 인용. Polukhina, Joseph Brodsky, p. 24.
66 Joseph Brodsky, "New Stanzas to Augusta," in Joseph Brodsky, *Selected Poems*, translated and introduced by George L. Kline, with a foreword by W. H. Auden (Harmondsworth, 1973), pp. 57-61.
67 다음 자료에서 인용. Volkov, *Conversations with Joseph Brodsky*, p. 77.
68 다음 자료에서 인용. Lazar Fleishman, *Boris Pasternak: The Poet and His Politics* (Cambridge, Mass., 1990), p. 254.
69 다음 자료에서 인용. Lincoln, *Between Heaven and Hell*, p. 416.
70 다음 자료에서 인용. Volkov, *St. Petersburg*, p. 514.
71 *Literaturnaia gazeta*, May 5, 1993.
72 다음 자료에서 인용. Volkov, *St. Petersburg*, p. 538.
73 *The Complete Poems of Anna Akhmatova*, Ⅱ, pp. 98-99.
74 Lev Anninsky, "Returning to Nabokov," *Moscow News*, no. 18 (May 8-15, 1988), p. 10.
75 같은 책.
76 다음 자료에서 인용. Volkov, *St. Petersburg*, p. 545.

과거와 현재

1 다음 자료에서 인용. Kaganov, *Images of Space*, p. 13.
2 P. N. Miliukov, *Ocherki po istorii russkoi kul'tury* (St. Petersburg, 1901), Ⅲ, p. 207; M. M. Shtrange, *Demokraticheskaia intelligentsiia Rossii v XVⅢ veke* (Moscow, 1965), p. 11.

3 Weber, *The Present State of Russia*, I, p. 4.

4 John Milner, *A Dictionary of Russian and Soviet Artists* (Woodbridge, 1993), p. 272

5 Kaganov, *Images of Space*, pp. 19-22.

6 N. D. Chechulin, ed., *Nakaz Imperatritsy Ekateriny II, dannyi Kommissii o sochinenii proekta novago ulozheniia* (St. Petersburg, 1907), pp. 1-2.

7 Kaganov, *Images of Space*, pp. 28-29.

8 Viigel', *Zapiski*, I, p. 179; Wortman, *Scenarios of Power*, p. 143.

9 다음 자료에서 인용. Volkov, *St. Petersburg*, p. 23.

10 V. V. Danilevskii, *Russkoe zoloto: Istoriia otkrytiia i dobychi do serediny XIX* v. (Moscow, 1959), pp. 253-255; A. P. Okladnikov et al., eds., *Istoriia Sibiri s drevneishikh vremen do nashikh dnei* (Leningrad, 1968), II, p. 399.

11 N. F. Khomutetskii and N. A. Evsina, "Arkhitektura," in Grabar', *Istoriia russkogo iskusstva*, VIII, pp. 463-467; V. M. Glinka and A. V. Pomarnatskii, *Otechestvennaia voina 1812 goda v khudozhestvennykh i istoricheskikh pamiatnikakh iz sobranii Ermitazha* (Leningrad, 1963), pp. 9-10; V. M. Glinka and A. V. Pomarnatskii, *Voennaia galereia Zimnego dvortsa* (Leningrad, 1981), pp. 7-28.

12 N. V. Gogol', *Polnoe sobranie sochinenii N. V. Gogolia* (Moscow, 1913), VIII, p. 41.

13 M. P. Veselovskii, "Zapiski M. P. Veselovskago s 1828 po 1882," GPB, fond 550. F.IV.861/389.

14 다음 자료에서 인용. Kaganov, *Images of Space*, p. 134.

15 다음 자료에서 인용. 같은 책, p. 130.

16 다음 자료에서 인용. Volkov, *St. Petersburg*, p. 49.

17 F. M. Dostoevskii, *Polnoe Sobranie sochinenii* (Leningrad, 1979), XXVI, pp. 147-148.

18 Dobuzhinskii, *Vospominaniia*, p. 188.

19 Kaganov, *Images of Space*, p. 147.

20 다음 자료에서 인용. Lincoln, *Between Heaven and Hell*, p. 287.

21 다음 자료에서 인용. Kaganov, *Images of Space*, p. 150.

22 다음 자료에서 인용. Lincoln, *Between Heaven and Hell*, pp. 315-316.

23 다음 자료에서 인용. 같은 책, p. 315.

24 A. A. Blok, "Dvenadtsat'," in A. A. Blok, *Sobranie sochinenii* (Moscow, 1971), III, pp. 233-243.

25 다음 자료에서 인용 Volkov, *St. Petersburg*, p. 536.

26 Werth, *Leningrad*, p. 18.

27 The Complete Poems of *Anna Akhmatova*, II, p. 191.

28 다음 자료에서 인용. Volkov, *Conversations with Joseph Brodsky*, p. 271.

29 다음 자료에서 인용. Mushtukov, Nashkevich, Pukinskii, *Leningrad: Putevoditel*, p. 401.

30 Kaganov, *Images of Space*, p. 182.

31 다음 자료에서 인용, Volkov, *Conversations with Joseph Brodsky*, p. 273

찾아보기